plurall

CB078293

Parabéns!
Agora você faz parte do **Plurall**, a plataforma digital do seu livro didático!
Acesse e conheça todos os recursos e funcionalidades disponíveis para as suas aulas digitais.

Baixe o aplicativo do **Plurall** para Android e IOS ou acesse **www.plurall.net** e cadastre-se utilizando o seu código de acesso exclusivo:

AASNZCNU4

Este é o seu código de acesso Plurall.
Cadastre-se e ative-o para ter acesso aos conteúdos relacionados a esta obra.

@plurallnet

@plurallnetoficial

SOMOS EDUCAÇÃO

conecte LIVE

# História


RONALDO VAINFAS

Doutor em História pela Universidade de São Paulo.
Professor Titular aposentado no Departamento de História da Universidade Federal Fluminense.
Professor Visitante de História na Universidade Federal do Rio Grande do Norte.

SHEILA DE CASTRO FARIA

Doutora em História pela Universidade Federal Fluminense.
Professora Titular aposentada no Departamento de História da Universidade Federal Fluminense.

JORGE FERREIRA

Doutor em História pela Universidade de São Paulo.
Professor Titular aposentado no Departamento de História da Universidade Federal Fluminense.
Professor Visitante de História na Universidade Federal de Juiz de Fora.

GEORGINA DOS SANTOS

Doutora em História pela Universidade de São Paulo.
Professora Associada no Departamento de História da Universidade Federal Fluminense.


3


Editora Saraiva

Editora Saraiva

**Direção geral:** Guilherme Luz
**Direção editorial:** Luiz Tonolli e Renata Mascarenhas
**Gestão de projeto editorial:** Viviane Carpegiani
**Gestão e coordenação de área:** Wagner Nicaretta (ger.) e Brunna Paulussi (coord.)
**Edição:** Carlos Eduardo de Almeida Ogawa e Carolina Ocampos
**Gerência de produção editorial:** Ricardo de Gan Braga
**Planejamento e controle de produção:** Paula Godo, Roseli Said e Marcos Toledo
**Revisão:** Hélia de Jesus Gonsaga (ger.), Kátia Scaff Marques (coord.), Rosângela Muricy (coord.), Ana Paula C. Malfa, Brenda T. M. Morais, Carlos Eduardo Sigrist, Célia Carvalho, Gabriela M. Andrade, Luís M. Boa Nova, Patricia Cordeiro, Patrícia Travanca, Paula T. de Jesus, Raquel A. Taveira e Sandra Fernandez
**Arte:** Daniela Amaral (ger.), Claudio Faustino (coord.), Eber Alexandre de Souza (edição de arte)
**Diagramação:** Typegraphic
**Iconografia:** Sílvio Kligin (ger.), Denise Durand Kremer (coord.), Daniela Maria Ribeiro (pesquisa iconográfica)
**Licenciamento de conteúdos de terceiros:** Thiago Fontana (coord.), Luciana Sposito e Angra Marques (licenciamento de textos), Erika Ramires, Luciana Pedrosa Bierbauer, Luciana Cardoso e Claudia Rodrigues (analistas adm.)
**Tratamento de imagem:** Cesar Wolf, Fernanda Crevin
**Cartografia:** Eric Fuzii (coord.), Robson Rosendo da Rocha (edit. arte) e Portal de Mapas
**Design:** Gláucia Correa Koller (ger.), Erika Yamauchi Asato, Filipe Dias (proj. gráfico) e Adilson Casarotti (capa)
**Composição de capa:** Segue Pro
**Foto de capa:** KarevAnton/Shutterstock, © 2018 Militão dos Santos, artista plástico brasileiro. Todos os direitos reservados.


Avenida das Nações Unidas, 7221, 1º andar, Setor A – Espaço 2 – Pinheiros – SP – CEP 05425-902
SAC 0800 011 7875
www.editorasaraiva.com.br

**Dados Internacionais de Catalogação na Publicação (CIP)**
**(Câmara Brasileira do Livro, SP, Brasil)**

```
História 3 : conecte live / Ronaldo Vainfas....
   [et al.]. -- 3. ed. -- São Paulo : Saraiva,
   2018.

   Outros autores: Sheila de Castro Faria, Jorge
Luiz Ferreira, Georgina Santos.
   Suplementado pelo manual do professor.
   Bibliografia.
   ISBN 978-85-472-3391-4 (aluno)
   ISBN 978-85-472-3392-1 (professor)

   1. História (Ensino médio) I. Vainfas, Ronaldo.
II. Faria, Sheila de Castro. III. Ferreira, Jorge
Luiz. IV. Santos, Georgina.

18-19130                                   CDD-907
```

**Índices para catálogo sistemático:**

1. História : Ensino médio 907

Maria Alice Ferreira - Bibliotecária - CRB - 8/7964

**2021**
Código da obra CL 800867
CAE 627979 (AL) / 627980 (PR)
3ª edição
5ª impressão

Impressão e acabamento: Bercrom Gráfica e Editora

Uma publicação SOMOS EDUCAÇÃO

# Apresentação

**Caros estudantes**

Para que serve a História? Essa é uma pergunta que muitos de vocês fazem quando deparam com a disciplina. Para que estudar sociedades que não existem mais, homens e mulheres que já morreram, modos de vida totalmente superados pelo enorme avanço tecnológico do mundo contemporâneo?

Uma das respostas mais comuns a essa inquietante pergunta é: estudar o passado é essencial para compreender o presente. Mas será mesmo? O presente não pode ser compreendido em si mesmo, por meio da leitura de jornais, da mídia televisiva ou da navegação na internet? Em parte, sim: informações e mesmo opiniões críticas sobre o mundo contemporâneo podem ser obtidas por esses meios.

Mas como avaliar criticamente a informação e a opinião veiculadas pela mídia? É nesse ponto que a História faz diferença, pois é nela que encontramos os problemas que a humanidade enfrentou em várias épocas, bem como as soluções que buscou. Encontramos as crises econômicas, sociais e políticas do passado; os argumentos, os valores, as crenças; os conflitos sociais; as discriminações raciais; as lutas coletivas contra opressões e preconceitos.

A História pode ajudar, sim, a compreender melhor o presente, a avaliar criticamente a sociedade e o mundo no qual a cidade, a região e o país em que vivemos estão inseridos. Mas o valor da História, como conhecimento, não é somente esse. Ela também permite, sobretudo, conhecer o passado — outros tempos, outros modos de vida, outras sociedades.

Esta coleção procura levar o leitor a fazer uma grande viagem no tempo. Conhecer outras sociedades, outros valores. Compará-los, buscando formar um juízo crítico sobre o passado. Compreender o passado segundo os valores da época e das sociedades estudadas, sempre considerando certos princípios éticos que, sem dúvida, são uma conquista do mundo contemporâneo: o direito à liberdade, o respeito à diferença, a luta pela justiça.

Nesse sentido, a História mantém um compromisso permanente com a construção da cidadania. Um compromisso ligado ao conhecimento histórico em si e à sua vocação humanista.

Estudar a História equivale, portanto, a valorizar a democracia, respeitar as diferenças e as divergências, apostar na pluralidade. Evitar, a todo custo, as verdades acabadas, as explicações com base em um único ponto de vista — típicas das doutrinas e não do pensamento livre.

**Os autores**

# Conheça seu livro

## ABERTURA DE UNIDADE

Traz uma **imagem** e uma **epígrafe** relacionadas a algum dos temas principais da unidade, listados em um **quadro-resumo**.

## ABERTURA DE CAPÍTULO

Inicia com uma **imagem**, um **texto de introdução** e uma questão que trabalha conhecimentos prévios (**Puxando pela memória**).

## Fique de olho!

Ao lado do texto estão as sugestões de **leituras**, **filmes** e **páginas da internet** sobre temas tratados no capítulo, acompanhadas de breves sinopses.

## OUTRA DIMENSÃO

Seção que complementa a narrativa central do capítulo com informações paralelas ao conteúdo ou mais aprofundadas. Há sete subtipos: **Cidadania**, **Conflitos sociais**, **Linguagens**, **Cotidiano**, **Cultura**, **Economia** e **Personagem**.

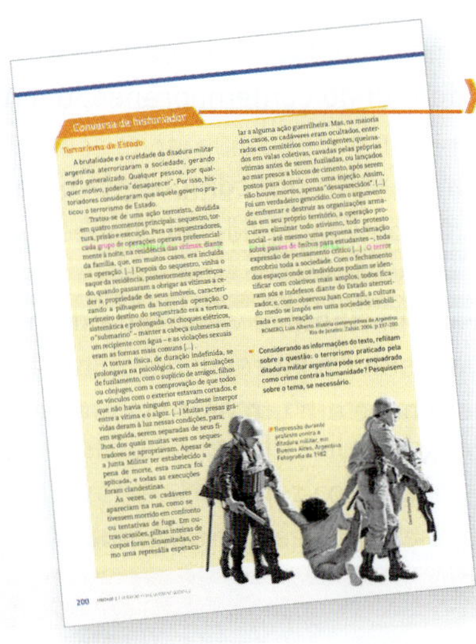


## CONVERSA DE HISTORIADOR

Aborda polêmicas historiográficas explicitando pontos de vista diferentes sobre alguns dos conceitos estudados.

## IMAGENS CONTAM A HISTÓRIA

Propõe a análise de imagens relacionadas ao capítulo, trabalhando a interpretação de fontes históricas.

## A História no seu lugar

Estimula a pesquisa de campo, articulada à História e às experiências locais.

## Cronologia

Disposta de forma contínua no alto das páginas de cada capítulo, apresenta fatos marcantes do período em estudo, organizados em ordem cronológica.

## Glossário

O glossário facilita o estudo e a compreensão de assuntos abordados no capítulo.

## INVESTIGANDO O DOCUMENTO

Fontes documentais e textos selecionados complementam, ampliam e enriquecem os assuntos desenvolvidos no capítulo.

## ROTEIRO DE ESTUDOS

Propostas de atividades, ao final de cada capítulo, que estimulam o desenvolvimento de diferentes habilidades e competências. Há quatro subseções:

**Para organizar**: Questões sobre os tópicos mais importantes do capítulo.

**Reflexões**: Atividades, em geral para fazer em grupo, que propiciam a reflexão sobre conceitos históricos ou assuntos polêmicos.

**Vamos testar?**: Questões que estimulam a interpretação de texto e de imagens, com formato semelhante ao dos principais vestibulares.

**Conexões**: Atividades que trabalham a interdisciplinaridade – a articulação da História com outros componentes curriculares.

# Sumário Geral

## Parte 1

Reprodução/Coleção particular

James Montgomery Flagg./Museu Smithsonian de Arte Americana, Washington, D.C., EUA.

Reprodução/Acervo Iconographia

# Parte 2

CBS Photo Archive/Getty Images

Agência O Globo

Daniel Garcia/AFP

UNIDADE

# 1 Revoluções e guerras

*A Face da Guerra*, pintura do artista plástico espanhol Salvador Dalí, de 1940 (óleo sobre tela, 64 cm × 74 cm). Era o segundo ano da Segunda Guerra Mundial. Para Dalí, a guerra é um rosto sem corpo perdido no deserto, rodeado de víboras. De seus olhos e boca surgem rostos semelhantes, cujos orifícios, por sua vez, apresentam novas faces ora mais, ora menos descarnadas, quase em uma sucessão. A guerra é um horror. A imagem provoca repulsa, aversão, repugnância, estranhamento – justamente os sentimentos que, para Salvador Dalí, as guerras deveriam provocar.

"A Primeira Guerra Mundial [...] teve efeitos profundos. Ajudou a impulsionar a Revolução Russa e configurou-se como uma das causas da depressão financeira dos anos 1930, o maior baque econômico na história até então. Esse evento, direta ou indiretamente, estimulou a ascensão de Hitler e da Alemanha nazista e ajudou a provocar a Segunda Grande Guerra. [...] Também acelerou a ascensão dos Estados Unidos e da União Soviética."

BRAINEY, Geoffrey. *Uma breve história do século XX*. São Paulo: Editora Fundamento Educacional, 2009. p. 51.

## NESTA UNIDADE

- Política, economia e conflitos sociais na Primeira República brasileira
- A crise dos anos 1920 e a Revolução de 1930
- A Primeira Guerra Mundial
- Revoluções na Rússia
- O modelo de socialismo soviético
- Os anos 1920 e a ascensão dos Estados Unidos
- Novas expressões artísticas e culturais
- A crise de 1929 e o *New Deal*
- Os fascismos europeus e o nazismo alemão
- A Segunda Guerra Mundial
- Modernização e autoritarismo na Era Vargas

CAPÍTULO

1

# Brasil: a Primeira República

Pedro Bruno/Museu da República, Palácio do Catete, Rio de Janeiro, RJ.

*A pátria*, pintura de Pedro Bruno, de 1909 (óleo sobre tela, 1,90 m × 2,78 m). Vinte anos após a Proclamação da República, o artista plástico Pedro Bruno expressou, por meio de uma alegoria, a fundação da República. Em uma casa simples, mulheres acalentam e alimentam seus filhos – assim como a República cuida de seus cidadãos. As mulheres costuram a bandeira do país, ao mesmo tempo que seu tecido cobre uma criança. É um ambiente familiar, maternal, de trabalho e harmonia. Na casa, há imagens de Tiradentes, Deodoro da Fonseca e Benjamin Constant. Para o artista, eles foram os heróis que instituíram a República no país. As mulheres na casa, na interpretação do pintor, são as filhas de Benjamin Constant.

**Puxando pela memória**

Muitos ainda chamam de República Velha o período da História do Brasil compreendido entre 1889 e 1930. Na época, porém, ninguém a chamava de velha, afinal ela era nova. Quando ela começou a ser chamada de velha? Quem passou a chamá-la assim?

A República foi proclamada no Brasil em 1889, um ano após a abolição da escravidão – outro evento fundamental na história da sociedade brasileira para a instauração da igualdade jurídica entre todos os brasileiros.

A primeira Constituição republicana, promulgada em 1891, garantia que todos eram iguais perante a lei e também declarava que a República não admitia privilégios de nascimento nem reconhecia foros de nobreza, ordens honoríficas ou títulos nobiliárquicos e de conselho.

Tratou-se de um formalismo jurídico importante da República recém-proclamada. É verdade que os privilégios sociais continuaram existindo sob novas formas. Mas é necessário reconhecer que representou uma inovação na sociedade brasileira, pois era melhor a lei afirmar que todos eram livres do que o contrário.

Foi valendo-se de tal formalismo, como veremos a seguir, que muitos brasileiros lutaram e exerceram sua cidadania na história republicana do Brasil.

Cronologia deste capítulo

Em 15 de novembro, Deodoro da Fonseca assume o Governo Provisório da República.

*1889*

Rui Barbosa, ministro da Fazenda do Governo Provisório, adota política econômica denominada Encilhamento.

*1890*

# 1. A consolidação da República

Em 15 de novembro de 1889, o marechal Deodoro da Fonseca proclamou a República. Apesar das divergências que existiam sobre o tipo de república a ser construída no país, as elites que dominavam a política em São Paulo, Minas Gerais e no Rio Grande do Sul defendiam o federalismo, em oposição à centralização imperial.

Paulistas e mineiros defendiam propostas inspiradas no liberalismo e tinham o modelo estadunidense como referência, em relação à autonomia dos estados e às liberdades individuais.

No Rio Grande do Sul, havia um importante grupo de políticos liderado por Júlio de Castilhos. Esse grupo defendia, com base nos ideais positivistas, a instauração de uma ditadura republicana que, ao garantir a ordem, levaria o país ao progresso.

Já no Rio de Janeiro, a capital da República, existia um grupo de republicanos radicais, chamados de jacobinos. Eram civis e militares, alguns deles positivistas, que defendiam de maneira exaltada o regime republicano e opunham-se de maneira contundente à volta da monarquia. Havia também os monarquistas, que desejavam o retorno do antigo sistema.

Entre os militares, predominavam os republicanos. E, mesmo entre estes, havia divergências: enquanto alguns oficiais seguiam a liderança de Deodoro, outros preferiam a de Floriano Peixoto. Mas havia também os positivistas, que tinham Benjamin Constant como líder, e alguns monarquistas, sobretudo na Marinha, que tinham fortes ligações com o Império.

Nesse emaranhado de projetos políticos, no início de 1890 o Governo Provisório convocou uma Assembleia Nacional Constituinte para institucionalizar o novo regime e elaborar o conjunto de leis que o regeriam. Assim, em 24 de fevereiro de 1891, foi promulgada a primeira Constituição republicana do país, a Constituição dos Estados Unidos do Brasil. Inspirada no modelo vigente nos Estados Unidos, ela era liberal e federativa, concedendo aos estados prerrogativas de constituir forças militares e estabelecer impostos.

Além disso, ela instaurou o presidencialismo como regime político, com a separação dos poderes Executivo, Legislativo e Judiciário, e oficializou a separação entre Estado e Igreja.

Os deputados constituintes também elegeram o marechal Deodoro da Fonseca para a presidência e o marechal Floriano Peixoto para a Vice-Presidência da República. Mas o novo regime republicano enfrentaria crises muito sérias até se consolidar definitivamente.

**federalismo:** sistema político em que um país é formado pela união de estados, que possuem autonomia em diversas questões, como segurança pública, sistemas de saúde e de educação, entre outras. Esse sistema respeita a diversidade política, econômica e cultural das diferentes unidades de um mesmo país.

**Fique de olho!**

Centro de Informação de Acervos dos Presidentes da República do Arquivo Nacional: <www.an.gov.br/crapp_site/default.asp>. Acesso em: 22 mar. 2018.

Apresenta dados biográficos de todos os presidentes do Brasil e um breve histórico de seus governos. Informa onde encontrar acervos documentais dos presidentes e disponibiliza *downloads* de imagens e vídeos.

Pereira Neto/Fundação Biblioteca Nacional, Rio de Janeiro, RJ.

Eleição de Deodoro e Floriano. Charge de Pereira Neto, publicada na *Revista Illustrada*, em 1891.

Promulgada a primeira Constituição republicana. Floriano Peixoto assume a Presidência da República.
1891

Eclode a Revolta da Armada. Início da Revolução Federalista.
1893

**Fique de olho!**

Fundação Casa de Rui Barbosa: <www.casaruibarbosa.gov.br>. Acesso em: 22 mar. 2018.
O edifício que hoje abriga a fundação pertencia ao ex-ministro da Fazenda Rui Barbosa e acomodava os mais de 30 mil livros que compunham sua biblioteca pessoal. Em 1928, o então presidente Washington Luís instituiu no local um museu-biblioteca, que, nos anos de 1960, foi transformado em fundação e em importante centro de ensino e pesquisa histórica.

# Militares no poder

Na área econômica, comandada por Rui Barbosa (1849-1923), então ministro da Fazenda, a República começou com grande euforia. Com o objetivo de estimular o crescimento econômico e a industrialização do país, o governo autorizou que os bancos concedessem crédito a qualquer cidadão que desejasse abrir uma empresa. E, para cobrir esses empréstimos, permitiu a impressão de uma imensa quantidade de papel-moeda. Como a moeda brasileira tinha como referência a libra inglesa, as emissões de dinheiro sem lastro (sem garantia em ouro) provocaram o aumento acelerado da inflação.

Muitos dos empréstimos concedidos foram usados para abrir empresas que existiam apenas no papel, mas cujas ações, ainda assim, eram negociadas na Bolsa de Valores. Como resultado, muitos investidores perderam seu dinheiro e a inflação aumentou, prejudicando toda a sociedade brasileira. Essa medida, que visava estimular a economia, mas resultou em desvalorização da moeda e especulação financeira, recebeu o nome de **Encilhamento**.

Ao mesmo tempo, assistia-se a graves conflitos políticos envolvendo o presidente e os militares que o apoiavam, de um lado, e políticos liberais e a imprensa, do outro. Oito meses após ser eleito, em novembro de 1891, Deodoro da Fonseca determinou o fechamento do Congresso Nacional e decretou estado de sítio no país. Os oficiais que seguiam a liderança de Floriano Peixoto não apoiaram o golpe de Estado; assim como a Marinha, que considerou autoritária a atitude do presidente, e diversas lideranças civis. Sem apoio político, o presidente renunciou no dia 23. Nesse mesmo dia, Floriano Peixoto, seu vice, assumiu a presidência da República.

## Aumentam os conflitos

A posse do novo presidente foi muito questionada. De acordo com a Constituição, o vice assumiria somente se o presidente houvesse cumprido metade de seu mandato, ou seja, dois anos. Caso contrário, ela previa a realização de uma nova eleição. Mas Floriano estava decidido a permanecer no poder. Ele alegava que o dispositivo constitucional só valeria para o próximo mandato presidencial.

Angelo Agostini/Fundação Biblioteca Nacional, Rio de Janeiro, RJ.

De autoria do italiano Angelo Agostini, personagem importante na história da imprensa brasileira dos séculos XIX e XX, essa caricatura foi publicada em novembro de 1890 na *Revista Illustrada*. Ela retrata o então presidente Deodoro da Fonseca apresentando a República em seu primeiro aniversário.

Prudente de Morais assume a Presidência da República.

1894

Fim da Revolução Federalista.
Times formados por funcionários ingleses da Companhia de Gás e da *São Paulo Railway* jogam a primeira partida de futebol no Brasil.

1895

Treze generais do Exército contestaram a posse de Floriano e, por meio de um manifesto, exigiram eleições presidenciais. Floriano ignorou o protesto e mandou prender os generais.

Receosas com a instabilidade da República, as elites políticas de São Paulo, representadas pelo Partido Republicano Paulista (PRP), apoiaram o novo presidente. Ele também contou com o apoio de importantes setores do Exército e de grupos populares do Rio de Janeiro.

Oficiais da Marinha de Guerra (na época chamada de Armada) tornaram-se a sua principal oposição. Em 6 de setembro de 1893, posicionaram os navios de guerra na baía de Guanabara, apontaram os canhões para o Rio de Janeiro e Niterói e dispararam tiros contra as duas cidades – era o início da **Revolta da Armada**.

Em março do ano seguinte a situação tornou-se insustentável nos navios – não havia munição, alimentos, água nem o apoio da população. Parte dos revoltosos pediu asilo político a Portugal, a outra foi para o Rio Grande do Sul participar de um conflito que eclodira um ano antes: a **Revolução Federalista**.

**Fique de olho!**

BARRETO, Afonso Henriques de Lima. *Triste fim de Policarpo Quaresma*. São Paulo: Penguin Companhia das Letras, 2011.
Publicado em 1915, apresenta uma visão crítica desse período inicial da República no Brasil.

Museu Júlio de Castilhos: <www.museujuliodecastilhos.rs.gov.br/>. Acesso em: 22 mar. 2018.
Situado em Porto Alegre, o museu conta com mais de 11 mil objetos em seu acervo, entre pinturas, gravuras, fotografias, documentos, roupas, armas, máquinas, artefatos produzidos por povos indígenas, entre outros.

## A Revolução Federalista

A instalação da República alterou a política do Rio Grande do Sul. Com ela, o Partido Republicano Rio-Grandense alcançara o poder.

Apoiada por Floriano Peixoto e liderada por Júlio de Castilhos, a agremiação de orientação positivista tornou-se dominante no estado em que passou a governar de maneira autoritária.

A principal força de oposição ao Partido Republicano era o Partido Federalista, liderado por Gaspar Silveira Martins, que defendia o parlamentarismo e a predominância da União Federativa sobre o poder estadual – enquanto os republicanos pregavam o sistema presidencialista e a autonomia dos estados.

Diante da violência e das fraudes eleitorais, os federalistas uniram-se a outras forças de oposição, dando origem a uma sangrenta guerra civil, que ficou conhecida como Revolução Federalista (1893-1895).

Os conflitos não se limitaram ao estado do Rio Grande do Sul, estendendo-se aos de Santa Catarina e do Paraná, e só terminaram em junho de 1895, com a vitória dos republicanos sobre os federalistas.

A Revolução Federalista causou muito sofrimento ao sul do país. Somente no Rio Grande do Sul, que contava com cerca de 900 mil habitantes, morreram de 10 a 12 mil pessoas, muitas delas degoladas.

## A República consolidada

Passados cinco anos da proclamação da República, chegava ao fim o governo de Floriano Peixoto.

No dia 15 de novembro de 1894, o paulista Prudente de Morais prestou juramento de posse como presidente, conferindo novos ares à República. Pela primeira vez, um civil ligado às elites agrárias, em especial aos cafeicultores, assumia o poder.

Com a eleição de Prudente de Morais, encerrava-se o período conhecido como **República da Espada**.

Primeira expedição militar para combater Canudos. — 1896

Destruição de Canudos. — 1897

# 2. O modelo político

**praça de pré:** soldados, cabos e sargentos das Forças Armadas.

A Constituição de 1891 estabeleceu eleições diretas para todos os cargos dos poderes Legislativo e Executivo. Também determinou que, excetuando os mendigos, os analfabetos, os praças de pré, os religiosos, as mulheres e os menores de 21 anos, todos os cidadãos brasileiros eram eleitores e elegíveis. Apesar de suprimir a exigência de renda mínima presente na Constituição imperial, a primeira Constituição da República também excluía a maioria da população brasileira do direito de votar.

O voto foi decretado aberto, mas, como não havia Justiça Eleitoral, na prática as eleições eram caracterizadas pela fraude. A organização da eleição nos municípios, bem como a redação da ata da seção eleitoral, ficava a cargo dos chefes políticos locais, os chamados **coronéis**. Isso lhes permitia registrar o que bem quisessem nas atas – daí o nome "eleições a bico de pena" – e também controlar as escolhas dos eleitores, por meio da violência ou do suborno.

Era comum, por exemplo, que nas atas das seções eleitorais constassem votos de eleitores já mortos para o candidato dos coronéis. Ou então que os coronéis reunissem os eleitores em um determinado lugar para receber as cédulas eleitorais já preenchidas. Esses locais eram chamados de "curral eleitoral".

De modo geral, os eleitores votavam no candidato do coronel por vários motivos: obediência; lealdade ou gratidão; ou em busca de algum favor, como dinheiro, serviços médicos e até mesmo proteção. Afinal, sem a garantia dos direitos civis e políticos, grande parte da população rural – vale lembrar que a imensa maioria dos brasileiros então vivia no campo – buscava a proteção de um coronel e acabava se inserindo em uma rede de favores e proteção pessoal.

**Fique de olho!**

Museu da República: <museudarepublica.museus.gov.br>. Acesso em: 23 mar. 2018.
O Museu da República dispõe de *site* interativo. Na visita virtual é possível entrar pelos salões do Palácio Nova Friburgo, atual Palácio do Catete, que durante o mandato de Prudente de Morais foi adquirido pelo governo para sediar a Presidência da República.

Storni/Fundação Biblioteca Nacional, Rio de Janeiro, RJ.

Nesta caricatura, publicada em 1929 na revista *Careta*, Storni denuncia as eleições "de cabresto", como ficaram conhecidas as eleições em que o voto era controlado – daí a expressão voto "de cabresto".
Na legenda original da caricatura, a República, representada pela mulher, pergunta ao coronel que leva o eleitor para votar:
"— É o Zé Besta?". E ele responde: "— Não, é o Zé Burro!".

## República dos coronéis

Também conhecida como **coronelismo**, a chamada "República dos coronéis" era um sistema político que resultou da Constituição de 1891 e marcou a Primeira República. Se, no Império, os presidentes de província (hoje denominados governadores) eram nomeados pelo poder central, com a República eles passaram a ser eleitos em votações controladas pelos coronéis.

Nos municípios, eram os coronéis que, por meio da violência e da fraude eleitoral, elegiam o presidente de estado, e também os deputados estaduais e federais, os senadores e até mesmo o presidente da República.

O presidente Campos Salles negocia a dívida brasileira, o *funding loan*.

1898

Rodrigues Alves assume a Presidência da República. Pereira Passos é nomeado prefeito do Rio de Janeiro.

1902

Por outro lado, eles dependiam do governante estadual para nomear parentes e protegidos a cargos públicos ou liberar verbas para obras nos municípios.

Assim, criava-se uma ampla rede de alianças e favores, em que coronéis, presidentes de estado, parlamentares e o próprio presidente da República estavam atados por fortes laços de interesses.

Esse esquema se consolidou na presidência de Campos Salles (1898-1902), idealizador do que veio a ser chamado de **política dos governadores** ou **dos estados**. Nela, o governo federal apoiava as oligarquias dominantes nos estados, que em troca sustentavam politicamente o presidente da República no Congresso Nacional, controlando a eleição de senadores e deputados federais – e evitando, dessa forma, que os candidatos da oposição se elegessem.

Ainda assim, caso isso acontecesse, a Comissão de Verificação de Poderes da Câmara Federal, responsável por aprovar e confirmar a vitória dos candidatos eleitos, impedia a posse, sob a alegação de fraude.

Apesar das fraudes eleitorais, as eleições periódicas foram importantes para a configuração do sistema político brasileiro. Primeiro, porque exigiam o mínimo de competição no jogo eleitoral, permitindo a renovação das elites dirigentes. Segundo, porque, mesmo com o controle do voto, havia alguma mobilização do eleitorado – com o qual as elites, mesmo dispondo de grande poder político, precisavam manter alguma interlocução.

### Coronel e coronelismo

O termo **coronel** tem origem na criação da Guarda Nacional, em 1831, cuja atuação foi reduzida durante o Segundo Reinado e extinta em 1918. Entretanto, a expressão permaneceu nos municípios para designar o chefe político da região, cujo prestígio era medido pelo número de votos que controlava. Daí surgiu a expressão **coronelismo**.

## Forte aliança

A política dos governadores, inaugurada por Campos Salles, fundamentou a chamada República Oligárquica (1894-1930), assim designada em razão da alternância de representantes das oligarquias rurais no poder, sobretudo as dos estados de São Paulo e Minas Gerais.

Como o número de representantes por estado no Congresso era proporcional à sua população, São Paulo e Minas Gerais, que eram os estados mais populosos – e ricos – da federação, elegiam as maiores bancadas na Câmara dos Deputados. Vale lembrar que, à época, os partidos políticos eram estaduais e proliferavam siglas como Partido Republicano Mineiro, Partido Republicano Paulista, Partido Republicano Rio-Grandense, etc.

A aliança entre o Partido Republicano Paulista e o Partido Republicano Mineiro refletiu na chamada **política do café com leite**, que funcionava no momento da escolha do sucessor presidencial. As oligarquias dos dois estados escolhiam um nome comum para presidente, ora filiado ao partido paulista, ora ao mineiro.

A cada sucessão presidencial, a aliança entre Minas Gerais e São Paulo precisava ser renovada, muitas vezes com conflitos e interesses divergentes. No entanto, devido à sua força em termos políticos e econômicos, a união entre essas duas oligarquias garantiu que elas mantivessem o domínio do país por muitos anos.

Embora em posição inferior à aliança entre paulistas e mineiros, destacavam-se também as oligarquias do Rio Grande do Sul, da Bahia e do estado do Rio de Janeiro.

Houve eleições em que os vitoriosos não estavam comprometidos com a política do café com leite, caso de Hermes da Fonseca em 1910 e de Epitácio Pessoa em 1919. O importante é considerar que as oligarquias dos estados que estavam fora da política do café com leite passaram a questionar o sistema político na década de 1920.

Inauguração da avenida Central no Rio de Janeiro.
Eclode a Revolta da Vacina.

1904

Convênio de Taubaté inaugura a política de valorização do café.
Primeiro Congresso Operário Brasileiro.

1906

# Estabelecendo o território

Os primeiros governos republicanos enfrentaram problemas de disputas territoriais com os vizinhos latino-americanos.

O primeiro deles foi sobre a região oeste dos atuais estados de Santa Catarina e Paraná, que era reclamada pelos argentinos. A questão foi resolvida pela arbitragem internacional dos EUA em 1895, confirmando a posse brasileira.

Outra pendência foi com a França, sobre a demarcação das fronteiras do Brasil com a Guiana Francesa. Com arbitragem internacional do governo suíço, o Brasil venceu a disputa em 1900, impondo sua soberania sobre as terras que hoje integram o estado do Amapá. No ano seguinte, o Brasil entrou em disputa com a Grã-Bretanha sobre os limites territoriais entre a Guiana Britânica (ou Inglesa) e o norte do então estado do Amazonas – que hoje corresponde ao estado de Roraima. O rei da Itália, Vítor Emanuel III, foi convocado como árbitro internacional e, em 1904, decidiu a favor dos britânicos. Desse modo, o Brasil perdeu parte do território conhecido como Pirara, e a Grã-Bretanha obteve acesso à bacia Amazônica por meio de alguns de seus afluentes.

Outra disputa, bem mais complexa, foi travada em torno da região onde hoje se localiza o Acre, que então pertencia à Bolívia e ao Peru. Muitos nordestinos, em particular cearenses, que sofriam com a seca, haviam se estabelecido ali para explorar o látex, gerando conflitos armados com tropas bolivianas. Os brasileiros chegaram a declarar a independência política do Acre. Em 1903, a diplomacia brasileira conseguiu uma vitória com o Tratado de Petrópolis, que incorporava o Acre ao território brasileiro em troca de indenizações à Bolívia e ao Peru.

Cabe destacar a relevante atuação de José Maria da Silva Paranhos Júnior, o barão do Rio Branco, responsável pelas relações internacionais do Brasil entre 1902 e 1912. Ele não só esteve à frente das negociações que envolviam disputas territoriais do país, mas também fez do Ministério das Relações Exteriores uma instituição profissionalizada e aproximou o Brasil dos Estados Unidos.

**Brasil: disputas e tratados de fronteiras – 1895-1904**

**Fontes**: ALBUQUERQUE, M. M. et al. *Atlas histórico escolar*. Rio de Janeiro: MEC, 1991, p. 36; RESENDE, M. E. L.; MORAES, A. M. *Atlas histórico do Brasil*. Belo Horizonte: Vigília, 1987; ARRUDA, J. J. *Atlas histórico básico*. São Paulo: Ática, 1993.

# 3. As riquezas do Brasil

Por volta de 1830, o café tornou-se o principal produto de exportação do Brasil, superando o açúcar. Com a expansão das lavouras cafeeiras para o Oeste Paulista, a partir da década de 1870, a cafeicultura estimulou a economia do país e atraiu investidores estrangeiros, sobretudo britânicos. Ela propiciou a construção e o reaparelhamento de ferrovias, estradas, portos e o surgimento de bancos, casas de câmbio e de exportação. Também foram criados estaleiros, empresas de navegação e moinhos.

O café mudou o Brasil e incentivou a industrialização do país. Surgiram, por exemplo, fábricas de tecidos, chapéus, velas, utensílios domésticos, etc. Tratava-se de um tipo de indústria, a de bens de consumo não duráveis, que não exigia grande tecnologia ou altos investimentos de capital, mas que empregava grande quantidade de mão de obra.

A riqueza gerada pelas exportações de café possibilitou, ainda, o aumento das importações e a expansão das cidades, com a instalação de serviços públicos (como iluminação a gás e sistema de transporte urbano), novas práticas de diversão e até mesmo maior circulação de jornais e livros. A cidade que mais cresceu foi a de São Paulo, principalmente a partir de 1886, com a chegada de milhares de imigrantes.

**Principais produtos de exportação – 1891-1928 (% na receita das exportações)**

| Período / Produto | café | açúcar | algodão | borracha | couros e peles | outros |
|---|---|---|---|---|---|---|
| 1891-1900 | 64,5 | 6,0 | 2,7 | 15,0 | 2,4 | 9,4 |
| 1901-1910 | 52,7 | 1,9 | 2,1 | 25,7 | 4,2 | 13,4 |
| 1911-1913 | 61,7 | 0,3 | 2,1 | 20,0 | 4,2 | 11,7 |
| 1914-1918 | 47,4 | 3,9 | 1,4 | 12,0 | 7,5 | 27,8 |
| 1919-1923 | 58,8 | 4,7 | 3,4 | 3,0 | 5,3 | 24,8 |
| 1924-1928 | 72,5 | 0,4 | 1,9 | 2,8 | 4,5 | 17,9 |

**Fonte**: SINGER, Paul. O Brasil no contexto do capitalismo internacional: 1889-1930. In: FAUSTO, Boris (Org.). *História geral da civilização brasileira*: o Brasil republicano. São Paulo: Bertrand Brasil, 1989. v. 3. p. 355.

## Café: as crises de superprodução

Na década de 1920, o café, que era então responsável por mais da metade das exportações brasileiras, sustentava a economia do país.

A crescente produção cafeeira, contudo, acabou provocando graves problemas. O consumo do café brasileiro, que nesse período atendia a 70% da demanda mundial, estabilizou-se, mas os fazendeiros continuaram expandindo suas plantações. Com uma produção maior do que a capacidade de consumo, os preços internacionais caíram, causando prejuízos e gerando dívidas.

A primeira crise de **superprodução** ocorreu em 1893. Ao assumir a presidência em 1894, Prudente de Morais teve de lidar com grave crise econômica.

Campos Salles, que o sucedeu na presidência em 1898, fez um acordo com os credores internacionais conhecido como *funding loan*. Pelo acordo, que transformou todas as dívidas brasileiras em uma única, cujo credor era a casa bancária britânica dos Rothschild, o Brasil recebeu como empréstimo 10 milhões de libras esterlinas. Além de oferecer as rendas da alfândega do Rio de Janeiro como garantia, o governo se comprometeu a realizar uma política econômica deflacionária, retirando papel-moeda do mercado, o que gerou recessão, falências e desemprego – e não resolveu os problemas da superprodução de café e da queda dos preços no mercado internacional.

Greve de diversas categorias de trabalhadores na cidade de São Paulo. — 1917

Epitácio Pessoa assume a Presidência da República. — 1919

**Fique de olho!**

Museu do Café: <www.museudocafe.org.br>. Acesso em: 7 maio 2018.
Situado no centro histórico da cidade de Santos (SP), o Museu do Café oferece, em seu *site*, visitas virtuais e pesquisas sobre a cafeicultura no Brasil desde meados do século XVIII até os dias atuais.

Para evitar maiores prejuízos, representantes das oligarquias cafeeiras dos estados de São Paulo, Minas Gerais e do Rio de Janeiro reuniram-se na cidade paulista de Taubaté e elaboraram, em 1906, um plano para a defesa do produto, que, a princípio, não contou com o apoio do governo federal. O **Convênio de Taubaté** – como ficou conhecido esse encontro – estabeleceu a **política de valorização do café**, pela qual os governos dos estados conveniados recorreriam a empréstimos externos para comprar e estocar o excedente da produção de café, até que seu preço se estabilizasse no mercado internacional, de modo a garantir o lucro dos cafeicultores. Para o pagamento dos juros da dívida, seria cobrado um imposto sobre as exportações de café.

A política de valorização do café foi benéfica apenas para os cafeicultores, em especial os paulistas, em detrimento dos fazendeiros de outros estados produtores de açúcar, algodão, charque, cacau etc. Além de acentuar as desigualdades regionais, grande parte dos custos dessa política acabou recaindo sobre a sociedade brasileira, que teve de arcar com os prejuízos.

Reprodução/Coleção particular

Carroças puxadas por muares, carregadas de sacas de café, no cais do porto de Santos, no estado de São Paulo. Cartão-postal editado em 1910, aproximadamente. A cafeicultura estimulou o desenvolvimento de fábricas têxteis que confeccionavam, entre outros produtos, os sacos de juta usados para embalar o café.

## Muita borracha

No começo da República, outro importante produto de exportação era a borracha da Amazônia, que alcançou seu auge entre 1890 e 1910.

Em meados do século XIX, desenvolveu-se o processo de vulcanização da borracha: ainda utilizado, permite o seu uso em instrumentos cirúrgicos e de laboratório. O sucesso do produto aconteceu mesmo ao ser empregado na fabricação de pneus tanto de bicicletas como de automóveis.

**vulcanização:** processo industrial que consiste em colocar a borracha em altas temperaturas e adicionar enxofre, tornando-a resistente sem perder a flexibilidade.

Em 1852, o Brasil exportava 1 600 toneladas de borracha (2,3% das exportações nacionais). Em 1900, já ultrapassava os 24 milhões de toneladas, o que equivalia a quase 30% das exportações.

Além de empregar cerca de 110 mil pessoas que trabalhavam nos seringais, a extração do látex na região Norte fez com que as cidades de Belém e Manaus passassem por grandes transformações: expansão urbana, instalação de serviços (iluminação pública, bondes elétricos, serviços de telefonia e de distribuição de água).

Oligarquias dissidentes lançam a candidatura de Nilo Peçanha na chamada Reação Republicana contra o candidato oficial, Artur Bernardes.

1921

Semana de Arte Moderna em São Paulo. Fundação do PCB. Revolta dos 18 do Forte. Artur Bernardes assume a Presidência da República.

1922

A partir de 1910, contudo, a entrada da borracha de origem asiática no mercado internacional provocou um drástico declínio na produção amazônica. Extraída em colônias inglesas e holandesas, a borracha asiática tinha maior produtividade, melhor qualidade e menor preço.

# 4. Mundo urbano

No final do século XIX, a parte central da cidade do Rio de Janeiro, que nessa época ainda era a capital da República, constituía-se de ruas estreitas e sinuosas, ocupadas por cortiços, casas de cômodos, oficinas e outros edifícios, onde moravam trabalhadores que exerciam por ali mesmo suas atividades.

**casas de cômodos:** assim eram denominadas as casas em que os proprietários alugavam quartos.

Essa região da cidade era insalubre e seus habitantes sofriam com uma série de epidemias. Em 1891, a febre amarela matou cerca de 4 500 pessoas; a varíola, quase 4 mil e a malária, um pouco mais de 2 200. Havia ainda a cólera, a peste bubônica e a disenteria. Os higienistas do final do século XIX apontavam os cortiços e as ruas estreitas como fatores favoráveis à proliferação de doenças e epidemias, pois impediam a livre circulação do ar e a entrada da luz do sol.

Ao assumir a presidência, em 1902, Rodrigues Alves estava determinado a modificar o centro do Rio de Janeiro e a modernizar a cidade – que crescia para a zona sul, com a expansão das linhas de bondes elétricos, e para a zona norte, com os trens de subúrbios. Para isso, naquele ano, nomeou o engenheiro Francisco Pereira Passos para a prefeitura.

Pereira Passos deu início à modernização da capital, ampliando o cais do porto, que recebeu guindastes elétricos e novas vias de acesso. Mas sua grande obra foi a abertura da avenida Central, atual Rio Branco, cortando o centro da cidade. Em ritmo acelerado, a remodelação começou em fevereiro e terminou em setembro de 1904. Na nova avenida foram construídos grandes edifícios, como a Escola Nacional de Belas Artes, a Biblioteca Nacional e o Teatro Municipal.

Muitas outras ruas no centro da cidade também foram abertas ou alargadas, e os cortiços e as casas de cômodos que nelas existiam foram demolidos.

Augusto Malta/Museu Histórico Nacional, Rio de Janeiro, RJ.

Augusto Malta/Acervo Instituto Moreira Salles.

À esquerda, foto da avenida Central (atual Rio Branco), no Rio de Janeiro, em 1904, pouco tempo após sua inauguração. Em primeiro plano, à esquerda, estão os edifícios do Museu Nacional de Belas Artes, da Biblioteca Nacional e a antiga sede do Supremo Tribunal Federal. À direita, foto do largo da Sé, atual largo de São Francisco, no Rio de Janeiro, em 1909. Nela aparecem quiosques e vendedores ambulantes, aos quais Passos também declarou guerra no início do século XX.

Transmissão da primeira estação de rádio no Brasil, a Rádio Sociedade do Rio de Janeiro, fundada por Roquette-Pinto.

1923

Revolta tenentista em São Paulo.

1924

Expulsos de suas moradias, os trabalhadores que residiam e trabalhavam na área central foram obrigados a subir os morros – dando origem às primeiras favelas cariocas –, já que, devido ao preço do transporte, morar nos subúrbios não era uma opção para eles.

Com o objetivo de tornar o Rio de Janeiro uma cidade com padrões europeus e valores burgueses, Pereira Passos perseguiu os quiosques e vendedores ambulantes que vendiam alimentos nas vias públicas. Também proibiu ordenhar vacas, cuspir e urinar nas ruas e soltar pipas e balões.

## A Revolta da Vacina

Além de modernizar a cidade, era necessário erradicar as doenças epidêmicas da capital da República. Com base nas então recentes descobertas sobre os microrganismos e a capacidade de mosquitos, moscas e pulgas transmitirem doenças, o médico sanitarista Oswaldo Cruz, a quem coube essa tarefa, estava decidido a erradicar a febre amarela, com o combate aos mosquitos; a varíola, com a **vacinação**; e a peste bubônica, com a caça aos ratos, cujas pulgas transmitem a doença.

Em junho de 1904, Rodrigues Alves enviou um projeto de lei ao Congresso que propunha a obrigatoriedade da vacinação contra a varíola.

No Rio de Janeiro, havia grande insatisfação popular contra as reformas urbanas do prefeito Pereira Passos. Mas a obrigatoriedade de introduzir líquidos desconhecidos no corpo, imposta de maneira autoritária pelo governo e sem esclarecimentos à população, que à época desconhecia os benefícios da vacinação, gerou forte resistência. Havia também questões morais: à época, os homens não admitiam que, em sua ausência, suas residências fossem invadidas por estranhos que tocassem no corpo de suas esposas e filhas para aplicar vacinas. Como a maioria das mulheres partilhava esses mesmos valores, quando a lei da vacinação obrigatória foi publicada nos jornais, estourou uma revolta.

**Fique de olho!**

***Sonhos tropicais*.**
Direção: André Sturm.
Brasil, 2001.
Em meio à revolta que eclodiu contra a vacinação obrigatória no Rio de Janeiro, o filme narra a determinação de Oswaldo Cruz em sanear a cidade.

Inicialmente, militares tentaram depor Rodrigues Alves, mas logo foram dominados por tropas fiéis ao governo. A maior reação, entretanto, ficou por conta da população mais pobre. Entre os dias 10 e 13 de novembro de 1904, a cidade foi tomada por manifestantes: as estreitas ruas do centro foram bloqueadas por barricadas e os policiais, atacados com pedradas.

Nesta charge de 1904, critica-se a lei da vacina obrigatória, chamando-a de "o espeto obrigatório".

A repressão policial foi violenta. Qualquer suspeito de haver participado da revolta foi jogado em porões de navios e mandado para o Acre. A vacinação obrigatória acabou sendo suspensa, e, quatro anos depois, uma epidemia de varíola matou mais de 6 mil pessoas no Rio de Janeiro. Foram necessários muitos anos para que os governantes reconhecessem que nada conseguiriam com imposições e práticas autoritárias sobre a população. Nos anos 1960, com campanhas de esclarecimento, a vacinação em massa tornou-se comum no país. Em 1971, ocorreu o último caso de varíola no Brasil.

Formação da Coluna Prestes-Miguel Costa.

1925

Washington Luís assume a Presidência da República.

1926

## A Revolta da Chibata

Ainda no início do século XX, os marujos da Marinha de Guerra brasileira viviam sob péssimas condições de trabalho: soldos miseráveis, má alimentação, trabalhos excessivos e opressão da oficialidade. Mas os castigos físicos aos quais eram submetidos, principalmente com o uso da chibata, eram ainda mais graves. Em 22 de novembro de 1910, marinheiros do encouraçado *Minas Gerais* se revoltaram contra a punição de um colega condenado a receber 250 chibatadas.

Liderados por João Cândido, eles tomaram a embarcação, prenderam e mataram alguns oficiais e apontaram os canhões para a cidade do Rio de Janeiro. Os marujos do encouraçado *São Paulo* e de outras seis embarcações, também ancoradas na baía de Guanabara, aderiram à revolta. Os revoltosos exigiam melhores condições de trabalho e o fim dos castigos corporais.

O Congresso negociou com os revoltosos e, somente após sua rendição, concedeu-lhes anistia. Mas o ambiente continuou tenso. Em 4 de dezembro, diante de novas punições, outra revolta eclodiu na ilha das Cobras. Os oficiais reagiram de maneira dura e bombardearam a ilha.

Prédio na rua Marechal Floriano, na cidade do Rio de Janeiro, atingido por um petardo durante a Revolta da Chibata. Fotografia de c. 1910.

Depois, prenderam 600 marinheiros, inclusive os que participaram da primeira revolta, entre eles João Cândido, apelidado de "almirante negro". Jogados em prisões solitárias por vários dias, muitos deles morreram. Os demais foram detidos em porões de navios e mandados para a Amazônia, ou executados durante a viagem.

# 5. Revoltas do povo

Entre o fim do século XIX e o início do século XX, várias mudanças ocorreram no Brasil – o fim da escravidão; a instauração da República; a ascensão de novas formas de poder político, como a dominação oligárquica e o coronelismo; a expansão do capitalismo com novas formas de relações econômicas e sociais –, desagregando modos de vida e relações tradicionais.

Com a instauração da República, o Estado e a Igreja separaram-se, tornando-se independentes entre si. Na prática, isso significava que a Igreja perdia várias atribuições, como o registro para casamentos, nascimentos e óbitos, mas obtinha autonomia, ficando livre da tutela do Estado, sob a qual se encontrava desde os tempos coloniais.

Populares de algumas regiões do interior do país reagiram, mostrando-se insatisfeitos com essa perda de poder da Igreja.

Três desses movimentos populares tiveram grande importância: a devoção ao padre Cícero, o arraial de Canudos e o Contestado.

**Fique de olho!**

ROLAND, Maria Inês. *A Revolta da Chibata: Rio de Janeiro, 1910*. São Paulo: Saraiva, 2000.
Contextualiza o movimento liderado por João Cândido no início do século XX, em meio às mudanças econômicas, sociais e culturais que ocorriam no Rio de Janeiro.

## Reunindo fiéis: padre Cícero

Padre Cícero, aos 80 anos de idade. Fotografia de c. 1924.

Em 1889, no povoado de Juazeiro do Norte, no sul do estado do Ceará, durante uma missa celebrada pelo padre Cícero Romão Batista (1844-1934), uma beata teria sangrado pela boca logo após receber a hóstia.

A notícia do suposto milagre – da hóstia que teria se transformado em sangue – espalhou-se, aumentando o prestígio do padre, que passou a ser idolatrado na região. Além das funções de padre, ele desempenhava as de juiz e de conselheiro. Também ensinava práticas de higiene, acolhia doentes e criminosos arrependidos. Seu prestígio era tamanho que a alta hierarquia da Igreja chegou a ficar incomodada e temerosa de que essa veneração estimulasse práticas religiosas fora de seu controle – o que, de fato, aconteceu.

Em 1892, o padre foi impedido de pregar e ouvir em confissão. Dois anos depois, a Congregação para a Doutrina da Fé decretou a falsidade do milagre em Juazeiro do Norte, provocando a reação da população. Movimentos de solidariedade se formaram e irmandades se mobilizaram a favor do padre Cícero. Imensas romarias passaram a se dirigir à cidade. Algumas pessoas diziam ter visões que anunciavam a proximidade do fim do mundo e o retorno de Cristo. Surgia um movimento que desafiava as autoridades eclesiásticas da região.

Em 1911, inserido na política oligárquica local, padre Cícero foi eleito prefeito de Juazeiro do Norte e se tornou o principal articulador de um pacto entre os coronéis da região do vale do Cariri.

Padre Cícero lutou em vão até o ano de sua morte, 1934, para provar que o milagre em Juazeiro do Norte havia ocorrido. Apenas em 2016, a Igreja Católica se reconciliou com o padre, suspendendo todas as punições que havia lhe imposto.

**Congregação para a Doutrina da Fé:** instituição da Igreja católica que sucedeu à Inquisição, mas sem poder para julgar e condenar pessoas, somente para doutrinar.

## Canudos

Antônio Vicente Mendes Maciel (1830-1897) andava pelos sertões nordestinos pregando a fé católica. Tornou-se um beato conhecido como Antônio Conselheiro e passou a ser seguido por muitas pessoas. Em 1877, fixou-se com centenas delas no arraial de Canudos, um lugarejo abandonado no interior da Bahia, às margens do rio Vaza-Barris, ao qual renomearam Belo Monte.

A comunidade cresceu rapidamente. Famílias que fugiam da exploração dos latifundiários da região ou abandonavam suas terras de origem por causa da seca foram para Canudos. Também foi o caso de muitos jagunços que serviam aos coronéis. Estima-se que em poucos anos o arraial recebeu entre 20 e 30 mil pessoas pobres, em sua grande maioria, mas que em Canudos tinham ao menos uma casa para morar e terra para plantar.

Canudos tinha uma rígida organização social. No comando estava Antônio Conselheiro, também chamado de chefe, pastor ou pai. Doze homens, denominados apóstolos, assumiram as chefias dos setores de guerra, economia, vida civil, vida religiosa etc. O arraial contava com uma guarda especial formada pelos jagunços, chamada Companhia do Bom Jesus ou Guarda Católica. Havia também comerciantes.

Em 1896, um incidente alterou a paz do arraial. Comerciantes de Juazeiro não entregaram madeiras compradas por Conselheiro para a construção de uma nova igreja. Os jagunços se vingaram saqueando a cidade. Em resposta, o governo da Bahia enviou duas expedições punitivas a Canudos, ambas derrotadas pelos conselheiristas.

**Fique de olho!**

*Guerra de Canudos*. Direção: Sérgio Resende. Brasil, 1997.
Ao narrar o drama de uma família dividida pela decisão do pai de seguir Antônio Conselheiro, reconstitui a guerra que destruiu o arraial de Canudos.

Denúncias de que Canudos e Antônio Conselheiro faziam parte de um amplo movimento que visava restaurar a monarquia no país chegavam às capitais dos estados. A imprensa do Rio de Janeiro e a de São Paulo insistiam na existência de um complô monarquista. Na capital da República, estudantes, militares, escritores, jornalistas, entre outros grupos sociais, responsabilizavam o presidente Prudente de Morais por não reprimir Canudos.

Nesse contexto foi então organizada uma terceira expedição, chefiada pelo coronel Moreira César, veterano na luta contra os federalistas gaúchos. Formada por 1300 homens do Exército brasileiro e seis canhões, ela foi derrotada pelos conselheiristas, que mataram o coronel.

O fato tomou proporções nacionais, e Canudos passou a ser visto como uma real ameaça à República. Formou-se, assim, uma quarta expedição, que contava com 10 mil homens. Em outubro de 1897, o arraial foi destruído e sua população, massacrada – mesmo aqueles que se renderam foram degolados.

**O Conselheiro e a República**

Antônio Conselheiro, católico e monarquista, não aceitava as leis republicanas. Para ele, a República, por ser laica, só podia ser ilegítima. Nos textos que escreveu, defendia que homens e mulheres deveriam se resignar diante dos sofrimentos e aceitar a vontade de Deus.

Flávio de Barros/Museu da República, Rio de Janeiro, RJ.

Na fotografia acima, de Flávio de Barros, vemos mulheres e crianças que se entregaram ao Exército em outubro de 1897; os homens continuaram resistindo no arraial de Canudos.

## Contestado

Em 1911, um pregador itinerante de nome José Maria apareceu na região central de Santa Catarina. Ele afirmava que tinha sido enviado pelo monge João Maria, morto alguns anos antes. Na região Sul do país, monge tinha o mesmo significado que beato no Nordeste.

João Maria, quando vivo, fora contra a instauração da República e acreditava que somente a lei da monarquia era verdadeira. Apresentando-se como um continuador de suas ideias, José Maria organizou uma comunidade formada por milhares de homens e mulheres em Taquaruçu, nas proximidades do município catarinense de Curitibanos. Armados e sob a liderança de José Maria, eles criticavam a República.

Retrato do monge João Maria, de autoria desconhecida. Fotografia de c. 1910.

Muitos homens e mulheres que participavam desse movimento conhecido como Contestado, por ter ocorrido em uma área disputada entre os estados do Paraná e de Santa Catarina, eram pequenos proprietários expulsos de suas terras devido à construção de uma ferrovia, a *Brazil Railway Company*, que ligaria os estados de São Paulo e do Rio Grande do Sul.

A empresa pertencia a um dos homens mais ricos do mundo, o estadunidense Percival Farquhar. Como parte do pagamento à empresa construtora, o governo estadual doou 15 quilômetros de terras de cada lado da linha, prejudicando os camponeses que ali viviam. A situação era agravada pela presença de madeireiras.

Atacados pela polícia, em 1912, os fiéis deslocaram-se para Palmas, no Paraná. O governo do estado, que considerou se tratar de uma invasão dos catarinenses, atacou a comunidade e matou José Maria, dispersando a multidão de homens e mulheres que o seguia.

Um ano depois, cerca de 12 mil fiéis se reagruparam em Taquaruçu. A liderança do movimento ficou a cargo de um conselho de chefes, que difundiu a crença de que José Maria regressaria à frente de um exército encantado para vencer as forças do mal e implantar o paraíso na Terra. Em fins de 1916, forças do Exército e das polícias estaduais, com o apoio de aviões, reprimiram o movimento, matando milhares de rebeldes.

## 6. Os trabalhadores e suas lutas

No início da República, a vida dos trabalhadores era difícil, pois não havia leis que assegurassem seus direitos. Um homem adulto trabalhava, em média, 12 horas por dia. Algumas categorias profissionais chegavam a trabalhar sete dias por semana. Os salários eram miseráveis, as mulheres ganhavam menos do que os homens, e as crianças, ainda menos do que as mulheres. Tampouco havia leis que garantissem pensões, aposentadorias ou indenizações por acidente de trabalho. Os trabalhadores lutavam, portanto, por direitos que lhes dessem o mínimo de garantias no interior das fábricas e também fora delas.

Além de leis sociais e aumentos de salário, homens e mulheres também reivindicavam o reconhecimento e a valorização de seus trabalhos. Após 300 anos de escravidão no país, ainda prevalecia a crença de que o ideal era viver do trabalho alheio. O trabalho, principalmente o braçal, era visto como algo desprezível.

Nesse período, a classe trabalhadora era muito heterogênea. As diferenças regionais e nacionais quanto à origem dos trabalhadores se expressavam em variadas culturas, línguas e religiões. Além dos brasileiros, havia os imigrantes que chegavam ao Brasil – portugueses, italianos, espanhóis, alemães e, a partir de 1908, japoneses.

**Fique de olho!**

GOMES, Flávio dos Santos. *Negros e política (1888-1937)*. Rio de Janeiro: Zahar, 2005.
Por meio da história de trabalhadores negros que, desde a abolição da escravidão, organizaram-se em associações e partidos políticos, trata das políticas públicas por eles propostas e das diferentes concepções de cidadania que expressaram na virada do século XIX para o XX.

Para conquistar seus direitos, os operários se organizavam, como em outros países do mundo, em sindicatos, partidos políticos, associações mutualistas e ligas. Essas organizações pretendiam que os trabalhadores superassem suas diferenças e se reconhecessem como classe social.

As primeiras associações mutualistas – também chamadas de mútuo socorro – surgiram no final do século XIX e tiveram grande aceitação entre os operários nos anos 1910 e 1920. A maioria era formada pelos próprios trabalhadores, que contribuíam com um valor mensal. Mas havia também as que eram mantidas por sindicatos. Em momentos de necessidade, os filiados podiam contar com atendimento hospitalar, remédios, auxílio funeral, pensões para viúvas, auxílio a idosos e inválidos, entre outros benefícios.

Como não existia um sistema público de previdência social, as associações mutualistas apoiaram muitos trabalhadores em dificuldades e tornaram-se muito populares.

Reprodução/Arquivo Edgard Leuenroth, Universidade Estadual de Campinas, Campinas, SP.

Operários de uma fábrica de vassouras, na cidade de São Paulo, na década de 1920. É interessante observar quem são os trabalhadores: mulheres e homens adultos, mas também adolescentes e crianças. Como não existiam leis sociais, as crianças trabalhavam desde cedo, muitas vezes sem condições de frequentar a escola.

**A História no seu lugar**

A Consolidação das Leis do Trabalho (CLT), criada em 1943, legalizou as antigas reivindicações dos trabalhadores que remontavam, pelo menos, ao início do século XX. Essas reivindicações exigiam limitação das horas de trabalho, direito às férias remuneradas, ao seguro-desemprego, à aposentadoria, entre outros. No ano de 2017, uma nova lei trabalhista, aprovada no governo de Michel Temer, entrou em vigor, alterando a CLT.

Em grupo, pesquisem quais foram as alterações na lei e comparem-nas com as regras anteriores. Em seguida, discutam se as alterações foram ou não favoráveis aos trabalhadores.

## Anarquistas e socialistas

Nos primeiros anos da República as ideias socialistas difundiram-se no Brasil, dando origem a diversos partidos socialistas, a maioria sob a influência da ala moderada da Segunda Internacional Socialista, principalmente da social-democracia alemã. Em São Paulo e no Rio Grande do Sul, imigrantes italianos e alemães colaboraram para a divulgação do socialismo por meio da publicação de jornais e revistas.

A estratégia dos socialistas era a de eleger representantes dos operários para cargos legislativos e, assim, aprovar leis sociais. O problema é que grande parte dos operários era composta de estrangeiros que não possuíam o direito ao voto.

Outro movimento importante entre os operários na Primeira República foi o **anarquismo**. Negando qualquer forma de poder, os anarquistas afirmavam que todo governo era nocivo aos seres humanos. Desse modo, recusavam-se a formar um partido político ou a participar das eleições. Os anarquistas defendiam o fim do capitalismo e acreditavam que, por meio de uma revolução social, seria criada uma sociedade igualitária, fraternal e isenta de qualquer poder.

Em 1917, os anarquistas lideraram uma grande greve em São Paulo, que envolveu várias categorias profissionais, e foi motivada, a princípio, pela brusca queda do poder aquisitivo dos trabalhadores. Nos anos da Primeira Guerra Mundial (1914-1918), o custo de vida subiu, mas os salários, não. Calcula-se que eles se depreciaram em dois terços.

Reprodução/Arquivo Edgard Leuenroth, Universidade Estadual de Campinas, Campinas, SP.

Concentração operária na praça Mauá, no Rio de Janeiro, durante uma greve nos anos 1920. A greve foi um instrumento comum de reivindicações operárias no início do século XX.

A greve de 1917 começou na cidade de São Paulo e cerca de 700 mil trabalhadores pararam suas atividades. Ao final, os patrões cederam, concedendo reajustes salariais. Mas a perseguição policial aos anarquistas, a partir daí, tornou-se sistemática.

Na década seguinte, o Congresso discutiu e aprovou algumas leis sociais, como a limitação da jornada de trabalho infantil, o direito a férias e a formação de um sistema de aposentadorias. Na prática, contudo, nenhuma dessas leis foi implementada.

## O Partido Comunista

No final da década de 1910, muitas lideranças operárias ficaram impressionadas com o sucesso da Revolução Russa (1917). Vários grupos simpáticos aos comunistas surgiram no Rio de Janeiro, em São Paulo, no Rio Grande do Sul e em estados do Nordeste. Em março de 1922, alguns desses grupos realizaram um congresso e fundaram o Partido Comunista do Brasil (PCB). Em 1924, o partido filiou-se à Terceira Internacional Comunista, criada cinco anos antes.

Tomando como referência o marxismo, líderes do PCB estavam convencidos de que, por meio de uma revolução, tomariam o poder e implantariam a ditadura do proletariado, até alcançar o socialismo. Declarado ilegal logo após sua fundação, o PCB enfrentou forte repressão.

Os comunistas, em 1927, formaram, na ilegalidade, uma legenda para concorrer nas eleições: o Bloco Operário (depois Bloco Operário e Camponês – BOC), e elegeram dois representantes para o Conselho Municipal do Rio de Janeiro.

No final dos anos 1920, a luta dos trabalhadores por seus direitos sociais e pela construção de uma imagem positiva de si mesmos já havia avançado bastante.

## Outra dimensão | Personagem

### Bertha Lutz

Bertha Maria Júlia Lutz nasceu na cidade de São Paulo, em 1894. Filha do cientista brasileiro Adolfo Lutz e da enfermeira inglesa Amy Fowler, estudou na Sorbonne, França, onde se formou em Biologia.

Retornou ao Brasil em 1918 e, por concurso público, ingressou como bióloga no Museu Nacional. Bertha foi a segunda mulher a ingressar em um posto público por concurso no Brasil.

Quando viveu na Europa, ela entrou em contato com o movimento sufragista feminino em curso na Grã-Bretanha e com a luta das mulheres pelo direito de votar.

No Brasil, aderiu à causa e lutou pelos direitos políticos das mulheres brasileiras. Com outras ativistas, em 1919 fundou a Liga para a Emancipação Intelectual da Mulher.

Reconhecida como liderança, ela foi indicada como representante das mulheres brasileiras na Assembleia Geral da Liga das Mulheres Eleitoras, que ocorreu nos EUA em 1922, quando foi eleita vice-presidente da Sociedade Pan-Americana.

Ao retornar ao país, Bertha fundou a Federação para o Progresso Feminino, dando início à luta para garantir às mulheres brasileiras acesso aos direitos políticos, sobretudo o de votar. Durante o Congresso de Educação, sua proposta para garantir o acesso de meninas ao Colégio Pedro II, no Rio de Janeiro, foi vitoriosa.

Bertha Lutz atuou em diversos congressos nacionais e internacionais, sempre lutando pelos direitos das mulheres. Na Organização Internacional do Trabalho, defendeu a legislação social referente ao trabalho feminino. Fundou a União Universitária Feminina, a União das Funcionárias Públicas e a Liga Eleitoral Independente.

Incansável, Bertha terminou o curso de Direito em 1933 – um ano depois do então presidente Getúlio Vargas assinar um decreto garantindo os direitos políticos às mulheres.

Nas eleições de 1933 para a Assembleia Nacional Constituinte, Bertha se candidatou pelo Partido Autonomista do Distrito Federal, mas não conseguiu votos suficientes para se eleger. No ano seguinte, alcançou a primeira suplência de deputado federal – vaga que assumiu em 1936, com a morte do titular.

Na Câmara dos Deputados, continuou sua luta pelos direitos sociais das mulheres, como igualdade salarial, licença-maternidade de três meses e redução da jornada de trabalho.

Sua luta também se estendeu aos direitos civis das mulheres, com o fim da tutoria do marido sobre a mulher e a independência feminina no trabalho e no estudo.

O golpe do Estado Novo, em 1937, encerrou sua carreira política. Ela passou a se dedicar à sua profissão no Museu Nacional, aposentando-se em 1964. Em 1975, integrou a delegação brasileira no Congresso Internacional da Mulher, patrocinado pela ONU. Faleceu no ano seguinte.

- **Realize uma pesquisa sobre a conquista das mulheres por direitos políticos em alguns países, como Nova Zelândia, Finlândia, Grã-Bretanha, EUA, França, Itália, Argentina e Suíça.**

Bertha Lutz foi uma das mais importantes defensoras dos direitos civis, políticos e sociais das mulheres brasileiras. Fotografia de 1925.

Reprodução/Biblioteca do Congresso, Washington D.C., EUA.

// Capa do catálogo da exposição de artes plásticas apresentada durante a Semana de Arte Moderna de São Paulo, que aconteceu entre os dias 11 e 18 de fevereiro de 1922.

# 7. O movimento modernista

No Brasil, como em grande parte do Ocidente, a vida cultural era fortemente influenciada pelos europeus. No vestuário, na culinária, na literatura, na pintura, no teatro e em outras manifestações artístico-culturais, adotava-se, sobretudo, o padrão francês como modelo.

Com o fim da Primeira Guerra Mundial, em 1918, isso começou a mudar a partir de uma crise nos valores estabelecidos. Na própria Europa, buscavam-se novas formas de expressão cultural, numa espécie de rompimento com a tradição que ocorria desde as últimas décadas do século XIX. Na América, passou-se a questionar a superioridade cultural europeia.

Nos anos 1920, em diversas cidades do Brasil, principalmente em São Paulo e no Rio de Janeiro, surgiram jornais, revistas e manifestos publicados por artistas e intelectuais que, preocupados com a modernização do país, discutiam o que era ser brasileiro. Recusavam-se a copiar padrões europeus e propunham uma nova maneira de pensar e definir o Brasil, valorizando a memória nacional e a pesquisa das raízes culturais dos brasileiros. Era o **movimento modernista**, que se manifestou com grande impacto em São Paulo.

Entre os dias 11 e 18 de fevereiro de 1922, o Teatro Municipal de São Paulo abrigou a **Semana de Arte Moderna**. Em três noites de apresentação, artistas e intelectuais exibiram suas obras: houve música, poesia, pintura, escultura, palestras e debates. Nas artes plásticas, destacaram-se Anita Malfatti, Di Cavalcanti – responsável pela arte da capa do catálogo da exposição – e Lasar Segall (pintura); Victor Brecheret (escultura); e Oswaldo Goeldi (gravura). Oswald de Andrade apresentou as revistas *Papel e Tinta* e *Pirralho* e leu textos e poemas. Mário de Andrade, Ronald de Carvalho e Graça Aranha também leram seus trabalhos.

O maestro Villa-Lobos impressionou o público quando, na orquestra que regia, incluiu instrumentos de congada, tambores e uma folha de zinco. O público vaiou. Acostumada ao padrão europeu de música, a audiência rejeitava os instrumentos musicais das culturas africanas e indígenas. Para os modernistas, era preciso mostrar às elites que essas culturas também eram formadoras da cultura nacional.

## Ecos do Modernismo

A proposta dos modernistas de 1922 era superar a reprodução dos padrões europeus para então criar uma arte brasileira. Ser moderno era pesquisar as raízes da cultura nacional e inspirar-se na cultura popular (lendas, músicas, contos etc.).

Após a Semana de Arte Moderna, os artistas se dividiram em diversas vertentes. Uma delas, representando a ala conservadora, organizou-se no **movimento verde-amarelo**. Entre eles estavam Menotti Del Picchia, Plínio Salgado e Cassiano Ricardo.

Outra vertente, inicialmente denominada **matavirgismo**, foi concebida por Mário de Andrade, o autor de *Pauliceia desvairada* e *Macunaíma*. Para ele, o passado e as tradições não deveriam ser idealizados, como faziam os verde-amarelistas, mas deviam servir à compreensão do presente.

**Fique de olho!**

*Eternamente Pagu*.
Direção: Norma Bengell.
Brasil, 1987.
Muito jovem, Patrícia Galvão, a Pagu, participa da vida intelectual de São Paulo em fins da década de 1920. Aproxima-se de Oswald de Andrade e filia-se ao Partido Comunista.

Seguindo o matavirgismo, Oswald de Andrade liderou o **movimento antropofágico**. Tratava-se da seguinte ideia: no passado, os tupinambás comiam carne humana pensando que, assim, absorveriam as qualidades da pessoa sacrificada. Para Oswald de Andrade, o *Abaporu*, personagem criado pela pintora Tarsila do Amaral, selecionava o que comia.

Desse modo, não se tratava de recusar a cultura europeia, mas de recebê-la de maneira crítica. Era necessário selecionar o que poderia contribuir para a construção da nacionalidade e adequá-lo ao contexto brasileiro. O *Abaporu* era um mestiço que comia a cultura europeia, absorvendo aquilo que lhe interessava.

## No Rio de Janeiro

Na capital da República, o modernismo se expressou no intercâmbio cultural entre artistas, intelectuais e setores populares da sociedade. Era impossível ignorar a população negra, de origem africana, e suas expressões artísticas e culturais pela cidade, como o lundu e o maxixe.

Artistas e intelectuais costumavam frequentar as festas populares, os bares boêmios, os bailes de carnaval ou as "casas das tias", residências onde aconteciam rodas de samba, capoeira e candomblé. As culturas dos grupos populares acabaram se misturando, assim, com os valores dominantes da cultura erudita.

A maestrina Chiquinha Gonzaga (1847-1935), autora da marcha-rancho carnavalesca "Ô abre-alas!" é um exemplo dessa integração. Com ela, a distância entre a cultura popular e a cultura das elites ficou menor.

Chiquinha, uma pianista clássica de formação, costumava tocar um instrumento popular, o violão, ao passo que o sambista Sinhô tocava o erudito piano. Para alguns estudiosos, é essa interação entre o erudito e o popular que caracteriza o modernismo no Brasil.

Francisca Edwiges Neves Gonzaga, conhecida como Chiquinha Gonzaga, era pianista, compositora e maestrina. Foi autora de choros, valsas, marchas, serenatas, polcas e peças teatrais. Participou da campanha pelo fim da escravidão e pela instauração da República. Mulher independente, enfrentou grande preconceito. Fotografia do século XIX.

Reprodução/Funarte, Rio de Janeiro, RJ.

### Ser ou não tupi?

Em seu *Manifesto Antropofágico*, de 1928, Oswald de Andrade declarou: "*Tupi or not tupi, that is the question*". O que ele fez foi selecionar uma frase de Shakespeare ("*To be or not to be*"), recriando-a de acordo com o contexto brasileiro.

A questão no Brasil, portanto, não consistia na reflexão entre ser ou não ser, mas ser ou não tupi.

*Abaporu*, óleo sobre tela (85 cm × 73 cm), de Tarsila do Amaral, 1928. Em tradução livre, *Abaporu* significa o homem que come (*aba* é homem e *poru*, comer). A imagem sugere uma atitude de meditação: o apoio do rosto com uma das mãos. Mas o que chama a atenção no quadro é a desproporção entre o rosto e o pé e a mão da figura. Os modernistas davam grande importância às raízes culturais brasileiras, daí o pé enorme em contato com a terra. Para muitos, a figura representava o brasileiro: uma pessoa que se alimenta das mais variadas culturas.

Tarsila do Amaral Empreendimentos/Museu de Arte Latinoamericano de Buenos Aires, Fundação Costantini, Buenos Aires, Argentina.

# A política indigenista na Primeira República

A política indigenista adotada pelos primeiros governos republicanos foi muito similar à dos tempos do Império: promoção de aldeamentos, sujeição dos indígenas às leis da República, inserção no mercado de trabalho e "assimilação" cultural dos valores ocidentais.

No início do século XX, contudo, os governantes admitiram o fracasso desse projeto. Milhares de indígenas morriam por causa de diferentes doenças, além disso, invasores, geralmente os não indígenas, tomavam as terras dos nativos, matando-os se assim julgassem necessário.

Em 1908, no Congresso de Americanistas, em Viena, o governo brasileiro foi acusado de promover o extermínio das populações indígenas. Nesse contexto, dois anos depois, o governo Nilo Peçanha fundou o Serviço de Proteção aos Índios (SPI), com o objetivo de proteger os indígenas, defendê-los das violências que sofriam dos invasores, garantir a posse de suas terras e o respeito à sua cultura e, por fim, traçar uma política de ocupação do território nacional.

O coronel (depois marechal) Cândido Mariano da Silva Rondon (1865-1958) foi o primeiro presidente do SPI. Na época, ele era responsável pela instalação de redes telegráficas pelo interior do país. Nesse trabalho, Rondon e seu grupo encontravam povos indígenas, com os quais estabeleciam contatos amigáveis.

Após a aproximação pacífica, os funcionários do SPI demarcavam suas terras, cuidavam da saúde da comunidade, ensinavam técnicas agrícolas, promoviam alfabetização e ofereciam cursos profissionalizantes. Também os instruíam sobre as cerimônias cívicas e ensinavam noções de nacionalismo.

Embora a intenção fosse proteger os indígenas, acreditava-se que eles deveriam ser "integrados" à sociedade brasileira até que seus valores tradicionais fossem abandonados.

**Fique de olho!**

JANOTTI, Maria de Lourdes Mônaco. *Sociedade e política na Primeira República*. São Paulo: Atual, 1999. Trata dos conflitos sociais e do processo político-econômico da Primeira República por meio de personagens, como o líder da comunidade de Canudos, Antônio Conselheiro, o colono italiano Ângelo Longaretti, as operárias Maria Bueno e Maria Mathias, o modernista Oswald de Andrade e o líder tenentista Luís Carlos Prestes.

Reprodução/Museu do Exército, Rio de Janeiro, RJ.

Rondon com indígenas pianaroti na Guiana Holandesa, atual Suriname, em fotografia de 1928.

# 8. Os críticos da República

A Primeira Guerra Mundial e a Revolução Russa abalaram a crença no liberalismo e incentivaram a expansão das ideologias nacionalistas. Amplos setores da sociedade brasileira, entre eles artistas, intelectuais e a média oficialidade do Exército, estavam a par desses debates e suas críticas se voltaram, especialmente, contra o processo eleitoral fraudulento.

Muitos intelectuais, como Oliveira Viana e Alberto Torres, acusavam o sistema político brasileiro de falta de autenticidade e de não estar de acordo com a realidade do país. As instituições da República, diziam eles, eram "artificiais". A Constituição garantia direitos políticos aos cidadãos, mas, na prática, as oligarquias rurais manipulavam as eleições por meio de fraudes e, dessa forma, controlavam o poder.

O liberalismo era interpretado como a causa de muitos males que acometiam o país. Segundo esse grupo de intelectuais, o poder privado – exercido pelos coronéis e pelas oligarquias – sobrepujava o poder público. As leis existiam, mas não eram respeitadas. Tal situação era traduzida em uma famosa frase: "Para os amigos, tudo; para os inimigos, a lei".

Alguns intelectuais expressaram o que consideravam ser o maior problema gerado pelo liberalismo no Brasil, na máxima: "Falta poder público e sobra poder privado". Recusavam o liberalismo e o modelo de um país agrícola, monocultor, com um sistema político fraudulento e dominado pelas oligarquias, e defendiam, assim, um Estado centralizado. Acreditavam que somente com o fortalecimento do Estado haveria a ampliação do poder público, controlando e submetendo o poder privado.

Na revista *O Malho*, de 1904, o personagem Zé Povo é chamado de "Atlas da República" porque carrega nas costas as elites civil e militar do país.

## Os tenentes

Enquanto isso, setores da média oficialidade do Exército – como tenentes e capitães – atacavam o governo com armas, em um movimento conhecido como **tenentismo**. Alguns criticavam o liberalismo e defendiam um Estado forte e centralizado, expressando um nacionalismo não muito bem definido. Exigiam a moralização da política e das eleições e defendiam a adoção do voto secreto.

A primeira revolta tenentista ocorreu no Rio de Janeiro, em julho de 1922, no Forte de Copacabana. O objetivo era impedir a posse do presidente eleito Artur Bernardes e, no limite, derrubar o governo.

Revoltosos do Forte de Copacabana em marcha pela avenida Atlântica, no Rio de Janeiro, em 1922.

O presidente Epitácio Pessoa, com o apoio do Exército e da Marinha, ordenou o bombardeamento do forte. Muitos desistiram da luta, mas 17 deles decidiram resistir. Com fuzis nas mãos, marcharam pela avenida Atlântica. Um civil se juntou a eles. Ao final, sobraram apenas os militares Siqueira Campos e Eduardo Gomes. A rebelião ficou conhecida como a **Revolta dos 18 do Forte**.

Em julho de 1924 eclodiu outra revolta tenentista, dessa vez em São Paulo. Os revoltosos tomaram o poder na capital paulista. O objetivo era incentivar revoltas em todo o país até a derrubada do presidente Arthur Bernardes. A reação do governo federal foi bombardear a cidade. Acuados, os revoltosos resolveram marchar para Foz do Iguaçu.

## A Coluna Prestes-Miguel Costa

Enquanto isso, no Rio Grande do Sul, o jovem capitão Luís Carlos Prestes (1898-1990) liderava uma coluna militar que, partindo de Santo Ângelo, marchava ao encontro dos rebelados paulistas em Foz do Iguaçu. Quando se encontraram, em abril de 1925, formaram a **Coluna Prestes-Miguel Costa** e partiram em direção ao interior do país, para mobilizar a população contra o governo e as oligarquias. Com cerca de 1 500 homens, atravessaram 13 estados.

Perseguido pelo Exército, Prestes, utilizando-se de táticas militares inteligentes, impôs várias derrotas às tropas governistas, que nunca o derrotaram.

Após marcharem 25 mil quilômetros, cansados e sem perspectivas, em 1927 os soldados da coluna entraram no território boliviano, onde conseguiram asilo político. Por sua luta e capacidade de comando, Luís Carlos Prestes passou a ser considerado um herói e conhecido como "Cavaleiro da Esperança".

### Brasil: Coluna Prestes-Miguel Costa – 1924-1927

**Fontes:** CAMPOS, F.; DOLHNIKOFF, M. *Atlas:* História do Brasil. São Paulo: Scipione, 1994. p. 47.

# 9. A Revolução de 1930

No início da década de 1920, o sistema político da Primeira República começava a apresentar sinais de esgotamento. A realização da Semana de Arte Moderna, a fundação do Partido Comunista do Brasil e a eclosão da Revolta dos 18 do Forte de Copacabana eram indícios desse esgotamento. A própria sucessão presidencial, também no ano de 1922, foi marcada por uma forte disputa entre os grupos políticos estaduais.

Paulistas e mineiros haviam concordado em apoiar o mineiro Artur Bernardes. Mas as lideranças políticas do Rio de Janeiro, do Rio Grande do Sul, da Bahia e de Pernambuco optaram por lançar Nilo Peçanha como candidato. O movimento, conhecido como **Reação Republicana**, não propunha romper com o sistema oligárquico, mas abrir espaço para os grupos dominantes de outros estados, desafiando o domínio de paulistas e mineiros.

No entanto, os resultados das eleições eram previsíveis e Artur Bernardes saiu vitorioso. Os líderes da Reação Republicana não aceitaram a derrota e apelaram para os militares – o que fez eclodir a revolta tenentista no Forte de Copacabana, em 5 de julho de 1922.

Artur Bernardes governou sob estado de sítio, perseguiu o movimento operário e atuou de maneira bastante impopular nas cidades.

Em 1926, dissidentes do Partido Republicano Paulista (PRP) fundaram em São Paulo o Partido Democrático (PD), que defendia a adoção do voto secreto e obrigatório, a criação da Justiça Eleitoral e a independência dos três poderes.

O sucessor de Artur Bernardes, Washington Luís, suspendeu o estado de sítio e as perseguições ao movimento sindical. No entanto, não concedeu anistia política aos tenentes, como exigiam as oposições.

Em 1929, começaram as articulações para a nova sucessão presidencial. O presidente Washington Luís, do PRP, indicou para sucedê-lo o presidente do estado de São Paulo, Júlio Prestes.

Inconformadas, as oligarquias mineiras se aliaram aos gaúchos e aos paraibanos, lançando o nome do gaúcho Getúlio Vargas para a Presidência e de João Pessoa, paraibano, para a Vice-Presidência. O Partido Democrático, de São Paulo, apoiou a candidatura de Vargas.

Os dissidentes então formaram a **Aliança Liberal**, cuja plataforma política defendia o voto secreto, a criação de uma Justiça Eleitoral, a moralização da prática política, a anistia para os militares revoltosos dos anos 1920 e o estabelecimento de leis trabalhistas.

Lily/Coleção particular.

Cartaz do Partido Democrático confeccionado em 1928 para denunciar a prática do voto de cabresto.

### A crise de 1929 e as eleições de 1930

A disputa eleitoral foi agravada com a crise econômica mundial que, em outubro de 1929, quebrou a Bolsa de Valores de Nova York atingindo gravemente a economia brasileira. Centenas de fábricas foram à falência e milhares de trabalhadores ficaram desempregados. O café foi diretamente atingido com a queda do seu preço no mercado internacional.

Nas eleições ocorridas em março de 1930, Júlio Prestes venceu, mas os políticos da Aliança Liberal não aceitaram a derrota, alegando fraudes eleitorais. Mineiros e gaúchos conseguiram o apoio dos tenentes na luta contra o governo. No exílio argentino, Luís Carlos Prestes tinha aderido ao comunismo e recusou-se a participar das conversações.

A crise eclodiu com o assassinato de João Pessoa, em julho de 1930. Apesar de se tratar de um crime que misturava razões políticas locais e passionais, os políticos da Aliança Liberal transformaram o episódio em questão nacional e deflagraram uma revolução.

Iniciada em 3 de outubro de 1930, em Minas Gerais e no Rio Grande do Sul, ela se alastrou rapidamente pelo Nordeste. Diante da possibilidade de uma guerra civil, altos oficiais do Exército e da Marinha depuseram o presidente Washington Luís e formaram uma Junta Militar. Com a chegada das tropas rebeldes ao Rio de Janeiro, entregaram o poder a Getúlio Vargas. O movimento político-militar conhecido como **Revolução de 1930** saía vitorioso. Era o início da **Era Vargas**.

Reprodução/Coleção particular.

No Rio de Janeiro, populares comemoram a deposição do presidente Washington Luís em novembro de 1930.

## Imagens contam a História

### As oligarquias de São Paulo e Minas Gerais

O caricaturista Storni foi crítico do sistema político da República. Em 1925, ele publicou essa charge, na revista *Careta*, denunciando o domínio das oligarquias de São Paulo e Minas Gerais. O representante paulista diz para os das oligarquias de outros estados: "Tenham paciência, mas aqui não sobe mais ninguém!".

- Analise a charge ao lado e, depois, interprete a crítica formulada por Storni.

Charge de Storni de 1925.

Storni/Fundação Biblioteca Nacional, Rio de Janeiro, RJ.

## Roteiro de Estudos

### Para organizar

1. Logo após a proclamação da República, vários grupos políticos surgiram com propostas para a organização do poder. Que grupos eram esses, quais os seus projetos para a República e qual deles foi vitorioso?
2. Durante o mandato dos dois primeiros presidentes da República – os marechais Deodoro da Fonseca e Floriano Peixoto – o Brasil enfrentou graves crises. Cite quais são essas crises e explique suas causas.
3. A Constituição de 1891 garantia uma série de direitos políticos, mas, na prática, o voto era objeto de manipulação e fraude. Como era o sistema eleitoral na Primeira República?
4. Avalie a importância do café para a economia brasileira durante a Primeira República.
5. No início do século XX, a capital da República conheceu reformas urbanas e foram implementadas novas políticas de saúde pública. Nesse contexto, como explicar a Revolta da Vacina, que eclodiu na cidade em 1904?
6. Compare os movimentos de Canudos e Contestado, ressaltando suas diferenças e semelhanças.
7. Quais eram os principais movimentos que, na Primeira República, procuravam organizar os trabalhadores urbanos e que projetos defendiam para melhorar suas condições de vida?
8. Para os artistas brasileiros que se engajaram no movimento modernista, nos anos 1920, o que significava ser moderno?
9. Um processo conflituoso envolvendo interesses divergentes das oligarquias políticas de São Paulo e de outros estados e também dos tenentes resultou no movimento político-militar de 1930, chamado Revolução de 1930. Explique esses conflitos.

### Reflexões

#### Símbolos da República

A República foi proclamada. Mas não bastava força para sustentar o novo regime. Era preciso persuadir a sociedade. Para isso, os republicanos tiveram que formular símbolos, imagens e rituais que mostrassem à sociedade a legitimidade do novo regime político. Esses símbolos deviam marcar também as diferenças entre república e monarquia, comprovando as vantagens da primeira sobre a segunda.

Para o historiador José Murilo de Carvalho, autor de *A formação das almas: o imaginário da República no Brasil*, alguns eram, de fato, novos; outros nem tanto.

O primeiro símbolo a distinguir os dois regimes foi Tiradentes, eleito como herói cívico a ser cultuado pelos republicanos. Assim, o dia 21 de abril, data de sua morte, foi considerado feriado nacional, bem como o dia 15 de novembro, data da Proclamação da República.

O segundo foi uma bandeira para representar a República. Alguns clubes republicanos chegaram a criar uma, copiando a dos EUA: listras horizontais verdes e amarelas e, à esquerda, na parte de cima, um quadrado de fundo azul com estrelas brancas. Mas quem criou a nova bandeira foi Teixeira Mendes, um artista positivista.

A bandeira do Império tinha o fundo verde, o losango amarelo e um círculo azul. O verde representava a Casa de Bragança, dinastia de d. Pedro I, enquanto o amarelo, a Casa de Habsburgo, dinastia de d. Leopoldina. Dentro do círculo azul estavam os emblemas imperiais: a cruz, a esfera armilar; acima, a coroa e, nas laterais, os ramos de café e de tabaco.

Reprodução/Coleção particular.

Bandeira do Império brasileiro.

Teixeira Mendes substituiu os emblemas imperiais por uma orbe com estrelas e colocou uma faixa branca com os dizeres "Ordem e progresso", um lema positivista. Mantendo símbolos da monarquia com inovações republicanas, os positivistas diziam querer estabelecer uma relação entre passado e futuro.

Outro símbolo pertencente à tradição da monarquia que continuou presente foi o Hino Nacional. O novo governo abriu um concurso para escolher o novo hino. Ocorre que o Hino Nacional na época do Império – o mesmo de hoje – era muito popular. Como, então, deixar de reconhecer um símbolo cultuado pela população? Assim, manteve-se a música de Francisco Manuel da Silva, mas uma nova letra foi composta por Osório Duque Estrada. O concurso, então, elegeu o Hino da Proclamação da República: "Liberdade, liberdade, abre as asas sobre nós...". Se no caso da bandeira a vitória foi dos positivistas, no caso do Hino a vitória foi da população.

O último caso refere-se à criação de um símbolo republicano: a imagem de uma mulher. Recorrendo ao caso francês, em que a república é representada por um símbolo feminino, Marianne, os republicanos brasileiros tentaram fazer o mesmo no Brasil. Mas tratou-se de um símbolo importado que, sem referências históricas, não foi reconhecido pela sociedade brasileira.

- **Os símbolos nacionais representam o Brasil e identificam a nação brasileira. Eles são quatro: a bandeira, o hino, as armas e o selo. Por que os dois primeiros são mais conhecidos e populares?**

Décio Villares/Igreja Positivista do Brasil, Rio de Janeiro, RJ.

Um dos primeiros protótipos da bandeira da República brasileira, de c. 1890.

Rômulo Fialdini/Tempo Composto/Museu de Arte da Bahia/Salvador, BA.

De autoria de Manuel Lopes Rodrigues, essa tela de 1896 representa a imagem da mulher como símbolo republicano. *A República ou Alegoria da República* (óleo sobre tela, 228 cm × 113,5 cm).

## Vamos testar?

**1.** Leia o texto a seguir e, depois, faça o que se pede:

> Na Bruzundanga, como no Brasil, todos os representantes do povo, desde o vereador até ao Presidente da República, eram eleitos por sufrágio universal, e, lá, como aqui, de há muito que os políticos práticos tinham conseguido quase totalmente eliminar do aparelho eleitoral este elemento perturbador – "o voto".
>
> [...] Os mesários da Bruzundanga lavravam as atas conforme entendiam e davam votações aos candidatos, conforme queriam.
>
> [...]
>
> Raro é o homem de bem que se faz eleitor, e se se alista, para atender a pedidos de amigos, não tarda que o seu diploma sirva a outro cidadão mais prestante, que no dia do pleito, para fins eleitorais, muda de nome e toma o do pacato burguês que se deixa ficar em casa, e vota com eles. Isto é o que lá se chama: – "um fósforo".
>
> Às vezes semelhantes eleitores votam até com nomes de mortos, cujos diplomas apresentam aos mesários solenes e hieráticos que nem sacerdotes de antigas religiões.
>
> BARRETO, Lima. *Os bruzundangas*. Disponível em: <www.dominiopublico.gov.br/download/texto/bn000023.pdf>. Acesso em: 29 mar. 2018.

No trecho do livro *Os bruzundangas*, de 1922, o escritor Lima Barreto satiriza o processo eleitoral brasileiro de sua época. Com base no texto, assinale a alternativa correta sobre a vida política na Primeira República:

a) Como o voto era aberto, fraudes nas eleições eram comuns, embora a Justiça Eleitoral punisse com rigor os que cometiam crimes eleitorais.

b) Era chamada "política do café com leite" a aliança eleitoral entre São Paulo, estado grande produtor de café, e os estados pecuaristas do sul do país.

c) O sistema político da Primeira República tinha por base o "coronelismo". Eram chefes políticos locais que organizavam "eleições a bico de pena", ou seja, fraudavam as atas eleitorais, reuniam os votantes em "currais eleitorais" e recorriam muitas vezes à violência.

d) Os eleitores votavam nos candidatos indicados pelo coronel da região não apenas por favores prestados, mas, sobretudo, porque eles representavam de maneira legítima o eleitorado na Câmara dos Vereadores e nas Assembleias Legislativas.

e) A fim de moralizar as eleições, a Comissão de Verificação de Poderes da Câmara Federal conferia a lisura do pleito eleitoral, excluindo os que se elegiam por meio de fraudes.

**2.** Durante o período da Primeira República, houve diversos movimentos sociais de rebeldia popular. Leia e avalie as afirmações a seguir.

I. A Revolta da Vacina ocorreu devido à reação da população da cidade à lei que tornava obrigatória a vacinação contra a varíola. Não houve esclarecimento dos benefícios da vacina, e homens protestavam contra a possibilidade de enfermeiros tocarem em suas mulheres e filhas. Além disso, a insatisfação das pessoas com as reformas urbanas e a derrubada dos cortiços contribuíram para gerar a revolta.

II. A Revolta da Chibata eclodiu nos navios da Marinha de Guerra por causa da insatisfação dos marinheiros com os castigos corporais. Apesar de anistiados, muitos deles, mais adiante, foram severamente punidos pela oficialidade da Marinha.

III. Em Juazeiro do Norte, muitos fiéis seguiam a liderança de padre Cícero. A Igreja católica reconheceu os milagres realizados por ele, permitindo que Cícero fosse eleito prefeito da cidade.

IV. Milhares de pessoas, fugindo da miséria e da exploração dos latifundiários, passaram a viver no arraial de Canudos sob a liderança de Antônio Conselheiro. Embora ele fosse contra a República, nunca atacou o governo e também não afirmava ser capaz de fazer milagres. A destruição de Canudos pelo Exército foi uma das maiores tragédias da Primeira República.

V. O Contestado foi uma revolta que surgiu entre os estados do Paraná e Santa Catarina devido à expulsão de camponeses de suas terras por uma empresa ferroviária. O movimento revoltoso não teve nenhuma relação com práticas religiosas.

VI. Os movimentos de Canudos, Juazeiro do Norte e do Contestado são considerados reação ao fim da Monarquia e à instituição da República; às novas práticas políticas, como o coronelismo; e à expansão do capitalismo, que desagregou formas tradicionais de viver daquela população.

Assinale a alternativa correta:

a) As alternativas I, II, III e VI estão corretas.

b) As alternativas I, III, IV e V estão corretas.

c) As alternativas I, II, IV e VI estão corretas.

d) As alternativas I, III, IV e V, estão corretas.

e) As alternativas I, II, V e VI estão corretas.

**Conexões** História e Biologia

## Varíola: um vírus mortífero

A varíola é uma doença infectocontagiosa que provocou a morte de milhões de pessoas no mundo ao longo dos séculos. A transmissão ocorre de indivíduo para indivíduo, principalmente pelas vias respiratórias. Formas diferenciadas do vírus podem atacar bovinos, galinhas, macacos e camelos.

O tempo de incubação do vírus no ser humano é de até 17 dias. Após esse período, surgem sintomas como febre alta, cansaço e dores na garganta, na cabeça e nas costas, além de erupções vermelhas por todo o corpo – que se transformam em bolhas purulentas que causam coceira e dor severa. Por não ter cura, a varíola leva a maior parte dos infectados à morte.

No Brasil, como o governo federal havia suspendido a vacinação contra a doença após a Revolta da Vacina de 1904, uma epidemia de varíola matou mais de 6 mil pessoas no ano de 1908.

- **Pesquise para responder às seguintes questões:**
  a) Como o médico inglês Edward Jenner descobriu, no final do século XVIII, uma maneira para imunizar as pessoas contra a varíola?
  b) Descreva as estratégias utilizadas para erradicar a varíola do mundo desde o século XIX.

CAPÍTULO

2

# A Primeira Guerra Mundial: crise da utopia liberal

John Singer Sargent/Museu Imperial da Guerra, Londres, Inglaterra.

*Gaseados* é uma pintura de 1919, produzida por John Singer Sargent (óleo sobre tela, 231 cm × 611 cm). Durante a Primeira Guerra Mundial, o então Ministério da Informação britânico, desativado logo após o fim do conflito, havia encomendado uma obra ao pintor italiano de ascendência estadunidense, John Sargent, que apresentasse as tropas da Grã-Bretanha e dos Estados Unidos batalhando juntas. O pintor, tendo percorrido as trincheiras de frente sem encontrar inspiração, fugiu do tema proposto e retratou grupos de soldados cegos devido ao ataque com gás mostarda, caminhando de olhos vendados, apoiando-se uns nos outros e orientados por um guia. No chão, há outros soldados, todos deitados e de olhos vendados, à espera de socorro médico.

**Puxando pela memória**

A Primeira Guerra Mundial encerrou um período de grande otimismo e efervescência cultural na sociedade europeia, surgido após a Guerra Franco-Prussiana (1870-1871) e motivado pelas inovações tecnológicas – como o cinema, o telefone, o automóvel, a energia elétrica, entre outros – que possibilitaram novas formas de percepção da realidade. Você saberia dizer como ficou conhecido esse período?

Até 1914, as guerras que ocorreram foram entre países ou um grupo deles. Não existia a expressão "guerra mundial". Naquele mesmo ano, um conflito de proporções catastróficas envolveu as grandes potências europeias. Entre 1914 e 1918, na "Grande Guerra", como foi chamada inicialmente, aviões foram usados como armas pela primeira vez, assim como o lança-chamas. O tanque de guerra foi inventado nessa época e pistolas, morteiros, rifles, metralhadoras e granadas foram sofisticados e produzidos em larga escala. No entanto, as armas mais mortíferas foram as químicas, como o gás mostarda. Com razão, o historiador Eric Hobsbawm afirma que aquela guerra inaugurou a "era do massacre".

Vitória alemã na Guerra Franco-Prussiana. Consolidação da unificação alemã.

Bismarck promove uma aliança com o Império Austro-Húngaro.

Cronologia deste capítulo

1871

1879

# 1. As interpretações da Grande Guerra

Como explicar a Grande Guerra? O que fez os países europeus deflagrarem um conflito que acabou se estendendo por muitos anos e envolveu direta ou indiretamente diversos países do planeta? Uma explicação bastante conhecida reitera o caráter imperialista da guerra, ressaltando as disputas entre Grã-Bretanha e Alemanha pela redistribuição das colônias africanas e asiáticas e pelo mercado mundial.

No entanto, para compreendê-la, é necessário considerar outros aspectos. Por exemplo, o fato de a guerra haver se concentrado em território europeu e as batalhas em regiões coloniais terem ocorrido como consequência do que acontecia na Europa. Também é preciso ponderar que, às vésperas da Grande Guerra, os conflitos decorrentes das disputas coloniais não se apresentavam como insolúveis ou inegociáveis.

Desde fins do século XIX, uma série de rivalidades políticas era alimentada pelo clima de exacerbação nacionalista e pelo avanço do militarismo no continente, sobretudo na Grã-Bretanha, na Alemanha, na França e na Rússia.

A Inglaterra foi o primeiro país a se industrializar, dispondo de vasto mercado consumidor. Além de fornecer produtos industrializados para suas colônias, delas recebia boa parte das matérias-primas de que necessitava. No início do século XX, porém, os ingleses passaram a competir com outros países que também se industrializavam, como era o caso da Alemanha, cujas indústrias eram fortes concorrentes para as inglesas.

A Alemanha investiu pesadamente na industrialização, incentivando a formação de grandes empresas mediante a associação entre indústrias e bancos, e desenvolveu um sistema educacional técnico bastante eficiente. Na França, embora houvesse muitas indústrias, predominava uma economia agrária – no tocante à industrialização, os franceses estavam atrás dos ingleses e dos alemães. A Rússia, predominantemente agrária, era a economia mais frágil entre os gigantes europeus. Além disso, a maioria das principais indústrias em seu território era controlada por investidores estrangeiros.

**Fique de olho!**

RODRIGUES, Luiz Cesar B. *A Primeira Guerra Mundial*. Campinas: Atual, 2002.
Contextualiza a vida política e econômica dos países europeus às vésperas de 1914, descreve o conflito que durou quatro anos, avalia os tratados firmados no pós-guerra e finaliza com uma análise sobre a década de 1920.

Ministério da Guerra/Museu Altonaer, Hamburgo, Alemanha.

Neste postal de propaganda alemã, que data de 1914, veem-se, no primeiro plano, soldados alemães e austríacos espancando soldados da França, da Rússia e da Grã-Bretanha; enquanto os do Egito, da Sérvia, de Montenegro e da Bélgica observam, no segundo plano. À esquerda, atrás do soldado alemão, há a representação de um sol vermelho junto à inscrição "Japão".

Nesta caricatura russa de 1914, um soldado do Império Russo segura o imperador alemão pelo bigode, enquanto o imperador austro-húngaro se encolhe de medo.

## Cenário tenso

Naquele cenário tenso, em que as rivalidades entre os países se agravavam, destaca-se a que havia entre França e Alemanha. Na Guerra Franco-Prussiana, travada entre 1870 e 1871, os franceses perderam para os alemães as regiões da Alsácia-Lorena, ricas em carvão. O episódio feriu gravemente o orgulho dos franceses, que julgavam ser uma questão de honra a recuperação desses territórios.

Com a ascensão da Alemanha à categoria de grande potência capitalista, as tensões aumentaram ainda mais no continente, acentuando o desequilíbrio econômico e social. Para proteger seu comércio exterior, a Alemanha investiu em uma marinha mercante e de guerra, reforçando a concorrência com os produtos industriais britânicos.

Assim, diante da crescente possibilidade de um conflito armado, os alemães estabeleceram no final do século XIX uma aliança diplomática e militar com o Império Austro-Húngaro, o qual também concentrava focos de atrito no continente.

O Império Austro-Húngaro era um mosaico de nacionalidades – havia tchecos, eslovacos, bósnios, sérvios, croatas, romenos – que lutavam por sua autonomia. Os sérvios, por exemplo, identificavam-se com os interesses nacionais e culturais dos russos, alimentando diferenças e antagonismos com os austríacos.

A Rússia e o Império Turco-Otomano mantinham ressentimentos recíprocos. A exemplo dos impérios Russo e Austro-Húngaro, o Turco-Otomano também abrigava povos de várias línguas e religiões.

Todo esse clima de competição e rivalidade entre os países foi intensificado com a expansão das ideologias nacionalistas. As rivalidades políticas e o crescimento dos nacionalismos na Europa tiveram peso decisivo na eclosão da Grande Guerra.

# 2. A diplomacia de Bismarck e o colapso do equilíbrio europeu

A partir de 1880, diversos grupos organizados – em sintonia com a burguesia e os proprietários rurais – passaram a defender ideias fortemente nacionalistas. Recorrendo a discursos ufanistas e emocionais, essas organizações acreditavam que podiam mobilizar a população, reforçando o patriotismo, inclusive, entre povos que não contavam com um Estado próprio constituído, como era o caso dos sérvios.

As ideologias nacionalistas exaltavam as qualidades do Estado-nação e a ideia de superioridade em relação aos demais povos. Britânicos e franceses, por exemplo, acreditavam em uma suposta capacidade civilizadora do mundo. Os alemães, por sua vez, sonhavam com uma "Grande Alemanha", apoiada no **pangermanismo** – ideologia que defendia a anexação dos povos germânicos espalhados pela Europa Central, como holandeses, dinamarqueses (de língua alemã), austríacos, entre outros

Os russos apostavam no **pan-eslavismo**, a unificação dos povos eslavos dispersos pela Europa Oriental e pelos territórios do Império Austro-Húngaro – sérvios, eslovacos, poloneses, tchecos, etc. Mas havia também o pan-eslavismo sérvio, cuja missão era agrupar os eslavos do sul da Europa: eslovacos, croatas, búlgaros, etc.

**ufanismo:** patriotismo exagerado.
**eslavo:** termo que designa um grupo humano de origem indo-europeia. Inicialmente viviam na Europa Central e Oriental, mas, a partir do século VI, muitos deles se estabeleceram nos Bálcãs e na Ásia Central. Entre as populações que se reconhecem como eslavas estão poloneses, tchecos, russos, ucranianos, sérvios, entre outros.

Renúncia de Bismarck na Alemanha em decorrência da ascensão do imperador Guilherme II.

*1890*

Aliança franco-russa, confirmada em 1896.

*1894*

Apesar dessas rivalidades, a paz foi garantida no continente europeu nas últimas décadas do século XIX, em grande parte graças aos esforços do chanceler alemão Otto von Bismarck, que buscou estabelecer uma ordem internacional favorável ao Império Alemão. Para tanto, ele procurou evitar confrontos com a Grã-Bretanha, de modo a manter a neutralidade britânica na porção continental da Europa. Com a França, as dificuldades eram maiores em razão do ressentimento dos franceses após a derrota na Guerra Franco-Prussiana.

O **sistema de Bismarck**, como ficou conhecido o modo como o chanceler conduziu a política externa do Império Alemão, ficou ainda mais claro quando, em 1879, um pacto com o Império Austro-Húngaro contra quaisquer agressões vindas do leste ou do oeste foi firmado. Com a adesão da Itália em 1882, formou-se a chamada **Tríplice Aliança**.

Na Conferência de Berlim, encerrada em 1885, Bismarck também renunciou a maiores ambições coloniais, para não provocar britânicos e franceses.

O sistema do chanceler, contudo, entrou em colapso após sua renúncia, em 1890. Negando a política de Bismarck, o imperador Guilherme II lançou a Alemanha em uma política de expansão territorial (*Weltpolitik*).

Em 1894, a França firmou com a Rússia uma entente, isto é, um acordo que foi confirmado dois anos depois. Ao superar as rivalidades na corrida colonial, a França também se aproximou da Grã-Bretanha. Esse entendimento deu origem, em 1907, à **Tríplice Entente** – que incluía a Rússia.

Foi nessa tensa conjuntura política que marcou o final do século XIX e o início do século XX na Europa que se originou a Grande Guerra. A disputa pela hegemonia política, agravada pelas ideologias nacionalistas e pelo militarismo, havia se tornado central para as potências europeias, divididas em dois blocos rivais, a Tríplice Aliança e a Tríplice Entente. Qualquer guerra que viesse a eclodir no continente envolveria um amplo conjunto de nações.

## A Europa dividida – 1914

Banco de imagens/Arquivo da editora

**Fontes**: DUBY, G. *Atlas historique mondial*. Paris: Larousse, 2003. p. 48; ARRUDA, J. J. *Atlas histórico básico*. São Paulo: Ática, 1993. p. 27.

Derrota russa para os japoneses na disputa pela Manchúria e pela Coreia.

1904

Grã-Bretanha, França e Rússia formam a Tríplice Entente.

1907

**Fique de olho!**

VISENTINI, Paulo Fagundes. *Primeira Guerra Mundial*: relações internacionais do século 20. Porto Alegre: Editora da UFRGS, 2006.
O livro apresenta uma análise do contexto europeu que resultou na Primeira Guerra e o próprio conflito.

Antes da eclosão da Grande Guerra, ainda na primeira década do século XX, houve um grande investimento nas Forças Armadas das principais potências europeias. Alemanha, Grã-Bretanha, França e Rússia estimularam o alistamento de milhões de homens, com base nos ideais de nacionalismo e patriotismo, e encomendaram às suas indústrias armas, munições, navios de guerra, uniformes etc. Como os países ainda não estavam em guerra, tratava-se de uma **paz armada**.

Apesar dos lucros que tal investimento gerou para a indústria bélica, é um engano supor que a Grande Guerra ocorreu principalmente em decorrência dos interesses desse setor. Às vésperas do confronto, cerca de 19 milhões de soldados estavam prontos para as batalhas. Quando a guerra, de fato, começou, os próprios governantes ficaram surpresos com o entusiasmo que tomou conta das populações.

## 3. A Grande Guerra: 1914-1918

O estopim para a guerra foi o assassinato do príncipe herdeiro do Império Austro-Húngaro, Francisco Ferdinando, e de sua esposa, Sophia, cometido por um nacionalista sérvio do grupo Mão Negra no dia 28 de junho de 1914, na cidade de Sarajevo, capital da Bósnia-Herzegovina, à época província do império.

Ao assumir o trono, Francisco Ferdinando pretendia transformar o Império Austro-Húngaro, então uma monarquia dual composta pela Áustria e pela Hungria, em uma monarquia tríplice, reconhecendo as populações eslavas que o compunham. Essa ideia, contudo, contrariava os interesses nacionalistas dos sérvios, que tinham a pretensão de agrupar os eslavos do sul da Europa e formar uma "Grande Sérvia" independente.

Litografia colorida do suplemento ilustrado do periódico francês *Le Petit Journal*. A imagem representa o assassinato do príncipe herdeiro do Império Austro-Húngaro Francisco Ferdinando e de sua esposa, a duquesa Sophia, na cidade de Sarajevo, no dia 28 de junho de 1914.

Reprodução/Coleção particular

Em decorrência do assassinato de Francisco Ferdinando, o governo austro-húngaro declarou guerra aos sérvios em 28 de julho de 1914.

Os russos logo se posicionaram em defesa dos sérvios. Os alemães, solidários aos austríacos, declararam guerra à Rússia no dia 1º de agosto e, dois dias depois, à França, colocando em ação o ambicioso **Plano Schlieffen**: derrotar rapidamente a França antes que a Rússia pudesse mobilizar suas tropas. Desse modo, evitariam lutar em duas frentes de batalha. Para alcançar o território francês, invadiram a Bélgica – país que havia se declarado neutro no conflito.

Alegando a quebra da neutralidade belga, os britânicos declararam guerra contra a Alemanha, honrando a Tríplice Entente. Em 1915, a Itália, até então integrante da Tríplice Aliança, mudou de lado seduzida pelas promessas da Grã-Bretanha de concessões territoriais na costa adriática, sob o domínio do Império Austro-Húngaro, e partes de colônias alemãs na África. O conflito generalizou-se quando o Império Turco-Otomano declarou guerra aos seus antigos inimigos russos e aliou-se aos germânicos.

Cada país beligerante contou com o apoio, por vezes entusiasmado, de suas sociedades. O nacionalismo exacerbado e a crença de que o conflito era inevitável e seria curto mobilizaram amplos setores sociais de cada um dos países envolvidos.

Assassinato de Francisco Ferdinando, herdeiro do trono austro-húngaro. Início da Primeira Guerra Mundial.

1914

Itália entra na guerra ao lado da Tríplice Entente.

1915

## As trincheiras

As potências que compunham a Tríplice Aliança tiveram de combater em duas frentes: na ocidental, depois que os alemães declararam guerra à França; e na oriental, de modo a impedir o avanço dos russos.

Na frente ocidental, a guerra de trincheiras se impôs como realidade e como um dos maiores horrores do conflito. Trincheiras foram cavadas ao longo de centenas de quilômetros, cortando o território europeu de norte a sul e impedindo os exércitos alemães e franceses de avançar. No final do ano de 1914, os envolvidos no conflito perceberam que ele não seria rápido nem curto.

**trincheira:** fosso ou escavação feita no solo, cuja profundidade e parapeito servem como abrigo aos combatentes.

**Fique de olho!**

REMARQUE, Erich Maria. *Nada de novo no front*. Porto Alegre: L&PM, 2004.
Narra as experiências do autor como soldado alemão na Primeira Guerra, relatando os terríveis sofrimentos que viveu nas trincheiras e os horrores da guerra. Tornou-se sucesso de vendas pela sua mensagem pacifista.

Bettmann/Getty Images

Sob sol e chuva, frio e calor, milhares de soldados passaram meses enfiados na terra, com ratazanas e piolhos – e até mesmo com corpos em putrefação. A água e a comida eram racionadas. Na fotografia, soldados alemães descansam em uma trincheira.

O uso de novas armas também contribuiu para fazer da Grande Guerra um verdadeiro cenário de horrores. Pela primeira vez, utilizava-se o avião como arma bélica. Os britânicos inventaram o tanque de guerra. Já os alemães usaram lança-chamas e armas químicas, como o gás mostarda, que provocavam graves queimaduras. Mas o grande trunfo alemão foi o submarino. Ao afundar navios mercantes, sobretudo os que transportavam alimentos, eles conseguiram causar grande dano à população civil. Com seus submarinos, a Alemanha também conseguiu afundar quase um terço da frota britânica, em represália ao bloqueio naval decretado pelas potências da Tríplice Aliança.

Roger Viollet/Getty Images

Durante a Primeira Guerra Mundial, soldados franceses aguardam um ataque com máscaras contra gases. Fotografia de 1914.

Derrota alemã na Batalha de Verdun, travada em fevereiro.

1916

Bolcheviques tomam o poder na Rússia.
EUA declaram guerra à Alemanha.

1917

Rendição da Alemanha.
Fundação da República de Weimar.
Proclamação da República na Áustria.

1918

**Fique de olho!**

***Feliz Natal*** (Joyeux Noël). Direção: Christian Carion. França/Grã-Bretanha/Bélgica/Romênia/Alemanha, 2006.
Na noite de Natal de 1914, soldados alemães, franceses e irlandeses resolvem abandonar as trincheiras para confraternizar e trocar presentes.

**A História no seu lugar**

A Primeira Guerra Mundial ficou conhecida pelos horrores que milhares de soldados viveram nas trincheiras. Alguns deixaram relatos que contam da fome e do medo que sentiram, e também de como as experiências que viveram durante os quatro anos de confronto tornaram a morte banal para eles.

Nos tempos atuais, convivemos de forma tão próxima com a violência urbana que, para muitos, a morte pela criminalidade também se tornou banal. Cite algum caso de morte violenta ocorrido na sua cidade que, em sua opinião, foi tratado de forma banal pela opinião pública ou pela imprensa local.

## Investigando o documento

### A vida nas trincheiras

A Primeira Guerra Mundial ficou conhecida pelos horrores das trincheiras. Milhares de soldados, de ambos os lados, confinados nas trincheiras, padeciam com a fome, as doenças e o medo. Alguns relatos dos próprios soldados impressionam. Leia alguns.

O campo de batalha é terrível. Há cheiro de azedo, pesado e penetrante de cadáveres. Homens que foram mortos no último outubro estão meio afundados no pântano e nos campos de nabo em crescimento. [...] Um pequeno veio de água corre através da trincheira, e todo mundo usa a água para beber e se lavar: é a única água disponível. Ninguém se importa com o inglês pálido que apodrece alguns passos adiante. No cemitério de Langermark os restos de uma matança foram empilhados e os mortos ficaram acima do nível do chão. As bombas alemãs, caindo sobre o cemitério, provocam uma horrível ressurreição. [...]

De *Um fatalista na guerra*, de Rudolf Binding, que serviu em uma das divisões da Jungdeutschland.

[...] Estamos tão exaustos que dormimos, mesmo sob intenso barulho. A melhor coisa que poderia acontecer seria os ingleses avançarem e nos fazerem prisioneiros. Ninguém se importa conosco. Não somos revezados. Os aviões lançam projéteis sobre nós. Ninguém mais consegue pensar. As rações estão esgotadas – pão, conservas, biscoitos, tudo terminou! Não há uma única gota de água. É o próprio inferno!

De uma carta encontrada no bolso de um praça alemão na Batalha de Somme.

Ao ouvir alguns gemidos quando eu ia para as trincheiras, olhei para um abrigo ou buraco cavado ao lado e achei nele um jovem alemão. Ele não podia se mover porque suas pernas estavam quebradas. Implorou-me que lhe desse água, eu corri atrás de alguma coisa e encontrei um pouco de café que logo lhe dei para beber. Ele dizia todo o tempo "Danke, Kamerad, danke, danke" (Obrigado, Camarada, obrigado, obrigado). Por mais que odeie os boches, quando você os está combatendo, a primeira reação que ocorre ao vê-los caídos por terra e feridos é sentir pena [...]. Nossos homens são muito bons para com os alemães feridos. Na verdade, gentileza e compaixão com os feridos foram talvez as únicas coisas decentes que vi na guerra. Não é raro ver um soldado inglês e outro alemão lado a lado num mesmo buraco, cuidando um do outro, fumando calmamente. [...]

Tenente Arthur Conway Young, França, 16 de setembro de 1919.
Relatos extraídos de: MARQUES, Adhemar; BERUTTI, Flávio; FARIA, Ricardo. *História contemporânea através de textos*. São Paulo: Contexto, 2003. p. 119-120.

1. Os relatos dos soldados tratam de algumas situações-limite vivenciadas por eles. Em sua opinião, por que em um dos relatos o soldado define a vida nas trincheiras como "o próprio inferno"?

2. Como vimos, a expansão das ideologias nacionalistas foi determinante para a eclosão da Grande Guerra. Ainda assim, é possível perceber em um dos depoimentos que, de um ponto de vista mais particular, a guerra não excluiu ações de gentileza e compaixão que contrariavam o nacionalismo e o patriotismo extremados. Discuta sobre essa afirmação com base nos relatos dos soldados.

Tratado de Versalhes impõe condições humilhantes à Alemanha.
Tratado de Saint-Germain desmembra o Império Austro-Húngaro.

1919

Tratado de Sèvres divide o Império Turco-Otomano.

1920

## Mudança de rumos

A despeito do uso do avião e do submarino, o conflito foi travado, sobretudo, em terra. Na frente ocidental, a segunda grande ofensiva alemã ocorreu em 1916. Embora dispusessem de ampla superioridade militar, os alemães esbarraram na tenaz resistência francesa. Já na frente oriental, as forças alemãs e austríacas conseguiram barrar os russos.

A vitória tendia para o lado alemão, mas os acontecimentos começaram a mudar com a entrada dos Estados Unidos no conflito, em abril de 1917, após três anos de neutralidade.

Havia afinidade política e cultural entre os EUA e a Grã-Bretanha, além de interesses econômicos em curso – os estadunidenses vendiam armas e alimentos aos britânicos e também aos franceses –, mas o governo só entrou na guerra quando a situação parecia desfavorável aos seus aliados. A entrada dos Estados Unidos no conflito favoreceu a Tríplice Entente e fez com que a guerra, a partir daí, fosse considerada mundial.

Meses depois, contudo, em outubro de 1917, ocorreu uma nova reviravolta, beneficiando a Alemanha: eclodia uma revolução na Rússia. Em dezembro, o novo governo, de orientação socialista, acatando a vontade da população, anunciou a retirada do país da guerra. O custo dessa decisão foi grande para a Rússia, que teve de ceder vários territórios para a Alemanha. Além disso, com a saída dos russos do conflito, os alemães puderam concentrar suas forças na frente ocidental.

Em 1917, após três anos de lutas incessantes, as sociedades europeias envolvidas no conflito estavam cansadas, e os soldados, exaustos. O bloqueio naval franco-britânico e a guerra submarina alemã levaram a população europeia à fome. O custo de vida disparou, os salários não aumentavam e as mercadorias sumiam das prateleiras. Estimulado pelos protestos nas cidades, um amplo movimento pacifista surgiu exigindo o fim da guerra.

A partir de junho de 1918, a Tríplice Aliança acumulou sucessivas derrotas. Enquanto alemães e austríacos conheciam a fome, britânicos e franceses recebiam ajuda material e militar dos Estados Unidos.

O Império Austro-Húngaro ruiu, resultando na instauração de diversos Estados. Na Alemanha, o imperador Guilherme II abdicou e, diante da iminente derrota, o novo governo assinou o armistício em 11 de novembro de 1918. A Alemanha tornou-se uma república, conhecida como **República de Weimar**.

James Montgomery Flagg/Museu Smithsonian de Arte Americana, Washington D.C., EUA.

Em muitos países, o alistamento militar não era obrigatório. Por isso, inúmeros cartazes foram produzidos a fim de mobilizar a população para o esforço de guerra. Nessa imagem, de 1917, é a figura do Tio Sam que aponta para o público: "Eu quero você para o Exército dos Estados Unidos".

**Fique de olho!**

***O Barão Vermelho.*** Direção: Nikolai Müllerschön. Alemanha/Grã-Bretanha, 2008. O filme apresenta a história de um prestigiado piloto alemão. Ferido e no hospital, ele convive com os horrores causados pela guerra, tomando consciência do mal que fazia até então.

***O último batalhão.*** Direção: Russell Mulcahy. EUA, 2001. Trata da heroica resistência de um batalhão estadunidense, abandonado pelos aliados numa ofensiva ocorrida em 1918.

**armistício:** acordo entre países em guerra para suspender o conflito.

Fique de olho!

HOWARD, Michael. *Primeira Guerra Mundial*. Porto Alegre: L&PM, 2013.
Historiador das universidades de Oxford e Yale, o autor analisa o contexto europeu em 1914 e reconstitui, detalhadamente, todo o desenrolar da guerra até os acordos impostos pelos vencedores aos vencidos no final do conflito.

# 4. A guerra acabou, o mundo mudou

Em 1918, antes do fim do conflito, o presidente estadunidense Woodrow Wilson apresentou um plano para encerrar a guerra. Entre os chamados **14 pontos de Wilson** estavam: abolição da diplomacia secreta; liberdade de navegação e fim das barreiras econômicas entre as nações; limitação dos arsenais armamentistas; redefinição das fronteiras italianas; reformulação das práticas colonialistas, considerando os interesses dos povos colonizados; independência da Bélgica e da Polônia; restauração da Sérvia, de Montenegro e da Romênia; devolução da Alsácia-Lorena à França; autonomia dos povos submetidos ao Império Turco-Otomano; e a criação da Liga das Nações.

Inspirado na ideia de justiça entre os povos – sem vencidos nem vencedores –, o plano não interessou aos governos da França e da Grã-Bretanha, que condenaram pesadamente a Alemanha.

Em 19 de janeiro de 1919, diplomatas dos países vencedores encontraram-se na **Conferência de Paris**, com o objetivo de chegar a um acordo que resultasse no desarmamento da Alemanha e na reparação das perdas materiais provocadas pela guerra. O resultado foi o **Tratado de Versalhes**, que entre os alemães ficou conhecido como **Ditado de Versalhes**, por ser impositivo e humilhante. De acordo com esse tratado, fundamentado na **cláusula de culpa de guerra** estabelecida pelos vitoriosos, a Alemanha deveria ceder a Alsácia-Lorena e as minas de carvão da bacia do Sarre à França, e parte de seu território para a Bélgica, a Dinamarca, a Lituânia e a Polônia – que ganhou, assim, uma saída para o mar, o chamado corredor polonês, recuperando sua independência. As colônias alemãs na África foram divididas entre a França e a Grã-Bretanha.

Além de perder dois quintos de suas minas de carvão, dois terços das minas de ferro, um sexto das terras cultiváveis e um oitavo de todo seu gado bovino, a Alemanha teve todos os seus investimentos no exterior confiscados; teve de reduzir seu Exército a até 100 mil homens; foi proibida de produzir armamentos (canhões, aviões militares e artilharia antiaérea) e obrigada a entregar seus submarinos e navios (mercantes e de guerra) à Grã-Bretanha, à França e à Bélgica.

Além da Alemanha, a cláusula de culpa também atingia o Império Austro-Húngaro, de cujo desmembramento surgiram a Áustria, a Hungria, a Tchecoslováquia e a Iugoslávia. O Império Turco-Otomano também desmoronou, dando origem ao Iraque, à Síria, ao Líbano, à Palestina e à Transjordânia, nações sob controle da França e da Grã-Bretanha. O antigo império ficou reduzido à atual Turquia.

Granger/Fotoarena

Soldados estadunidenses comemoram o fim da guerra na França, em novembro de 1918.

Em abril de 1919, foi fundada a **Sociedade** ou **Liga das Nações**, com sede em Genebra, na Suíça, com o objetivo de garantir a paz e resolver os conflitos entre os países por meio de negociações e arbitramentos. Embora a iniciativa tenha partido do presidente estadunidense Woodrow Wilson, o Congresso dos EUA não aprovou a entrada do país na organização, optando pelo isolamento internacional.

**A Europa após a Primeira Guerra Mundial – 1921**

Banco de images/Arquivo da editora

**Fonte**: ARRUDA, J. J. *Atlas histórico básico*. São Paulo: Ática, 1993. p. 27.

# Balanço final

As consequências da Grande Guerra foram trágicas. Calcula-se que cerca de 10 milhões de pessoas, entre militares e civis, morreram no conflito – desse total, aproximadamente, 1 milhão de alemães e 1 milhão e 500 mil franceses, a maioria com menos de 25 anos de idade. Milhões de mulheres tornaram-se viúvas, com filhos para criar.

Os países europeus que se envolveram no conflito saíram economicamente arruinados, sobretudo a Alemanha.

Até a Grã-Bretanha, com todo seu extenso e rico império colonial, deixou de ser a grande potência do mundo. A partir de então, os países da Europa conheceram o declínio econômico.

Os EUA, que se industrializavam a passos largos desde fins do século XIX, aceleraram sua ascensão econômica, com os lucros advindos da venda de mercadorias e do fornecimento de empréstimos para os países envolvidos no conflito, principalmente os da Tríplice Entente.

Com o fim da guerra, assistiu-se ao declínio dos ideais liberais em boa parte da Europa. Enquanto a democracia liberal sofria fortes críticas, as ideologias autoritárias de direita e de esquerda começavam a ganhar prestígio.

Como resultado, as décadas seguintes seriam marcadas pelo confronto aberto entre partidos nacionalistas radicais e partidos comunistas vinculados à orientação soviética. Mas esse é um assunto para os próximos capítulos.

**Fique de olho!**

***Lawrence da Arábia.*** Direção: David Lean. Grã-Bretanha, 1962. Baseado na vida de Thomas Edward Lawrence, oficial do Exército britânico. Conhecido como Lawrence da Arábia, ele incentivou líderes árabes a se unirem e se organizarem pela independência do Império Turco-Otomano.

## Outra dimensão | Economia

### O Brasil e a Grande Guerra

Apesar de ter se mantido neutro no conflito, o Brasil também sentiu as consequências da Grande Guerra. As exportações de café caíram de forma dramática e, consequentemente, também a arrecadação de impostos provenientes de sua exportação.

Por outro lado, a queda de importações de produtos manufaturados provocada pela guerra estimulou o desenvolvimento da indústria brasileira com tarifas protecionistas e subsídios.

Em fevereiro de 1917, os alemães passaram a atacar inclusive os navios de países neutros. Mesmo com o protesto do governo brasileiro, o cargueiro Paraná, carregado com 4,5 toneladas de café, foi torpedeado em abril daquele ano. Nesse contexto, o Brasil rompeu relações diplomáticas com a Alemanha.

Em maio, dois outros navios brasileiros foram atacados. Como o governo manteve a postura de neutralidade, nas ruas surgiram movimentos de protesto, exigindo uma reação. Em resposta, o presidente Wenceslau Brás declarou guerra à Alemanha, em outubro de 1917.

- Pesquise de que maneira o Brasil participou da guerra.

Reprodução/Acervo Iconographia

Protesto contra o torpedeamento de navios brasileiros, em abril de 1917.

## Imagens contam a História

### Mulheres no trabalho

A YWCA (Young Women Christian Association) foi fundada na Inglaterra em 1885 com o objetivo de lutar pelos direitos das mulheres. Este cartaz da YWCA, produzido entre 1915 e 1917, traz os seguintes dizeres: "Mulheres estão trabalhando dia e noite para ganhar a guerra". O cartaz também pede ajuda financeira para a construção de salas de repouso, cantinas e albergues.

Durante a guerra, as mulheres entraram no mercado de trabalho substituindo os homens que estavam nos campos de batalha. Restritas até então a serviços domésticos, elas passaram a trabalhar em escritórios, fábricas e serviços públicos.

- Em sua avaliação, como a entrada das mulheres no mercado de trabalho contribuiu com a luta pela igualdade de direitos?

Universal History Archive/Getty Images/Coleção Particular

# Roteiro de Estudos

## Para organizar

1. Para compreender a eclosão da Primeira Guerra Mundial, é necessário considerar as rivalidades entre os países europeus desde fins do século XIX, além do crescimento das ideologias nacionalistas e do militarismo.
Analise e explique as principais divergências geradoras de tensões e conflitos entre Alemanha, Grã-Bretanha, França e Rússia.
2. O chanceler alemão Otto von Bismarck promoveu uma hábil política externa que, entre outros resultados, deu origem à Tríplice Aliança. Poucos anos depois, alguns países se uniram em um acordo conhecido como Tríplice Entente. Explique a formação dessas duas alianças na tensa conjuntura política europeia.
3. Nos anos anteriores à eclosão da guerra, como definir a expressão paz armada?
4. Por que as trincheiras e as novas armas tornaram a Primeira Guerra um cenário de horrores?
5. A saída da Rússia foi importante para os rumos da guerra, mas a entrada dos Estados Unidos foi decisiva para o fim do conflito. Comente essa afirmação.
6. Com o Tratado de Versalhes, Grã-Bretanha e França impuseram à Alemanha pesadas indenizações, perdas territoriais e inúmeras proibições. Cite duas imposições para cada item.
7. Cite os novos países que surgiram na Europa com a desagregação do Império Austro-Húngaro e do Império Turco-Otomano.
8. Analise e explique a participação do Brasil na Primeira Guerra Mundial.

## Reflexões

### De Grande Guerra a Primeira Guerra

A guerra de 1914 a 1918 foi tão impactante que, para muitos historiadores, ela representa o início do século XX.

Quando a guerra começou, muitos líderes políticos e militares acreditavam que o conflito duraria pouco tempo. Porém, essa previsão estava completamente equivocada — ela se estendeu no tempo e no espaço, contou com a participação de muitos países e acarretou morte e destruição para as sociedades diretamente envolvidas no conflito.

Quando a guerra acabou, em 1918, os europeus tomaram consciência das dimensões do conflito e passaram a chamá-la de Grande Guerra. Esse nome perdurou até a eclosão de outro conflito bélico, que também envolveu inúmeros países, entre 1939 e 1945. Com isso, a Grande Guerra passou a ser conhecida como Primeira Guerra Mundial, e a seguinte foi chamada de Segunda Guerra Mundial.

A Grande Guerra trouxe inovações tecnológicas a serviço do extermínio humano em larga escala, alterando as formas de combate. Alguns inventos foram aperfeiçoados durante a guerra, como a pistola de mão e o avião, ao qual acoplaram uma metralhadora, fazendo surgir a aviação de caça. Os britânicos inventaram o tanque de guerra, que logo foi adotado pelos franceses. Inicialmente, os soldados utilizavam fuzis e metralhadoras dentro dos tanques; depois, instalaram um canhão de pequeno calibre. Os alemães desenvolveram o submarino, cuja atuação era restrita à segurança e à vigilância, com pouca mobilidade, permanecendo pouco tempo submerso. Mas a mais mortífera e cruel invenção tecnológica foram os gases venenosos usados pelos alemães. Calcula-se que o uso do gás mostarda — assim chamado em razão do seu cheiro — tenha causado a morte de aproximadamente 100 mil soldados nas trincheiras.

Outra terrível característica na guerra de 1914 a 1918 foi a vitimização em grande escala das populações civis. Milhares de homens, mulheres e crianças foram massacrados. Em algumas situações, ocorreram verdadeiros genocídios, como no caso armênio.

- **Escreva um pequeno texto avaliando as inovações da Primeira Guerra: quais foram os prejuízos de tais inovações do ponto de vista humano?**

## Vamos testar?

1. A Primeira Guerra Mundial foi um evento devastador, envolvendo não apenas europeus, mas também colônias na África e na Ásia. O resultado foram milhões de homens mortos ou mutilados, cidades destruídas, grave crise econômica, diminuição do poderio europeu e fortalecimento político e econômico dos Estados Unidos no cenário mundial. Sobre a Primeira Guerra, pode-se afirmar que:
   I. Desde fins do século XIX, a Europa vivia tensa situação com a ascensão econômica da Alemanha, o que ameaçava o poderio da Grã-Bretanha; com o sentimento revanchista francês após a derrota na guerra contra a Alemanha, em 1871, e com as rivalidades entre a Rússia e o Império Turco-Otomano, além das rivalidades entre as várias nacionalidades que formavam o Império Austro-Húngaro.
   II. A atuação diplomática de Otto von Bismarck agravou as tensões na Europa, com sua política de expansão territorial e ao disputar colônias na África com Grã-Bretanha e França.
   III. Nas vésperas da guerra, movimentos nacionalistas radicais, rivalidades entre povos europeus e investimentos cada vez maiores no setor militar resultaram na conjuntura política internacional chamada de "paz armada".
   IV. O assassinato do herdeiro ao trono do Império Austro-Húngaro foi o estopim para a guerra. Em defesa da Sérvia, a Rússia declarou guerra à Grã-Bretanha, enquanto Alemanha e França, países aliados, invadiram a Rússia e derrotaram o Império Austro-Húngaro.
   V. A guerra de trincheiras impediu o avanço das tropas militares inimigas, gerando grande sofrimento aos soldados. Sem as armas modernas que seriam usadas apenas na Segunda Guerra Mundial, como tanques de guerra, metralhadoras e aviões, restava aos países em conflito a defesa de conquistas territoriais nas trincheiras.

   Assinale o único conjunto de afirmações corretas:
   a) I e III.
   b) I e II.
   c) III e V.
   d) IV e V.
   e) II e IV.

2. Em 1918, a Europa sofria com a falta de alimentos e produtos para consumo mais imediato. As doenças se alastravam, os preços das mercadorias aumentavam e os homens voltaram do conflito mutilados e traumatizados. A partir de 1917, alguns acontecimentos resultaram, no ano seguinte, no fim da guerra. Quais eventos beneficiaram a Grã-Bretanha e a França no conflito militar com a Alemanha?
   a) Grã-Bretanha e França foram beneficiadas militarmente pela entrada dos EUA na guerra e pelo avanço do Exército da Rússia contra as posições da Alemanha.
   b) Os EUA se limitaram a apoiar a Grã-Bretanha e a França com envio de armas e mantimentos, apoiando o movimento pacifista nas cidades europeias.
   c) A resistência francesa na frente ocidental impediu o avanço militar alemão, o movimento pacifista mobilizou as sociedades europeias contra a continuidade da guerra e os EUA entraram no conflito apoiando Grã-Bretanha e França.
   d) Foram decisivos para o final da guerra a Revolução Russa de 1917, a entrada dos EUA no conflito e a possibilidade de acordo de paz com clausuras aceitáveis, tanto para vitoriosos quanto para derrotados, com o Tratado de Versalhes.
   e) A decisão alemã de invadir a Rússia, enfraquecendo o exército no *front* ocidental.

## Conexões — História e Língua Portuguesa

### Extra, extra! É guerra!

Em grupo, criem a primeira página de um jornal. Inventem um título e elaborem manchetes e notícias sobre a Grande Guerra. Não se esqueçam de selecionar imagens da época.

Como é comum na imprensa, associem os textos às fotografias. Lembrem-se das características do gênero textual de **notícias**: relato objetivo de um acontecimento real, com a intenção de informar.

A notícia tem a seguinte estrutura: título; *lead* (texto que responde às perguntas "quem?", "o quê?", "onde?" e "quando?"); e corpo (desenvolvimento da notícia; responde às perguntas "como?" e "por quê?").

Podem-se reproduzir as imagens do capítulo e passá-las para uma folha grande, em formato de página de jornal. Ou pesquise outras imagens em jornais, revistas, internet, livros antigos, enciclopédias, etc.

# Da Revolução Russa ao stalinismo

CAPÍTULO 3

Ivan Simakov/Museu Central Estatal da História Contemporânea da Rússia, Moscou, Rússia

Cartaz soviético de 1922 produzido por Ivan Simakov para a comemoração do quinto aniversário da Revolução Russa.

Em outubro de 1917, durante a Primeira Guerra Mundial, eclodiu uma revolução na Rússia, que resultou na formação de um novo país que não existe mais: a União das Repúblicas Socialistas Soviéticas (URSS), cuja sigla em russo é CCCP.

O cartaz criado pelo governo soviético em 1922, para comemorar o aniversário de cinco anos da revolução, traz os dizeres: "Viva o quinto aniversário da Grande Revolução Proletária!".

O operário nele retratado, de olhar firme e determinado, carrega uma bandeira vermelha na mão esquerda, além de uma foice e um martelo na mão direita – símbolos do comunismo. Acima das ferramentas, outro símbolo da URSS, a estrela vermelha. Atrás dele, figuram milhares de operários e dezenas de bandeiras vermelhas.

Ao fundo, é possível identificar monumentos-símbolo de outros países, como a Torre Eiffel da França, o Big Ben da Inglaterra e as pirâmides do Egito, que evidenciavam o caráter internacional do comunismo.

Mas, afinal, que revolução e que país foram esses que mobilizaram a energia e a imaginação de milhões de pessoas em todo o mundo?

**Puxando pela memória**

Dentre as personalidades que ficaram para a posteridade como nomes importantes da Revolução Russa de 1917 estão Lenin e Trotsky. Você já ouviu falar deles? Realize uma pesquisa sobre esses dois líderes bolcheviques e compreenda por que eles tiveram papel de destaque no processo revolucionário soviético.

Massacre de trabalhadores no Domingo Sangrento. Revolta dos marinheiros no encouraçado *Potemkin*.
1905

Rússia entra na Grande Guerra ao lado da França e da Grã-Bretanha contra a Alemanha.
1914

# 1. A crise do czarismo

No início do século XX, o Império Russo era constituído por povos com línguas, costumes e religiões distintos e governado por um monarca absolutista – o czar Nicolau II, da dinastia Romanov – e a maior parte de sua população (cerca de 85%) vivia no campo. Os camponeses – os *mujiques* – eram explorados pelos senhores rurais e enfrentavam miséria e fome.

O governo imperial e a ainda incipiente burguesia russa, desde a década de 1890, pretendiam industrializar o país com o auxílio de investimentos estrangeiros. No contexto do capitalismo europeu ocidental, o Império Russo era considerado um dos países mais pobres e atrasados. Camponeses e operários viviam em situação de extrema pobreza, e apenas um pequeno grupo, formado pelos senhores rurais, o alto clero da Igreja Ortodoxa Russa, a aristocracia imperial, os militares de alta patente e empresários do comércio e da indústria, usufruía das riquezas do império. Revoltas e greves eram constantes, apesar de serem duramente reprimidas pela polícia czarista.

Ainda nesse contexto, emergiam vários grupos políticos que defendiam diferentes projetos para transformar a ordem social, como os anarquistas e os *narodniks*, ou "populistas", em tradução literal, formado por uma elite intelectualizada que defendia a implantação do socialismo pelos camponeses. Entre os partidos políticos, havia o Socialista-Revolucionário, com forte base entre os camponeses, e o Operário Social-Democrata Russo, que seguia as ideias de Karl Marx e era bastante influenciado pelo Partido Social-Democrata Alemão.

Assim como os alemães, os social-democratas russos defendiam a revolução social em duas etapas. A primeira, chamada de democrático-burguesa, daria fim aos privilégios feudais e ao absolutismo e desenvolveria o capitalismo e as instituições liberais no país. O socialismo seria implantado apenas na segunda etapa.

Em 1903, o Partido Operário Social-Democrata Russo realizou seu segundo congresso, em que a questão da filiação partidária foi calorosamente debatida por duas importantes lideranças: Vladimir Lenin e Julius Martov. Lenin defendia a existência de um partido centralizado, formado por revolucionários profissionais e baseado em uma rígida disciplina de seus militantes, que levaria a consciência socialista à classe operária. Já Martov propunha a constituição de um partido que seguisse o modelo alemão: aberto, de massa e no qual o filiado estivesse desobrigado de participar das atividades partidárias.

Família de camponeses russos no início do século XX.

Imago/Getty Images

Martov contava com a maioria a seu favor, mas, durante o congresso, alguns de seus partidários ausentaram-se momentaneamente, permitindo que Lenin se autodeclarasse "maioria" (em russo, *bolchevique*) e qualificasse o grupo de Martov de "minoria" (*menchevique*). A partir desse episódio, o Partido Operário Social-Democrata Russo ficou dividido em duas correntes, até que, em 1912, sob a liderança de Lenin, os bolcheviques formaram um partido próprio.

## O Domingo Sangrento

Em janeiro de 1905, um processo revolucionário, com ampla participação social, eclodiu na Rússia. Esse conjunto de revoltas ficou conhecido como Revolução de 1905.

Revoltados com os baixíssimos salários, enfrentando fome e frio, 200 mil operários entraram em greve em São Petersburgo. Carregando estandartes com imagens de santos, concentraram-se pacificamente em frente ao Palácio de Inverno – sede do poder na Rússia –, pedindo pão e paz. A polícia czarista abriu fogo contra a multidão, causando a morte de 92 pessoas e deixando milhares delas feridas. Esse episódio ficou conhecido como **Domingo Sangrento**.

As greves operárias e as revoltas camponesas se multiplicaram a partir de então. Em uma pequena cidade perto de Moscou, os operários criaram uma forma de organização original, em que os trabalhadores eram eleitos por seus colegas de fábrica, mas sem mandato fixo e podendo ser destituídos a qualquer momento. O exemplo do conselho operário ou **soviete** se espalhou pelo país e centenas deles se formaram. Os sovietes mantinham operários, soldados e camponeses informados da situação política e dos últimos acontecimentos. A qualquer momento, esses conselhos poderiam mobilizar suas bases.

Outro episódio que marcou o ano de 1905 foi a revolta dos marinheiros do encouraçado *Potemkin*, que ocorreu no mês de junho. Eles reivindicavam melhores condições de trabalho nos navios de guerra e promoções por mérito.

Nesse cenário de revoltas, o czar se comprometeu a convocar um Parlamento (*Duma*) e mostrou-se disposto a atender a uma reivindicação comum a todos os partidos políticos: a elaboração de uma Constituição para o país. Deputados foram eleitos pela população para formar um Parlamento, mas, com o recuo dos movimentos reivindicatórios, o czar suspendeu os trabalhos da *Duma*, demonstrando sua face autoritária.

**Fique de olho!**

***O encouraçado Potemkin*.** Direção: Sergei Eisenstein. URSS, 1925. Clássico do cinema mundial, narra a revolta dos marinheiros em um navio de guerra, o encouraçado *Potemkin*, contra os maus-tratos que recebiam dos oficiais czaristas, em 1905.

## Em ritmo de guerra

O desgaste do regime czarista na Rússia foi agravado pela decisão do czar Nicolau II de aderir ao conflito que se transformaria na Primeira Grande Guerra (1914-1918). Totalmente despreparado, já no primeiro ano de combate, o Exército russo acumulava uma série de derrotas diante das tropas alemãs e austríacas. No final do ano de 1915, faltavam alimentos, armas e munições nas frentes de batalha, e a Rússia já contava com 4 milhões de soldados mortos, a maioria de origem camponesa. Além disso, a guerra gerou a desorganização da produção agrícola e industrial do império, cuja economia retraiu, gerando ainda mais desemprego. Em 1916, novas greves eclodiram no país, críticas ao czar pela condução desastrosa da guerra.

O pintor Vladimir Egorovic Makovsky representou o Domingo Sangrento nesta obra, de 1905, intitulada *Morte na neve* (óleo sobre tela).

Vladimir Egorovic Makovsky/Museu da Revolução, Moscou, Rússia

1921 — Governo soviético reprime a revolta dos marinheiros da Fortaleza de Kronstadt. Adoção da NEP.

1922 — Stalin é indicado para o cargo de secretário-geral do PCUS. Instituição da URSS.

# 2. As revoluções de 1917

Em fevereiro de 1917, os russos ansiavam pela paz e a situação tornava-se insustentável para o czar: soldados desertando, falta de alimentos, empobrecimento da população. Uma nova onda de greves teve início em 23 de fevereiro. A crescente oposição de grupos liberais levou à deposição de Nicolau II quatro dias depois. O poder foi transferido para a *Duma*, e um governo provisório foi formado.

O novo governo pretendia honrar os compromissos com a Tríplice Entente e continuar na guerra, e, ao mesmo tempo, planejava convocar uma Assembleia para redigir uma Constituição para o país. Mas outra instituição que passou a disputar o poder político surgiu na antiga cidade de São Petersburgo, quando operários e soldados elegeram seus representantes e formaram, sob a liderança de Leon Trotsky, o **soviete de Petrogrado**.

A Rússia mergulhou em um verdadeiro caos político. Enquanto a *Duma* buscava adotar uma política liberal, o soviete de Petrogrado radicalizava o processo revolucionário. Levantes populares se multiplicavam: operários reivindicavam melhores condições de vida e de trabalho; camponeses exigiam terras; soldados clamavam pelo fim da guerra e alguns dos povos que formavam o antigo império queriam autonomia.

Vladimir Lenin, que se encontrava exilado na Europa Ocidental, retornou a Petrogrado em abril de 1917. Defendendo a palavra de ordem "Todo o poder aos sovietes", Lenin almejava o fim do governo provisório e a instituição de uma nova forma de poder. Aos poucos, os sovietes russos adotaram a proposta dos bolcheviques, conservando, porém, sua autonomia política.

O governo provisório de Alexander Kerensky não conseguia atender às reivindicações populares: o Exército russo sofria derrotas humilhantes nos campos de batalha, os sovietes se multiplicavam nas cidades e as rebeliões se ampliavam no campo. Aproveitando-se desse cenário, os bolcheviques procuraram viabilizar seu projeto revolucionário entre os sovietes.

**Fique de olho!**

***Doutor Jivago.*** Direção: David Lean. EUA, 1965. Na Rússia revolucionária, um médico vive uma grande paixão.

***Reds***. Direção: Warren Beatty. EUA, 1981. Reconstituição da vida de um jornalista estadunidense de esquerda que vivenciou os episódios da Revolução Russa e retornou ao seu país com projetos revolucionários.

## O ato final

No segundo semestre de 1917, uma nova onda de levantes populares eclodiu na Rússia. Os *mujiques* tomaram as terras dos grandes proprietários, distribuindo-as entre si de maneira igualitária. Os soldados, em sua maioria de origem camponesa, abandonavam as frentes de batalha para participar da mobilização no campo.

Em várias regiões do país, assembleias se formaram para reivindicar a independência política de alguns dos povos que o integravam.

Também nas cidades, eclodiram novas greves operárias e formaram-se novos sovietes. Por meio do soviete de Petrogrado e do seu Comitê Militar Revolucionário, na noite do dia 24 de outubro os bolcheviques ocuparam lugares estratégicos da cidade e invadiram o

Soldados do Comitê Revolucionário de Petrogrado montam barricadas nas ruas durante a Revolução de fevereiro de 1917.

Fine Art Images/Heritage Images/Getty Images

Morte de Lenin.

1924

Primeiro Plano Quinquenal.
Trotsky é banido da URSS.

1929

Palácio de Inverno. A Revolução Russa foi considerada vitoriosa em 25 de outubro de 1917, do calendário juliano.

A insurreição bolchevique ocorreu no dia anterior ao II Congresso dos Sovietes. Assim, quando ele foi instalado, já havia um governo formado sob a liderança do partido de Lenin. Embora os bolcheviques representassem uma minoria no conjunto das forças revolucionárias, os sovietes aceitaram a formação desse governo, que contou com a participação de outros grupos de esquerda, como os social-revolucionários. Ele recebeu o nome de Conselho de Comissários do Povo e passou a ser presidido por Lenin.

No poder, os bolcheviques atenderam a diversas reivindicações, conseguindo satisfazer as pretensões da maioria da população: camponeses, operários e soldados. Por meio de decretos, reconheceram o direito dos camponeses à terra, dos operários nas fábricas e dos diversos povos não russos que haviam sido incorporados pelo antigo império.

Vladimir Serov/Galeria Estatal Tretyakov, Moscou, Rússia.

*Lenin proclamando o poder dos sovietes*, óleo sobre tela (160 cm × 123 cm), de 1962. Nesta obra, Vladimir Serov representou Lenin proclamando o triunfo da revolução e propondo a paz à Alemanha – país ao qual a Rússia havia declarado guerra em 1914.

# 3. Os bolcheviques no poder

Em março de 1918, o governo bolchevique aceitou as condições do **Tratado de Brest-Litovsk**, que pôs fim à guerra com os alemães. Pouco depois, a Assembleia Constituinte, cujas atividades haviam começado em janeiro, foi dissolvida. Em julho de 1918, no Congresso Pan-Russo dos Sovietes – controlado pelos bolcheviques –, aprovou-se uma nova Constituição.

À medida que os bolcheviques monopolizavam o governo, os sovietes iam perdendo sua autonomia e seu poder decisório, transformando-se, como aconteceu também com os sindicatos, em instrumento para referendar as decisões do governo.

Nesse mesmo ano de 1918, o Partido Bolchevique passou a se chamar **Partido Comunista** e, anos depois, Partido Comunista da União Soviética (PCUS).

### Brest-Litovsk

De acordo com o tratado, o governo bolchevique abriu mão da Finlândia, da Letônia, da Estônia, da Lituânia, da Bielorrússia, da Ucrânia, da Polônia e de outros territórios – que se tornariam países independentes ou seriam integrados aos impérios Alemão, Austro-Húngaro e Turco-Otomano. Embora o governo revolucionário estivesse atendendo a um desejo geral do povo russo – a paz –, muitos bolcheviques o deixaram por considerarem esses termos humilhantes.

Início da coletivização do campo. — 1930
Início do Grande Terror. — 1936
Refluxo das perseguições em massa contra os chamados "inimigos do povo". — 1938

As classes sociais desalojadas do poder pela Revolução Russa organizaram o **Exército Branco**, formado por nobres e ex-oficiais do czar, para derrubar os comunistas do poder. Com o auxílio de países capitalistas, como França, Grã-Bretanha, EUA, Japão e até Alemanha, em abril de 1918, deram início a uma guerra civil.

O conflito encerrou-se em 1921 com a vitória dos revolucionários e com o agravamento de diversos problemas: a inflação aumentou a tal nível que a moeda deixou de ser usada; reduziu-se a produção industrial e de energia elétrica em quase 80% e a agrícola, em 50%. Como resultado de tudo isso, a fome atingiu milhões de vítimas.

Diante dessa situação, o governo instituiu o chamado **comunismo de guerra**, estatizando todos os setores da economia. O Estado adotou uma política econômica rigidamente centralizada, proibiu qualquer empreendimento privado e instituiu o igualitarismo salarial e o confisco da produção agrícola. O governo revolucionário saiu vitorioso da guerra civil, mas passou a dirigir um país arruinado e convulsionado por novas revoltas camponesas e greves operárias.

Fine Art Images/Album/Fotoarena/Arquivo do Estado Russo de Fotografias e Filmes, Krasnogorsk, Rússia.

Comandado por Leon Trotsky, o Exército Vermelho combateu contrarrevolucionários do Exército Branco. Esta fotografia de 1919 registrou uma das brigadas do Exército Vermelho partindo para a frente de batalha.

## Outra dimensão | Conflitos sociais

### Em busca da democratização da Revolução

Em março de 1921, um episódio foi decisivo para os rumos da revolução: os marinheiros da Fortaleza de Kronstadt – vistos como revolucionários – apoiaram os operários em greve e lançaram um manifesto com uma série de reivindicações, que expressava o desejo de que a revolução seguisse por outro caminho. Eles exigiam a democratização das instituições, a adoção do voto direto e secreto para a renovação dos sovietes, a libertação de presos políticos, a investigação de denúncias sobre a existência de campos de trabalhos forçados, a criação de sindicatos livres e liberdade de expressão.

Em resposta, o governo atacou a base naval. Os marinheiros foram derrotados e milhares de homens, de ambos os lados, mortos e feridos.

Os marinheiros da Fortaleza de Kronstadt participaram das revoluções de 1905 e 1917, apoiando operários e camponeses, e lutaram contra o Exército Branco durante a guerra civil. Mas em março de 1921, se revoltaram contra o governo bolchevique. O episódio é polêmico e apresenta várias versões.

- **Em grupo, pesquisem sobre como os marinheiros, anos depois, foram lembrados, tanto por seus defensores quanto pelo governo bolchevique.**

# 4. A Nova Política Econômica (NEP)

Em março de 1921, com o objetivo de estimular a produção agrícola destruída pela guerra, o governo adotou a chamada **Nova Política Econômica** (NEP). Idealizada por Lenin, a NEP restabelecia algumas regras do capitalismo, como a pequena propriedade privada e o retorno, ainda que limitado, à economia de mercado.

Os camponeses foram obrigados a pagar um imposto único sobre a produção agrícola, mas ganharam o direito de fazer uso de trabalhadores assalariados e de vender o excedente de sua produção no mercado, dentro de certos limites fixados pelo Estado. Para tanto, as feiras foram reativadas e o comércio voltou ao sistema de propriedade privada. A pequena indústria também. Somente a indústria pesada e os sistemas de transporte, bancário e de crédito continuaram estatizados.

O governo ainda acenou para o investimento de capitais estrangeiros produtivos, mas sem sucesso.

De modo geral, os resultados gerais dessa política econômica foram positivos, e entre 1927 e 1928 os índices da produção agrícola superaram os de 1913, o melhor ano da economia russa antes da Primeira Guerra Mundial. Embora tenha conseguido recuperar a agricultura do país, a NEP obteve pouco sucesso no setor industrial.

O fim da guerra civil e o sucesso da NEP na produção agrícola fortaleceram e consolidaram o governo comunista. Em 1922 foi instituída a União das Repúblicas Socialistas Soviéticas (URSS), na qual a hegemonia da República Russa prevalecia sobre as demais.

**Fique de olho!**

SMITH, S. A. *Revolução Russa*. Porto Alegre: L&PM, 2013.
O livro analisa as duas revoluções de 1917 – a de fevereiro e a de outubro –, a guerra civil, o período conhecido como comunismo de guerra e a Nova Política Econômica.

União das Repúblicas Socialistas Soviéticas (URSS) — 1922

Banco de imagens/Arquivo da editora

**Fonte**: DUBY, Georges. *Atlas historique mondial*. Paris: Larousse, 2007. p. 151.

## O fim da era Lenin

Em janeiro de 1924, no auge da NEP, Lenin faleceu, vítima de um derrame cerebral. Sua morte acirrou a disputa para substituí-lo, sobretudo entre Joseph Stalin e Leon Trotsky.

Ambos haviam sobressaído como destacados líderes ao longo do processo revolucionário. Mas Stalin vinha da militância de base e havia subido na hierarquia do partido conduzido por Lenin. Em 1922, assumiu uma função estratégica para o funcionamento político-administrativo do sistema soviético ao ser nomeado secretário-geral do PCUS. Por controlar os postos burocráticos do partido, após a morte de Lenin, Stalin recebeu o apoio de grande parte de seus membros.

**Fique de olho!**

*Stalin*. Direção: Ivan Passer. EUA/Hungria, 1992.
O filme reconstitui a biografia de Stalin, de 1917 até sua morte, em 1953.

Trotsky, por sua vez, era um grande líder político que se destacara na Revolução de 1917 e na guerra civil que se seguira, como comandante do Exército Vermelho. Sua liderança carismática, contudo, gerou entre os membros do partido o receio de que ele se tornasse um ditador. Além disso, antes de 1917, Trotsky havia atuado entre os mencheviques e, em várias outras ocasiões, discordado de Lenin; ao passo que Stalin sempre pertencera aos quadros bolcheviques.

Nessa disputa, Stalin conseguiu impor seu poder e, com amplo apoio do PCUS, derrotar seus adversários. Trotsky acabou sendo expulso do partido em 1927, e do país em 1929 – no mesmo ano que Stalin propôs "construir o socialismo" imediatamente.

Stalin e o projeto de seu grupo saíram vitoriosos da disputa: para implantar o socialismo na URSS, era preciso empreender a coletivização do campo e a industrialização acelerada.

Fine Art Images/Heritage Images/Getty Images

Em 5 de maio de 1920, Lenin discursa para uma multidão na praça Sverdlov, em Moscou. Encostado no palanque, à direita, está Trotsky. Personagem central no processo revolucionário russo, Trotsky foi derrotado por Stalin e expulso do país em 1929. No México, onde se exilou, ele liderou a oposição a Stalin até ser morto, em agosto de 1940, por um militante stalinista infiltrado em sua casa, que o assassinou pelas costas, com um golpe de picareta na cabeça.

### Versões de um debate

De modo geral, os bolcheviques acreditavam que a Revolução Russa daria início a um processo internacional, com movimentos similares na Europa, representando o começo da revolução mundial. Afirmavam que a internacionalização da revolução era fundamental para o sucesso do socialismo na URSS.

Nas versões que ficaram para a posteridade, porém, Trotsky defendia que a "revolução era internacional", ao passo que Stalin acreditava na "construção do socialismo em um só país". Embora as teses fossem verdadeiras, Trotsky não negou a possibilidade de construir o socialismo na URSS, nem Stalin abandonou o projeto da revolução internacional. A diferença entre eles estava na prioridade de cada projeto.

# 5. O modelo de socialismo soviético

Em 1929, o governo Stalin implantou o Primeiro **Plano Quinquenal**. No campo, isso significou a coletivização das terras e a eliminação dos *kulaks* – tidos como inimigos do Estado. Em janeiro de 1930, os *kulaks* foram obrigados a entregar suas terras para que fossem coletivizadas e transformadas em cooperativas agrícolas (*kolkhozes*) ou fazendas estatais (*sovkhozes*).

Revoltados por terem perdido suas terras e por serem forçados a trabalhar nas fazendas do Estado, os *kulaks* mataram cerca de 45% do gado bovino e 70% do rebanho de carneiros e cabras de que eram proprietários. Como punição, milhões de camponeses, considerados *kulaks*, foram mandados pelo governo soviético para as regiões geladas da Sibéria.

Em fins de 1935, 98% dos camponeses trabalhavam nas terras coletivizadas. Mas eles não tinham estímulos para produzir, já que recebiam muito pouco pelo trabalho. O resultado imediato foi uma queda brusca da produção agrícola, que não se recuperou. Em 1932 e 1933, a URSS enfrentou uma nova onda de fome.

*kulak*: proprietário rural que tinha, no máximo, 10 hectares de terra e alguns animais, como cavalos e vacas. Nessas propriedades, a mão de obra era familiar, contando eventualmente com um ou dois trabalhadores assalariados. Os *kulaks* eram responsáveis por grande parte da produção agrícola na URSS.

Akg-Images/Album/Fotoarena

Cena da deportação de camponeses considerados *kulaks*. Fotografia de 1929-1930.

## A industrialização

Após a coletivização do campo, o governo de Stalin deu início à segunda etapa da "construção do socialismo": a industrialização acelerada, cujos resultados foram muito positivos.

Para tanto, investiu-se, prioritariamente, na produção de matérias-primas (ferro, aço) e de fontes de energia (carvão, petróleo). Grandes siderúrgicas, hidrelétricas e fábricas de veículos automotores (automóveis, tratores) foram construídas, assim como canais, ferrovias, autoestradas e o metrô de Moscou.

O governo também exigiu muito esforço dos trabalhadores. Apesar do trabalho excessivo, a população acreditava que os sacrifícios do presente seriam compensados no futuro.

### Os números da industrialização

Entre 1928 e 1940, o setor elétrico cresceu de 5 bilhões para 48,3 bilhões de kWh, enquanto a produção de aço passou de 4,3 milhões para 18,3 milhões de toneladas. Ao final dos anos 1930, a URSS era um país industrializado, capaz de produzir máquinas, turbinas, tratores, aviões, etc. Enquanto o mundo ocidental enfrentava uma grave crise econômica, a União Soviética passava por acelerado processo de industrialização.

O financiamento para a industrialização foi obtido com os impostos cobrados dos camponeses e, principalmente, com a venda de trigo e de outros bens primários para o Ocidente. Apesar da carência de alimentos, foi da sua exportação que o Estado obteve recursos para investir na indústria pesada. Na década de 1930, mais da metade das exportações britânicas e estadunidenses de máquinas e tecnologia era destinada à URSS.

O modelo de industrialização soviético foi, sem dúvida, um sucesso e deu origem a um sistema industrial capaz de produzir em larga escala. Porém, como a prioridade dos investimentos ocorreu na indústria pesada, não houve incentivo ao setor de bens de consumo, relegado a segundo plano. A indústria soviética não atendia inteiramente às necessidades básicas de bens de consumo da população.

Reprodução/Coleção particular.

Aleksandr Aleksandrovic Dejneka/Coleção particular.

Photo 12/Alamy/Fotoarena/Coleção particular

Os cartazes de propaganda da URSS mobilizavam os operários e estimulavam o trabalho. Acima, à esquerda, da década de 1920, diz: "Nós destruiremos nossos inimigos com armas; vamos ganhar nosso pão com esforço. — Camaradas! Arregace as mangas para o trabalho!". O do meio, dos anos 1930, ressalta: "Usam brocas e máquina de corte de carvão". E à direita, também da década de 1930, exalta: "Todo o proletariado da URSS está construindo o conjunto industrial Uralo-Kuznetski".

## 6. O Grande Terror

Sob a alegação de que existiam inimigos infiltrados no PCUS, em 1936 Stalin deu início a um traumático processo de perseguições em massa e expurgos no partido, que ficou conhecido como **Grande Terror**.

O Grande Terror voltou-se especialmente contra os membros do Partido Comunista. Líderes bolcheviques que haviam participado da Revolução de 1917 sofreram torturas e chantagens para confessar crimes que não cometeram. Todos foram fuzilados. As perseguições cresceram e culminaram com a prisão de centenas de milhares de pessoas sob acusações de espionagem, assassinato, terrorismo e sabotagem.

Com o Grande Terror, Stalin deu um golpe de Estado: retirou do cenário político muitos líderes da Revolução de 1917, substituindo-os por uma nova geração de dirigentes leais a ele.

A partir de 1938, ano do auge do Grande Terror, as perseguições em massa terminaram, mas a ação repressiva do Estado, a vigilância da polícia política aos opositores do regime e os campos de concentração tornaram-se instituições do modelo de socialismo soviético.

**Fique de olho!**

***O círculo do poder*.** Direção: Andrei Konchalovsky. EUA/Itália/URSS, 1991.
O filme reconstitui a atmosfera repressiva do stalinismo.

***O sol enganador*.** Direção: Nikita Mikhalkov. França/Rússia, 1994.
Em 1936, um coronel reformado tem a vida alterada com a chegada de um agente da polícia. É uma denúncia do stalinismo.

# 7. Stalin e o socialismo soviético

O poder que Stalin alcançou na URSS não pode ser explicado apenas pelo Grande Terror. Outros fatores devem ser considerados, como a melhoria do nível de vida da população russa.

Em 1928, havia 12 milhões de estudantes; em 1938, esse número chegou a 31,5 milhões. Antes da Revolução Russa, havia 20 mil médicos no país; em 1937, 105 mil. Também antes de 1917, as bibliotecas públicas possuíam 640 livros para cada 10 mil habitantes; em 1939, passaram a ter 8 600 livros para o mesmo número de habitantes.

O Estado soviético assegurou condições mínimas de habitação, educação, assistência médica, alimentação e vestuário para a população.

A industrialização gerou milhões de empregos: em 1926, havia 4 milhões de trabalhadores assalariados; em 1939, 14 milhões. Cerca de 17 milhões de camponeses foram para as cidades em busca de trabalho. Os jovens tiveram acesso à escola, os homens conseguiram emprego, e as mulheres, sobretudo nas áreas rurais, passaram a usufruir do direito de estudar e de trabalhar.

Apesar de os índices se mostrarem positivos em vários setores, os grandes beneficiados pelo regime foram os altos funcionários do Estado: diretores de empresas estatais, políticos da alta cúpula do partido, oficiais das Forças Armadas. Com uma série de privilégios econômicos e benefícios sociais, eles formaram um novo grupo dominante, chamado de *nomenklatura*.

Outro fator a ser considerado é a grande propaganda que o Estado produziu para enaltecê-lo, sobretudo a partir de 1939. Stalin era chamado de "guia genial dos povos", "construtor do socialismo", "pai dos povos", "guia do proletariado mundial", "melhor amigo das crianças", "maior gênio militar de todos os tempos" e "locomotiva da História".

**Fique de olho!**

ORWELL, George. *A revolução dos bichos*. São Paulo: Companhia das Letras, 2007.
Em uma granja, os animais se revoltam contra a exploração dos humanos. Os porcos lideram a revolução e prometem criar uma sociedade igualitária. Um deles, porém, com o apoio dos cães, torna-se um tirano tão cruel como eram os humanos. É uma crítica ao modelo de socialismo soviético implantado por Stalin.

## Conversa de historiador

### Modelo de socialismo soviético: uma avaliação

Leia a seguir uma interpretação do historiador Eric Hobsbawm sobre o modelo de socialismo soviético.

> Na verdade, para um país atrasado e primitivo, isolado de ajuda estrangeira, a industrialização sob ordem, com todos os seus desperdícios e ineficiências, funcionou de modo impressionante. Transformou a URSS numa grande economia industrial em poucos anos [...]. Contudo, o sistema manteve o consumo da população lá embaixo – em 1940 a economia produziu apenas pouco mais de um par de calçados por cada habitante na URSS [...]. Deu-lhe trabalho, comida, roupa e habitação a preços controlados (ou seja, subsidiados), aluguéis, pensões, assistência médica e uma certa igualdade, até que o sistema de recompensas com privilégios especiais para a *nomenklatura* se descontrolou após a morte de Stalin. Muito mais generosamente, deu educação. A transformação de um país em grande parte analfabeto na moderna URSS foi, por quaisquer padrões, um feito impressionante. E para milhões de habitantes das aldeias para os quais, mesmo nos tempos mais difíceis, o desenvolvimento soviético significou a abertura de novos horizontes [...].

HOBSBAWM, Eric. *Era dos extremos*: o breve século XX – 1914-1991. São Paulo: Companhia das Letras, 1995. p. 372-373.

- Apesar dos muitos problemas existentes no modelo de socialismo avaliado, como a falta de liberdade e a carência de bens de consumo, que aspectos positivos é possível destacar no regime soviético?

Talvez a melhor explicação para o sucesso de Stalin e de seu modelo de socialismo soviético resida na conjugação de três fatores: o terror do Estado e a supressão das oposições; o desenvolvimento econômico do país e o fortalecimento da indústria soviética; e a ascensão social de milhões de pessoas beneficiadas pelas políticas públicas estatais.

## Imagens contam a História

### Stalin e a propaganda política

Durante o governo Stalin, uma intensa e eloquente propaganda política foi realizada para elogiar as qualidades do líder soviético. Além de enaltecê-lo, os cartazes costumavam representá-lo ao lado de Lenin. No primeiro cartaz, de 1948, Stalin está sob a estátua de Lenin e cercado pela população soviética. Todos parecem felizes e satisfeitos. No segundo, da década de 1960, ele é representado como o último de uma linhagem que começa com Marx e Engels e passa por Lenin.

- Interprete as mensagens contidas nestes dois cartazes produzidos pelo governo soviético.

Fine Art Images/Album/Fotoarena/Biblioteca Estatal, Moscou, Rússia.

Apic/Getty Images.

# Roteiro de Estudos

## Para organizar

1. No governo da Rússia, o czar Nicolau II teve de enfrentar muitas insatisfações sociais e várias revoltas populares. Quais eram as reivindicações de camponeses, operários e soldados?
2. Qual a principal divergência que surgiu entre os membros do Partido Operário Social-Democrata Russo e que levou à divisão entre bolcheviques e mencheviques?
3. Analise o conjunto de revoltas que ficou conhecido como Revolução de 1905.
4. Em 1917, ocorreram duas revoluções na Rússia: uma em fevereiro, outra em outubro. Avalie as duas revoluções, explicitando suas diferenças.
5. Explique o que eram os sovietes.
6. Em 1921, o governo implementou a chamada Nova Política Econômica. Destaque as principais iniciativas tomadas pelo governo e os resultados mais imediatos da NEP.
7. Como ocorreu a coletivização do campo sob a liderança de Stalin?
8. Analise o processo de industrialização da URSS nos anos 1930.
9. Avalie o modelo de socialismo desenvolvido na URSS na época de Stalin.

## Reflexões

### Socialismo: uma palavra, vários significados no tempo

A vontade de fundar uma sociedade baseada no igualitarismo e na fraternidade surgiu em vários momentos e lugares na história da humanidade. Mas foi durante o século XIX, na Europa, que surgiram projetos sistematizados. Alguns intelectuais, inconformados com as profundas injustiças sociais da época, defenderam a criação de uma nova sociedade, mais justa e igualitária.

O termo **socialismo** ficou conhecido a partir das ideias do empresário britânico Robert Owen, que propunha um sistema econômico baseado na formação de cooperativas de trabalho, incluindo escolas e moradias para os trabalhadores. Os franceses Saint-Simon e François-Marie-Charles Fourier também criticaram o capitalismo e defenderam a instituição de formas mais igualitárias e fraternas de vida em sociedade.

Para Karl Marx e Friedrich Engels, não se tratava de melhorar as condições de vida dos operários, mas de abolir a exploração social e, com ela, o capitalismo. Por meio de uma revolução, os trabalhadores tomariam o poder, centralizariam a produção econômica no Estado e instaurariam a ditadura do proletariado. Esse período de transição é denominado **socialismo**, cujo propósito final é a extinção do próprio Estado, alcançando o **comunismo**.

Recusando as teorias de Marx e Engels, os anarquistas negavam qualquer forma de poder. Defendiam o fim do capitalismo e do próprio Estado, além da necessidade da plena liberdade individual, propondo o **socialismo libertário**.

Outra maneira de compreender o termo **socialismo** tem origem no modelo soviético, sobretudo a partir dos anos 1930, com a imposição do poder de Stalin na URSS. Muitos estudiosos o chamam de **socialismo real**, ou "realmente existente".

Entre suas características estão a estatização das empresas, a coletivização das terras, a planificação da economia e a instituição de um único partido político.

Na virada do século XIX para o XX, alguns partidos socialistas e social-democratas europeus, herdeiros do pensamento marxista, paulatinamente abdicaram das ideias revolucionárias. O caminho para o socialismo não seria mais a revolução, mas as eleições.

Após a Segunda Guerra, com o nome de **socialismo democrático**, tais partidos, quando no poder, mantiveram compromissos com o capitalismo e as instituições da democracia liberal, ao mesmo tempo que patrocinaram amplos benefícios sociais aos trabalhadores.

Portanto, são muitos os significados que a palavra socialismo assumiu ao longo do tempo.

- Compare o modelo de socialismo soviético com os demais projetos socialistas mencionados.

## Vamos testar?

1. Considerando o período em que Lenin esteve no poder, leia as sentenças a seguir.
    I. Após a revolução de outubro de 1917, Lenin defendeu o governo provisório de Kerensky com base no lema "Todo o poder aos sovietes".
    II. Com a vitória da revolução em outubro de 1917, Lenin atendeu às reivindicações de operários, soldados e camponeses, sobretudo reconhecendo o direito dos últimos à terra.
    III. O governo de Lenin recusou-se a assinar o Tratado de Brest-Litovsk, desfavorável aos russos, mas que selaria a paz com a Alemanha e a retirada da Rússia da guerra.
    IV. Um dos problemas enfrentados por Lenin foi a resistência dos camponeses na entrega dos estoques de cereais ao governo bolchevique. A insatisfação camponesa aumentou quando o governo resolveu confiscar, de maneira autoritária, esses estoques.
    V. Empresários, latifundiários, militares e nobreza que apoiavam Nicolau II organizaram o Exército Branco, cujo objetivo era derrubar o governo bolchevique. O resultando foi a cruel guerra civil na Rússia entre 1918 e 1921.

    Assinale a única opção correta:

    a) I, II e III.
    b) I, III e V.
    c) II, IV e V.
    d) II, III e V.
    e) I, IV e V.

2. Com a morte de Lenin, em 1924, Stalin assumiu o poder na União Soviética e levou adiante planos quinquenais que transformaram um país de base agrária em potência industrial. Sobre o período em que Stalin governou o país, assinale a afirmativa incorreta:

    a) O campo sofreu alteração radical com a coletivização da terra. Por meios violentos, os camponeses perderam suas terras e foram obrigados a trabalhar em fazendas coletivas.
    b) O governo induziu a industrialização do país com grandes investimentos em máquinas, energia, aço, matérias-primas e veículos agrícolas e para aviação.
    c) O processo conhecido como Grande Terror levou para a prisão e eliminou centenas de milhares de pessoas, muitas acusadas de crimes que não cometeram, permitindo que Stalin passasse a governar como ditador.
    d) A propaganda política oficial enalteceu Stalin de maneira exagerada, definindo-o como o "guia genial dos povos", entre outras qualificações elogiosas.
    e) Com Stalin, a União Soviética democratizou-se, tornou-se uma potência industrial e melhorou as condições de vida da população.

**Conexões** História, Sociologia e Arte

### Realismo socialista

O estilo chamado de **realismo socialista** foi adotado pelo Estado soviético logo após a revolução e, sob o governo de Stalin, foi imposto a todos os artistas do país (pintores, escultores, escritores, teatrólogos, poetas, músicos), tornando-se o estilo artístico oficial da URSS.

Artistas e intelectuais deveriam aceitar a ideologia oficial do Estado, o marxismo-leninismo, e, em suas obras, retratar e exaltar operários, camponeses e soldados em um tipo de gênero conhecido como histórico-revolucionário. Deveriam mostrá-los felizes e contribuindo para a "construção do socialismo".

- **Analise as principais características do quadro de Karpov.**

A pintura ao lado, de 1924, de Stephan Karpov, é intitulada *Amizade dos povos* (óleo sobre tela, 205 cm × 248 cm). Trata-se de uma obra exemplar do realismo socialista.

ako-Images/Album/Fotoarena/Museu Histórico do Estado, Moscou, Rússia

CAPÍTULO

4

# Os anos 1920, a crise de 1929 e o *New Deal*

Marmaduke St. John/Alamy/Fotoarena/Coit Tower, San Francisco, EUA

O afresco *California: cenas industriais*, do estadunidense John Langley Howard, expressa o drama de milhares de trabalhadores que ficaram desempregados após a crise de 1929. A pintura, de 1934, decora o saguão da Coit Tower em São Francisco, na Califórnia, Estados Unidos.

Durante os anos 1920, os Estados Unidos da América, ou simplesmente EUA, passaram por um período de acelerado crescimento econômico, gerando riqueza e euforia entre a população, até que, em outubro de 1929, uma grave crise econômica eclodiu no país.

Muitos artistas desse período expressaram o que os trabalhadores viveram em decorrência da crise: desemprego, fome e pobreza. Essa pintura do estadunidense John Langley Howard representa brancos e negros desempregados no estado da Califórnia. Seus rostos demonstram tristeza, desconfiança e desesperança.

Entre as duas guerras mundiais, a de 1914-1918 e a de 1939-1945, o mundo, e não apenas os EUA, conheceu a prosperidade e a pobreza, a abundância e a miséria, a alegria e a tristeza.

**Puxando pela memória**

Em 1929, o capitalismo foi impactado por gravíssima crise econômica que se iniciou nos EUA e se espalhou pelo mundo. Desde aquela época até os dias atuais, existem os que defendem o liberalismo econômico e aqueles que acreditam na necessidade da intervenção do Estado na economia. Você sabe diferenciar essas duas posições?

Cronologia deste capítulo

Apresentação do cinematógrafo dos irmãos Lumière, com a exibição do filme *A saída dos operários da fábrica Lumière*. — 1895

Albert Einstein apresenta a Teoria da Relatividade. — 1905

# 1. A estrela sobe: os Estados Unidos da América

A Primeira Grande Guerra (1914-1918) foi economicamente vantajosa para os EUA. Durante e após o conflito, o país forneceu alimentos e produtos industrializados de que necessitavam os aliados europeus. Como resultado, a economia do país cresceu – sobretudo os setores industrial e agropastoril.

De devedores, antes da guerra, após o conflito os Estados Unidos transformaram-se em credores das nações europeias e, consequentemente, na mais importante economia industrial do planeta. Em 1929, o país era responsável por mais de 42% da produção de mercadorias do mundo.

A Europa vivia o inverso dessa situação. A guerra sacrificou milhões de vidas e desestruturou a economia dos países envolvidos no conflito. Todos saíram economicamente enfraquecidos, com imensas dívidas e descontrole dos preços. Na Áustria, por exemplo, os preços subiram 14 mil vezes somente em 1922. Na Alemanha, um pouco de manteiga equivalia a sacos de dinheiro. Poupanças acumuladas ao longo de anos pela população desapareceram com a inflação. E, se o desemprego diminuía nos Estados Unidos – em torno de 4% apenas no pós-guerra –, na Europa ele crescia vertiginosamente, oscilando entre 10% e 18%, de acordo com o país.

## Outra dimensão — Cidadania

### Conquista feminina

A conjuntura do pós-guerra favoreceu a implantação do voto feminino em vários países ocidentais – questão que já havia surgido no século XIX e foi impedida pelo conservadorismo da própria sociedade.

A guerra mudou o cenário, sobretudo em razão da entrada das mulheres no mercado de trabalho, durante e após o conflito. Isso as colocou em outra posição social, fortalecendo suas reivindicações por direitos políticos.

A Nova Zelândia foi o primeiro país a aprovar o voto feminino em 1893, seguida pela Austrália, em 1902. Na Grã-Bretanha, onde houve intensa mobilização, em 1913, uma manifestante chegou a se atirar na frente do cavalo do rei George V, durante uma prova hípica, em sinal de protesto. Morreu e foi enterrada em meio a grandes manifestações.

Em 1918, o país aprovou o direito ao voto para as mulheres com mais de 30 anos. Nos EUA, a aprovação ocorreu em 1919.

Hulton-Deutsch/Hulton-Deutsch Collection/Corbis via Getty Images

A imagem acima mostra a sufragista britânica Emily Davison, logo após atirar-se na frente do cavalo do rei George V, durante uma prova de hipismo. O acontecimento foi registrado por uma câmera de cinema da época, em junho de 1913.

Já as francesas teriam de esperar o fim da Segunda Guerra Mundial para poder votar.

- No Brasil, as mulheres conquistaram o direito de votar e serem votadas em 1932, quando participaram das eleições para a formação da Assembleia Nacional Constituinte. No pleito, a primeira mulher eleita para um cargo legislativo no país foi Carlota Pereira de Queirós. Pesquise informações sobre ela.

## Os anos 1920: prosperidade e problemas

Desde o século XIX, os Estados Unidos atraíam muitos imigrantes, sobretudo europeus. Motivados pelas oportunidades de um país em acelerado crescimento econômico, cerca de 33 milhões de europeus (britânicos, irlandeses, poloneses, alemães, italianos, dentre outros) desembarcaram nos portos estadunidenses entre 1820 e 1930. Tratava-se de uma importante e farta força de trabalho que contribuiu para o crescimento econômico do país.

Enquanto assumiam no cenário internacional o papel de primeira grandeza, com uma economia em grande expansão, internamente os Estados Unidos enfrentavam alguns problemas.

Em 1918, o Congresso aprovou uma emenda à Constituição que impedia a produção e a comercialização de bebidas alcoólicas em todo o país. A **Lei Seca**, como ficou conhecida, enquadrava-se no processo de disciplinar o trabalhador e vinha ao encontro da forte onda de puritanismo que se alastrava no país. Contudo, ao contrário do que se esperava, a lei resultou em corrupção, violência e na expansão do crime organizado.

Nessa época, a **Ku Klux Klan** (KKK), organização racista que se originou no sul dos Estados Unidos após a Guerra de Secessão, ressurgiu com força e com a adesão dos mais variados segmentos da sociedade – estima-se que cerca de 15% da população estadunidense ingressou em suas fileiras na década de 1920.

A KKK se espalhou pelo país e, além de perseguir os afro-americanos, passou a mover campanhas contra imigrantes, judeus e comunistas. Ampliava-se a xenofobia, baseada em um radicalismo racista, puritano e nacionalista.

Parada dos membros da Ku Klux Klan na avenida Pennsylvania, em Washington D.C., em 19 de agosto de 1925.

Topical Press Agency/Getty Images

### Intolerância

A intolerância nos EUA atingia outras esferas da sociedade. Um exemplo é o indiciamento do professor John Scopes, em 1925, por ensinar a teoria de Darwin sobre a origem do ser humano, considerada anticristã. Outro exemplo ocorreu em 1927, quando os imigrantes italianos Sacco e Vanzetti, acusados de assassinato, foram condenados à morte na cadeira elétrica. Os dois eram anarquistas, o que faz presumir que a condenação de ambos derivou da intolerância política, e não do suposto crime.

Publicação do primeiro Manifesto Dadaísta. — *1916*

Fim da Primeira Guerra Mundial. Lei Seca começa a vigorar nos EUA. — *1918*

# 2. Novas formas de interpretar o mundo

Na Europa, entre o final do século XIX e a eclosão da Primeira Guerra, a prosperidade econômica e os avanços tecnológicos haviam provocado sonhos e ambições que se refletiram em um modo de vida despreocupado dos europeus mais enriquecidos. A atmosfera de otimismo que caracterizou a *Belle Époque* foi destruída com a dura realidade da guerra – e aqueles sonhos e ambições de prosperidade infinita deram lugar ao pessimismo.

A Revolução Russa, que apontava para novos caminhos e mudanças no mundo, refletiu e, ao mesmo tempo, contribuiu para a crise de valores e crenças que se instaurou na Europa.

Mas, como épocas de crise são também momentos para a criação de novas ideias, artistas e intelectuais europeus manifestaram sua consciência da crise em vários domínios, provocando renovação nas mais diferentes formas de expressão artística: nas artes plásticas, na literatura, na música, na arquitetura e no teatro.

As críticas, sobretudo, eram ao modo de vida, à moral e à racionalidade burguesas – que, para eles, haviam levado o mundo a um conflito mundial.

Na literatura, por exemplo, destacaram-se obras introspectivas, como as do francês Marcel Proust – *Em busca do tempo perdido* – e do irlandês James Joyce – *Ulisses*. No teatro, ganharam notoriedade obras dramáticas, trágicas e pessimistas, em oposição ao realismo que predominara até o início da guerra, com destaque para o trabalho do siciliano Luigi Pirandello. Nas artes plásticas, uma série de movimentos se sucedeu: futurismo, dadaísmo, surrealismo.

## O surrealismo

Surgido no entreguerras, o surrealismo foi um dos mais fecundos e duradouros movimentos artísticos do período. Pessimistas em relação à superioridade da razão, os surrealistas apegavam-se à exploração do inconsciente, considerado fonte de toda poesia, e apoiavam-se na teoria psicanalítica desenvolvida pelo austríaco Sigmund Freud (1856-1939), em grande evidência na época.

Intitulada *A persistência da memória*, esta obra de Salvador Dalí foi pintada no ano 1931 (óleo sobre tela 24 cm × 33 cm).



O movimento começou em 1924, com a divulgação do **Manifesto Surrealista**, escrito pelo francês André Breton (1896-1966). Breton defendia os processos automáticos da escrita: o pensamento deveria ser livre e ditado por si mesmo. Utilizava-se dos sonhos que, por escaparem do controle da razão, exprimiam melhor a realidade.

O surrealismo se difundiu e se desenvolveu em diferentes linguagens e países, sobretudo a partir de 1930. Na pintura, por exemplo, o espanhol Salvador Dalí foi um de seus mais conhecidos expoentes.

Instituição do voto feminino nos EUA. — *1919*

Aprovação, pelo Congresso dos EUA, da lei de cotas de imigração. — *1921*

## Nas telas

Quando a Primeira Guerra Mundial eclodiu, o cinema ainda estava em seu início. A primeira apresentação do cinematógrafo dos irmãos Auguste e Louis Lumière acontecera em 1895, com a exibição do filme (de apenas 60 segundos) *A saída dos operários da fábrica Lumière*.

Entre 1914 e 1918, a indústria cinematográfica foi inibida na Europa, mas nos EUA ela cresceu e se desenvolveu, sobretudo em Hollywood, um subúrbio de Los Angeles.

No pós-guerra, o cinema se consolidou com filmes de faroeste, policiais, musicais e, principalmente, comédias, que ironizavam os costumes cotidianos, embora alguns ensaiassem críticas mais profundas.

## A era do *jazz*

Na música, a grande novidade do período foi o *jazz*, um gênero musical criado e disseminado pelos afro-americanos da cidade de Nova Orleans por todo o mundo. O trompetista e cantor estadunidense Louis Armstrong e sua banda Hot Five foram alguns de seus principais expoentes. Como o *jazz*, o *blues*, cuja origem também remonta à cultura popular afro-americana, espalhou-se pelo mundo.

Os negros estadunidenses também criaram uma dança vigorosa e popular a que chamaram *charleston*, em homenagem à sua cidade de origem, Charleston, no estado da Carolina do Sul. O *foxtrot* foi outra dança de salão muito popular no período.

**A História no seu lugar**

Na arquitetura, também houve grandes inovações no período. O francês Le Corbusier (1887-1965) destacou-se pelo uso de concreto, vidro e pilotis, poucos ornamentos e amplas janelas. No Brasil, os arquitetos Oscar Niemeyer (1907-2012) e Lúcio Costa (1902-1998) foram influenciados por suas inovações, como se observa nos prédios do Palácio do Planalto e do Supremo Tribunal Federal, em Brasília, e do Edifício Gustavo Capanema ou Palácio Capanema, no Rio de Janeiro.

Procure imagens de obras arquitetônicas de Le Corbusier, Niemeyer e Lúcio Costa e, em seguida, pesquise se na cidade em que você reside há exemplos de edificações que lembram os trabalhos desses arquitetos. Em que eles se assemelham?

**piloti:** coluna que sustenta a edificação, proporcionando aproveitamento do espaço interno e ampla luminosidade.

Granger/Fotoarena

Nos anos 1920, dançar *charleston* era o grande divertimento em todos os salões.

Publicação do Manifesto Surrealista. — 1924

Início da sonorização dos filmes. — 1926

# Taylorismo e fordismo

Os EUA revolucionaram a produção industrial com um método criado pelo engenheiro Frederick Taylor (1856-1915), que buscou ampliar o rendimento das empresas a partir de um conjunto de regras relacionadas ao controle do tempo e dos movimentos dos trabalhadores durante o processo produtivo. Entre essas regras, previam-se formas de incentivo aos trabalhadores que apresentassem maior produtividade.

O **taylorismo**, como esse método de administração ficou conhecido, foi aplicado nas fábricas de automóveis de Henry Ford (1863-1947), que, no entanto, empregou inovações ao modelo. Ford introduziu as esteiras rolantes nas fábricas, aprofundando a divisão do trabalho. Para evitar a rotatividade dos trabalhadores, devido à sua resistência ao modelo, ele oferecia maiores salários.

Com as esteiras rolantes, a peça em fabricação era movida ao longo de toda a cadeia produtiva: a chamada linha de produção. Cada operário era especializado em uma função e responsável, portanto, por uma única tarefa: apertar parafusos, instalar uma determinada peça, e assim por diante.

Também o controle e a disciplina na fábrica, inaugurados pelo método de Taylor, foram complementados por uma série de práticas instituídas por Henry Ford. Ele criou vilas operárias que cercavam a fábrica e nas quais era possível vigiar e disciplinar a vida privada dos trabalhadores. Para Ford, eles deveriam ser casados e, em hipótese alguma, ingerir bebidas alcoólicas. Ford, inclusive, foi um dos principais defensores da Lei Seca. Além disso, defendia que os salários pagos em suas fábricas fossem gastos em alimentos que lhes permitissem maior rendimento no trabalho.

A forma como Henry Ford organizou sua linha de montagem para a fabricação de automóveis foi seguida por empresas de outros ramos, interessadas na diminuição do tempo gasto na produção industrial e na vigilância dos operários. Como consequência, várias manifestações e greves ocorreram nas primeiras décadas do século XX.

**Fique de olho!**

*Tempos modernos*. Direção: Charles Chaplin. EUA, 1936. Clássico sobre a desumanização dos operários no capitalismo estadunidense, sobretudo depois da introdução do taylorismo na produção industrial, nos anos 1920-1930.

Quando surgiu, em 1908, eram necessárias 12 horas para montar um automóvel Ford Modelo T, cujo preço era de 850 dólares. Com os novos métodos de trabalho, em 1914 necessitava-se de apenas 93 minutos para montá-lo, ao custo de 280 dólares. Na imagem, os trabalhadores na linha de montagem do Modelo T, na fábrica da Ford, em 1915.

National Motor Museum/Heritage Images/Getty Images

Os anarquistas Sacco e Vanzetti morrem na cadeira elétrica.

1927

Início da Grande Depressão, com a quebra da Bolsa de Nova York.

1929

# 3. A crise de 1929

A economia dos EUA expandiu nos anos 1920, mas os fundamentos dessa prosperidade eram frágeis. Para o economista John Maynard Keynes (1883-1946), ocorria um desequilíbrio entre o aumento da produção industrial e a má distribuição da renda. Isto é, como os salários não acompanhavam o aumento da produtividade, a capacidade de consumo da sociedade era reduzida.

Além disso, grande parte dos lucros das empresas não era reinvestida na produção, mas direcionada para a oferta de crédito fácil à população ou para investimentos especulativos na Bolsa de Valores. A oferta de crédito incentivava o endividamento para o consumo, e a perspectiva de ganhos fáceis e rápidos na Bolsa estimulava a compra de ações.

O mundo vivia, então, o auge do liberalismo econômico. Para os economistas liberais, era necessário deixar as regras do mercado seguirem seu curso, sem interferência estatal. Cabia aos governos evitar a inflação com a manutenção dos orçamentos equilibrados. Eles defendiam que a economia de livre mercado e da livre concorrência era a solução para todos os problemas.

O problema era que a formação de grandes trustes, *holdings* e cartéis impedia, na prática, a livre concorrência. O mercado não era tão "livre" quanto acreditavam. A inexistência de mecanismos de controle e fiscalização estatais permitiu a grande especulação com as ações na Bolsa.

No dia 24 de outubro de 1929, uma quinta-feira, quando a Bolsa de Nova York abriu, cerca de 12 milhões de ações foram colocadas à venda. Como não havia compradores suficientes, em apenas uma hora os preços despencaram. O episódio ficou conhecido como a **Quebra (*crash*) da Bolsa de Nova York**.

Na Bolsa investiam desde grandes empresários até pequenos poupadores da classe média e assalariados. Por isso, a crise atingiu todos.

Nas semanas seguintes, as ações continuaram em queda e os preços dos imóveis também despencaram, provocando a correria de multidões aos bancos para retirar seu dinheiro. Isso levou 9 mil pequenos bancos à falência. Os devedores não puderam pagar suas dívidas porque perderam tudo na Bolsa. Os credores, por sua vez, ficaram sem receber os empréstimos que concederam.

### Truste, *holding* e cartel

Um truste ocorre quando várias empresas que dominam a maior parte do mercado se fundem a fim de formar um monopólio.

*Holding* designa uma empresa que detém a maioria das ações (controle), de um conjunto de empresas.

O cartel ocorre quando um grupo de empresas concorrentes realiza um acordo, implícita ou explicitamente, que vise à fixação de preço, ao controle da produção, à divisão dos clientes, entre outros.

Eles ocorrem entre as médias e grandes empresas, a fim de eliminar concorrentes ou garantir maiores lucros, ainda que em prejuízo dos consumidores.

Getty Images

Bettmann/Getty Images

Com a crise de 1929, muitos desempregados sobreviviam com o que era distribuído gratuitamente por organizações de solidariedade ou pelo governo. À esquerda, desempregados recebem sopa e pão na cidade de Los Angeles, na Califórnia, em 1930. À direita, centenas de pessoas entram na fila para receber o jantar de Natal da prefeitura de Nova York, em 1931.

Os Estados Unidos conheceram, então, um processo chamado de **Grande Depressão**, ou seja, uma profunda e longa recessão econômica.

Os preços caíram. As empresas faliram. E o desemprego chegou a 25% da população economicamente ativa, em 1932.

A superprodução de alimentos levou à queda vertiginosa dos preços agrícolas, empobrecendo fazendeiros e trabalhadores do campo – cerca de 20% da população ativa do país.

Em um primeiro momento, o governo não interveio na economia, acreditando que as próprias leis do mercado retirariam o país da recessão. Mas o resultado foi o agravamento da crise econômica. Desesperança, medo e insegurança espalhavam-se pelos EUA.

## A crise toma o mundo

O capitalismo já tinha passado por outras crises no passado, mas esta, de caráter mundial, era diferente: ela atingiu indistintamente os países ligados pelo comércio e pelo sistema financeiro internacionais. Em 1933, os empréstimos financeiros entre os países caíram 90%.

A crise de 1929 afetou, sem exceção, todos os setores da economia: indústria, agricultura, pecuária, mineração, comércio, bancos, transportes.

Entre 1929 e 1939, o comércio mundial conheceu retração de um terço. As importações estadunidenses foram reduzidas em 70%, prejudicando a economia de vários países. As falências bancárias nos EUA atingiram a Europa, em decorrência dos empréstimos interbancários, provocando o fechamento de importantes bancos europeus.

No Brasil, a crise foi catastrófica para a economia baseada na exportação do café. Para os agricultores brasileiros, significou a mais completa ruína.

Em muitos países, o desemprego atingiu níveis dramáticos, e a inexistência de um sistema de previdência pública agravou ainda mais essa situação. Calcula-se que no auge da crise, no início dos anos 1930, 23% dos trabalhadores britânicos e 44% dos alemães ficaram desempregados.

No contexto da crise, os que perderam seu emprego pararam de consumir e os que conseguiram mantê-lo passaram a consumir o mínimo necessário, temendo o futuro. Essa queda do consumo levou muitas empresas à falência – e outros tantos trabalhadores ao desemprego, agravando ainda mais a crise.

## A crise liberal

Com a Grande Depressão o liberalismo econômico caiu no descrédito. Para muitos economistas, a crise teve origem nas práticas liberais de condução da economia.

A crise atingiu tão duramente as sociedades que acabou contribuindo para o fortalecimento de soluções alternativas ao liberalismo econômico e à democracia liberal. Movimentos autoritários de direita, como o fascismo na Itália e o nazismo na Alemanha, cresceram e ganharam força nesse contexto. Modelos de esquerda alternativos ao socialismo soviético, como a social-democracia na Suécia, também.

O capitalismo desmoronou com a crise de 1929 e, com ele, os princípios que regiam a economia liberal.

**Fique de olho!**

GAZIER, Bernard. *A crise de 1929*. Porto Alegre: L&PM, 2009.
O livro descreve a gravidade da crise de 1929, que levou à desestabilização do capitalismo que atingiu todo o mundo ocidental, e apresenta interpretações sobre os problemas econômicos que resultaram na grande crise.

PEREIRA, Wagner Pinheiro. *24 de outubro de 1929*: a quebra da Bolsa de Nova York e a Grande Depressão. São Paulo: Companhia Editora Nacional, 2006.
A Crise de 1929 e a depressão econômica são interpretadas como resultado das contradições do capitalismo liberal e das grandes desigualdades sociais.

# 4. O *New Deal*

O governo do republicano Herbert Hoover (1874-1964), adepto do liberalismo econômico, não tinha instrumentos para reverter a crise. Ele acreditava que as leis da oferta e da procura e o princípio da livre-iniciativa resolveriam os problemas econômicos. No entanto, a Grande Depressão apenas se agravava.

Em março de 1933, quando o candidato do Partido Democrata Franklin Delano Roosevelt (1882-1945) assumiu a presidência dos EUA, a situação era da maior gravidade: a recessão havia atingindo seu apogeu. Em seu governo, lançou um plano de recuperação econômica intitulado ***New Deal*** (Novo Pacto). Reuniu intelectuais de importantes universidades do país, e formou o que ficou conhecido como "truste de cérebros" (*brain trust*). Eles deveriam elaborar medidas para retirar o país da crise. Era claro para o grupo: as regras do liberalismo econômico deveriam ser abandonadas e o Estado, intervir na economia.

Os economistas que auxiliavam Roosevelt defendiam que a população deveria ter dinheiro para consumir, permitindo, dessa forma, que as fábricas voltassem a produzir e a vender. Os grandes conglomerados empresariais, além disso, deveriam ser submetidos a regras e leis e fiscalizados por órgãos estatais. Tudo isso exigiria gastos do governo federal e geraria *deficit* no orçamento público.

O primeiro ato importante do governo foi a Lei Bancária de 1933, que garantia aos investidores que os depósitos bancários seriam mantidos. Com a iniciativa, Roosevelt deu solidez ao sistema bancário do país, com rígido controle estatal sobre as instituições financeiras.

O segundo, implementado nesse mesmo ano, beneficiava os produtores agrícolas. O governo assumiu as dívidas dos devedores e, depois, os incentivou a reduzir a área plantada. Em alguns setores, chegou a pagar para que não plantassem. Isso elevou os preços dos produtos agrícolas e a remuneração dos fazendeiros.

No caso da indústria, o Estado fez acordos com os empresários. O objetivo era estabelecer regras mais leais de concorrência entre as empresas. Na prática, contudo, resultou no fortalecimento dos trustes e dos cartéis. Empresas estatais também foram fundadas, como a *Tennessee Valley Authority*, construtora de usinas hidrelétricas.

Roosevelt ainda fixou um salário mínimo para os trabalhadores e reduziu a jornada de trabalho para 35 ou 40 horas semanais, dependendo da categoria. Criou também milhares de vagas de emprego com o financiamento de obras públicas: cerca de 2,5 milhões de trabalhadores foram contratados para drenagem de pântanos, reparação de estradas e outras atividades.

As políticas públicas de Roosevelt eram de intervenção no mercado, de investimentos públicos, de regulamentação da economia, de intermediação nas relações entre patrões e empregados e de criação de empresas estatais. O *New Deal* tinha diretrizes que contrariavam frontalmente os princípios da economia liberal.

**Fique de olho!**

***A noite dos desesperados***. Direção: Sidney Pollack. EUA, 1969.
Este filme clássico narra a história de um casal que, durante a Grande Depressão nos EUA na década de 1930, precisa vencer um concurso de dança para conseguir dinheiro.

***As vinhas da ira***. Direção: John Ford. EUA, 1940.
Baseado no livro homônimo de John Steinbeck, conta a história de uma família pobre de Oklahoma, nos EUA, que migra para a Califórnia durante a Grande Depressão.

New York Times Co./Hulton Archive

Trabalhadores contratados para a construção de represa em São Francisco, na Califórnia, logo após o lançamento do *New Deal*, em 1934, levam terra em carrinho de mão.

## Primeiros sinais positivos

Alguns efeitos do *New Deal* foram sentidos já no final de 1934. Os preços subiram e a renda nacional cresceu 20%. Embora o número de desempregados continuasse enorme – 11 milhões –, os estadunidenses voltaram a ter esperanças.

A partir de 1935, Roosevelt aprofundou ainda mais as políticas intervencionistas do Estado. Uma série de leis sociais foi promulgada, como a Lei de Seguridade Social, reconhecendo direitos dos trabalhadores. Não casualmente, Roosevelt foi reeleito em 1936 e seria novamente reeleito em 1940 e 1944.

Em 1937, os índices econômicos já se mostravam melhores, embora o desemprego ainda continuasse alto. Receoso de que o *deficit* público gerasse inflação, o governo realizou cortes no orçamento, suspendendo diversas obras públicas. O resultado foi desastroso, com o retorno da recessão. A produção caiu em níveis alarmantes e o desemprego aumentou ainda mais.

A partir daí, novos e grandes investimentos estatais passaram a ser realizados, sobretudo em obras públicas, como eletrificação rural e modernização de estradas e portos. Tais iniciativas beneficiavam as empresas e ofereciam empregos aos trabalhadores, detendo, assim, o colapso da economia estadunidense.

As grandes encomendas governamentais para a indústria bélica estadunidense, que passaram a ser feitas após a eclosão da Segunda Guerra Mundial, reativaram de vez a economia do país: navios de guerra, tanques, aviões, automóveis, armas, uniformes, etc. As políticas intervencionistas do *New Deal* atingiram, então, o apogeu, pondo fim à Grande Depressão.

**Fique de olho!**

***A rosa púrpura do Cairo.***
Direção: Woody Allen.
EUA, 1985.
Durante a Grande Depressão, uma garçonete casada com um homem violento vive sem perspectiva. Ela procura fugir de sua triste realidade assistindo a filmes, até que o herói de um deles sai da tela e se apaixona por ela.

## Imagens contam a História

### Uma visão do governo Roosevelt

Nesta charge de 1943, o presidente Roosevelt é retratado conduzindo um navio em direção à recuperação econômica (*recovery*). Um homem representando o povo (*the American people*) observa com tranquilidade o rumo da embarcação, sob um dia claro com arco-íris. Atrás de Roosevelt estão seus críticos, seus detratores (*detractors*). Sob uma nuvem pesada simbolizando a Grande Depressão (*depression*), eles reclamam e resmungam.

Granger/Fotoarena/Coleção particular.

- Considerando que o *New Deal* adotou medidas que contrariavam as regras do liberalismo econômico, interprete a charge, avaliando a posição de cada um dos personagens retratados.

# Roteiro de Estudos

## Para organizar

1. Compare a situação econômica dos Estados Unidos com a dos países europeus nos dez anos seguintes ao fim da Primeira Guerra Mundial.
2. Por que, nos anos 1920, artistas e intelectuais europeus expressavam em suas obras o pessimismo com o mundo em que viviam?
3. Quais são os elementos centrais que regem o método de trabalho conhecido como fordismo?
4. Como o economista John Maynard Keynes explicou as origens da crise econômica de 1929?
5. Indique as principais medidas implementadas por Franklin Roosevelt e seu programa econômico conhecido como *New Deal*.
6. Podemos considerar o *New Deal* um programa de políticas públicas que contrariava os princípios básicos do liberalismo econômico? Justifique.
7. Por que muitos historiadores e economistas consideram que o *New Deal* e a participação dos Estados Unidos na Segunda Guerra Mundial foram os processos responsáveis por retirar o país da Grande Depressão?

## Reflexões

### O *New Deal*

Com o *New Deal*, o governo do democrata Franklin Delano Roosevelt aumentou as tarifas protecionistas, controlou os preços e a produção por meio de subsídios, revalorizou os salários, regulamentou as condições de emprego e abriu novas vagas por meio das empresas estatais que criou.

À época, essas medidas, vistas pelos membros do Partido Republicano como um socialismo disfarçado, foram alvo de inúmeras críticas e desconfianças. Afinal, os EUA eram o país que mais pregava a livre-iniciativa, a livre concorrência e o livre mercado.

Em resposta a essas críticas, o próprio Roosevelt, em um discurso, afirmou: "Foi minha administração que salvou o sistema de lucro privado e da livre empresa e o recolheu à beira do abismo aonde o haviam conduzido aqueles que, atualmente, tentam amedrontar-vos".

- **Avalie as críticas do Partido Republicano ao *New Deal* e a resposta de Roosevelt a elas: qual dos argumentos apresenta maior consistência? Por quê?**

## Vamos testar?

1. Sobre os anos 1920 nos Estados Unidos, anteriores à Grande Depressão, o economista John Kenneth Galbraith apresenta o seguinte relato:

   Os ricos estavam ficando mais ricos muito mais depressa do que os pobres estavam ficando menos pobres. Os agricultores estavam infelizes desde que a depressão de 1920-1 fizera baixar brutalmente os preços de seus produtos, mas deixaram os custos elevados. Os negros no sul e os brancos nos Apalaches meridionais continuavam a viver em pobreza desesperadora. [...] É difícil dizer quando o *boom* no mercado de ações da década de 1920 começou. [...] Em 1927, o aumento começou para valer. Dia após dia e mês após mês, o preço das ações subiu.

   [...]

   As empresas que foram combinadas em fusões fabricavam os mesmos produtos ou outros, relacionados ao mesmo mercado nacional. A motivação primária em todos, exceto em casos raros, era reduzir, eliminar ou regularizar a concorrência. Cada um dos novos gigantes dominava uma área e, a partir daí, exercia controle mensurável sobre preços e produção.

   GALBRAITH, John Kenneth. 1929: a grande crise. São Paulo: Larousse do Brasil, 2010. p. 21-22, 26-27 e 56.

   Entre as questões levantadas por ele, assinale a alternativa correta.

   a) Com o enriquecimento da população e a valorização das ações na bolsa de valores, as fábricas não conseguiram produzir mercadorias suficientes para atender ao consumo.

   b) A crise econômica resultou da redução do preço dos produtos, causada pelos monopólios industriais, e da queda do preço dos alimentos.

c) A preferência pela especulação na bolsa de valores em detrimento do investimento industrial contribuiu para que a população enriquecesse rapidamente, prejudicando seriamente a economia do país.

d) A formação de grandes conglomerados monopolistas, a especulação no mercado de ações e o enriquecimento da população rural e da cidade explicam a crise econômica de 1929.

e) A crescente concentração de renda, a queda dos preços agrícolas, a especulação na bolsa de valores e a crescente monopolização da economia foram fatores centrais para a crise econômica de 1920.

**2.** Sobre o programa de recuperação econômica *New Deal*, assinale a única alternativa correta.

a) Um dos fundamentos do *New Deal* era o liberalismo econômico. Roosevelt acreditava que o mercado, deixado por si mesmo, recuperaria as indústrias e os empregos dos trabalhadores.

b) Entre as medidas mais importantes do *New Deal* estavam regulamentação da economia, recuperação dos preços agrícolas, criação de empresas estatais e investimentos em obras públicas, visando capitalizar as indústrias e criar empregos.

c) Com o objetivo de capitalizar as empresas e criar empregos, Roosevelt revogou leis sociais e estatizou o sistema bancário, obtendo apoio dos empresários.

d) Em 1937 o país se recuperou da crise econômica, mas, com o início da Segunda Guerra Mundial, os gastos do governo elevaram o *deficit* público, com repercussão negativa na economia.

e) A Grande Depressão afetou mais os trabalhadores urbanos, com o desemprego, do que os agricultores, que tiveram lucros com o aumento dos preços dos produtos agrícolas.

**Conexões** Filosofia, Sociologia e Arte

## Walter Benjamin e a arte

Nos anos 1920, vários intelectuais marxistas, que viviam a crise política, econômica e social instaurada na Alemanha no pós-guerra, procuraram refletir sobre a dura realidade daquele momento. Assim, em 1923, surgiu o Instituto para Pesquisa Social de Frankfurt, mais tarde conhecido como Escola de Frankfurt. Dele participavam filósofos, sociólogos, psicanalistas, cientistas sociais, entre outros. Inspirados nos trabalhos de Karl Marx, eles pensaram questões da época, refletindo sobre a história, a consciência de classe, a arte, a literatura, entre outros temas. O conjunto de seus trabalhos ficou conhecido como **Teoria Crítica**.

O alemão Walter Benjamin (1892-1940), embora não fizesse parte do instituto, se identificou com as teorias lá desenvolvidas. Um de seus textos mais conhecidos é *A obra de arte na era de sua reprodutibilidade técnica*, de 1936. Nele, Benjamin afirma que, com a invenção das máquinas impressoras e da fotografia, a obra de arte perdera seu caráter único e raro.

Com as novas tecnologias de reprodução, qualquer pessoa pode ter acesso a uma cópia do quadro *Mona Lisa*, de Leonardo da Vinci, por exemplo, cujo original está no Museu do Louvre, em Paris. Também por conta dessas tecnologias, a fotografia do líder revolucionário Che Guevara, abaixo, feita por Alberto Korda em 5 de março de 1960, tornou-se uma das mais conhecidas e reproduzidas em todo o mundo.

Para Walter Benjamin, há um aspecto positivo nisso: a reprodutibilidade técnica permite a democratização do acesso da obra de arte à população.

Alberto Korda

- **Com base nas ideias de Benjamin, responda:**

a) Por que a reprodutibilidade técnica permitiu a democratização da imagem da fotografia de Alberto Korda?

b) Pesquise na internet como essa fotografia é utilizada das mais diversas maneiras, com mensagens diferentes da original.

CAPÍTULO

5

# Fascismo e nazismo contra a democracia e o socialismo

K.Stauber/Album/akg-images/ Fotoarena/Coleção particular.

*Es lebe Deutschland!* (A Alemanha Vive!). Pôster de propaganda nazista, feito por K. Stauber, c. 1930.

Benito Mussolini (1883-1945) e Adolf Hitler (1889-1945) lideraram regimes na Itália e na Alemanha, respectivamente, que conspiraram contra a democracia, desafiaram o socialismo soviético e ainda puseram em marcha políticas de extermínio racial, sobretudo no caso nazista. É preciso conhecer essa história de perto – a origem desses movimentos, a tomada do poder, a organização policial de regimes baseados em violência, propaganda e terror.

Nesse pôster, criado durante os anos de 1930, Adolf Hitler aparece em primeiro plano, sob a luz dos raios de Sol que surgem entre nuvens negras, carregando uma bandeira nazista na mão direita. No céu uma águia sobrevoa, simbolizando o poder, a força, a autoridade e a vitória. O objetivo de consolidar a imagem de Hitler como líder do povo alemão é evidente tanto na expressão facial e no gesto que faz com a mão esquerda, indicando determinação e força, quanto ao verificar que ele está à frente de uma multidão, que o saúda.

**Puxando pela memória**

A palavra **holocausto** vem do grego e significa "sacrifício ritual". Como poderia se estabelecer uma relação entre essa palavra e o regime nazista na Europa?

| 1917 | 1918 |
|---|---|
| Vitória da Revolução Bolchevique na Rússia. | Derrota da Alemanha na Primeira Guerra Mundial. Fundação do Partido Comunista Alemão. |

# 1. Na Itália, o fascismo

"Vitória mutilada": assim era vista a participação da Itália na Primeira Guerra Mundial, já que a maioria de suas reivindicações territoriais não havia sido atendida nos acordos de paz de 1919. Além disso, os italianos passaram por um processo inflacionário sem precedentes, no imediato pós-guerra, que empobreceu desde os operários e a classe média até os pequenos proprietários rurais. O contraste entre o norte industrial e o sul agrícola também pesou no desequilíbrio econômico do país.

A Itália passou, então, por um período de efervescência política, com destaque para o crescimento do tradicional **Partido Socialista Italiano**, fundado em 1892. Com fortes bases operárias, prevalecia no partido uma posição favorável à revolução proletária. Nas eleições de 1919, os socialistas venceram com 32% dos votos, tornando evidente o desgaste dos partidos liberais.

A vitória dos socialistas foi seguida de grande mobilização. Dirigida pelas poderosas centrais sindicais italianas, uma série de greves por melhores salários e condições de trabalho foi desencadeada no país. Mais de 1 milhão de grevistas paralisaram a indústria em 1920. Armazéns e lojas foram saqueados pelas multidões.

Nesse contexto de radicalização, em 1921 a ala radical do Partido Socialista fundou o **Partido Comunista da Itália** com um programa leninista, considerando grandes as chances revolucionárias. O triunfo dos bolcheviques na Rússia, afinal, estimulava os comunistas de todo o mundo a se mobilizarem pela tomada do poder. A segunda força política no país era o **Partido Popular Italiano**, criado em 1919 com o objetivo de barrar a expansão do socialismo.

## O fascismo em marcha

O crescimento do número de comunistas e socialistas na Itália levou amplos setores da sociedade, sobretudo aqueles pertencentes às elites, a buscar alternativas políticas. Assim surge o fascismo, nome dado ao movimento criado por Benito Mussolini em março de 1919 – *Fasci Italiani di Combatimento*, que em uma tradução livre corresponderia a "Grupos Italianos de Combate".

**fascismo:** deriva do latim *fascium*, que, na República Romana, significava uma das insígnias do poder do Estado – 30 varas atadas por uma corda formando um cilindro que não se rompia.

Mussolini foi membro ativo do Partido Socialista até 1914, quando foi expulso por discordar da posição partidária que condenava a entrada da Itália na Primeira Guerra. A base de seu *fascio* era formada por indivíduos de classe média que tinham três pontos em comum: oposição à democracia liberal, forte nacionalismo e ódio ao comunismo.

O desempenho eleitoral do partido nas eleições de 1919 foi péssimo, não atingindo 5 mil votos. Mussolini, então, organizou a agremiação como milícia paramilitar, com o objetivo de combater socialistas e comunistas. Os militantes vestiam camisas pretas e espancavam seus adversários por toda parte.

Financiada por proprietários rurais e burgueses, a milícia cresceu espantosamente, reunindo intelectuais nacionalistas, ex-oficiais do Exército e jovens. Apenas no início de 1921, os esquadrões fascistas destruíram centenas de seções socialistas e sindicatos ligados aos partidos de esquerda.

Mussolini percebeu, contudo, que para ampliar suas bases era preciso adotar uma linha legalista. Assim, diminuiu os ataques aos membros do Partido Socialista e da Confederação Geral do Trabalho, contendo a violência de seus esquadrões. Transformou, ainda, sua milícia no Partido Fascista Italiano, que logo alcançou 200 mil filiados.

República de Weimar reprime a "revolução alemã". Mussolini funda o fascismo na Itália.

1919

Hitler funda o Partido Nacional-Socialista na Alemanha.

1920

As lideranças liberais viam com bons olhos as ações dos fascistas. A ideia dos liberais era usar o fascismo para derrotar comunistas e socialistas e, em seguida, controlá-lo. Nas eleições de 1921, os fascistas elegeram 35 deputados para o Parlamento. A esquerda continuava forte, mas sua divisão interna, entre os que apoiavam a opção revolucionária e os que defendiam a participação eleitoral, acabou favorecendo a ascensão do fascismo.

Nesse contexto, o Partido Fascista, reunido em um congresso em Nápoles, decidiu realizar uma marcha em Roma com o objetivo de reivindicar maior participação no governo. Em 28 de outubro de 1922, precedida da ocupação de vários prédios públicos, a famosa **Marcha sobre Roma** não encontrou resistência. Ao contrário, o sucesso foi além das expectativas: o rei Vítor Emanuel III fez de Mussolini o primeiro-ministro do Estado italiano. Os fascistas chegavam ao poder.

akg-images/Album/Fotoarena

Mussolini (de gravata) e seus generais na famosa Marcha sobre Roma, que ocorreu na capital italiana em 28 de outubro de 1922.

## Ditadura fascista

Como os opositores do fascismo eram poucos e estavam isolados, o resultado foi o estabelecimento de uma ditadura fascista, seguido da prisão, do exílio e da morte de lideranças sindicais e políticas que se opunham ao regime.

Em outubro de 1925, o sindicalismo foi liquidado – apenas os sindicatos reconhecidos pelo Estado estavam autorizados a negociar com os patrões – e o direito à greve foi abolido. Instituía-se, assim, o **corporativismo**, elevando o Estado a gestor e árbitro das relações entre capital e trabalho – sistema que seria posteriormente aperfeiçoado na **Carta del Lavoro**, de 1927.

No mês seguinte, o Estado declarou a ilegalidade de todos os partidos políticos, exceto o fascista. Na prática, o partido foi estatizado e o Estado, "fascistizado".

Em 1926, Mussolini sobreviveria a três atentados, reforçando ainda mais seu poder pessoal.

Fundação do Partido Comunista Italiano. 1921

Marcha sobre Roma. Mussolini alcança o poder na Itália. 1922

Fique de olho!

***Mussolini, a história não contada***. Direção: Daniel Byrne. EUA, 1985. Apresenta uma biografia de Benito Mussolini, da Marcha sobre Roma, em 1922, à sua execução pelos *partigiani* comunistas italianos, em 1945.

# O fascismo no apogeu

O governo celebrou, em 1929, a **Concordata de Latrão**, pela qual o papa Pio XI reconhecia o Estado italiano e recebia a minúscula área ao lado da Basílica de São Pedro, em Roma, como sede do Estado do Vaticano. Era o fim da Questão Romana, controvérsia iniciada durante a unificação italiana, no século XIX.

Ainda em 1929, foi realizado um plebiscito para avaliar a aprovação do governo: Mussolini obteve quase 100% de aceitação, tornando-se o *Duce* (derivado do latim *dux*, que significava "chefe" na Roma Antiga). A sociedade começou a ser organizada, então, nos padrões do fascismo, dentro de uma ordem rígida. "Crer, obedecer, combater" era o lema da juventude. Na universidade, criaram-se Grupos Universitários Fascistas, e os professores foram obrigados a jurar fidelidade ao regime sob risco de demissão. Manifestações públicas se multiplicaram em louvor ao regime e ao *Duce*.

Na área econômica, a política fiscal protecionista estimulou a indústria de bens de consumo, fortalecendo o mercado interno. Assim, a Itália não sofreu tanto com a crise de 1929, embora não tenha conseguido evitar o aumento do desemprego.

A criação do Instituto para a Reconstrução Industrial, em 1933, deu impulso aos setores siderúrgico, mecânico e de construção naval. O governo Mussolini deteve a importação de alimentos e, no campo, buscou a autossuficiência na produção de cereais, favorecendo as pequenas propriedades e os sistemas de parceria. A política de obras públicas e a redução dos salários diminuíram o desemprego em 1935.

Apesar de significativa, a recuperação econômica da Itália não eliminou o desequilíbrio entre o norte e o sul do país. Em 1939, a renda *per capita* italiana era um terço da britânica e metade da francesa.

Nas relações exteriores, o governo fascista ensaiou uma política imperialista na África, invadindo a Etiópia em 1935. A guerra durou sete meses e o lento avanço das tropas foi a primeira evidência da debilidade militar italiana. Embora tenham se manifestado contra a invasão na Liga das Nações, França e Grã-Bretanha aceitaram a vitória da Itália, que havia se tornado uma peça importante no xadrez político europeu. O fascismo estava em alta, e Mussolini era reconhecido como uma influente liderança política na luta contra o comunismo.

## Investigando o documento

### Mussolini e a universalidade do fascismo

Leia a seguir a mensagem de Mussolini sobre o fascismo como doutrina.

Hoje afirmo que o fascismo, como ideia, doutrina, realização, é universal; italiano em suas instituições particulares, o fascismo é universal em seu espírito e não poderia ser de outro modo. O espírito é universal por sua própria natureza. Portanto, podemos prever uma Europa fascista, uma Europa cujas instituições se inspirem nas doutrinas e na prática do fascismo. Quer dizer, uma Europa que resolva, no sentido fascista, o problema do Estado moderno, do Estado do século XX, que é muito distinto dos Estados que existiam antes de 1789 ou que se formaram depois.

O fascismo atualmente responde a exigências de caráter universal. Efetivamente, resolve o tríplice problema das relações entre Estado e indivíduo, entre Estado e grupos, entre grupos e grupos organizados.

Mensagem de Benito Mussolini aos diretórios federais reunidos no Palácio Venecia, em 27 de outubro de 1930.

- Com base na leitura do capítulo, decifre o sentido dado pelo fascismo às relações entre Estado e indivíduo e entre Estado e grupos, considerando o regime como alternativa à democracia liberal.

Hitler tenta dar um golpe de Estado em Munique, mas fracassa.
Hitler escreve *Minha luta* (*Mein Kampf*).
1923

Assassinato do socialista Matteoti na Itália.
1924

# 2. Na Alemanha, o nazismo

Ao final da Primeira Guerra, a situação da Alemanha era muito pior que a da Itália. A Alemanha foi despojada de vários territórios, obrigada a pagar pesadas indenizações aos países vencedores e impedida de se remilitarizar, fixando-se em 100 mil o número máximo de soldados. A capitulação alemã na Primeira Guerra havia sido negociada por um governo constituído pelo alto comando militar, após a abdicação e a fuga do *kaiser* Guilherme II, em novembro de 1918.

A Constituição do novo regime estava esboçada desde outubro e seria a base da **República de Weimar** – cidade onde ela foi votada. No lugar do Império, instituiu-se um misto de parlamentarismo e presidencialismo, cabendo ao presidente ser o chefe de Estado e o responsável por indicar o chefe de governo (chanceler), que governaria de acordo com as decisões do Parlamento (*Reichstag*).

A crise da monarquia foi resultado da derrota alemã na Primeira Guerra Mundial e da onda comunista que varreu a Alemanha a partir do segundo semestre de 1918. A pregação revolucionária partiu de uma dissidência do velho Partido Social-Democrata, que pretendia tomar o poder por meio da disputa eleitoral.

A vitória da revolução soviética, em 1917, animou os socialistas alemães mais radicais a fundar a Liga Espartaquista, transformada em **Partido Comunista Alemão**, no ano seguinte. O nome dessa organização era uma homenagem ao líder de uma grande revolta de escravos na Roma Antiga, Espártaco. Eles julgavam que a Alemanha estava madura para a revolução e partiram para o ataque, estimulando ações entre novembro de 1918 e janeiro de 1919. Nos portos houve levantes de marinheiros; em diversas cidades alemãs se organizaram comitês revolucionários. Em Munique, os comunistas tomaram o poder e fundaram a **República Bávara**. Em Berlim, lutas armadas e greves se multiplicaram, tendo como líderes Karl Liebknecht e Rosa de Luxemburgo.

## Surgimento do nazismo

Nesse ambiente, plantou-se a semente do nazismo, cujo embrião foi o minúsculo Partido dos Trabalhadores Alemães (*Deutsche Arbeiterpartei*), que pretendia representar a classe operária alemã rivalizando com os comunistas e os socialistas.

O austríaco Adolf Hitler ingressou no Partido dos Trabalhadores Alemães em 1919. Ex-cabo do Exército alemão na Primeira Guerra, em que se destacou como mensageiro, foi ferido e condecorado com a Cruz de Ferro, uma das principais medalhas concedidas aos militares do país. Ele organizou o partido e assumiu sua liderança, transformando-o, em 1920, no Partido Nacional Socialista dos Trabalhadores Alemães (NSDAP), isto é, **Partido Nacional-Socialista ou Nazista**.

A grande bandeira de Hitler era resgatar a dignidade do povo alemão, prejudicado pela crise econômica do pós-guerra. O nazismo se apresentava como um baluarte na luta contra os abusos do capitalismo em favor de um "socialismo nacional". Por essa razão, o partido foi chamado de nacional-socialista e estimulado pela burguesia alemã como instrumento de luta contra os comunistas.

### Os *Freikorps*

O governo da nascente República de Weimar estava, desde 1919, nas mãos do social-democrata Friedrich Ebert. Ele negociou com grupos conservadores os meios para reprimir a "revolução alemã". O papel decisivo na repressão coube a uma milícia conhecida como *Freikorps* (Corpos de Voluntários), formada por ex-oficiais e ex-soldados do Exército alemão e financiada pelas classes burguesa e agrária. Os *Freikorps* dissolveram os comitês revolucionários, depuseram o governo da República Bávara e assassinaram Karl Liebknecht e Rosa de Luxemburgo.

Carta del Lavoro, na Itália, sepulta o sindicalismo livre.

1927

Crise na Bolsa de Valores de Nova York. Mussolini e o papa Pio XI assinam a Concordata de Latrão.

1929

No programa nazista, defenderam-se a **defesa da "raça ariana"**, da qual supostamente originava o povo germânico, e a **condenação dos judeus**. Para os ideólogos do partido, os judeus eram os capitalistas avarentos e os principais responsáveis pela criação e difusão do comunismo, pela miséria enfrentada pela Alemanha e pelo que chamavam de "traição de Versalhes".

Assim, o partido se afirmaria como antissemita e anticomunista, embora também condenasse os abusos do capitalismo liberal.

**A História no seu lugar**

Faça uma enquete em sua rua, seu prédio ou sua vizinhança, perguntando a 30 pessoas: "Quem foi Hitler?" ou "Quem foi Mussolini?". Procure equilibrar o número de mulheres e homens entrevistados e agrupe por faixa etária: 21 a 30 anos; 31 a 50 anos; 51 anos ou mais. Classifique os dados obtidos e tire suas conclusões sobre a memória do nazismo ou do fascismo na sua comunidade.

## O nazismo alcança o poder

A inflação sem precedentes que assolou a Alemanha no pós-guerra e o consequente clima de insatisfação generalizada animaram a ambição política dos nazistas. Em 1923, com o apoio do general Erich Luddendorf, herói da Primeira Guerra, Hitler tentou um golpe de Estado, com a intenção de fazer uma marcha sobre Berlim, parecida com a marcha fascista italiana realizada um ano antes. Porém, a rebelião foi abortada. Hitler foi condenado a cinco anos de prisão, mas foi anistiado poucos meses depois. Na prisão, escreveu o livro *Minha luta* (*Mein Kampf*), resumindo seu projeto de uma Alemanha expansionista, germânica e livre de judeus.

Apesar do aumento do número de militantes, o Partido Nazista não ia bem nas eleições. A situação começou a mudar com a crise de 1929, cujos efeitos na Alemanha foram desastrosos. Os capitais estadunidenses e britânicos foram repatriados, a inflação alcançou níveis estratosféricos e o número de desempregados chegou a 6 milhões em 1932.

Mesmo com a força do Partido Comunista Alemão, as organizações de esquerda se dividiam, como ocorrera na Itália. Fiéis à orientação soviética, os comunistas alemães consideravam o nazismo um mal menor, um movimento pequeno-burguês incapaz de mobilizar a classe operária, e esperavam, assim, o "acirramento das contradições" entre a burguesia e o proletariado. Alguns até achavam que os desempregados das milícias nazistas (*Sturmabteilung* ou Divisão de Assalto) apoiariam a revolução socialista.

**Fique de olho!**

***O grande ditador***. Direção: Charles Chaplin. EUA, 1940. Sátira do nazismo e do fascismo realizada por Charles Chaplin no início da Segunda Guerra Mundial.

GRANDE, Alexander J. de. *Itália fascista e Alemanha nazista*. São Paulo: Madras, 2005. Aprofunde seus conhecimentos sobre o fascismo, o nazismo e o contexto histórico em que esses movimentos surgiram.

Em meio à crise, o desempenho eleitoral dos nazistas cresceu, bem como a aproximação do partido de grupos ligados ao grande capital. Nas eleições parlamentares de 1930, o número de cadeiras nazistas saltou de 12 para 107. A balança pendia para o nazismo.

Nessa conjuntura, as classes dominantes alemãs aderiram definitivamente ao nazismo. Em manifesto, grandes industriais apelaram ao presidente Hindenburg para nomear Hitler como chanceler do Estado alemão – o que aconteceu em 29 de janeiro de 1933. No dia seguinte à sua posse, Hitler assistiu da janela da chancelaria a um enorme desfile de militantes nazistas uniformizados, segurando tochas e saudando a ascensão de seu líder, o *Führer*.

De *Führer* do Partido Nazista, Adolf Hitler tornara-se o *Führer* do *Reich* alemão.

## O Terceiro *Reich*

No poder, Hitler deu andamento a um programa radical de mudanças. Logo em 1933, culpou os comunistas por um incêndio no prédio do Parlamento alemão e aproveitou a situação para decretar estado de emergência, suspendendo as liberdades individuais. Sindicatos de esquerda foram dissolvidos e a administração pública passou por expurgos, com a demissão de judeus, pessoas de esquerda e democratas.

Hitler perde as eleições presidenciais para Hindenburg. Criação do Estado Novo em Portugal, sob a liderança de António de Oliveira Salazar.

1932

Hitler é nomeado chanceler do Estado alemão. Na Alemanha, livros são queimados em praça pública.

1933

Com Hitler no poder, foram criados os campos de concentração (*Lager*) e a Gestapo (*Geheime Staatspolizei*), polícia secreta do Estado. Uma lei determinou a esterilização dos doentes hereditários e, secretamente, o Estado iniciou a eliminação de portadores de deficiência física. Crianças e adultos eram retirados das famílias sob o pretexto de que seriam submetidos a tratamento em clínicas especializadas, mas, meses depois, os familiares recebiam uma carta comunicando o falecimento do parente. Os nazistas consideravam que a "raça ariana" não podia admitir tais anomalias.

Ullstein bild/Easypix

Como Mussolini na Itália e Stalin na URSS, Hitler costumava posar como amigo das crianças e da juventude. Fotografia tirada em Berchtesgaden, na Bavária, em 1937.

## A propaganda nazista

Confiada ao ministro Joseph Goebbels (1897-1945), a propaganda do regime foi cuidadosamente planejada. Pouco depois de assumir o posto, Goebbels pôs em ação o projeto de "limpar a Alemanha" da cultura internacionalista, judaica e comunista, incentivando grande queima de livros em praça pública. Livros de não alemães, marxistas e judeus, obras pacifistas e de psicanálise arderam em todas as cidades universitárias.

O principal objetivo da propaganda nazista era a celebração do *Führer* e do nazismo com grandes espetáculos. Os congressos do partido se tornaram festas nacionais. Os Jogos Olímpicos de Berlim, em 1936, foram ocasião para a divulgação dos avanços alemães nessa nova era.

A organização da **Juventude Hitlerista**, inspirada no fascismo italiano, foi outro instrumento de nazificação importante para a formação dos jovens segundo os valores da "nova Alemanha". Diversos filmes celebraram os valores nazistas, como *A viagem triunfal de Hitler através da Alemanha*. Até brinquedos, como casinhas de bonecas, passaram a ostentar símbolos nazistas – eram vendidas com o retrato do *Führer* na sala de jantar.

A inspiração para "fazer do Estado uma obra de arte" vinha da Itália fascista e da própria URSS, tão condenada pelo nazismo. Hitler admitiu isso ao dizer: "Eu muito aprendi do marxismo. Confesso-o sem meias palavras. Não de sua enfadonha doutrina social e do materialismo histórico, esse tecido de absurdos... Mas seus métodos me instruíram...".

Hulton Archive/Getty Images/Coleção particular

Cartaz de propaganda eleitoral do Partido Nazista de 1932.

## Outra dimensão Cultura

### Promessas do nazismo

Este cartaz do Partido Nacional-Socialista ridiculariza seus adversários e reafirma a crença na superioridade da raça ariana e do trabalhador alemão. No alto do cartaz, lê-se: "Nós estamos construindo!". Há um contraste entre a agenda nazista ("Nossos tijolos: pão, liberdade, trabalho") e a de seus rivais, que, como afirma o cartaz, só oferecem promessas, mentiras, difamação, desemprego, degradação social, corrupção, terror e redução de serviços públicos.

1. Identifique na imagem que grupos sociais estão representados como rivais do nazismo nas eleições de 1932.
2. Comente a agenda eleitoral nazista escrita nos três tijolos à esquerda (pão, liberdade e trabalho), relacionando-a à prática do poder nazista após a chegada do partido ao poder.

Morte de Hindeburg.
Hitler chega à Presidência da Alemanha.
Noite dos Longos Punhais contra membros da SA.
1934

Decretadas as Leis de Nuremberg contra os judeus na Alemanha.
Itália invade a Etiópia.
1935

**Fique de olho!**

WIEVIORKA, Michel. *Antissemitismo explicado aos jovens*. Rio de Janeiro: Edições de Janeiro, 2014.
Apresenta uma reflexão para os que condenam os racismos e acreditam em um mundo ético e compromissado com o futuro.

## Judeus perseguidos

Os nazistas perseguiram os judeus logo que alcançaram o poder. Foram produzidos filmes ridicularizando-os e passando a imagem de que contaminavam a sociedade alemã, como uma doença. Divulgou-se o *Protocolo dos Sábios do Sião*, um texto falso que mencionava uma conspiração judaica para dominar o mundo. O nazismo inaugurou a noção de "guerra racial" e colocou a ciência a serviço de seu programa político.

Em 1933, os judeus foram proibidos de exercer profissões liberais. Dois anos depois, foram decretadas as **Leis de Nuremberg**, com medidas que proibiam, por exemplo, o casamento entre arianos e judeus. Bastava ter um avô judeu ou uma avó judia para que o indivíduo fosse considerado impuro. Pouco depois, os judeus foram proibidos de atuar no comércio e na indústria, além de serem obrigados a prestar serviços braçais ao Estado. O número de suicídios entre os judeus aumentou.

No dia 9 de novembro de 1938, os judeus alemães pagaram um preço alto por conta do assassinato de um diplomata alemão em Paris cometido por Herschel Grynzpan, um jovem judeu de 17 anos inconformado com a situação da família sob o regime nazista. Em várias cidades, eles foram espancados e humilhados pelas ruas; suas lojas foram saqueadas e destruídas. O episódio ficou conhecido como Noite dos Cristais (*Cristallnacht*), em razão das vitrines quebradas por toda parte.

## Consolidação do nazismo

A recuperação econômica da Alemanha foi assombrosa, em grande parte voltada para o rearmamento e para a guerra. A inflação foi contida; a agricultura e a indústria retomaram o crescimento com o congelamento dos salários. A relação entre trabalhadores e patrões passou a ser mediada pelo Estado, por meio da Lei de Ordenação do Trabalho Nacional de 1934; e a Frente do Trabalho Alemão, de 1934, centralizou todas as categorias de trabalhadores e patrões, dissolvendo o sindicalismo livre.

A consolidação do nazismo esteve, desde o início, comprometida com o expansionismo territorial, resumido na teoria do espaço vital (*Lebensraum*), que difundia a necessidade de novos territórios para o desenvolvimento da "raça ariana".

# 3. O autoritarismo se alastra na Europa

A Segunda Guerra Mundial foi decorrência da ascensão e da consolidação do nazismo alemão e dos fascismos europeus. Com base nessa ideologia, formaram-se movimentos ultranacionalistas e anticomunistas em vários países, alguns deles chegando ao poder, como em Portugal e na Espanha.

Em Portugal, criou-se o Estado Novo em 1932, sob a liderança de António de Oliveira Salazar, dando origem ao **salazarismo**. Na Espanha, após sangrenta guerra civil, o governo republicano, com forte participação das esquerdas, foi derrubado em 1939 pelo general Francisco Franco, que contou com o apoio militar de Hitler e de Mussolini. Foi a origem do **franquismo**. Apesar da forte tendência fascista, os países ibéricos permaneceriam neutros na Segunda Guerra Mundial.

Olimpíadas de Berlim. 1936

Mostra de Arte Degenerada, na Alemanha. 1937

Na Europa Ocidental também surgiram diversos movimentos inspirados no nazismo. Na Noruega, em 1939, Vidkun Quisling fundou o *Nasjonal Samling*, organização racista e nazista. Na Bélgica, em 1940, León Degrelle organizou seus camisas-negras. Na Holanda, o principal movimento de inspiração nazista foi a Frente Negra, criada em 1934. Na Grã-Bretanha, o ex-ministro trabalhista, Oswald Mosley, aglutinou as organizações fascistas na União Britânica dos Fascistas, em 1932, promotora de várias passeatas antissemitas entre 1934 e 1935. Na França, o coronel François de la Rocque fundou a Cruz de Fogo (*Croix de Feu*), nos anos 1930. Seu lema era "trabalho, família e pátria".

Já na Europa Oriental surgiram diversos regimes autoritários que depois se aliariam à Alemanha e à Itália na guerra. Na Hungria, o movimento das Cruzes Flechadas, liderado por Ferenc Szálasi, imitava o nazismo. Mas foi o governo do almirante Miklós Horthy, no poder desde 1920, que apoiaria a Alemanha, copiando suas leis antissemitas. Na Romênia surgiu um movimento similar, a Guarda de Ferro, rebatizada como Legião do Arcanjo Miguel, nos anos 1930. Mas o regime pró-alemão foi o do general Ion Antonescu, que durou de 1941 a 1944.

**Fique de olho!**

***A onda***. Direção: Dennis Gansel. Alemanha, 2008.
A fim de explicar aos alunos de uma turma do Ensino Médio os mecanismos do fascismo, um professor cria o movimento "A onda", intitulando-se líder do grupo. No entanto, o que era para ser apenas um experimento acaba se tornando um jogo perigoso, que foge ao controle do professor.

## Outra dimensão — Personagem

### O generalíssimo Francisco Franco

Francisco Franco, também conhecido como generalíssimo ou caudilho da Espanha, nasceu em uma vila da Galiza, em 1892. Liderou a rebelião militar contra o governo da Frente Popular, eleito em 1936, dando início à Guerra Civil Espanhola. Apesar do apoio de Hitler e de Mussolini, que recebeu durante o conflito, o regime franquista manteve a Espanha neutra na Segunda Guerra Mundial, exceto na invasão alemã da URSS, quando enviou a Divisão Azul para combater os comunistas. Franco governou a Espanha até sua morte, em 1975.

- Em grupos, pesquisem o papel da Igreja católica no regime franquista. Depois, analisem e discutam a mensagem contida nesta pintura de Arturo Reque Meruvia.

Atg-Images/Album/Oronoz/Fotoarena/Arquivo Histórico Militar, Madri, Espanha.

Detalhe central do mural pintado por Arturo Reque Meruvia entre 1948 e 1949, intitulado *Alegoria de Franco e a Cruzada*.

Noite dos Cristais contra os judeus alemães.

1938

Derrota dos republicanos na Espanha. Vitória do general Francisco Franco.

1939

## Imagens contam a História

### Arte e propaganda nazista

O nazismo combinou, de forma metódica, propaganda e repressão. De um lado, a veiculação de uma ideologia que celebrava a "raça ariana" e as tradições germânicas. De outro, censura, leis repressivas, prisões e execuções sumárias de minorias ou opositores. Uma dessas iniciativas foi a **Exposição Arte Degenerada**, organizada na cidade de Munique, em 1937.

"Arte degenerada" foi um conceito cunhado pelo nazismo que abrangia toda a produção artística definida como **judaica** ou **bolchevique**, que, nesse contexto, era indicativo de um espírito decadente, deformado e, sobretudo, antigermânico.

Um dos pintores cuja arte foi tida como degenerada foi Otto Dix. Veterano da Primeira Guerra Mundial, Dix não era comunista nem judeu, mas sua obra foi classificada como portadora de uma mentalidade judaico-bolchevique.

- **Considerando a lógica nazista, por que este quadro de Otto Dix foi classificado como degenerado?**

Album/akg-Images/Fotoarena/AUTVIS, Brasil, 2018/Galeria Nacional, Berlim, Alemanha.

*Flandern* (*Flanders*), de Otto Dix, 1934-36 (técnica mista sobre tela; 200 cm × 250 cm).

## Roteiro de Estudos

### Para organizar

1. Relacione o fim da Primeira Guerra Mundial com a ascensão do fascismo na Itália e do nazismo na Alemanha.
2. Explique a relação entre o avanço do comunismo na Alemanha e o crescente apoio dos grupos ligados ao grande capital ao Partido Nazista.
3. A Marcha sobre Roma, em 1922, pode ser considerada um golpe de Estado fascista? Justifique.
4. Como a crise econômica de 1929 contribuiu para a consolidação do poder fascista na Itália e da ascensão do nazismo na Alemanha nos anos 1930?
5. Analise e explique o papel do antissemitismo na ideologia nazista e caracterize a política racial do regime.

### Reflexões

#### Nazismo e racismo

Os judeus não foram o único grupo estigmatizado e depreciado pela ideologia nazista, como é possível observar no cartaz reproduzido ao lado.

Confeccionada pelo Ministério da Propaganda do III *Reich* em 1938, esta peça de propaganda nazista retrata um músico estereotipado tocando saxofone – instrumento musical que remete ao *jazz* – e utiliza o conceito de música degenerada (*Entartete Musik*) para hostilizar os negros.

- **Em grupos, discutam o conteúdo racista veiculado neste cartaz de propaganda nazista.**

Cartaz de propaganda nazista de 1938.

### Vamos testar?

1. A filósofa Hannah Arendt – autora do clássico *Origens do totalitarismo*, de 1951, em que apresenta um estudo acerca dos Estados totalitários na Europa do século XX, fundados no controle total da coletividade e das mentes, bem como na repressão brutal das dissidências – escreveu um texto em 1948, sublinhando a importância dos campos de concentração naqueles Estados:

Tanto a história nazista como a história soviética permitem demonstrar que nenhum governo totalitário pode existir sem terror e que nenhuma forma de terror pode ser eficaz sem campos de concentração. Nessa perspectiva, todas as outras diferenças, que distinguem as instituições dos países democráticos das instituições dos países totalitários, são apenas aspectos secundários e acessórios. Não se trata de uma oposição entre socialismo e capitalismo, nem entre capitalismo de Estado e livre empresa ou sociedades de classes e sociedades sem classes. Esse conflito opõe um tipo de governo fundado nas liberdades cívicas a um tipo de governo fundado nos campos de concentração.

ARENDT, Hannah. Apud MAGALHÃES, Teresa Calvet de. A natureza do totalitarismo. In: AGUIAR, Odílio Alves et al. *As origens do totalitarismo de Hannah Arendt*. Rio de Janeiro/Fortaleza: Relume-Dumará/Secretariado Estado e Desporto, 2001, p. 3. Disponível em: <www.fafich.ufmg.br/~tcalvet/A%20natureza%20do%20totalitarismo.pdf> Acesso em: 8 abr. 2018.

Considerando o pensamento de Hannah Arendt, analise as seguintes interpretações.

I. A maior diferença entre os Estados totalitários e as democracias liberais reside na consagração de liberdades cívicas no primeiro caso, em contraposição a regimes policiais no segundo caso.

II. Além dos campos de concentração, o nazismo moveu políticas discriminatórias na Alemanha contra as minorias étnicas, como judeus e ciganos.

III. O regime nazista não pode ser identificado com o regime soviético porque o primeiro se uniu ao grande capital, enquanto o segundo apoiou-se na classe operária.

IV. A nazificação da sociedade alemã no campo da família, educação, da cultura, da ciência, do esporte e da arte é aspecto secundário do totalitarismo alemão, se comparada à máquina repressiva do regime.

Estão corretas:

a) I e II.
b) II, III e IV.
c) II e IV.
d) I, III e IV.
e) I e IV.

**2.** "Tudo no Estado, nada fora do Estado, nada contra o Estado." A famosa frase de Benito Mussolini, proferida durante um discurso em 1925, permite alcançar uma característica essencial da ideologia fascista:

a) a instauração de um regime de partido único, o Partido Nacional Fascista.
b) a promulgação de uma legislação antissemita pelo regime fascista.
c) a ambição de submeter todas as relações sociais e consciências individuais aos valores do regime fascista.
d) a instauração do corporativismo, investindo-se o Estado como árbitro das relações entre capital e trabalho.
e) a manutenção do regime monárquico, não obstante a construção da ditadura fascista na Itália.

**Conexões** História e Filosofia

## A construção do Estado totalitário

A filósofa Hannah Arendt propôs o conceito de totalitarismo para definir os regimes autoritários que emergiram na Europa no período entreguerras, como o nazismo na Alemanha, o fascismo na Itália e o bolchevismo na URSS. Nesses países, o Estado teria imposto a ideologia oficial do regime à sociedade, tanto no âmbito público quanto no privado, exercendo controle total sobre a população.

A única regra segura num Estado totalitário é que, quanto mais visível é uma agência governamental, menos poder detém; e, quanto menos se sabe da existência de uma instituição, mais poderosa ela é. De acordo com esta regra, os sovietes, reconhecidos por uma constituição escrita como a mais alta autoridade do Estado, têm menos poder que o partido bolchevista [...]. O verdadeiro poder começa onde o segredo começa. Neste particular, os Estados nazista e bolchevista foram muito parecidos; a diferença era principalmente o monopólio e a centralização dos serviços secretos nas mãos de Himmler, no primeiro caso, e o labirinto de atividades policiais russas, no segundo caso.

ARENDT, Hannah. *Origens do totalitarismo*. São Paulo: Companhia das Letras, 1989. p. 453-54.

**1.** Até que ponto o nazismo e o bolchevismo podem ser classificados como um mesmo tipo de regime, uma vez que, historicamente, foram Estados rivais?

**2.** Se incluirmos a Itália, ao lado da URSS e da Alemanha, como mais um exemplo de totalitarismo emergente na Europa entreguerras, o que aproxima e o que diferencia o fascismo italiano do nazismo alemão e do bolchevismo soviético?

# A Segunda Guerra Mundial

Reprodução/Arquivo Nacional, Washington D.C., EUA.
Reprodução/Arquivo Nacional, Washington D.C., EUA
Universal History Archive/UIG via Getty Images
Reprodução/Biblioteca Bancroft/Universidade da Califórnia, Berkeley, EUA.
Reprodução/Coleção particular
Reprodução/Museu Histórico Alemão, Berlim, Alemanha.

Os cartazes foram muito importantes para o esforço de guerra. Tinham como objetivo propagar ideologias, informar e convencer a população da necessidade da guerra e da importância do apoio da sociedade civil, principalmente em relação ao alistamento e ao trabalho. Os dois primeiros cartazes são dos EUA: (1) cartaz feito entre 1941 e 1945, em que se lê: "Aviso! Nossas casas estão em perigo agora!"; (2) cartaz de 1942: na bomba em direção à suástica nazista lê-se: "Mais produção"; (3) cartaz britânico de 1941 em que se lê: "Para um trabalho saudável e feliz, junte-se às mulheres do campo". Os três últimos cartazes são da Alemanha: (4) cartaz feito entre 1939 e 1945 em que se lê: "Enquanto lutamos: trabalhe pela vitória!"; (5) cartaz de 1941, antissemita e antibolchevique; (6) cartaz de 1941 que faz propaganda da rádio nazista, em que se lê: "Transmissão europeia da Alemanha".

A ocupação de Paris pelos alemães em junho de 1940 representou o auge do prestígio de Adolf Hitler como chefe da nação alemã e estrategista militar. A Alemanha só começaria a provar o gosto amargo das derrotas a partir do fim de 1941, com o fracasso da invasão da URSS. Moscou não caiu, o inverno chegou.

Nessa altura, além da França, os alemães dominavam os Países Baixos, Bélgica e Luxemburgo, Noruega e Dinamarca. Pouco a pouco, países da Europa oriental se aliaram aos alemães para evitar uma invasão nazista, como a Bulgária, a Hungria e a Romênia. A Iugoslávia e a Grécia seriam conquistadas em 1941.

A poderosa máquina de guerra nazista não tardaria a mostrar os seus limites diante de uma coligação surpreendente do regime soviético com as democracias britânica e estadunidense. Na Segunda Guerra Mundial, a rivalidade entre as democracias liberais e o comunismo soviético ficou em segundo plano.

**Puxando pela memória**

"A cobra vai fumar!" Você sabe o significado dessa frase, que se tornou popular no Brasil na década de 1940? Como ela está relacionada com a Segunda Guerra Mundial?

Cronologia deste capítulo

1935 – VII Congresso da Internacional Comunista em Moscou, em que é aprovada a estratégia das frentes populares contra o fascismo.

1936 – Pacto Anti-Komintern liderado pela Alemanha. Itália adere no ano seguinte. Hitler ordena a reocupação da Renânia. Início da Guerra Civil Espanhola.

# 1. A hesitação das democracias europeias

O regime nazista preparou a Alemanha para a guerra. As posições de Hitler contra o Tratado de Versalhes (1919), o rearmamento progressivo do Terceiro *Reich* e a instituição do serviço militar obrigatório não deixavam dúvida quanto aos seus objetivos expansionistas.

Um dos primeiros atos de Hitler foi a retirada da Alemanha da Liga das Nações – organismo internacional fundado ao final da Primeira Guerra Mundial para resolver litígios entre os Estados. Os nazistas não cansavam de declarar seu direito ao **espaço vital**, considerado necessário para a formação da "Grande Alemanha".

Em 1936, a Alemanha liderou o Pacto Anti-Komintern, aliando-se ao Japão contra o expansionismo soviético. A Itália fascista aderiu no ano seguinte. Foi uma reação ao VII Congresso da Internacional Comunista, realizado em Moscou um ano antes, que recomendou aos partidos comunistas de todo o mundo a formação de **frentes populares** com socialistas e democratas contra a ascensão dos regimes fascistas.

França e Grã-Bretanha viram no fortalecimento alemão uma forma de conter o comunismo no limite das fronteiras soviéticas. Por esse motivo, calcularam que a guerra alemã em busca de seu espaço vital se limitaria ao leste, talvez provocando a destruição da URSS, mas não chegaria aos países do Ocidente europeu e a seus impérios coloniais na Ásia e na África. Porém os planos de Hitler logo se mostraram bem mais ambiciosos.

**Fique de olho!**

GRAHAM, Helen. *Guerra Civil Espanhola*. Porto Alegre: L&PM, 2013. (Coleção L&PM Pocket). Esse livro analisa a guerra civil que marcou profundamente a história política, social e cultural da Espanha. O resultado do conflito foi o surgimento de um governo autoritário que dominou a vida do país durante décadas.

## Guerra Civil Espanhola: um precedente

As democracias ocidentais nada fizeram para auxiliar o governo republicano espanhol, atacado pelo levante militar comandado pelo general Francisco Franco em 1936. Isso porque o governo atacado era uma frente popular, inspirada na Internacional Comunista.

Assim, essas democracias assistiram impassíveis à **Guerra Civil Espanhola**, que resultou no esmagamento do governo constitucional pelas tropas do general Franco. O objetivo do generalíssimo, como era chamado, era defender os interesses das classes proprietárias e da Igreja católica, ameaçados pelo movimento de esquerda que predominava no governo republicano espanhol. As divergências entre as organizações e as lideranças de esquerda facilitaram a vitória do franquismo.

No final da guerra, Franco contou com o apoio direto de Hitler e de Mussolini, com aviões da *Luftwaffe* (Força Aérea alemã) bombardeando cidades leais aos republicanos espanhóis, como Guernica – imortalizada em uma obra do pintor Pablo Picasso (1881-1973).

No mesmo ano do massacre da cidade de Guernica, Pablo Picasso pintou esta tela, que é um retrato simbólico do bombardeamento alemão na Guerra Civil Espanhola (1936-39). *Guernica* (óleo sobre tela; 349,3 cm × 776,3 cm).

Japão invade a China.
1937

Alemanha anexa a Áustria.
Tratado de Munique.
Alemanha invade a Tchecoslováquia.
1938

# A guerra diplomática

As potências ocidentais europeias toleraram reivindicações territoriais do regime nazista. Assim, Hitler remilitarizou a Renânia, na fronteira com a França, em 1936, sem nenhuma resistência, contrariando cláusulas do Tratado de Versalhes. Em 1938, anexou a Áustria, no episódio conhecido como *Anschluss*, após sabotar o regime democrático austríaco, em decorrência do forte movimento nazista existente naquele país.

No mesmo ano, reivindicou a posse dos Sudetos, na Tchecoslováquia, alegando que havia maioria alemã na região e ameaçando invadir o lugar no caso de objeção das potências ocidentais. Com o Tratado de Munique, assinado em setembro de 1938, Hitler atingiu seu objetivo. Em março de 1939, tropas alemãs entraram em Praga e decretaram que a Boêmia e a Morávia fariam parte de um protetorado alemão.

Um dos poucos políticos a denunciar as intenções expansionistas da Alemanha foi Winston Churchill (1874-1965), membro do Partido Conservador britânico, declaradamente antissoviético, mas igualmente crítico do regime nazista.

Os governos britânico e francês alertaram que, diante de qualquer novo avanço territorial, seria declarada guerra à Alemanha para resguardar a ordem internacional. Porém, àquela altura, Alemanha, Itália e Japão já tinham firmado o **Eixo Roma-Berlim-Tóquio**: uma aliança militar para atuar contra quaisquer inimigos. Alemanha e Itália também reforçaram sua aliança por meio do **Pacto de Aço**, assinado em maio de 1939.

A surpresa viria com o encontro entre o ministro de Relações Exteriores da Alemanha, Joachim von Ribbentrop, e o ministro soviético, Viacheslav Molotov, em Moscou, em fins de agosto de 1939. Nessa ocasião, os dois países firmaram o pacto germano-soviético de não agressão, que incluía uma cláusula secreta de divisão da Polônia entre as duas potências – em caso de guerra –, além de prever o intercâmbio comercial. De fato, a URSS enviou regularmente petróleo e alimentos para a Alemanha até 1941.

Por meio desse acordo, a Alemanha nazista conseguiu carta branca dos soviéticos para invadir a Polônia, o que fez por meio de uma guerra-relâmpago (*Blitzkrieg*). O regime soviético, por sua vez, obteve garantias mínimas de que não seria atacado, na expectativa de que o esforço bélico dos nazistas se lançasse contra outros países, incluindo as democracias ocidentais. As potências ocidentais ficaram perplexas diante do acordo entre Hitler e Stalin.

**Fique de olho!**

***O triunfo da vontade***. Direção: Leni Riefenstahl. Alemanha, 1935.
Documentário realizado pouco tempo depois da ascensão de Hitler ao poder, apresenta o papel da propaganda no fortalecimento do regime nazista na Alemanha.

## Alemanha: Anexações territoriais – 1938-1939

**Fonte:** DUBY, Georges. *Atlas historique Duby*. Paris: Larousse, 2016. p. 286.

Fim da Guerra Civil Espanhola.
Pacto de não agressão entre Alemanha e URSS.
Pacto de Aço entre Alemanha e Itália.
Alemanha invade a Polônia em setembro.
1939

Derrotada, a França firma armistício com a Alemanha.
Início da Operação Leão-marinho.
Exército italiano esbarra na resistência grega.
Itália ataca posições britânicas no norte da África.
1940

# 2. O nazismo domina a Europa

**Fique de olho!**

***Os meninos que enganavam nazistas.*** Direção: Christian Duguay. França/Canadá/República Tcheca, 2017.
Nesse filme, baseado em uma história real, membros de uma família judia se separam com o objetivo de escapar da perseguição nazista em Paris. Os dois filhos mais novos partem para o sul da França.
Para evitar a captura, eles recorrem a diversos meios para enganar oficiais nazistas e franceses colaboracionistas.

Em 3 de setembro de 1939, França e Grã-Bretanha declararam guerra à Alemanha, embora, concretamente, nada tenham feito. Apenas aumentaram os gastos militares e mobilizaram soldados em grande escala para fazer frente ao conflito. A partir de março de 1940, passaram a apoiar a Finlândia contra a invasão soviética, em uma ação abortada por conta do acordo firmado naquele mesmo mês entre soviéticos e finlandeses.

A Grã-Bretanha ainda tentou ocupar a Noruega, sob a alegação de impedir o ataque alemão a esse país, com receio de que o *Reich* estabelecesse uma base de operações no mar do Norte. Mas de nada adiantou, já que em abril a Alemanha ocupou a Dinamarca e a Noruega, espalhando minas marítimas para sabotar a Marinha britânica. O avanço alemão para o oeste começava pelas beiradas.

## A França vencida

A expansão alemã provocou mudanças sensíveis nos governos das potências ocidentais. Na Grã-Bretanha, por exemplo, o poder foi assumido por Winston Churchill, agora prestigiado pelos alertas que vinha fazendo contra o perigo alemão.

Em 10 de maio de 1940, o Exército alemão, com o apoio da *Luftwaffe*, deu início a outra guerra-relâmpago, agora contra a Holanda e a Bélgica. A vitória alemã nos Países Baixos foi avassaladora.

Nesse momento, estava claro que os alemães atacariam a França pela fronteira belga, contornando a **Linha Maginot**, complexo defensivo construído pelos franceses ao longo do Reno nos anos 1930. Quando os alemães evitaram a Linha Maginot pelo extremo oeste, a resistência britânico-francesa ficou dividida e o caminho para Paris, aberto.

**A batalha na França – 1940**

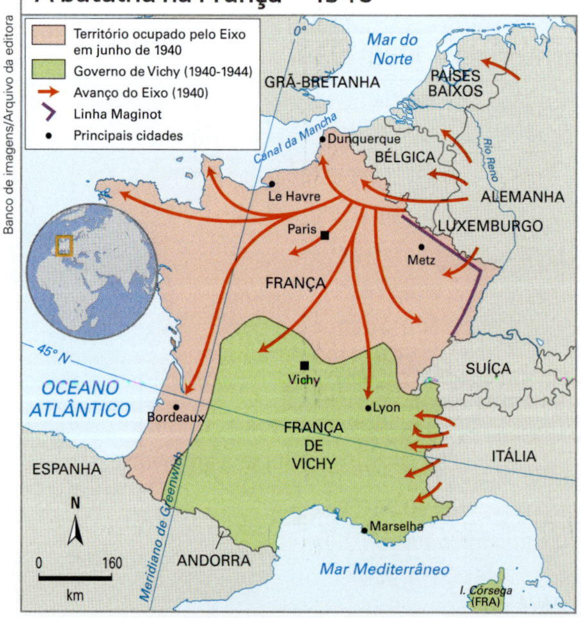


**Fonte:** OVERY, Richard. *A história completa do mundo.* Rio de Janeiro: Reader's Digest, 2009. p. 293.

Os britânicos abandonaram a França à própria sorte, pois Churchill temia perder homens e aviões em uma batalha condenada. Ficou famosa a retirada de Dunquerque, na qual os britânicos resgataram mais de 150 mil soldados encurralados no nordeste da França usando até barcos de pesca.

Paris foi ocupada pelos alemães em 14 de junho. O novo governo francês, comandado pelo marechal Pétain (1856-1951), entregou parte do território aos nazistas, permanecendo com dois terços dele e com as colônias. Colaboracionista, o regime comandado por Pétain, sediado em Vichy – e por isso conhecido como **governo de Vichy** –, não tardou a apoiar a Alemanha na guerra. Pétain foi, então, celebrado como "salvador da pátria", pois a maioria dos franceses não suportava mais os bombardeios e as fugas desesperadas. Além disso, boa parte da sociedade francesa era anticomunista e antissemita.

Vitórias do *Afrika Korps* alemão.
Alemanha invade a URSS.
Japão ataca Pearl Harbor.
EUA entram na guerra.

1941

Conferência de Wannsee decide exterminar os judeus.
Vitórias navais dos EUA no Pacífico.
Exército britânico derrota o *Afrika Korps*.
Brasil declara guerra ao Eixo.

1942

## Os nazistas no apogeu

Ao conquistar a França, Hitler foi saudado como grande estrategista militar. O passo seguinte foi se concentrar na guerra contra a Grã-Bretanha e avançar em direção ao Mediterrâneo.

No início de 1941, conquistou a Iugoslávia, a Grécia e a ilha de Creta, contando com o apoio da Itália, que só passou a atuar em favor dos alemães às vésperas da queda da França. Mas o Exército de Mussolini, que já havia demonstrado debilidade na Etiópia, nem sequer conseguiu vencer sozinho a resistência grega, sendo socorrido pelas tropas nazistas.

Não tardou para que outros países apoiassem a Alemanha, como a Bulgária, a Romênia e a Hungria. Portugal e Espanha permaneceram neutros, porém simpáticos à Alemanha.

Em 1941, boa parte da Europa estava, direta ou indiretamente, controlada pelo Terceiro *Reich*. Apenas Suíça, Suécia e Turquia conseguiram manter uma neutralidade mais consistente. Restava a União Soviética, no leste.

**Fique de olho!**

***O jogo da imitação*.** Direção: Morten Tyldum. EUA/Grã-Bretanha, 2014.
Filme sobre a equipe do serviço de inteligência britânico que, durante a Segunda Guerra Mundial, decifrou o código secreto alemão Enigma, com destaque para o cientista Alan Turing. Homossexual, Turing suicidou-se em 1954, em meio a um tratamento com hormônios ordenado pela justiça britânica como alternativa à prisão por crime sexual.

## Resistência britânica

Os nazistas pretendiam invadir a Grã-Bretanha pelo sul, atravessando o canal da Mancha, em uma operação batizada de **Leão-marinho**. A ação dependia da *Luftwaffe* para neutralizar as defesas aéreas britânicas e acabou sendo o maior conflito aéreo da guerra. A *Luftwaffe* dispunha de quase 3 mil aviões, entre bombardeiros e caças.

A força aérea britânica, *Royal Air Force* (RAF), dispunha de menos aviões, embora a produção de caças tenha se multiplicado no país entre 1940 e 1941. No início do ataque alemão, a Grã-Bretanha foi flagelada por bombardeios quase diários, cujos alvos deixaram de ser militares e passaram a se concentrar em Londres. Hitler calculava que, em poucas semanas, os britânicos não teriam como deter a invasão alemã. Dessa vez, porém, ele estava enganado.

**Operação Leão-marinho: o plano de invasão da Grã-Bretanha – 1940**

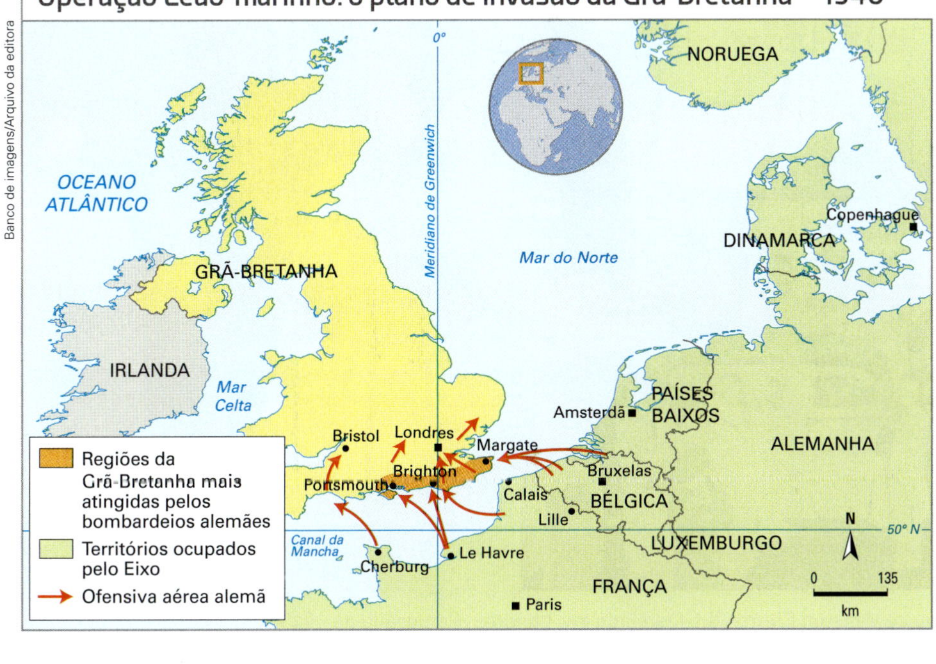


**Fonte:** KINDER, Hermann; HILGEMANN, Werner. *Atlas histórico mundial:* de la Revolución Francesa a nuestros días. Madri: Istmo, 1985. p. 220-223.

URSS vence a Batalha de Stalingrado.
Mussolini é deposto e a Itália firma a paz com os Aliados.
Conferência de Teerã entre Churchill, Roosevelt e Stalin.
A Alemanha invade a Itália pelo norte e ocupa Roma. Levante judeu no gueto de Varsóvia.

*1943*

Dia D: Aliados desembarcam na Normandia.
URSS avança no Leste Europeu e invade a Alemanha.
Fracassa a contraofensiva alemã nos Países Baixos.
Brasil envia a FEB para combater na Itália.

*1944*

A resistência britânica foi extraordinária. No ar, os caças britânicos provocaram pesadas perdas à *Luftwaffe*. No solo, houve enorme mobilização da população civil, insuflada pelos discursos diários de Churchill. Em 25 de agosto de 1940, aconteceu o que parecia impossível: em represália aos ataques alemães, os britânicos bombardearam Berlim.

As perdas britânicas foram enormes, e as alemãs, embora fossem menores, também eram significativas. Com sucessivos desgastes, em fevereiro de 1942, Hitler desistiu de ocupar Londres. A Grã-Bretanha resistiu praticamente sozinha, recebendo o apoio dos EUA em armas, navios e alimentos, apesar da posição do governo estadunidense de não intervenção no conflito europeu.

Enquanto resistiam na Europa, as tropas britânicas eram fustigadas no norte da África pelos italianos, que pretendiam marchar da Líbia até o Egito para conquistar o canal de Suez, de onde partiriam para o Iraque com o objetivo de controlar as reservas petrolíferas da região. No Egito, os britânicos impuseram a derrota ao Exército de Mussolini.

A guerra no deserto estava só começando. Diante do novo fracasso militar italiano, Hitler organizou o *Afrika Korps*, empurrando as forças britânicas de volta à fronteira egípcia, em uma guerra que permaneceu em impasse até 1942.

Horace Abrahams/Keystone/Getty Images

Após viagem aos EUA, o retorno de Winston Churchill é festejado em Londres. Fotografia de 1943.

URSS conquista Berlim. Hitler comete suicídio.
Conferência de Potsdam entre EUA, Grã-Bretanha e URSS.
Rendição incondicional da Alemanha aos Aliados.
Rendição japonesa após as bombas atômicas lançadas pelos EUA.

1945

Julgamento de Nuremberg condena 12 nazistas à morte por crimes de guerra.
Governos comunistas nos países da Europa Oriental: Churchill denuncia a chamada "cortina de ferro".

1946

# 3. O militarismo japonês conquista a Ásia

A partir da década de 1930, com o governo imperial sob o controle das Forças Armadas, o Japão se lançou em uma ofensiva militar sem precedentes. Industrializado e posto à margem da corrida imperialista europeia, não se tratava mais de conquistar pontos estratégicos na Coreia ou na própria China; o objetivo era dominar a Ásia.

Em 1937, o governo japonês lançou um ataque à China, que começou na Manchúria e levou à conquista sucessiva de Pequim, Shangai e Nanquim. Ao conquistarem esta última, os japoneses massacraram a população, com fuzilamentos de prisioneiros, invasões de casas, infanticídios e estupros de mulheres.

A vitória japonesa foi favorecida pela divisão política da China, que passava por uma guerra civil desde o final dos anos 1920. De um lado, o partido conservador *Kuomintang*, liderado por Chiang Kai-Shek, chefe do governo chinês; de outro, os comunistas, sob a liderança de Mao Tsé-Tung. Em setembro de 1937, os dois líderes fizeram uma trégua em nome da defesa da China e até 1945 lutaram juntos contra os japoneses.

Em 1941, o Japão invadiu a Indochina. Em represália, os EUA impuseram sanções econômicas aos japoneses, embargando a venda de petróleo e aço. Com fortes interesses econômicos no Sudeste Asiático, os estadunidenses não estavam dispostos a aceitar a concorrência japonesa.

O governo japonês decidiu enfrentar os EUA e, sem nenhuma declaração de guerra, atacou a base militar de Pearl Harbor, no Havaí, em dezembro de 1941. Os caças japoneses afundaram diversos navios de guerra e destroçaram os aviões que se encontravam no solo, causando milhares de mortes.

O presidente dos EUA, Franklin Delano Roosevelt, declarou guerra ao Japão e, no dia seguinte, à Alemanha e à Itália. Mas a declaração de guerra estadunidense não deteve os japoneses. No primeiro semestre de 1942, eles conquistaram a Birmânia, a Malásia e várias ilhas do Pacífico. Nessa fase da guerra, britânicos e estadunidenses foram derrotados em toda parte.

O esforço de guerra dos EUA foi fenomenal, com a produção de milhares de navios, aviões e tanques. O país mostrava-se disposto a reagir no Pacífico e a enfrentar a Alemanha na Europa, mas o momento era de incerteza. A Alemanha mantinha intactas as suas conquistas europeias, enquanto o Japão era o senhor do Pacífico. A batalha naval de Midway, em junho de 1942, foi a primeira grande vitória estadunidense contra os japoneses. Mas o fim da guerra ainda estava longe.

**Fique de olho!**

***Invencível***. Direção: Angelina Jolie, EUA, 2015.
Filme baseado na vida do atleta Louis Zamperini. Durante a Segunda Guerra, seu avião cai no mar e ele fica vários dias à deriva. Capturado por tropas japonesas, é confinado em um campo de concentração. Além do trabalho extenuante, ele sofre duros castigos físicos a mando do comandante japonês.

**Indochina:** região no Sudeste Asiático que foi dominada pela França entre meados do século XIX e meados do século XX. Englobava o território dos atuais países Vietnã, Laos e Camboja.

## O Império Japonês no Pacífico – 1942

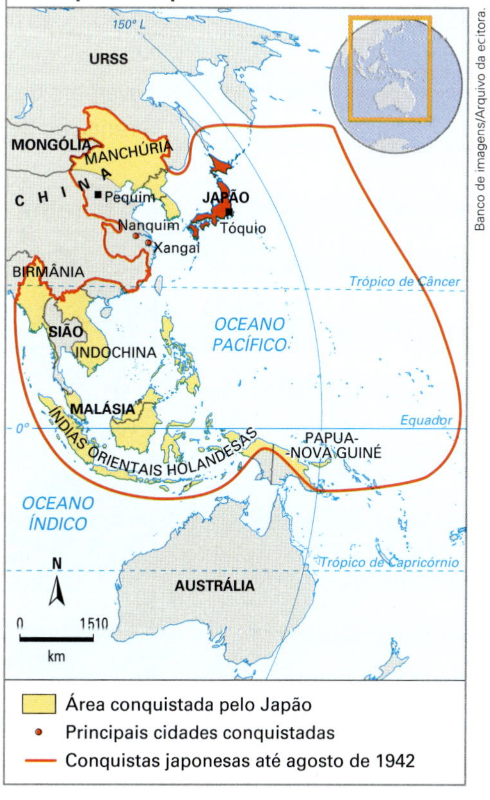


**Fontes:** *Atlas Bordas Historique et Géographique*. Paris: Bordas, 1998; GILBERT, A. *Enciclopédia das guerras*. São Paulo: M. Book, 2005; KINDER, Hermann; HILGEMANN, Werner. *Atlas histórico mundial*: de la Revolución Francesa a nuestros días. Madri: Istmo, 1985. p. 238.

# 4. A União Soviética detém os alemães

Apesar das dificuldades do combate com a Grã-Bretanha, na frente ocidental Hitler pôs em marcha o plano de invadir a URSS – a **Operação Barbarossa**. Ele pretendia apoderar-se dos imensos recursos naturais do país, incluindo as áreas petrolíferas, mas havia também o objetivo político-ideológico de destruir o regime comunista soviético e a pretensão de ocupar o território, em conformidade com a teoria nazista do espaço vital.

Em 1941, os alemães invadiram a URSS, com 3,5 milhões de soldados. As instruções para a guerra incluíam a execução de civis, a começar pelos comissários do partido comunista de cada área conquistada.

As primeiras vitórias alemãs foram arrasadoras, mas a resistência soviética revelou-se tenaz. Embora tenham recuado e perdido milhões de soldados, entre mortos e prisioneiros, os soviéticos conseguiram deter o avanço alemão.

Leningrado não caiu, embora a população da cidade sitiada tenha sido arrasada pela fome e por doenças. Moscou também resistiu, graças ao esforço do Exército Vermelho. A chegada do inverno russo deteve de vez o ímpeto alemão, como ocorrera com o Exército napoleônico, em 1812.

## A virada de Stalingrado

Os alemães abandonaram o plano de conquistar Moscou e concentraram-se na conquista do Cáucaso, rico em petróleo, recursos minerais, industriais e agrícolas. Essa conquista lhes daria ainda o controle do rio Volga, o maior da Europa, e acesso ao mar Cáspio.

Em agosto de 1942, a ofensiva chamada **Operação Azul** estava às portas de Stalingrado, às margens do rio Volga. Foi a batalha mais sangrenta da Segunda Guerra Mundial, arrastando-se por meses, com avanços e recuos de ambos os lados. Em novembro de 1942, a contraofensiva do Exército Vermelho cercou os alemães e forçou a rendição de soldados famintos e flagelados pelo inverno soviético.

**A batalha na União Soviética – 1941-1943**

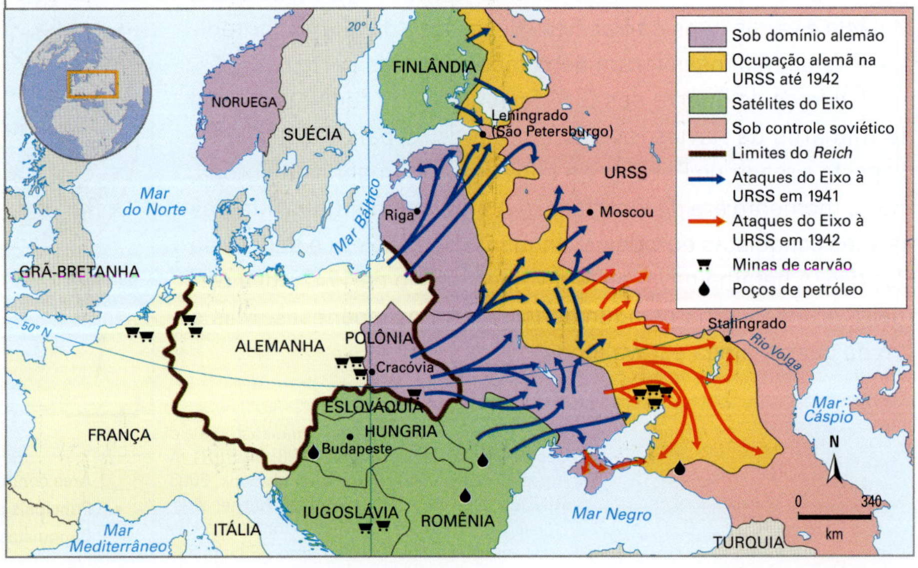


Banco de imagens/Arquivo da editora

**Fonte:** *Atlas da História do mundo*. São Paulo: Folha da Manhã, 1995. p. 268.

## Rumo ao Dia D

A vitória soviética em Stalingrado mudou o rumo da guerra, sinalizando a derrota alemã em todas as frentes de batalha. A campanha na URSS absorvia enormes recursos da máquina de guerra nazista.

No norte da África, os alemães não tiveram como resistir ao contra-ataque britânico. Em 1942, os britânicos atacaram o que restava do Exército alemão e de seu aliado italiano na segunda Batalha de El Alamein. As forças do Eixo, enfim, capitularam. Com entusiasmo, Churchill saudou a vitória britânica: "Este não é o fim, não é nem o começo do fim, mas é, talvez, o fim do começo".

### Outra dimensão | Cidadania

#### Soldados africanos na Segunda Guerra

O papel dos soldados africanos na Segunda Guerra Mundial sempre foi mal conhecido e pouco valorizado. Eles foram tratados pela historiografia do mesmo modo que na guerra: como cidadãos e soldados de segunda categoria.

Em 2013, o *site* de notícias alemão Deutsche Welle publicou:

> A partir de 3 de setembro de 1939, quando a Grã-Bretanha e a França declararam guerra à Alemanha, os Aliados recrutaram nas suas colônias cerca de meio milhão de soldados e operários.
>
> Soldados coloniais de toda a África subsaariana e do norte do continente tiveram de lutar contra as tropas alemãs e italianas no norte de África e na Europa durante a guerra. Mais tarde também combateram contra os japoneses na Ásia e no Pacífico.
>
> Foram forçados ao serviço militar, maltratados, usados como "carne para canhão" e mal compensados quando voltaram da guerra. Milhares de africanos contribuíram para libertar a Europa do fascismo. No entanto este é um capítulo que não sobressai nos livros de História.

KRINNINGER, Theresa; MWANAMILONGO, S.; SAMPAIO, M. África na Segunda Guerra Mundial: um capítulo esquecido. *Deutsche Welle*. Disponível em: <www.dw.com/pt-002/áfrica-na-segunda-guerra-mundial-um-capítulo-esquecido/a-18437591>. Acesso em: 9 abr. 2018.

- Em grupo, e com base no texto, discutam se é possível afirmar que os soldados africanos das colônias francesas e britânicas revelaram um sentimento patriótico em relação aos países europeus ao lutarem contra os alemães em diversas fases da guerra.

Africanos da etnia ashanti, importante grupo étnico de Gana, ex-colônia britânica, que lutaram ao lado dos Aliados na Segunda Guerra Mundial. Fotografia do início dos anos 1940.

Uig Via Getty Images

A História no seu lugar

A participação dos soldados brasileiros na Segunda Guerra Mundial sempre foi motivo de grande polêmica. Houve quem os considerasse heróis nas campanhas da Itália, mas houve quem desmerecesse os "pracinhas", sublinhando seu despreparo militar. Escolha uma pessoa com mais de 70 anos e pergunte o que ela sabe ou do que ela se lembra de ter ouvido sobre a atuação da Força Expedicionária Brasileira (FEB) na guerra.

# A invasão da Itália

Com a retomada do norte da África, os **Aliados**, como ficou conhecida a coligação de países que lutaram contra os regimes nazista e fascista, não tardaram a invadir a Itália. Em 1943, após inúmeros bombardeios, desembarcaram na Sicília e partiram para a península. Os constantes fracassos militares e a iminente invasão aliada abalaram o regime fascista. Muitos líderes desejavam o fim da guerra e tramaram uma conspiração, na qual até o genro de Mussolini se envolveu.

O rei Vítor Emanuel III demitiu Mussolini do cargo de primeiro-ministro e mandou prendê-lo em um abrigo secreto em Abruzos, no centro do país. O governo foi passado ao general Pietro Badoglio, que liderava o grupo favorável à paz e que assinou um armistício com os Aliados.

Os nazistas reagiram com fúria ao que consideraram ser uma traição da Itália. Nas frentes de batalha, os soldados italianos foram desarmados pelos nazistas e muitos foram fuzilados. A Alemanha logo ocupou o norte e o centro da Itália, tomou Roma e montou uma barreira defensiva nos Apeninos – cadeia montanhosa que vai do norte ao sul da Itália pela costa leste.

Mussolini foi resgatado por uma tropa de paraquedistas alemães e recolocado no poder em Saló, cidade próxima a Milão. Mas o regime fascista estava derrotado, o que fez do próprio Mussolini um fantoche de Hitler.

# Derrotas nazistas

A abertura da frente ocidental pelos Aliados foi adiada várias vezes até 1944, apesar dos constantes protestos de Stalin. Meticulosamente planejada, a **Operação Overlord**, também conhecida como invasão do **Dia D**, ocorreu em 6 de junho de 1944, quando mais de 300 mil homens desembarcaram na Normandia, no norte da França, abrindo caminho para a derrota do Terceiro *Reich*. Os alemães foram pegos de surpresa, pois esperavam o desembarque em Calais.

O avanço dos Aliados tornou-se avassalador, com a retomada de Paris, em 25 de agosto de 1944, e da Bélgica e da Holanda, nos meses seguintes.

## Conversa de historiador

### Fascismo e antissemitismo

O regime fascista só adotou uma legislação antissemita em 1938 por pressão de Hitler, que Mussolini acatou. Em julho de 1943, quando Mussolini foi retirado do poder na Itália, o novo governo italiano firmou um armistício com os Aliados, abandonando a Alemanha. Esta, por sua vez, invadiu o país, inclusive Roma, dando início à sistemática deportação de judeus italianos para os campos de extermínio alemães.

- Com base nas informações do capítulo, em grupo, discutam a seguinte questão: é possível afirmar que o regime fascista era antissemita? Justifique com argumentos pró e contra relativos ao caráter antissemita do fascismo.

Hitler ainda tentou uma última cartada, lançando uma contraofensiva surpresa nos Países Baixos. A Batalha de Ardenas foi a última *Blitzkrieg* do Exército alemão, que, após algumas vitórias, se rendeu na Bélgica, em janeiro de 1945.

A Alemanha estava cercada, e o regime nazista se aproximava do fim.

### A derrota do Eixo – 1944-1945

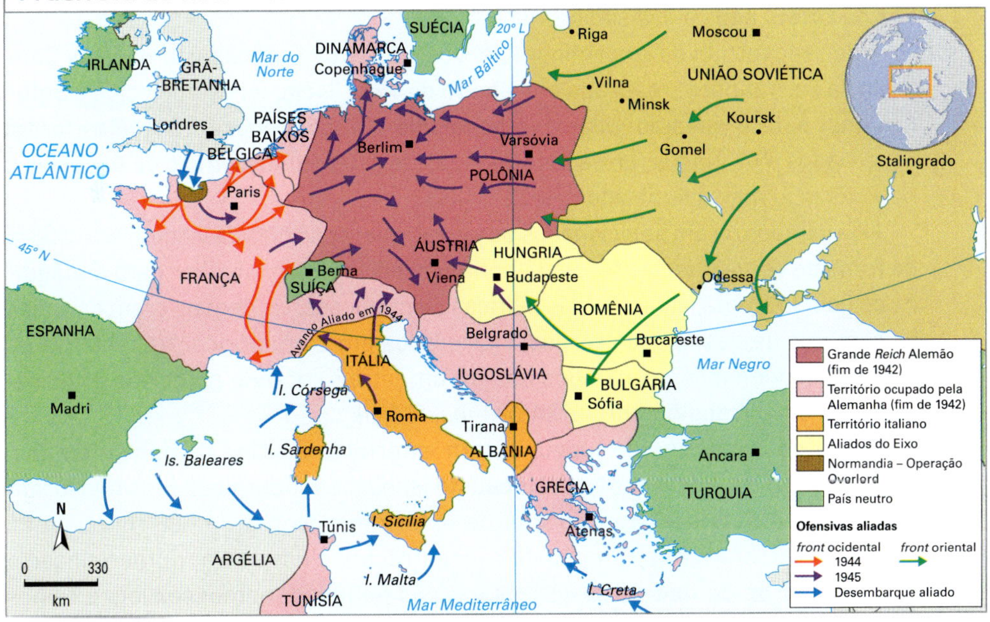


Banco Online de imagens/Arquivo da editora

**Fonte:** *Atlas Bordas Historique et Géographique*. Paris: Bordas, 1998. *Encyclopédie Larousse On-line*. Disponível em: <www.larousse.fr/encyclopedie/images/La_libération_de_lEurope_et_le_front_germano-soviétique>. Acesso em: 7 jun. 2018.

## Outra dimensão — Conflitos sociais

### Operação Valquíria

A iminente derrota da Alemanha acabou apressando os planos de militares do alto-comando para derrubar Hitler e fazer um armistício com as potências ocidentais e livrar o país da invasão soviética.

Trata-se da famosa Operação Valquíria, que se tornou, inclusive, tema de filme. Os conspiradores usaram o nome da deusa germânica Valquíria (ou Walquíria) para codificar sua ação, que incluía a tomada de prédios públicos e da rede de comunicações na capital alemã, após a confirmação da morte de Hitler.

Em 20 de julho de 1944, o coronel Claus von Stauffenberg escondeu uma bomba em uma pasta de trabalho sob a mesa de reunião do quartel-general de Hitler, mas poucos morreram com a explosão e o *Führer* sobreviveu quase sem um arranhão.

Embora muito doente e deprimido, Hitler mandou executar os conspiradores, provocando a morte de quase 5 mil pessoas. O marechal Erwin Rommell (1891-1944), ex-comandante do *Afrika Korps*, que havia participado da conspiração, recebeu a opção de suicídio, por ser muito popular entre os alemães. Aceitou e foi enterrado com honras militares.

- Se possível, assista ao filme *Operação Valquíria* (direção de Bryan Singer, EUA/Alemanha, 2008), para responder a estas questões:
  a) O filme celebra a tentativa de golpe contra Hitler ou retrata a fragilidade da resistência interna contra o regime? Justifique.
  b) É possível perceber, no filme, qual era a posição dos conspiradores em relação à política de extermínio dos judeus, que, em 1944, caminhava para o apogeu?

# 5. Auschwitz e o Holocausto

**Fique de olho!**

DUMAS, Véronique. Polônia: nasce a solução final. *História Viva*. Ano XII, n.137, São Paulo: Duetto, 2015.
Nesse artigo, a autora descreve a dominação nazista na Polônia e como o país foi utilizado como campo para experimentações genocidas.

Desde a ascensão do nazismo, em 1933, a situação dos judeus na Alemanha era desesperadora, e pioraria muito nas áreas ocupadas, em especial no Leste Europeu. À medida que a Alemanha perdia a guerra, a situação tornava-se ainda mais trágica. A matança de judeus começou na Polônia, em 1939, e foi sistemática na URSS, após a invasão de 1941.

A decisão formal de exterminar todos os judeus da Europa foi tomada na Conferência de Wannsee, realizada em janeiro de 1942. Nela, foi estabelecida a **Solução final** para a questão judaica: o **genocídio**. Pouco a pouco, os guetos foram desativados e os judeus, enviados a campos de extermínio (como o de Auschwitz, na Polônia, o mais conhecido deles).

Nos campos, eram selecionados os judeus que, após dias de viagem em vagões de trens de carga infectados, ainda tinham condições de trabalhar para a máquina de guerra alemã, inclusive nas fábricas de munições. Os demais eram enviados às câmaras de gás, e seus corpos, incinerados em crematórios. Na tentativa de iludir os condenados, os campos tinham um letreiro grande no portão principal onde se lia: "O trabalho liberta" (*Arbeit macht frei*).

Cerca de 6 milhões de judeus foram exterminados nos campos alemães, fato que ficou conhecido como **Holocausto** (*shoah*, em hebraico). Eles não foram as únicas vítimas desse programa de extermínio: cerca de 800 mil ciganos também morreram nos campos de concentração, além de um número incerto de prisioneiros de guerra soviéticos, presos políticos, homossexuais e testemunhas de Jeová.

Crianças judias sobreviventes de Auschwitz, na Polônia, após serem libertadas pelos soviéticos, em 1945. Elas vestiam roupas de prisioneiros adultos.

Galerie Bilderwelt/Getty Images

## Outra dimensão Conflitos sociais

### O levante do gueto de Varsóvia

O Exército alemão reprimiu o levante judaico no gueto de Varsóvia em 1943. Criado em outubro de 1940, esse foi o maior gueto judaico na Polônia, chegando a abrigar cerca de 400 mil judeus em condições de absoluta indigência. Em 1942 sua população caiu para 80 mil habitantes, já que muitos morriam de fome, de frio e por doenças, embora a maioria fosse sistematicamente conduzida aos campos de extermínio.

O levante começou em janeiro de 1943 e só foi derrotado pelos nazistas em abril. A demora em reprimi-lo foi um vexame para a Alemanha, que, em fevereiro, havia perdido a Batalha de Stalingrado para os soviéticos.

- A revolta da cidade de Varsóvia contra a ocupação alemã, em 1944, foi uma continuação do levante judaico no gueto ocorrido no ano anterior? Pesquise.

Galerie Bilderwelt/Getty Images

Judeus capturados por tropas alemãs durante a repressão ao levante no gueto de Varsóvia, em 1943.

# 6. O fim da guerra

No começo de 1945, a guerra estava definida a favor dos Aliados.

Hitler, doente e derrotado, recusava-se a abandonar Berlim, onde havia se refugiado no bunker da chancelaria. A notícia da morte de Mussolini, capturado e fuzilado em 27 de abril de 1945, sinalizava um desfecho trágico. O ditador italiano e sua amante, Clareta Pettacci, tiveram seus corpos pendurados de cabeça para baixo em uma praça de Milão, diante de uma multidão eufórica.

**bunker:** abrigo reforçado, normalmente subterrâneo, usado para proteger pessoas de bombas e desastres naturais.

Berlim era bombardeada diariamente pelos soviéticos. Diante do avanço dos tanques pela cidade, até crianças da Juventude Hitlerista tentavam, em vão, combater. Em 30 de abril de 1945, Hitler suicidou-se com sua amante, Eva Braun, com quem se casara um dia antes. Os corpos do casal foram queimados nos jardins do *bunker*, de acordo com a última ordem do *Führer*.

Em 7 de maio de 1945, o almirante Karl Dönitz, sucessor nomeado por Hitler, assinou a rendição incondicional da Alemanha.

Yevgeny Khaldei/Sovfoto/UIG via Getty Images

Soldado soviético com a bandeira da URSS no topo do edifício do *Reichstag* (Parlamento alemão), em 30 de abril de 1945. Berlim estava destruída, e Hitler se mataria no mesmo dia.

*Hannah Arendt.* Direção: Margarethe von Trotta. França/Alemanha, 2012. Filme sobre a experiência da filósofa alemã na cobertura do julgamento de Adolf Eichmann, oficial nazista que comandou o transporte de judeus europeus para os campos de extermínio do III *Reich*.

# O último ato: a bomba atômica

No início de 1942, a ofensiva japonesa no Pacífico estava no auge, principalmente após a derrota dos EUA nas Filipinas. Mas, em junho daquele mesmo ano, o rumo da guerra começou a virar com a vitória estadunidense na Batalha de Midway, que resultou na destruição dos principais porta-aviões japoneses.

A ofensiva japonesa durou cerca de seis meses. Todo o resto da guerra no Pacífico foi, na verdade, uma luta dos EUA para subjugar o Japão.

Os Estados Unidos consolidaram sua vitória com a reconquista das Filipinas, em fevereiro de 1945, e o triunfo nas batalhas de Iwo Jima e Okinawa, entre fevereiro e junho. Mas o Japão não se entregava, multiplicando os voos *kamikaze*.

No início de agosto, o imperador Hirohito (1901-1989) autorizou seu embaixador a estabelecer acordos diplomáticos com Stalin. A essa provocação, os EUA responderam com o lançamento da bomba atômica *Little Boy* sobre a cidade japonesa de Hiroshima, em 6 de agosto de 1945.

Dois dias depois, a URSS invadiu a Manchúria, dominada pelos japoneses. Em 9 de agosto, os EUA lançaram uma nova bomba atômica, a *Fat Man*, sobre Nagasaki. Em cada um desses ataques, estima-se que tenham morrido 80 mil pessoas instantaneamente, sem contar os efeitos que a radiação causou nos sobreviventes. No dia 14 de agosto, o imperador aceitou a rendição incondicional do Japão.

## Outra dimensão — Cultura

### O general japonês e as cartas de Iwo Jima

Em 2005, foi encontrada uma coleção de cartas do general Tadamichi Kuribayashi (1891-1945), que comandou a resistência japonesa na ilha de Iwo Jima entre fevereiro e março de 1945.

Essa descoberta foi utilizada pelo cineasta estadunidense Clint Eastwood para recontar a importante Batalha de Iwo Jima, por meio da narrativa da resistência japonesa e das impressões de seu comandante, registradas nas cartas encontradas. Contada do ponto de vista japonês, a história da batalha realça os valores do país, a disciplina dos soldados e o sentimento de lealdade ao imperador.

- Nos meses finais da guerra no Pacífico, os militares japoneses acionaram um mecanismo radical de defesa de seu território: ataque aos navios estadunidenses por voos ***kamikaze***. Em grupos, pesquisem o que foram os *kamikaze* e discutam o significado do seu papel na resistência japonesa.

AMBLIN ENTERTAINMENT/WALLACE, MERIE W./Album/Fotoarena

Cena do filme *As cartas de Iwo Jima*, dirigido pelo estadunidense Clint Eastwood e lançado em 2006.

# 7. A geopolítica do pós-guerra

A Segunda Guerra Mundial foi o maior conflito armado de todos os tempos, resultando em mais de 60 milhões de mortos, além de milhões de civis e militares mutilados. Entre as forças do Eixo, estima-se que morreram cerca de 8 milhões de militares (a maioria alemães) e 4 milhões de civis. Entre os Aliados, 17 milhões de militares e 35 milhões de civis, sobretudo no Leste Europeu.

As maiores baixas dos Aliados ocorreram entre os soviéticos, que suportaram a guerra na Europa durante quatro anos seguidos. Estima-se que tenham morrido, no mínimo, 20 milhões de soviéticos, entre militares e civis. Depois da URSS, a China foi o país que mais perdeu militares na guerra contra o Japão: 2,5 milhões. Estados Unidos e Grã-Bretanha perderam cerca de 300 mil militares cada um.

## Dividindo o mundo

As potências Aliadas começaram a esboçar o destino do mundo em 1943, quando a derrota do Eixo se tornou uma possibilidade concreta. Foi na **Conferência de Teerã**, realizada no Irã em 1943, que se decidiu o desembarque aliado na Normandia e a divisão da Alemanha derrotada em zonas das potências vencedoras. Reconheceu-se também o direito soviético às repúblicas bálticas da Estônia, Lituânia e Letônia, bem como ao leste da Polônia.

Estabeleceu-se, ainda, a necessidade da criação de um organismo internacional de segurança coletiva mais eficiente que a Liga das Nações. Foi a origem da **Organização das Nações Unidas** (ONU), fundada em 24 de outubro de 1945, responsável pela Declaração Universal dos Direitos Humanos, criada em 1948.

### O Julgamento de Nuremberg

Entre 22 de novembro de 1945 e 31 de agosto de 1946, foram realizados os julgamentos de autoridades nazistas presas pelos Aliados. Os juízes eram soviéticos, britânicos, franceses e estadunidenses.

As acusações eram de conspiração por crimes contra a paz e de guerra e – acusação que apareceu pela primeira vez na história – crimes contra a humanidade.

Quase todos os réus alegaram ter feito tudo no cumprimento das ordens de Hitler. Doze dos processados foram condenados à morte na forca, entre eles Von Ribbentrop (1893-1946), ministro das Relações Exteriores, e Hermann Göering (1893-1946), segundo na hierarquia do III *Reich*.

Bernard Hoffman/ The Life Picture Collection/ Getty Images

Em 6 de agosto de 1945, os EUA arrasaram a cidade japonesa de Hiroshima com o lançamento de uma bomba atômica.

Bettmann/Corbis/Fotoarena

As conferências de **Yalta**, na Crimeia (URSS), e **Potsdam**, nas cercanias de Berlim, entre fevereiro e agosto de 1945, aprofundaram as decisões sobre o destino da Alemanha, em especial o seu desmembramento em zonas: uma sob o controle britânico, outra sob a influência estadunidense e uma terceira e uma quarta sob o controle francês e soviético, respectivamente. O mesmo foi decidido para Berlim, além de serem aprovadas a desmilitarização e a democratização da Alemanha.

Em fevereiro de 1945, Churchill, Roosevelt e Stalin (sentados, da esquerda para a direita) reuniram-se novamente para decidir o destino da Europa no pós-guerra, dessa vez em Yalta, na URSS.

## Imagens contam a História

### O humor vai à guerra

O pacto germano-soviético de não agressão foi um autêntico golpe no jogo diplomático europeu. Muitas lideranças liberal-democráticas do Ocidente apostavam em um confronto entre a Alemanha nazista e a União Soviética, não apenas em razão da hostilidade frontal entre as duas ideologias, mas também porque os planos expansionistas de Hitler estavam focados no Leste Europeu. No entanto, Hitler e Stalin firmaram um acordo de não agressão e cooperação comercial e ainda acertaram dividir a Polônia.

O Pacto Ribbentrop-Molotov, estabelecido entre os dois países em 1939, causou estranheza nas democracias liberais. A imprensa desses países condenou a aliança entre Hitler e Stalin, principalmente por meio de caricaturas.

Na caricatura estadunidense reproduzida ao lado, os líderes nazista e soviético aparecem como um feliz casal de noivos. A legenda, também irônica, diz: "Adivinhe até quando vai durar a lua de mel?".

- Em grupos, analisem e discutam a imagem.

Granger/Fotoarena/Coleção particular.

"Adivinhe até quando vai durar a lua de mel?", charge de Clifford Berryman feita em 1939.

# Roteiro de Estudos

## Para organizar

1. Identifique e explique o acontecimento que deu início à Segunda Guerra Mundial, em 1939.
2. Qual foi a importância do ataque japonês à base de Pearl Harbor durante a Segunda Guerra Mundial?
3. Por que a Batalha de Stalingrado é considerada o momento da virada na guerra?
4. Relacione a participação militar da Itália na Segunda Guerra à crise do fascismo.
5. Compare o gueto de Varsóvia ao campo de Auschwitz.
6. Explique e comente o uso da bomba atômica pelos EUA contra o Japão no final da Segunda Guerra Mundial.

## Reflexões

### Holocausto, a banalidade do mal

O genocídio de cerca de 6 milhões de judeus na Segunda Guerra é bastante polêmico. Houve quem alegasse que o Holocausto não passou de "propaganda judaica" para justificar a política militarista do Estado de Israel. Outros afirmaram que o número de judeus assassinados foi bem menor: 1,5 milhão.

Nesses termos, a polêmica se restringe ao terreno ideológico, e a compreensão histórica sai perdendo. É fato que a política israelense no Oriente Médio sempre foi agressiva, do mesmo modo que a criação do Estado de Israel, em 1948, foi repudiada pela maioria dos Estados árabes. Mas isso não permite desmentir o genocídio perpetrado pelos nazistas durante a guerra. O projeto de eliminação dos judeus pode ser percebido no livro de Hitler, *Minha luta* (*Mein Kampf*), escrito em 1923, dez anos antes de ele chegar ao poder na Alemanha.

Muito mais séria foi a reflexão da filósofa Hannah Arendt na série de artigos publicada no jornal *New Yorker*, em 1963, a propósito do julgamento do nazista Adolf Eichmann (1906-1962), em Israel, acusado de ter organizado o sistema de transporte de judeus e a estruturação das câmaras de gás nos campos de extermínio. Eichmann dizia que jamais sentiu ódio pessoal pelos judeus. Só executava ordens superiores e tentava fazê-lo da melhor forma possível.

Arendt lançou, então, o conceito de "banalidade do mal" para definir o Holocausto, resultado da conjugação de **fatores desumanizantes** típicos do nazismo com a tremenda **apatia das vítimas**. Mais do que isso, Arendt chamou a atenção para a intensa colaboração das autoridades judaicas nas práticas genocidas nos guetos e até nos campos nazistas. Ela afirma que, se não fosse a atuação dessas lideranças, a disciplina com que os judeus caminhavam para a morte seria impossível.

1. Identifique alguns dos fatores desumanizantes praticados pelo nazismo em relação aos judeus.
2. É possível afirmar que a apatia dos judeus diante do nazismo foi absoluta? Pesquise, se necessário, e justifique.

## Vamos testar?

1. Leia o texto a seguir.

> A sorte, assim, quis que esta guerra [...] tivesse começado cedo demais e [...] um pouco tarde demais. [...] nosso interesse teria sido o de iniciá-la em 1938, em lugar de deixar que ela se impusesse a mim em 1939. [...] O drama dos alemães é nunca ter tempo suficiente para o que se pretende. E se o tempo é escasso para nós, isso se deve antes de tudo ao espaço que nos falta. [...]
>
> Uma outra fatalidade determina que eu sirva a um povo que tem um passado trágico, um povo inconstante, instável, que passa, segundo as circunstâncias, de um extremo a outro com uma facilidade surpreendente...
>
> [...]
>
> Quando eu analiso friamente os fatos e me despojo de todo o sentimentalismo, acabo por convir que a minha amizade inalterável pela Itália e o *Duce* deve ser incluída no meu passivo, no rol dos meus erros. E se pode dizer mesmo que a aliança com os italianos foi mais útil a nossos inimigos que a nós mesmos. [...]

Adolf Hitler. In: FEST, Joachim. *Hitler*. Rio de Janeiro: Nova Fronteira, 2006.

Relacionando as avaliações do *Führer* com o desenrolar da Segunda Guerra Mundial, assinale a alternativa incorreta.

a) Em 1941, a Alemanha deslocou recursos e tropas para a região balcânica e para o norte da África, a fim de socorrer o Exército italiano na região.

b) A invasão da Polônia, em 1939, foi uma espécie de plano B alemão para o início da guerra, já que, para Hitler, teria sido melhor iniciá-la um ano antes.

c) Hitler fez alusão à sua teoria do espaço vital, por meio do qual os alemães promoveriam suas potencialidades físicas e intelectuais.

d) Hitler atribuiu parte de sua derrota às marcas deixadas pela instabilidade política que ocorreu na Alemanha nas primeiras décadas do século XX.

e) Hitler fez uma análise fria da situação militar, exaltando suas alianças políticas.

2. Leia o texto a seguir, de um historiador japonês que comenta os resultados do ataque à base naval estadunidense Pearl Harbor.

> [...] Em um só golpe magistral, o Japão não apenas abriu a primeira fase da guerra do Pacífico, mas lançou uma destruição em massa sobre a poderosa frota norte-americana, que foi totalmente tomada de surpresa nas ilhas havaianas. Quando o nosso Serviço de Inteligência catalogou os resultados finais da operação havaiana, verificamos que o ataque de surpresa havia infligido danos aos navios de guerra americanos no Havaí em escala muito maior do que os prognósticos mais otimistas. O desmantelamento de um grande e poderoso segmento da frota americana colocava as unidades navais japonesas numa posição de poderio suficiente para permitir nossa rápida movimentação através do Pacífico e do Índico.
>
> IKUMYA, M.; HORIKOSHI, J. "Zero". Apud: SILVEIRA, Joel. *Segunda Guerra*: momentos críticos. Rio de Janeiro: Mauad, 1995. p. 92-93.

Com base no texto, podemos afirmar que:

a) Franklin Roosevelt demonstrava ter opinião semelhante à do historiador japonês sobre o ataque a Pearl Harbor, ao dizer: "O repentino e criminoso ataque perpetrado pelos japoneses no Pacífico é o ponto culminante de uma década de imoralidade internacional".

b) o historiador japonês celebra o ataque a Pearl Harbor, misturando sentimentos nacionalistas com o reconhecimento de que o Japão adotou a tática de "guerra-relâmpago", atacando o inimigo de surpresa.

c) o almirante Yamamoto deu exemplo do militarismo nipônico ao planejar o ataque a Pearl Harbor, revelando-se um franco adepto da guerra total contra os EUA.

d) o historiador não considerou as fragilidades que o Japão apresentava, em 1941, para vencer uma guerra contra os EUA, ao prognosticar uma "rápida movimentação através do Pacífico e do Índico".

e) o historiador japonês expõe a continuidade do projeto expansionista japonês desde a invasão da China, em 1937, ao ataque a Pearl Harbor, em 1941.

**Conexões** História e Física

## A bomba nuclear

No início do século XX, cientistas de vários países europeus realizaram experiências com o núcleo do átomo e com a radioatividade.

Nos anos 1930, alemães bombardearam átomos de urânio com nêutrons. O resultado foi que o núcleo do átomo de urânio se dividiu em vários outros menores, resultando na própria cisão nuclear. Eles perceberam que, se houvesse uma reação em cadeia descontrolada, uma imensa quantidade de energia seria liberada. Pelo menos na teoria, eles inventaram a bomba nuclear.

Quando os nazistas assumiram o poder na Alemanha, a maioria dos físicos judeus se refugiou nos EUA. Nas universidades estadunidenses, sabia-se que havia tecnologia para fabricar bombas nucleares e que Hitler poderia ter acesso a elas. Em 1939, um grupo incentivou o presidente Franklin Roosevelt a financiar pesquisas nessa área.

Nos dois anos seguintes, notícias confirmaram que o governo nazista estava construindo uma bomba nuclear. Assim, os EUA decidiram investir na pesquisa por meio do Projeto Manhattan.

Em abril de 1945, com a morte de Roosevelt, Harry Truman (1884-1972) assumiu a Presidência do país e no mesmo ano as cidades de Hiroshima e Nagasaki pagaram a conta dessa "experiência científica".

A bomba nuclear que resultou do Projeto Manhattan explodiu na cidade de Hiroshima em 6 de agosto de 1945.

- **Pesquise sobre a destruição humana e material que a bomba causou nas cidades de Hiroshima e Nagasaki.**

CAPÍTULO

7

# O Brasil na Era Vargas

Projeto Portinari/Direito de reprodução gentilmente cedido por João Candido Portinari

*Café*, pintura de Candido Portinari, 1935 (óleo sobre tela, 130 cm × 195 cm). Portinari (1903-1962) foi um dos mais importantes artistas plásticos brasileiros. Nas décadas de 1930 e 1940, ele produziu diversas obras que expressavam o trabalho do brasileiro, o sofrimento do povo e a cultura popular.

A partir da Revolução de 1930, o Brasil passou por mudanças políticas, reformas sociais, crescimento econômico, transformações culturais e, também, assistiu ao surgimento de novas ideologias, tanto de direita como de esquerda. A insurreição comunista de 1935 fortaleceu ainda mais o governo de Getúlio Vargas, que, dois anos depois, instituiu a ditadura do Estado Novo (1937-1945), um regime político autoritário.

Para o historiador Boris Fausto, o Estado Novo apresenta facetas bem variadas: tanto censurou, prendeu, torturou, controlou os sindicatos como promoveu o desenvolvimento econômico e os melhores nomes da cultura da época.

É essa dupla dimensão da Era Vargas que veremos neste capítulo.

**Puxando pela memória**

Getúlio Vargas (1882-1954) governou o Brasil por 15 anos seguidos, de 1930 a 1945. Depois, voltou ao poder em 1951. Até hoje ele é muito conhecido. Seu nome está em ruas, avenidas e praças do país. Muitos se lembram dele com respeito, por ter promulgado leis trabalhistas, enquanto outros o acusam de ditador. O que você sabe sobre ele?

Cronologia deste capítulo

1930 – Vargas assume a chefia do Governo Provisório. Criação dos Ministérios do Trabalho, Indústria e Comércio e da Educação e Saúde Pública.

1931 – Fundação da Frente Negra Brasileira.

# 1. Vargas assume o poder

Em outubro de 1930, grupos políticos do Rio Grande do Sul, de Minas Gerais e da Paraíba uniram-se a oficiais do Exército, conhecidos como tenentes, para destituir o então presidente da República, Washington Luís. Esse movimento, chamado de **Revolução de 1930**, foi vitorioso, e Getúlio Vargas, um de seus líderes, assumiu o poder.

Entre as primeiras medidas de Vargas no governo estavam a revogação da Constituição de 1891, o fechamento do Congresso e a substituição dos presidentes dos estados por interventores da confiança do novo governo, muitos deles participantes do movimento tenentista, ocorrido na década de 1920.

A situação econômica do Brasil, então, não era muito favorável. Diante dos efeitos da crise econômica de 1929, com a queda vertiginosa do preço do café no mercado internacional, a baixa das exportações, a falência de fazendeiros, a falta de moeda estrangeira para pagamento da dívida externa e o alto índice de desemprego nas cidades, a primeira medida do novo governo foi evitar o colapso do setor cafeeiro, do qual dependia a economia do país.

Em 1931, o Estado comprou cerca de 14 milhões de sacas de café e as queimou, conseguindo, assim, evitar que os preços no mercado internacional caíssem ainda mais. Outras medidas drásticas foram tomadas, como a suspensão do pagamento da dívida externa.

## O Governo Provisório (1930-1934)

Quando Getúlio Vargas assumiu o governo, diferentes propostas políticas encontravam-se em conflito. Entre os apoiadores da Revolução de 1930, havia os políticos conservadores, mas existia também uma nova geração, entre políticos e tenentes, que defendia reformas.

Os reformistas pretendiam implantar o voto secreto para moralizar as eleições no país, aprovar leis sociais a favor dos trabalhadores, diversificar a economia e livrar o Brasil da dependência do café. Eram também favoráveis a uma educação pública e obrigatória, à estatização econômica dos recursos naturais (principalmente do petróleo e do minério de ferro) e à criação de uma usina siderúrgica.

O Brasil, então, era um país agrícola, dependente do setor cafeeiro, com um sistema político fraudulento e dominado pelas oligarquias rurais. Por isso, os reformistas desejavam um governo provisório longo, capaz de alterar essa realidade. Assim, pretendiam construir um Estado forte e centralizado, marcado por uma política nacionalista, repelindo o retorno do liberalismo e do federalismo.

O programa antiliberal dos reformistas estava afinado com a conjuntura internacional. A Primeira Guerra Mundial (1914-1918) e a Revolução Russa (1917) haviam abalado o liberalismo, favorecendo a expansão das ideologias autoritárias e nacionalistas, especialmente após a crise econômica de 1929.

Getúlio Vargas, contando com o apoio desse grupo reformista, reforçou o poder do governo federal e limitou a autonomia dos estados, enfraquecendo as oligarquias regionais. Essas medidas criaram uma série de atritos com os políticos conservadores, sobretudo com os do estado de São Paulo.

Revolução Constitucionalista de São Paulo. Fundação da Ação Integralista Brasileira. — 1932

Promulgação da nova Constituição. — 1934

## Trabalhadores

Uma das primeiras e principais medidas tomadas pelo Governo Provisório foi a criação do **Ministério do Trabalho, Indústria e Comércio** (1930), por meio do qual o Estado passava a intervir nas relações entre patrões e trabalhadores.

Entre 1931 e 1934, o governo promulgou uma série de leis trabalhistas, seguindo uma tendência internacional de reconhecimento político e social da classe operária. As crescentes pressões dos trabalhadores obrigaram governos de diversos países a reconhecer seus direitos sociais.

Em um curto período, os trabalhadores brasileiros passaram a usufruir de direitos sociais e trabalhistas. A jornada de trabalho foi fixada em oito horas diárias; o trabalho feminino e infantil, regulamentado; e o direito a hora extra, férias, pensões e aposentadoria, por exemplo, reconhecido.

Os direitos conquistados entre 1931 e 1934 foram ampliados ao longo da década – o estabelecimento do salário mínimo, por exemplo, data de 1940. Mas não bastava criar leis, era necessário obrigar os empresários a cumpri-las também. Para isso foram instituídas as Juntas de Conciliação e Julgamento, que resultaram na **Justiça do Trabalho** (1941), tribunal para assegurar que os patrões acatassem a legislação.

Ainda sob o Governo Provisório, em março de 1931, foi decretada a **Lei de Sindicalização**, que estabelecia que os municípios deveriam contar com apenas um sindicato por categoria profissional. Para funcionar, era preciso que o sindicato fosse registrado no Ministério do Trabalho, Indústria e Comércio. A lei também proibia a união de sindicatos de diferentes profissões e que os sindicatos fizessem propaganda política, ideológica ou religiosa. Com esse conjunto de medidas, o governo implantava o modelo **corporativista** de organização sindical.

### CLT

Em junho de 1943, o governo reuniu todas as leis trabalhistas na **Consolidação das Leis do Trabalho (CLT)**. No entanto, essa legislação trabalhista estava voltada apenas para os trabalhadores urbanos, deixando de fora os que trabalhavam no campo.

Apesar de ainda em vigor, alguns pontos da CLT foram alterados e outros introduzidos com o passar dos anos, em diferentes governos. Em 2017, por exemplo, durante a presidência de Michel Temer, houve mudanças radicais em relação à jornada de trabalho, às férias, à contribuição sindical, etc.

Reprodução/Coleção particular

Concentração de trabalhadores em frente ao Ministério da Fazenda no dia em que a CLT entrou em vigor, em 10 de novembro de 1943.

**Fique de olho!**

Centro de Pesquisa e Documentação de História Contemporânea do Brasil (CPDOC-FGV). Disponível em: <http://cpdoc.fgv.br>. Acesso em: 14 abr. 2018.
O CPDOC abriga conjuntos documentais sobre a história recente do país, muitos dos quais podem ser consultados *on-line*.

## Educação e saúde

Além do Ministério do Trabalho, foi criado o **Ministério da Educação e Saúde Pública**, em 1930. O governo montou um sistema de saúde pública, construiu grandes hospitais e investiu recursos no combate a doenças endêmicas, como a malária, a febre amarela e a lepra, enviando equipes para lugares que não contavam com serviços médicos. Também criou um vasto programa de assistência e previdência social, com seguros contra invalidez, doença, morte, acidentes de trabalho, seguro-maternidade, entre outros.

Na área da educação, instituiu um sistema público de educação básica e criou Escolas Normais para a formação de professores. Além disso, implementou campanhas pela erradicação do analfabetismo e criou o Serviço Nacional de Aprendizagem Industrial (Senai) e o Serviço Nacional de Aprendizagem Comercial (Senac).

Foi também nessa época que o governo deu início à fundação do sistema universitário federal brasileiro. Em 1937, a Universidade do Rio de Janeiro foi transformada na Universidade do Brasil.

CPDOC/FGV

Aula prática de higiene dentária no ginásio (atual Ensino Fundamental II) de Santanópolis, na Bahia, nos anos 1930.

## Constituição e guerra

Ao final de 1931, tenentes e grupos civis que apoiavam Vargas reivindicavam que o programa nacionalista e reformista de seu governo fosse aprofundado, mas parte das oligarquias de São Paulo, que se mostravam insatisfeitas com as medidas tomadas pelo Governo Provisório, exigia a volta do regime constitucional e da autonomia dos estados.

Com o fortalecimento da oposição em São Paulo, que se uniu e lançou uma campanha pela constitucionalização do país, Vargas recuou. Em fevereiro de 1932, o governo federal editou o **Código Eleitoral**, que convocava uma Assembleia Nacional Constituinte e também instituía o voto secreto, a Justiça Eleitoral e o direito de voto às mulheres.

As eleições foram marcadas para maio do ano seguinte, mas a convocação da Constituinte não surtiu efeito. Membros do Partido Republicano Paulista (PRP) e do Partido Democrático (PD) formaram a **Frente Única Paulista (FUP)**, exigindo não apenas a constitucionalização do país, mas também a autonomia para os estados e o fim do Governo Provisório de Vargas.

Em 9 de julho de 1932 eclodiu uma guerra civil que ficou conhecida como **Revolução Constitucionalista**. Dela participaram fazendeiros produtores de café e industriais, bem como setores das classes médias do estado de São Paulo, além de estudantes e intelectuais. Liderada por políticos da FUP, os trabalhadores ficaram distantes da rebelião.

Os revoltosos, contudo, não receberam o apoio esperado de outros estados, e o conflito acabou ficando restrito a São Paulo. Três meses depois, em 2 de outubro de 1932, o comando revolucionário se rendeu.

Com o fim da guerra civil, muitos líderes foram presos, outros, obrigados a se exilar no exterior. Apesar de haver sido militarmente derrotada, a Revolução Constitucionalista resultou no processo de reconstitucionalização do país.

**Fique de olho!**

***Getúlio Vargas.***
Direção: Ana Carolina.
Brasil, 1974.
O filme reconstitui a trajetória política de Getúlio Vargas: da Revolução de 1930 ao seu suicídio, em agosto de 1954.

Soldados paulistas em combate durante a Revolução Constitucionalista. Mesmo convertendo fábricas para a produção de armas, os paulistas não conseguiram armar todos os voluntários: contavam com 30 mil armas leves para 200 mil voluntários.

## O Governo Constitucional (1934-1937)

A nova Constituição brasileira foi promulgada em 16 de julho de 1934. Ela garantia as instituições liberal-democráticas, mas também continha várias resoluções adotadas durante o Governo Provisório, como o poder atribuído ao governo federal de interferir nos assuntos econômicos e sociais.

Embora a Constituição determinasse eleições diretas para a presidência da República, ficou estabelecido, como disposição transitória, que o próximo presidente deveria ser eleito pelos parlamentares. No dia seguinte à sua promulgação, Getúlio Vargas foi eleito. Era o início do **Governo Constitucional**.

# 2. Conflitos pelo poder

Para os grupos reformistas que apoiavam Vargas, a nova Constituição trazia o risco de retorno ao liberalismo, o que poderia representar um retrocesso do Brasil para o regime oligárquico. Como vinha acontecendo na Europa, o Brasil assistia à radicalização de organizações de direita e de esquerda, que começavam a protagonizar conflitos entre si.

## Anauê: a Ação Integralista Brasileira

Sob a liderança de Plínio Salgado, a **Ação Integralista Brasileira** (**AIB**) foi fundada em 1932, da união de diversos grupos e partidos políticos ultranacionalistas e de extrema direita. O movimento foi, em sua origem, fortemente influenciado pelos fascismos europeus.

O integralismo defendia a existência de um partido único; o fim da liberdade de expressão; a eliminação de qualquer oposição; o culto à personalidade do líder; o nacionalismo radical; a recusa à democracia liberal e ao socialismo; o controle do Estado sobre os meios de comunicação; a manutenção das hierarquias sociais; o uso da violência para imposição de normas e determinações; o combate sem tréguas ao liberalismo, ao comunismo e ao capitalismo financeiro. Os integralistas eram adeptos, também, dos valores mais tradicionais da Igreja católica.

Plínio Salgado, o líder da AIB, tinha como projeto a construção de uma sociedade em que todos pensassem de maneira igual, pois tinha horror ao pluralismo de opiniões, típico dos regimes democráticos.

O símbolo da AIB era a letra grega sigma (∑), que, para os integralistas, significava "soma", no sentido de agregação. Eles se cumprimentavam com o braço direito levantado e esticado, a palma da mão virada para o chão e a saudação "Anauê" (do tupi, "Você é meu irmão").

Militantes integralistas comemoram o aniversário de Plínio Salgado. Observe que entre eles também há mulheres uniformizadas. Na manga da camisa, que era verde, é possível notar a letra grega sigma (∑), símbolo da Associação Integralista Brasileira (AIB).

Reprodução/Arquivo Público do Estado do Rio de Janeiro, Rio de Janeiro, RJ.

Com a permissão do Exército, a AIB tornou-se uma organização paramilitar, cujos militantes andavam uniformizados. Os chamados camisas-verdes desfilavam pelas ruas, com estandartes e bandeiras, impressionando a população por sua disciplina, seus rituais, suas canções e suas marchas coreografadas.

Em 1936, a AIB organizou-se como partido político. Já nas eleições desse mesmo ano, contando com cerca de 500 mil a 800 mil filiados, número muito grande para a época, chegou a eleger 500 vereadores, 20 prefeitos e 4 deputados estaduais.

# Contra o fascismo: a Aliança Nacional Libertadora

Em 1934, a sociedade brasileira encontrava-se seriamente preocupada com o crescimento do integralismo no país e o avanço do fascismo na Europa. Sindicalistas, intelectuais, estudantes, militares e grupos de esquerda, entre outros grupos, começaram a se mobilizar contra esse crescimento.

Em março de 1935, foi organizada no Rio de Janeiro a **Aliança Nacional Libertadora (ANL)**. Liderada por militares identificados com o movimento tenentista, ela se caracterizava como uma frente antifascista da qual participavam organizações femininas, culturais, estudantis, sindicais e de profissionais liberais. Dela também participavam grupos que se opunham a uma nova guerra mundial e os que se declaravam anti-imperialistas.

No programa da ANL constava a luta contra o integralismo e a Lei de Segurança Nacional, assim como o combate ao capital estrangeiro e a exigência de liberdades democráticas, do cancelamento da dívida externa, da reforma agrária e do fim da exploração dos camponeses.

**Lei de Segurança Nacional:** aprovada pelo Congresso Nacional e promulgada em abril de 1935 pelo governo Vargas, a legislação considerava determinadas atividades contra o Estado crimes que deveriam receber tratamento jurídico mais repressivo.

A presidência da ANL coube ao almirante Hercolino Cascardo. Durante o comício de fundação da ANL, o nome de Luís Carlos Prestes foi indicado para presidente de honra da organização. O convite era uma homenagem ao antigo líder do movimento tenentista, cujos prestígios político e popular ainda eram grandes. No entanto, Prestes, que ingressara no PCB um ano antes, nunca participou da direção da Aliança. A ANL, inclusive, só obteve a adesão do PCB um mês antes de ser fechada pelo governo.

Vivendo clandestinamente no Rio de Janeiro, Luís Carlos Prestes proclamou apoio à Aliança Nacional Libertadora em um manifesto que dizia: "Todo o poder à ANL!". O ambiente era de radicalização política, e o crescimento da ANL incomodava o governo, que queria fechá-la. A frase do manifesto de Prestes, similar às palavras de ordem de Lenin meses antes da Revolução Russa – "Todo o poder aos sovietes!"–, foi o álibi de que o governo Vargas necessitava para declarar a ilegalidade da Aliança. Assim, em julho de 1935, a ANL deixou de existir.

Reprodução/Acervo Iconographia

Comício da Aliança Nacional Libertadora na praça Marechal Floriano Peixoto, mais conhecida como Cinelândia, no Rio de Janeiro. Fotografia de 1935.

# A insurreição comunista de 1935

Enquanto a Aliança Nacional Libertadora era formada no Rio de Janeiro, em Moscou comunistas brasileiros discutiam com dirigentes da Internacional Comunista a possibilidade de deflagrarem uma revolução no Brasil.

Atendendo ao pedido dos revolucionários brasileiros, o órgão sediado na capital soviética ofereceu apoio em dinheiro e enviou assessores, como a comunista alemã Olga Benário (1908-1942), ao Brasil. Olga foi designada para acompanhar Luís Carlos Prestes em sua viagem de volta – clandestinamente – ao Brasil, em abril de 1935. Essa parceria política tornou-se também amorosa.

Quando a ANL foi declarada ilegal e extinta pelo governo Vargas, Prestes e o PCB passaram a usar a sigla da organização com o objetivo de desencadear o movimento revolucionário.

Sem o conhecimento de Prestes ou de seus assessores, uma rebelião eclodiu em Natal, no Rio Grande do Norte, no dia 23 de novembro de 1935. Soldados e sargentos do Exército, inconformados com as punições a que estavam sujeitos, tomaram o quartel, a sede da polícia e os correios da cidade e formaram um Comitê Popular Revolucionário, de caráter comunista, para governá-la. Em poucos dias, a revolução fracassou e a maioria dos comunistas foi presa.

No dia 24, em Recife, eclodiu outro movimento, também sob a liderança dos comunistas. Uma instalação militar foi tomada, mas, sem o apoio popular, a revolta foi rapidamente sufocada.

Quando soube o que estava acontecendo em Natal e Recife, Prestes decidiu desencadear a revolução no Rio de Janeiro, certo de que ela seria vitoriosa. Contudo, apenas uma instalação militar foi tomada por militares seguidores de Prestes, logo derrotados por forças do Exército.

O governo, em resposta, deu início a uma forte repressão. Prestes e Olga foram presos em 1936. Alguns assessores da Internacional Comunista conseguiram fugir do Brasil; outros foram presos e brutalmente torturados pela polícia.

### Olga Benário

Olga Benário, quando foi presa, estava esperando um filho de Luís Carlos Prestes. Mesmo grávida, com autorização do Supremo Tribunal Federal, ela foi expulsa do país pelo governo Vargas e levada para a Alemanha. Os nazistas a mataram em um campo de concentração. Sua filha, Anita Prestes, só foi salva porque a avó paterna liderou uma campanha internacional pela sua libertação.

**Fique de olho!**

***Olga***. Direção: Jayme Monjardim. Brasil, 2004. Narrativa da vida da revolucionária Olga Benário, que, no Brasil, participou da insurreição de 1935. Expulsa do país, foi executada na Alemanha nazista.

Quartel da Força Pública Militar Estadual em Natal, no Rio Grande do Norte, após o ataque dos integrantes da insurreição comunista, em novembro de 1935.

Reprodução/Arquivo Nacional, Rio de Janeiro, RJ

Para as esquerdas brasileiras, as consequências da insurreição comunista de 1935 foram trágicas. Centenas de comunistas sofreram maus-tratos nas prisões e ficaram detidos até 1945, ano em que Vargas foi deposto. O movimento sindical independente ou vinculado às esquerdas foi perseguido. O Partido Comunista deixou de existir. Além disso, um sentimento negativo muito forte contra os comunistas se disseminou entre setores das elites e das Forças Armadas.

A insurreição de 1935 fortaleceu ainda mais o governo Vargas. Com medo dos comunistas, vários setores das elites, que até então desconfiavam do presidente, passaram a apoiá-lo.

**Fique de olho!**

***Memórias do cárcere*.** Direção: Nelson Pereira dos Santos. Brasil, 1984. Baseado no clássico de Graciliano Ramos, narra a vida do escritor na prisão logo após a insurreição comunista de 1935.

Luís Carlos Prestes (em pé, de braços cruzados) diante do Tribunal de Segurança Nacional no Rio de Janeiro, em 1937.

## Outra dimensão Conflitos sociais

### Lutas do movimento negro

No período de 1930 a 1945, surgiram vários jornais e diversas associações negras. No dia 12 de outubro de 1931, em São Paulo, foi fundada a **Frente Negra Brasileira** (FNB). Em seus estatutos, aprovados por quase 2 mil afro-brasileiros presentes, constava a união pela "dignidade e o progresso do trabalhador negro".

Muitos afro-brasileiros aderiram ao chamamento da unidade política e formaram organizações em diversos estados (Maranhão, Pernambuco, Bahia, Sergipe, Rio Grande do Sul, Minas Gerais, Rio de Janeiro e Espírito Santo). As frentes negras e seus líderes, atuando em várias associações e órgãos de imprensa, mantinham ideias comuns na defesa da população afro-brasileira e se esforçaram para formular uma identidade própria. O objetivo era congregar, educar e orientar com finalidades emancipatórias.

A Frente Negra Brasileira apoiava o governo Vargas, sobretudo ao defender o nacionalismo e o regime autoritário. Como os partidos políticos não se preocupavam com os problemas vividos pela população negra, em 1936 a FNB transformou-se em partido. Contudo, com a decretação do Estado Novo, em 1937, ela foi fechada.

A luta do movimento negro continuou durante o Estado Novo. O surgimento da União Negra Brasileira e do Clube Recreativo Palmares, além dos festejos do cinquentenário da abolição da escravidão, tornou possível debater a situação dos afro-brasileiros, mesmo durante o período ditatorial. Muitas entidades locais e estaduais permaneceram ativas, como o Movimento Brasileiro contra o Preconceito Racial, no Rio de Janeiro, e a Associação dos Brasileiros de Cor, na cidade de Santos.

- Descreva os objetivos centrais dos líderes da Frente Negra Brasileira nos anos 1930.

# 3. O Estado Novo

Após a insurreição comunista, o Congresso Nacional aprovou uma série de medidas que aumentou o poder do presidente. Fortalecia-se o projeto de instaurar no Brasil um governo autoritário que, sob a liderança de Getúlio Vargas, modernizaria o país.

O presidente, então, contava com o apoio das Forças Armadas e das elites políticas, além de ter grande prestígio entre trabalhadores e intelectuais. Alegando a existência de um plano comunista para tomar o poder – o **Plano Cohen**, que depois se descobriu falso –, Getúlio Vargas deu um golpe de Estado e, no dia 10 de novembro de 1937, implantou uma ditadura no país: o **Estado Novo**.

Os estados voltaram a ser governados por interventores nomeados pelo governo federal. Todas as atividades políticas próprias da democracia representativa foram suspensas – eleições, partidos políticos, parlamentos municipais, estaduais e federal. Além disso, uma nova Constituição foi outorgada.

Em consonância com os modelos constitucionais autoritários e antiliberais em voga na Europa, a Constituição concedia amplos poderes ao presidente da República. Para justificar a ditadura, argumentava-se que as decisões do Congresso eram lentas e que o país necessitava de um Executivo forte, capaz de tomar decisões rápidas.

Os integralistas apoiaram o golpe, mas, em 11 de maio de 1938, um grupo deles tentou, sem sucesso, matar Getúlio Vargas. Muitos integralistas foram presos. Plínio Salgado exilou-se em Portugal. Foi o declínio do integralismo no Brasil.

## Projeto nacional

O governo Vargas conjugou medidas autoritárias com iniciativas voltadas ao desenvolvimento econômico. Sob o Estado Novo, gestava-se o moderno Estado brasileiro. A fundação do **Departamento Administrativo do Serviço Público (Dasp)**, por exemplo, possibilitou a formação de um corpo permanente e qualificado de funcionários públicos, admitidos por mérito em concurso, independentemente de influências políticas.

O Estado se modernizou e se fortaleceu com a fundação de ministérios, autarquias, empresas estatais, institutos e conselhos. O processo permitiu a intervenção estadual nas relações entre empresários e trabalhadores e na condução da economia.

Em novembro de 1937, no Palácio do Catete, então sede do governo federal, Getúlio Vargas declara ao país a ditadura do Estado Novo.

CPDOC/FGV

A partir de 1937, o governo dedicou, ainda, atenção especial à divulgação de suas realizações – uma prática corrente na Itália fascista, na Alemanha nazista e na URSS comunista, também adotada por outros países.

Em 1938, foi criado o **Departamento de Imprensa e Propaganda (DIP)**, cuja função era produzir e coordenar a propaganda política do Estado, além de exercer censura em peças teatrais, filmes, rádios, obras literárias, jornais e atividades recreativas. O DIP era também responsável pela criação e pela distribuição de notícias, filmes, documentários e livros, com o objetivo de enaltecer Getúlio Vargas e o Estado Novo.

Vargas era apresentado como "guia dos brasileiros", "amigo das crianças" e "pai dos trabalhadores". Por vezes, era também chamado de "pai dos pobres" por "doar" benefícios sociais ao povo.

Outra estratégia adotada como forma de propaganda foi a instituição de datas festivas, como o feriado de 1º de maio para comemorar o Dia do Trabalho ou do Trabalhador. Nessa data, o governo organizava festividades em estádios, como o de São Januário, no Rio Janeiro, e o do Pacaembu, em São Paulo, em que Vargas discursava e, por vezes, anunciava a adoção de novas medidas favoráveis aos trabalhadores.

**Fique de olho!**

D'ARAUJO, Maria Celina. *O Estado Novo*. Rio de Janeiro: Jorge Zahar Editor, 2000.
O livro analisa os aspectos políticos e econômicos do Estado Novo, o contexto de guerra em que ele surgiu e a relação entre Estado e trabalhadores que o caracterizou.

Reprodução/Acervo Iconographia

Reprodução/Acervo Iconographia

Cartazes produzidos pelo DIP, em 1940 (à esquerda) e em 1944 (à direita). Entre outras estratégias, a propaganda política do Estado Novo exaltava a relação entre o presidente e o povo.

## Industrialização

Impulsionada pelo esforço de superar a dependência do setor cafeeiro e ampliar o industrial, a economia brasileira tornou-se mais diversificada ao longo da década de 1930.

Foi nessa época que teve início a chamada **industrialização por substituição de importações**. Para estimular o setor, o Estado criou uma política que incentivava a produção das fábricas brasileiras e dificultava a concorrência estrangeira, com a imposição de altas tarifas alfandegárias, a diminuição dos impostos e o controle do câmbio. Criou, ainda, políticas públicas de desenvolvimento em diversos campos e linhas de financiamento, assumindo o papel de planejador e gestor da economia.

Com investimentos estatais e privados e empréstimos externos, o Brasil aumentou sua produção industrial. Os industriais, inicialmente contrários a Vargas devido às leis sociais que promulgou, passaram a apoiar a política econômica de seu governo.

Interior da Fábrica Nacional de Motores em Duque de Caxias, no Rio de Janeiro, por volta de 1945.

CPDOC/FGV

**Fique de olho!**

Memorial Getúlio Vargas. Disponível em: <www0.rio.rj.gov.br/memorialgetuliovargas/conteudo/apresentacao.html>. Acesso em: 15 abr. 2018.

O Memorial Getúlio Vargas está localizado na cidade do Rio de Janeiro. Seu *site* disponibiliza exposições virtuais, filmes, fotografias, depoimentos e outros documentos sobre Vargas e seu governo.

## Pontos estratégicos

O governo Vargas elegeu quatro setores considerados cruciais para o desenvolvimento industrial: petróleo, mineração, siderurgia e energia elétrica. Em conformidade com sua política nacionalista, em 1940, proibiu que estrangeiros explorassem as riquezas minerais e controlassem as indústrias metalúrgicas do país.

Na década de 1930, os racionamentos de energia elétrica eram frequentes, e o uso de velas e lampiões nas casas era comum. Para gerar energia, o governo optou pelas recentes tecnologias implantadas nos EUA e na URSS – usinas hidrelétricas de grande porte movidas por águas contidas em imensas represas. A primeira empresa estatal desse setor foi a **Companhia Hidrelétrica do São Francisco (Chesf)**. No setor de mineração, o governo fundou a **Companhia Vale do Rio Doce**.

Em troca da cessão de bases militares no Nordeste e do fornecimento de borracha e minérios, o governo estadunidense aprovou a liberação de empréstimos e o fornecimento de tecnologia para a construção da **Companhia Siderúrgica Nacional (CSN)** na cidade de Volta Redonda, no Rio de Janeiro. Fundada em abril de 1941, a CSN foi estratégica para a industrialização do Brasil.

Pela importância estratégica e pelo alto custo que essas empresas representavam para o governo, ele investiu prioritariamente nos ramos de siderurgia, energia, pesquisa, comunicação e transporte (hidrovias e ferrovias, particularmente).

A iniciativa privada, de capital nacional ou estrangeiro, atuava na produção de bens de consumo, que trazia retorno mais imediato. O planejamento econômico e as empresas estatais, regidos pela política nacionalista do Estado Novo, introduziram o Brasil no mundo industrial.

Reprodução/Acervo Iconographia

Construção da Companhia Siderúrgica Nacional (CSN) na cidade de Volta Redonda, no Rio de Janeiro, em 1941.

# Política indigenista e a Marcha para o Oeste

Nos anos 1930, houve um avanço na legislação para o reconhecimento dos direitos das populações indígenas. A Constituição de 1934, por exemplo, foi a primeira a garantir-lhes a posse das terras em que viviam. A Constituição de 1937 manteve os mesmos princípios.

Depois de 1937, a propaganda política do Estado Novo passou a ressaltar que os indígenas constituíam as "verdadeiras" raízes brasileiras. Vargas foi o primeiro presidente a visitar uma aldeia indígena: em agosto de 1940 esteve entre os karajás, na ilha do Bananal. Vargas instituiu, também, o **Conselho Nacional de Proteção aos Índios (CNPI)**, cuja direção coube ao marechal Cândido Rondon – que já havia presidido o Serviço de Proteção aos Índios (SPI).

A partir de 1938, o governo promoveu a chamada **Marcha para o Oeste**, com o objetivo de incorporar as regiões que hoje formam os estados de Mato Grosso, Mato Grosso do Sul, Goiás e Tocantins à vida econômica do país. A Marcha para o Oeste foi promovida para incentivar a migração interna, criar colônias agrícolas, construir estradas, desenvolver o setor agropecuário e realizar a reforma agrária.

A Marcha para o Oeste gerou conflitos e confrontos entre os migrantes e as comunidades indígenas que viviam nessas regiões, resultando em muitas mortes. Foi nesse contexto que, no início de 1943, o governo federal instituiu a **expedição Roncador-Xingu**. O objetivo era alcançar regiões desconhecidas e inexploradas do interior do país. Entre os integrantes da expedição estavam os irmãos Cláudio, Leonardo e Orlando Villas Bôas. O grupo abriu estradas, construiu campos de pouso para aviões e fez contato com inúmeros povos indígenas.

Os irmãos Villas Bôas decidiram ficar na região do Xingu e adotar a política praticada pelo marechal Rondon: entrar em contato com os indígenas de maneira pacífica. Para eles, era necessário integrar os indígenas à sociedade brasileira de forma gradual, garantindo suas terras, preservando seus valores, suas crenças, sua cultura e organização social, e oferecer assistência médica para protegê-los das doenças para as quais seus organismos não apresentavam defesas.

Assim, surgiu a proposta de criação de reservas fechadas, inaugurando uma nova política indigenista no país, que reconhecia e respeitava as diferenças culturais.

### Dia do Índio

Em 19 de abril de 1940, representantes de comunidades indígenas de vários países americanos participaram da abertura do I Congresso Indigenista Interamericano, no México. Indígenas do Panamá, do Chile, do México e dos EUA propuseram que os governos dos países americanos reconhecessem aquela data como o Dia do Índio. Acatando a indicação, o presidente Getúlio Vargas instituiu o Dia do Índio no Brasil.

Claude Lévi-Strauss/ Museu du Quai Branly, Paris, França.

Comunidade indígena Bororo, no antigo estado do Mato Grosso, na segunda metade dos anos 1930.

# 4. Política cultural

**Cultura popular**

Em consonância com o projeto cultural do governo Vargas, a cultura popular foi valorizada e muitas de suas expressões, reconhecidas. Foi o caso do samba e da capoeira – a prática desta era até então proibida.

Muitos artistas e intelectuais foram convidados a participar do governo Vargas para desenvolver projetos culturais que reafirmassem a identidade nacional. Entre eles, encontravam-se alguns dos modernistas da Semana de 1922.

A cultura passou a ser interpretada como patrimônio da sociedade, o que levou à fundação de diversos órgãos, como o Serviço do Patrimônio Histórico e Artístico Nacional (SPHAN), o Museu Nacional de Belas-Artes, o Museu Imperial e o Museu da Inconfidência. Também foi criado o Instituto Nacional do Livro e o primeiro parque nacional brasileiro: o Parque Nacional de Itatiaia.

À frente do Ministério da Educação e Saúde estava Gustavo Capanema, com quem trabalharam importantes artistas e intelectuais da época, como os arquitetos Lúcio Costa e Oscar Niemeyer, o maestro Heitor Villa-Lobos, o escritor Mário de Andrade, o pintor Candido Portinari, o educador Anísio Teixeira e os poetas Manuel Bandeira e Carlos Drummond de Andrade.

A fundação do Serviço Nacional do Teatro renovou as artes cênicas no país, e a criação do Instituto Nacional do Cinema Educativo estimulou a produção cinematográfica nacional – também incentivada por uma lei que tornava obrigatória a exibição de um curta-metragem brasileiro antes da projeção do filme principal.

Na área musical, foram regulamentados o direito autoral e a profissão de compositor. Muitos músicos e compositores contribuíram para reforçar a nacionalidade brasileira. Ary Barroso, que compôs "Aquarela do Brasil", em 1939, foi um deles.

Nos anos 1930 também houve uma aproximação entre o governo e os carnavalescos do Rio de Janeiro, então Distrito Federal. Após terem sido reconhecidas oficialmente pelo governo, as escolas de samba estabeleceram, em retribuição, que os enredos apresentados nos desfiles também tratariam de temas nacionais.

# 5. O Brasil na Guerra

Quando a Segunda Guerra eclodiu, em 1939, Vargas optou por manter a neutralidade do país e continuar tirando vantagens comerciais da concorrência entre os países envolvidos no conflito – especialmente daquela entre a Alemanha e os EUA, com os quais o Brasil havia estabelecido tratados comerciais. Para o governo brasileiro, duas questões eram centrais: a construção de uma usina siderúrgica e o rearmamento das Forças Armadas.

Em dezembro de 1941, contudo, o ataque japonês à base estadunidense de Pearl Harbor obrigou Vargas a optar por um dos lados do conflito. Em janeiro de 1942, o Brasil rompeu relações com os países do Eixo.

Cartaz de propaganda política produzido pelo DIP ressalta a participação do Brasil na Segunda Guerra Mundial.

No mês de agosto, o afundamento de navios brasileiros por um submarino alemão levou o governo a declarar guerra à Alemanha e à Itália. Acordos foram estabelecidos entre os governos brasileiro e estadunidense: o Brasil cederia as bases de Natal, Recife e Fernando de Noronha, permitindo que a aviação estadunidense alcançasse o norte da África; e os EUA, por sua vez, reequipariam as Forças Armadas brasileiras e financiariam a construção de uma siderúrgica – a futura Companhia Siderúrgica Nacional.

Em meados de 1944, o governo brasileiro enviou homens para lutar na Itália. A Força Expedicionária Brasileira (FEB) contou com 25 mil soldados, além de 400 pilotos.

**Política da Boa Vizinhança**

Ao assumir o poder na Alemanha, em 1933, Adolf Hitler passou a estimular as relações comerciais com a América Latina.

O então presidente dos Estados Unidos, Franklin Delano Roosevelt, tentou bloquear a influência alemã com a chamada **Política da Boa Vizinhança**, estabelecendo relações diplomáticas com os países latino-americanos.

## 6. Estado e classe trabalhadora

O apoio dos trabalhadores ao governo Vargas pôde ser observado em diversas manifestações. Para entender esse sucesso da política getulista entre a classe trabalhadora, é preciso considerar que, na Primeira República, não havia leis que garantissem os direitos sociais dos operários. Além de explorados, seu trabalho não era reconhecido nem valorizado, pois não existia nenhuma relação entre trabalho e cidadania. Portanto, além de lutar por leis trabalhistas, eles lutavam para criar uma imagem positiva do trabalho e de si mesmos.

O governo instaurado em 1930 atendeu a muitas reivindicações dos trabalhadores urbanos, assegurando-lhes uma série de direitos sociais e reconhecendo o valor do trabalho. A repercussão dessas iniciativas foi positiva entre eles, porém não se tratou de algo restrito ao Brasil. O processo ocorreu em vários outros países em resposta às lutas dos operários por seus direitos.

No Brasil, a participação dos trabalhadores nesse processo foi decisiva. Na mesma época em que as leis sociais foram promulgadas, entre 1931 e 1934, o movimento sindical foi às ruas, aos gabinetes dos ministérios e ao plenário da Assembleia Constituinte exigir que leis trabalhistas fossem criadas, promulgadas e cumpridas.

**Fique de olho!**

GOMES, Angela de Castro. *Cidadania e direitos do trabalho*. Rio de Janeiro: Jorge Zahar Editor, 2002.
Explica por que, entre os brasileiros, a cidadania é associada aos direitos sociais e trabalhistas.

Comemoração do Dia do Trabalho no estádio Paulo Machado de Carvalho, o Pacaembu, em São Paulo, em 1944.

## Outra dimensão — Cidadania

### Direitos civis, políticos e sociais na Era Vargas

Entre 1930 e 1945, os direitos de cidadania no Brasil passaram por avanços e recuos. Nos quatro anos iniciais, durante o período do Governo Provisório, a maior parte da legislação trabalhista foi promulgada. Nesse período, os trabalhadores tiveram acesso aos direitos sociais de cidadania.

Em 1933 ocorreram eleições para a Assembleia Nacional Constituinte. Pela primeira vez na história do país, eleições foram organizadas e fiscalizadas pela Justiça Eleitoral, criada nessa época. O voto tornou-se secreto, permitindo eleições representativas e evitando fraudes. O direito ao voto foi estendido às mulheres. As eleições de 1933 e a promulgação de uma nova Constituição no ano seguinte representaram um avanço em relação aos direitos políticos.

Assim, durante o Governo Provisório (1930-1934) e o Governo Constitucional (1934-1937), a sociedade brasileira experimentou uma ampliação dos direitos políticos e sociais.

O golpe do Estado Novo em 1937, contudo, instituiu a ditadura no país, que suspendeu todos os direitos políticos dos brasileiros. Tratou-se, sem dúvida, de um retrocesso na história dos direitos de cidadania no Brasil. Quanto aos direitos civis, continuaram na mesma situação que no período anterior a 1930: precários para a população pobre e trabalhadora, representando um privilégio das elites e dos ricos.

Em um balanço do período 1930-1945, é possível afirmar que houve avanços em relação aos direitos sociais, em detrimento dos direitos políticos e civis.

- Considerando as três dimensões dos direitos de cidadania – civil, política e social –, justifique por que houve avanços e recuos no período 1930-1945.

### A História no seu lugar

Que tal realizar um "julgamento" do governo Vargas? Para isso, a classe irá selecionar, entre os alunos, um advogado de defesa, um promotor, as testemunhas e o júri. O professor será o juiz. O promotor deverá apresentar argumentos contra Vargas: golpe de Estado, suspensão dos direitos políticos e civis, violência policial, etc. Já o advogado de defesa poderá apresentar como argumentos a favor: a industrialização e o crescimento da economia, as leis sociais e trabalhistas, entre outros. O advogado e o promotor podem convocar suas "testemunhas" – colegas que pesquisarão os temas sugeridos e falarão sobre eles. O juiz deve conduzir os debates garantindo direitos iguais de fala. Ao final, caberá ao júri condenar ou absolver o governo.

# A invenção do trabalhismo

No Brasil, o termo "trabalhismo" foi importado da Inglaterra e fazia referência ao Partido Trabalhista daquele país. A palavra foi utilizada para denominar o pacto que se estabeleceu entre os trabalhadores brasileiros e o presidente Getúlio Vargas.

Durante a Segunda Guerra Mundial, os dirigentes do Estado Novo concluíram que era necessário ampliar a base de apoio do governo entre os trabalhadores.

Em 1942, o governo lançou ampla campanha política. Pela rádio, o ministro do Trabalho dizia aos trabalhadores que eles deveriam exigir seus direitos (horário de trabalho, férias, proteção à mulher grávida, pensões e aposentadorias, por exemplo), pois tinham o apoio do próprio presidente. Afirmava, ainda, que Vargas se interessava pessoalmente pelo reconhecimento dos direitos dos trabalhadores.

Foi essa ligação direta entre povo e Estado que estabeleceu um pacto entre os trabalhadores brasileiros e o presidente. Na construção do pacto trabalhista, os trabalhadores, cujos direitos eram reconhecidos e defendidos pelo Estado, apoiavam, em retribuição, o presidente, fundamentando o prestígio que Vargas alcançou entre eles.

## Imagens contam a História

### O apoio popular ao Estado Novo

Em 11 de novembro de 1940, nas comemorações do terceiro aniversário do Estado Novo, milhares de trabalhadores participaram dos festejos promovidos pelo governo. Na fotografia abaixo, observa-se um grupo de trabalhadores no centro do Rio de Janeiro e uma faixa com os dizeres: "O trabalhador também tem o seu lugar no Estado Novo".

- **Considerando que o país vivia sob uma ditadura, como interpretar o apoio dos trabalhadores ao Estado Novo?**

Reprodução/Acervo Iconographia

Manifestação de apoio a Getúlio Vargas, no Rio de Janeiro, em 1940.

# Roteiro de Estudos

## Para organizar

1. Quais foram as principais medidas tomadas pelo Governo Provisório em relação aos trabalhadores e ao movimento sindical?

2. Avalie o contexto político em que ocorreu a Revolução Constitucionalista de 1932.

3. Em relação à Ação Integralista Brasileira, responda:
   a) Quais eram suas principais características?
   b) Quem os integralistas elegeram como inimigos?
   c) Descreva seus símbolos mais conhecidos.

4. Analise e avalie o movimento que ficou conhecido como insurreição comunista de 1935.

5. Com que propósito a Aliança Nacional Libertadora foi fundada? Qual era seu programa político? Por que ela foi declarada ilegal?

6. Comente a função do Departamento de Imprensa e Propaganda (DIP).

7. Quais foram as estratégias governamentais para industrializar o Brasil?

8. Sobre a política indigenista da época, quais inovações foram sugeridas pelos irmãos Villas Bôas?

9. Avalie a política cultural do governo Vargas.

## Reflexões

### A teoria do populismo

A teoria do **populismo** foi criada no Brasil em meados dos anos 1960 por cientistas sociais que queriam explicar, entre outras questões, por que os trabalhadores manifestaram apoio e reconhecimento ao governo Vargas.

Segundo os teóricos do populismo, Vargas usou a polícia para reprimir os operários, o movimento sindical e as esquerdas.

Eliminando as lideranças do movimento operário, ele recorreu ao DIP e à propaganda política para convencer os trabalhadores do quanto seu governo era bom. Sem consciência de seus verdadeiros interesses, os trabalhadores se deixaram dominar, iludir e manipular pelo ditador.

Algumas interpretações dessa teoria dão a Vargas um poder excessivo, que teoricamente seria impossível alguém alcançar: ele teria manipulado os trabalhadores, cooptado os intelectuais e enganado o conjunto da sociedade.

A teoria do populismo parte do princípio de que o governo é forte e ativo, enquanto a sociedade é fraca e passiva, sendo facilmente manipulada por líderes políticos carismáticos.

Atualmente, no entanto, muitos historiadores questionam essa teoria, afirmando que a propaganda política do Estado nunca é aceita passivamente, sem interpretações próprias, reformulações ou críticas.

Outro problema identificado é a imprecisão e a amplitude do conceito. Populistas podem ser movimentos políticos russos, estadunidenses ou latino-americanos; líderes políticos de direita ou de esquerda; ou personalidades com projetos políticos muito distintos.

- **Segundo a teoria do populismo, o período do governo Vargas (1930-1945) pode ser considerado populista?**

Reprodução/Acervo Iconographia

Participantes do desfile do 1º de maio, com cartaz de Getúlio Vargas, no Rio de Janeiro, em 1942.

## Vamos testar?

1. Leia os textos a seguir.

> Uma nação, para progredir em paz, para ver frutificar seus esforços, para lograr prestígio no interior e no exterior, precisa ter uma perfeita consciência do princípio de autoridade. Precisamos de autoridade. [...]
>
> A nossa Pátria não pode continuar a ser retalhada pelos governadores de estados, pelos partidos, pelas classes em luta, pelos caudilhos. A nossa pátria precisa de estar unida e forte, solidamente construída, de modo a escapar ao domínio estrangeiro, que ameaça dia a dia, e salvar-se do comunismo internacionalista que está entrando no seu corpo, como um cancro [câncer].
>
> [...]
>
> A questão social deve ser resolvida pela cooperação de todos, conforme a justiça e o desejo que cada um nutre de progredir e melhorar.

Manifesto Integralista, outubro de 1932. In: BONAVIDES, Paulo; AMARAL, Roberto. *Textos políticos da História do Brasil*: Revolução de 30 e Governo Provisório. 3. ed. Brasília: Senado Federal, 2002. p. 483, 484 e 486. Disponível em: <www2.senado.leg.br/bdsf/bitstream/handle/id/81924/Volume4.pdf?sequence=4>. Acesso em: 10 maio 2018.

> A Aliança Nacional Libertadora tem um programa claro e definido. Ela quer o cancelamento das dívidas imperialistas; a nacionalização das empresas imperialistas; a liberdade em toda a sua plenitude; o direito do povo manifestar-se livremente; a entrega dos latifúndios ao povo laborioso que os cultiva [...]; a defesa da pequena e da média propriedade contra a agiotagem [...].

Manifesto-Programa de lançamento da Aliança Nacional Libertadora, março de 1935. In: BONAVIDES, Paulo; AMARAL, Roberto. *Textos políticos da História do Brasil*: Revolução de 30 e Governo Provisório. 3. ed. Brasília: Senado Federal, 2002. p. 92. Disponível em: <www2.senado.leg.br/bdsf/bitstream/handle/id/81924/Volume4.pdf?sequence=4>. Acesso em: 10 maio 2018.

Sobre os programas da Ação Integralista Brasileira (AIB) e da Aliança Nacional Libertadora (ANL), assinale a alternativa correta.

a) A ANL foi uma frente de esquerda pelo programa nacionalista, por lutar pela liberdade do povo e pela reforma agrária.

b) A AIB foi um movimento político de direita porque defendia a descentralização política e combatia o comunismo.

c) A AIB e a ANL foram movimentos políticos de direita porque defendiam o nacionalismo, criticando o imperialismo e a dominação estrangeira sobre o Brasil.

d) A AIB e a ANL foram movimentos políticos de esquerda porque apoiaram um chefe autoritário e a livre manifestação popular.

e) A AIB apoiava a elaboração de leis sociais que melhorassem as condições de vida dos trabalhadores, enquanto a ANL defendia, sobretudo, as classes médias contra a exploração dos agiotas.

2. Sobre o período em que Getúlio Vargas governou o país, entre 1930 e 1945, assinale a única opção correta.

a) Na Revolução Constitucionalista de 1932, as elites políticas de São Paulo uniram-se aos tenentes para defender o governo Vargas da ameaça fascista representada pela Ação Integralista Brasileira.

b) Na insurreição comunista de 1935, os comunistas tomaram vários quartéis no país e, com o apoio da Força Aérea, ameaçaram seriamente o governo. Porém, foram derrotados porque havia forte sentimento anticomunista no Exército.

c) Em seu governo, Vargas criou a primeira usina siderúrgica e a primeira usina hidrelétrica do Brasil e a Companhia Vale do Rio Doce, buscando desenvolver a política de "industrialização por substituição de importações" no país.

d) Embora tenha criado o Serviço do Patrimônio Histórico e Artístico Nacional, o Instituto Nacional do Livro e outros órgãos públicos voltados para a valorização da cultura do país, o governo Vargas pouco fez nessa área. O Brasil continuou fortemente influenciado pela cultura europeia, sobretudo a francesa.

e) As leis sociais e trabalhistas criadas na época pouco afetaram a vida dos trabalhadores. Sem fiscalização governamental e instituições que obrigassem o empregador a cumprir as leis, a legislação social ficou reduzida à mera propaganda política do governo.

3. Leia o texto a seguir.

O que o projeto governamental tem em vista é poupar à nação o prejuízo irreparável do perecimento e da evasão do que há de mais precioso no seu patrimônio. Grande parte das obras de arte até mais valiosas e dos bens de maior interesse histórico, de que a coletividade brasileira era depositária, tem desaparecido ou se arruinado irremediavelmente. As obras de arte típicas e as relíquias da história de cada país não constituem o seu patrimônio privado, e sim um patrimônio comum de todos os povos.

Adaptado de ANDRADE, R. M. F. Defesa do patrimônio artístico e histórico. *O Jornal*, 30 out. 1936. Apud: ALVES FILHO, I. *Brasil, 500 anos em documentos*. Rio de Janeiro: Mauad, 1999.

A criação no Brasil do Serviço do Patrimônio Histórico Artístico Nacional (Sphan), em 1937, foi orientada por ideias como as descritas no texto, que visavam:

a) submeter a memória e o patrimônio nacional ao controle dos órgãos públicos, de acordo com a tendência autoritária do Estado Novo.

b) transferir para a iniciativa privada a responsabilidade de preservação do patrimônio nacional, por meio de leis de incentivo fiscal.

c) definir fatos e personagens históricos a serem cultuados pela sociedade brasileira, de acordo com o interesse público.

d) resguardar da destruição as obras representativas da cultura nacional, por meio de políticas públicas preservacionistas.

e) determinar as responsabilidades pela destruição do patrimônio nacional, de acordo com a legislação brasileira.

**Conexões** História e Literatura Brasileira

## O romance regionalista

O período de 1930 a 1945 foi marcado por uma intensa produção cultural, com a publicação de livros e revistas e a fundação de importantes editoras. Na produção acadêmica, por exemplo, destacaram-se Gilberto Freyre, Sérgio Buarque de Holanda e Caio Prado Jr.

Na literatura, vários autores se tornaram referência. Como os modernistas dos anos 1920, eles queriam compreender o Brasil e os brasileiros.

Entre os mais conhecidos escritores que se dedicaram a "redescobrir" o Brasil estão o gaúcho Érico Veríssimo, o alagoano Graciliano Ramos, o baiano Jorge Amado, o paraibano José Lins do Rego e a cearense Rachel de Queiroz. O conjunto de suas obras ficou conhecido como romance regionalista, romance de 30 ou neorrealismo.

Em sua literatura, os romancistas regionalistas alertavam para os problemas vividos pela população brasileira. *Vidas Secas*, de Graciliano Ramos, narra a vida miserável de uma família no interior do Nordeste nos anos 1930. Um dos personagens do livro, Fabiano, era homem quieto e de poucas palavras:

Comparando-se aos tipos da cidade, Fabiano reconhecia-se inferior. Por isso desconfiava que os outros mangavam dele. Fazia-se carrancudo e evitava conversas. Só lhe falavam com o fim de tirar-lhe qualquer coisa. Os negociantes furtavam na medida, no preço e na conta. O patrão realizava com pena e tinta cálculos incompreensíveis. Da última vez que se tinham encontrado houvera uma confusão de números e Fabiano, com os miolos ardendo, deixara indignado o escritório do branco, certo de que fora enganado. Todos lhe davam prejuízo. Os caixeiros, os comerciantes e o proprietário tiravam-lhe o couro, e os que não tinham negócio com ele riam vendo-o passar nas ruas, tropeçando. Por isso Fabiano se desviava daqueles viventes.

RAMOS, Graciliano. *Vidas secas*. São Paulo: Record, 2002. p. 76.

- **Avalie os motivos que levaram Fabiano a ter esse comportamento.**

REVISÃO

conecte LIVE

# História


RONALDO VAINFAS

Doutor em História pela Universidade de São Paulo.
Professor Titular aposentado no Departamento de História da Universidade Federal Fluminense.
Professor Visitante de História na Universidade Federal do Rio Grande do Norte.

SHEILA DE CASTRO FARIA

Doutora em História pela Universidade Federal Fluminense.
Professora Titular aposentada no Departamento de História da Universidade Federal Fluminense.

JORGE FERREIRA

Doutor em História pela Universidade de São Paulo.
Professor Titular aposentado no Departamento de História da Universidade Federal Fluminense.
Professor Visitante de História na Universidade Federal de Juiz de Fora.

GEORGINA DOS SANTOS

Doutora em História pela Universidade de São Paulo.
Professora Associada no Departamento de História da Universidade Federal Fluminense.


3

Editora Saraiva

# Conheça este material de Revisão

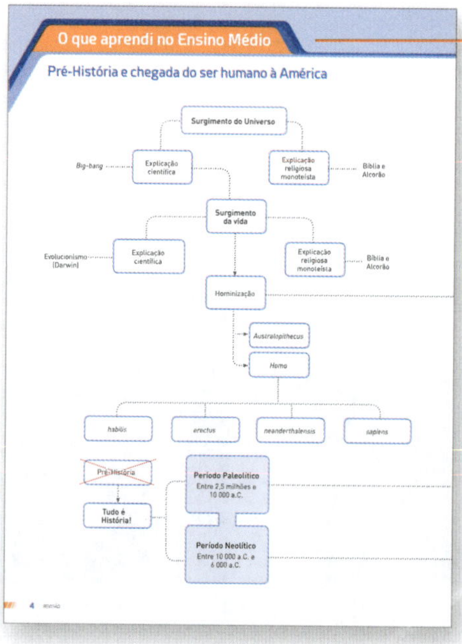


## » O que aprendi no Ensino Médio

Esta é uma oportunidade de recapitular os conceitos estudados em todos os anos do Ensino Médio. Resumos com definições-chave lhe ajudarão a encontrar informações importantes que você poderá utilizar para realizar os Simulados que propomos em seguida, nos moldes de vestibulares e do Enem.

## Simulados «

Oito simulados são propostos neste material, compostos de uma seleção de questões de vestibulares ou do Enem.

Esses simulados serão uma preparação para você, que vai prestar provas de ingresso às universidades.

Você deverá realizar cada simulado em um tempo máximo de 55 minutos. Seguem algumas dicas de como administrar o seu tempo para a resolução dos simulados:

- Faça uma análise geral da prova para planejar o tempo que terá disponível para responder cada questão.
- Tente gastar cerca de 2 minutos em cada questão. Num primeiro momento, pule as questões cujas respostas você não tem certeza.
- Após a leitura e a resolução de todas as questões de que você estava seguro sobre a resposta, retorne para o início da prova e verifique aquelas que ficaram sem resposta. Avalie o tempo que ainda lhe resta e tente distribuí-lo para solucionar as questões pendentes.

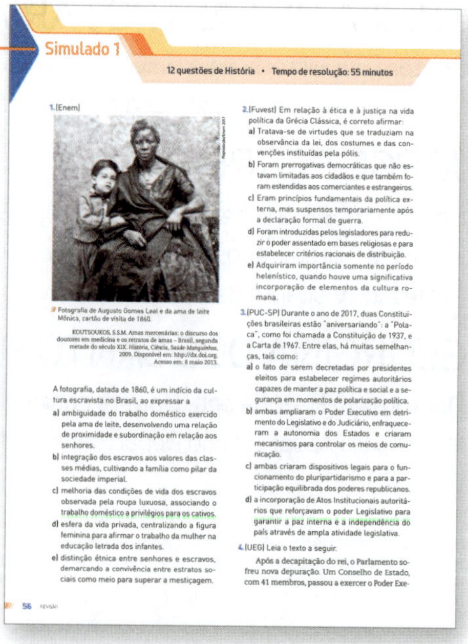

# Sumário

## O que aprendi no Ensino Médio

# Pré-História e chegada do ser humano à América

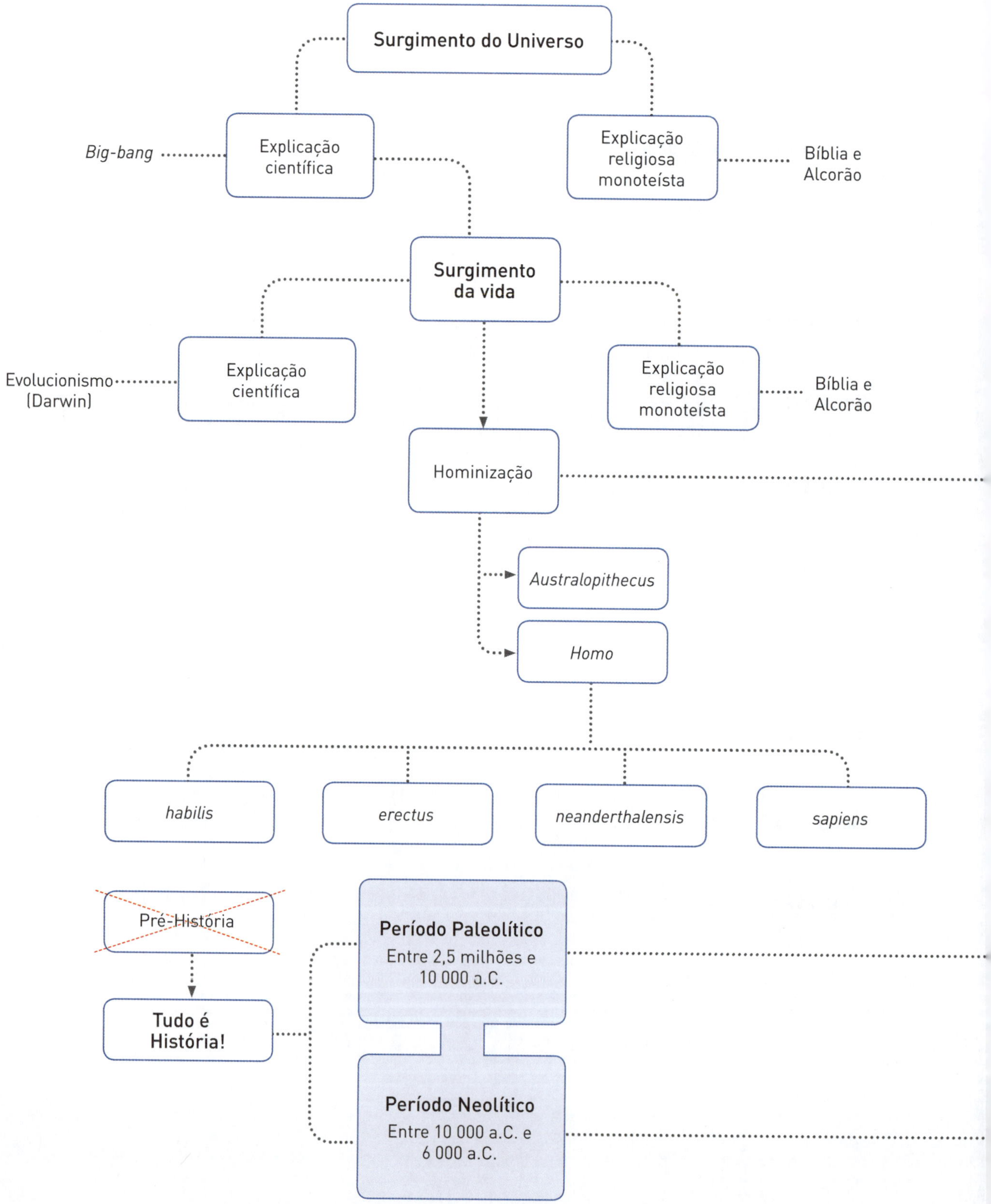

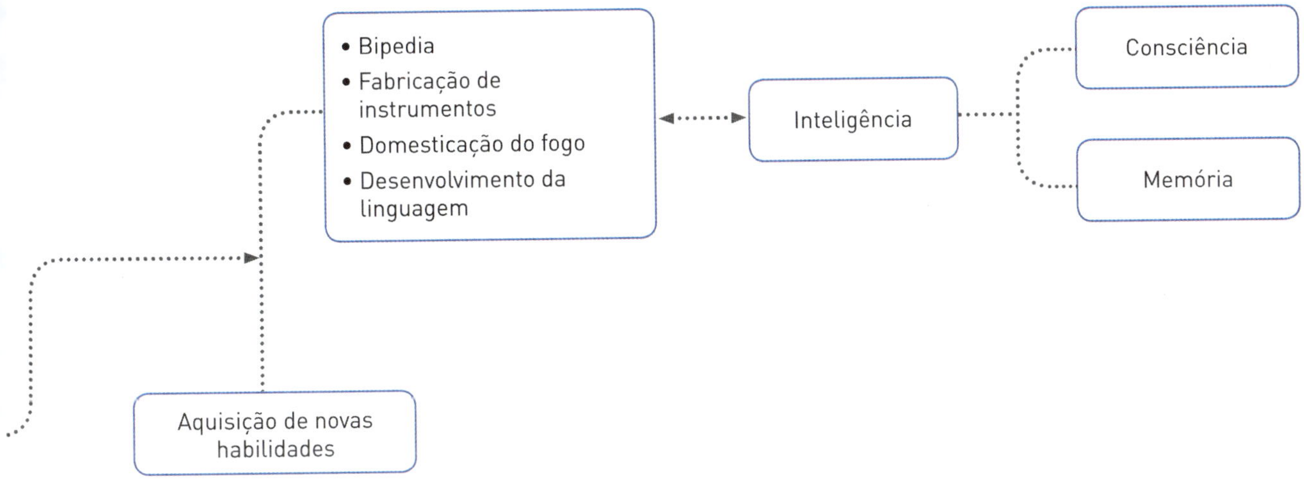
• Bipedia
• Fabricação de instrumentos
• Domesticação do fogo
• Desenvolvimento da linguagem
Inteligência
Consciência
Memória
Aquisição de novas habilidades

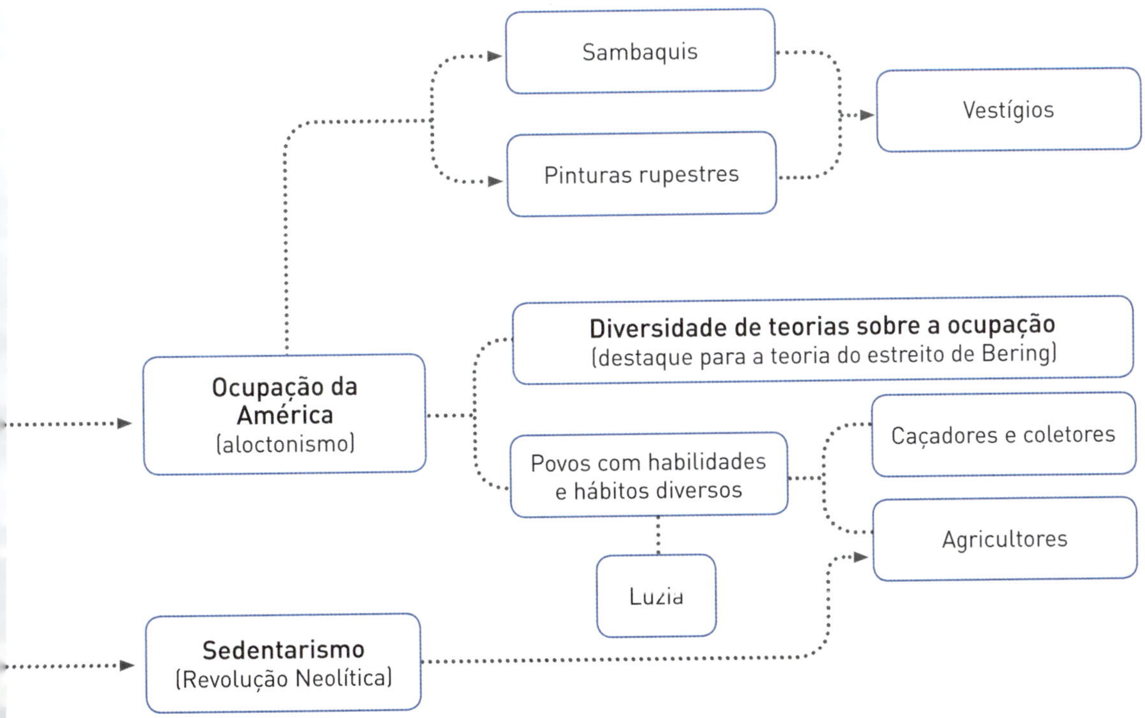
Sambaquis
Pinturas rupestres
Vestígios
Diversidade de teorias sobre a ocupação (destaque para a teoria do estreito de Bering)
Ocupação da América (aloctonismo)
Povos com habilidades e hábitos diversos
Caçadores e coletores
Agricultores
Luzia
Sedentarismo (Revolução Neolítica)

# Antiguidade oriental

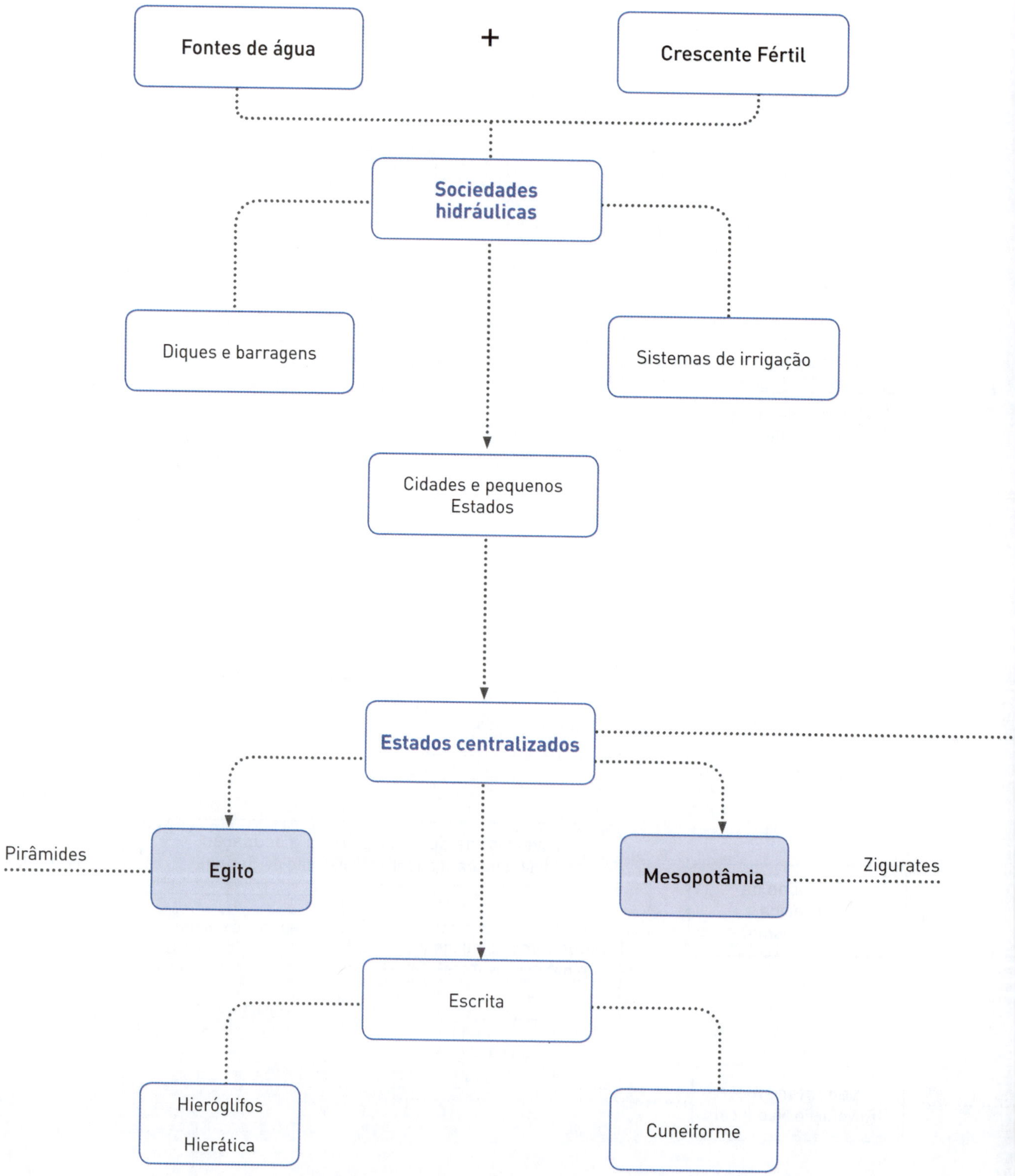

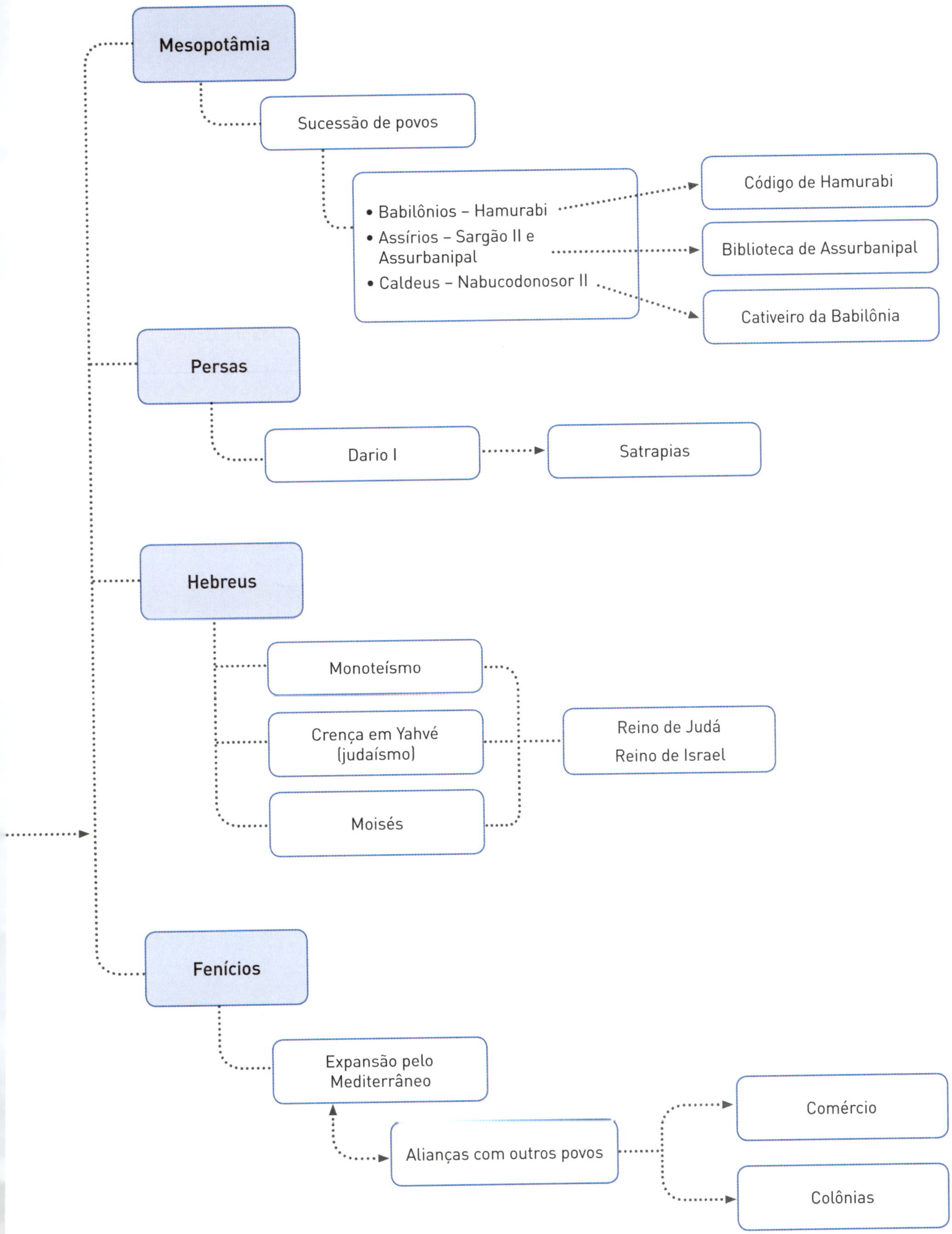
Mesopotâmia
Sucessão de povos
• Babilônios – Hamurabi
• Assírios – Sargão II e Assurbanipal
• Caldeus – Nabucodonosor II
Código de Hamurabi
Biblioteca de Assurbanipal
Cativeiro da Babilônia
Persas
Dario I
Satrapias
Hebreus
Monoteísmo
Crença em Yahvé (judaísmo)
Moisés
Reino de Judá
Reino de Israel
Fenícios
Expansão pelo Mediterrâneo
Alianças com outros povos
Comércio
Colônias

# Antiguidade clássica: Grécia e Roma

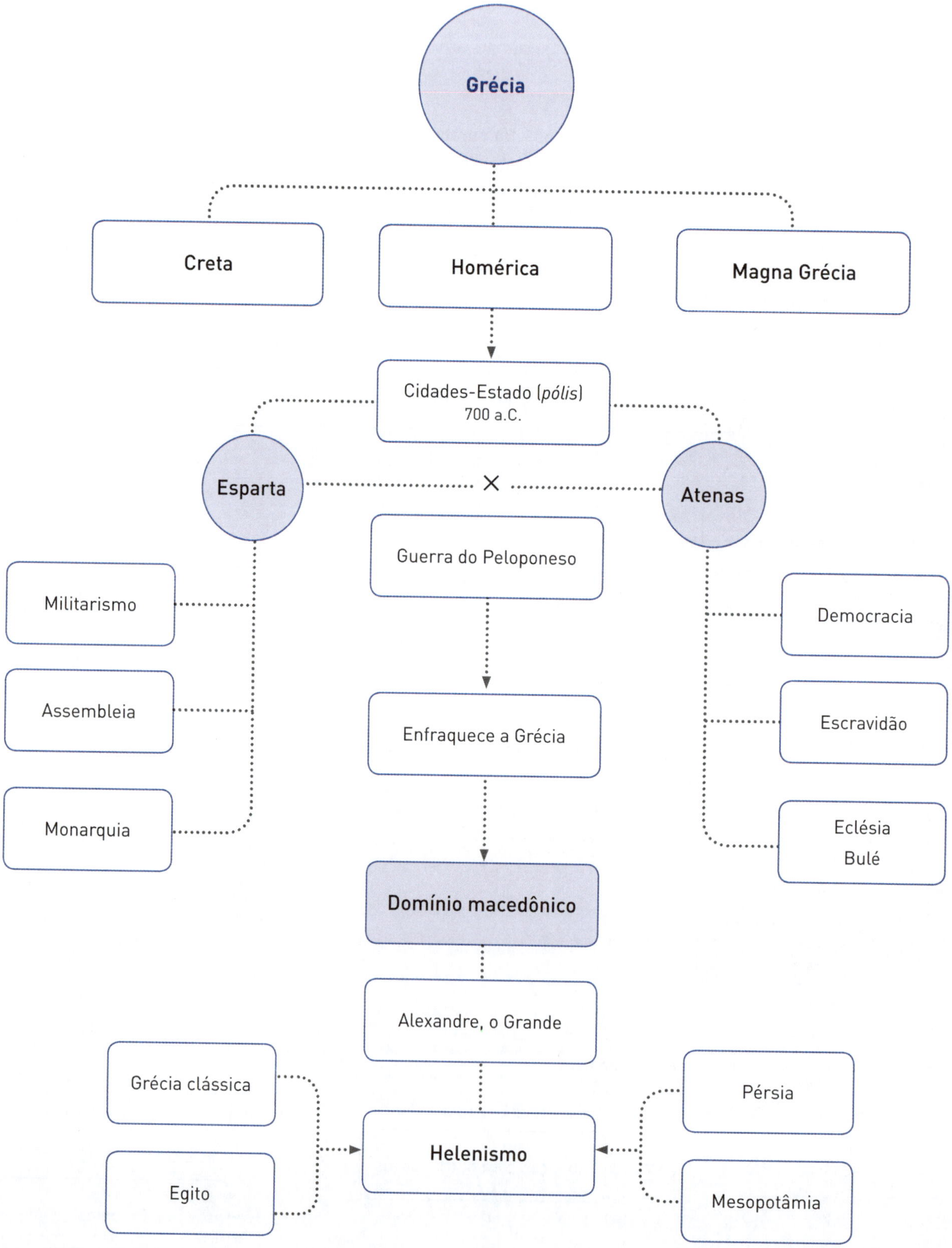

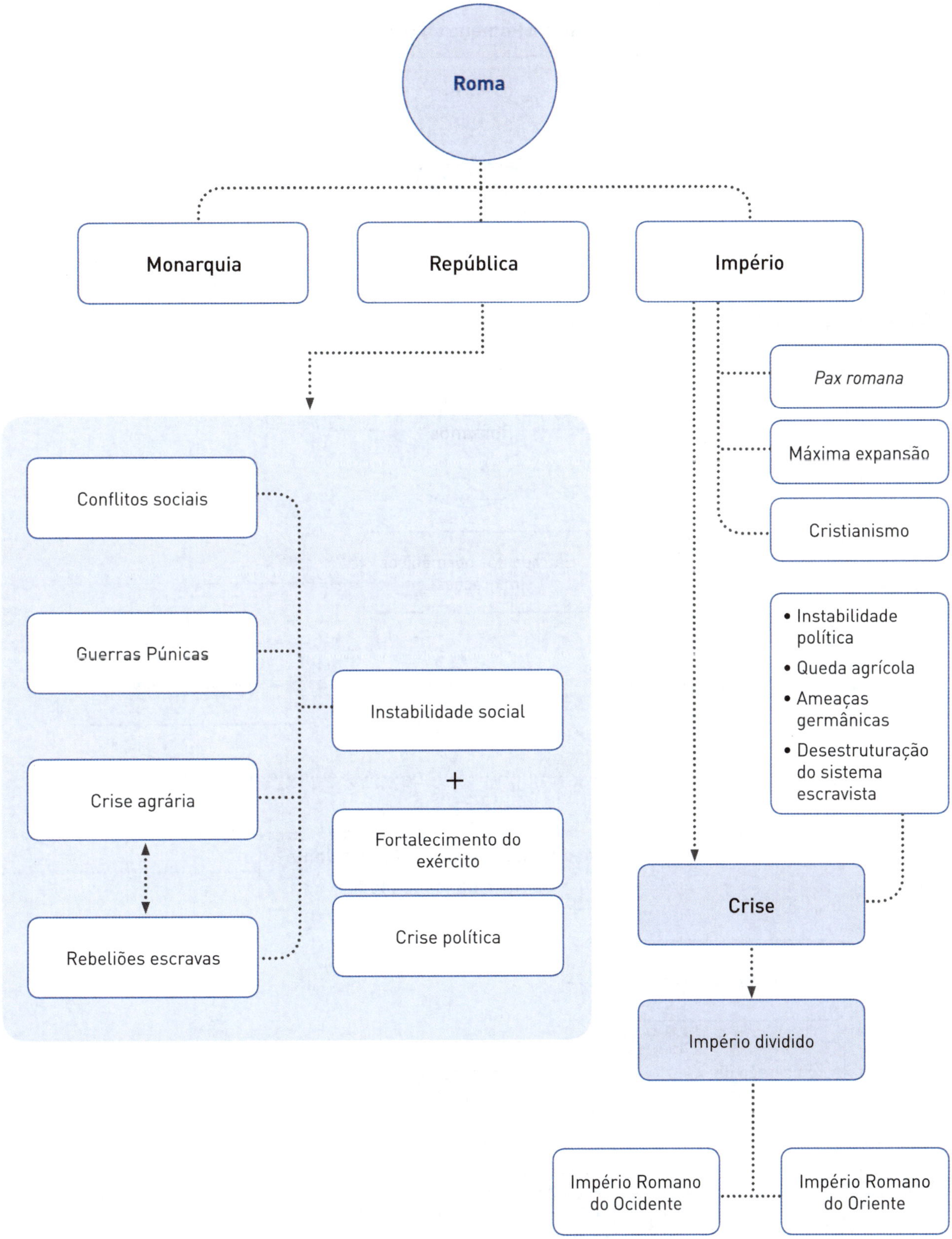
Roma
Monarquia
República
Império
Pax romana
Máxima expansão
Cristianismo
Conflitos sociais
Guerras Púnicas
Instabilidade social
Crise agrária
+
Fortalecimento do exército
Rebeliões escravas
Crise política
• Instabilidade política
• Queda agrícola
• Ameaças germânicas
• Desestruturação do sistema escravista
Crise
Império dividido
Império Romano do Ocidente
Império Romano do Oriente

# Alta Idade Média

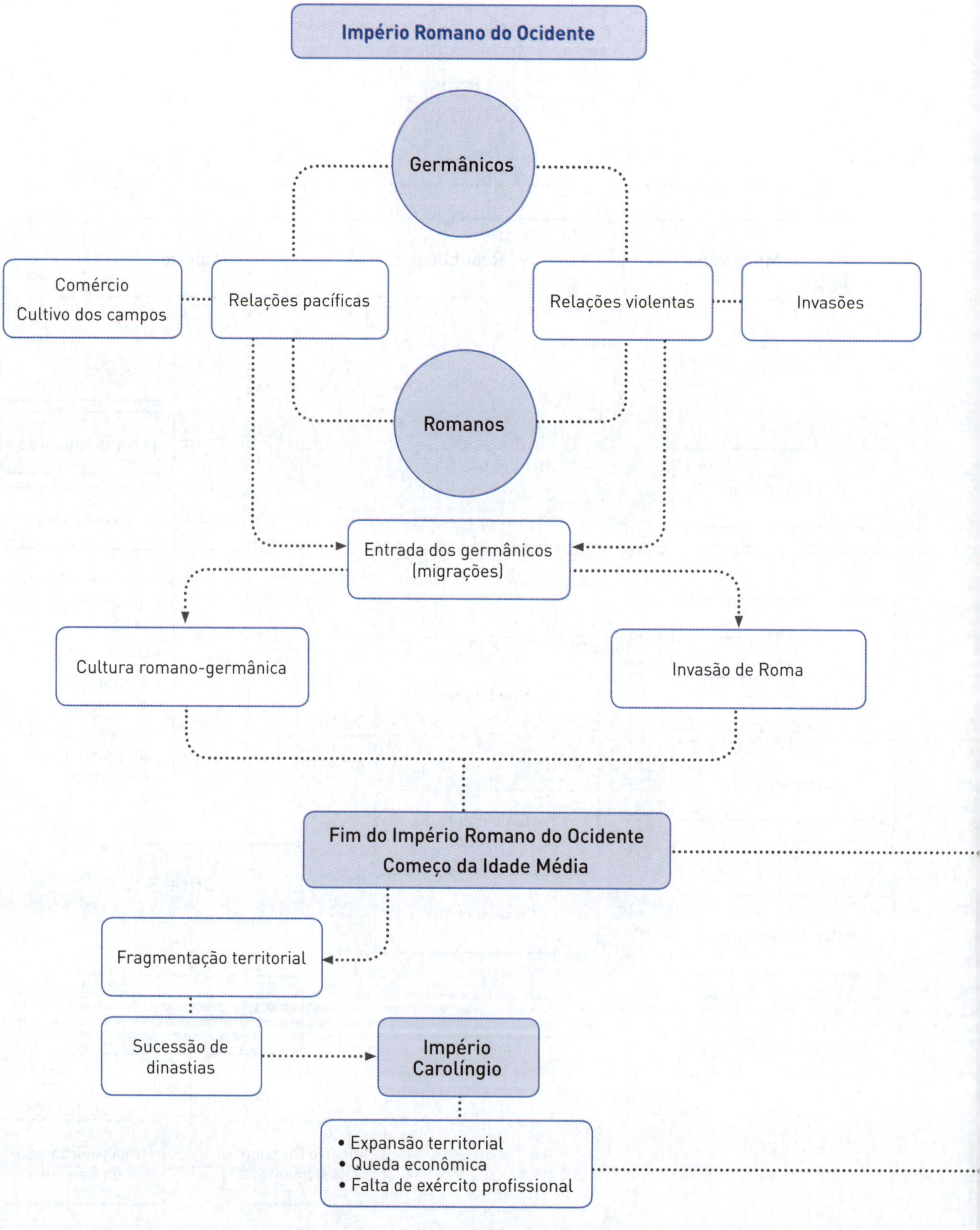

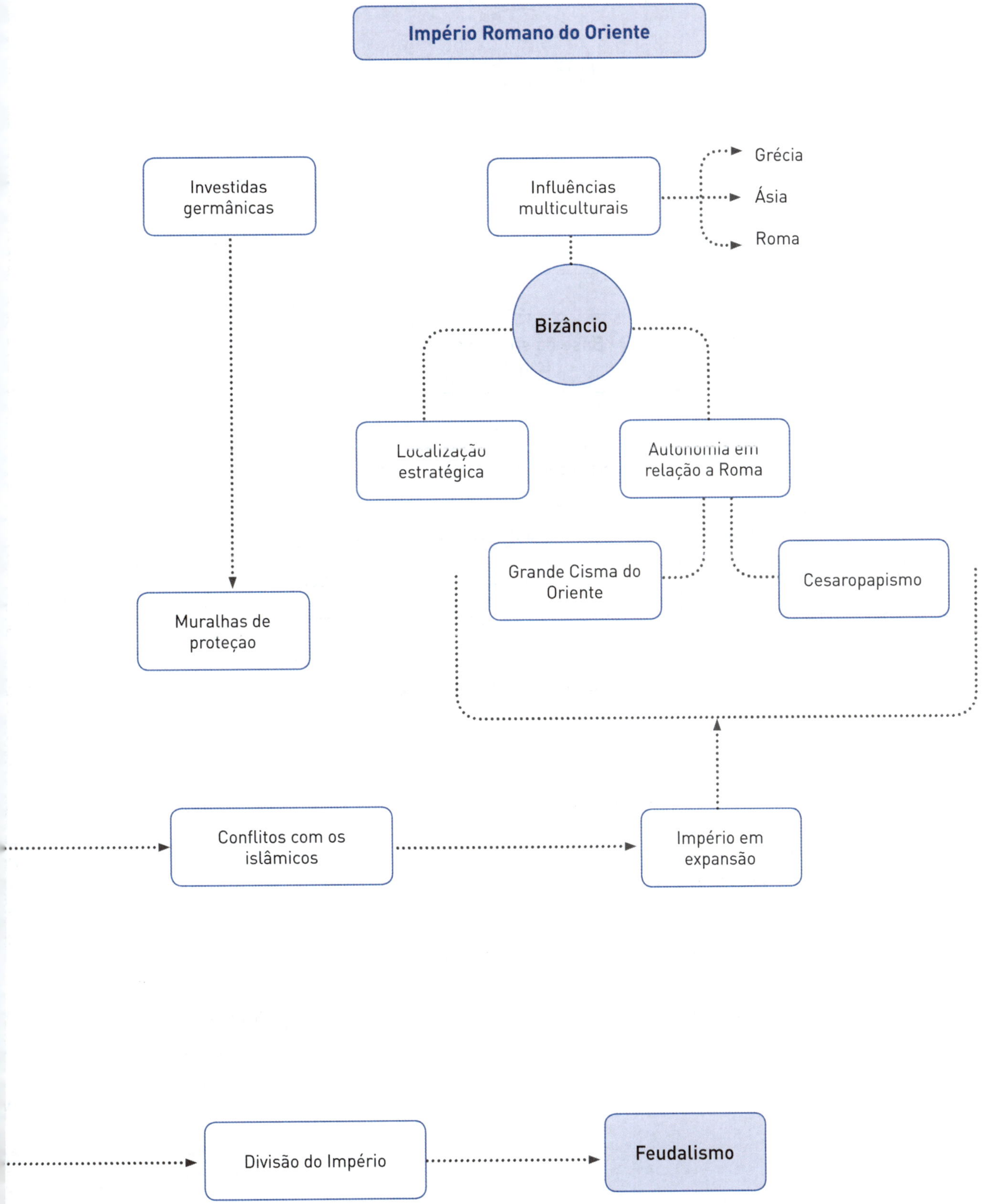
Império Romano do Oriente
Investidas germânicas
Influências multiculturais
Grécia
Ásia
Roma
Bizâncio
Localização estratégica
Autonomia em relação a Roma
Grande Cisma do Oriente
Cesaropapismo
Muralhas de proteção
Conflitos com os islâmicos
Império em expansão
Divisão do Império
Feudalismo

# Baixa Idade Média e crise do século XIV

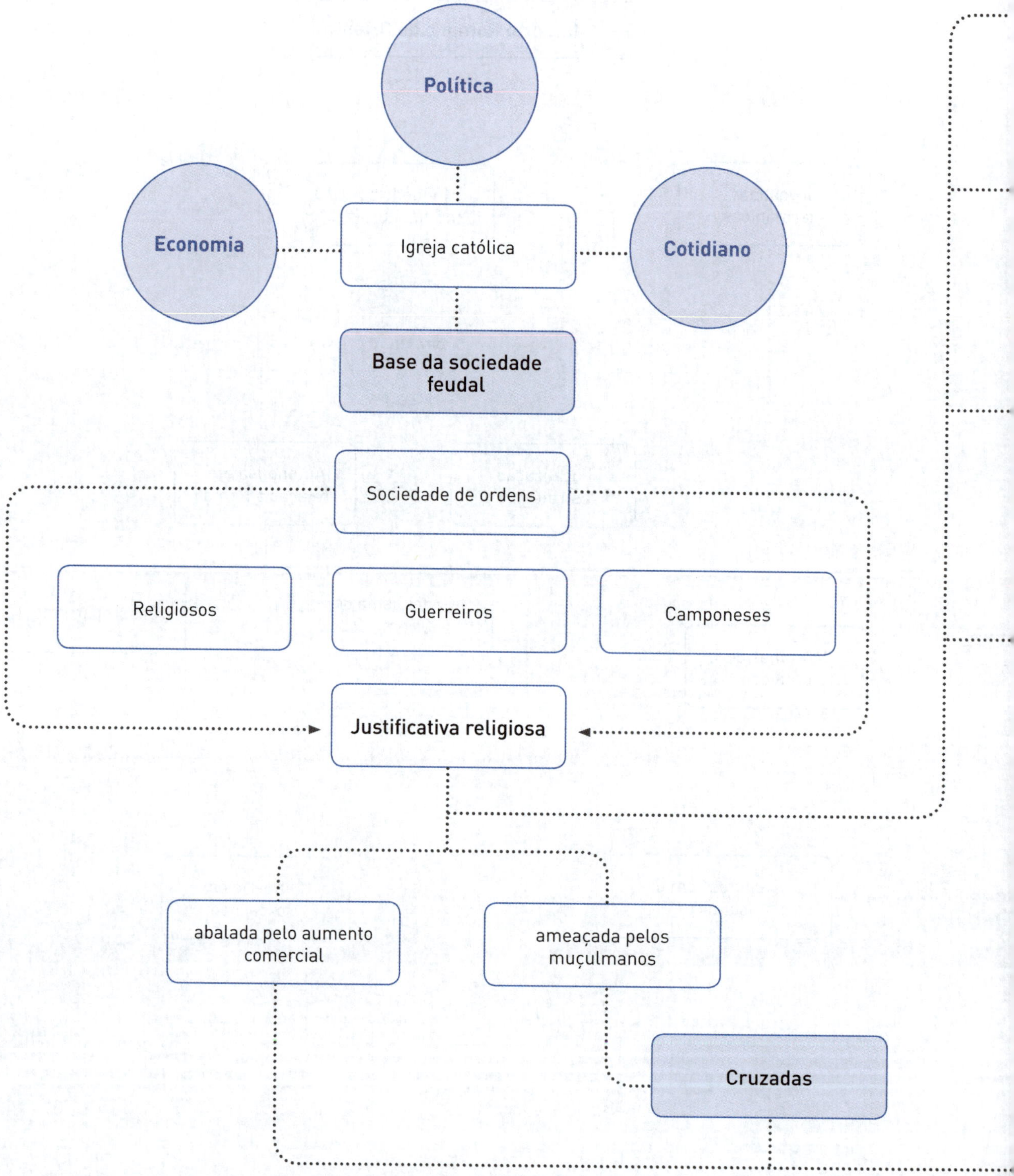

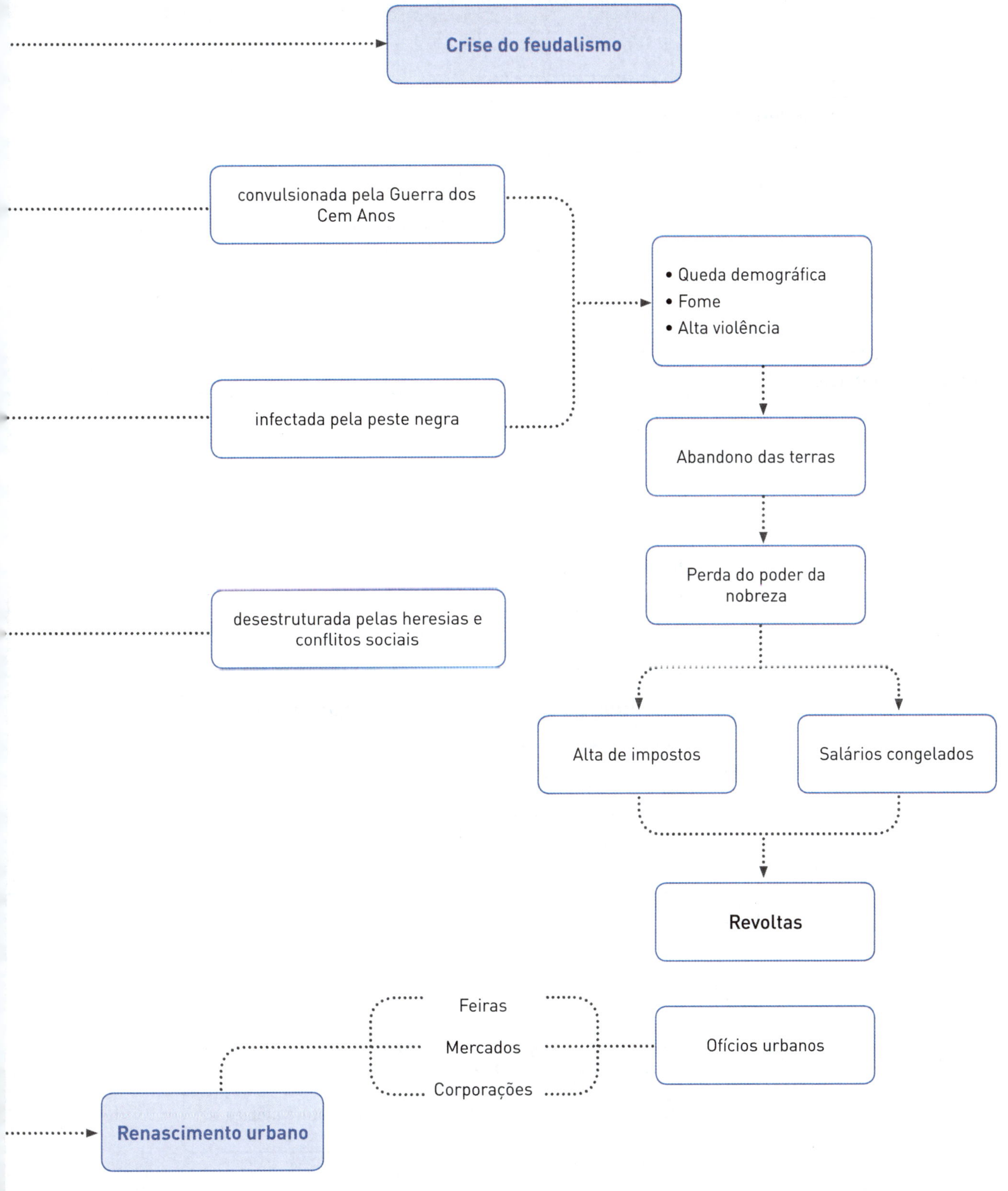
Crise do feudalismo
convulsionada pela Guerra dos Cem Anos
infectada pela peste negra
desestruturada pelas heresias e conflitos sociais
• Queda demográfica
• Fome
• Alta violência
Abandono das terras
Perda do poder da nobreza
Alta de impostos
Salários congelados
Revoltas
Feiras
Mercados
Corporações
Ofícios urbanos
Renascimento urbano

# Renascimento e Reformas

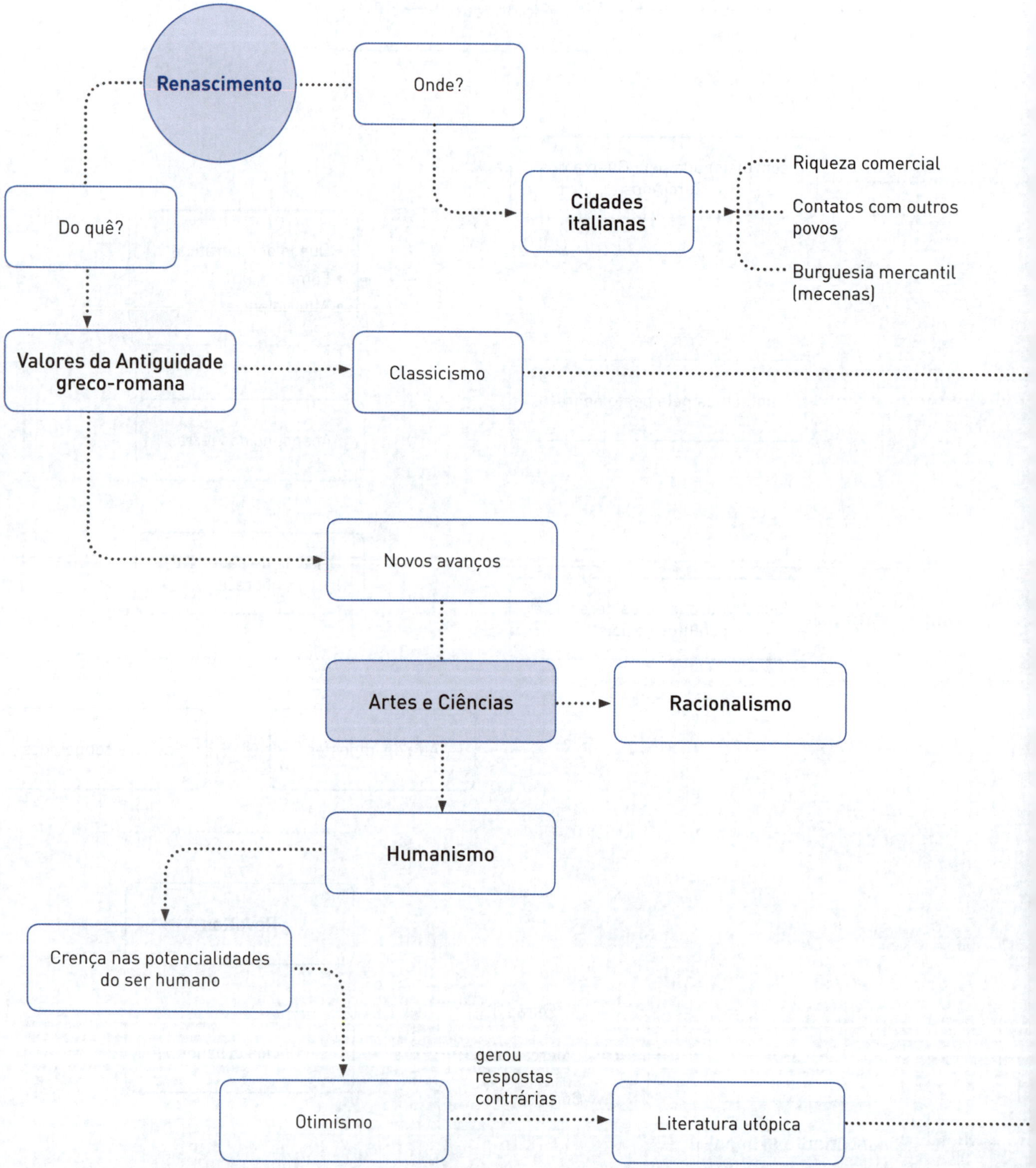

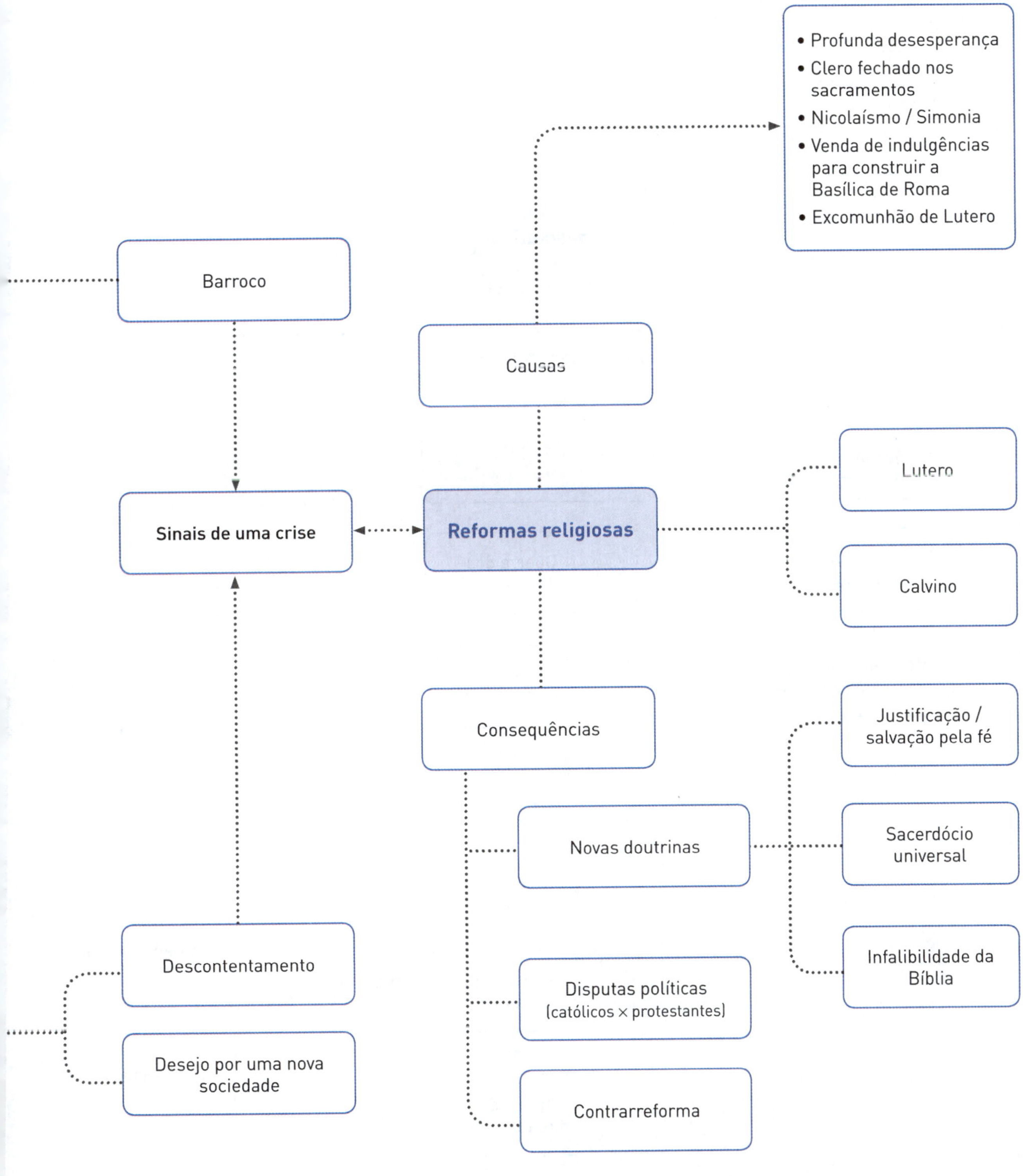

• Profunda desesperança
• Clero fechado nos sacramentos
• Nicolaísmo / Simonia
• Venda de indulgências para construir a Basílica de Roma
• Excomunhão de Lutero
Barroco
Causas
Lutero
Sinais de uma crise
Reformas religiosas
Calvino
Consequências
Justificação / salvação pela fé
Novas doutrinas
Sacerdócio universal
Descontentamento
Infalibilidade da Bíblia
Disputas políticas (católicos × protestantes)
Desejo por uma nova sociedade
Contrarreforma

# Absolutismo e mercantilismo

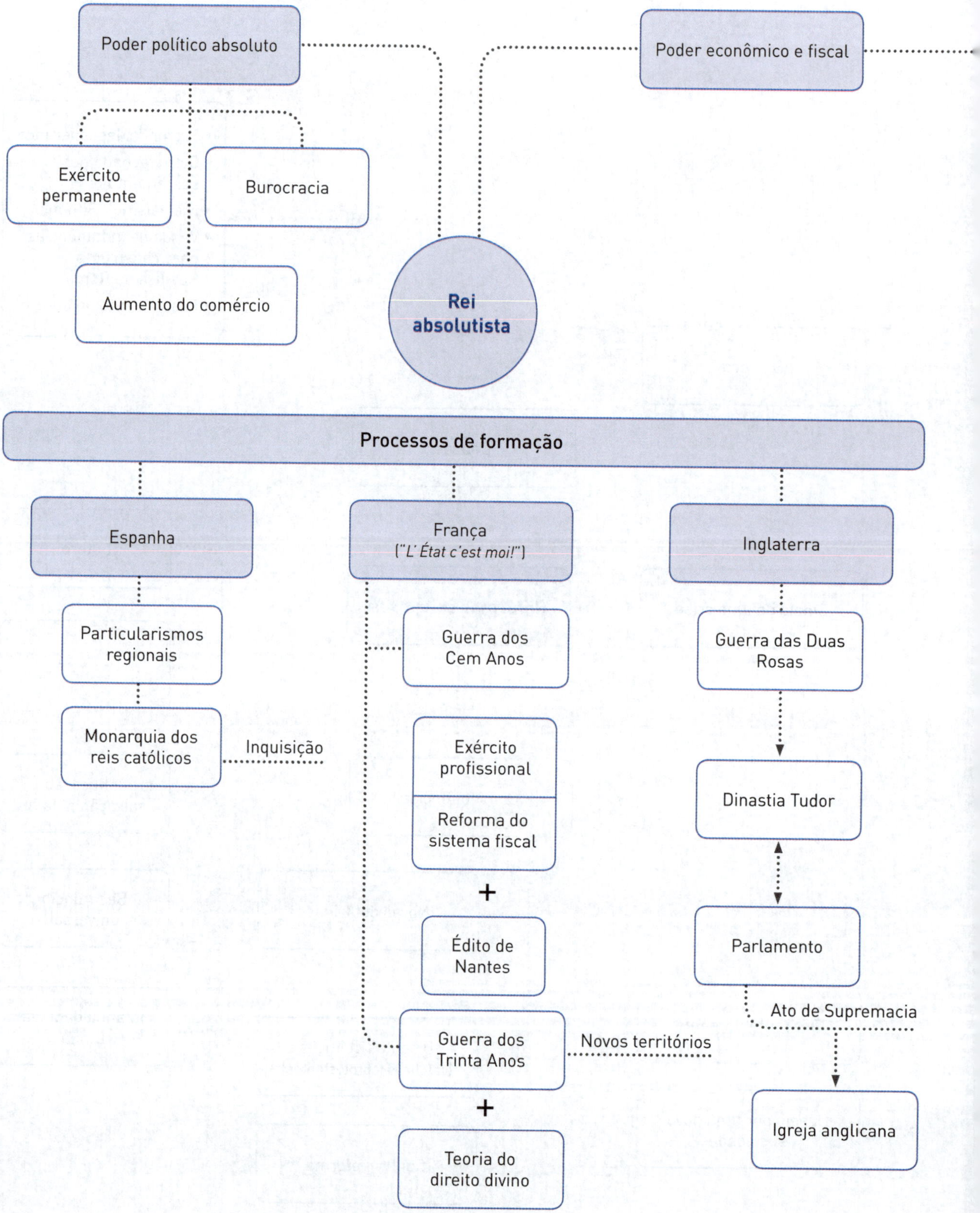

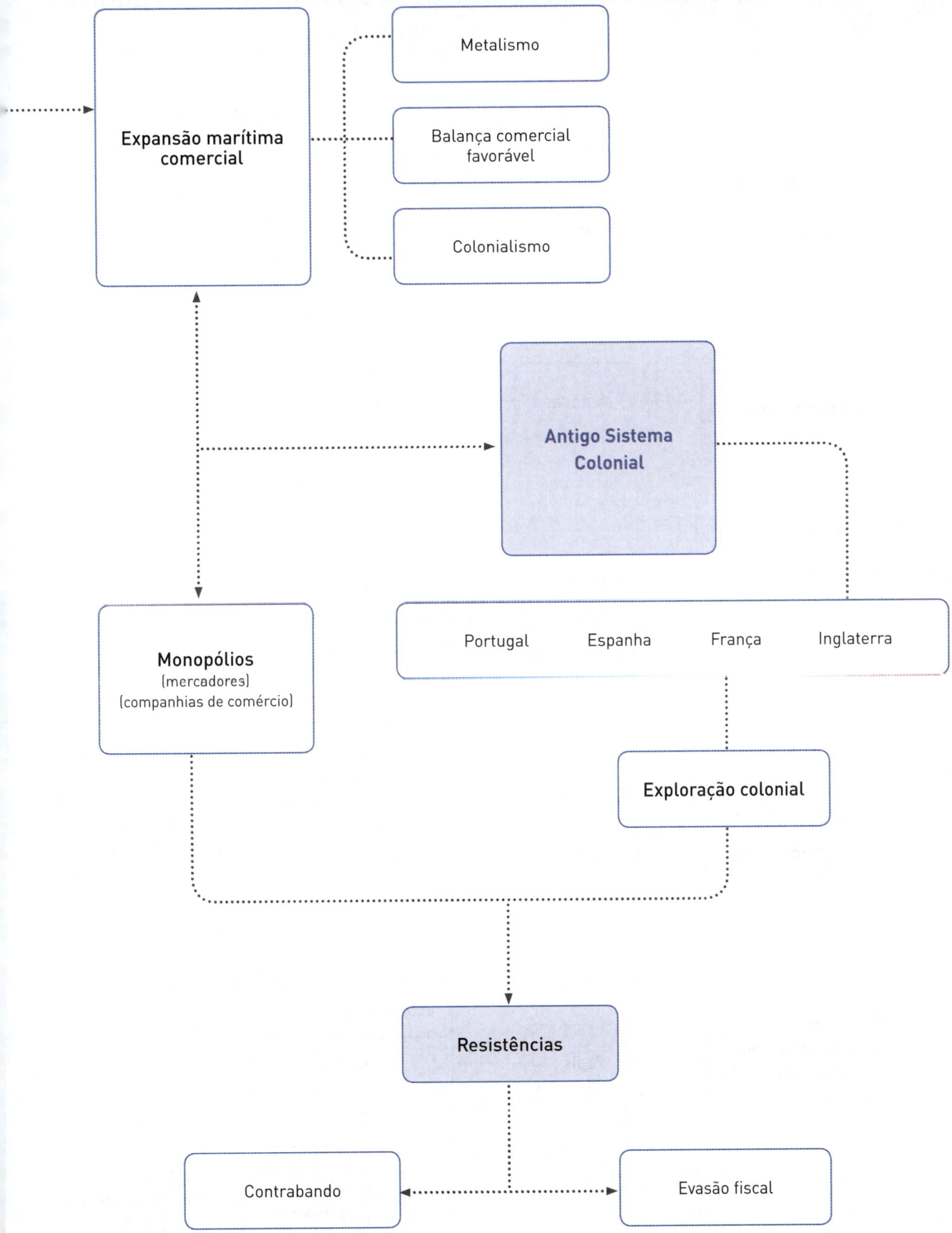
Expansão marítima comercial
Metalismo
Balança comercial favorável
Colonialismo
Antigo Sistema Colonial
Monopólios
(mercadores)
(companhias de comércio)
Portugal
Espanha
França
Inglaterra
Exploração colonial
Resistências
Contrabando
Evasão fiscal

# América pré-colombiana e as colonizações da América hispânica

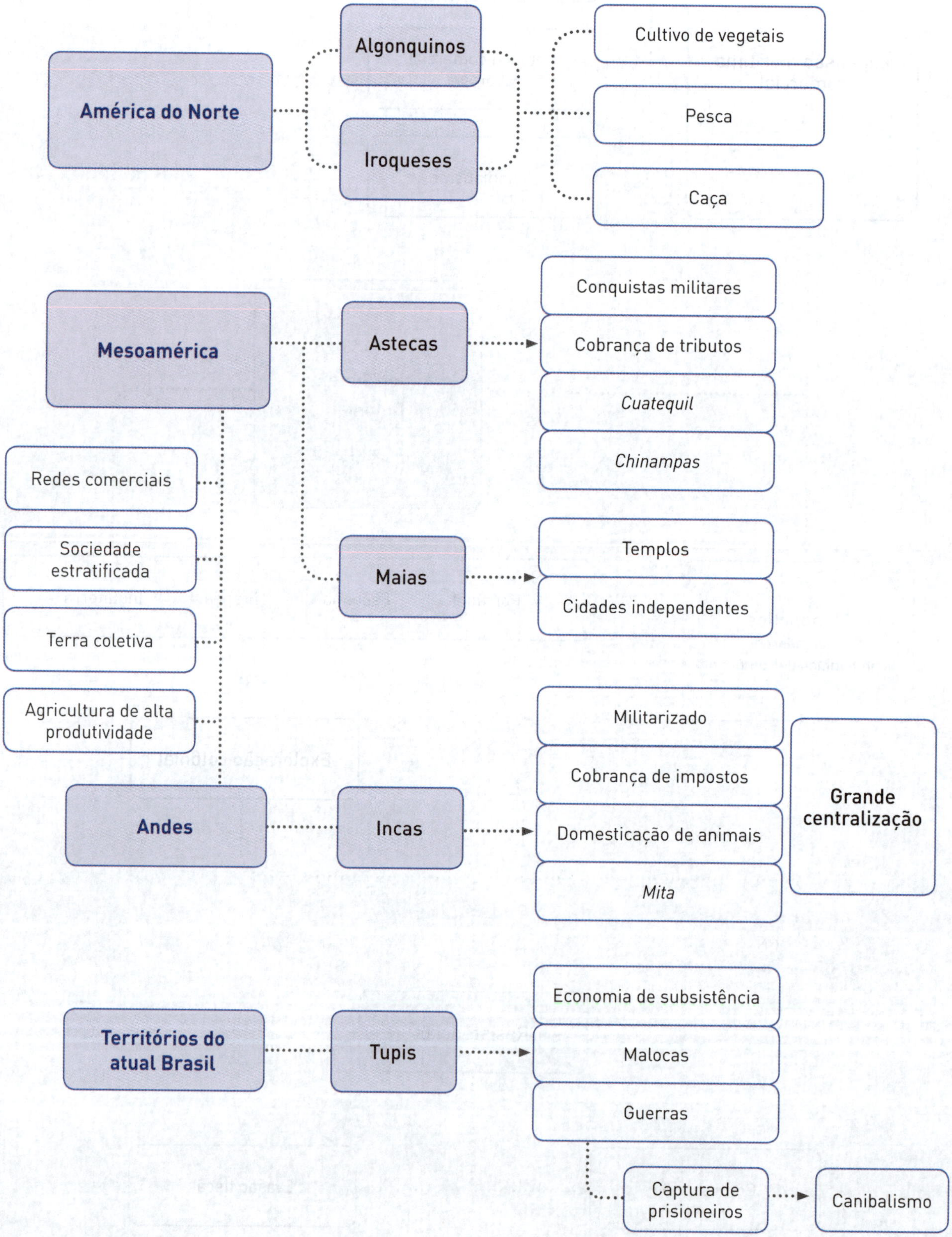

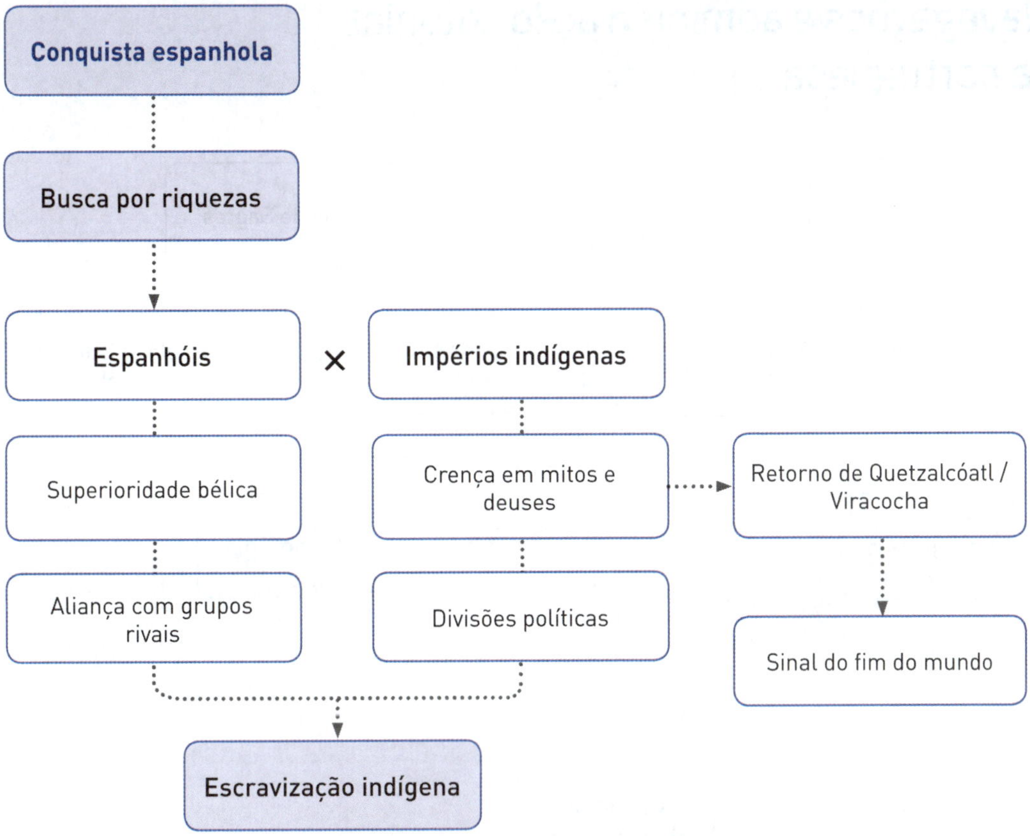
Conquista espanhola
Busca por riquezas
Espanhóis
×
Impérios indígenas
Superioridade bélica
Crença em mitos e deuses
Retorno de Quetzalcóatl / Viracocha
Aliança com grupos rivais
Divisões políticas
Sinal do fim do mundo
Escravização indígena

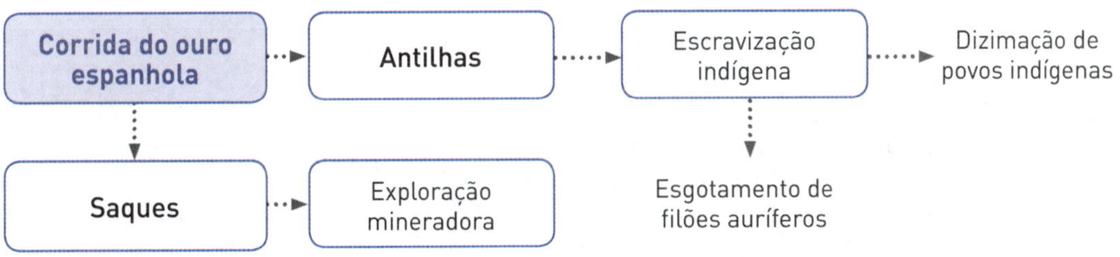
Corrida do ouro espanhola
Antilhas
Escravização indígena
Dizimação de povos indígenas
Saques
Exploração mineradora
Esgotamento de filões auríferos

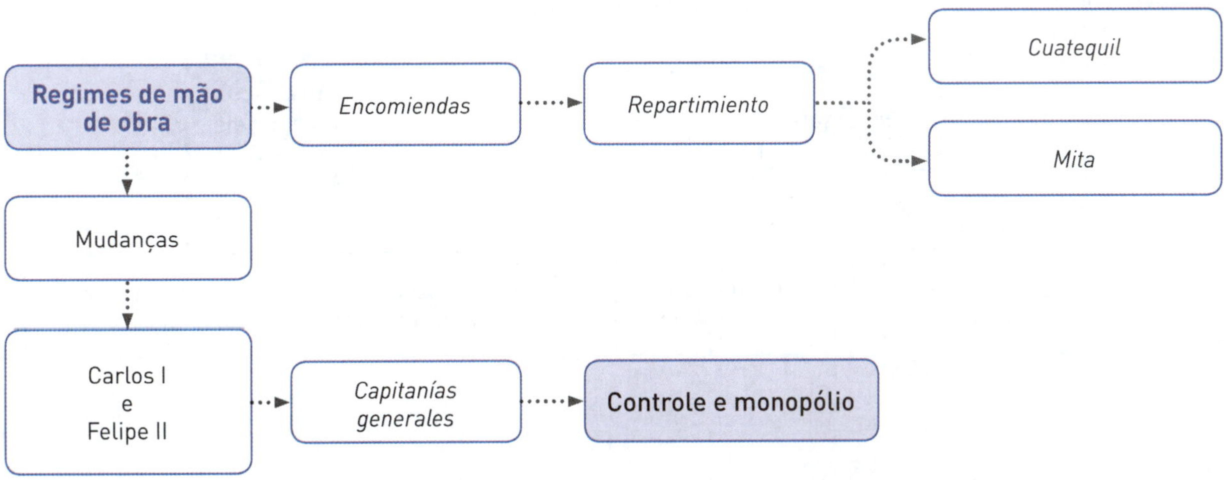
Regimes de mão de obra
*Encomiendas*
*Repartimiento*
*Cuatequil*
*Mita*
Mudanças
Carlos I
e
Felipe II
*Capitanías generales*
Controle e monopólio

# Grandes Navegações e administração colonial na América portuguesa

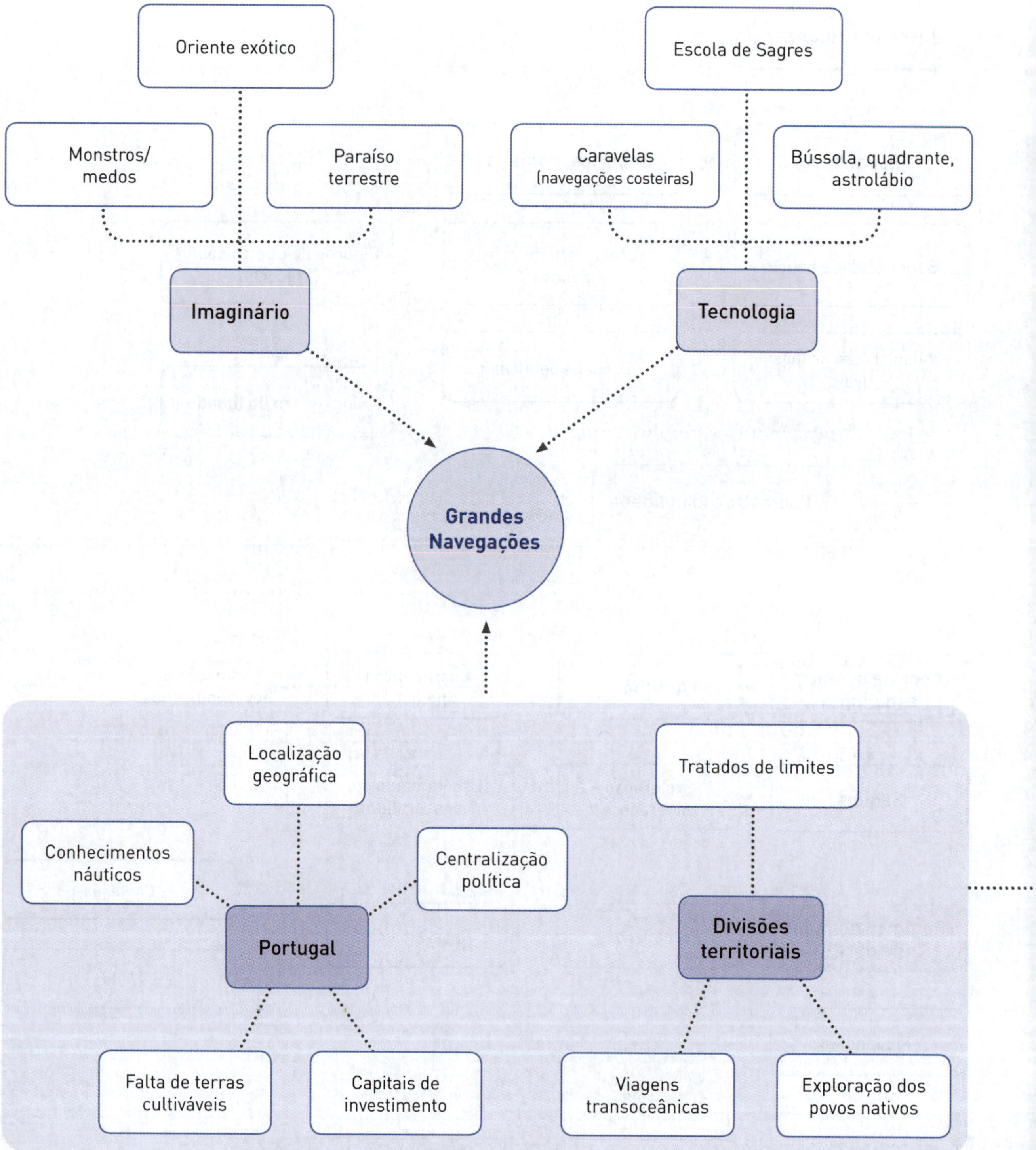

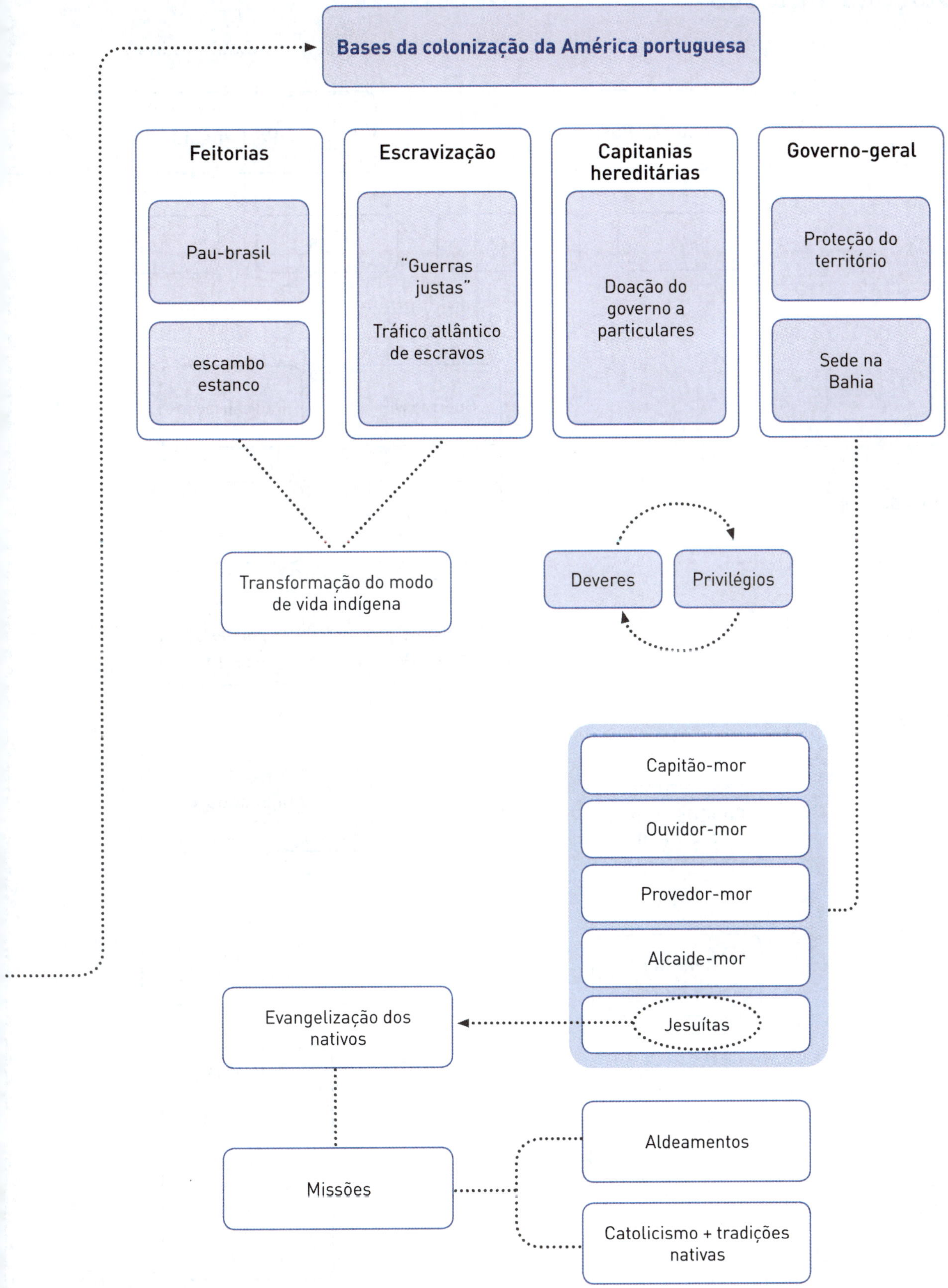
Bases da colonização da América portuguesa
Feitorias
Pau-brasil
escambo
estanco
Escravização
"Guerras justas"
Tráfico atlântico de escravos
Capitanias hereditárias
Doação do governo a particulares
Governo-geral
Proteção do território
Sede na Bahia
Transformação do modo de vida indígena
Deveres
Privilégios
Capitão-mor
Ouvidor-mor
Provedor-mor
Alcaide-mor
Jesuítas
Evangelização dos nativos
Missões
Aldeamentos
Catolicismo + tradições nativas

# Revoluções inglesas

Revolução Puritana

**Parlamento** ×

1640

1642

1645

1649

- Guerra civil
  - Cabeças redondas
  - ×
  - Cavaleiros ou Realistas
- Radicalização
  - Execução do rei
  - • *Levellers*
  - • *Diggers*

**Antecedentes**

Elizabeth I não deixou herdeiros

Dinastia Stuart assume

**Conflitos com o Parlamento**

+

**Conflitos religiosos**

**Anglicanos** (rei)

×

**Puritanos** (opositores)

Burguesia

+

*Gentry*

+

*Yeomanry*

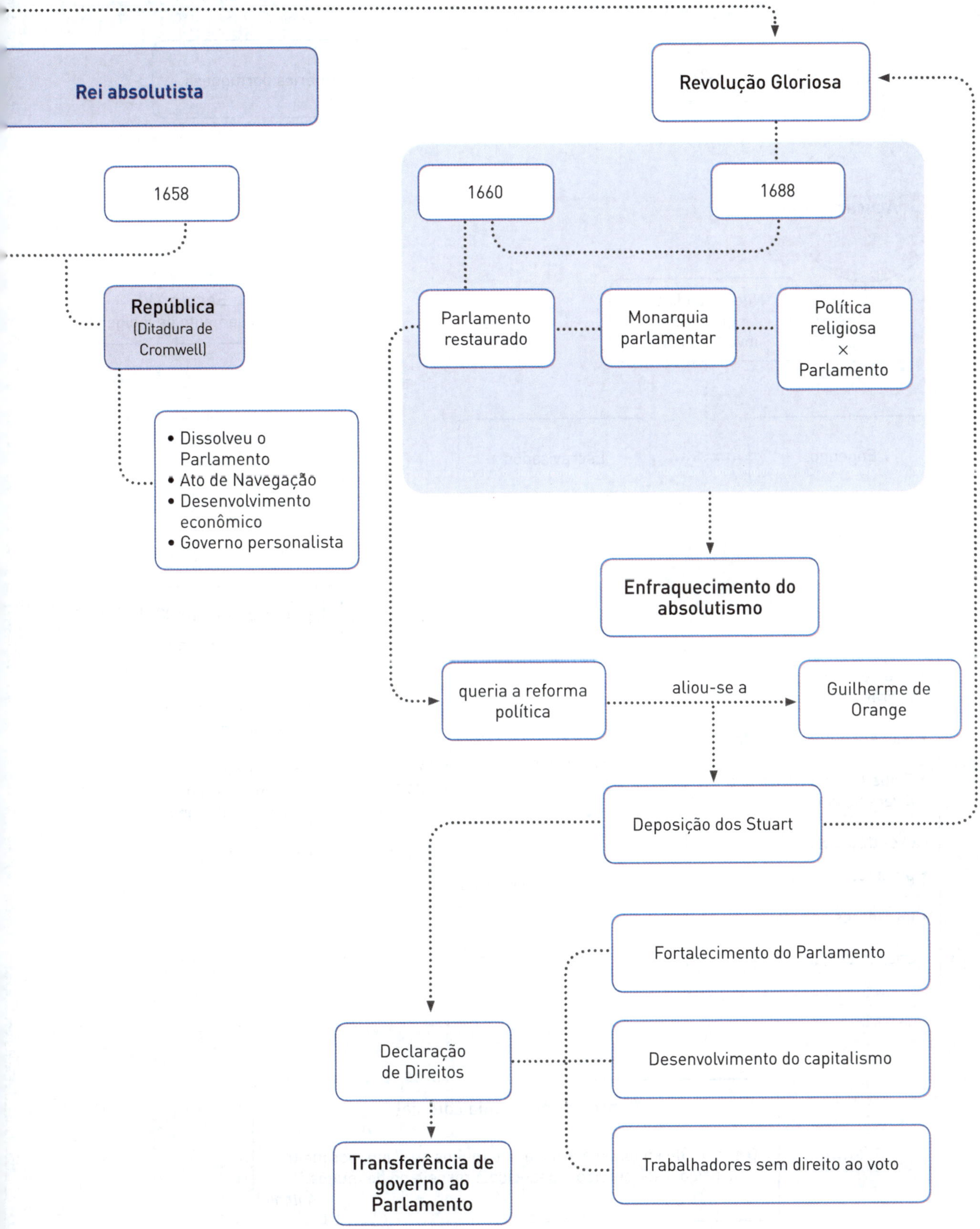
Rei absolutista
1658
República
(Ditadura de Cromwell)
• Dissolveu o Parlamento
• Ato de Navegação
• Desenvolvimento econômico
• Governo personalista
Revolução Gloriosa
1660
1688
Parlamento restaurado
Monarquia parlamentar
Política religiosa × Parlamento
Enfraquecimento do absolutismo
queria a reforma política
aliou-se a
Guilherme de Orange
Deposição dos Stuart
Fortalecimento do Parlamento
Declaração de Direitos
Desenvolvimento do capitalismo
Trabalhadores sem direito ao voto
Transferência de governo ao Parlamento

# Lavoura canavieira e expansão territorial

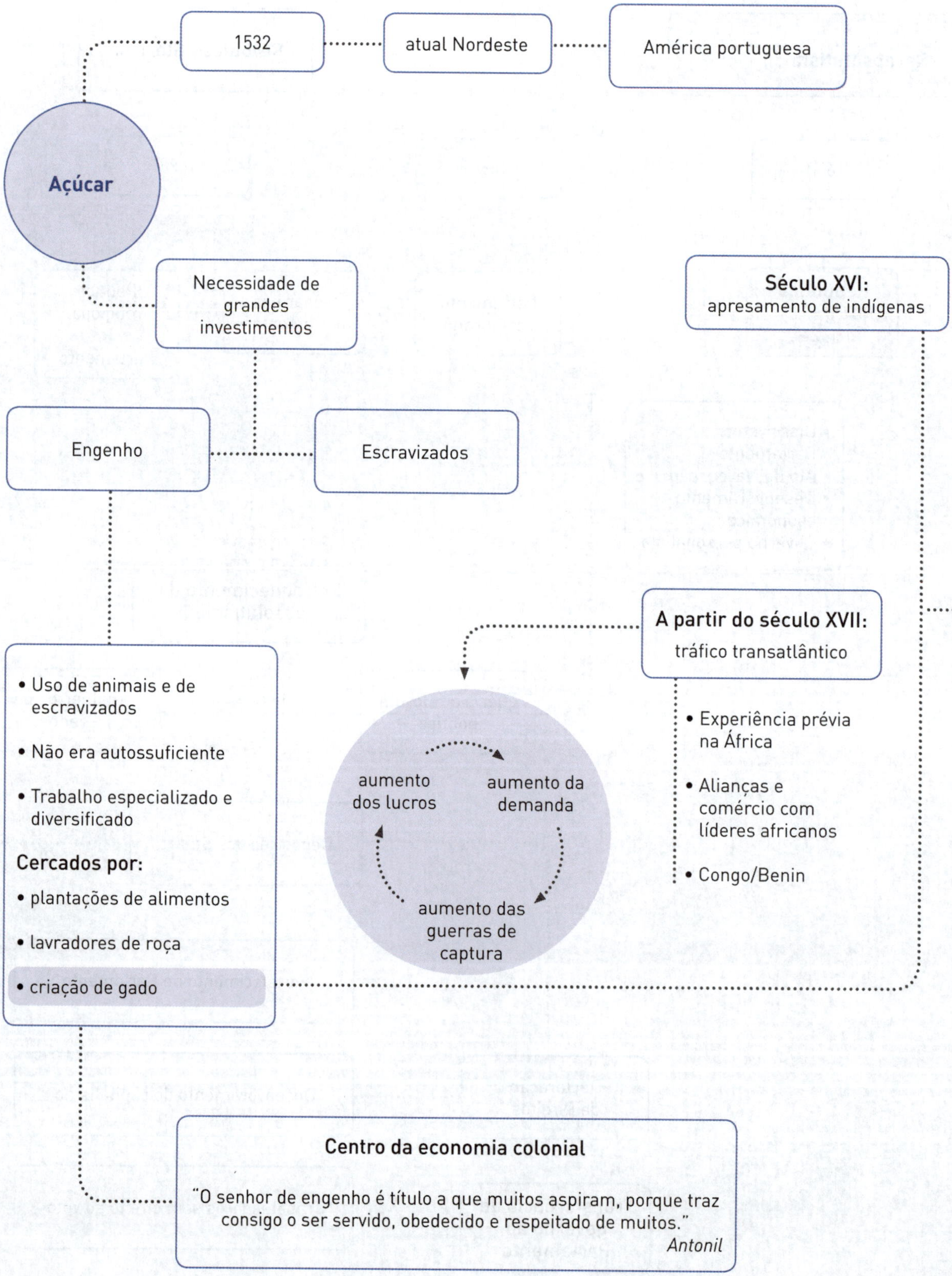

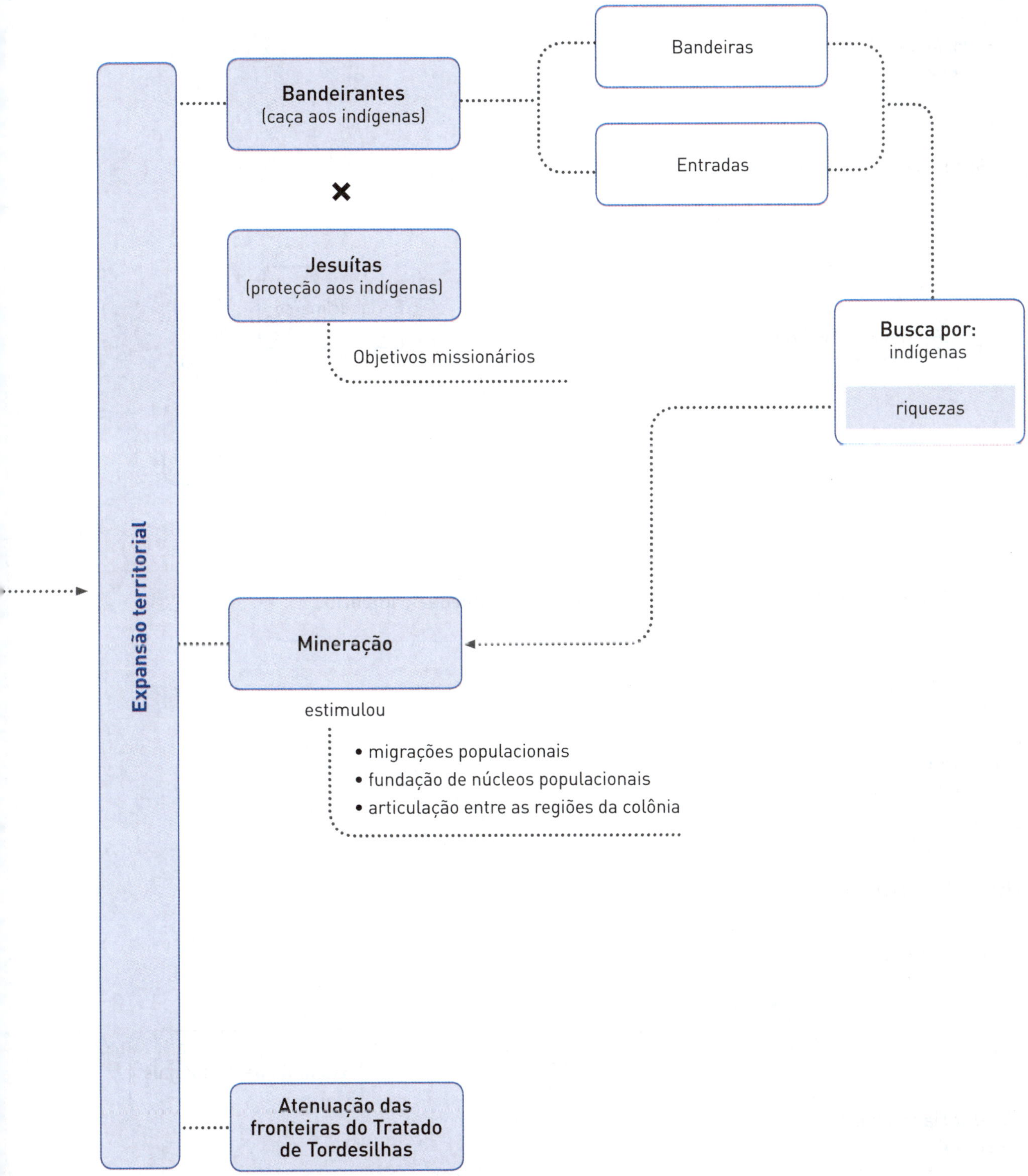

Expansão territorial
Bandeirantes
(caça aos indígenas)
Bandeiras
Entradas
×
Jesuítas
(proteção aos indígenas)
Objetivos missionários
Busca por:
indígenas
riquezas
Mineração
estimulou
• migrações populacionais
• fundação de núcleos populacionais
• articulação entre as regiões da colônia
Atenuação das fronteiras do Tratado de Tordesilhas

# Impérios e reinos do oeste africano

**Império de Gana**

**Século IV:** defesa contra berberes

Controle da rota do ouro

Enriquecimento

Expansão territorial

Busca por escravizados

Auge: séculos IX e X

**Ataques almorávidas**

Deslocamento das rotas

**Queda do império**

**Império do Mali**

Monopólio da exploração de pepitas de ouro

**Século XIII:** expansão

- islamização
- rotas de comércio do Saara
- domínio de reinos vassalos

**Tolerância religiosa**
**Século XV**

- Perda do controle das rotas comerciais
- Lutas internas

**Domínio pelos songais**

**Reino ou Império do Songai**

Surge em fins do século XV

**Islâmico**
Violência imposta aos povos submetidos

- Reações
- Ataques dos muçulmanos do Marrocos

**Queda do Songai**

**Traços comuns**

- Domínio de rotas comerciais
- Presença de cidades
- Ciclo bem definido de formação, auge e declínio

**Sudão Central**

**Cidades-Estado autônomas**

- Hauçás
- Iorubas

**África centro-ocidental**

**Congo**

- Manicongo
- Sem influência do islamismo

# Mineração e crise do sistema colonial

**Estrutura administrativa**

**Intendência das Minas:**
- cobrar o quinto real
- reprimir o contrabando
- distribuir as datas

**Casas de Fundição:**
- retirar o quinto

**Distrito Diamantino:**
- controle da área

**Registros:**
- fiscalização e cobrança de taxas

**Sociedade**
- Urbana e diversificada
- Mão de obra escravizada
- Trabalhadores livres
- Estimulada por meio do comércio
- Tropeirismo
- Artesãos
- Profissionais liberais

**Exploração do ouro**

**Incentivos**
- Ocupação do interior
- Atividades complementares (criação de mulas)
- Contratadores
- Companhias de comércio

**Transferência de riquezas**
- Tratado de Methuen
- Gastos extravagantes

**Na fase de declínio**
- Arrojo da Coroa
- Derrama

**Mineração**

**Centralização da administração**

**Redução da autonomia local**

**Fortalecimento do absolutismo**

**Descontentamento em todo o Império Português**

## REVOLTAS COLONIAIS

### Inconfidência Mineira (1789):

**Elites locais:**

- contra a derrama (vários estavam em dívida com a Coroa)

**Objetivo:**

- Proclamação da República (limitada a Minas Gerais e algumas capitanias próximas)

**Resultado:**

- Delação, repressão feroz e fim do movimento

### Conjuração do Rio de Janeiro (1794):

**Como é conhecida:**

- "A conjuração que não houve"

**O que aconteceu:**

- O vice-rei, após a Inconfidência Mineira, desconfiou de reuniões de membros da elite local na Sociedade Literária

**Resultado:**

- Os membros foram presos, processados e inocentados por ausência de provas incriminadoras

### Influências externas:

- Independência dos EUA
- Revolução Francesa

### Conjuração dos Alfaiates (1798):

**Conhecida também como Conjuração Baiana**

- Grupos populares

**Objetivos:**

- Aumento do soldo das tropas
- Liberdade de comércio com outros países
- Fim dos preconceitos raciais
- "República Baiense"

**Resultado:**

- Repressão feroz e fim do movimento

# Iluminismo

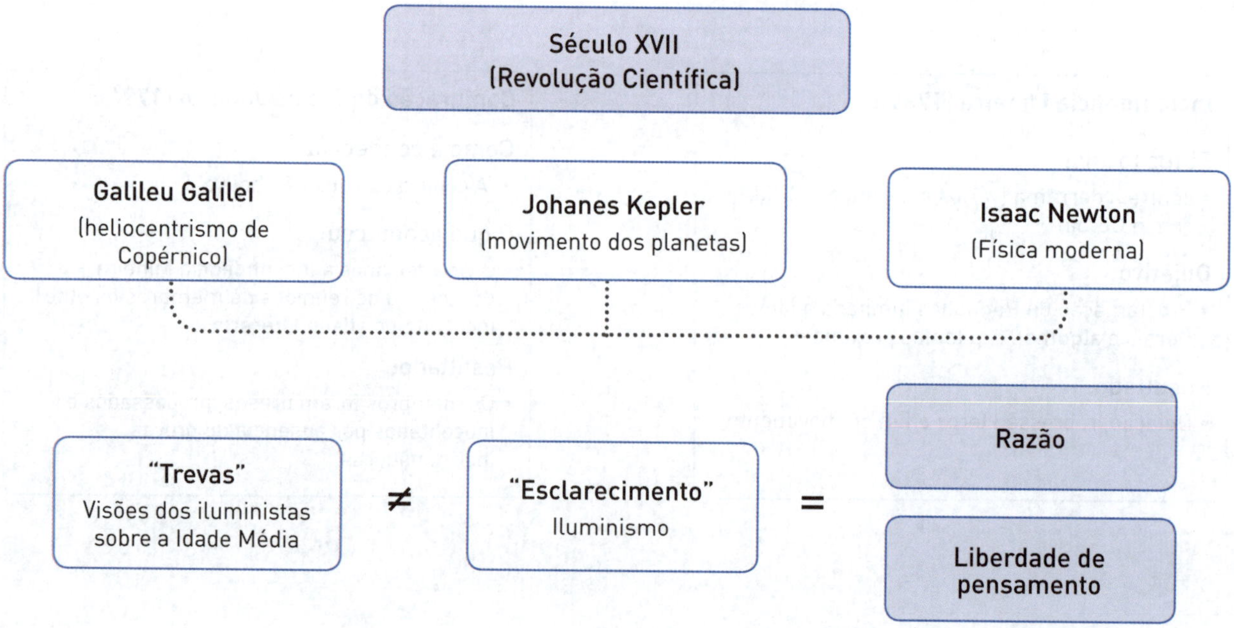
Século XVII
(Revolução Científica)
Galileu Galilei
(heliocentrismo de Copérnico)
Johanes Kepler
(movimento dos planetas)
Isaac Newton
(Física moderna)
"Trevas"
Visões dos iluministas sobre a Idade Média
≠
"Esclarecimento"
Iluminismo
=
Razão
Liberdade de pensamento

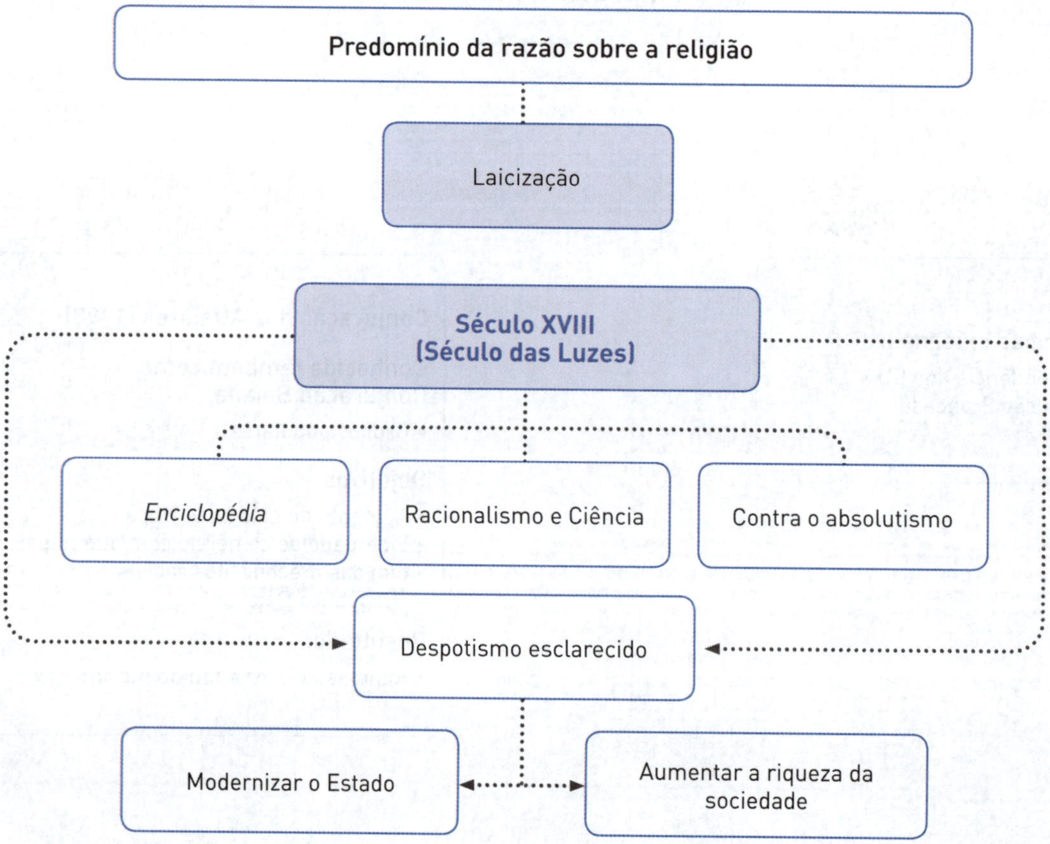
Predomínio da razão sobre a religião
Laicização
Século XVIII
(Século das Luzes)
Enciclopédia
Racionalismo e Ciência
Contra o absolutismo
Despotismo esclarecido
Modernizar o Estado
Aumentar a riqueza da sociedade

# Independência dos Estados Unidos

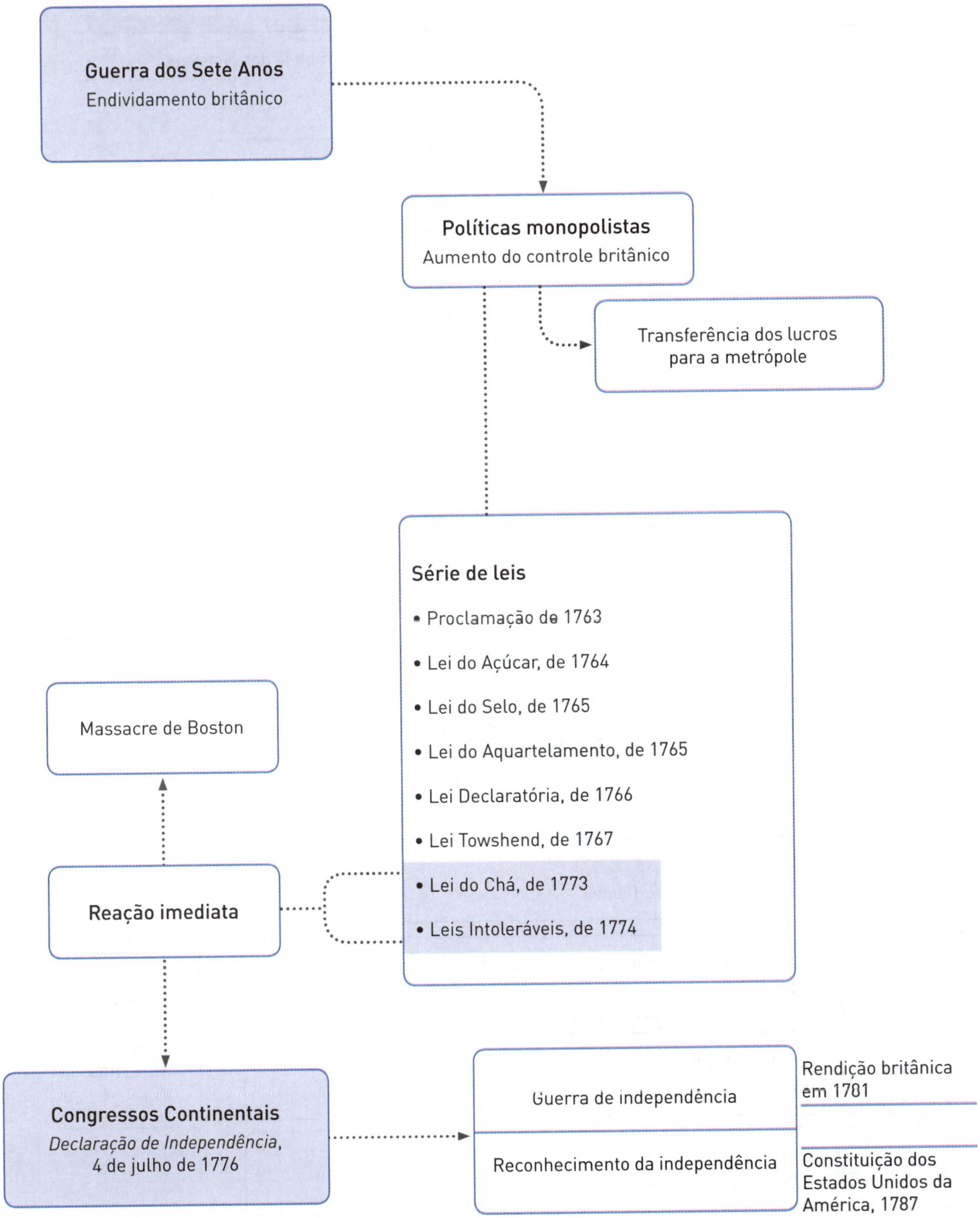

# Revolução Francesa e independências na América espanhola

**Crise financeira e social**

- Guerra dos Sete Anos
- Más colheitas
- Independência dos EUA

**Movimentos por reformas**

Assembleia dos Notáveis

Pressão exercida pelos nobres e burgueses

Pressão exercida pelos grupos populares

**Convocação dos Estados-Gerais**

Terceiro Estado se impõe e transforma os Estados-Gerais em

Assembleia Nacional

**Revolução Francesa**

| | |
|---|---|
| Grande Medo | • *Sans-culottes*<br>• Fim dos privilégios feudais |
| Assembleia Nacional | • *Declaração dos Direitos dos Homens e dos Cidadãos*<br>• Monarquia constitucional |
| Terror | • Radicalização<br>• República |
| Diretório | • Reação termidoriana<br>• Controle pela burguesia |

**Conflitos e tensões internas**

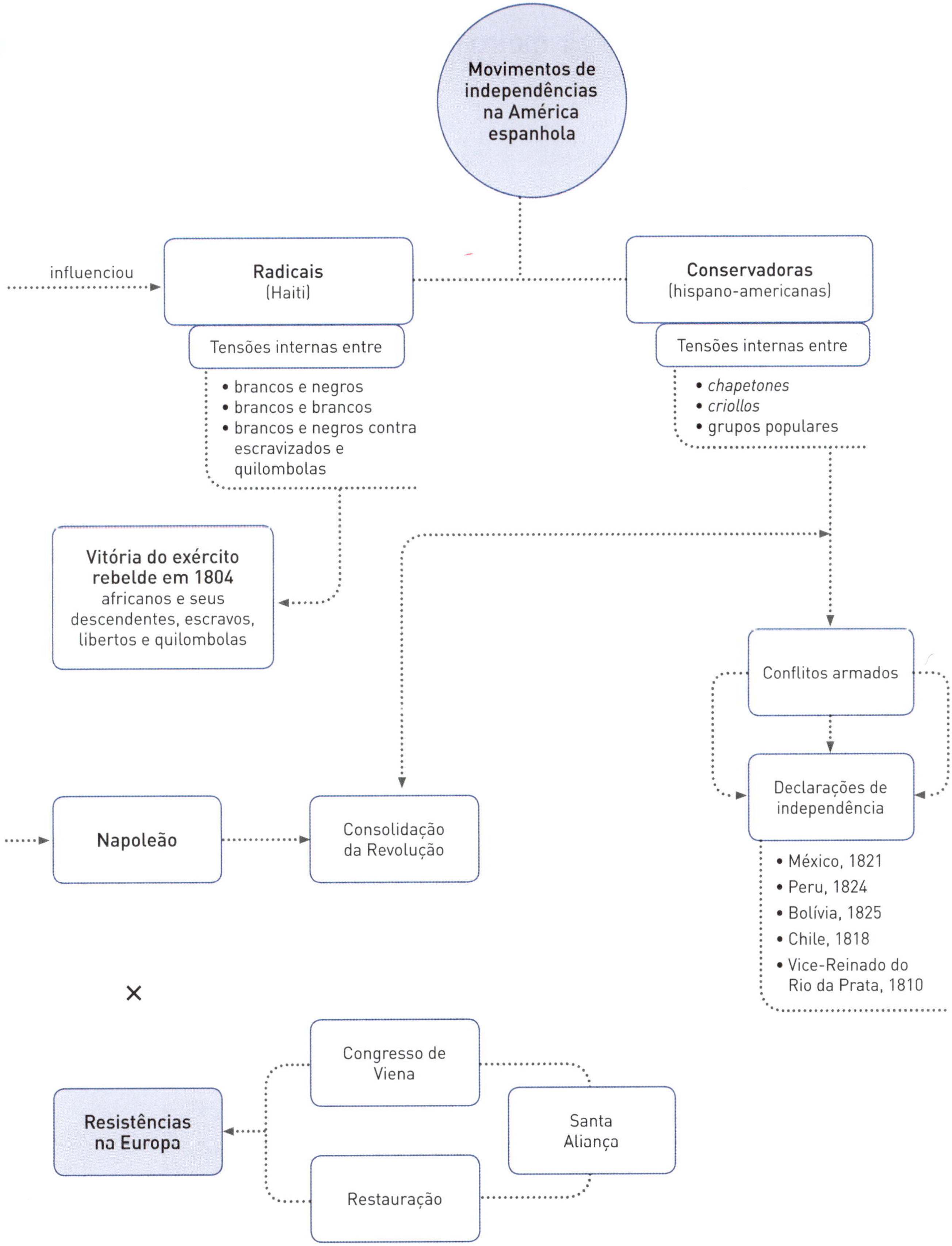
Movimentos de independências na América espanhola
influenciou
Radicais
(Haiti)
Tensões internas entre
• brancos e negros
• brancos e brancos
• brancos e negros contra escravizados e quilombolas
Conservadoras
(hispano-americanas)
Tensões internas entre
• *chapetones*
• *criollos*
• grupos populares
Vitória do exército rebelde em 1804
africanos e seus descendentes, escravos, libertos e quilombolas
Conflitos armados
Declarações de independência
• México, 1821
• Peru, 1824
• Bolívia, 1825
• Chile, 1818
• Vice-Reinado do Rio da Prata, 1810
Napoleão
Consolidação da Revolução
×
Resistências na Europa
Congresso de Viena
Santa Aliança
Restauração

# Independência do Brasil / Primeiro Reinado / Regência

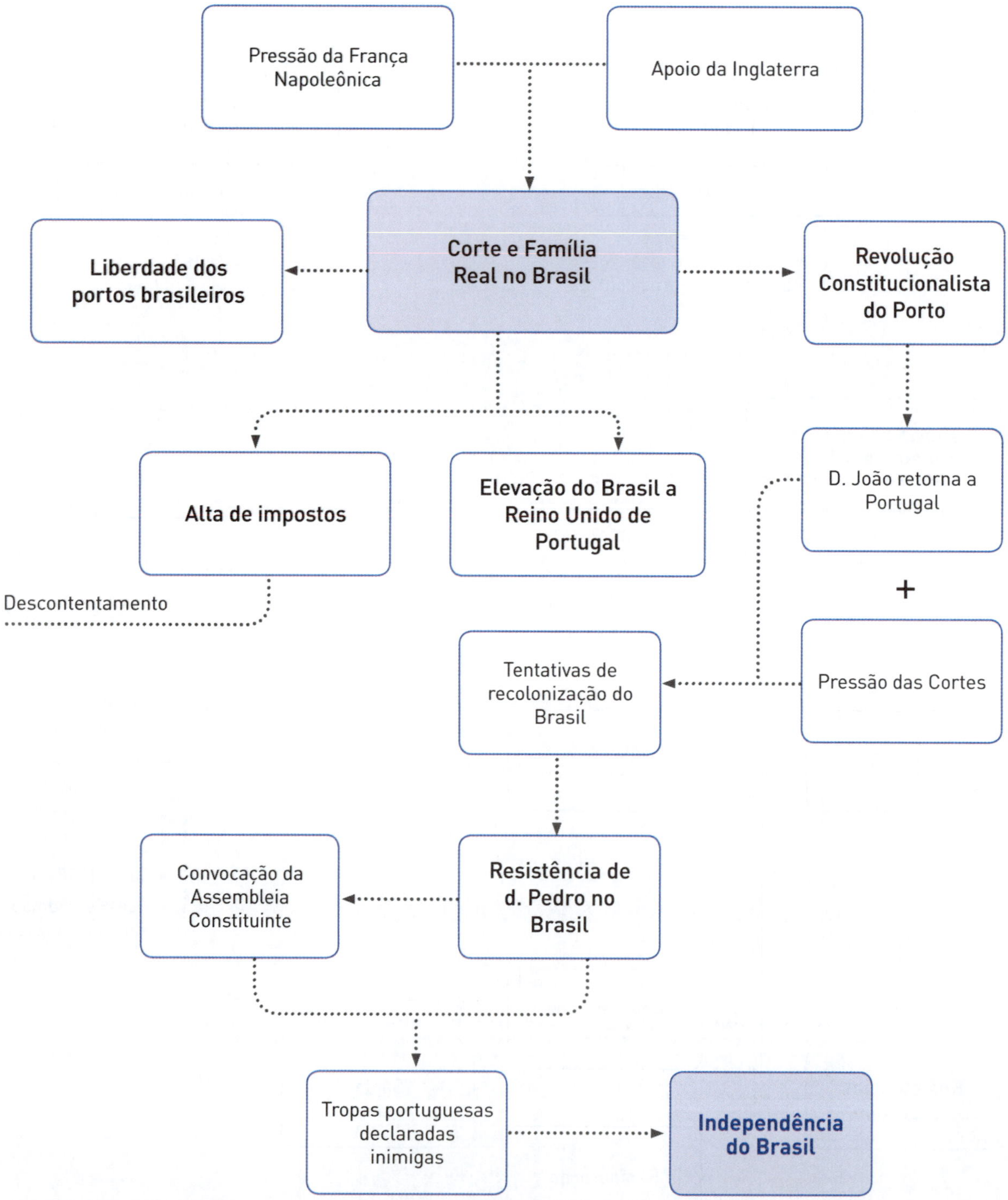

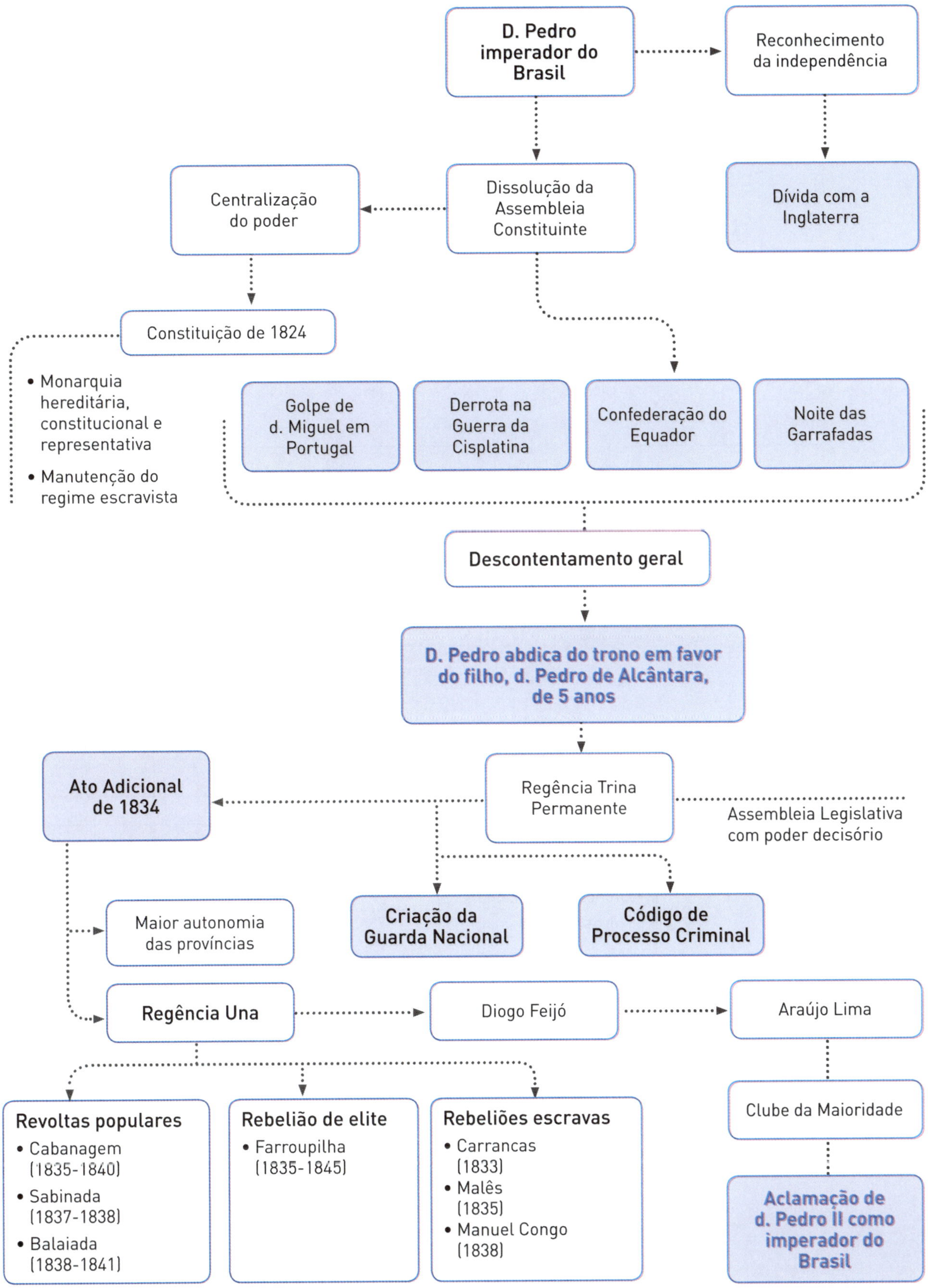
D. Pedro imperador do Brasil
Reconhecimento da independência
Dívida com a Inglaterra
Dissolução da Assembleia Constituinte
Centralização do poder
Constituição de 1824
• Monarquia hereditária, constitucional e representativa
• Manutenção do regime escravista
Golpe de d. Miguel em Portugal
Derrota na Guerra da Cisplatina
Confederação do Equador
Noite das Garrafadas
Descontentamento geral
D. Pedro abdica do trono em favor do filho, d. Pedro de Alcântara, de 5 anos
Regência Trina Permanente
Assembleia Legislativa com poder decisório
Ato Adicional de 1834
Criação da Guarda Nacional
Código de Processo Criminal
Maior autonomia das províncias
Regência Una
Diogo Feijó
Araújo Lima
Clube da Maioridade
Aclamação de d. Pedro II como imperador do Brasil
Revoltas populares
• Cabanagem (1835-1840)
• Sabinada (1837-1838)
• Balaiada (1838-1841)
Rebelião de elite
• Farroupilha (1835-1845)
Rebeliões escravas
• Carrancas (1833)
• Malês (1835)
• Manuel Congo (1838)

# Nacionalismos na Europa

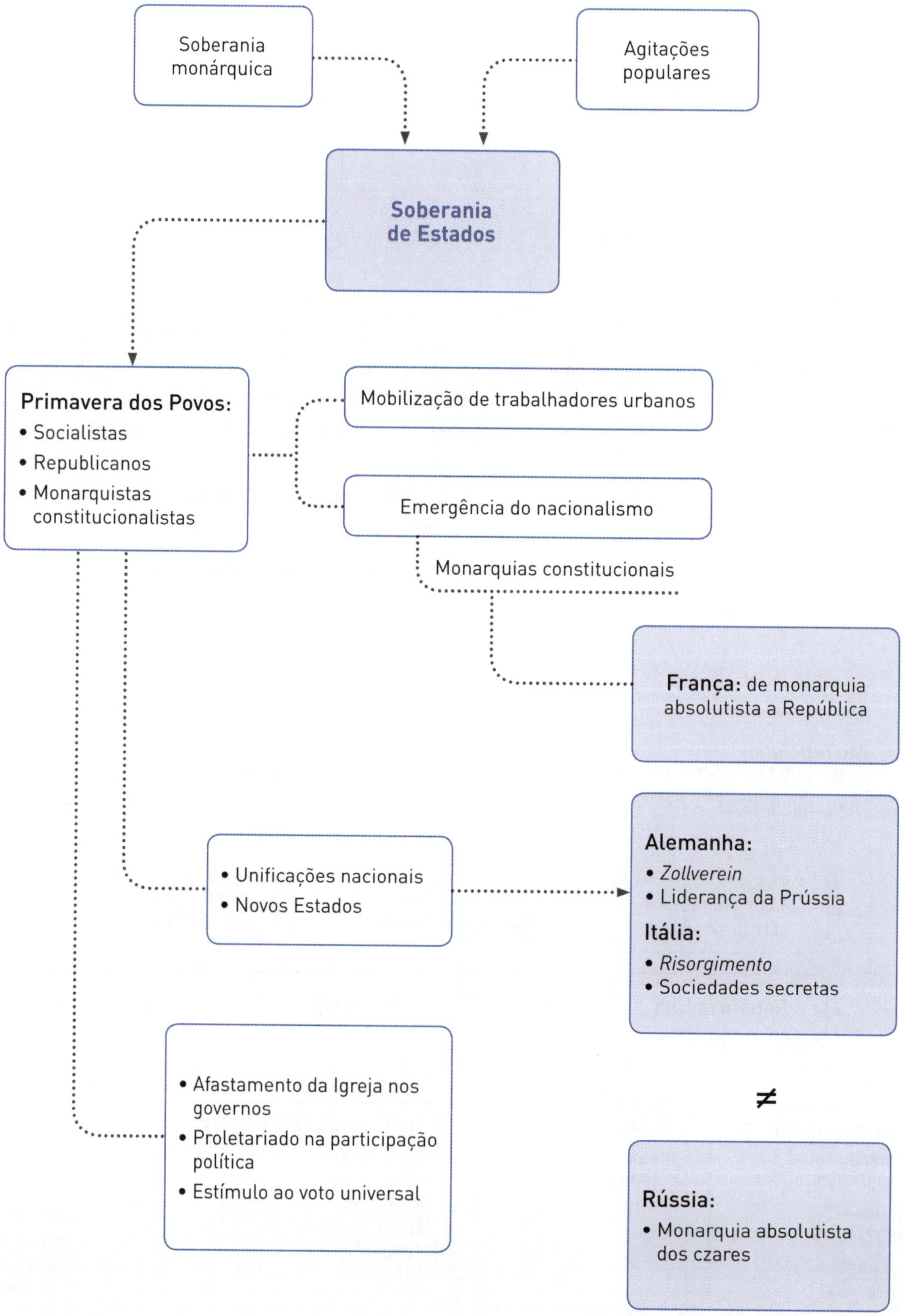

# Estados Unidos no século XIX

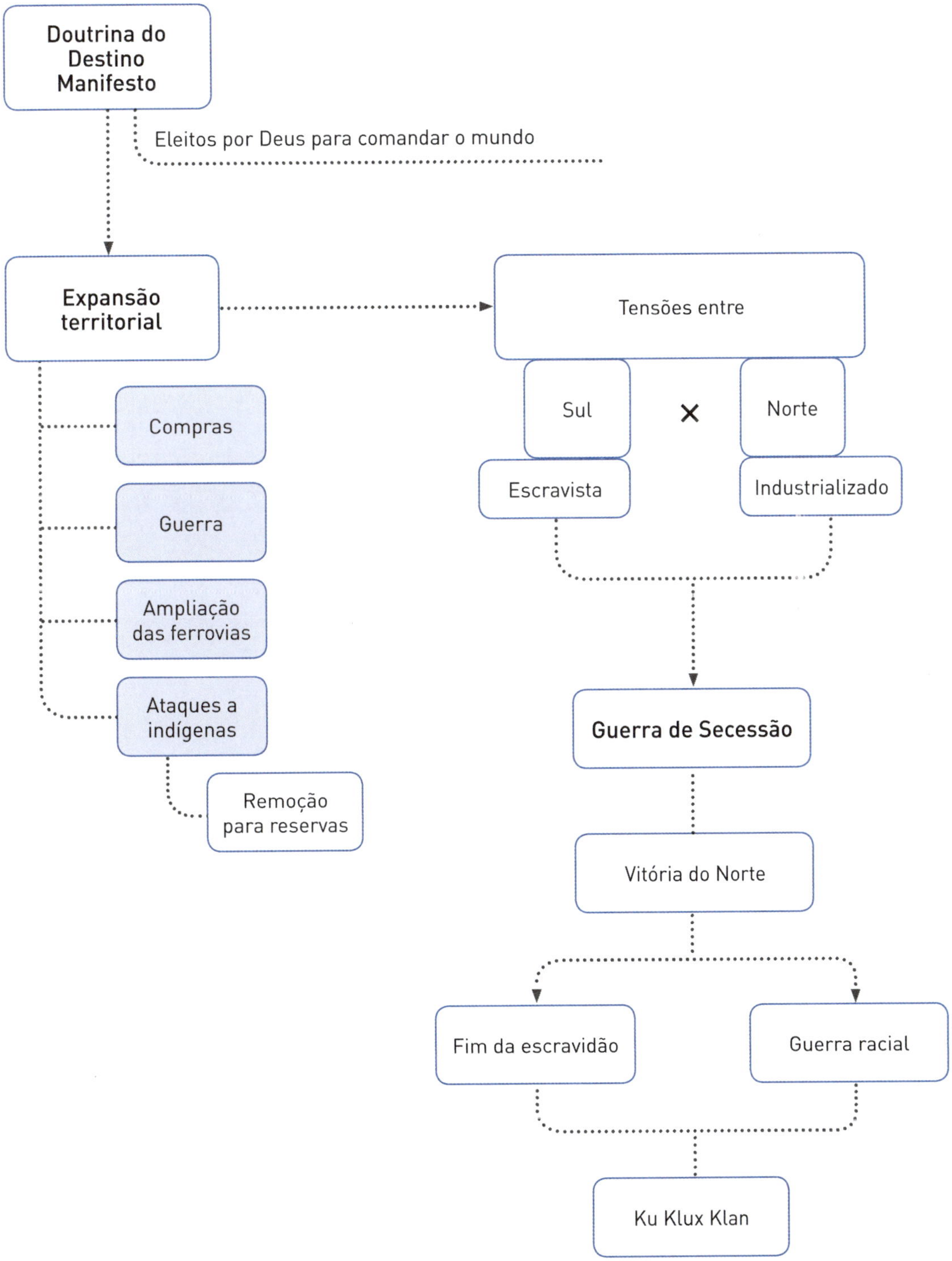

# Segundo Reinado

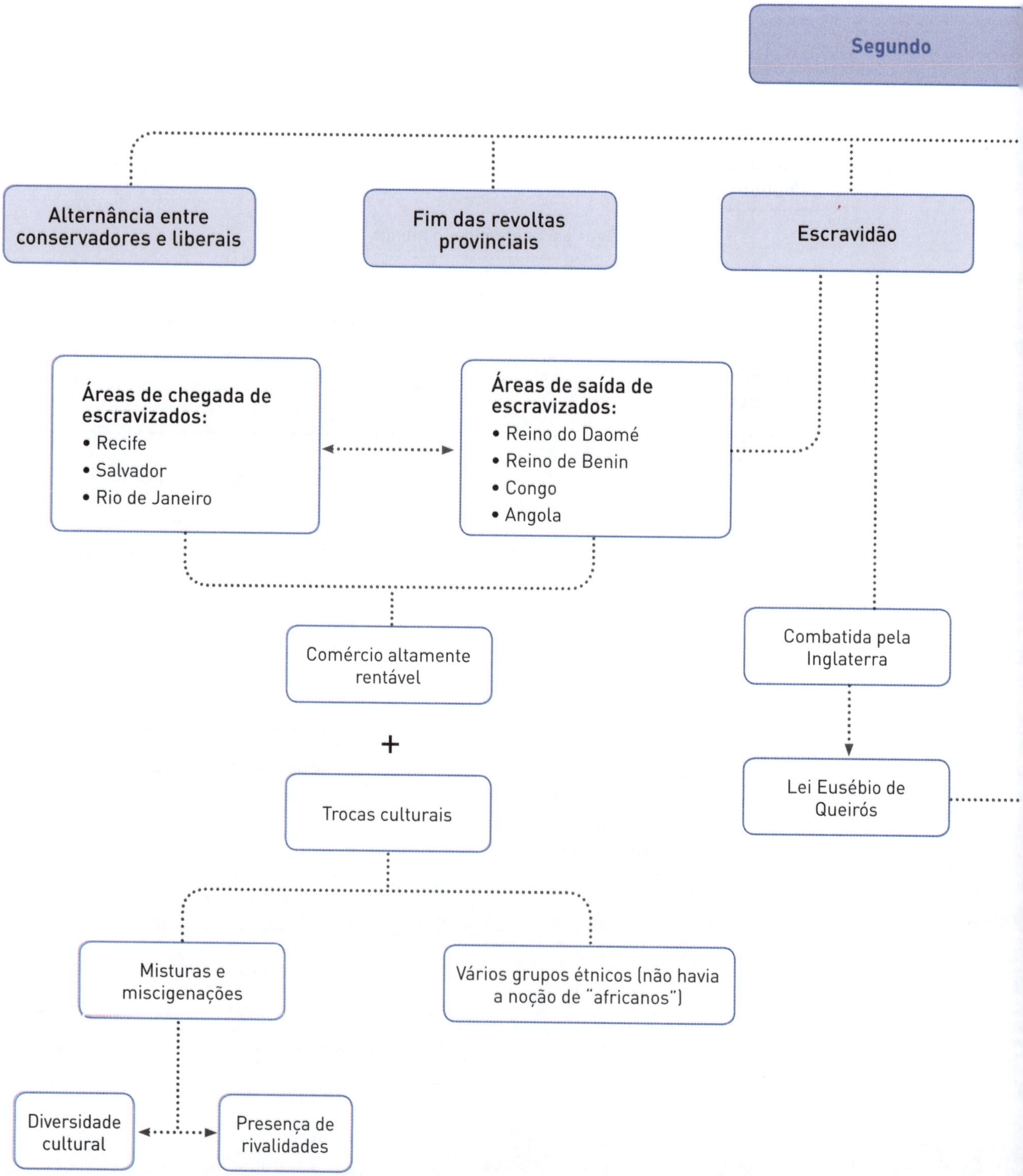

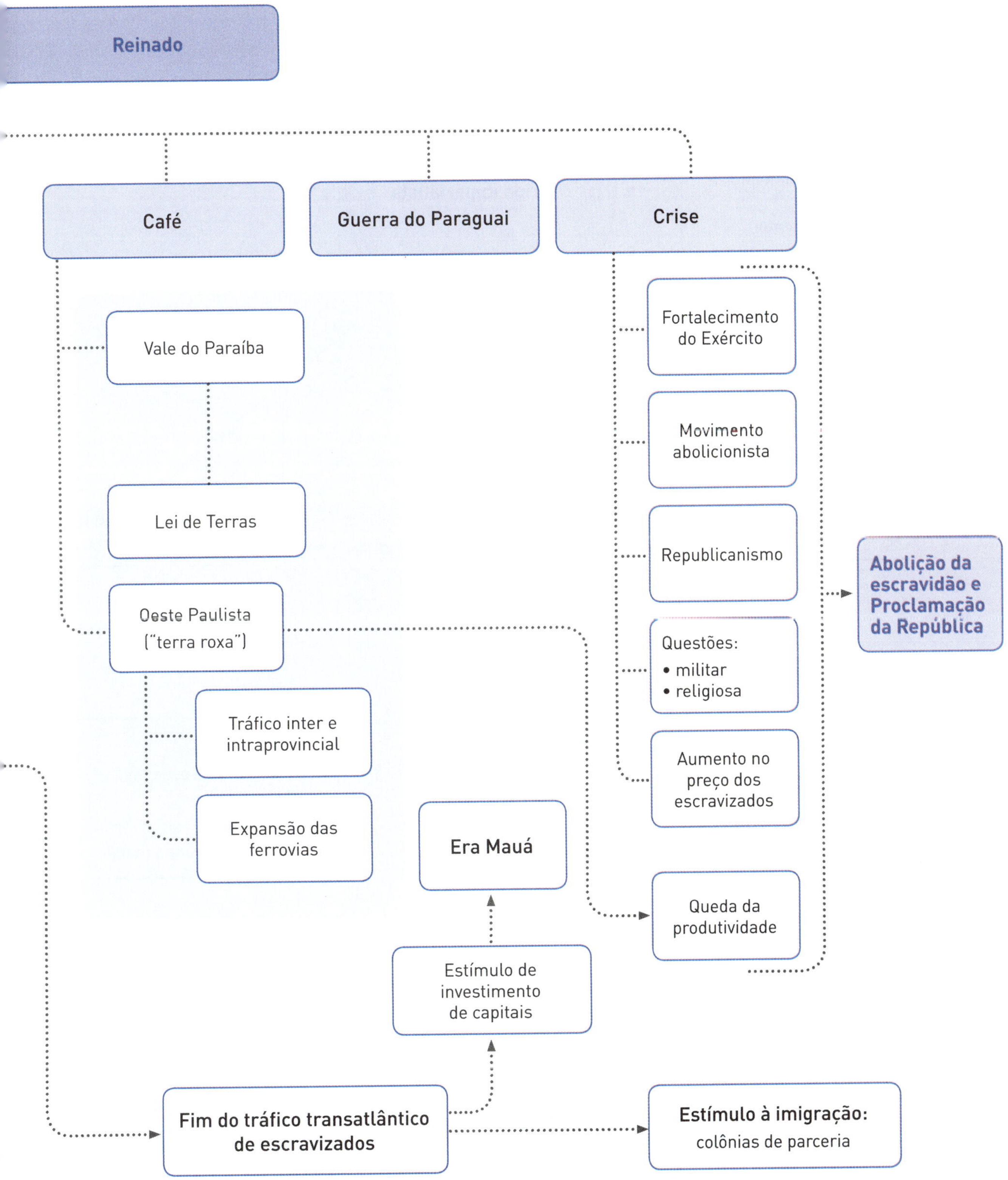
Reinado
Café
Guerra do Paraguai
Crise
Vale do Paraíba
Lei de Terras
Oeste Paulista
("terra roxa")
Tráfico inter e intraprovincial
Expansão das ferrovias
Era Mauá
Estímulo de investimento de capitais
Fortalecimento do Exército
Movimento abolicionista
Republicanismo
Questões:
• militar
• religiosa
Aumento no preço dos escravizados
Queda da produtividade
Abolição da escravidão e Proclamação da República
Fim do tráfico transatlântico de escravizados
Estímulo à imigração:
colônias de parceria

# Imperialismo

**Busca por:**
- matérias-primas
- mercado consumidor
- fornecedores de alimentos e metais preciosos
- áreas de investimento:
  ferrovias
  empréstimos

**Corrida imperialista**

**Inglaterra**
(a maior beneficiada)

**China contra:**
- Inglaterra (Guerras do Ópio)
- Japão (Guerra Sino-Japonesa)
- várias potências (Guerra dos Boxers)

**Índia**
(Revolta dos Sipaios)

Intensificação da intervenção da Inglaterra

**Partilha da África**
O caso do Egito e a Guerra dos Bôeres

Conferência de Berlim

**EUA:**
- Grande força econômica
- Emenda Platt
- *Big Stick*
  Expansão para o mundo

**Ocidentalizou o mundo**

# Primeira Guerra Mundial

**Tensões**

**Tríplice Entente**
Inglaterra
França
Rússia

**Tríplice Aliança**
Alemanha
Itália
Império Austro-Húngaro

- Desenvolvimento tecnológico
- Militarismo
- Industrialização
- Nacionalismos

**Primeira Guerra Mundial (1914-1918)**

- Guerra de trincheiras
- Uso de novas armas
- Uso do avião
- Uso do submarino

**Para o Brasil:**
- Queda das exportações de café
- Aumento da indústria brasileira

**Vitória da Tríplice Entente**

- 14 pontos de Wilson
- Tratado de Versalhes
- Liga das Nações

- Morte de 10 milhões de pessoas
- Ruína econômica

- Ascensão dos EUA
- Declínio do liberalismo
- Crescimento do autoritarismo de direita e de esquerda

# Revolução Russa

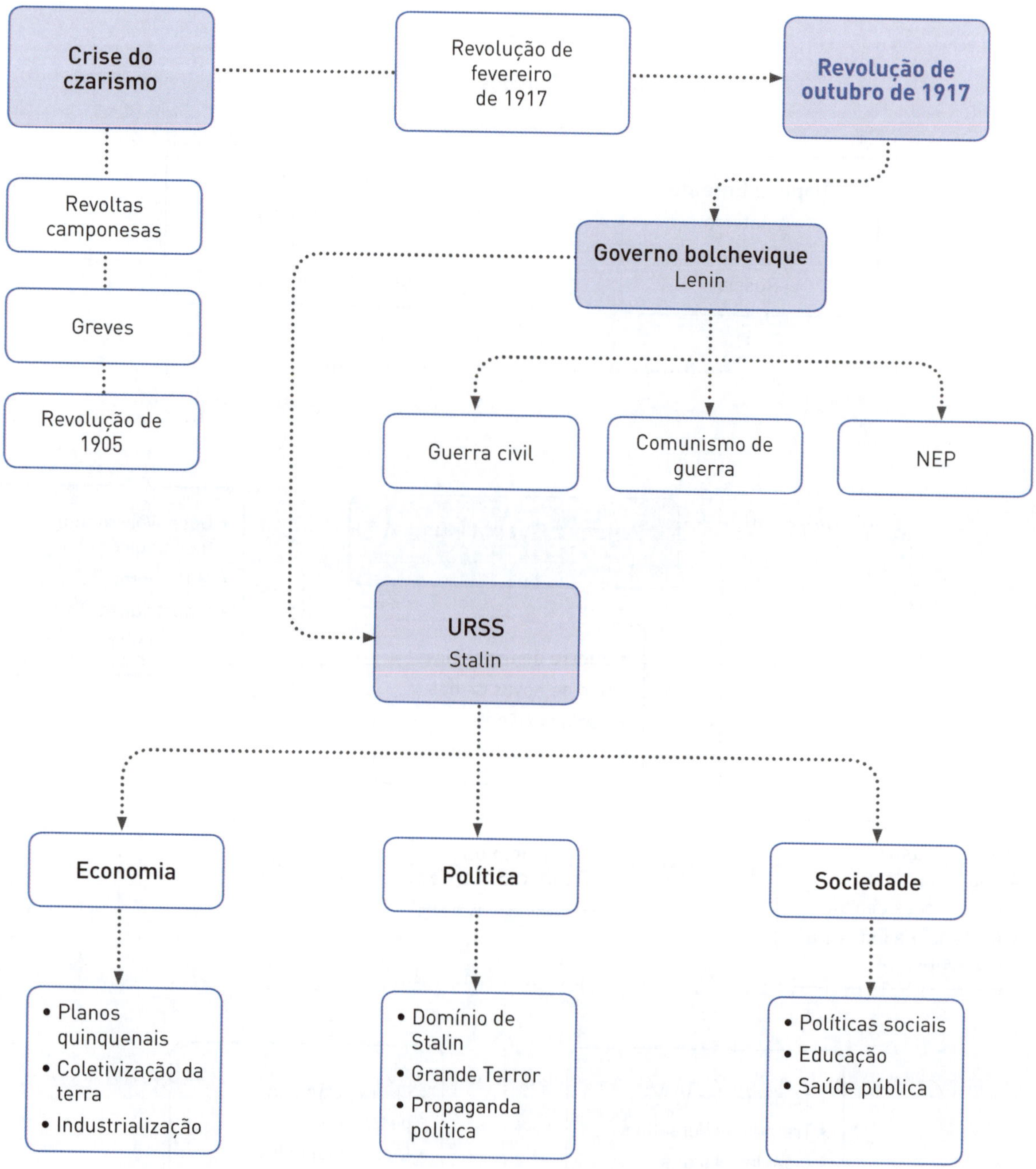

# Crise de 1929

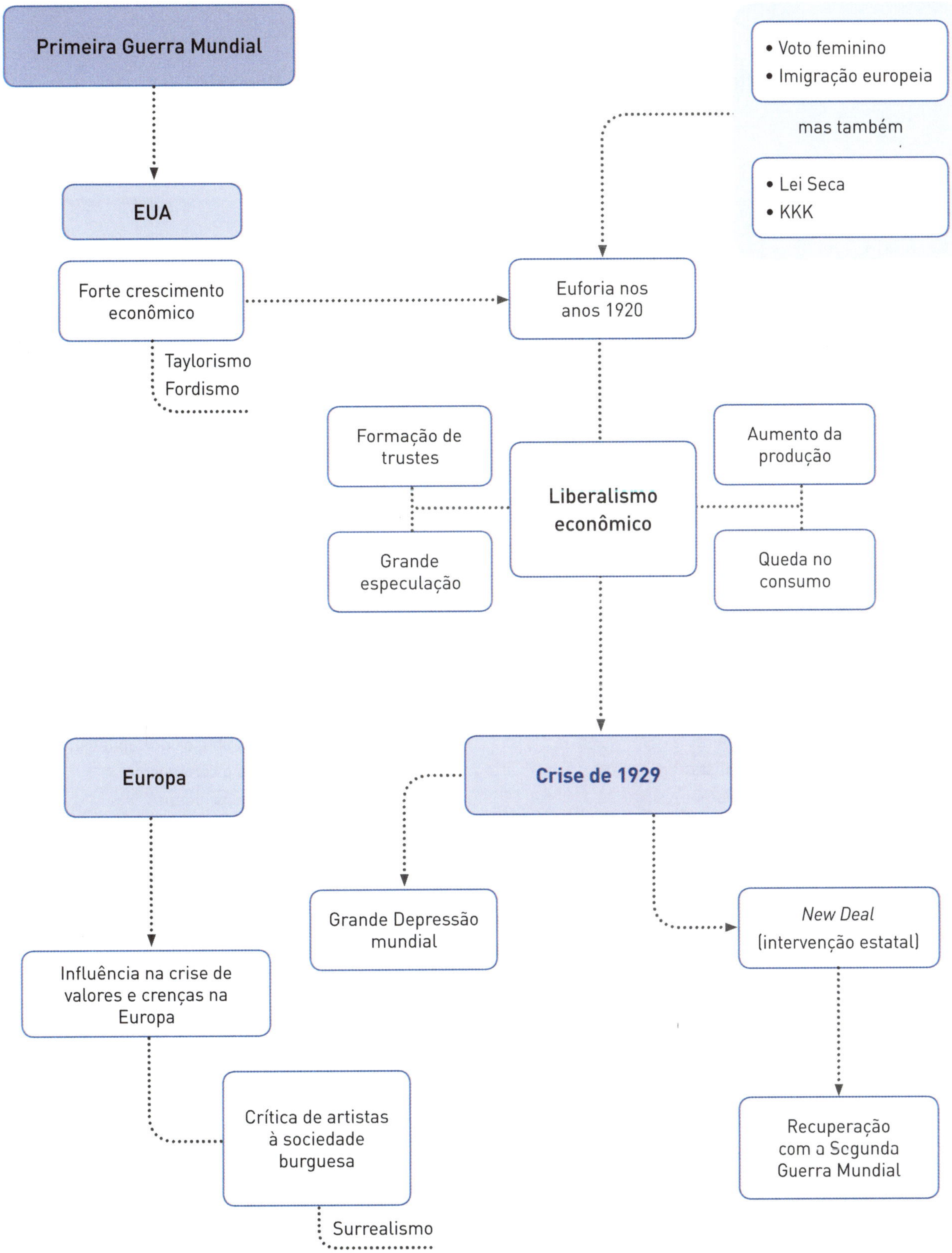

# Nazifascismo

| Itália | Alemanha |
|---|---|

Depois da Primeira Guerra Mundial

**Itália**

- Dificuldades econômicas
- Partido Socialista Italiano
- Partido Comunista da Itália

→ Mobilização popular

Reações das elites

**Fascismo** (Benito Mussolini)

Contra democracia liberal
Nacionalista
Ódio ao comunismo

**Alemanha**

- Economia em ruínas
- Exército desmantelado
- Moral arrasada

→ República de Weimar

Reações de parte da classe operária

**Partido Nacional-Socialista ou Nazista**

Contra abusos do capitalismo
Contra o comunismo
Contra os judeus

**Fascismo + Partido Nacional-Socialista ou Nazista** — Suas ações contribuíram para a

**Política**

- Itália:
  - Corporativismo
  - Carta del Lavoro
  - Fortalecimento de Mussolini
- Alemanha:
  - Leis de Nuremberg
  - Defesa da "raça ariana"
  - Arte Degenerada

**Economia**

- Itália:
  - Política fiscal protecionista
  - Medidas econômicas bem-sucedidas
- Alemanha:
  - Inflação contida
  - Desenvolvimento industrial
  - Intervenção estatal na economia

# Segunda Guerra Mundial

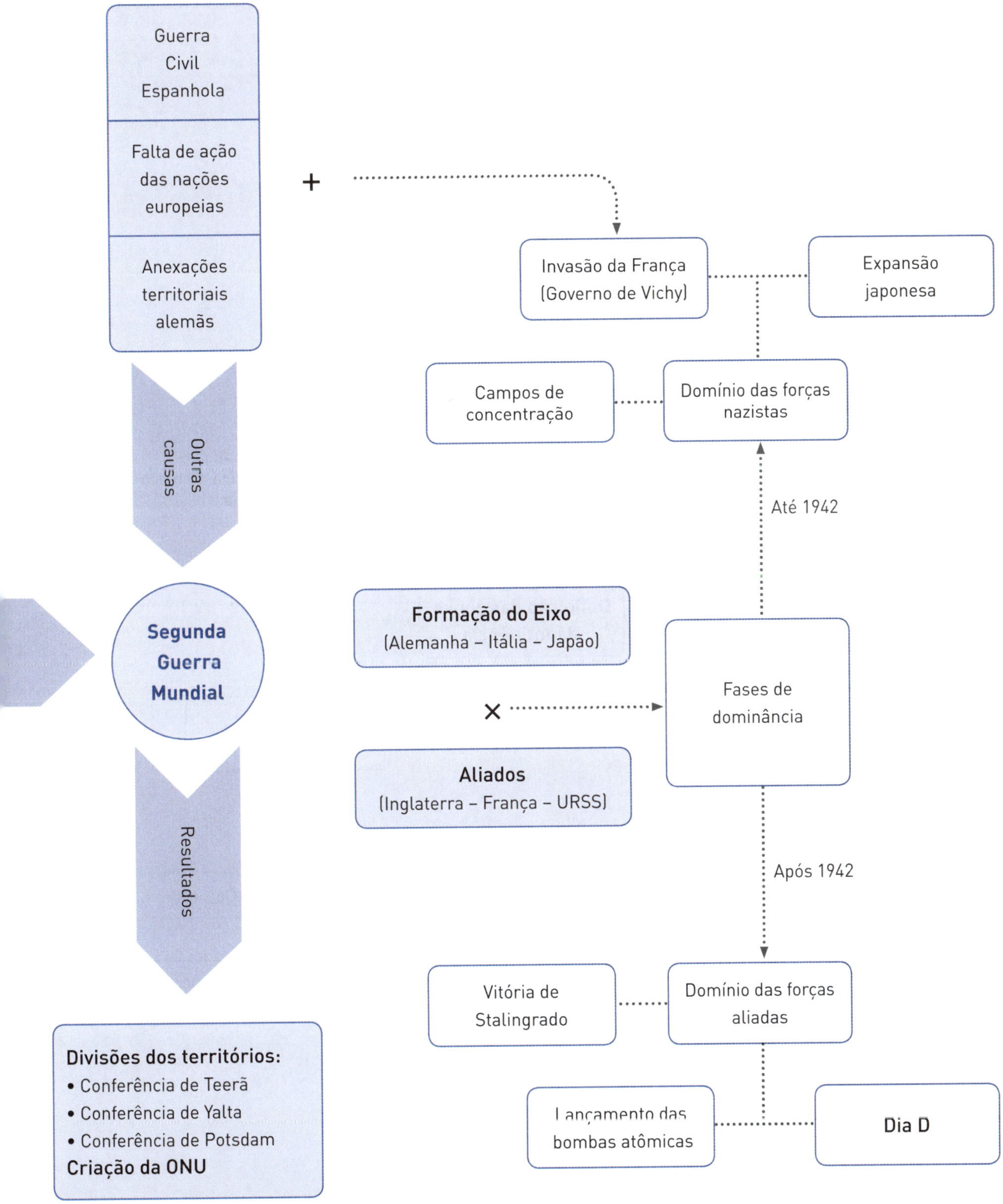

# Guerra Fria

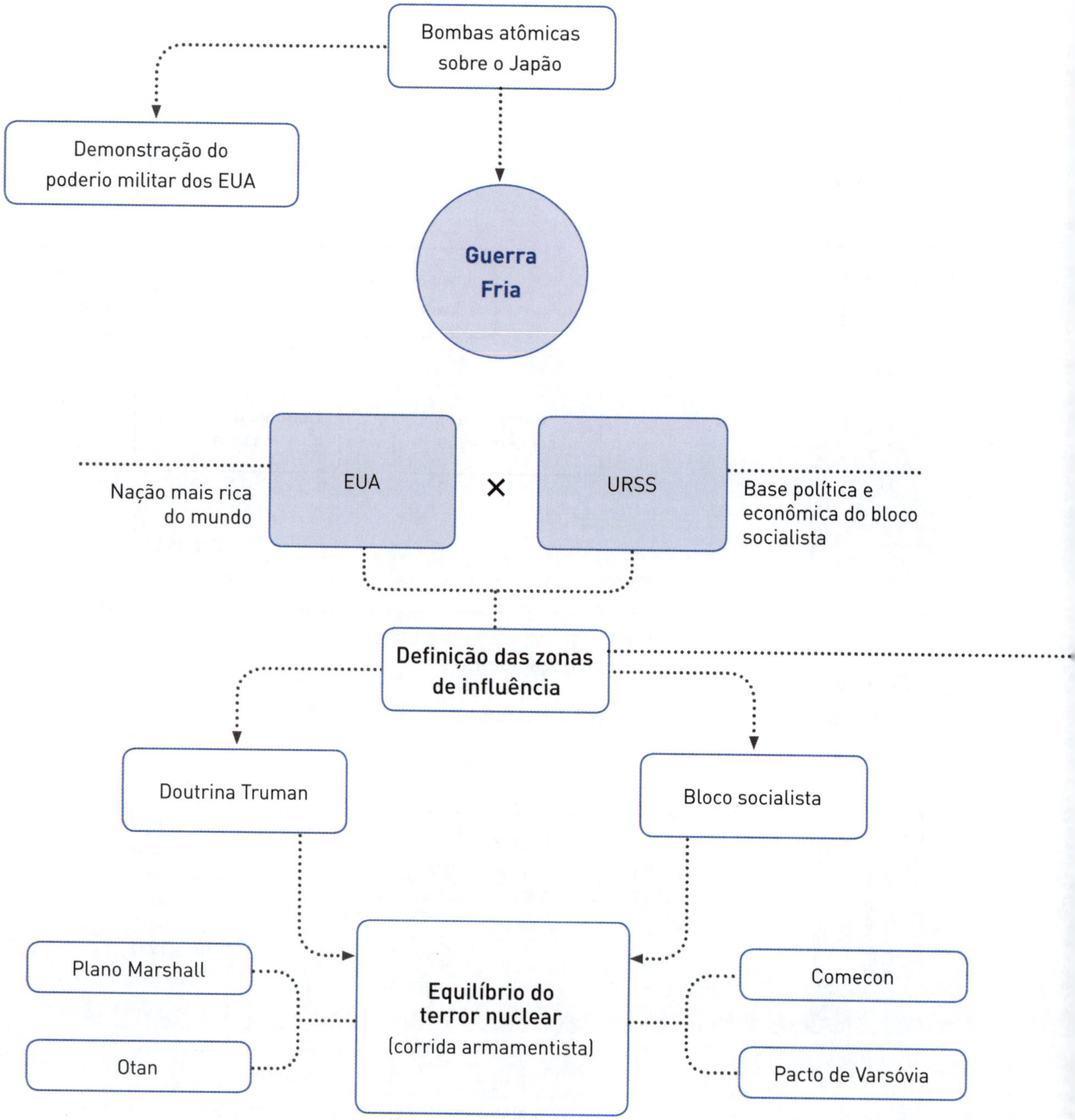

Bombas atômicas sobre o Japão
Demonstração do poderio militar dos EUA
Guerra Fria
Nação mais rica do mundo
EUA
×
URSS
Base política e econômica do bloco socialista
Definição das zonas de influência
Doutrina Truman
Bloco socialista
Plano Marshall
Otan
Equilíbrio do terror nuclear (corrida armamentista)
Comecon
Pacto de Varsóvia

- **Conflitos regionais**
  - Divisão da Alemanha
    - República Federal da Alemanha (capitalista)
    - República Democrática Alemã (socialista)
  - Revolução Chinesa
    - PCC (Mao Tsé-Tung)
    - ×
    - *Kuomintang* (Chiang Kai-Chek)
  - Guerras da Coreia e do Vietnã
    - Conflitos indiretos entre EUA e URSS
    - Divisões territoriais (novos países)
  - Revolução Cubana
    - Apoio da URSS
    - Crise dos mísseis
    - → Ameaça aos EUA

- **Aspectos gerais**
  - **Economia**
    - → • Intervenção estatal na economia • Estado de bem-estar social • Expansão global das empresas
    - → Retomada do socialismo soviético → Democracias populares
    - ≠
    - Socialismo chinês → Grande Salto para Frente
  - **Corrida Espacial**
  - **Cultura**
    - *American way of life*
    - A contracultura
    - Direitos civis: negros mulheres
    - Grande Revolução Cultural Proletária
    - Maio de 1968

# Primeira República

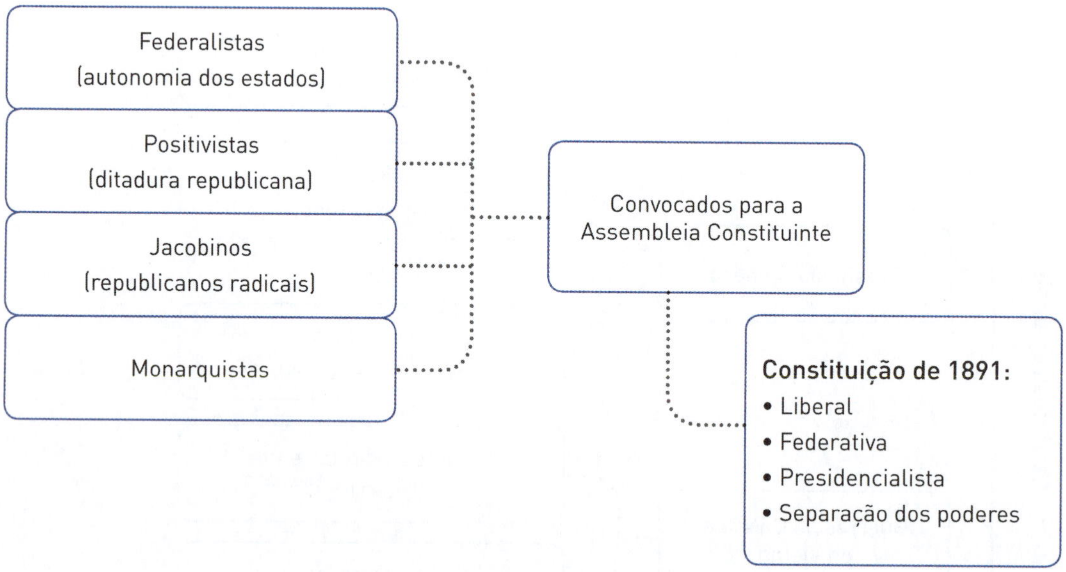


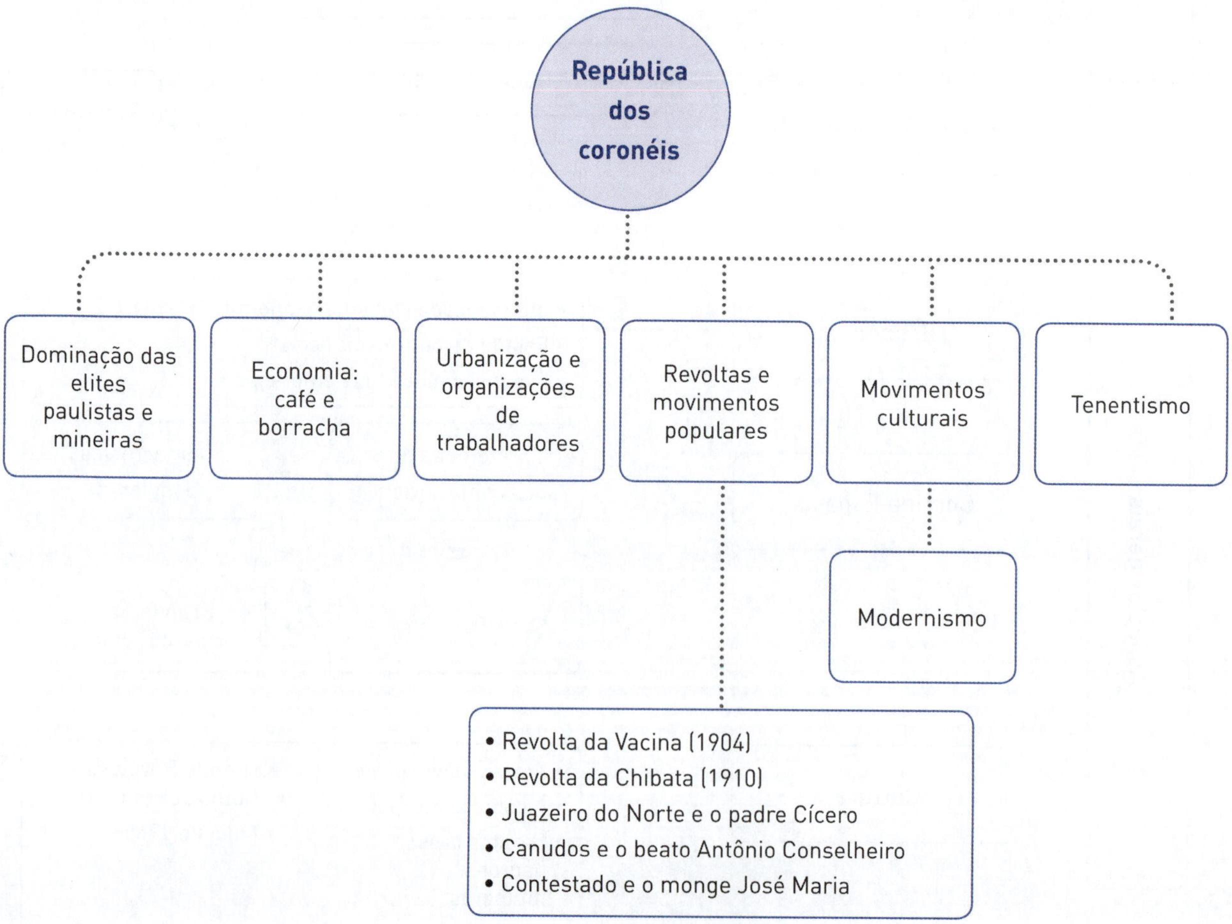

# Era Vargas

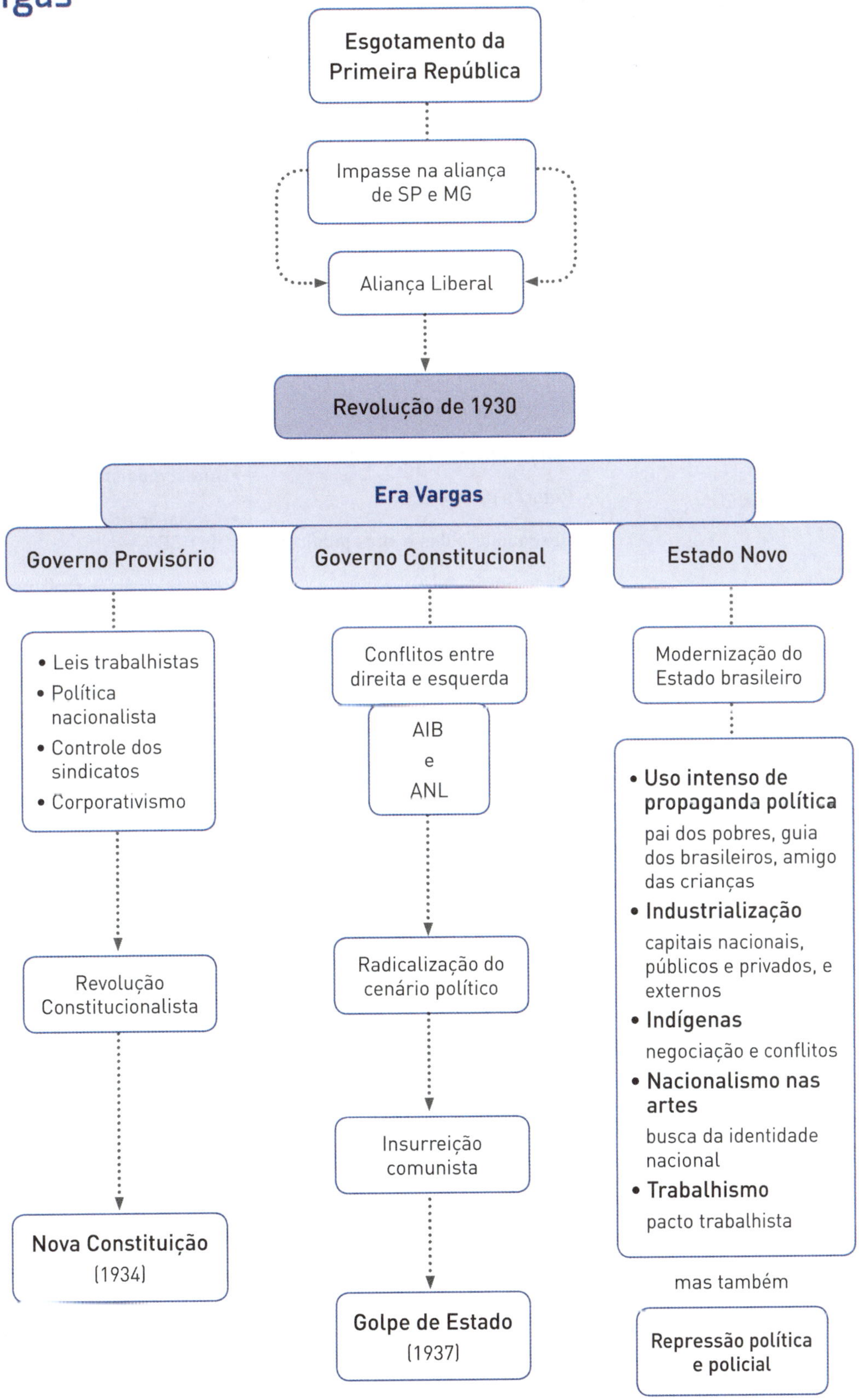

Esgotamento da Primeira República
Impasse na aliança de SP e MG
Aliança Liberal
Revolução de 1930
Era Vargas
Governo Provisório
• Leis trabalhistas
• Política nacionalista
• Controle dos sindicatos
• Corporativismo
Revolução Constitucionalista
Nova Constituição (1934)
Governo Constitucional
Conflitos entre direita e esquerda
AIB e ANL
Radicalização do cenário político
Insurreição comunista
Golpe de Estado (1937)
Estado Novo
Modernização do Estado brasileiro
• Uso intenso de propaganda política
pai dos pobres, guia dos brasileiros, amigo das crianças
• Industrialização
capitais nacionais, públicos e privados, e externos
• Indígenas
negociação e conflitos
• Nacionalismo nas artes
busca da identidade nacional
• Trabalhismo
pacto trabalhista
mas também
Repressão política e policial

# República democrática

DUTRA | VARGAS | JK | JÂNIO | JANGO

| POLÍTICA | ECONOMIA | SOCIEDADE |
|---|---|---|
| • Fim da ditadura<br>• Eleição de Dutra<br>• Pluripartidarismo<br>• Nova Constituição 1946<br>• Alinhamento com os EUA | • Liberalismo<br>• Redução dos investimentos governamentais<br>• Controle de contas públicas<br>• Liberação das importações<br>• Retorno da inflação<br>• Desequilíbrio das contas públicas<br>• Plano SALTE | • Direitos civis<br>• Liberdade de imprensa<br>• Liberdade religiosa<br>• Livre expressão<br>• Anticomunismo<br>• Cassação do registro eleitoral do PCB<br>• Perseguição ao movimento sindical |
| • Vargas eleito democraticamente<br>• Pressões econômicas e políticas<br>• Instabilidade política<br>• Suicídio (carta-testamento) | • Industrialização<br>• Capital nacional<br>• Fundação da Petrobras<br>• Defesa das riquezas naturais | • Política indigenista<br>• Rádio e cinema<br>• Greve dos 300 mil<br>• Direitos do trabalho |
| • Política Externa Independente<br>• Renúncia | • Nacional-desenvolvimentismo<br>• Plano de Metas<br>• Crescimento da economia<br>• Aumento da inflação | • Nova capital: Brasília<br>• Bossa Nova<br>• Cinema Novo<br>• Ligas Camponesas<br>• União Nacional dos Estudantes (UNE) |
| • Campanha da Legalidade<br>• Reformas de base<br>• Radicalismo político<br>• Golpe civil-militar | • Tentativa de negociação da dívida externa (não aceita pelos EUA)<br>• Plano Trienal<br>• Aumento da inflação<br>• Crise econômica | |

# Ditadura civil-militar

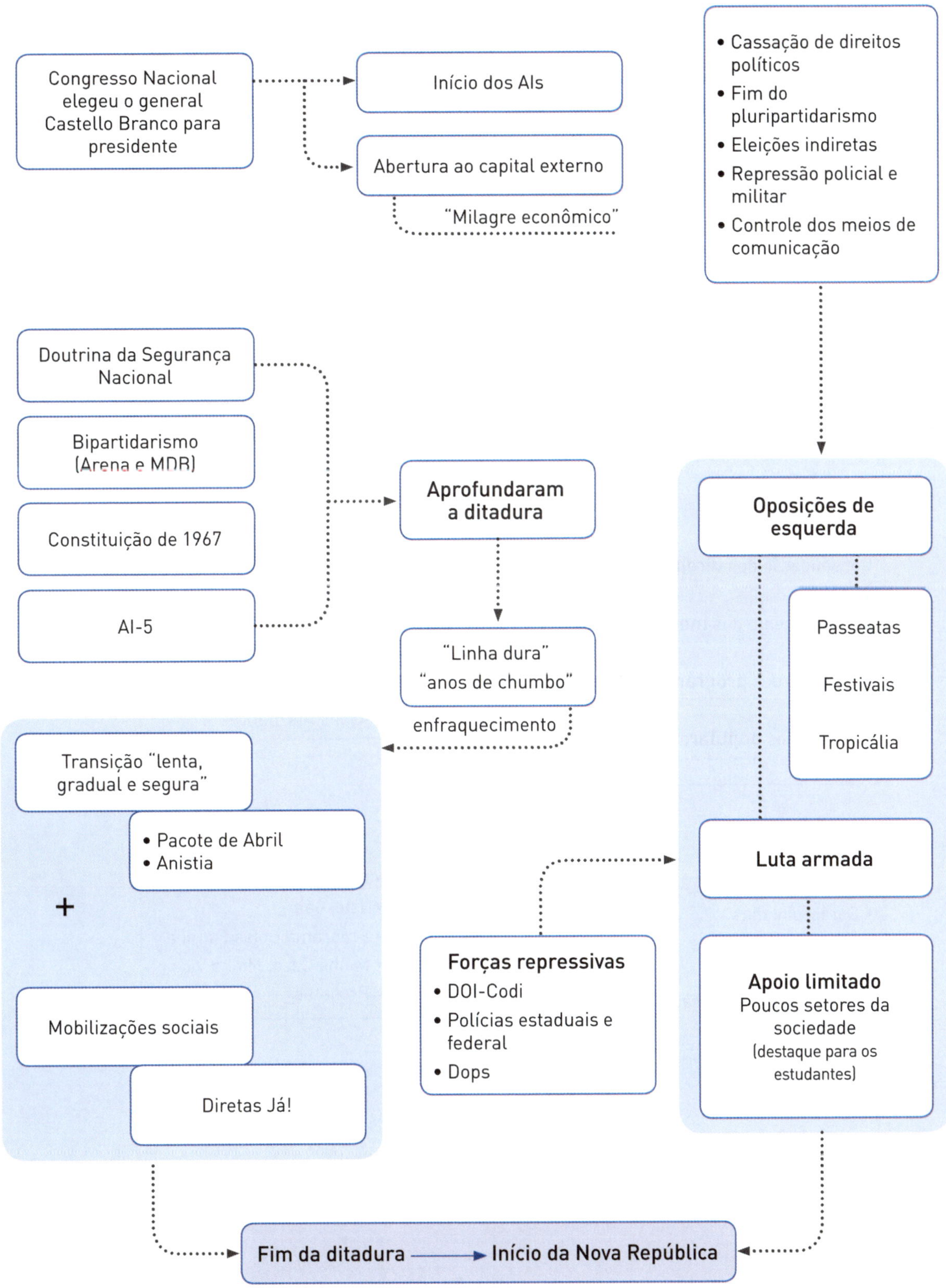

# Brasil contemporâneo

Concentração de riquezas + Avanços sociais + Crises políticas e econômicas

**BRASIL CONTEMPORÂNEO**

## Cidadania

Consolidação dos **direitos políticos**

- Constituição de 1988

Fortalecimento dos **movimentos sociais**

- estudantis
- de trabalhadores
- das mulheres
- dos sem-terra
- de indígenas
- dos afrodescendentes
- LGBT
- Ações Afirmativas

Ampliação dos **programas sociais**

- Bolsa Escola
- Vale-Gás
- Programa Bolsa Família
- Minha Casa, Minha Vida
- Pronatec

Mobilizações **populares**

- Caras-pintadas
- Contra privatizações
- Jornadas de Junho
- Passeatas pelo *impeachment* de Dilma Rousseff

**Sistema político**

- Processos de *impeachment*
- Acusações e práticas constantes de corrupção
- Perda de representatividade dos partidos políticos

**Sucessão de crises econômicas**

**Série de planos econômicos:**
- Plano Cruzado
- Plano Cruzado II
- Plano Bresser
- Plano Collor
- Plano Real

**Alternância de políticas econômicas:**
- Descontrole da economia (Sarney)
- Abertura ao capital externo (Collor)
- Neoliberalismo
- Nacional-desenvolvimentismo

**Aspectos gerais**

**Positivos**
- Estabilização da moeda
- Controle da inflação
- Aumento das reservas em dólar
- Fortalecimento do mercado consumidor

**Controversos**
- Privatizações
- Reforma da previdência

**Negativos**
- Alternância do PIB (crescimentos e quedas)
- Concentração de renda
- Indefinição do modelo de política econômica

# Mundo contemporâneo

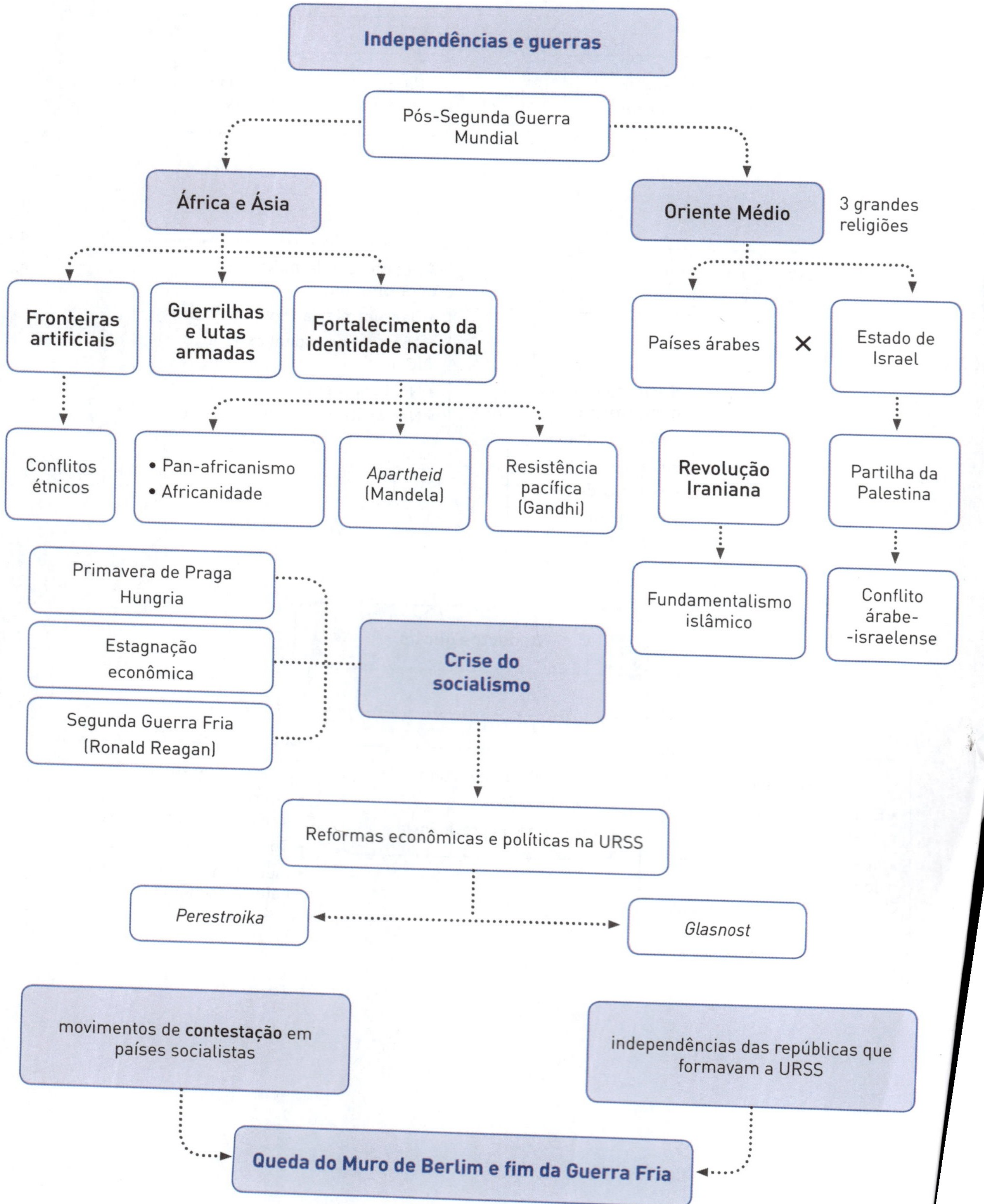

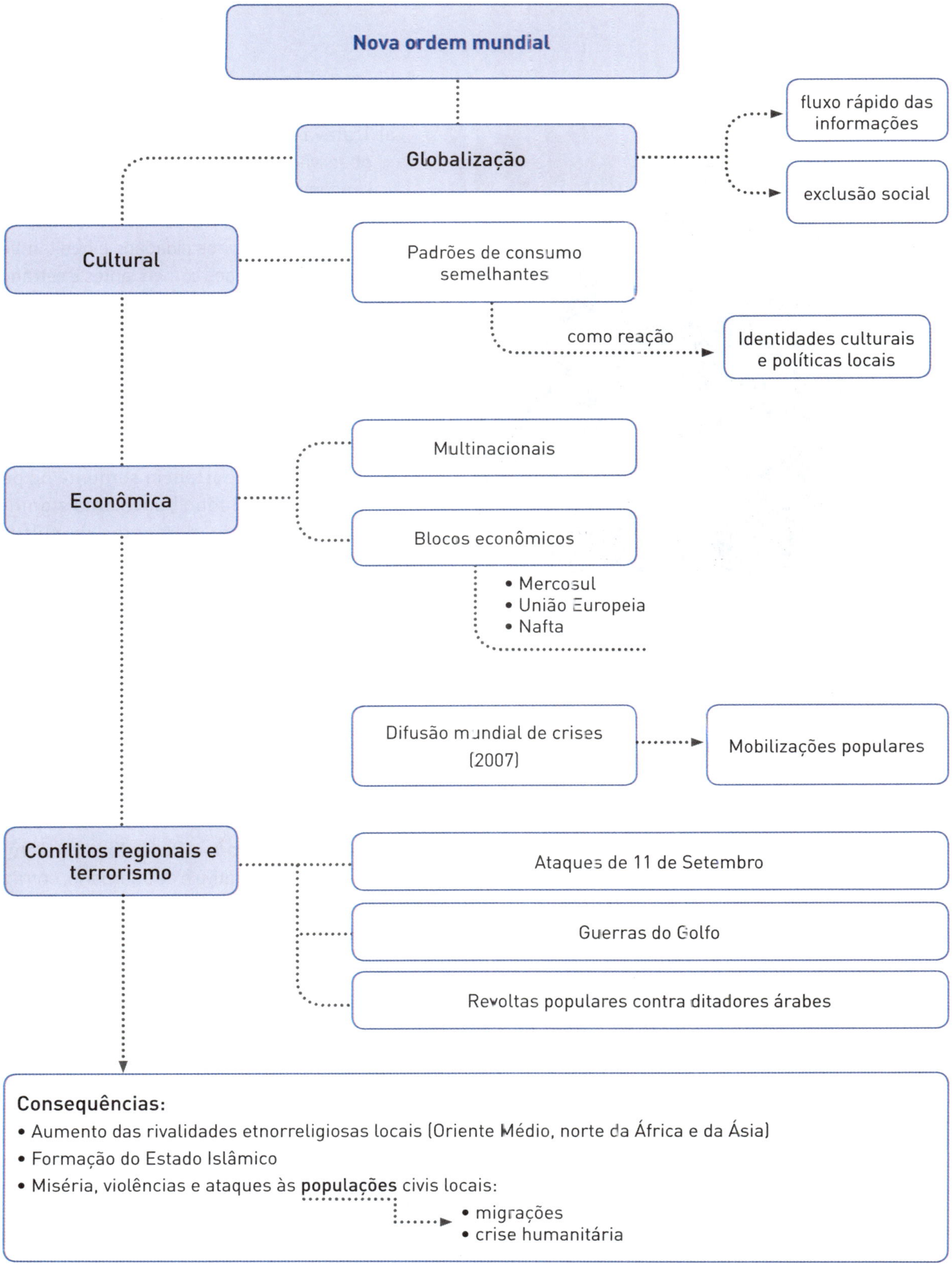

Nova ordem mundial
Globalização
fluxo rápido das informações
exclusão social
Cultural
Padrões de consumo semelhantes
como reação
Identidades culturais e políticas locais
Econômica
Multinacionais
Blocos econômicos
• Mercosul
• União Europeia
• Nafta
Difusão mundial de crises (2007)
Mobilizações populares
Conflitos regionais e terrorismo
Ataques de 11 de Setembro
Guerras do Golfo
Revoltas populares contra ditadores árabes
Consequências:
• Aumento das rivalidades etnorreligiosas locais (Oriente Médio, norte da África e da Ásia)
• Formação do Estado Islâmico
• Miséria, violências e ataques às populações civis locais:
• migrações
• crise humanitária

# Simulado 1

**12 questões de História • Tempo de resolução: 55 minutos**

**1.** (Enem)

Fotografia de Augusto Gomes Leal e da ama de leite Mônica, cartão de visita de 1860.

KOUTSOUKOS, S.S.M. Amas mercenárias: o discurso dos doutores em medicina e os retratos de amas – Brasil, segunda metade do século XIX. *História, Ciência, Saúde-Manguinhos*, 2009. Disponível em: hhp://dx.doi.org. Acesso em: 8 maio 2013.

A fotografia, datada de 1860, é um indício da cultura escravista no Brasil, ao expressar a

a) ambiguidade do trabalho doméstico exercido pela ama de leite, desenvolvendo uma relação de proximidade e subordinação em relação aos senhores.

b) integração dos escravos aos valores das classes médias, cultivando a família como pilar da sociedade imperial.

c) melhoria das condições de vida dos escravos observada pela roupa luxuosa, associando o trabalho doméstico a privilégios para os cativos.

d) esfera da vida privada, centralizando a figura feminina para afirmar o trabalho da mulher na educação letrada dos infantes.

e) distinção étnica entre senhores e escravos, demarcando a convivência entre estratos sociais como meio para superar a mestiçagem.

**2.** (Fuvest) Em relação à ética e à justiça na vida política da Grécia Clássica, é correto afirmar:

a) Tratava-se de virtudes que se traduziam na observância da lei, dos costumes e das convenções instituídas pela pólis.

b) Foram prerrogativas democráticas que não estavam limitadas aos cidadãos e que também foram estendidas aos comerciantes e estrangeiros.

c) Eram princípios fundamentais da política externa, mas suspensos temporariamente após a declaração formal de guerra.

d) Foram introduzidas pelos legisladores para reduzir o poder assentado em bases religiosas e para estabelecer critérios racionais de distribuição.

e) Adquiriram importância somente no período helenístico, quando houve uma significativa incorporação de elementos da cultura romana.

**3.** (PUC-SP) Durante o ano de 2017, duas Constituições brasileiras estão "aniversariando": a "Polaca", como foi chamada a Constituição de 1937, e a Carta de 1967. Entre elas, há muitas semelhanças, tais como:

a) o fato de serem decretadas por presidentes eleitos para estabelecer regimes autoritários capazes de manter a paz política e social e a segurança em momentos de polarização política.

b) ambas ampliaram o Poder Executivo em detrimento do Legislativo e do Judiciário, enfraqueceram a autonomia dos Estados e criaram mecanismos para controlar os meios de comunicação.

c) ambas criaram dispositivos legais para o funcionamento do pluripartidarismo e para a participação equilibrada dos poderes republicanos.

d) a incorporação de Atos Institucionais autoritários que reforçavam o poder Legislativo para garantir a paz interna e a independência do país através de ampla atividade legislativa.

**4.** (UEG) Leia o texto a seguir.

Após a decapitação do rei, o Parlamento sofreu nova depuração. Um Conselho de Estado, com 41 membros, passou a exercer o Poder Executivo. Mas o controle do Estado estava de fato nas mãos de Cromwell [...]. Ofereceram-lhe a coroa, mas ele a recusou: na prática já era um soberano e podia até fazer seu sucessor.

PILETTI, Nelson; ARRUDA, José Jobson de A. *Toda a História*. São Paulo: Ática, 2000, p. 228.

Após a morte de seu líder, em 1658, o destino da chamada "República de Cromwell" foi marcado pela

a) deposição, já no ano seguinte, de seu filho e sucessor, Richard Cromwell, permitindo o início da fase de Restauração.

b) reformulação e fortalecimento do Parlamento inglês, num golpe militar conhecido como Revolução Gloriosa.

c) proibição das práticas puritanas, fazendo com que muitos membros do movimento migrassem para a América.

d) invasão de Guilherme de Orange, que implantou a Lei do Teste, obrigando a todos os funcionários públicos a se declararem católicos.

**5.** (PUC-RS)

Um fluxo intenso de mudanças, atingindo todos os níveis da experiência social, transformou o cotidiano das populações urbanas do ocidente, marcado pelo desenvolvimento e uso da eletricidade, do petróleo, da siderurgia e pelos avanços dos transportes, das comunicações e da medicina. No ritmo dessas mudanças, surgiram os grandes complexos industriais e as metrópoles modernas, nas quais se observa uma nova temporalidade, marcada pelo ritmo de produção das máquinas, pela racionalização dos usos do tempo, com a implantação de relógios em espaços públicos.

SEVCENKO, Nicolau. Introdução. In: NOVAIS, Fernando (org.). *História da Vida Privada no Brasil*. Vol. III. São Paulo: Cia. das Letras, 1998. Adaptado.

O contexto internacional da Revolução Técnico-Científica ao qual o texto se refere está relacionado à mudança institucional e à recomposição social e política da sociedade brasileira no período

a) da Proclamação da República.

b) da Pós-Revolução de 1930.

c) do Golpe do Estado Novo.

d) do Golpe Civil-Militar de 1968.

**6.** (Fuvest)

Os ensaios sediciosos do final do século XVIII anunciam a erosão de um modo de vida. A crise geral do Antigo Regime desdobra-se nas áreas periféricas do sistema atlântico – pois é essa a posição da América portuguesa –, apontando para a emergência de novas alternativas de ordenamento da vida social.

István Jancsó, "A Sedução da Liberdade". In: Fernando Novais. *História da Vida Privada no Brasil*, v. 1. São Paulo: Companhia das Letras, 1997. Adaptado.

A respeito das rebeliões contra o poder colonial português na América, no período mencionado no texto, é correto afirmar que,

a) em 1789 e 1798, diferentemente do que se dera com as revoltas anteriores, os sediciosos tinham o claro propósito de abolir o tráfico transatlântico de escravos para o Brasil.

b) da mesma forma que as contestações ocorridas no Maranhão em 1684, a sedição de 1798 teve por alvo o monopólio exercido pela companhia exclusiva de comércio que operava na Bahia.

c) em 1789 e 1798, tal como ocorrera na Guerra dos Mascates, os sediciosos esperavam contar com o suporte da França revolucionária.

d) tal como ocorrera na Guerra dos Emboabas, a sedição de 1789 opôs os mineradores recém-chegados à capitania aos empresários há muito estabelecidos na região.

e) em 1789 e 1798, seus líderes projetaram a possibilidade de rompimento definitivo das relações políticas com a metrópole, diferentemente do que ocorrera com as sedições anteriores.

**7.** (UFRGS) Considere as afirmações abaixo, sobre a história das sociedades antigas.

I. O Egito faraônico caracterizava-se pela estrutura política horizontalizada, pela pouca estratificação social e pela economia centrada na piscicultura devido às cheias do rio Nilo.

II. Os fenícios mantiveram uma estrutura social militarizada e terrestre, que permitiu a conquista de outros povos na região do Oriente Médio, culminando com o fim de rotas comerciais marítimas com a Ásia.

III. A expansão do Império Persa, durante o governo de Dario , foi marcada pela unificação dos sistemas tributário e monetário, pela implementação de um código jurídico e por uma rede de estradas e de comunicação.

Quais estão corretas?

a) Apenas I.
b) Apenas II.
c) Apenas III.
d) Apenas II e III.
e) I, II e III.

**8.** (Unesp) A migração de Maomé e seus seguidores, em 622, de Meca para Medina permitiu a consolidação da religião muçulmana que incluía, entre outros princípios,

a) a recomendação de que os muçulmanos não escravizassem ou atacassem outros muçulmanos, pois eles pertencem à mesma irmandade de fé.
b) a proibição de que os muçulmanos exercessem atividades comerciais, pois o manejo cotidiano de riquezas era considerado impuro.
c) a proibição de que os muçulmanos visitassem Meca, pois o solo puro e sagrado dessa cidade deveria permanecer intocado.
d) a recomendação de que os muçulmanos não limitassem seu culto a um só Deus, pois o criador multiplica-se em diversas formas e faces.
e) a proibição de que os muçulmanos saíssem da Península Arábica, pois eles sofriam perseguições em outros territórios.

**9.** (Udesc) É prática comum nos programas escolares a delimitação de datas que marcam o início e, muitas vezes, o fim de processos históricos. No caso da História do Brasil, o ano de 1500 recebe bastante atenção.

A respeito do ano de 1500 como início oficial da História do Brasil, analise as proposições.

I. A definição de datas como marcos históricos tem implicações políticas, uma vez que elege certos eventos como fundamentais. No caso da História do Brasil, a ênfase no ano de 1500 ressalta a importância atribuída à chegada dos europeus para a constituição da história brasileira.
II. Ao definir o ano de 1500 como marco inicial para a História do Brasil, corre-se o risco de desconsiderar a importância da história, as características e os costumes dos vários grupos indígenas que já habitavam o território, que seria posteriormente conhecido como Brasil.
III. A definição do ano de 1500, como marco para o início oficial da História do Brasil, foi resultado de uma série de demandas populares que reivindicavam a possibilidade de opinar a respeito da oficialização da História Nacional.

Assinale a alternativa **correta**.

a) Somente as afirmativas I e II são verdadeiras.
b) Somente as afirmativas II e III são verdadeiras.
c) Somente as afirmativas I e III são verdadeiras.
d) Somente a afirmativa I é verdadeira.
e) Somente a afirmativa II é verdadeira.

**10.** (UEL) Durante a II Guerra Mundial, o número de pessoas exterminadas por motivos raciais nos campos de concentração nazistas eleva-se a milhões. Sobre esse tema, Eric Hobsbawm, no livro *Era dos Extremos*, fez o seguinte questionamento:

> Seria menor o horror do Holocausto se os historiadores concluíssem que exterminou não 6 milhões [...], mas 5 ou mesmo 4 milhões?
>
> HOBSBAWM, E. *Era dos Extremos*: o breve século XX: 1914-1991. São Paulo: Companhia das Letras, 1995, p. 50.

Em relação à política eugenista praticada pelos nazistas, considere as afirmativas a seguir.

I. A política de seleção racial atingiu os prisioneiros russos que foram enviados aos campos de concentração e guetos.
II. Judeus que apresentavam características físicas arianas foram poupados dos campos de concentração.
III. O isolamento nos guetos somou-se aos campos de concentração como formas de extermínio da população não ariana.
IV. Populações ciganas que viviam nos territórios ocupados pelos alemães foram enviadas aos campos de concentração.

Assinale a alternativa correta.

a) Somente as afirmativas I e II são corretas.
b) Somente as afirmativas I e IV são corretas.
c) Somente as afirmativas III e IV são corretas.
d) Somente as afirmativas I, II e III são corretas.
e) Somente as afirmativas II, III e IV são corretas.

**11.** (Fuvest)

O processo de expansão das características multilaterais do sistema ocidental nas diversas áreas do mundo conheceu crescente impasse a partir do início do novo século. A sustentabilidade de um sistema substancialmente unipolar mostrou-se cada vez mais crítica, precisamente em face das transformações estruturais, ligadas, antes de mais nada, ao crescimento econômico da Ásia, que pareciam complementar e sustentar a ordem mundial do pós-Guerra Fria. A ameaça do fundamentalismo islâmico e do terrorismo internacional dividiu o Ocidente. O papel de pilar dos Estados Unidos oscilou entre um unilateralismo imperial, tendendo a renegar as próprias características da hegemonia, e um novo multilateralismo, ainda a ser pensado e definido.

Silvio Pons. *A revolução global:* história do comunismo internacional (1917-1991). Rio de Janeiro: Contraponto, 2014.

O texto propõe uma interpretação do cenário internacional no princípio do século XXI e afirma a necessidade de se

a) valorizar a liderança norte-americana sobre o Ocidente, pois apenas os Estados Unidos dispõem de recursos financeiros e militares para assegurar a nova ordem mundial.

b) reconhecer a falência do modelo comunista, hegemônico durante a Guerra Fria, e aceitar a vitória do capitalismo e da lógica multilateral que se constituiu a partir do final do século XX.

c) combater o terrorismo islâmico, pois ele representa a principal ameaça à estabilidade e à harmonia econômica e política entre os Estados nacionais.

d) reavaliar o sentido da chamada globalização, pois a hegemonia política e financeira norte-americana tem enfrentado impasses e resistências.

e) identificar o crescimento vertiginoso da China e reconhecer o atual predomínio econômico e financeiro dos países do Oriente na nova ordem mundial.

**12.** (UEL) Leia o texto a seguir.

Assim como Darwin descobriu a lei do desenvolvimento da natureza orgânica, Marx descobriu a lei do desenvolvimento da história humana. A produção dos meios imediatos de vida, materiais e, por conseguinte, a correspondente fase de desenvolvimento econômico de um povo ou de uma época é a base a partir da qual tem se desenvolvido as instituições políticas, as concepções jurídicas, as ideias artísticas. A descoberta da mais-valia clareou estes problemas.

(Adaptado de: ENGELS, F. *Discurso diante do túmulo de Marx.* 1883. Disponível em: <http://www.marxists.org/espanol/m-e/1880s/83-tumba.htm>. Acesso em: 11 set. 2017.)

Com base no texto e nos conhecimentos sobre a concepção materialista da história, assinale a alternativa correta.

a) Existem leis gerais e invariáveis na história, que fazem a vida social retornar continuamente ao ponto de partida, isto é, a uma forma idêntica de exploração do homem sobre o homem.

b) A mais-valia, ou seja, uma maneira mais eficaz de os proprietários lucrarem por meio da venda dos produtos acima de seus preços, é uma manifestação típica da sociedade capitalista e do mundo moderno.

c) O darwinismo social é a base da concepção materialista da história na medida em que esta teoria demonstra cientificamente que somente os mais aptos podem sobreviver e dominar, sendo os capitalistas um exemplo.

d) A partir de intercâmbios na infraestrutura da vida social, desenvolve-se um conjunto de relações que passam a integrar o campo da superestrutura, com uma interdependência necessária entre elas.

e) A sociedade burguesa, por intensificar a exploração dos homens através do trabalho assalariado, constitui-se em forma de organização social menos desenvolvida que as anteriores.

# Simulado 2

10 questões de História • Tempo de resolução: 55 minutos

**1.** (UPE)

Um condicionante decisivo para o triunfo de Collor foi o "agressivo" marketing de sua campanha. Collor e sua assessoria apostaram na construção da imagem de um candidato jovem, moderno, decidido e, principalmente, diferente dos demais políticos. Além disso, prometia moralizar a política e se apresentava como protetor dos "descamisados" e "pés-descalços", prometendo-lhes solucionar todos os seus problemas.

MACHADO, Fabiana Michelle de Sousa. *Política econômica e política externa do governo Collor 1990-1992*. Belo Horizonte: Centro Universitário, 2007.

No campo político-econômico, esse curto governo foi caracterizado pela

a) retração do Brasil para o mercado externo.

b) extinção da inflação e desvalorização cambial.

c) desindustrialização do país, ampliando a agricultura familiar.

d) substituição das importações, retomando o desenvolvimento.

e) adoção de um novo modelo econômico, chamado de Plano Collor.

**2.** (Unesp)

Em 1500, fazia oito anos que havia presença europeia no Caribe: uma primeira tentativa de colonização que ninguém na época podia imaginar que seria o prelúdio da conquista e da ocidentalização de todo um continente e até, na realidade, uma das primeiras etapas da globalização.

A aventura das ilhas foi exemplar para toda a América, espanhola, inglesa ou portuguesa, pois ali se desenvolveu um roteiro que se reproduziu em várias outras regiões do continente americano: caos e esbanjamento, incompetência e desperdício, indiferença, massacres e epidemias. A experiência serviu pelo menos de lição à coroa espanhola, que tentou praticar no resto de suas possessões americanas uma política mais racional de dominação e de exploração dos vencidos: a instalação de uma Igreja poderosa, dominadora e próxima dos autóctones, assim como a instalação de uma rede administrativa densa e o envio de funcionários zelosos, que evitaram a repetição da catástrofe antilhana.

Serge Gruzinski. *A passagem do século: 1480-1520: as origens da globalização*, 1999. Adaptado.

A afirmação de que os primeiros traços da presença europeia na América foram "o prelúdio da ocidentalização" e "uma das primeiras etapas da globalização" é correta porque a conquista do continente americano representou

a) a definição da superioridade militar e religiosa do Ocidente cristão e o início da perseguição sistemática a judeus e muçulmanos.

b) a demonstração da teoria de Cristóvão Colombo sobre a esfericidade da Terra e o fracasso dos novos instrumentos de navegação.

c) o encerramento das relações comerciais da Europa com o Oriente e o imediato declínio da venda das especiarias produzidas na Índia.

d) o encontro e o choque entre culturas e o gradual deslocamento do eixo do comércio mundial para o Oceano Atlântico.

e) o avanço da monetarização da economia e o lançamento de projetos de regulação e controle centralizado do comércio internacional.

**3.** (Unicamp)

O tropicalismo buscava revolucionar a linguagem e o comportamento na vida cotidiana, incorporando-se simultaneamente à sociedade de massa e aos mecanismos do mercado de produção cultural. Criticava ao mesmo tempo a ditadura e uma estética de esquerda acusada de menosprezar a forma artística. Articulava aspectos modernos e arcaicos, buscava retomar criticamente a tradição brasileira e absorver influências estrangeiras de modo "antropofágico".

Marcelo Ridenti, "Cultura", em Daniel Aarão Reis (org). *Modernização, ditadura e democracia: 1964-2010*. Rio de Janeiro: Objetiva, 2014, p. 256.

O tropicalismo, no contexto cultural brasileiro dos anos 1960 e 1970,

a) foi influenciado pelo manifesto antropofágico e propunha digerir aspectos da cultura mundial – como a guitarra elétrica e a televisão – para difundir o ideal de uma sociedade alinhada com os interesses da modernização econômica da ditadura.

b) era um movimento que criticava a ditadura, associada à Jovem Guarda, e a esquerda, identificada com a Bossa Nova, propondo uma leitura imparcial para a cultura, como se observa na música popular e na dramaturgia do Teatro Oficina.

c) criticava o Cinema Novo e a glamorização da "estética da fome", preferindo abrir-se para os movimentos internacionais, como fizeram o modernismo em relação ao futurismo e a vanguarda do grupo do Teatro Opinião.

d) usava referências eruditas e populares, incorporava aspectos da música *pop* mesclada a aspectos regionais e expressava críticas à ditadura e ao patrulhamento praticado por alguns fãs das canções de protesto.

**4.** (UPE)

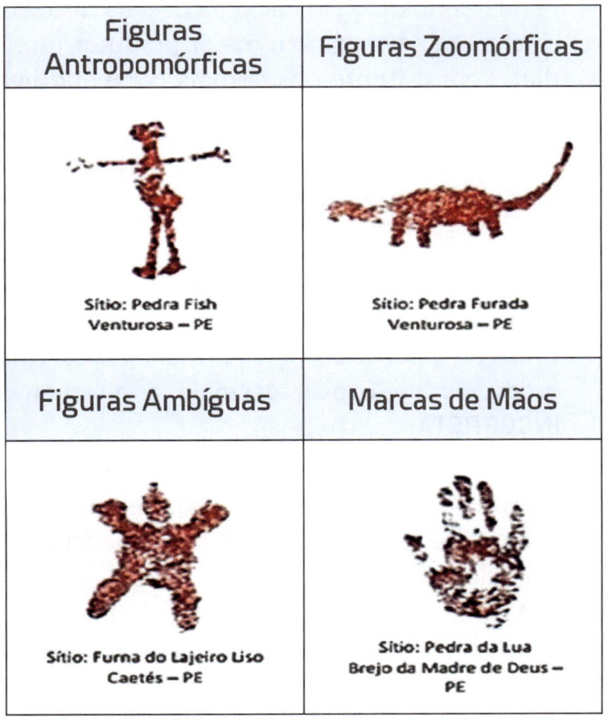




Grafismos Reconhecíveis. Imagens tratadas pelo *software Adobe Photoshop X6*.

In Perazzo; Pessis; Cisneiros. As pinturas rupestres da Tradição Agreste em Pernambuco e na Paraíba. Revista *FUMDHAMENTOS* XII 2015, p. 33.

Observando os grafismos, assinale a alternativa **CORRETA**.

a) Não havia animais nesse período específico.

b) Essas manifestações culturais não podem ser consideradas arte.

c) Nada sabemos sobre essas populações humanas.

d) Inexistiam técnicas para produção de pigmentos.

e) Há grande relevância histórica e artística.

**5.** (Enem)

A África Ocidental é conhecida pela dinâmica das suas mulheres comerciantes, caracterizadas pela perícia, autonomia e mobilidade. A sua presença, que fora atestada por viajantes e por missionários portugueses que visitaram a costa a partir do século XV, consta também na ampla documentação sobre a região. A literatura é rica em referências às grandes mulheres como as vendedoras ambulantes, cujo jeito para o negócio, bem como a autonomia e mobilidade, é tão típico da região.

HAVIK, P. Dinâmicas e assimetrias afro-atlânticas: a agência feminina e representações em mudança na Guiné (séculos XIX e XX). In: PANTOJA, S. (Org.). *Identidades, memórias e histórias em terras africanas*. Brasília: LGE; Luanda: Nzila, 2006.

A abordagem realizada pelo autor sobre a vida social da África Ocidental pode ser relacionada a uma característica marcante das cidades no Brasil escravista nos séculos XVIII e XIX, que se observa pela

a) restrição à realização do comércio ambulante por africanos escravizados e seus descendentes.

b) convivência entre homens e mulheres livres, de diversas origens, no pequeno comércio.

c) presença de mulheres negras no comércio de rua de diversos produtos e alimentos.

d) dissolução dos hábitos culturais trazidos do continente de origem dos escravizados.

e) entrada de imigrantes portugueses nas atividades ligadas ao pequeno comércio urbano.

**6.** (UEL) Durante o século II, o Império Romano atingiu sua máxima extensão territorial, dominando quase toda a atual Europa, o norte da África e partes do Oriente Médio. No final do século IV, porém, essa unidade começaria a ser desfeita com a divisão do império em duas porções: a ocidental, com a capital em Roma, e a oriental, com a capital em Bizâncio. Nos séculos IV e V, a fragmentação territorial se aprofundou ainda mais e o Império Romano do Ocidente acabou desaparecendo para dar lugar a diversos reinos germânicos.

Quanto à desagregação e queda do Império Romano do Ocidente, assinale a alternativa correta.

a) O êxodo rural causado pelos ataques dos povos germânicos resultou num crescimento desordenado das cidades, criando instabilidade e desordem política nos centros urbanos e forçando a abdicação do último imperador romano.

b) O paganismo introduzido no Império Romano pelas tribos germânicas enfraqueceu o cristianismo e causou a divisão entre cristãos católicos e ortodoxos, encerrando o apoio da Igreja ao imperador e consequentemente fazendo ruir o império.

c) A língua oficial do Império Romano, o latim, ao se fundir com os idiomas falados pelos invasores, deu origem às línguas germânicas, dificultando a administração dos territórios que se tornaram cada vez mais autônomos até se separarem de Roma.

d) A disputa entre os patrícios romanos e a plebe pelas terras férteis facilitou a invasão do império pelos "povos bárbaros", pois o exército romano foi obrigado a deixar as fronteiras desguarnecidas para defender os proprietários das terras das constantes rebeliões.

e) Com o fim das conquistas territoriais, o escravismo e a produção entraram em declínio, somado às "invasões bárbaras" e à ascensão do cristianismo, que aceleraram a fragmentação e queda de Roma.

**7.** (Unicamp)

A dona de casa entre as classes populares urbanas é uma personagem maior e majoritária. A dona de casa não tem muitas papas na língua. Muitas vezes é uma rebelde, tanto na vida privada quanto na vida pública. E não raro paga um alto preço por isso, como alvo principal de violências que podem chegar ao crime "passional".

Adaptado de Michelle Perrot, "Figuras e papéis", em Philippe Ariès (org). *História da vida privada*. São Paulo: Companhia das Letras, 1991. v. 4, p. 146.

A mulher das classes populares nas sociedades urbanas do século XIX na Europa

a) tinha múltiplas funções, como educar os filhos, cuidar da casa e administrar as finanças, mas vivia restrita ao espaço doméstico e por isso sua rebeldia era punida com violência.

b) era responsável pelo trabalho doméstico e muitas vezes tinha uma jornada dupla, pelo trabalho externo que realizava em fábricas, pequenos comércios e outros serviços.

c) sofreu estigma e violência por revolucionar os costumes e liderar o movimento de conquista do voto feminino.

d) contrariava o senso comum de ser cordata e obediente, pois sua condição social indicava que não tinha referencial de uma boa educação.

**8.** (PUC-RJ)

Em 1828 o Brasil despontava como o maior produtor mundial de café, e, ao longo da década seguinte, os valores obtidos com sua exportação ultrapassariam o que o país amealhava com o envio de açúcar ao mercado mundial. Quase toda essa produção, ademais, vinha de uma só região. O vale do rio Paraíba do Sul, ou simplesmente Vale do Paraíba, compreendendo terras das províncias de São Paulo, Rio de Janeiro e Minas Gerais. [...] No início da década de 1830, o Brasil reinava como o maior produtor mundial, bem à frente dos demais competidores (Cuba, Java, Jamaica, Haiti).

MARQUESE, Rafael; TOMICH, Dale. O Vale do Paraíba escravista e a formação do mercado mundial de café no século XIX. In: SALLES, Ricardo; GRINBERG, Keila (org.). *O Brasil Imperial*, volume 2: 1831-1870. Rio de Janeiro: Civilização Brasileira, 2009, p. 339-383.

Sobre as condições que permitiram o desenvolvimento da economia cafeeira no Império do Brasil e o domínio do mercado mundial pelo café produzido no Brasil, assinale a alternativa **INCORRETA**:

a) O desenvolvimento da cafeicultura no Vale do Paraíba se beneficiou da grande disponibilidade de terras com sua distribuição ainda não implementada.

b) A Revolução do Haiti (entre 1791 e 1804) desestabilizou a produção cafeeira da ilha, retirando-a do mercado mundial de café.

c) A existência prévia de vias que cruzavam a região e de um sistema de transportes baseado em tropas de mulas, que serviram ao escoamento da produção aurífera no século XVIII, facilitou o escoamento da produção cafeeira do Vale do Paraíba em direção aos portos de exportação.

d) As leis que proibiam o tráfico de escravos para o território do Império do Brasil, frutos da pressão inglesa, acabaram por beneficiar a produção cafeeira do Vale do Paraíba, uma vez que a utilização da mão de obra de imigrantes se mostrou muito mais produtiva.

e) Um conflito fiscal entre Espanha e Estados Unidos na década de 1830 retirou a produção cafeeira cubana do principal mercado consumidor mundial de café à época, o mercado norte-americano.

**9.** (UEMG) No decorrer do ano de 2015 viveu-se um período de intensas discussões no Congresso Nacional, em função da tão falada reforma política. Há muitos anos debate-se a necessidade de reformas na estrutura política brasileira e o Congresso apresentou sua proposta, que foi sancionada pela presidente da República.

Essa não foi a primeira vez que discutiu-se o sistema eleitoral brasileiro. A diferença é que, com o passar dos anos, nossa democracia vem se afirmando e a sociedade civil tem ficado mais exigente, e assim, querem melhores políticos. Como não veem, se desencantam e isso leva a indagações como a que foi feita por Zuenir Ventura em sua crônica: *por que os jovens não gostam de política?*

"(...) por que será que os jovens, mesmo os mais ligados, se desinteressam cada vez mais por política? A culpa será deles? Uma boa pergunta para os políticos responderem."

No decorrer de nossa história várias foram as características do voto no Brasil, pois a cada nova constituição novas regras eram aplicadas.

Considerando o que foi exposto, o sufrágio na constituição de

a) 1824 era direto, descoberto e universal masculino.

b) 1891 era direto, secreto e universal.

c) 1934 era indireto e excluía as mulheres e analfabetos.

d) 1946 era direto, secreto e excluía os analfabetos.

**10.** (Fuvest)

Um grande manto de florestas e várzeas cortado por clareiras cultivadas, mais ou menos férteis, tal é o aspecto da Cristandade – algo diferente do Oriente muçulmano, mundo de oásis em meio a desertos. Num local a madeira é rara e as árvores indicam a civilização, noutro a madeira é abundante e sinaliza a barbárie. A religião, que no Oriente nasceu ao abrigo das palmeiras, cresceu no Ocidente em detrimento das árvores, refúgio dos gênios pagãos que monges, santos e missionários abatem impiedosamente.

J. Le Goff. *A civilização do ocidente medieval.*
Bauru: Edusc, 2005. Adaptado.

Acerca das características da Cristandade e do Islã no período medieval, pode-se afirmar que

a) o cristianismo se desenvolveu a partir do mundo rural enquanto a religião muçulmana teve como base inicial as cidades e os povoados da península arábica.

b) a concentração humana assemelhava-se nas clareiras e nos oásis, que se constituíam como células econômicas, sociais e culturais, tanto da Cristandade quanto do Islã.

c) a Cristandade é considerada o negativo do Islã, pela ausência de cidades, circuitos mercantis e transações monetárias, que abundavam nas formações sociais islâmicas.

d) o clero cristão, defensor do monoteísmo estrito, combateu as práticas pagãs muçulmanas, arraigadas nas florestas e nas regiões desérticas da Cristandade ocidental.

e) a expansão econômica islâmica caracterizou-se pela ampliação das fronteiras de cultivo, em detrimento das florestas, em um movimento inverso àquele verificado no Ocidente medieval.

# Simulado 3

11 questões de História • Tempo de resolução: 55 minutos

**1.** (Fuvest)

**Níveis *per capita* de industrialização, 1750-1913**
**(Reino Unido em 1900 = 100)**

| País | 1750 | 1800 | 1860 | 1913 |
|---|---|---|---|---|
| Alemanha | 8 | 8 | 15 | 85 |
| Bélgica | 9 | 10 | 28 | 88 |
| China | 8 | 6 | 4 | 3 |
| Espanha | 7 | 7 | 11 | 22 |
| EUA | 4 | 9 | 21 | 126 |
| França | 9 | 9 | 20 | 59 |
| Índia | 7 | 6 | 3 | 2 |
| Itália | 8 | 8 | 10 | 26 |
| Japão | 7 | 7 | 7 | 20 |
| Reino Unido | 10 | 16 | 64 | 115 |
| Rússia | 6 | 6 | 8 | 20 |



Ronald Findlay e Kevin O'Rourke. *Power and Plenty: Trade, War, and the World Economy in the Second Millennium*. Princeton: Princeton University Press, 2007. Adaptado.

Com base na tabela, é correto afirmar:

a) a industrialização acelerada da Alemanha e dos Estados Unidos ocorreu durante a Primeira Revolução Industrial, mantendo-se relativamente inalterada durante a Segunda Revolução Industrial.

b) os países do Sul e do Leste da Europa apresentaram níveis de industrialização equivalentes aos dos países do Norte da Europa e dos Estados Unidos durante a Segunda Revolução Industrial.

c) a Primeira Revolução Industrial teve por epicentro o Reino Unido, acompanhado em menor grau pela Bélgica, ambos mantendo níveis elevados durante a Segunda Revolução Industrial.

d) os níveis de industrialização verificados na Ásia em meados do século XVIII acompanharam o movimento geral de industrialização do Atlântico Norte ocorrido na segunda metade do século XIX.

e) o Japão se destacou como o país asiático de mais rápida industrialização no curso da Primeira Revolução Industrial, perdendo força, no entanto, durante a Segunda Revolução Industrial.

**2.** (Unicamp)

Na formação das monarquias confessionais da Época Moderna houve reforço das identidades territoriais, em função de critérios de caráter religioso ou confessional. Simultaneamente, houve uma progressiva incorporação da Igreja ao corpo do Estado, através de medidas de caráter patrimonial e jurisdicional que procuravam uma maior sujeição das estruturas e agentes eclesiásticos ao poder do príncipe. Na busca pela homogeneização da fé dentro de um território político, a Igreja cumpria também papel fundamental na formação do Estado moderno por meio de seus mecanismos de disciplinamento social dos comportamentos.

Adaptado de Frederico Palomo. *A Contrarreforma em Portugal, 1540-1700*. Lisboa: Livros Horizonte, 2006, p. 52.

Considerando o texto acima e seus conhecimentos sobre a Europa Moderna, assinale a alternativa correta.

a) Cada monarquia confessional adotou uma identidade religiosa e medidas repressivas em relação às dissidências religiosas que poderiam ameaçar tal unidade.

b) Monarquias confessionais são aquelas unidades políticas nas quais havia a convivência pacífica de duas ou mais confissões religiosas, num mesmo território.

c) São consideradas monarquias confessionais os territórios protestantes que se mostravam mais propícios ao desenvolvimento do capitalismo comercial, tornando-se, assim, nações enriquecidas.

d) As monarquias confessionais contavam com a instituição do Tribunal do Santo Ofício da Inquisição em seu território, uma forma de controle cultural sobre religiões politeístas.

**3.** (Udesc)

Quem construiu Tebas, a das sete portas? Nos livros vem o nome dos reis, mas foram os reis que transportaram as pedras? Babilônia, tantas vezes destruída, quem outras tantas a reconstruiu? Em que casas da Lima Dourada moravam seus obreiros?

(Perguntas de um operário que lê. Bertold Brecht)

Heródoto de Halicarnasso, nascido no século V a.C., é comumente conhecido como "o Pai da História". De acordo com o historiador François Hartog, Heródoto interessava-se, entre outras questões, pelas maravilhas e pelos monumentos considerados, muitas vezes, expressões da influência divina.

Considerando os questionamentos de Bertold Brecht, assinale a alternativa que contém a melhor interpretação para a frase de Heródoto: "O Egito é uma dádiva do Nilo".

a) Permite constatar o desconhecimento de Heródoto no que diz respeito à Geografia, uma vez que os rios que atravessam o território egípcio são Tigre e Eufrates.

b) Representa um anacronismo pois, no século V a.C., quando proferida, o Egito era ainda colônia do grande Império Bizantino.

c) Atribui apenas à presença do Nilo o desenvolvimento do Egito, porém não considera a importância da presença humana, do trabalho empreendido na utilização do rio e dos benefícios naturais para o desenvolvimento da região.

d) Representa a profunda religiosidade do povo egípcio, o qual atribuía ao deus Nilo o desenvolvimento do Império, à época, no período pré-dinástico.

e) Atribui centralidade às ações do imperador Nilo que, entre os séculos VI a.C. e V a.C., administrou o processo de expansão territorial do Império Egípcio, sem, todavia, ressaltar a participação dos soldados que lutavam sob o comando do imperador.

**4.** (Enem)

Reprodução/Enem 2016

HENFIL. Diretas Já!, 1984. In: LEMOS, R. (Org.) *Uma história do Brasil através da caricatura (1840-2001)*. Rio de Janeiro: Letras & Expressões, 2001.

A imagem faz referência a uma intensa mobilização popular e pode ser traduzida como

a) a campanha popular que confrontava a legitimidade das eleições indiretas no país.

b) a manifestação de milhares de pessoas em prol da realização de eleições para o Senado.

c) as passeatas realizadas em prol do fim da Ditadura Militar no Brasil e na Argentina.

d) os comícios e manifestações populares pela abertura política de forma lenta e segura.

e) o movimento que exigia o direito à igualdade de voto para homens e mulheres.

**5.** (UPE)

Os holandeses ocuparam, durante 24 anos, o Nordeste brasileiro: Pernambuco, Paraíba, Rio Grande do Norte e Itamaracá (1630-1654). Nesse período, Pernambuco se transformou numa verdadeira metrópole, com uma vida cultural intensa, onde poetas, cientistas e filósofos tornaram o Brasil um centro intelectual único na América do Sul. Nesse contexto, os judeus puderam constituir uma comunidade com escolas, sinagogas e cemitério, dando sua contribuição ao enriquecimento da vida cultural da região.

LEVY, Daniela Tonello. *Judeus e Marranos no Brasil Holandês. Pioneiros na colonização de Nova York. Século XVII*. São Paulo: USP, 2008. (Adaptado)

Uma característica sociopolítica da ocupação holandesa no contexto mencionado foi

a) a retração da produção de açúcar.

b) o florescimento de um movimento antimodernizador.

c) o estabelecimento da tolerância e da liberdade religiosa.

d) a preocupação apenas em explorar comercialmente o território.

e) a manutenção de boas relações comerciais com o mundo ibérico.

**6.** (Fuvest)

Os Impérios helenísticos, amálgamas ecléticas de formas gregas e orientais, alargaram o espaço da civilização urbana da Antiguidade clássica, diluindo-lhe a substância [...].

De 200 a.C. em diante, o poder imperial romano avançou para leste [...] e nos meados do século II as suas legiões haviam esmagado todas as barreiras sérias de resistência do Oriente.

Anderson, Perry. *Passagens da Antiguidade ao feudalismo.* Porto: Afrontamento, 1982.

Na região das formações sociais gregas,

a) a autonomia das cidades estado manteve-se intocável, apesar da centralização política implementada pelos imperadores helenísticos.

b) essas formações e os impérios helenísticos constituíram-se com o avanço das conquistas espartanas no período posterior às guerras no Peloponeso, ao final do século V a.C.

c) a conquista romana caracterizou-se por uma forte ofensiva frente à cultura helenística, impondo a língua latina e cerceando as escolas filosóficas gregas.

d) o Oriente tornou-se área preponderante do Império Romano a partir do século III d.C., com a crise do escravismo, que afetou mais fortemente sua parte ocidental.

e) os espaços foram conquistados pelas tropas romanas, na Grécia e na Ásia Menor, em seu período de apogeu, devido às lutas intestinas e às rivalidades entre cidades estado.

**7.** (UPE)

O Princípio de Separação dos Poderes, embora tenha sido positivado por meio da revolução constitucionalista do final do século XVIII, tem raízes muito mais profundas, tendo em vista que a preocupação de atribuir as funções fundamentais do estado a órgãos distintos é objeto de reflexão e discussão desde os primórdios da organização estatal. A separação dos poderes do Estado tem suas bases definidas por meio de uma teoria, que se desenvolveu ao longo do tempo, mediante a reflexão de filósofos que remontam à Antiguidade, consagrando-se efetivamente após a análise de Montesquieu, no século XVIII.

BARBOSA, Marília Costa. *Revisão da Teoria da Separação dos Poderes do Estado.* Escola Superior do Ministério Público do Ceará. (Adaptado)

Diante do contexto explicado, qual a principal característica da separação dos poderes no pensamento de Montesquieu?

a) Combater a expansão dos ideais socialistas.

b) Possibilitar a exploração dos trabalhadores.

c) Garantir a manutenção do Antigo Regime.

d) Propiciar a expansão da industrialização.

e) Assegurar a liberdade dos indivíduos.

**8.** (Enem)

Estão aí, como se sabe, dois candidatos à presidência, os senhores Eduardo Gomes e Eurico Dutra, e um terceiro, o senhor Getúlio Vargas, que deve ser candidato de algum grupo político oculto, mas é também o candidato popular. Porque há dois "queremos": o "queremos" dos que querem ver se continuam nas posições e o "queremos" popular... Afinal, o que é que o senhor Getúlio Vargas é? É fascista? É comunista? É ateu? É cristão? Quer sair? Quer ficar? O povo, entretanto, parece que gosta dele por isso mesmo, porque ele é "à moda da casa".

A Democracia. 16 set. 1945, apud GOMES, A. C.; D'ARAÚJO, M. C. *Getulismo e trabalhismo.* São Paulo: Ática, 1989.

O movimento político mencionado no texto caracterizou-se por

a) reclamar a participação das agremiações partidárias.

b) apoiar a permanência da ditadura estadonovista.

c) demandar a confirmação dos direitos trabalhistas.

d) reivindicar a transição constitucional sob influência do governante.

e) resgatar a representatividade dos sindicatos sob controle social.

**9.** (UFRGS) Assinale com **V** (verdadeiro) ou **F** (falso) as afirmações abaixo, referentes à Revolução dos Cravos em Portugal.

( ) Uma das metas do movimento revolucionário foi a defesa da continuidade do regime salazarista, então vigente e no poder desde 1933.

( ) A Revolução foi um movimento eminentemente civil de oposição ao Estado Novo português, e não contou com apoio algum das Forças Armadas do país.

( ) Uma das suas consequências foi o fim da Guerra Colonial na África e a evacuação das tropas portuguesas de Angola e Moçambique.

( ) A Revolução, com inclinação socialista, buscava depor o Estado Novo português e instaurar um regime democrático no país.

A sequência correta de preenchimento dos parênteses, de cima para baixo, é:

a) F – V – V – F.
b) V – V – F – F.
c) V – F – V – F.
d) F – F – V – V.
e) F – V – F – V.

**10.** (Enem)

> Art. 1º – O estrangeiro que, por qualquer motivo, comprometer a segurança nacional ou a tranquilidade pública, pode ser expulso de parte ou de todo o território nacional.
>
> Art. 2º – São também causas bastantes para a expulsão:
>
> 1ª) a condenação ou processo pelos tribunais estrangeiros por crimes ou delitos de natureza comum;
>
> 2ª) duas condenações, pelo menos, pelos tribunais brasileiros, por crimes ou delitos de natureza comum;
>
> 3ª) a vagabundagem, a mendicidade e o lenocínio competentemente verificados.
>
> BRASIL. *Lei 1.641, de 7 de janeiro de 1907*. Disponível em: www2.camara.leg.br. Acesso em: 29 ago. 2012 (adaptado).

No início do século XX, na transição do trabalho escravo para o livre, os objetivos da legislação citada eram

a) disciplinar o trabalhador e evitar sua participação em movimentos políticos contrários ao governo.
b) estabelecer as condições para a vinda dos imigrantes e definir as regiões que seriam ocupadas.
c) demonstrar preocupação com as condições de trabalho e favorecer a organização sindical.
d) criar condições políticas para a imigração e isolar os imigrantes socialmente indesejáveis.
e) estimular o trabalho urbano e disciplinar as famílias estrangeiras nas fábricas.

**11.** (Mackenzie-SP) Ao analisar o processo de conquista da América pelos espanhóis, o historiador Héctor Bruit afirmou:

> O que mais chama a atenção em todo esse processo da conquista americana é a atitude dos indígenas em relação ao cristianismo. Documentos diversos atestam que os índios simulavam ser cristãos por meio dos significados das formas, rituais e gestos da nova religião, mas no fundo a simulação lhes permitia encobrir suas crenças idólatras.
>
> Héctor Hernan Bruit. *Bartolomé de las Casas e a simulação dos vencidos*. Campinas/São Paulo: Editora da UNICAMP/Iluminuras, 1995, p. 16.

É correto afirmar, pela análise do excerto, que

a) a conquista militar dos espanhóis possibilitou a imposição do cristianismo no continente americano. Por isso, tentativas de sobrevivência e ressignificação de símbolos religiosos, por parte dos indígenas, não surtiram efeito.
b) a conquista da América envolveu complexas relações entre conquistadores e conquistados. Nessas "relações", "concepções" religiosas, estratégias de domínio e sobrevivência e ressignificação de símbolos se fizeram presentes.
c) as relações entre espanhóis e indígenas foram permeadas por conflitos e estranhamentos culturais. Daí a necessidade europeia de impor o cristianismo aos nativos e, com isso, angariar fundos pecuniários à Igreja na América.
d) os conquistados, ao ressignificar símbolos culturais dos conquistadores espanhóis, simularam a sobrevivência de sua própria cultura. Daí a facilidade com que as populações nativas foram aculturadas durante a conquista.
e) os embates culturais foram constantes em todo o processo da conquista. Nesses embates, o consenso pela autodeterminação das populações indígenas ajuda a explicar o sucesso do empreendimento espanhol na América.

# Simulado 4

12 questões de História • Tempo de resolução: 55 minutos

**1.** (UEMG)

As consequências da escravidão não atingiram apenas os negros. Do ponto de vista da formação do cidadão, a escravidão afetou tanto o escravo quanto o senhor. Se um estava abaixo da lei, o outro se considerava acima. A libertação dos escravos não trouxe consigo a igualdade efetiva. Essa igualdade era afirmada nas leis, mas negada na prática. Ainda hoje, apesar das leis, aos privilégios e à arrogância de poucos correspondem o desfavorecimento e a humilhação de muitos.

CARVALHO, José Murilo de. *Cidadania no Brasil:* o longo caminho. 14ª ed. Rio de Janeiro: Civilização Brasileira, 2011, p. 53.

No século XIX, o combate à escravidão no Brasil relacionou-se à

a) adesão dos proprietários rurais à plena concretização dos direitos humanos.

b) elaboração da Constituição por pessoas comprometidas com a justiça social.

c) criação de leis emancipacionistas para a manutenção da Guerra do Paraguai.

d) mobilização de diferentes grupos sociais em torno da campanha abolicionista.

**2.** (Enem)

O sistema de irrigação egípcio era muito diferente do complexo sistema mesopotâmico, porque as condições naturais eram muito diversas nos dois casos. A cheia do Nilo também fertiliza as terras com aluviões, mas é muito mais regular e favorável em seu processo e em suas datas do que a do Tigre e Eufrates, além de ser menos destruidora.

CARDOSO, C. F. *Sociedades do antigo Oriente Próximo.* São Paulo: Ática, 1986.

A comparação entre as disposições do recurso natural em questão revela sua importância para a

a) desagregação das redes comerciais.

b) supressão da mão de obra escrava.

c) expansão da atividade agrícola.

d) multiplicação de religiões monoteístas.

e) fragmentação do poder político.

**3.** (Fuvest)

Eu por vezes tenho dito a V. A. aquilo que me parecia acerca dos negócios da França, e isto por ver por conjecturas e aparências grandes aquilo que podia suceder dos pontos mais aparentes, que consigo traziam muito prejuízo ao estado e aumento dos senhorios de V. A. E tudo se encerrava em vós, Senhor, trabalhardes com modos honestos de fazer que esta gente não houvesse de entrar nem possuir coisa de vossas navegações, pelo grandíssimo dano que daí se podia seguir.

Serafim Leite. *Cartas dos primeiros jesuítas do Brasil*, 1954.

O trecho acima foi extraído de uma carta dirigida pelo padre jesuíta Diogo de Gouveia ao Rei de Portugal D. João III, escrita em Paris, em 17/02/1538. Seu conteúdo mostra

a) a persistência dos ataques franceses contra a América, que Portugal vinha tentando colonizar de modo efetivo desde a adoção do sistema de capitanias hereditárias.

b) os primórdios da aliança que logo se estabeleceria entre as Coroas de Portugal e da França e que visava a combater as pretensões expansionistas da Espanha na América.

c) a preocupação dos jesuítas portugueses com a expansão de jesuítas franceses, que, no Brasil, vinham exercendo grande influência sobre as populações nativas.

d) o projeto de expansão territorial português na Europa, o qual, na época da carta, visava à dominação de territórios franceses tanto na Europa quanto na América.

e) a manifestação de um conflito entre a recém-criada ordem jesuíta e a Coroa portuguesa em torno do combate à pirataria francesa.

**4.** (UEL) Leia o texto a seguir.

Uma parte considerável dos novos ativistas já compareceu a protestos e a encontros presenciais, mas há muitos que se manifestam exclusivamente na Internet sob a forma de textos, *hashtags* e vídeos. E o volume de informação produzido por eles sinaliza a centralidade que a política assumiu no dia a dia dos brasileiros.

Adaptado de: CIRNE, S. *Somos todos ativistas.* Galileu. abr. 2016. p. 41.

As formas de ativismo *on-line* e *off-line*, no Brasil, demonstram a emergência, na sociedade civil, de novos atores políticos, que se articulam por meio de ações coletivas em rede.

Com base no texto e nos conhecimentos sobre as recentes formas de mobilização dos atores da sociedade civil, assinale a alternativa correta.

a) As ações coletivas em rede podem ser comparadas aos movimentos sindicais brasileiros da década de 1970, por adotarem práticas de organização e de mobilização em defesa da esfera privada contra a opressão estatal.

b) As manifestações políticas organizadas em redes de movimentos caracterizam-se pela participação de diversos grupos e de múltiplos atores imersos na vida cotidiana, com militância parcial e efêmera.

c) O atual ativismo político no Brasil, a exemplo do mundo, mobiliza entidades e organizações ideologicamente unificadas e com práticas comuns no mercado, a fim de obter vantagens coletivas trabalhistas e salariais.

d) O ciberativismo, na contemporaneidade, envolve, como no passado, a mobilização das grandes classes e a afirmação do movimento operário como principal protagonista das transformações socioeconômicas.

e) Os sujeitos dos movimentos favoráveis às políticas neoliberais, na atualidade brasileira, organizam-se em rede para a defesa da intervenção e da regulação da economia e das relações de trabalho, pelo Estado.

**5.** (Fuvest)

Aqui no Chile estava se construindo, entre imensas dificuldades, uma sociedade verdadeiramente justa, erguida sobre a base de nossa soberania, de nosso orgulho nacional, do heroísmo dos melhores habitantes do Chile. Do nosso lado, do lado da revolução chilena, estavam a constituição e a lei, a democracia e a esperança.

Pablo Neruda. *Confesso que vivi. Memórias*. Rio de Janeiro: Difel, 1980.

Nesse texto,

a) "soberania" está relacionada às campanhas de privatização das minas de estanho e salitre, que até então eram mantidas por capitais anglo-americanos.

b) "heroísmo" refere-se aos embates armados, travados com setores da democracia cristã e com as comunidades indígenas dos araucanos.

c) "a constituição e a lei" é uma referência ao novo ordenamento jurídico implantado após o golpe promovido pela Unidade Popular.

d) "democracia" alude a um traço peculiar da via chilena para o socialismo, pois o presidente Salvador Allende chegou ao poder pelo voto.

e) "esperança" traduz a expectativa resultante do apoio econômico e estratégico que havia sido obtido junto aos Estados Unidos e França.

**6.** (Enem)

As camadas dirigentes paulistas na segunda metade do século XIX recorriam à história e à figura dos bandeirantes. Para os paulistas, desde o início da colonização, os habitantes de Piratininga (antigo nome de São Paulo) tinham sido responsáveis pela ampliação do território nacional, enriquecendo a metrópole portuguesa com o ouro e expandindo suas possessões. Graças à integração territorial que promoveram, os bandeirantes eram tidos ainda fundadores da unidade nacional. Representavam a lealdade à província de São Paulo e ao Brasil.

ABUD, K. M. Paulistas, uni-vos! *Revista de História da Biblioteca Nacional*, n. 34, 1 jul. 2008 (adaptado).

No período da história nacional analisado, a estratégia descrita tinha como objetivo

a) promover o pioneirismo industrial pela substituição de importações.

b) questionar o governo regencial após a descentralização administrativa.

c) recuperar a hegemonia perdida com o fim da política do café com leite.

d) aumentar a participação política em função da expansão cafeeira.

e) legitimar o movimento abolicionista durante a crise do escravismo.

**7.** (UEL) Sobre o processo histórico da denominada Guerra do Ópio, ocorrida na China, em 1841, assinale a alternativa correta.

a) Os Estados Unidos da América iniciaram a expansão para o Oriente, comercializando o ópio monopolizado pelos chineses, o que provocou uma guerra entre eles, encerrada com o acordo de divisão igualitária das cotas comerciais.

b) O Japão, em suas conquistas imperialistas no continente asiático, travou uma guerra com a China pelo domínio do comércio do ópio na região; nesse processo, estabeleceram o Tratado de Pequim, no qual Hong Kong passou ao domínio japonês.

c) O império russo, parceiro da China no comércio do ópio, transportava-o para os portos de Xangai com maior agilidade e altas taxas aduaneiras, o que fez com que exigisse a franquia desse produto.

d) A Inglaterra, que dominava a comercialização do ópio na China, impôs aos chineses uma indenização por eles terem, a pretexto de proteger a saúde de sua população, confiscado e destruído uma grande carga de ópio.

e) A França teve uma de suas colônias, o Afeganistão, como um grande produtor de ópio e concorrente comercial dos chineses, que monopolizavam essa atividade com elevados lucros; visando quebrar tal monopólio, os franceses bloquearam os portos chineses.

**8.** (PUC-RS)

A cidade, na época do Renascimento, é um ser de razão. Não é só vivida como também é pensada. [...] A cidade não deve ser apenas prática. É conveniente que seja também bela.

DELUMEAU, Jean. *A Civilização do Renascimento*. Lisboa: Editorial Estampa, 1994, p. 258-261.

Com base na citação acima, que aponta para o novo contexto político, social, econômico e cultural da Europa nos séculos XVI e XVII, analise as afirmativas a seguir, preenchendo os parênteses com V (verdadeiro) ou F (falso).

( ) Os arquitetos projetaram tanto a forma urbana, a partir de formas geométricas belas ideais, quanto construíram, para a comodidade dos habitantes, os palácios, as praças, as fontes e os monumentos.

( ) A centralização do Estado e a ampliação da máquina burocrática para a administração dos negócios públicos, o comércio, a aplicação da justiça e a cobrança dos impostos exigiram que a nobreza se abrisse para o exercício de novas profissões.

( ) Foram criadas editoras, academias e bibliotecas, que permitiram a expansão da cultura letrada e a circulação de novas ideias nas principais cidades europeias.

( ) A laicização da cultura urbana provocou o abandono de práticas religiosas na vida cotidiana e a perda de importância da Igreja Católica na política.

O correto preenchimento dos parênteses, de cima para baixo, é

a) V – F – V – F.
b) V – V – F – F.
c) F – F – V – V.
d) F – V – F – V.

**9.** (Unicamp)

Não existem culturas ou civilizações ilhadas. [...] Quanto mais insistirmos na separação de culturas e civilizações, mais imprecisos seremos sobre nós mesmos e os outros. No meu modo de pensar, a noção de uma civilização isolada é impossível. A verdadeira questão é se queremos trabalhar para civilizações separadas ou se devemos tomar o caminho mais integrador, mas talvez mais difícil, que é tentar vê-las como um imenso todo cujos contornos exatos uma pessoa sozinha não consegue captar, mas cuja existência certa podemos intuir e sentir.

Edward Said. *Reflexões sobre o exílio e outros ensaios*. São Paulo: Companhia das Letras, 2002, p. 317.

Sobre o conceito em questão e os contextos referidos pelo autor, é correto afirmar:

a) o processo de globalização provocou a destruição da cultura dos povos não ocidentais e, por isso, aumentou práticas como o terrorismo a partir de 2001.

b) a ideia de civilização, como imaginada no século XIX, produziu a emancipação das Américas e o fim da disputa colonial no mundo.

c) o conceito de civilização foi estabelecido na Grécia Antiga e aperfeiçoado pelas práticas integradoras do imperialismo do século XIX ocorridas na África.

d) a lógica de integração de culturas é negada por grupos radicais e pelos defensores do princípio de que vivemos em um choque de civilizações.

**10.** (UEL) Sob o ponto de vista das ideias, foram diversas as correntes políticas que atuaram no período regencial no Brasil (1831-1840).

Assinale a alternativa que apresenta, corretamente, os integrantes e suas posições político-ideológicas.

a) Os cabanos situavam-se na região norte do país, eram administradores das províncias, corporações do exército local e elite dos comerciantes portugueses; defendiam o retorno da família imperial.

b) Os farroupilhas eram pequenos proprietários rurais e comerciantes, representavam o setor mais conservador do grupo dos chimangos; postulavam o retorno da monarquia com a imposição de medidas centralizadoras.

c) Os liberais exaltados eram proprietários rurais, integrantes do exército e classe média urbana, que defendiam a descentralização do poder imperial e a autonomia das províncias.

d) Os liberais moderados, ou chimangos, eram comerciantes portugueses, aristocratas e integrantes da alta patente do exército, que defendiam a volta do ex-imperador e a autonomia das províncias.

e) Os restauradores, ou caramurus, eram membros do setor rural abolicionista e intelectuais da classe média; defendiam as reformas socioeconômicas que visavam à expulsão do ex-imperador.

**11.** (UERJ)

O que houve em 1964 não foi uma revolução. As revoluções fazem-se por uma ideia, em favor de uma doutrina. Nós simplesmente fizemos um movimento para derrubar João Goulart. Foi um movimento contra e não por alguma coisa. Era contra a subversão, contra a corrupção. Em primeiro lugar, nem a subversão nem a corrupção acabam. Você pode reprimi-las, mas não as destruirá. Era algo destinado a corrigir, não a construir algo novo, e isso não é revolução.

GENERAL ERNESTO GEISEL, 1981. GASPARI, Elio. *A ditadura acabada*. Rio de Janeiro: Intrínseca, 2016.

As palavras do ex-presidente Geisel (1974-1979) reforçam o entendimento de que o movimento analisado foi resultado de:

a) revolta popular.

b) democracia direta.

c) intervenção golpista.

d) previsão constitucional.

**12.** (UFPR) Leia o texto a seguir:

Foi a República Romana que primeiro uniu a grande propriedade agrícola com a escravidão em grupos no interior em maior escala. O advento da escravidão como um modo de produção organizado inaugurou – como na Grécia – a fase clássica que distinguia a civilização romana, o apogeu de seu poder e de sua cultura. Mas enquanto na Grécia isso havia coincidido com a estabilização da pequena agricultura e de um compacto corpo de cidadãos, em Roma foi sistematizado por uma aristocracia urbana a qual já gozava de um domínio social e econômico sobre a cidade. O resultado foi a nova instituição rural do *latifundium* escravo extensivo. A mão de obra para as enormes explorações que emergiam do século III a.C. em diante era abastecida pela espetacular série de campanhas que deu a Roma o poder sobre o mundo mediterrâneo.

ANDERSON, Perry. *Passagens da antiguidade ao feudalismo*. São Paulo: Brasiliense, 1995, p. 58.

Tendo como alvo a República Romana, assinale a alternativa correta.

a) A desestruturação agrária em Roma, que estabeleceu sistemas de latifúndios, beneficiou os grupos empobrecidos, uma vez que estes podiam abandonar o campo e se estabelecer em cidades.

b) As guerras constantes ajudaram as classes dominantes da Roma republicana a desviar a atenção dos problemas fundiários derivados do *latifundium* nos séculos seguintes.

c) Foi por meio da intervenção dos irmãos Graco que o problema da reforma agrária foi resolvido no século II, pois os poderes políticos foram transplantados ao senado e, assim, Roma viu mais um século de paz.

d) Os tribunos da plebe tiveram um papel importante no processo da reforma agrária romana, possibilitando a transformação do modo de vida de maneira a permitir que todo pequeno agricultor transformasse sua propriedade em um Domus.

e) O domínio social e econômico das cidades provinha de delicada relação entre a manutenção de sistemas agrários em que a mão de obra escrava era aproveitada de forma esporádica e a utilização ocasional de grandes extensões de terra.

# Simulado 5

**11 questões de História • Tempo de resolução: 55 minutos**

**1.** (Fuvest) Uma observação comparada dos regimes de trabalho adotados nas Américas de colonização ibérica permite afirmar corretamente que, entre os séculos XVI e XVIII,

a) a servidão foi dominante em todo o mundo português, enquanto, no espanhol, a mão de obra principal foi assalariada.

b) a liberdade foi conseguida plenamente pelas populações indígenas da América espanhola e da América portuguesa, enquanto a dos escravos africanos jamais o foi.

c) a escravidão de origem africana, embora presente em várias regiões da América espanhola, esteve mais generalizada na América portuguesa.

d) não houve escravidão africana nos territórios espanhóis, pois estes dispunham de farta oferta de mão de obra indígena.

e) o Brasil forneceu escravos africanos aos territórios espanhóis, que, em contrapartida, traficavam escravos indígenas para o Brasil.

**2.** (UFPR)

> Para muitos pesquisadores, é correto assinalar que durante a Idade Média foram os árabes, não os cristãos, os herdeiros e sucessores da ciência helênica, uma herança que fez com que toda a extensão dos seus domínios, da Espanha ao Afeganistão, o mundo muçulmano, fosse cenário de uma atividade intelectual intensa, não só em filosofia, mas também em matemática, astronomia e medicina. Nem sempre conhecida ou traduzida no Ocidente, essa produção está preservada em uma grande quantidade de manuscritos.
>
> BISSIO, Beatriz. *O mundo falava árabe.* A civilização árabe-islâmica clássica através da obra de Ibn Khaldun e Ibn Battuta. Rio de Janeiro: Civilização Brasileira, 2012, p. 36.

Com base no texto acima e nos conhecimentos sobre o mundo muçulmano na Idade Média, assinale a alternativa correta.

a) Foi justamente em função do seu caráter religioso fragmentado que o mundo muçulmano e a sua civilização distinguiram-se mais vigorosamente do Ocidente cristão, fortemente homogêneo. A existência, no seio do Império Muçulmano, de numerosas tendências religiosas teve consequências consideráveis na produção de manuscritos.

b) Apesar da sua hegemonia nas ciências durante o período medieval, a civilização muçulmana era, afinal, um simples conjunto díspar de empréstimos culturais, o qual não conseguia refletir o novo universalismo e a nova ordem social que se instaurou com o surgimento do Islã.

c) Durante esse período, cidades como Córdoba, Bagdá e Alexandria, entre outras, se tornaram centros de intercâmbio de conhecimentos. Tratava-se de um circuito cosmopolita do qual a Europa, periférica e tragada por diversas crises religiosas, não participou.

d) A Idade Média foi um período caraterizado pelo domínio efetivo, militar e político, dos países muçulmanos sobre os países cristãos. Um domínio caracterizado, entre outras coisas, pela presença hegemônica da língua árabe nos espaços comerciais, políticos e acadêmicos da Europa.

e) Existe consenso entre a maioria dos historiadores que estudam o período de que a emergência do horizonte renascentista deve muito ao trabalho dos sábios e acadêmicos muçulmanos, conhecidos pelo mundo cristão, sobretudo, através da Península Ibérica.

**3.** (Fuvest)

> Um elemento essencial para a evolução da dieta humana foi a transição para a agricultura como o modo primordial de subsistência. A Revolução Neolítica estreitou dramaticamente o nicho alimentar ao diminuir a variedade de mantimentos disponíveis; com a virada para a agricultura intensiva, houve um claro declínio na nutrição humana. Por sua vez, a industrialização recente do sistema alimentar mundial resultou em uma outra transição nutricional, na qual as nações em desenvolvimento estão experimentando, simultaneamente, subnutrição e obesidade.
>
> George J. Armelagos, "Brain Evolution, the Determinates of Food Choice, and the Omnivore's Dilemma", *Critical Reviews in Food Science and Nutrition*, 2014. Adaptado.

A respeito dos resultados das transformações nos sistemas alimentares descritas pelo autor, é correto afirmar:

a) A quantidade absoluta de mantimentos disponíveis para as sociedades humanas diminuiu após a Revolução Neolítica.

b) A invenção da agricultura, ao diversificar a cesta de mantimentos, melhorou o balanço nutricional das sociedades sedentárias.

c) Os ganhos de produtividade agrícola obtidos com as revoluções Neolítica e Industrial trouxeram simplificação das dietas alimentares.

d) As populações das nações em desenvolvimento estão sofrendo com a obesidade, por consumirem alimentos de melhor qualidade nutricional.

e) A dieta humana pouco variou ao longo do tempo, mantendo-se inalterada da Revolução Neolítica à Revolução Industrial.

**4.** (PUC-SP)

Virou-se para Teoria. Este ainda não dormia. Sem Medo segredou-lhe:

— O que conta é a ação. Os problemas do Movimento resolvem-se, fazendo a ação armada. A mobilização do povo de Cabinda faz-se desenvolvendo a ação. Os problemas pessoais resolvem-se na ação. Não uma ação à toa, uma ação por si. Mas a ação revolucionária. O que interessa é fazer a Revolução, mesmo que ela venha a ser traída.

Pepetela. *Mayombe*. São Paulo: Leya, 2013, p. 237.

O trecho, extraído de um romance angolano, refere-se à luta do Movimento Popular de Libertação de Angola (MPLA), na década de 1970, pela independência de Angola. Nessa obra de ficção, aparecem diversos temas presentes nesse conflito. Entre eles,

a) a impossibilidade de saídas negociadas, as divergências entre os vários grupos que lutavam contra a colonização portuguesa, o personalismo de algumas lideranças.

b) o apoio da comunidade internacional à independência angolana, a articulação da luta das várias tribos, a preocupação dos portugueses com reformas políticas e sociais.

c) o temor do povo angolano face à ameaça de invasão estrangeira, o diálogo ininterrupto com os representantes portugueses, o abandono da luta armada.

d) a aliança da guerrilha angolana com os fascistas portugueses, a ampla mobilização popular em favor da emancipação política, a unidade dos grupos em luta.

**5.** (Fuvest)

Se o açúcar do Brasil o tem dado a conhecer a todos os reinos e províncias da Europa, o tabaco o tem feito muito afamado em todas as quatro partes do mundo, em as quais hoje tanto se deseja e com tantas diligências e por qualquer via se procura. Há pouco mais de cem anos que esta folha se começou a plantar e beneficiar na Bahia [...] e, desta sorte, uma folha antes desprezada e quase desconhecida tem dado e dá atualmente grandes cabedais aos moradores do Brasil e incríveis emolumentos aos Erários dos príncipes.

André João Antonil. *Cultura e opulência do Brasil por suas drogas e minas*. São Paulo: EDUSP, 2007. Adaptado.

O texto acima, escrito por um padre italiano em 1711, revela que

a) o ciclo econômico do tabaco, que foi anterior ao do ouro, sucedeu o da cana-de-açúcar.

b) todo o rendimento do tabaco, a exemplo do que ocorria com outros produtos, era direcionado à metrópole.

c) não se pode exagerar quanto à lucratividade propiciada pela cana-de-açúcar, já que a do tabaco, desde seu início, era maior.

d) os europeus, naquele ano, já conheciam plenamente o potencial econômico de suas colônias americanas.

e) a economia colonial foi marcada pela simultaneidade de produtos, cuja lucratividade se relacionava com sua inserção em mercados internacionais.

**6.** (FMP) Em 1945, durante os movimentos de abertura e redemocratização, foi deflagrada a campanha do "Queremismo" ou da "Constituinte com Getúlio". Sobre esse evento, a historiadora Ângela de Castro Gomes escreveu:

Trabalhismo e queremismo bebiam na mesma fonte; eram, basicamente, a mesma ideia. Mas é certo que do ponto de vista organizacional o PTB e o queremismo não eram a mesma coisa. O PTB, como partido que procurava seu registro junto à Justiça Eleitoral, estava definido pelas regras do jogo político. Devia formalmente ater-se a elas, e Getúlio não era um candidato fácil de ser lançado.

GOMES, A. C. *A invenção do trabalhismo*. Rio de Janeiro: Editora FGV, 2005, p. 284.

O que unia queremistas e o PTB, apesar das diferenças assinaladas pelo texto, era a defesa da

a) consolidação das leis do trabalho (CLT).
b) campanha do General Dutra à presidência.
c) destituição do sindicalismo oficial.
d) democracia constitucionalista.
e) benevolência do Presidente Vargas.

**7.** (Enem)

Os direitos civis, surgidos na luta contra o Absolutismo real, ao se inscreverem nas primeiras constituições modernas, aparecem como se fossem conquistas definitivas de toda a humanidade. Por isso, ainda hoje invocamos esses velhos "direitos naturais" nas batalhas contra os regimes autoritários que subsistem.

QUIRINO, C. G.; MONTES, M. L. *Constituições*. São Paulo: Ática, 1992 (adaptado).

O conjunto de direitos ao qual o texto se refere inclui

a) voto secreto e candidatura em eleições.
b) moradia digna e vagas em universidade.
c) previdência social e saúde de qualidade.
d) igualdade jurídica e liberdade de expressão.
e) filiação partidária e participação em sindicatos.

**8.** (UEL) Leia o texto a seguir.

O começo aqui foi muito difícil para nós. O pior foi a adaptação. Vocês conheceram nossa maravilhosa moradia em Berlim-Dahlen e iam se assustar vendo em que primitividade vivemos agora. Moramos em uma casa de madeira com cozinha, sala e dois pequenos quartos, um para mim e nosso filho adotivo Bobby, o outro para a minha esposa, a filha dela Magdi e Marlies, filha adotiva.

BEHREND, S. *Carta de Rudolf Isay*. 1936. NDPH-UEL.

A desestruturação da vida cotidiana na Alemanha, após 1932, expressa na carta do jurista Rudolf Isay, deveu-se à ascensão de um partido:

a) comunista, porém rompido com a URSS.
b) fascista, acrescido de elementos eugênicos.
c) liberal, de ideais oligárquicos.
d) socialista, vinculado à Internacional Comunista.
e) trabalhista, fundamentado no marxismo inglês.

**9.** (Unicamp)

Era o dia 6 de agosto de 1945. O avião B-29, Enola Gay, comandado pelo coronel Paul Tibbets, sobrevoou Hiroshima a 9448 metros de altitude e, quando os ponteiros do relógio indicaram 8h16, bombardeou-a com uma bomba de fissão nuclear de urânio, com 3 m de comprimento e 71,1 centímetros de diâmetro e 4,4 toneladas de peso. A bomba foi detonada a 576 metros do solo. Um colossal cogumelo de fumaça envolveu a região. Corpos carbonizados jaziam por toda parte. Atônitos, sobreviventes vagavam pelos escombros à procura de comida, água e abrigo. Seus corpos estavam dilacerados, queimados, mutilados. Cerca de 40 minutos após a explosão, caiu uma chuva radioativa. Muitos se banharam e beberam dessa água. Seus destinos foram selados.

(Adaptado de Sidnei J. Munhoz, "O pior dos fins". *Revista de História da Biblioteca Nacional*, maio 2015. Disponível em: http://www.revistadehistoria.com.br/secao/capa/o-pior-dos-fins. Acessado em 23/08/2016.)

A explosão da bomba mencionada no texto

a) ocorre a partir da desintegração espontânea do núcleo de urânio enriquecido em núcleos mais leves, liberando uma enorme quantidade de energia. Esse bombardeio significou o início da corrida armamentista entre EUA e União Soviética.
b) ocorre devido à desintegração do núcleo de urânio em núcleos mais leves, a partir do bombardeamento com nêutrons, liberando uma enorme quantidade de energia. Esse ataque é considerado um símbolo do final da II Guerra Mundial.
c) ocorre a partir da combinação de núcleos de urânio enriquecido com nêutrons, formando núcleos mais pesados e liberando uma enorme quantidade de energia. Esse bombardeio foi uma resposta aos ataques do Japão a Pearl Harbor.
d) ocorre devido à desintegração do núcleo de urânio em núcleos mais leves, a partir do bombardeamento com nêutrons, liberando uma enorme quantidade de energia. Esse ata-

que causou perplexidade por ser desferido contra um país que havia permanecido neutro na II Guerra Mundial.

**10.** (PUC-PR) Leia a manchete reproduzida na imagem a seguir.



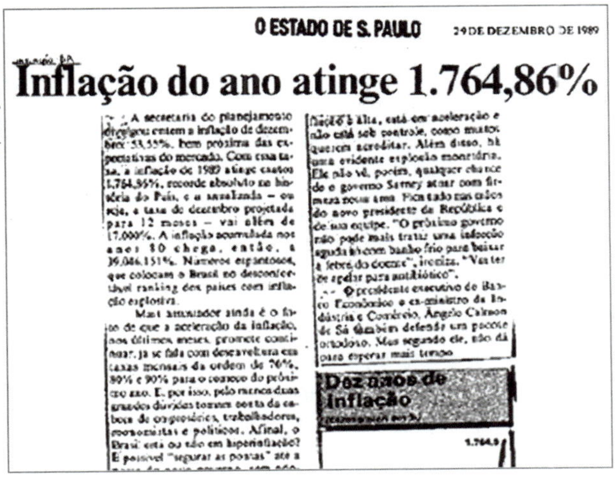

O ESTADO DE S. PAULO — 29 DE DEZEMBRO DE 1989

**Inflação do ano atinge 1.764,86%**

Dez anos de inflação

Fonte: Inflação do ano atinge 1.764,86%. O Estado de São Paulo. 24 de dezembro de 1989. Disponível em http://economia.estadao.com.br/noticias/negocios,inflacao-um-problema-que-nao-pode-ser-esquecido,33215e. Acesso: em 12 de junho de 2017.

(A imagem reproduz uma manchete do jornal O Estado de São Paulo, datado de 29 de dezembro de 1989, com o seguinte título: "Inflação do ano atinge 1.764,86%".) Considerando o contexto econômico das décadas de 1970 a 1990 no Brasil, assinale a alternativa **CORRETA**.

a) A inflação no Brasil se tornou crescente desde o final do chamado "Milagre Brasileiro" (1968-1973), ainda no Regime Militar, até a estabilização de preços gerada pelo Plano Real (1994), com breves intervalos de queda proporcionados por planos econômicos como o Plano Cruzado e o Plano Verão.

b) A inflação, ao final da década de 1980, era bastante inferior aos níveis observados durante o Regime Militar, período no qual o país viveu sob permanente hiperinflação.

c) O Plano Real foi a primeira iniciativa governamental tomada desde o início dos anos 1970 visando a contornar o problema crônico da subida de preços.

d) O sucesso no combate à inflação obtido pelo Plano Real só foi possível pela dolarização da economia, ou seja, pelo uso preponderante do dólar nas transações domésticas em substituição à moeda nacional.

e) A hiperinflação e a crise econômica ocorridas no final dos anos 1980 levaram à deposição do Regime Militar e ao reestabelecimento da democracia em 1994, a partir da promulgação de uma nova Constituição.

**11.** (Unicamp)

Os gregos sentiram paixão pelo humano, por suas capacidades, por sua energia construtiva. Por isso, inventaram a *polis*: a comunidade cidadã em cujo espaço artificial, antropocêntrico, não governa a necessidade da natureza, nem a vontade dos deuses, mas a *liberdade* dos homens, isto é, sua capacidade de raciocinar, de discutir, de escolher e de destituir dirigentes, de criar problemas e propor soluções. O nome pelo qual hoje conhecemos essa invenção grega, a mais revolucionária, politicamente falando, que já se produziu na história humana, é *democracia*.

Adaptado de Fernando Savater. *Política para meu filho*. São Paulo: Martins Fontes, 1996, p. 77.

Assinale a alternativa correta, considerando o texto acima e seus conhecimentos sobre a Grécia Antiga.

a) Para os gregos, a cidade era o espaço do exercício da liberdade dos homens e da tirania dos deuses.

b) Os gregos inventaram a democracia, que tinha então o mesmo funcionamento do sistema político vigente atualmente no Brasil.

c) Para os gregos, a liberdade dos homens era exercida na *polis* e estava relacionada à capacidade de invenção da política.

d) A democracia foi uma invenção grega que criou problemas em função do excesso de liberdade dos homens.

**1.** (UECE) Acerca das razões apontadas para o final do Estado Novo (1937-1945) no Brasil, observe as proposições abaixo.

I. A contradição percebida na prática estadonovista – externamente lutara contra regimes autoritários e centralizadores na segunda guerra mundial, e internamente mantinha um regime antidemocrático e centralizador – é apontada como uma forte razão para a queda do regime.

II. A criação e a organização de vários partidos políticos compostos por adversários do regime, como o Partido Trabalhista Brasileiro (PTB), o Partido Social Democrático (PSD) e, principalmente, a União Democrática Nacional (UDN), que formaram a mais forte oposição ao Estado Novo, levando-o ao seu final.

III. A nomeação de Benjamin Vargas, irmão de Getúlio Vargas, um civil, para o cargo de chefe de polícia do Distrito Federal, tradicionalmente ocupado por militares, desagradou profundamente aos setores militares, o que contribuiu para a queda do regime.

É correto o que se afirma em

a) I, II e III.
b) I e II apenas.
c) I e III apenas.
d) II e III apenas.

**2.** (UEMA)

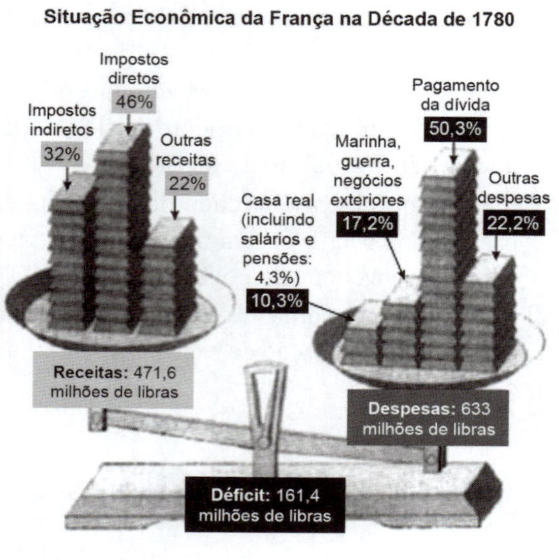


Reprodução/UFMA 2016

BERNET. Anne. Sem nenhum tostão em caixa. In *História Viva*, 2004.

A imagem se refere à situação das receitas e das despesas do Estado francês na década de 1780. Pode-se analisar pelos dados que

a) a maior arrecadação do Estado era proveniente dos impostos diretos, pagos, em sua grande maioria, pelos representantes da Igreja Católica francesa, uma das mais poderosas da Europa.
b) o elevado déficit público do Estado francês foi um elemento central para o contexto histórico de profunda crise econômica que favoreceu a eclosão da Revolução Francesa em 1789.
c) a crise econômica relacionava-se diretamente às questões internas, já que, no cenário internacional, os negócios contribuíram de forma significativa para as receitas do Estado francês.
d) os gastos com o pagamento da dívida representavam uma pequena parcela das despesas estatais, o que indicava a possibilidade de recuperação rápida da economia francesa.
e) a opulência da nobreza francesa era a responsável pela fração mais elevada dos gastos do Estado, seu principal financiador.

**3.** (PUC-SP)

Após chegarem, descarregam as mercadorias, dispondo-as em ordem na praia, e depois voltam às suas embarcações e fazem sinais de fumaça. Os nativos veem a fumaça e, aproximando-se do mar, colocam ao lado das mercadorias o ouro que oferecem em troca, retirando-se a seguir. Os fenícios retornam e examinam o que os nativos deixaram. Se julgarem que a quantidade do ouro corresponde ao valor das mercadorias, tomam-no e partem, do contrário regressam aos navios e aguardam.

Heródoto. *História*. Brasília: UnB, 1988, p. 274. Adaptado.

A partir do texto de Heródoto (século V a.C.) e de seus conhecimentos, é correto afirmar que a atividade dos fenícios

a) dependia do aparato militar que acompanhava os comerciantes e impedia a realização de saques e ataques de piratas.

b) consistia prioritariamente no comércio, realizado através dos mares e, especialmente, na região mediterrânica.

c) permitiu o desenvolvimento de poderosa indústria náutica, depois utilizada para derrotar os romanos nas Guerras Púnicas.

d) contribuiu decisivamente para a vitória de Esparta na Guerra do Peloponeso, ao garantir o abastecimento da cidade grega.

**4.** (Unesp)

A era feudal tinha legado às sociedades que a seguiram a cavalaria, cristalizada em nobreza. [...] Até nas nossas sociedades, em que morrer pela sua terra deixou de ser monopólio de uma classe ou profissão, o sentimento persistente de uma espécie de supremacia moral ligada à função do guerreiro profissional — atitude tão estranha a outras civilizações, tal como a chinesa — permanece uma lembrança da divisão operada, no começo dos tempos feudais, entre o camponês e o cavaleiro.

Marc Bloch. *A sociedade feudal*, 1987. Adaptado.

Segundo o texto, a valorização da ação militar

a) representa a continuidade da estrutura social originária da Idade Média.

b) ultrapassa as barreiras de classe social, igualando os homens medievais.

c) deriva da associação, surgida na Idade Média, entre nobres e cavaleiros.

d) surgiu na Idade Média e é desconhecida nas sociedades modernas.

e) revela a identificação medieval de quem trabalhava com quem lutava.

**5.** (Unicamp)

Hitler considerava que a propaganda sempre deveria ser popular, dirigida às massas, desenvolvida de modo a levar em conta um nível de compreensão dos mais baixos. (...) O essencial da propaganda era atingir o coração das grandes massas, compreender seu mundo maniqueísta, representar seus sentimentos.

Alcir Lenharo. *Nazismo: o triunfo da vontade*. São Paulo: Ática, 1986, p. 47-48.

Sobre a propaganda no nazismo, é correto afirmar:

a) o nível elementar da propaganda era contraposto às óperas e desfiles suntuosos que o regime nazista promovia.

b) a propaganda deveria restringir-se a poucos pontos, como o enaltecimento da superioridade racial e a defesa da democracia.

c) a propaganda deveria estimular o ódio das massas contra grupos específicos, como os judeus, negros, homossexuais e ciganos.

d) o cinema e a produção artística foram as áreas que resistiram ao sistema de propaganda do nazismo na Alemanha do final da década de 1930.

**6.** (UEL) Leia o trecho do poema a seguir.

— Essa cova em que estás,
com palmos medida,
é a cota menor
que tiraste em vida.
— É de bom tamanho,
nem largo nem fundo,
é a parte que te cabe
neste latifúndio.
— Não é cova grande,
é cova medida,
é a terra que querias
ver dividida.

MELO NETO, J. C. *Morte e Vida Severina*. Universidade da Amazônia, NEAD – Núcleo de Educação à Distância. p. 21-13. Disponível em: <www.nead.unama.br>. Acesso em: 28 ago. 2017.

O poema trata da relação entre o homem e a terra no Brasil. Com base nos conhecimentos sobre propriedade e usos da terra, assinale a alternativa correta.

a) No decorrer do segundo Reinado, a Lei de Terras, promulgada em 1850, possibilitou o livre acesso das terras devolutas aos primeiros imigrantes europeus, garantindo-lhes a sobrevivência.

b) Na Colônia, as terras doadas como sesmarias garantiam privilégios aos senhores de engenho mas restringiam a prática de certas atividades econômicas.

c) No Império, formaram-se os primeiros quilombos cuja propriedade dessas terras foi reconhecida legalmente durante a primeira República.

d) Em 1964, João Goulart realizou desapropriações das pequenas propriedades no entorno das metrópoles para o cultivo de sobrevivência por parte dos trabalhadores.

e) No governo de Fernando Henrique Cardoso (1995-2002), retomou-se a política econômica de estatização das propriedades agrícolas resultando em elevadas taxas de crescimento econômico.

**7.** (PUC-SP)

A foto mostra Francisco Villa e Emiliano Zapata na sede da presidência do México, em dezembro de 1914.

É correto afirmar que a imagem

a) mostra o momento máximo das lutas camponesas e indígenas durante a Revolução Mexicana, embora os dois líderes populares tenham sido, posteriormente, derrotados.

b) expõe a aliança que os exércitos populares firmaram com os setores liberais burgueses, durante a Revolução Mexicana, e que permitiu o fim do período de lutas.

c) indica o desfecho das lutas camponesas e indígenas na Revolução Mexicana, que culminou com a vitória das forças populares e a construção de um regime socialista.

d) destaca um episódio secundário da Revolução Mexicana, pois os dois líderes populares não tiveram capacidade política e militar para derrubar a ditadura porfirista.

**8.** (PUC-RJ)

Vai passar/ Nessa avenida um samba popular/ Cada paralelepípedo/ Da velha cidade/ Essa noite vai/ Se arrepiar/ Ao lembrar/ Que aqui passaram sambas imortais/ Que aqui sangraram pelos nossos pés/ Que aqui sambaram nossos ancestrais/ Num tempo/ Página infeliz da nossa história/ Passagem desbotada na memória/ Das nossas novas gerações/ Dormia/ A nossa pátria mãe tão distraída/ Sem perceber que era subtraída/ Em tenebrosas transações.

"Vai passar", Chico Buarque e Francis Hime.

Com base nessa música gravada por Chico Buarque, em 1984, ano que marcou o auge da campanha pelas Diretas Já, é **INCORRETO** afirmar que a canção

a) compara a ditadura à escravidão, lembrando antepassados, pés sangrados, calçamentos de paralelepípedo e até o samba como dança de escravizados.

b) sugere a presença do povo nas ruas, num contexto em que as grandes manifestações de massa voltaram à cena política.

c) trata a ditadura como uma "página infeliz" do Brasil, manifestação crítica essa favorecida pela revogação do AI-5 e pelo abrandamento da censura prévia, em 1978.

d) apresenta a luta pelas Diretas Já como um "samba popular", considerando o apoio nas ruas e a vitória da Emenda Dante de Oliveira, no Congresso Nacional.

e) cita as "tenebrosas transações", uma referência aos casos de corrupção revelados na fase final da ditadura, com a maior liberdade aos meios de comunicação.

**9.** (Fuvest)

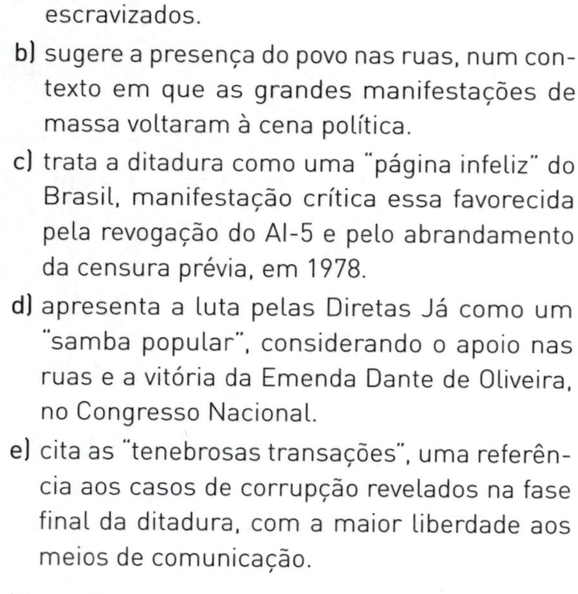




Alexander Anievas e Kerem Nisancioglu, How the West Came to Rule. *The Geopolitical Origins of Capitalism*. Londres: PlutoPress, 2015. Adaptado.

Encontram-se assinaladas no mapa, sobre as fronteiras dos países atuais, as rotas eurasianas de comércio a longa distância que, no início da Idade Moderna, cruzavam o Império Otomano, demarcado pelo quadro. A respeito dessas rotas, das regiões que elas atravessavam e das relações de poder que elas envolviam, é correto afirmar que

a) a China, com baixo grau de desenvolvimento político e econômico, era exportadora de produtos primários para a Europa.
b) a Índia era uma economia fracamente vinculada ao comércio a longa distância, em vista da pouca demanda por seus produtos.
c) a Europa, a despeito do poder otomano, exercia domínio incontestável sobre o conjunto das atividades comerciais eurasianas.
d) a África Ocidental se encontrava em posição subordinada ao poderio otomano, funcionando como sua principal fonte de escravos.
e) o Império Otomano, ao intermediar as trocas a longa distância, forçou os europeus a buscar rotas alternativas de acesso ao Oriente.

**10.** (Unesp)

Com o fim da Guerra Fria, os EUA formalizaram sua posição hegemônica. Sem concorrência e se expandindo para as antigas áreas de predomínio socialista, o capitalismo conheceu uma nova fase de expansão: tornou-se mundializado, globalizado. O processo de globalização criou uma nova divisão internacional do trabalho, baseado numa redistribuição pelo mundo de fábricas, bancos e empresas de comércio, serviços e mídias.

Loriza L. de Almeida e Maria da Graça M. Magnoni (orgs.). *Ciências humanas:* filosofia, geografia, história e sociologia, 2016. Adaptado.

Dentre as consequências do processo de globalização, é correto citar

a) o nascimento do governo universal e democrático.
b) a pacificação das relações internacionais.
c) o enfraquecimento dos estados-nações.
d) a abolição da exploração social do trabalho.
e) o nivelamento econômico dos países.

**11.** (UEG) Leia o texto a seguir.

Antes de partir, o príncipe-regente recomendara que o exército francês fosse recebido em boa paz. Parecia uma veleidade qualquer tentativa de oposição às forças de Napoleão, cujo imenso poder triunfava por toda a Europa. O exército atravessou o país sem encontrar nenhuma resistência, nem organizada, nem popular.

SARAIVA, José Hermano. *História concisa de Portugal*. Lisboa: Publicações Europa-América, 1996. p. 267.

O maior desafio ao citado "triunfo de Napoleão por toda Europa" foi a forte resistência mantida pela Inglaterra, que envolveu Portugal no conflito ao

a) exigir que os portugueses não aderissem ao Bloqueio Continental imposto pela França.
b) exilar Napoleão na ilha de Santa Helena, então possessão portuguesa no Atlântico.
c) encorajar jovens portugueses a se alistarem nas tropas de resistência a Napoleão.
d) sugerir o nome do príncipe-regente português para negociar a paz com a França.
e) naufragar um navio mercante de bandeira francesa na costa portuguesa.

**12.** (Enem)

Pois quem seria tão inútil ou indolente a ponto de não desejar saber como e sob que espécie de constituição os romanos conseguiram em menos de cinquenta e três anos submeter quase todo o mundo habitado ao seu governo exclusivo – fato nunca antes ocorrido? Ou, em outras palavras, quem seria tão apaixonadamente devotado a outros espetáculos ou estudos a ponto de considerar qualquer outro objetivo mais importante que a aquisição desse conhecimento?

POLÍBIO. *História*. Brasília: Editora UnB, 1985.

A experiência a que se refere o historiador Políbio, nesse texto escrito no século II a.C., é a

a) ampliação do contingente de camponeses livres.
b) consolidação do poder das falanges hoplitas.
c) concretização do desígnio imperialista.
d) adoção do monoteísmo cristão.
e) libertação do domínio etrusco.

# Simulado 7

11 questões de História • Tempo de resolução: 55 minutos

**1.** (Mackenzie-SP)

Como o Brasil e como a própria democracia, a Constituição de 1988 também é imperfeita. Envolveu movimentos contraditórios e embates formidáveis entre forças políticas desiguais, e inúmeras vezes errou de alvo. (...) Mas a Constituição de 1988 é a melhor expressão de que o Brasil tinha um olho no passado e outro no futuro e estava firmando um sólido compromisso democrático.

Lilia M. Schwarcz e Heloísa M. Starling. *Brasil: Uma biografia*. São Paulo: Companhia das Letras, 2015, p. 488-489.

Dentre as contradições da Constituição de 1988, aponta-se

a) a conservação do tempo de mandato de cinco anos, com direito à reeleição, de um lado, e à criação de mecanismos mais democráticos e imparciais em processos de afastamento de presidentes acusados de crime de responsabilidade, de outro lado.

b) a manutenção da inelegibilidade e a ausência do direito de voto direto aos analfabetos, de um lado, e o estabelecimento da demarcação de terras indígenas e o amplo projeto de reforma agrária radical, aos mais necessitados, de outro lado.

c) a manutenção do voto obrigatório e a idade mínima de dezoito anos para participação política, de um lado, e a concessão do direito de elegibilidade e o voto aos analfabetos maiores de idade, residentes no Brasil, de outro lado.

d) a conservação da estrutura agrária e a manutenção da inelegibilidade de analfabetos, de um lado, e o reconhecimento de direitos de minorias e o empenho em prever meios e os instrumentos constitucionais legais para a participação popular direta, de outro lado.

e) a manutenção da autonomia das Forças Armadas para definir assuntos de seu interesse, de um lado, e o aprofundamento de mecanismos de investigação e a punição aos envolvidos em atos de tortura e o cerceamento de liberdades durante a ditadura civil-militar, de outro lado.

**2.** (Enem)

Texto I

Sólon é o primeiro nome grego que nos vem à mente quando terra e dívida são mencionadas juntas. Logo depois de 600 a.C., ele foi designado "legislador" em Atenas, com poderes sem precedentes, porque a exigência de redistribuição de terras e o cancelamento das dívidas não podiam continuar bloqueados pela oligarquia dos proprietários de terra por meio da força ou de pequenas concessões.

FINLEY, M. *Economia e sociedade na Grécia antiga*. São Paulo: WMF Martins Fontes, 2013 (adaptado).

Texto II

A "Lei das Doze Tábuas" se tornou um dos textos fundamentais do direito romano, uma das principais heranças romanas que chegaram até nós. A publicação dessas leis, por volta de 450 a.C., foi importante, pois o conhecimento das "regras do jogo" da vida em sociedade é um instrumento favorável ao homem comum e potencialmente limitador da hegemonia e arbítrio dos poderosos.

FUNARI, P. P. *Grécia e Roma*. São Paulo: Contexto, 2011 (adaptado).

O ponto de convergência entre as realidades sociopolíticas indicadas nos textos consiste na ideia de que a

a) discussão de preceitos formais estabeleceu a democracia.

b) invenção de códigos jurídicos desarticulou as aristocracias.

c) formulação de regulamentos oficiais instituiu as sociedades.

d) definição de princípios morais encerrou os conflitos de interesses.

e) criação de normas coletivas diminuiu as desigualdades de tratamento.

**3.** (UERJ) O Monumento à Independência, localizado em São Paulo, foi criado em 1922 para as comemorações do centenário da emancipação política brasileira. O projeto vencedor, sem a aprovação unânime da comissão julgadora, foi alterado e teve de incluir episódios e personalidades vinculados ao processo da independência, tais como: na lateral esquerda do monumento, passaram a figurar os inconfidentes mineiros (1789); na lateral direita, os revolucionários pernambucanos (1817). Na face frontal, permaneceram as esculturas "Independência ou Morte" e "Marcha Triunfal da Nação Brasileira".

lateral esquerda

lateral direita

Reprodução/UERJ 2010

face frontal

Fonte: google.com

Os contextos políticos nos quais são criados os monumentos interferem na valorização de determinadas interpretações sobre as experiências históricas por eles representadas.

As mudanças realizadas no projeto original do Monumento à Independência expressam o seguinte interesse das autoridades governamentais da época:

a) reconhecimento da liderança de D. Pedro nas lutas pela autonomia.

b) culto à identidade nacional instituída pela centralização monárquica.

c) alusão ao ideário republicano presente em episódios anteriores ao grito do Ipiranga.

d) valorização da participação popular no processo de separação entre Brasil e Portugal.

**4.** (Unesp) Examine duas pinturas produzidas na Caverna de Altamira, Espanha, durante o Período Paleolítico Superior.

Reprodução/Unesp 2017

(http://ceres.mcu.es/pages/Main)

Tais pinturas rupestres podem ser consideradas como

a) manifestação do primitivismo de povos incapazes de representações realistas.

b) expressão artística infantilizada e insuficiente para fornecer qualquer indício sobre a vida na Pré-História.

c) comprovação do pragmatismo de povos primitivos, despreocupados de sua alimentação.

c) representação, em linguagem visual, dos vínculos materiais de um povo com o seu ambiente.

e) revelação da predominância do pensamento abstrato sobre o concreto nos povos pré-históricos

5. (Fuvest) O futurismo de Marinetti e o fascismo de Benito Mussolini têm em comum

a) a constatação da falência cultural da Itália, que se agarrou ao passado romano e ignorou os grandes avanços da Primeira Revolução Industrial.

b) o desejo de proporcionar aos cidadãos italianos o acesso aos bens de consumo e a implantação do Estado de bem-estar social.

c) o esforço de modernização cultural e a tentativa de demolir as edificações que restaram do passado romano.

d) a valorização e a adoção das bases e dos princípios das teorias revolucionárias anarquistas e socialistas.

e) a glorificação da ideologia da guerra e da velocidade proporcionada pelos avanços técnicos e militares.

6. (UPE) O Saltério de Chludov, hoje na Rússia, é um dos mais importantes documentos provenientes do Império Bizantino. Essa iluminura, em especial, retrata um importante movimento sociopolítico ocorrido nesse Estado, denominado de

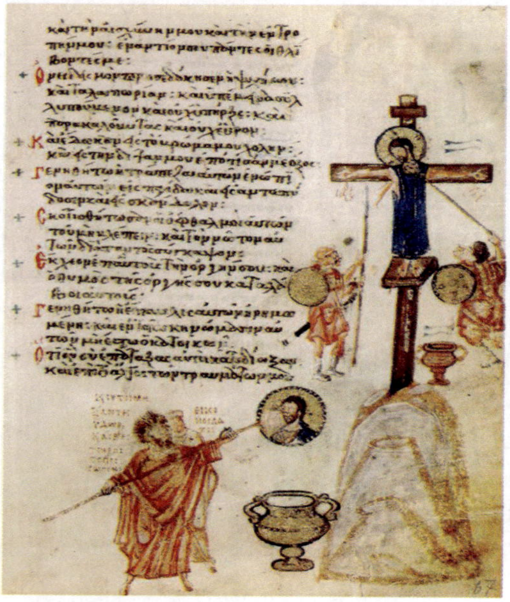

Reprodução/UPE 2018

Iluminura do Saltério de Chludov. Bizantino, séc. IX. Disponível em: <https://en.wikipedia.org/wiki/File:Clasm_Chludov.jpg>. Acesso em: 10/07/2017.

a) Cesaropapismo, a aliança entre o Imperador e o Patriarca.

b) Iconoclasmo, o movimento pela destruição dos ícones religiosos.

c) Bizantinismo, a discussão interminável sobre temas exotéricos.

d) Cisma, a excomunhão mútua entre as igrejas Católica Romana e Ortodoxa Oriental.

e) Iluminismo, a política em prol da ilustração dos manuscritos.

7. (Enem)

O coronelismo era fruto de alteração na relação de forças entre os proprietários rurais e o governo, e significava o fortalecimento do poder do Estado antes que o predomínio do coronel. Nessa concepção, o coronelismo é, então, um sistema político nacional, com base em barganhas entre o governo e os coronéis. O coronel tem o controle dos cargos públicos, desde o delegado de polícia até a professora primária. O coronel hipoteca seu apoio ao governo, sobretudo na forma de voto.

CARVALHO, J. M. *Pontos e bordados:* escritos de história política. Belo Horizonte: Editora UFMG, 1998. (adaptado)

No contexto da Primeira República no Brasil, as relações políticas descritas baseavam-se na

a) coação das milícias locais.

b) estagnação da dinâmica urbana.

c) valorização do proselitismo partidário.

d) disseminação de práticas clientelistas.

e) centralização de decisões administrativas.

8. (Unesp) As epidemias provocadas pelos contatos entre europeus e povos autóctones da América

a) demonstraram o risco da expansão territorial para áreas distantes e determinaram o imediato desenvolvimento de vacinas.

b) representaram uma espécie de guerra biológica que afetou, ainda que de forma desigual, conquistadores e conquistados.

c) provocaram a interdição, pelas cortes europeias, da circulação de mulheres grávidas entre os dois continentes.

d) foram utilizadas pelos nativos para impedir o avanço dos europeus, que contraíram doenças tropicais, como a febre amarela e a malária.

e) levaram à proibição, pelas cortes europeias, do contato sexual entre europeus e nativos, para impedir a propagação da sífilis.

9. (Uece) O presidente Jânio Quadros apresentou-se na vida política brasileira como um líder que varreria a corrupção e solucionaria os problemas do País. Sua prática política provocou insatisfações, em virtude da sua forma de governar. Dentre as opções abaixo, assinale a que **NÃO** condiz com o perfil de Jânio Quadros quando Presidente da República.

a) Adoção de medidas esdrúxulas, como, por exemplo, proibição de corridas de cavalos em dias úteis e uso de biquíni em desfiles.

b) Opção por medidas econômicas austeras, como restrição de créditos e congelamento de salários.

c) Ampliação do número de parceiros comerciais para o Brasil, levando em conta a orientação ideológica dos países com os quais estabeleceu relações comerciais.

d) Adoção de práticas demagógicas e populistas que acreditava aproximá-lo das grandes massas, como, por exemplo, comer sanduíche de mortadela durante os comícios.

10. (Fuvest)

A operação era um pouco dolorosa e não durava mais que um minuto, mas era traumática. Seu significado simbólico estava claro para todos: este é um sinal indelével, daqui não sairão mais; esta é a marca que se imprime nos escravos e nos animais destinados ao matadouro, e vocês se tornaram isso. Vocês não têm mais nome: este é o seu nome. A violência da tatuagem era gratuita, um fim em si mesmo, pura ofensa: não bastavam os três números de pano costurados nas calças, no casaco e no agasalho de inverno?

Primo Levi. *Os afogados e os sobreviventes*. Rio de Janeiro: Paz e Terra, 1990.

Está de acordo com o texto a seguinte afirmação:

a) A tatuagem era uma forma de tortura e uma mensagem não verbal, que inscrevia a condenação no corpo do prisioneiro.

b) O uso de tatuagens era perturbador apenas para ciganos e judeus ortodoxos, pois violava o código moral e as leis religiosas dessas comunidades.

c) O recurso de tatuar o prisioneiro, além de impor um sofrimento físico e moral, discriminava o tipo de remuneração.

d) O emprego das tatuagens funcionava como um código estético e de classificação dos prisioneiros nos campos de concentração.

e) A tatuagem, assim como o trabalho voluntário, não tinham finalidade produtiva, mas contribuíam para o entendimento entre os prisioneiros.

11. (UFRGS) Considere as afirmações abaixo, sobre a Guerra Fria entre Estados Unidos e União Soviética.

I. Em virtude da capacidade de "destruição mútua assegurada", no caso de uma guerra aberta entre os dois países, não ocorreu nenhum conflito armado entre eles.

II. Nos anos 1970, o período da chamada "distensão" entre ambas as potências chegou ao fim com a construção do Muro de Berlim, no final daquela década.

III. Durante a Guerra Fria, foi estimulado o desenvolvimento da indústria bélica dos Estados Unidos e da União Soviética e fomentada a corrida espacial entre os dois países entre 1950 e 1980.

Quais estão corretas?

a) Apenas I.
b) Apenas II.
c) Apenas III.
d) Apenas I e III.
e) I, II e III.

# Simulado 8

**10 questões de História • Tempo de resolução: 55 minutos**

**1.** (Unicamp) Compare as duas ilustrações de Angelo Agostini (1843-1910) sobre o reconhecimento da República brasileira pela Argentina (fig.1) e pela França (fig.2).

(Ângelo Agostini, Reconhecimento da República brasileira pela Argentina, em *Revista Ilustrada*, dez. 1889.)

(Ângelo Agostini, Reconhecimento da República brasileira pela França, em *Revista Ilustrada*, dez. 1889.)

Assinale a alternativa correta.

a) As alegorias expressam visões diferentes sobre o imaginário da República brasileira: na primeira ela é representada com um olhar de proximidade, e, na segunda o olhar expressa admiração, remetendo à visão corrente do gravurista sobre as relações entre Brasil, França e Argentina.

b) O reconhecimento da França traz a confraternização entre dois países com tradições políticas muito diferentes, porém unidos pelo constitucionalismo monárquico e posteriormente pelo ideário republicano.

c) No reconhecimento da Argentina ao regime republicano brasileiro, as duas repúblicas ocupam a mesma posição, indicando ter a mesma idade de fundação do regime e a similaridade de suas histórias de passado colonial ibérico.

d) As duas imagens usam a figura feminina para representar as três repúblicas, característica não usual para a representação artística do ideário republicano, protagonizado por lideranças masculinas.

**2.** (Uece) No Brasil, contemporaneamente, a questão agrária invadiu o debate popular quotidiano, da mesma forma que os brasileiros aprenderam a interpretar conceitos anteriormente considerados desconhecidos, tais como reforma agrária, estrutura fundiária, assentamentos rurais, dentre outros. Com base na organização do espaço agrário brasileiro, marque a opção verdadeira.

a) Qualquer discussão sobre a questão da terra no Brasil, passa necessariamente, pela óbvia constatação de que há, historicamente, uma desigualdade bastante expressiva na distribuição fundiária do território nacional.

b) O debate a respeito de projetos políticos, sociais e econômicos no Brasil, geralmente reservados à elite pensante, priorizou a questão agrária a tal ponto que, hoje, todas as propostas sobre o desenvolvimento econômico e social do país contemplam a distribuição equitativa das terras entre os trabalhadores rurais.

c) A questão da terra e a imperiosa necessidade de um modelo de reforma agrária no Brasil, fizeram nascer inúmeros movimentos de contestação da tradicional estrutura fundiária brasileira, a exemplo do Movimento dos Trabalhadores Rurais Sem-Terra (MST), da União Democrática Ruralista (UDR) e da Comissão Pastoral da Terra (CPT).

d) A constituição de um mercado interno no Brasil na década de 1950, marcado por atividades econômicas urbano-industriais, incorreu necessariamente numa mudança de *status* das classes sociais rurais, todas inseridas na perspectiva do agronegócio.

**3.** (Unicamp)

Estamos acostumados a considerar que o sistema centro/periferia, ao menos no Ocidente, é um eixo essencial da estrutura e do funcionamento no espaço das economias, das sociedades, das civilizações. O historiador Fernand Braudel estimou que tal sistema só existiu e funcionou plenamente a partir do século XV. Essa definição não se aplica à Cristandade Medieval sem importantes correções. A noção de centro e a oposição centro/periferia são menos decisivas que outros sistemas de orientação espacial. O principal sistema é o que opõe o baixo ao alto, quer dizer, o Aqui, esse "mundo" imperfeito e marcado pelo Pecado Original, ao céu, morada de Deus.

Adaptado de Jacques Le Goff e Jean-Claude Schmitt, "Centro/ Periferia", em *Dicionário temático do ocidente medieval*, v. 2 São Paulo: Edusc, 2002, p. 203.

A partir do texto acima, assinale a alternativa correta.

a) Usada nas Ciências Humanas para a compreensão de períodos históricos desde a Antiguidade, a noção de centro/periferia perdura até a atualidade e estrutura o sistema econômico global contemporâneo.

b) As noções de baixo e alto têm um sentido histórico mais preciso para a compreensão da Cristandade Medieval do que o sistema centro/periferia.

c) O sistema centro/periferia é aplicável ao estudo da Cristandade Medieval, já que os feudos constituíam o centro da vida econômica e cultural naquele contexto.

d) O sistema centro/periferia aplicado durante a Era Medieval espelhava o sistema de orientação baixo e alto, sendo o baixo o mundo do pecado e o alto o mundo da virtude cristã.

**4.** (Enem)

O instituto popular, de acordo com o exame da razão, fez da figura do alferes Xavier o principal dos inconfidentes, e colocou os seus parceiros a meia ração de glória. Merecem, decerto, a nossa estima aqueles outros; eram patriotas. Mas o que se ofereceu a carregar com os pecadores de Israel, o que chorou de alegria quando viu comutada a pena de morte dos seus companheiros, pena que só ia ser executada nele, o enforcado, o esquartejado, o decapitado, esse tem de receber o prêmio na proporção do martírio, e ganhar por todos, visto que pagou por todos.

ASSIS, M. *Gazeta de Notícias*, n. 114, 24 abr. 1892.

No processo de transição para a República, a narrativa machadiana sobre a Inconfidência Mineira associa

a) redenção cristã e cultura cívica.

b) veneração aos santos e radicalismo militar.

c) apologia aos protestantes e culto ufanista.

d) tradição messiânica e tendência regionalista.

e) representação eclesiástica e dogmatismo ideológico..

**5.** (Enem)

Texto I

Embora eles, artistas modernos, se deem como novos precursores duma arte a ir, nada é mais velho que a arte anormal. De há muitos já que a estudam os psiquiatras em seus tratados, documentando-se nos inúmeros desenhos que ornam as paredes internas dos manicômios. Essas considerações são provocadas pela exposição da Sra. Malfatti. Sejam sinceros: futurismo, cubismo, impressionismo e *tutti quanti* não passam de outros tantos ramos da arte caricatural.

LOBATO, M. Paranoia ou mistificação: a propósito da exposição de Anita Malfatti. *O Estado de São Paulo*, 20 dez. 1917 (adaptado).

Texto II

Anita Malfatti, possuidora de uma alta consciência do que faz, a vibrante artista não temeu levantar com os seus cinquenta trabalhos as mais irritadas opiniões e as mais contrariantes hostilidades. As suas telas chocam o preconceito fotográfico que geralmente se leva no espírito para as nossas exposições de pintura. Na arte, a realidade na ilusão é o que todos procuram. E os naturalistas mais perfeitos são os que melhor conseguem iludir.

ANDRADE. O. A exposição Anita Malfatti. *Jornal do Commercio*, 11 jan. 1918 (adaptado).

Texto III

MALFATTI, A. *O homem amarelo*, 1915-1916. Óleo sobre tela, 61 × 51 cm. Disponível em: www.estadao.com.br. Acesso em: 28 fev. 2013.

A análise dos documentos apresentados demonstra que o cenário artístico brasileiro no primeiro quartel do século XX era caracterizado pelo(a)

a) domínio do academicismo, que dificulta a recepção da vertente realista na obra de Anita Malfatti.
b) dissonância entre as vertentes artísticas, que divergiam sobre a validade do modelo estético europeu.
c) exaltação da beleza e da rigidez da forma, que justificavam a adaptação da estética europeia à realidade brasileira.
d) impacto de novas linguagens estéticas, que alteravam o conceito de arte e abasteciam a busca por uma produção artística nacional.
e) influência dos movimentos artísticos europeus de vanguarda, que levava os modernistas a copiarem suas técnicas e temáticas.

**6.** (Unesp)

(www.fafich.ufmg.br)

A gravura representa a marcha de mulheres revolucionárias até o palácio real de Versalhes em 5 de outubro de 1789. A participação das mulheres na Revolução Francesa

a) levou à conquista do direito de voto, porém não do direito de exercer cargos executivos no novo governo francês.
b) teve ressonância parcial nas decisões políticas, pois apenas as mulheres da alta burguesia envolveram-se nos protestos políticos e civis.
c) foi notável nas manifestações e clubes políticos, porém seus direitos políticos e sociais não foram ampliados significativamente.
d) originou a igualdade de direitos civis em relação aos homens após a proclamação da Declaração dos Direitos do Homem e do Cidadão.
e) diminuiu bastante após os conflitos e a violência generalizada que marcaram a tomada da Bastilha.

**7.** (Uece) No que diz respeito à situação de refugiados, a Conferência das Nações Unidas, em 28 de julho de 1951, estabeleceu o Estatuto dos Refugiados e Apátridas. Atente ao que se diz sobre este estatuto.

I. Estabelece critérios de ajuda para pessoas perseguidas por motivos de raça, religião, nacionalidade, grupo social ou opiniões políticas.
II. Estabelece critérios de ajuda para pessoas que se encontram em situações de pobreza extrema, fome e vitimados por doenças graves.
III. Estabelece critérios de ajuda para pessoas que se encontram em situações de tortura, guerra e violações dos direitos humanos.

É correto o que se afirma em

a) I, II e III.
b) I e III apenas.
c) II e III apenas.
d) I e II apenas.

**8.** (Enem)

Texto I

A Resolução nº 7 do Conselho Nacional de Justiça (CNJ) passou a disciplinar o exercício do nepotismo cruzado, isto é, a troca de parentes entre agentes para que tais parentes sejam contratados diretamente, sem concurso. Exemplificando: o desembargador A nomeia como assessor o filho do desembargador B que, em contrapartida, nomeia o filho deste como seu assessor.

COSTA, W. S. *Do nepotismo cruzado:* características e pressupostos. *Jusnavigandi*, n. 950, 8 fev. 2006.

Texto II

No Brasil, pode-se dizer que só excepcionalmente tivemos um sistema administrativo e um corpo de funcionários puramente dedicados a interesses objetivos e fundados nesses interesses.

HOLANDA, S. B. *Raízes do Brasil.* Rio de Janeiro: José Olympio, 1993.

A administração pública no Brasil possui raízes históricas marcadas pela

a) valorização do mérito individual.
b) punição dos desvios de conduta.
c) distinção entre o público e o privado.
d) prevalência das vontades particulares.
e) obediência a um ordenamento impessoal.

**9.** (UPE)

Na bacia do Rio São Francisco, nas paleolagoas conhecidas hoje como tanques, foram achados ossos de animais extintos da fauna pleistocênica, que conviveram com o homem em diversas áreas da região, como Salgueiro e Alagoinha, em Pernambuco. Pesquisas mais recentes assinalaram, também, a presença de megafauna, como o mastodonte e a preguiça-gigante, como é o caso da Lagoa Uri de Cima em Salgueiro.

MARTIN, Gabriela; PESSIS, Anne-Marie. Breve Panorama da Pré-História do Vale do São Francisco no Nordeste do Brasil. *Revista FUMDHAMentos*, Volume 1 – Número 10 – Ano 2013, p. 14, adaptado.

O trecho acima propõe uma leitura da História do Brasil, que se caracteriza pela

a) presença essencial dos europeus no continente americano.
b) inexistência de exemplares da megafauna em território brasileiro.
c) carência de estudos paleoantropológicos e sítios arqueológicos no Nordeste.
d) antiguidade da presença humana no país, anterior à chegada dos portugueses.
e) existência de répteis de porte avantajado, popularmente conhecidos como dinossauros.

**10.** (Enem)

A Guerra Fria foi, acima de tudo, um produto da heterogeneidade no sistema internacional – para repetir, da heterogeneidade da organização interna e da prática internacional – e somente poderia ser encerrada pela obtenção de uma nova homogeneidade. O resultado disto foi que, enquanto os dois sistemas distintos existiram, o conflito da Guerra Fria estava destinado a continuar: a Guerra Fria não poderia terminar com o compromisso ou a convergência, mas somente com a prevalência de um destes sistemas sobre o outro.

HALLIDAY, F. *Repensando as relações internacionais.* Porto Alegre: EdUFRGS, 1999.

A caracterização da Guerra Fria apresentada pelo texto implica interpretá-la como um(a)

a) esforço de homogeneização do sistema internacional negociado entre Estados Unidos e União Soviética.
b) guerra, visando o estabelecimento de um renovado sistema social, híbrido de socialismo e capitalismo.
c) conflito intersistêmico em que países capitalistas e socialistas competiriam até o fim pelo poder de influência em escala mundial.
d) compromisso capitalista de transformar as sociedades homogêneas dos países socialistas em democracias liberais.
e) enfrentamento bélico entre capitalismo e socialismo pela homogeneização social de suas respectivas áreas de influência política.

# Gabarito

## Simulado 1

1. a
2. a.
3. b.
4. a.
5. a.
6. e.
7. c.
8. a.
9. a.
10. c.
11. d.
12. d.

## Simulado 2

1. e.
2. d.
3. d.
4. e.
5. c.
6. e.
7. b.
8. d.
9. d.
10. b.

## Simulado 3

1. c.
2. a.
3. c.
4. a.
5. c.
6. d.
7. e.
8. d.
9. a.
10. a.
11. b.

## Simulado 4

1. d.
2. c.
3. a.
4. b.
5. d.
6. d.
7. d.
8. a.
9. d.
10. c.
11. c.
12. b.

## Simulado 5

1. c.
2. e.
3. c.
4. a.
5. e.
6. a.
7. d.
8. b.
9. b.
10. a.
11. c.

## Simulado 6

1. b.
2. b.
3. b.
4. c.
5. c.
6. b.
7. a.
8. d.
9. e.
10. c.
11. a.
12. c.

## Simulado 7

1. d.
2. e.
3. c.
4. d.
5. e.
6. b.
7. d.
8. b.
9. c.
10. a.
11. d.

## Simulado 8

1. a.
2. a.
3. b.
4. a.
5. d.
6. c.
7. b.
8. d.
9. d.
10. c.

CADERNO DE ESTUDOS

conecte
LIVE

# História


RONALDO VAINFAS
Doutor em História pela Universidade de São Paulo.
Professor Titular aposentado no Departamento de História da Universidade Federal Fluminense.
Professor Visitante de História na Universidade Federal do Rio Grande do Norte.

SHEILA DE CASTRO FARIA
Doutora em História pela Universidade Federal Fluminense.
Professora Titular aposentada no Departamento de História da Universidade Federal Fluminense.

JORGE FERREIRA
Doutor em História pela Universidade de São Paulo.
Professor Titular aposentado no Departamento de História da Universidade Federal Fluminense.
Professor Visitante de História na Universidade Federal de Juiz de Fora.

GEORGINA DOS SANTOS
Doutora em História pela Universidade de São Paulo.
Professora Associada no Departamento de História da Universidade Federal Fluminense.


3

Editora Saraiva

Editora Saraiva

**Direção geral:** Guilherme Luz
**Direção editorial:** Luiz Tonolli e Renata Mascarenhas
**Gestão de projeto editorial:** Viviane Carpegiani
**Gestão e coordenação de área:** Wagner Nicaretta (ger.) e Brunna Paulussi (coord.)
**Edição:** Carlos Eduardo de Almeida Ogawa e Carolina Ocampos
**Gerência de produção editorial:** Ricardo de Gan Braga
**Planejamento e controle de produção:** Paula Godo, Roseli Said e Marcos Toledo
**Revisão:** Hélia de Jesus Gonsaga (ger.), Kátia Scaff Marques (coord.), Rosângela Muricy (coord.), Ana Curci, Ana Paula C. Malfa, Carlos Eduardo Sigrist, Cesar G. Sacramento, Hires Heglan, Luís M. Boa Nova e Patrícia Travanca
**Arte:** Daniela Amaral (ger.), Claudio Faustino (coord.), Eber Alexandre de Souza (edição de arte)
**Diagramação:** Typegraphic
**Iconografia:** Sílvio Kligin (ger.), Denise Durand Kremer (coord.), Daniela Maria Ribeiro (pesquisa iconográfica)
**Licenciamento de conteúdos de terceiros:** Thiago Fontana (coord.), Luciana Sposito e Angra Marques (licenciamento de textos), Erika Ramires, Luciana Pedrosa Bierbauer, Luciana Cardoso e Claudia Rodrigues (analistas adm.)
**Tratamento de imagem:** Cesar Wolf, Fernanda Crevin
**Cartografia:** Eric Fuzii (coord.), Robson Rosendo da Rocha (edit. arte) e Portal de Mapas
**Design:** Gláucia Correa Koller (ger.), Erika Yamauchi Asato, Filipe Dias (proj. gráfico) e Adilson Casarotti (capa)
**Composição de capa:** Segue Pro
**Foto de capa:** KarevAnton/Shutterstock, © 2018 Militão dos Santos, artista plástico brasileiro. Todos os direitos reservados.


Avenida das Nações Unidas, 7221, 1º andar, Setor A – Espaço 2 – Pinheiros – SP – CEP 05425-902
SAC 0800 011 7875
www.editorasaraiva.com.br

**2021**
Código da obra CL 800867
CAE 627979 (AL) / 627980 (PR)
3ª edição
5ª impressão



Impressão e acabamento: Bercrom Gráfica e Editora

Uma publicação SOMOS EDUCAÇÃO

# Apresentação

Caro estudante,

Este material foi elaborado especialmente para você, estudante do Ensino Médio que está se preparando para ingressar no Ensino Superior.

Além de todos os recursos do Conecte LIVE, como materiais digitais integrados ao livro didático, banco de questões, acervo de simulados e trilhas de aprendizagens, você tem à sua disposição um Caderno de Estudos que lhe ajudará a se qualificar para as provas do Enem e de diversos vestibulares do Brasil.

O material foi estruturado para que você consiga utilizá-lo autonomamente, em seus estudos individuais além do horário escolar, ou sob orientação de seu professor, que poderá lhe sugerir atividades complementares às dos livros.

Para cada ano do Ensino Médio, há um Caderno de Estudos com uma revisão completa dos conteúdos correspondentes, atividades de aplicação imediata dos conceitos trabalhados e grande seleção de questões de provas oficiais que abordam esses temas.

No Caderno de Estudos do 3º ano, há ainda um material complementar com o qual, ao terminar de se dedicar aos conteúdos destinados a esse ano escolar, você poderá se planejar para uma retomada final do Ensino Médio! Revisões estruturadas de todos os conteúdos desse ciclo são acompanhadas de simulados, propostos para que você os resolva como se realmente estivesse participando de uma prova oficial de vestibular ou do Enem, de maneira que consiga fazer um bom uso do seu tempo.

Desejamos que seus estudos corram bem e que você tenha sucesso **Rumo ao Ensino Superior**!

Equipe Conecte LIVE!

# Conheça este Caderno de Estudos

## Reveja o que aprendeu

Nesta seção, você poderá retomar os principais conteúdos e conceitos do Livro do Estudante de maneira resumida, para que tenha a oportunidade de, sempre que desejar, relembrar as aprendizagens que você vem construindo ao longo do 3º ano do Ensino Médio.

## Aplique o que aprendeu

Depois de retomar os conteúdos no **Reveja o que aprendeu**, dedique um tempo para aplicar seus conhecimentos e resolver atividades. A seção inicia com **Atividade resolvida**, que traz uma solução detalhada de uma questão de vestibular ou do Enem. Em seguida, há uma seleção de atividades para você resolver. Se o seu desempenho estiver aquém de suas expectativas, consulte novamente o Livro do Estudante e retome os assuntos trabalhados, individualmente ou em grupos de estudo.

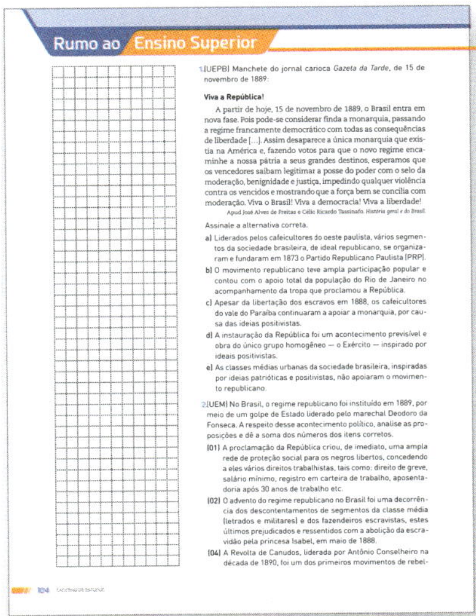


## Rumo ao Ensino Superior

Esta seção apresenta uma seleção de atividades que envolvem conteúdos estudados ao longo de todo o 3º ano do Ensino Médio. Você encontrará questões do Enem e de diferentes vestibulares do Brasil.

# Sumário

Já revi este conteúdo | Já apliquei este conteúdo

CAPÍTULO 1

# Brasil: a Primeira República

**Você deve ser capaz de**

- compreender o processo de formação do Estado republicano no Brasil pelos arranjos institucionais e políticos;
- caracterizar as inúmeras revoltas urbanas e rurais ocorridas entre 1889 e 1930;
- identificar as causas sociais, econômicas e políticas que levaram ao desgaste da Primeira República.

## Reveja o que aprendeu

### A consolidação da República (1889-1894)

O período que se estende de 1889 até 1930 é conhecido como **Primeira República**. Com a derrubada da monarquia, formou-se um Governo Provisório (1889-1891), chefiado pelo marechal Deodoro da Fonseca.

O novo governo adotou medidas como a expulsão da família imperial do Brasil, a separação entre Igreja e Estado, o reconhecimento da liberdade religiosa no país, a "grande naturalização", a instauração do registro e do casamento civis e a instituição de símbolos republicanos, como a atual bandeira nacional.

Em 1891, foi promulgada a primeira Constituição republicana do Brasil, que determinava, entre outras medidas, a instituição de uma República representativa presidencialista e federativa; a divisão do país em vinte estados e um Distrito Federal (o Rio de Janeiro); a separação dos poderes em Legislativo, Executivo e Judiciário; e o direito ao voto a todas as pessoas maiores de 21 anos, excetuando-se analfabetos, mendigos, militares de baixa patente, religiosos e mulheres.

O primeiro presidente, Deodoro da Fonseca, foi escolhido pelo Congresso Nacional. O vice-presidente foi o também militar marechal Floriano Peixoto. Com o objetivo de industrializar o país, o ministro da Fazenda Rui Barbosa decidiu permitir a emissão de papel-moeda sem lastro em ouro para que os bancos pudessem emprestar dinheiro para pessoas interessadas na abertura de empresas.

No entanto, como essas empresas só existiam no papel, a venda de suas ações provocou prejuízos para os investidores, o que resultou em uma grave crise econômica, marcada pela especulação financeira e pela inflação descontrolada. Esse período foi denominado **encilhamento**.

A imprensa fazia forte oposição ao governo. Deodoro reagiu com um golpe de Estado, fechando o Congresso. Mas, sem apoio político e militar, renunciou. De acordo com a Constituição de 1891, se o titular não houvesse cumprido dois anos de governo, o vice-presidente deveria assumir e convocar novas eleições presidenciais. Floriano Peixoto argumentou que isso valeria para o próximo governo e manteve-se na presidência da República

No poder, Floriano Peixoto agiu de maneira autoritária, por isso recebeu o título de "marechal de ferro". No entanto, ele reabriu o Congresso Nacional e recebeu o apoio dos políticos do Partido Republicano Paulista. Durante seu governo eclodiram duas revoltas: a Revolução Federalista, no Rio Grande do Sul, e a Revolta da Armada, na baía da Guanabara.

Pereira Neto/Fundação Biblioteca Nacional, Rio de Janeiro, RJ.

Eleição de Deodoro e Floriano. Charge de Pereira Neto, publicada na *Revista Illustrada*, em 1891.

## República Oligárquica (1894-1930)

A eleição de Prudente de Morais marcou a passagem do controle político do país pelos militares para os cafeicultores de São Paulo e de Minas Gerais, instituindo a **República Oligárquica**. A estabilização política da República foi alcançada por meio de um pacto entre as elites agrárias do país, mas sob a liderança das oligarquias desses dois estados.

O esquema político foi possível devido ao fenômeno conhecido como **coronelismo**. Nos municípios, o líder político local, chamado de "coronel", organizava as eleições e fazia as atas eleitorais. Como o voto era aberto, ele tinha controle sobre o eleitorado. Era o chamado "voto de cabresto".

O presidente Campos Sales (1898-1902) adotou a chamada **política dos governadores**. O presidente da República não se intrometia na vida política dos estados e, em troca, recebia apoio político dos governadores. Além disso, os coronéis dos municípios se encarregavam de eleger candidatos que apoiavam o presidente da República e os governadores dos estados. As fraudes eleitorais garantiam as eleições de candidatos governistas.

Dessa forma, consolidava-se aquilo que chamamos de "política do café com leite", numa alusão à predominância de São Paulo e Minas Gerais nas eleições para a presidência da República.

Leia no Livro do Estudante sobre:
**encilhamento, 14**
**República oligárquica, 17**
**coronelismo, 16**
**política de valorização do café, 20**

### Economia e finanças

A economia durante a Primeira República foi sustentada pela exportação do café, que, além de ter incentivado a industrialização do país, possibilitou o aumento das importações e a expansão das cidades, com a instalação de serviços públicos. No entanto, para aumentar seus lucros, os fazendeiros plantavam cada vez mais cafezais, e o resultado foram crises de superprodução.

Para resolver o problema, em 1906, cafeicultores de São Paulo, Minas Gerais e Rio de Janeiro estabeleceram a chamada **política de valorização do café**: o governo deveria comprar o excedente da produção por meio de empréstimos externos. Milhões de sacas de café foram comprados, mantendo a estabilidade artificial da cotação. Os cafeicultores, desse modo, continuaram com seus lucros, mas à custa do prejuízo de toda a sociedade.

Outro fator importante para a economia foram as exportações de borracha entre o final do século XIX e início do século XX. Em 1900, a borracha era responsável por 30% das exportações do país. Com isso, a economia cresceu, e as cidades de onde o látex era extraído, como Belém e Manaus, passaram por grandes transformações. No entanto, quando a borracha de origem asiática entrou no mercado internacional, a produção amazônica começou a declinar.

Reprodução/Coleção particular

Carroças puxadas por muares, carregadas de sacas de café, no cais do porto de Santos, no estado de São Paulo. Cartão-postal editado em 1910, aproximadamente.

Leia no Livro do Estudante sobre:

greves, 28

tenentismo, 33

# Revoltas rurais e urbanas

## Canudos

No interior da Bahia, o beato Antônio Vicente Mendes Maciel (1830-1897) defendia a fé católica contra as mudanças instauradas pela República. Depois que passou a ser seguido por muitas pessoas, tornou-se Antônio Conselheiro. Em 1877, ele organizou, no interior da Bahia, uma comunidade às margens do rio Vaza-Barris: o arraial de Canudos. Fugindo da opressão dos fazendeiros e da miséria, milhares de pessoas foram para Canudos. Com uma organização social própria, de 1893 a 1897, a população de Canudos chegou a abrigar cerca de 30 mil pessoas.

O governo federal e muitos intelectuais e jornalistas do Rio de Janeiro acusaram Canudos de representar um foco monarquista. Quatro expedições militares foram enviadas ao interior baiano com o intuito de destruir o arraial; as três primeiras foram massacradas pelos seguidores de Conselheiro. Mas a quarta expedição, em setembro de 1897, destruiu com canhões a comunidade de Canudos. Todos os seus habitantes foram mortos, inclusive Antônio Conselheiro.

## Contestado

Em uma área na divisa dos estados do Paraná e de Santa Catarina — cuja posse era reivindicada ao governo federal por ambos os estados, daí ser chamada de contestada —, um líder religioso, o monge José Maria, organizou uma comunidade em Taquaraçu em 1911. Os integrantes dessa comunidade eram contra a República e esperavam a chegada de um exército espiritual para libertá-los da opressão social e construir um reino no qual imperariam as leis de Deus.

Com a presença de madeireiras e da Brazil Railway Company – responsável pela construção de uma ferrovia no local –, a comunidade foi forçada a se deslocar para o Paraná. Considerada uma invasão catarinense, o governo paranaense atacou a comunidade e matou José Maria. Um ano depois, cerca de 12 mil fiéis se reagruparam em Taquaraçu. Em 1916, o exército e polícias estaduais atacaram o movimento do Contestado, matando milhares de rebeldes.

## Revolta da Vacina

Em junho de 1904, o então presidente Rodrigues Alves enviou um projeto de lei ao Congresso que propunha a obrigatoriedade da vacinação contra a varíola. Como a população do Rio de Janeiro, à época, estava insatisfeita com as reformas urbanas para modernizar a capital do país, a imposição da vacina sem esclarecimentos gerou forte resistência. Em novembro de 1904, a cidade foi tomada por manifestantes, que foram violentamente repreendidos pela polícia, e a vacinação, então, foi suspensa.

## Revolta da Chibata

Na Marinha de Guerra, o tratamento dispensado aos marinheiros era o pior possível: alimentação de péssima qualidade, disciplina rígida, baixos salários e punições com uso da violência física, a exemplo das chibatadas. Em 1910, os marinheiros, liderados por João Cândido, iniciaram um motim. Eles assumiram o controle dos navios de guerra e exigiram melhorias nas condições de trabalho e o fim dos castigos corporais.

Com os canhões apontados para o Rio de Janeiro, os marinheiros obrigaram o Congresso Nacional a ceder às suas reivindicações. O Congresso negociou com os revoltosos e, somente após a rendição deles, concedeu-lhes a anistia. No entanto, um mês após a primeira revolta, outra revolta ocorreu na Marinha. Os oficiais reprimiram e prenderam os marinheiros.

## As lutas dos trabalhadores

A classe trabalhadora, constituída por brasileiros brancos, pardos e ex-escravos, além de imigrantes, era submetida a condições de trabalho degradantes e não havia nenhuma legislação social ou trabalhista.

Durante a Primeira República, as associações mutualistas foram organizações muito populares entre os operários. Nos momentos de dificuldades, como desemprego ou doença, eles recebiam auxílio das associações. Também nessa época surgiram muitos partidos políticos com o nome de Partido Socialista ou Partido Operário.

Os anarquistas, por sua vez, tinham como objetivo pôr fim ao sistema capitalista e criar uma sociedade. Em 1917, eclodiram em São Paulo **greves** de várias categorias de trabalhadores, uma das maiores manifestações grevistas lideradas pelos anarquistas. A partir daí, o governo deu início à grande repressão policial aos anarquistas.

# Crise dos anos 1920 e Revolução de 1930

Nas Forças Armadas surgiu um movimento de oposição ao regime oligárquico: o **tenentismo**. Os militares condenavam as fraudes eleitorais, acusavam os políticos de somente pensarem em seus interesses particulares e eram contra o liberalismo político. Eles exigiam um governo forte e centralizado no governo federal. O objetivo deles era derrubar o governo por meio de um golpe militar. A primeira revolta — **Revolta do Forte de Copacabana** — eclodiu no Rio de Janeiro em 1922. Um grupo de militares e um civil saíram do Forte de Copacabana e partiram para um confronto contra as tropas do governo. Somente dois deles sobreviveram.

Em 1924 eclodiu a Revolta Paulista (ou Rebelião de 1924). Liderados pelo major Miguel Costa, os militares ocuparam a cidade de São Paulo por mais de 20 dias.

Em Foz do Iguaçu, encontraram com a coluna militar liderada pelo capitão Luís Carlos Prestes, vinda do Rio Grande do Sul. Os militares gaúchos e paulistas uniram-se e formaram a Coluna Prestes-Miguel Costa. Liderada por Luís Carlos Prestes, a Coluna percorreu aproximadamente 25 mil quilômetros do território brasileiro, entre 1925 e 1927.

**Conteúdos importantes**

- República oligárquica
- Encilhamento
- Política de valorização do café
- Coronelismo
- Greve de 1917
- Tenentismo

## A Revolução de 1930

Em 1929, o pacto "café com leite" foi inviabilizado. Os mineiros esperavam lançar seu candidato à presidência com o apoio do Partido Republicano Paulista. Contudo, o paulista Washington Luís apoiou outro paulista: Júlio Prestes.

Insatisfeitos, os mineiros se aliaram aos políticos gaúchos e paraibanos e organizaram uma frente de oposição. A união resultou na Aliança Liberal, que lançou Getúlio Vargas candidato a presidente da República, tendo como vice-presidente o paraibano João Pessoa.

Em março de 1930, com as eleições fraudadas, venceu o candidato Júlio Prestes. A Aliança Liberal não se conformou e procurou apoio do movimento tenentista. Em 3 de outubro, forças militares marcharam em direção ao Rio de Janeiro para depor o presidente Washington Luís. Um mês depois, Getúlio Vargas tomou posse como chefe do Governo Provisório.

Lily/Coleção particular

Cartaz do Partido Democrático confeccionado em 1928 para denunciar a prática do voto de cabresto.

# Aplique o que aprendeu

## Atividade resolvida

(UERJ)

É importante identificar a data de produção de cada texto jornalístico. Há uma diferença de cem anos entre eles. O intervalo de tempo também pode ser percebido pela linguagem de cada documento.

### Miséria em revolta. Movimento grevista assume cada vez maiores proporções.

Apresenta-se com aspecto cada vez mais alarmante o movimento que começou no Cotonifício Crespi e se propagou a outras fábricas em número avultado. Não há como negar a justiça do movimento grevista. São suas causas inegáveis: salários baixos e vida caríssima. Com elas coincide a época de ouro da indústria, que trabalha como nunca e tem lucros como jamais. Censuram-se as violências dos grevistas. Entretanto, no fundo, não se encontraria uma justificação para essa atitude? Pais de família que vivem sendo explorados pelos patrões, que veem os industriais fazendo-se milionários à custa de seu suor e de sua miséria. Esses pais não podem ter a calma precisa para reclamar dentro de uma lei que não os protege, antes permite que o seu sangue seja sugado por vampiros insaciáveis.

*O Combate*, 12/07/1917. Adaptado de memoria.bn.br.

### De greve em greve

Ao longo da história republicana, vários movimentos sociais preferiram interpretação própria da modernização, como expansão de direitos. E agiram para converter ideia em fato. São Paulo viu isso em 1917, quando assistiu a sua primeira greve geral. A cidade parou. Aderiram categorias em cascata, demandantes de melhoras salariais e de condições de trabalho. Manifestantes daquele tempo se parecem mais com os de hoje do que se possa imaginar. A resposta das autoridades de então também segue a moda. Em 1917, um jovem sapateiro espanhol foi baleado no estômago. Em 2017, um estudante teve a cabeça golpeada com um cassetete. O enterro do sapateiro virou a maior manifestação de protesto que os paulistanos tinham visto até então. Já na greve geral de abril de 2017, 35 milhões de pessoas pararam, segundo os sindicatos.

Angela Alonso. Adaptado de *Folha de São Paulo*, 07/05/2017.

As matérias jornalísticas referem-se a movimentos grevistas ocorridos no Brasil nos anos de 1917 e 2017, apresentando contextos diretamente associados aos conflitos entre capital e trabalho em área urbana.

Tendo como base essas matérias, as principais semelhanças entre os dois contextos mencionados se relacionam aos seguintes fatores:

a) precarização salarial e ampliação da regulação estatal.

b) aumento do desemprego e revisão de leis trabalhistas.

c) repressão policial e relevância das reivindicações populares.

d) ilegalidade da ação sindical e desqualificação da mão de obra.

**Comentário**

A questão estabelece relações entre movimentos grevistas de 100 anos de diferença, destacando as possíveis continuidades entre ambos. Os textos são trechos de matérias jornalísticas de cada época, a greve de 1917 e a greve geral de 2017. As duas reportagens mencionam a repressão ao movimento grevista claramente, assim como em ambos os textos há a defesa da justiça das reivindicações dos trabalhadores.

## Atividades

**1.** O jornalista Júlio de Mesquita Filho assim escreveu, em 1925, sobre a Primeira República do Brasil:

> "[...] a política se orienta não mais pela vontade popular livremente manifesta, mas pelos caprichos de um número limitado de indivíduos sob cuja proteção se acolhem todos quantos pretendem um lugar nas assembleias estaduais e federais."
>
> MESQUITA FILHO, Júlio de. *A crise nacional*. São Paulo: O Estado de S. Paulo, 1925.

Sobre o contexto histórico a que o autor se refere, pode-se afirmar que:

a) trata-se de uma crítica ao fato de os Estados e o Poder Legislativo terem autonomia excessiva em relação ao governo federal.

b) propõe limites ao federalismo, que vigia na estruturação do Estado brasileiro republicano.

c) comprova a necessidade de moralizar as eleições, fraudulentas dentro de um regime oligárquico.

d) defende a existência de um governo oligárquico, em contrapartida ao que existia, centralizado.

e) considera favoravelmente a estrutura política brasileira daquele momento, de domínio de oligarquias regionais.

**2.** Leia o depoimento do presidente Campos Sales, de 3 de maio de 1902.

> Nesse regime, [...] a verdadeira força política, que no apertado unitarismo do império residia no poder central, deslocou-se para os estados. A política dos estados, isto é, a política que fortifica os vínculos de harmonia entre os estados e a União, é, pois, na sua essência, a política nacional. É lá, na soma dessas unidades autônomas, que se encontra a verdadeira soberania da opinião. O que pensam os estados, pensa a União.
>
> SALES, Campos. Mensagem. In: FAORO, Raymundo. *Os donos do poder*: formação do patronato político brasileiro. São Paulo: Edusp; Porto Alegre: Globo, 1975. p. 465.

Campos Sales defendia:

a) o fim da autonomia dos estados e o início de um período de centralização política, que caracterizou a República como uma ditadura.

b) uma perspectiva de democratização para a recente República brasileira, impedindo que novos protestos políticos e armados irrompessem.

c) a relação diplomática com os demais países sul-americanos e se dispunha a obter alianças e acordos comerciais no exterior.

d) um pacto entre o governo federal e os governos estaduais, que teriam autonomia econômica, mas assegurariam apoio político ao presidente.

e) o modelo político adotado como capaz de democratizar o Brasil e de obter, sem lutas, a unidade política e territorial ainda inexistente.

**3.** Leia o texto a seguir.

O colapso da Primeira República e de seus arranjos políticos, que excluíam outras forças sociais que não viessem das oligarquias rurais tradicionais, não se deu pela sonhada revolução proletária de anarquistas e comunistas. Os algozes do regime foram as próprias dissidências oligárquicas aliadas a uma parte importante dos 'tenentes', os jovens militares rebeldes. Mas o encontro das dissidências oligárquicas com os 'tenentes' não foi direto e rápido. Foi fruto de uma série de articulações políticas feitas a partir de 1927.

NAPOLITANO, Marcos. *História do Brasil República*: da queda da Monarquia ao fim do Estado Novo. São Paulo: Contexto, 2016. p. 86.

Com base nas afirmações, é possível considerar que a crise da Primeira República:

a) é fruto do sucesso das elites oligárquicas em retomar o controle do Estado.

b) está relacionada ao surgimento de novos atores políticos num contexto de urbanização.

c) se deu exclusivamente em função do fracasso da política do café com leite, um arranjo político entre os estados de São Paulo e Minas Gerais.

d) foi algo efêmero, resultado do avanço industrial que logo perde fôlego com a crise de 1929.

e) está relacionada apenas à novidade da participação dos militares na luta política do país.

**4.** Leia o texto a seguir, sobre a Revolução de 1930, e responda às questões.

Denomina-se Revolução de 1930 o movimento armado que depôs o então presidente da República, Washington Luiz Pereira de Souza, pouco antes do término do seu mandato. A chefia civil coube a Getúlio Dornelles Vargas e a militar, ao tenente coronel Pedro Aurélio de Góis Monteiro. O objetivo era impedir a posse de Júlio Prestes e Vital Soares, candidatos situacionistas apoiados pelo Partido Republicano Paulista (PRP) e que haviam derrotado a chapa Getúlio Vargas e João Pessoa nas eleições presidenciais de março de 1930, sustentada pela Aliança Liberal, coligação oposicionista liderada por políticos de Minas Gerais e do Rio Grande do Sul. A conspiração foi deflagrada a 3 de outubro e, exatamente um mês depois, Getúlio Vargas assumiu a chefia do Governo Provisório.

O episódio tornou-se marco periodizador da história republicana brasileira, que passou a ser dividida entre a República Velha, denominação pejorativa, forjada e imposta pelos instituidores da República Nova, que se julgavam portadores de um novo tempo. Os protagonistas esforçaram-se por ampliar o significado da Revolução, num investimento que visava ultrapassar a mera disputa pelo poder político entre grupos oligárquicos.

LUCA, Tania Regina de. A Revolução de 1930. Blog da Editora Contexto. 3 out. 2015. Disponível em: <www.editoracontexto.com.br/blog/a-revolucao-de-1930>. Acesso em: 2 jul. 2018.

a) Explique por que as pessoas que promoveram a Revolução de 1930 criaram os termos República Velha e República Nova.

b) Cite e explique duas razões para a eclosão da chamada Revolução de 1930.

CAPÍTULO

2

# A Primeira Guerra Mundial: crise da utopia liberal

**Você deve ser capaz de**

- contextualizar a eclosão da Primeira Guerra Mundial nas tensões entre as nações europeias entre 1870 e 1914;
- identificar as principais causas da guerra, principalmente a tensa relação entre Alemanha e Inglaterra;
- compreender os efeitos políticos e sociais do conflito, além das consequências das resoluções tomadas pelas potências em relação à Alemanha.

Leia no Livro do Estudante sobre:

**Tríplice Aliança e Tríplice Entente, 43**

**Paz Armada, 44**

**trincheiras, 45**

## Reveja o que aprendeu

### A Paz Armada

Entre os séculos XIX e XX, o Império Alemão era uma potência em expansão. O país investiu pesadamente na industrialização, incentivando a formação de grandes empresas, e desenvolveu um sistema educacional técnico bastante eficiente. Para proteger seu comércio exterior, a Alemanha investiu em uma marinha mercante e de guerra, reforçando a concorrência com os produtos ingleses.

Britânicos e franceses se sentiam ameaçados pelo crescimento industrial da Alemanha. A França já havia perdido a região da Alsácia-Lorena, rica em carvão, na Guerra Franco-Prussiana, em 1870-1871. A Grã-Bretanha, por sua vez, via os produtos industrializados alemães concorrerem com os seus no mercado internacional.

Desde fins do século XIX, o chanceler alemão Otto von Bismarck procurava meios de evitar uma guerra de seu país com a Grã-Bretanha e a França, pois um conflito poderia prejudicar o crescimento econômico alemão. Ele obteve sucesso até que o imperador Guilherme II decidiu, em 1890, por uma política expansionista.

Desse modo, às vésperas da Primeira Guerra Mundial, os problemas entre as potências europeias eram graves. Entre as principais causas destacam-se:

- o rompimento do equilíbrio do poder político entre os países europeus;
- o sentimento revanchista antigermânico na França;
- a aliança militar entre a Alemanha e o Império Austro-Húngaro;
- as várias minorias étnicas que viviam sob o Império Austro-Húngaro e que almejavam independência;

**A Europa dividida – 1914**

Banco de imagens/Arquivo da editora

**Fontes**: DUBY, G. *Atlas historique mondial*. Paris: Larousse, 2003. p. 48; ARRUDA, J. J. *Atlas histórico básico*. São Paulo: Ática, 1993. p. 27.

- as tensões entre a Rússia e o Império Otomano;
- os movimentos nacionalistas que surgiram na Europa, acirrando os conflitos no continente.

A tensão reinante entre as nações europeias resultou no sistema de alianças. Em 1882, Alemanha, Império Austro-Húngaro e Itália formaram a **Tríplice Aliança**. Em 1907, formou-se a **Tríplice Entente**, que reunia Grã-Bretanha, França e Rússia. Os países europeus constituíram grandes exércitos e investiram em armas. Vivia-se a chamada **Paz Armada**.

## A Grande Guerra

O pretexto para a eclosão da Grande Guerra foi o assassinato, em junho de 1914, do herdeiro do Império Austro-Húngaro por um grupo nacionalista sérvio. No mês seguinte, o governo austro-húngaro declarou guerra à Sérvia. A Rússia entrou na guerra defendendo os sérvios e, em reação, a Alemanha, parte da Tríplice Aliança, entrou na guerra contra a Sérvia e a Rússia. A declaração alemã levou França e Grã-Bretanha, membros da Tríplice Entente, a entrarem na guerra ao lado da Rússia.

O alastramento do conflito levou os países a apoiar um ou outro bloco. A Itália, que pertencia à Tríplice Aliança, aderiu à Entente em 1915. O Japão, interessado nas possessões alemãs no Oriente, declarou guerra aos países da Tríplice Aliança. Em 1916, Portugal e Romênia e, em 1917, Brasil, Grécia, Estados Unidos e outras nações aliaram-se à Entente. Necessitando de apoio para combater a Rússia, o Império Turco Otomano assumiu posição ao lado da Alemanha; a Bulgária, sufocada pelas pretensões russas, tomou a mesma atitude em 1915. Com isso, a guerra alastrou-se pela Europa.

A primeira etapa da guerra estendeu-se pelo ano de 1914 e pelo início de 1915 e foi marcada por intensos deslocamentos e combates entre as tropas em luta, sendo chamada **guerra de movimentos**. Essa movimentação de tropas deu lugar ao posicionamento dos exércitos em linhas definidas e fortificadas. Foram cavadas enormes extensões de **trincheiras**. De 1915 ao início de 1918, os exércitos ficaram praticamente estacionados nesses locais, garantindo conquistas e evitando avanços do inimigo.

A Primeira Guerra Mundial se notabilizou pelo uso de novas armas. O avião, o tanque de guerra, o lança-chamas e as armas químicas, como o gás mostarda, causaram inúmeras mortes. Os alemães recorreram a submarinos para afundar navios mercantes, sobretudo os que transportavam alimentos, e destruir quase um terço da frota britânica.

Em 1917, logo após a **Revolução de Outubro**, a Rússia saiu da guerra. No entanto, os Estados Unidos entraram, fortalecendo militarmente a França e a Grã-Bretanha.

Com a derrota do Império Otomano, o colapso do Império Austro-Húngaro e a entrada dos Estados Unidos na guerra, a Alemanha passou a lutar sozinha e foi derrotada. O governo alemão foi obrigado a aceitar todas as condições impostas pelos países vencedores.

Roger Viollet/Getty Images

Durante a Primeira Guerra Mundial, soldados franceses aguardam um ataque com máscaras contra gases. Fotografia de 1914.

Leia no Livro do Estudante sobre:
Tratado de Versalhes, 48

## O fim da guerra e o Tratado de Versalhes

Em 9 de novembro de 1918, foi proclamada na Alemanha a **República de Weimar**, fundada na cidade de mesmo nome. Em 1919, por iniciativa dos países vencedores da Primeira Guerra, foi criada a **Liga das Nações**, uma organização internacional, cujo papel principal seria o de assegurar a paz.

Os tratados de paz do pós-guerra resultaram das negociações da **Conferência de Paris** (de 1919 a 1921), quando os países da Entente consideraram a Alemanha a principal responsável pela guerra e, em junho de 1919, impuseram a esse país os termos do **Tratado de Versalhes**, que tinha o objetivo de subjugar a Alemanha, impedindo o retorno à sua condição de país industrializado e militarizado. Seus termos foram humilhantes para os alemães, motivos para grandes ressentimentos. Entre as decisões destacavam-se:

- a devolução da Alsácia-Lorena para a França;
- a ocupação da bacia do Saar, com suas minas de carvão, por França e Grã-Bretanha;
- a perda de colônias alemãs para países vencedores, como Japão, França e Inglaterra;
- a cessão à Polônia do "corredor polonês", dividindo a Alemanha em dois territórios;
- a cessão de territórios para Bélgica, Dinamarca e Lituânia;
- a supressão do serviço militar obrigatório e a redução do exército alemão a apenas 100 mil homens, com permissão de uso apenas de armas leves;
- a proibição de manter marinha de guerra, artilharia pesada, aviões, tanques de guerra e de produzir qualquer tipo de material militar;
- a entrega de submarinos e navios de guerra e mercantes aos países vencedores.

Pelo tratado, a Alemanha perdeu mais de 12% do território e 12% da população.

Os Estados Unidos, tendo à frente o presidente Woodrow Wilson, não concordaram com os termos do Tratado de Versalhes. O presidente estadunidense defendeu um tratado que visasse à paz europeia, sem vencidos ou vencedores. Não foi o que aconteceu.

Em outros tratados que se seguiram ao de Versalhes, o Império Austro-Húngaro deixou de existir. No seu lugar surgiram vários países. O Império Otomano foi desmembrado, e dele restou apenas a Turquia.

**Conteúdos importantes**

- Tríplice Aliança e Tríplice Entente
- Paz Armada
- Trincheiras
- Tratado de Versalhes

**A Europa após a Primeira Guerra Mundial – 1922**

**Fonte**: ARRUDA, J. J. *Atlas histórico básico*. São Paulo: Ática, 1993. p. 27.

# Aplique o que aprendeu

## Atividade resolvida

(UFRGS) Observe a imagem abaixo.

Inglês Germânia Oficial alemão

Adaptado de: <Imagohistoria.blogspot.com.br/2017/04.Charges+histórico-primeira-guerra_22.html>

Considere as seguintes afirmações sobre o Tratado de Versalhes.

I. O acordo pressupunha a divisão igualitária dos custos da guerra entre as potências beligerantes, sem responsabilizar militar e materialmente apenas uma das partes envolvidas no conflito.

II. O Tratado previa a desmilitarização mútua da França e da Alemanha, com o intuito de preservar um equilíbrio de poder mínimo no continente europeu.

III. O documento impunha à Alemanha a perda de suas colônias africanas, a entrega de uma parte de seu território para os países fronteiriços e a redução do exército e do poder bélico.

Quais estão corretas?

a) Apenas I.
b) Apenas II.
c) Apenas III.
d) Apenas I e II.
e) I, II e III.

**Comentário**

A questão exige conhecimentos prévios sobre o Tratado de Versalhes, de 1919, em que a Alemanha saiu profundamente prejudicada. Dessa forma, as afirmações I e II, que descrevem as responsabilidades pelas perdas da guerra de forma partilhada entre França e Alemanha, estão equivocadas. A observação da charge também permite identificar a responsabilização da Alemanha pelas outras potências, especialmente pela Grã-Bretanha, representada pelo personagem John Bull.

## Atividades

**1.** É indubitável que nenhum governo de qualquer uma das grandes potências de antes de 1914 queria [...] uma guerra europeia generalizada [...]. Isto é conclusivamente demonstrado pelo fato de que nos lugares onde as ambições políticas das grandes nações entravam em conflito direto, ou seja, nas zonas ultramarinas de conquistas e partilhas coloniais, seus numerosos confrontos eram sempre resolvidos por algum acordo pacífico.

HOBSBAWM, Eric. J. *A era dos impérios*: 1875-1914. Rio de Janeiro: Paz e Terra, 2002. p. 429-430.

Sobre as causas diretas da Primeira Guerra Mundial, é correto afirmar:

I. A disputa imperialista entre as nações europeias se manifestou também na forma de uma corrida armamentista.

II. Os conflitos nacionalistas, como o pan-eslavismo, que visava transferir para o Império Russo o controle sobre todos os povos eslavos europeus, desestabilizaram a região.

III. A formação de grupos armados terroristas aliados aos interesses das potências centrais da Europa instaurou a paz armada.

IV. O surgimento de uma grande crise econômica na Alemanha pós-unificada desequilibrou a economia das potências até então dominantes, Grã-Bretanha e França.

Estão corretas:

a) e II.

b) e III.

c) I e III.

d) II e IV.

e) III e IV.

**2.** O pintor alemão Otto Dix combateu na frente ocidental durante a Primeira Guerra Mundial. As experiências vividas nos campos de batalha marcaram profundamente sua obra. Observe a imagem:

Otto Dix/AUTVIS, Brasil, 2018/Galeria Nacional, Gamberra, Austrália

*Soldado morrendo*, gravura de Otto Dix, feita em 1924.

Com base na gravura, é possível considerar que a obra:

a) procura glorificar a guerra, valorizando a bravura e a honra.

b) mostra um retrato cruel da guerra, mas procura dar ao soldado que morre uma representação digna.

c) demonstra os horrores da guerra, dando contornos de desespero e sofrimento diante da morte.

d) promove o enaltecimento da guerra, valorizando o significado da luta em nome da causa nacionalista.

e) mostra indiferença em relação à guerra, demonstrando a superação do soldado diante da derrota.

**3.** O conflito que se iniciou em 1914 inaugurou o que podemos chamar de 'era das catástrofes' para o continente europeu e também para o mundo. Esse imenso enfrentamento militar, mas também econômico, ideológico e cultural, absorveu grande parte dos recursos das sociedades beligerantes e para além

delas mobilizou homens e consumiu recursos em todos os continentes. A guerra foi mundial não pelos territórios que tocou, uma vez que os combates se desenvolveram principalmente na Europa e no Oriente Médio, mas pela extensão dos meios materiais que necessitou para se realizar. Foi a primeira guerra da moderna sociedade de consumo e, portanto, os recursos necessários estavam na proporção e extensão do capitalismo internacionalizado.

PARADA, Maurício. *Formação do mundo contemporâneo:* o século estilhaçado. Petrópolis, RJ: Vozes; Rio de Janeiro: PUC-Rio, 2014. p. 63.

Com base no trecho acima,

a) explique as afirmações do autor de que a partir de 1914 se iniciava uma "era das catástrofes" e uma "guerra da moderna sociedade de consumo".

b) cite e analise as razões para a eclosão da Grande Guerra (1914-1918).

CAPÍTULO

3

# Da Revolução Russa ao stalinismo

**Você deve ser capaz de**

- contextualizar os movimentos socialistas e anarquistas no longo processo de decadência do regime czarista;
- identificar as motivações dos grupos que entraram em conflito durante a Revolução de 1917;
- compreender as medidas sociais e econômicas conhecidas como comunismo de guerra dentro do contexto da guerra civil.

Leia no Livro do Estudante sobre:


**Domingo Sangrento, 55**

**Partido Operário Social-Democrata Russo, 54**

**bolcheviques e mencheviques, 54**

**comunismo de guerra, 58**

**Nova Política Econômica (NEP), 59**


## Reveja o que aprendeu

### A queda do czar

Em meados do século XIX, a Rússia era um país pouco industrializado. Cerca de 85% da população russa vivia no campo e o país apresentava estruturas sociais e econômicas tipicamente agrárias. Apenas no fim do século XIX o país começou a se industrializar, com financiamentos estrangeiros. Nessa época, o Estado imperial era governado de maneira autoritária e despótica pelo czar Nicolau II.

Em 1904, a derrota da Rússia na guerra contra os japoneses agravou a situação política no país. No ano seguinte, a polícia do czar atacou operários que reivindicavam pacificamente melhores condições de vida. O episódio ficou conhecido como **Domingo Sangrento**, e, após isso, greves surgiram em todo o país.

Durante os protestos, operários criaram uma forma de organização chamada ***soviet*** ("conselho", na língua russa). Nela, operários e soldados eram eleitos para os conselhos e tomavam decisões. Sob pressão, em agosto do mesmo ano, o czar convocou a *Duma* (Parlamento) com o objetivo de formar uma monarquia constitucional.

Anarquistas, social-revolucionários, *narodniks* (populistas) e o **Partido Operário Social-Democrata Russo** lutavam contra o czarismo e por melhores condições de vida a operários e camponeses. Em 1912, divergências internas levaram à divisão do partido entre **bolcheviques** e **mencheviques**.

Entre os bolcheviques, destacava-se Vladimir Lenin. Ele defendia que o partido deveria admitir somente militantes que atuassem em tempo integral. Os mencheviques aceitavam em seus quadros aqueles que apenas se comprometessem com o programa do partido. Apesar das divergências, os militantes do partido seguiam a fórmula da revolução em duas etapas: a primeira seria a revolução democrático-burguesa; a segunda, a revolução socialista.

Em 1914, Nicolau II cometeu grande erro ao levar a Rússia a participar da Primeira Guerra Mundial. Com soldados despreparados e com poucas armas e munições, o país perdeu quatro milhões de homens. As greves alastravam-se e a cidade de Petrogrado foi o palco inicial de uma revolução que percorreu o país, em fevereiro de 1917.

O czar foi derrubado, e o poder foi exercido pela *Duma*, cujo comitê foi transformado em um **governo provisório**. Para bolcheviques e mencheviques, cumpria-se a primeira etapa da revolução, a democrático-burguesa. A Rússia avançava para se tornar um regime liberal-democrático parlamentar. Alexander Kerenski, à frente do governo, manteve a Rússia na guerra, contrariando a vontade da população. Ao mesmo tempo, o **soviete de Petrogrado**, sob a liderança de Trotsky, se proclamou com poderes deliberativos, rivalizando com a Duma. Nesse meio-tempo, Lenin retornou à Rússia vindo da Suíça, onde ficou exilado desde a Revolução de 1905. Ele chegou com um programa revolucionário que dizia: "todo o poder aos sovietes". Para ele, devia-se avançar logo para a revolução socialista.

Na noite de 24 de outubro (no calendário juliano), o Comitê Militar Revolucionário e o soviete de Petrogrado ocuparam os principais órgãos do governo, tomando inclusive sua

sede, o Palácio de Inverno. Quando a insurreição bolchevique ocorreu, já havia um modelo de governo formado sob a liderança do partido de Lenin, o qual foi aceito pelos sovietes e contou com a participação de outros grupos de esquerda.

## Os bolcheviques no poder: o governo Lenin (1917-1924)

Após conquistar o poder, o governo bolchevique negociou a paz com a Alemanha e retirou-se da Primeira Guerra Mundial pelo **Tratado de Brest-Litovski**, de 1918. No mesmo ano, o Partido Bolchevique passou a se chamar Partido Comunista, e, conforme monopolizava o governo, os sovietes perdiam autonomia e poder decisório.

As primeiras decisões do governo bolchevique foram as de legalizar o confisco das terras que os *mujiques* tomaram dos grandes proprietários; a estatização de bancos, ferrovias e indústria pesada; o confisco das colheitas dos camponeses, exceto para consumo próprio; a regulamentação da produção e do consumo; o racionamento generalizado (foram estabelecidas cotas de consumo de leite, pão e lenha para cada família); a mobilização da polícia política para punir os inimigos do governo; entre outras medidas.

As classes sociais que perderam o poder reagiram. Entre 1918 e 1921, a Rússia viveu destrutiva guerra civil. Com o apoio de países capitalistas, como Estados Unidos, França, Japão, Grã-Bretanha e Alemanha, os opositores organizaram o Exército Branco. O governo bolchevique lutou com o Exército Vermelho, comandado por Trotsky.

Durante a guerra civil, o governo revolucionário impôs a política econômica conhecida como **comunismo de guerra**: todas as empresas foram estatizadas e a produção agrícola dos camponeses foi confiscada. Proibiu também a existência de todos os partidos políticos, exceto o Partido Comunista, impondo o regime de partido único. A inflação chegou a níveis altíssimos, a produção industrial despencou e os campos foram despovoados. Após a vitória do Exército Vermelho, consolidava-se o poder dos bolcheviques na Rússia, mas o país estava destruído e sua população, faminta.

Para recuperar a economia, em 1921 Lenin propôs uma série de reformas conhecida por **Nova Política Econômica (NEP)**. Eram reformas de caráter capitalista que visavam recuperar a economia do país. A economia de mercado e a propriedade privada foram restabelecidas. Os resultados da NEP são considerados positivos, pois reorganizaram as atividades agrícola e industrial.

Em 1922, as nacionalidades não russas foram integradas à Rússia e uma nova Constituição instituiu a União das Repúblicas Socialistas Soviéticas (URSS).

A morte de Lenin, em janeiro de 1924, provocou uma disputa interna pelo poder entre dois grupos no Partido Comunista, o liderado por Leon Trotsky e o de Joseph Stalin. Contando com a maioria dos membros do partido, Stalin assumiu o lugar de Lenin e, em 1929, tornou-se líder da União Soviética, derrotando todos os seus adversários, inclusive Trotsky.

Boris Kustodiev/Museu das Duas Guerras Mundiais, Paris, França.

*Guerra até a vitória. Não deixe o inimigo tomar a liberdade que você conquistou*, pôster de Boris Kustodiev, 1917.

Leia no Livro do Estudante sobre:

Grande Terror, 62

# O governo Stalin (1929-1953)

Depois de assegurar o seu domínio sobre o Partido Comunista, Stalin deu início ao processo conhecido como "construção do socialismo". Para os comunistas, o socialismo seria construído com a coletivização do campo e a industrialização acelerada.

Em 1929, o governo soviético implantou o primeiro **Plano quinquenal**, que começou com a coletivização da terra: as pequenas propriedades foram transformadas em fazendas coletivas. Milhões de camponeses que resistiram em entregar suas terras foram enviados para as regiões geladas da Sibéria, onde a maioria morreu. A produção agrícola caiu novamente, e parte considerável da população passou fome. A segunda fase do plano previa a industrialização do país. Os investimentos foram em usinas hidrelétricas, siderurgias, petróleo, ferrovias, fábricas de automóveis e caminhões, etc. Em poucos anos, a União Soviética tornou-se um país industrializado, mas que não atendia às necessidades básicas de bens de consumo da população.

A partir de 1936, Stalin desencadeou na União Soviética o chamado **Grande Terror**, quando milhares de pessoas foram acusadas de crimes que não cometeram. Os principais alvos eram os membros do Partido Comunista que divergiam de Stalin e de suas políticas. Eles eram presos, fuzilados ou enviados para campos de trabalhos forçados. Também começou intensa propaganda política exaltando as qualidades de Stalin. O país tornou-se uma ditadura: não se podia discordar do governo ou ter opinião divergente.

Com o Grande Terror, Stalin deu um golpe de Estado: retirou do cenário político muitos líderes da Revolução de 1917, substituindo-os por uma nova geração de dirigentes leais a ele. A repressão estatal passou a fazer parte do regime soviético.

Uma das consequências do Grande Terror foi a consolidação da *nomenklatura*, elite ligada ao governo que ocupava os altos postos nas Forças Armadas, no aparato estatal e nas empresas públicas.

Em outro aspecto, a população teve acesso a bens básicos, como sistema de saúde e previdência social, educação pública em todos os níveis, habitação e acesso ao trabalho. Milhões de pessoas melhoraram de vida, enquanto outras milhões foram parar nas prisões. O modelo de socialismo soviético conjugou o desenvolvimento econômico, a ascensão social e o terror policial. E, em pouco tempo, seria implantado em outros países sob a influência da União Soviética.

**Conteúdos importantes**

- Partido Comunista
- Domingo Sangrento
- Bolcheviques e mencheviques
- Comunismo de guerra
- Nova Política Econômica (NEP)
- Grande Terror

Naum Pavlovich Karnovsky/Biblioteca Estatal, Moscou, Rússia.

Cartaz soviético de 1948 que mostra Stalin em primeiro plano, cercado pela população soviética, e Lenin, em último plano.

# Aplique o que aprendeu

## Atividade resolvida

(UFPR) Considere o seguinte texto:

> [...] as reuniões de Trotsky no Circo Moderno representam apenas uma das múltiplas faces da massa. Há uma foto perturbadora do 1º de Maio em Moscou, na futura Praça Vermelha, em frente ao Kremlin. Numa espécie de cruzamento cronológico, a multidão revolucionária – uma mistura de tropas, soldados a cavalo, passeatas operárias – adquire um perfil familiar, o da coreografia tradicional do socialismo real. Somente a ausência de tanques, de uma tribuna de *apparatchiks* [o alto escalão do PC] e de grandes retratos de Lenin e Stalin pendurados nas fachadas dos edifícios nos lembra que tudo isso ainda está por vir. O czarismo celebrou sua glória nesse mesmo lugar. A revolução apropria-se dele, muda seu significado, mas a geometria das passeatas que o permeiam revela de súbito a imagem do futuro e, ao mesmo tempo, a força de um atavismo histórico que inegavelmente insere o ano de 1917, contra a sua vontade, num longo período [...].
>
> LÖWY, Michel. *Revoluções*. São Paulo: Boitempo, 2009, p. 158.

Com relação à Revolução Russa de 1917 e seus desdobramentos políticos na construção da URSS e em outras nações, identifique como verdadeiras (V) ou falsas (F) as seguintes afirmativas:

( ) A recepção do acontecimento da Revolução Russa no Brasil foi amplamente favorável. Vários periódicos brasileiros de grande circulação lançaram notas em apoio à Revolução Bolchevique, criando assim uma prolífica imprensa engajada.

( ) O ano de 1917 dá início a um processo que transformou o mundo, sendo chamado por um importante analista de "utopia concreta". Entretanto, os períodos que se seguem na construção do socialismo histórico apresentaram um universo militarizado e autoritário, que, por fim, revelou uma longa e trágica história de abusos e violências.

( ) Embora o fim da URSS tenha ocorrido após os eventos que vão de 1989, com a queda do muro de Berlim, até dezembro de 1991, com o golpe de estado que derrubou Gorbatchev, a URSS teve outro momento de grande abalo por volta de 1956, quando vieram a público os crimes de estado do período de Stalin.

( ) O período em que Stalin esteve no controle da URSS foi de abertura política, graças à intercessão de Trotsky, que estabeleceu uma rede de contatos em todo o mundo, incluindo figuras como o muralista Diego Rivera e a pintora Frida Kahlo.

Assinale a alternativa que apresenta a sequência correta, de cima para baixo.

a) V – F – F – V.
b) F – V – V – F.
c) F – F – V – V.
d) V – V – F – V.
e) F – F – V – F.

**Comentário**

A primeira e a última das afirmativas estão incorretas.
A primeira porque afirma que no Brasil houve uma recepção favorável à Revolução Russa por parte da imprensa. Basta lembrar que o Brasil, naquele momento, era governado pelas oligarquias cafeeiras (Primeira República) para perceber a inconsistência da afirmação.
A última afirmativa está equivocada ao considerar o governo stalinista um período de abertura política, quando ocorreu o contrário, com ampla perseguição aos opositores do regime, inclusive a Trotsky.

## Atividades

**1.** Leia o texto a seguir.

A conduta de Kerenski também mostrava o quanto sua visão era estreita. Durante as últimas semanas do governo provisório, seu comportamento assemelhou-se ao de Nicolau II: ambos recusaram-se a reconhecer que tinham sua autoridade ameaçada pelo espectro da revolução. No czar, tamanha complacência decorria de um desespero completo e de uma resignação fatalista, mas em Kerenski era produto de um otimismo tolo. Seu prestígio nacional dos primeiros tempos da revolução subira-lhe à cabeça. Ele passara a acreditar que recebera um 'chamado providencial' para guiar 'o povo' à liberdade. Ainda a exemplo do soberano, ele se cercara de admiradores dedicados que não ousavam contrariá-lo e mantinha seu gabinete enfraquecido por causa de constantes rumores de exonerações. Ele não imaginava – ou simplesmente não queria fazê-lo – a exata dimensão de sua impopularidade.

FIGES, Orlando. *A tragédia de um povo*: a Revolução Russa (1891-1924). Rio de Janeiro: Record, 1999. p. 594.

O texto refere-se:

a) à crise do governo provisório, durante a Revolução Russa, que levou à tomada do poder pelos bolcheviques, em outubro de 1917.

b) ao processo revolucionário russo que depôs o czar Nicolau II e seu primeiro-ministro, Kerenski, levando ao poder os bolcheviques, em outubro de 1917.

c) à crise do governo dos bolcheviques, durante a Revolução Russa, que levou à tomada do poder pelos mencheviques, em outubro de 1917.

d) à desagregação do governo provisório russo, comandado por bolcheviques e mencheviques, que abriu espaço para uma contrarrevolução monarquista.

e) ao início da guerra civil entre bolcheviques, apoiados por Kerenski, e mencheviques, apoiados pelo deposto czar Nicolau II, durante a Revolução Russa.

**2.** O processo revolucionário de 1917 foi um dos acontecimentos mais marcantes no século XX. Nele, a ordem social capitalista e a sociedade burguesa foram subvertidas por uma organização de esquerda. Sobre o processo revolucionário russo, assinale como verdadeiras (**V**) ou falsas (**F**) as afirmativas a seguir:

( ) Os bolcheviques uniram-se aos mencheviques e, com apoio dos sovietes, tomaram o poder em fevereiro de 1917.

( ) Os mencheviques lideraram o processo revolucionário e formaram, logo após a derrubada do governo provisório, o Conselho dos Comissários do Povo, chefiado por Leon Trotsky.

( ) Os bolcheviques defenderam o lema "Todo o poder aos sovietes" e, em outubro de 1917, derrubaram o governo de Kerenski e tomaram o poder na Rússia.

( ) Os bolcheviques expressavam os interesses aristocráticos da Rússia e foram derrotados pelos mencheviques, embora tivessem o apoio dos sovietes.

( ) A participação da Rússia na guerra foi desastrosa para o país, gerando grande insatisfação popular, tornando-se fator fundamental para desencadear a Revolução Russa.

( ) A revolução de fevereiro de 1917 foi liderada por Trotsky, que, à frente do governo provisório, retirou a Rússia da guerra, encontrando apoio do partido Kadet.

**3.** A Revolução de Outubro anulara os privilégios, declarara guerra às discriminações sociais, substituíra a democracia pelo autogoverno dos trabalhadores, abolira a diplomacia secreta; esforçara-se para dar a mais completa transparência a todas as relações sociais. O Stalinismo restaurou as formas mais ofensivas de privilégio, conferiu à desigualdade um caráter provocativo, sufocou com absolutismo policial a atividade espontânea das massas, fez da administração um monopólio da oligarquia do Kremlin, ressuscitou o fetichismo do poder sob formas que a própria monarquia absolutista não tivera sequer coragem de sonhar.

TROTSKY, Leon. *Moral e Revolução*. Rio de Janeiro: Paz e Terra, 1978. p. 31.

a) Qual a visão que Trotsky apresenta sobre a Revolução Russa e o Stalinismo?

b) Cite e explique duas medidas de Stalin que justifique a visão de Trotsky.

CAPÍTULO 4

# Os anos 1920, a crise de 1929 e o *New Deal*

**Você deve ser capaz de**

- localizar as manifestações culturais mais importantes na América e na Europa durante o período do entreguerras;
- identificar as causas econômicas da crise de 1929;
- relacionar as medidas tomadas durante o *New Deal* à recuperação econômica dos Estados Unidos.

## Reveja o que aprendeu

### O pós-guerra dos dois lados do Atlântico

Na Europa, a atmosfera de otimismo que caracterizou a *Belle Époque* foi destruída pela guerra e deu lugar ao pessimismo. Mas, como épocas de crise são também momentos para a criação de novas ideias, artistas e intelectuais europeus manifestaram sua consciência da crise em vários domínios, provocando renovação nas mais diferentes formas de expressão artística: artes plásticas, literatura, música, arquitetura, teatro.

As críticas se direcionaram, sobretudo, ao modo de vida, à moral e à racionalidade burguesas – que, para eles, haviam levado o mundo a um conflito mundial. Na literatura, por exemplo, destacaram-se obras introspectivas, como as do francês Marcel Proust e do irlandês James Joyce. Nas artes plásticas, uma série de movimentos se sucederam: futurismo, dadaísmo, surrealismo.

Como os EUA não foram muito afetados pela guerra, a **produção cultural** do país não foi interrompida. Com o fim do conflito, a economia estadunidense cresceu muito rapidamente, favorecendo inovações nas artes plásticas, na música e na expansão do cinema.

Entre 1914 e 1918, a indústria cinematográfica dos EUA se desenvolveu, sobretudo em Hollywood, um subúrbio da cidade californiana de Los Angeles. No pós-guerra, destacaram-se os filmes de faroeste, policiais, musicais e, principalmente, comédias. Na música, a grande novidade do período foi o *jazz*, um estilo afro-americano da cidade de Nova Orleans. Como o *jazz*, o *blues*, cuja origem também remonta à cultura popular afro-americana, espalhou-se pelo mundo.

#### A sociedade estadunidense nos anos 1920

Desde meados do século XIX, os Estados Unidos atraíram muitos imigrantes, sobretudo europeus. Cerca de 33 milhões de europeus (britânicos, irlandeses, poloneses, alemães, italianos, dentre outros) desembarcaram nos portos estadunidenses entre 1820 e 1930.

The Granger Collection/Fotoarena

Imigrantes chegando, em 1900, à ilha de Ellis, em Nova York. Entre 1890 e 1930, os Estados Unidos receberam mais de 20 milhões de imigrantes.

Em 1918, o Congresso aprovou uma emenda constitucional que proibia a produção e a comercialização de bebidas alcoólicas em todo o país. A **Lei Seca**, como ficou conhecida, buscava disciplinar os trabalhadores, muitos deles imigrantes, e vinha ao encontro da forte onda de puritanismo que se alastrava no país. Contudo, a lei fez aumentar a corrupção e a expansão do crime organizado.

Também nessa época, a **Ku Klux Klan** (KKK) ressurgiu com força e com a adesão dos mais variados segmentos da sociedade. A KKK passou a perseguir imigrantes, judeus e comunistas. Ampliava-se a xenofobia, baseada em um radicalismo racista, puritano e nacionalista.

Leia no Livro do Estudante sobre:
**Lei Seca, 69**
**Ku Klux Klan, 69**
**crise de 1929, 73**

## O *crash* da Bolsa de Nova York

A Primeira Guerra Mundial foi economicamente vantajosa para os Estados Unidos. O país forneceu alimentos e produtos industrializados para os participantes do conflito, favorecendo sobretudo os setores industrial e agropastoril.

Os novos métodos industriais, com o taylorismo, aumentaram rapidamente a produtividade. Durante toda a década de 1920 a produção industrial e o consumo da população aumentaram.

Com o sistema de crediário, as pessoas passaram a comprar mercadorias. No entanto, os salários dos trabalhadores não aumentavam no mesmo ritmo que a produtividade industrial e as pessoas começaram a se endividar. Começou também a prática de investir em ações na Bolsa de Valores, cuja especulação permitia enriquecimento rápido.

Na época, os governos seguiam os preceitos do liberalismo econômico e, portanto, não intervinham na economia nem regulamentavam o mercado.

Ao final da década, a capacidade de consumo da população não acompanhava a produção de mercadorias. A **crise de 1929** foi resultado da excessiva produção de bens de consumo que saturou o mercado estadunidense, provocando um desequilíbrio entre a oferta e a demanda. As distorções econômicas foram sentidas quando, em outubro de 1929, ocorreu a "quebra" (*crash*) da Bolsa de Nova York. Fortunas desapareceram com a queda rápida do valor das ações. A especulação na bolsa chegou ao fim.

As empresas passaram a acumular prejuízos incalculáveis. Os bancos não tinham como devolver o dinheiro dos clientes – e muitos faliram. O país mergulhou em profunda recessão econômica. Os efeitos da Grande Depressão foram trágicos: milhares de empresas faliram e 25% dos trabalhadores perderam seus empregos. Os desempregados não tinham como consumir. As empresas não tinham como vender seus produtos.

Getty Images

Desempregados recebem sopa e pão na cidade de Los Angeles, na Califórnia. Fotografia de 1930.

Leia no Livro do Estudante sobre:
*New Deal*, 75

A crise internacionalizou-se rapidamente, por causa da dependência entre os diversos países do mundo capitalista em relação aos Estados Unidos. No Brasil, a economia baseada na exportação do café foi duramente atingida. Muitos agricultores brasileiros não conseguiram vender sua produção e acabaram arruinados.

Um dos efeitos políticos da Grande Depressão foi o descrédito do liberalismo econômico. Sociedades que foram muito atingidas pela crise acabaram buscando soluções alternativas ao liberalismo e à democracia liberal. Movimentos autoritários de direita, como o fascismo na Itália e o nazismo na Alemanha, cresceram e ganharam força nesse contexto.

## O *New Deal*

Nas eleições de 1932, o Partido Democrata elegeu o presidente Franklin Delano Roosevelt, que adotou um plano de recuperação econômica chamado ***New Deal*** (Novo Pacto). Roosevelt, assessorado por um grupo de economistas e intelectuais, abandonou o liberalismo econômico e interveio de maneira drástica na economia, incentivando a produção e regulando a atuação das empresas no mercado.

Entre as principais medidas adotadas pelo governo Roosevelt, estão o seguro-desemprego; a elaboração de programa de obras públicas capaz de absorver mão de obra e dar rentabilidade às empresas; a abolição do trabalho infantil; o aumento geral de salários; o apoio aos sindicatos, para que pudessem negociar os contratos de trabalho; a concessão de créditos aos bancos, aos proprietários de terras e aos consumidores; a criação de um organismo estatal para controlar preços e salários e regular a produção industrial; o estabelecimento dos preços para produtos agrícolas, petróleo e carvão; benefícios sociais aos trabalhadores e pessoas desamparadas.

Os resultados do *New Deal* foram expressivos. A produção industrial cresceu, as exportações aumentaram, o número de desempregados foi reduzido e a renda média nacional aumentou.

O *New Deal* conseguiu melhorar o desempenho da economia, mas não solucionou a crise econômica. Com a entrada do país na Segunda Guerra Mundial, o governo fez grandes encomendas à indústria, como aviões, tanques, uniformes, armas, etc., reerguendo novamente a economia. Os gastos com material bélico foi fator determinante para a recuperação da economia estadunidense.

**Conteúdos importantes**

- Lei Seca
- Ku Klux Klan
- Crise de 1929
- *New Deal*

Trabalhadores contratados para a construção de represa em São Francisco, na Califórnia, logo após o lançamento do *New Deal*, em 1934, levam terra em carrinho de mão.

New York Times Co./Hulton Archive

# Aplique o que aprendeu

## Atividade resolvida

(Enem)

> Mas a Primeira Guerra Mundial foi seguida por um tipo de colapso verdadeiramente mundial, sentido pelo menos em todos os lugares em que homens e mulheres se envolviam ou faziam uso de transações impessoais de mercado. Na verdade, mesmo os orgulhosos EUA, longe de serem um porto seguro das convulsões de continentes menos afortunados, se tornaram o epicentro deste que foi o maior terremoto global medido na escala Richter dos historiadores econômicos — a Grande Depressão do entreguerras."
>
> HOBSBAWM, E. J. *Era dos extremos*: o breve século XX (1914-1991). São Paulo: Cia. das Letras, 1995.

O evento em questão é o *crash* da Bolsa de Valores de Nova York, ocorrido em outubro de 1929. Trata-se do evento da economia mundial mais significativo ocorrido entre 1918 e 1945.

A Grande Depressão econômica que se abateu nos EUA e se alastrou pelo mundo capitalista deveu-se ao(à):

a) produção industrial norte-americana, ocasionada por uma falsa perspectiva de crescimento econômico pós-Primeira Guerra Mundial.

b) vitória alemã na Primeira Grande Guerra e, consequentemente, sua capacidade de competição econômica com os empresários norte-americanos.

c) desencadeamento da Revolução Russa de 1917 e a formação de um novo bloco econômico, capaz de competir com a economia capitalista.

d) Guerra Fria, que caracterizou o período de entreguerras, provocando insegurança e crises econômicas no mundo.

e) tomada de medidas econômicas pelo presidente norte-americano Roosevelt, conhecidas como *New Deal*, que levaram à crise econômica no mundo.

**Comentário**

A economia dos Estados Unidos cresceu fortemente durante e nos primeiros anos após a guerra. Com a diminuição das exportações para a Europa, a especulação econômica mascarou a queda da demanda. Assim, os investimentos cresceram acima da absorção do mercado de novas mercadorias. Com o aumento dos estoques de mercadorias, as empresas começaram a quebrar, assim como bancos e o mundo capitalista como um todo.

## Atividades

**1.** No texto a seguir, o autor analisa a economia estadunidense durante a Grande Depressão, iniciada com a quebra da Bolsa de Valores de Nova York. Assinale a alternativa que mais bem expressa o conteúdo desta análise.

> Em suma, após o fim da Primeira Guerra Mundial, os EUA eram em muitos aspectos uma economia tão internacionalmente dominante quanto voltou a tornar-se após a Segunda Guerra Mundial. [...] Além disso, a guerra não apenas reforçou sua posição como maior produtor industrial do mundo, como os transformou no maior credor do mundo. [...] Enquanto isso os americanos, que tinham começado a guerra como um país devedor, terminaram-na como o principal credor internacional. Como os EUA concentraram suas operações na Europa e no hemisfério ocidental [...] seu impacto na Europa foi decisivo. Em suma, não há explicação para a crise econômica mundial sem os EUA.
>
> HOBSBAWM, Eric. *Era dos extremos*: o breve século XX (1914-1991). São Paulo: Companhia das Letras, 1995. p. 101-102.

a) A crise de 1929, apesar da participação dos EUA na economia europeia, limitou-se ao próprio território estadunidense.

b) A dependência do ocidente em relação aos EUA fez com que a crise iniciada no país em 1929 se transformasse em uma crise mundial.

c) A superação da crise de 1929 só foi possível para os EUA graças à manutenção dos investimentos europeus no país.

d) Por serem os maiores devedores do mundo após a Primeira Guerra Mundial, os EUA sofreram os maiores efeitos da crise de 1929.

e) A crise de 1929, iniciada na Europa, não afetou os EUA, por serem os maiores credores do mundo desde a Primeira Guerra Mundial.

**2.** Observe a fotografia abaixo.

2018 Estate of Margaret Bourke-White/Licensed by VAGA, New York, NY/AUTVIS, Brasil, 2018

A fotografia, tirada pela estadunidense Margaret Bourke-White (1904-1971), mostra desempregados na fila de alimentos durante a Grande Depressão. Analisando a foto, podemos afirmar que:

a) a pobreza atingiu poucos grupos, que foram rapidamente atendidos por políticas assistencialistas.

b) a crise de 1929 atingiu algumas áreas dos Estados Unidos, mas não teve efeitos perversos em várias outras regiões.

c) as mulheres e as criancas foram as que mais sofreram com a crise, pois tinham de ficar nas filas de alimentos.

d) A Grande Depressão foi muito mais violenta para as populações europeias, nos Estados Unidos os efeitos foram limitados.

e) as contradições da promessa de desenvolvimento do capitalismo nos Estados Unidos contrastavam com a realidade da crise.

**3.** A crise de 1929 colocou o capitalismo em risco, já que a expansão da pobreza abriu espaço para o crescimento do socialismo nos países europeus. Nesse contexto, Roosevelt colocou em prática uma política econômica que consistia:

a) na redução de políticas públicas, ampliando o espaço para atuação da iniciativa privada, considerada capaz de resolver os problemas sociais.
b) numa intervenção do Estado na economia com o objetivo de evitar crises de superprodução e recessão econômica, além de regulamentar as relações entre patrões e empregados.
c) num sistema econômico baseado na livre empresa, mas com a criação de empresas estatais.
d) em um modelo de Estado defensor da livre negociação entre patrões e empregados, mas que formulava leis sociais.
e) na formação de um Estado fortalecido, capaz de intervir na economia e amplamente apoiado por grupos liberais.

**4.** A crise que começou com o *crash* da Bolsa de Valores de Nova York em outubro de 1929 se agravou nos anos seguintes. Por isso, é possível afirmar que houve uma Grande Depressão econômica. Em 1932, o candidato a presidente da República do Partido Democrata, Franklin D. Roosevelt, venceu as eleições e assumiu o poder. Ele colocou em prática um plano econômico de recuperação chamado *New Deal*. Sobre esse contexto, responda:

a) Quais eram as referências de pensamento econômico que predominavam antes do *New Deal*?

_______________________________________________

_______________________________________________

_______________________________________________

_______________________________________________

_______________________________________________

_______________________________________________

_______________________________________________

_______________________________________________

_______________________________________________

b) Quais as principais medidas tomadas por Roosevelt? Explique as referências que a sustentavam.

_______________________________________________

_______________________________________________

_______________________________________________

_______________________________________________

_______________________________________________

_______________________________________________

_______________________________________________

_______________________________________________

_______________________________________________

CAPÍTULO 5

# Fascismo e nazismo contra a democracia e o socialismo

**Você deve ser capaz de**

- compreender o contexto político da Alemanha e da Itália nas décadas de 1920 e 1930;
- caracterizar as ideias fascistas e nazistas e as medidas que esses governos tomaram após chegar ao poder.

## Reveja o que aprendeu

### Fascismo e nazismo no entreguerras

A Revolução Bolchevique de1917 assombrou as democracias burguesas da Europa ocidental, a ponto de surgirem, em vários países, doutrinas políticas que, para prevenir a expansão bolchevique, destruíram o próprio regime democrático liberal, considerado incapaz de garantir a propriedade privada e a ordem social.

Não por acaso, elas se desenvolveram no período entreguerras (1919-1939), caracterizando-se, ao mesmo tempo, como antiliberais (por causa da crise de 1929) e antissocialistas (por conta do sucesso da Revolução Bolchevique). A oposição ao liberalismo clássico evidenciava-se na defesa de um Estado forte, capaz de manter a sociedade em ordem, livre da ameaça do comunismo.

Os casos italiano e alemão são os mais notáveis no desenvolvimento desse extremismo de direita. Além dos fatores descritos até aqui, a Itália não recebeu as terras que lhe foram prometidas por Inglaterra e França a fim de que os italianos entrassem ao seu lado na Primeira Guerra Mundial; a Alemanha, por sua vez, foi humilhada pelo Tratado de Versalhes, de 1919.

Na Itália e na Alemanha, chegaram ao poder líderes que valorizavam de forma exagerada a pátria, defendendo a construção de uma potência imperial. Com esse discurso **nacionalista**, garantiam o apoio da população para políticas **expansionistas** e **militaristas**. A difusão da ideia de superioridade fez aflorar o racismo, em particular o antissemitismo, no caso alemão. Além disso, esses líderes usavam o Estado para exaltar sua própria imagem, e não raro comandavam milícias que intimidavam opositores políticos.

Alguns historiadores qualificaram esse fenômeno como **totalitarismo**, definido pelo preceito de que nada deveria existir acima, contra ou fora do Estado. Competia aos cidadãos servir ao Estado e seguir a autoridade que os representava. Alguns incluem o próprio caso soviético no conceito de Estado totalitário, mas o assunto é polêmico. Já nos casos alemão e italiano, a definição é mais aceita.

Leia no Livro do Estudante sobre:
**camisas pretas, 80**
**Marcha sobre Roma, 81**

**Linha do tempo da ascensão do totalitarismo**

- **1919** – Assinatura do Tratado de Versalhes; fundação do *Fasci Italiani di Combattimento*.
- **1920** – Fundação do Partido Nacional-Socialista dos Trabalhadores Alemães (Partido Nazista).
- **1921** – Fundação do Partido Fascista Italiano; Mussolini é eleito deputado.
- **1922** – Marcha sobre Roma; Mussolini torna-se primeiro-ministro.
- **1923** – Hitler tenta um golpe de Estado em Mun que, na Alemanha.
- **1929** – Início da Grande Depressão; Mussolini torna-se *Duce*.
- **1930** – Hitler é eleito deputado pelo Partido Nazista.
- **1933** – O presidente Hindenburg nomeia Hitler chanceler da Alemanha.
- **1935** – Decretadas as Leis de Nuremberg, na Alemanha.
- **1938** – Ocorre a Noite dos Cristais, na Alemanha.

# Itália: Mussolini e o fascismo

Na Itália, em março de 1919, na cidade de Milão, foi fundado por Benito Mussolini o primeiro núcleo do que viria a ser o Partido Fascista. Nesse período, os socialistas tinham grande adesão popular e organizavam greves em busca de melhores salários para os trabalhadores. A vitória bolchevique na Rússia alimentava a esperança de promover uma revolução na Itália.

Os fascistas organizaram um grupo paramilitar formado por militantes que usavam **camisas pretas** e combatiam de forma violenta os grupos de esquerda. Pouco tempo depois, Mussolini transformou seu agrupamento em um partido político, o **Partido Fascista**.

Em outubro de 1922, após a **Marcha sobre Roma**, Mussolini foi convidado pelo rei Vitor Emanuel III para formar e liderar com plenos poderes um ministério. Na prática, assumia o cargo de primeiro-ministro da Itália. Diante do notável crescimento da esquerda italiana, sobretudo dos socialistas e comunistas, as classes empresariais urbanas e agrárias optaram por apoiar Mussolini e rifar a democracia liberal.

Lentamente, Mussolini concentrou em suas mãos poderes ditatoriais. Nas eleições de 1924, o Partido Fascista foi o mais votado e chegou ao poder, com base em uma doutrina nacional antiliberal e anticomunista.

Em 1927, entrou em vigor a Carta do Trabalho (***Carta del Lavoro***), instrumento de regulação e controle de questões trabalhistas. Em 1929, Mussolini assinou a **Concordata de Latrão**, pela qual a Igreja católica reconhecia o Estado fascista e este reconheceria a criação do Estado do Vaticano. Com esse tratado, a Igreja católica recebeu uma indenização pelos territórios perdidos durante o processo de unificação do país, e o ensino católico tornou-se obrigatório nas escolas italianas.

Durante a década de 1930, o regime recrudesceu definitivamente. O Parlamento foi fechado, substituído por uma Assembleia cuja função era apenas referendar as decisões do *Duce*; a censura foi instituída para todos os setores da imprensa e das artes; a educação foi colocada sob controle estatal.

O Estado passou a intervir diretamente na economia e houve grande desenvolvimento industrial, estimulado pelo crescimento do setor bélico. A aliança com a Alemanha nazista de Hitler, entre 1936 e 1938, selaria o projeto expansionista da Itália fascista.

Album/akg-images/Fotoarena

Mussolini (de gravata) e seus generais na famosa Marcha sobre Roma, que ocorreu na capital italiana em 28 de outubro de 1922.

Leia no Livro do Estudante sobre:

**Leis de Nuremberg, 86**

**Francisco Franco, 87**

## Alemanha: Hitler e o nazismo

A grave crise econômica e financeira na Alemanha no período entreguerras propiciou a formação de grupos de extrema direita; dentre eles destacava-se o Partido Nacional--Socialista dos Trabalhadores Alemães. O ex-cabo Adolf Hitler assumiu a direção do partido, que, em 1923, tentou um golpe contra o governo republicano, o chamado ***Putsch*** de Munique.

Apesar do fracasso, o partido tornou-se popular. Hitler foi condenado a cinco anos de prisão, que não cumpriu integralmente, sendo anistiado pelo governo. As dificuldades e o desencanto atraíram as camadas populares para a pregação nazista. O apoio popular levou o Partido Nazista a expressivas votações nas eleições de 1930 e 1932.

Em 1933, em razão dos 13 milhões de votos, Hitler foi convidado pelo presidente Hindenburg para assumir o cargo de primeiro-ministro. Imediatamente, o líder nazista assumia poderes extraordinários. Em 1934, o presidente Hindenburg morreu, e Hitler autoproclamou-se *Führer* ("guia" ou "chefe supremo") do povo alemão. O Estado e a sociedade alemã foram progressivamente nazificados, com crescente apoio popular, conjugado à formação de aparato repressivo de grande alcance. Com base no Partido Nacional-Socialista e em suas forças paramilitares, como a **SA** (camisas pardas) e a **SS** (tropa de elite do *Führer*), o nazismo penetrou em todos os segmentos da sociedade.

No discurso nazista, sobressaíam dois grandes inimigos a combater: os comunistas e os judeus. Os primeiros foram presos e colocados em campos de concentração. Os segundos perderam progressivamente seus direitos políticos e civis, seus bens foram confiscados e, se não deixassem o país, acabariam em guetos. O pior, para os judeus, seria a política de extermínio posta em ação durante a Segunda Guerra Mundial. As **Leis de Nuremberg**, de 1935, impuseram inúmeras restrições aos judeus alemães.

O Estado assumiu o controle da economia. Investimentos maciços foram destinados à indústria bélica, e o desemprego foi reduzido de modo significativo, ampliando o apoio popular ao governo. Tinha início a escalada militarista e expansionista do Terceiro *Reich*.

## Guerra Civil espanhola e o franquismo

As eleições de fevereiro de 1936 na Espanha foram vencidas por uma coligação de partidos de esquerda denominada Frente Popular, que pretendia aprofundar as reformas estabelecidas pelo governo republicano, em 1931.

As forças conservadoras reagiram violentamente, por meio do Partido Nacional Socialista (Partido da Falange), de inspiração fascista, fundado em 1931. Em torno da **Falange** aglutinaram-se a grande burguesia, os latifundiários, a Igreja católica, os militares conservadores e os nacionalistas do Exército. Em julho de 1936 ocorreu uma sublevação dos militares contra o governo da Frente Popular, chefiada pelo general **Francisco Franco**, dando início a uma guerra civil, envolvendo republicanos e falangistas.

A vitória das forças falangistas, leais ao general Franco, e com o apoio militar da Alemanha e da Itália, consumou-se com a tomada de Madri, em 1939. Francisco Franco instituiu na Espanha um regime que alguns caracterizaram como uma ditadura clerical de direita; seu governo foi marcado pelo clericalismo (forte vinculação com a Igreja católica), antiliberalismo e anticomunismo. Mas a Espanha franquista não apostou na expansão militarista porque precisava recuperar a economia de um país arrasado. No plano econômico, deu mais ênfase ao setor agrícola do que à indústria.

Apesar de receber apoio de Hitler e de Mussolini em seu regime franquista, a Espanha permaneceu neutra durante a Segunda Guerra Mundial, exceto pela invasão alemã na URSS, para a qual Franco enviou a Divisão Azul (voluntários nacionalistas) para lutar contra o comunismo.

**Conteúdos importantes**

- Totalitarismo
- Camisas pretas
- Marcha sobre Roma
- Partido Nazista
- Leis de Nuremberg
- Franquismo

# Aplique o que aprendeu

## Atividade resolvida

(Udesc)

Depois das eleições [1932], a ditadura nazista dá início a uma autêntica limpeza da área: sindicatos e partidos são dissolvidos, suas sedes são invadidas, expropriados seus fundos e empastelados seus jornais. A lei de depuração de 7 de abril [de 1933] dá início a grande expurgo nas administrações e repartições públicas, eliminando esquerdistas, judeus e democratas. Os Larger, campos de concentração, começam a inchar: já são 45 em 1933, com quarenta mil internos, aproximadamente. Göring cria então a polícia secreta do Estado (Gestapo), com funções repressivas e preventivas. Em julho passa a vigorar uma lei de esterilização de doentes hereditários. Em setembro é criada a Câmara Cultural do *Reich*, sob o controle de Goebbels. Intelectuais e artistas perdem sua liberdade de expressão e organização: começa o êxodo para o exterior.

LENHARO, Alcir. *Nazismo:* o triunfo da vontade. São Paulo: Ática, 1986. p. 29.

Tomando por base o texto de Alcir Lenharo, a respeito da Alemanha sob o governo de Adolf Hitler, analise as proposições.

I. A partir de 1933, por meio de medidas de emergência, foi proibido o funcionamento legal dos partidos de oposição.

II. O governo de Hitler usou fortemente cinema, rádio e propaganda para a propagação do ideário nazista.

III. O exílio foi a opção de muitos intelectuais, artistas, poetas, escritores que perceberam os perigos do ideário nazista, pautado pela superioridade da chamada raça ariana.

IV. O governo de Hitler foi unânime entre o povo alemão. Prova disso é a inexistência de quaisquer resistências ou atentados contra sua vida entre 1933 e 1945.

Assinale a alternativa correta.

a) Somente as afirmativas II, III e IV são verdadeiras.
b) Somente as afirmativas I, II e IV são verdadeiras.
c) Somente as afirmativas I, II e III são verdadeiras.
d) Somente as afirmativas III e IV são verdadeiras.
e) Todas as afirmativas são verdadeiras.

**Comentário**

A afirmação IV é a única incorreta. A ascensão do nazismo ao poder não foi pacífica e muitos grupos continuaram a se opor mesmo após o início da ditadura. Além disso, alguns atentados à vida de Hitler foram feitos, especialmente nos últimos anos da Segunda Guerra. As outras três afirmativas apresentam características clássicas do nazismo: a eliminação da oposição, o uso da propaganda e a fuga de muitos intelectuais do país.

## Atividades

**1.** Leia o texto a seguir.

O fascismo luta para abrir brecha contra o conjunto das ideologias democráticas e as rejeita tanto em suas premissas teóricas como em suas aplicações práticas. O fascismo nega que a maioria, pelo simples fato de ser maioria, possa liderar a sociedade humana; nega que essa maioria possa governar por meio de uma consulta periódica, afirma a irremediável, fecunda e benéfica desigualdade dos homens, que não podem se nivelar por um fato mecânico e extrínseco como o sufrágio universal. [...] O fascismo rechaça, na democracia, a absurda mentira convencional da igualdade política, o espírito de irresponsabilidade coletiva e o mito da felicidade e do progresso indefinido.

Benito Mussolini. *A doutrina do fascismo*, 1931.

Para Mussolini, o fascismo é uma forma de:

a) ideologia antidemocrática e contrária ao regime parlamentar.
b) ideologia que se restringe ao ultranacionalismo e ao anticomunismo.
c) intervenção do Estado na economia.
d) culto à violência e de expansionismo militar.
e) enfraquecimento do Estado na economia e na política.

**2.** Leia o texto a seguir.

A crise que levou à indicação de Mussolini e Hitler teve duas dimensões. A primeira resultou na determinação dos conservadores de eliminar a esquerda, que havia controlado grande parte do Parlamento e institucionalizado seu poder por meio do reconhecimento dos direitos de negociação do sindicato e de outras concessões, obtidas durante os anos imediatamente seguintes ao pós-guerra. [...] Essa primeira dimensão da crise estava intrinsecamente ligada à segunda – a crise da classe política. Como os partidos burgueses tradicionais não haviam tido sucesso em ganhar a massa do eleitorado, todos os líderes que brigavam pelo poder na Itália [...] tentaram cooptar a organização de massa fascista a fim de criar uma maioria política estável. [...] As rivalidades entre as principais figuras políticas faziam de Mussolini e Hitler as escolhas menos questionáveis aos olhos de muitos conservadores.

GRAND, Alexander J. de. *Itália fascista e Alemanha nazista*. São Paulo: Madras, 2005. p. 44-45.

Assinale a alternativa **incorreta**.

a) Tanto Mussolini quanto Hitler se beneficiaram do cenário político em crise em seus países para ascender ao poder.
b) Os grupos políticos conservadores viam no fascismo e no nazismo opções políticas reais ao avanço do comunismo.
c) O crescimento dos movimentos de esquerda incomodava parcelas importantes das sociedades italiana e alemã.
d) Os partidos burgueses tradicionais fracassaram na conquista dos eleitores, perdendo espaço para o nazifascismo e a esquerda.
e) O crescimento do nazifascismo se deve exclusivamente ao medo que a população italiana e alemã tinham da democracia.

**3.** Nos anos de 1930 e 1933, dois fatores se coincidiram, condenando em conjunto a democracia Weimar: ataques contra o governo parlamentar vindos das antigas elites, que antecederam principalmente a crise econômica, coincidiram com a ascensão da mobilização de um novo movimento de massa, em períodos de crise, sendo que grande parte da população foi seduzida por um líder carismático, Adolf Hitler.

FULBROOK, Mary. *História concisa da Alemanha*. São Paulo: Edipro, 2012. p. 188.

A partir da análise do trecho e considerando outros conhecimentos sobre o assunto, responda a seguir.

a) Relacione o desfecho da Primeira Guerra Mundial e da crise de 1929 com a ascensão do nazismo na Alemanha.

b) Explique duas características da ditadura nazista, instituída em 1933.

CAPÍTULO

# 6 A Segunda Guerra Mundial

**Você deve ser capaz de**

- relacionar a eclosão do conflito à política de expansão territorial da Alemanha nazista;
- compreender os diferentes objetivos dos países que formavam os blocos beligerantes;
- compreender a importância da Segunda Guerra Mundial para a construção da ordem internacional vigente a partir da década de 1940.

## Reveja o que aprendeu

### A formação do Eixo

No término da Primeira Guerra (1914-1918), os países vitoriosos — França e Grã-Bretanha — impuseram à Alemanha condições humilhantes por meio do Tratado de Versalhes. Os alemães perderam territórios e população, além de serem obrigados a pagar pesadas indenizações aos vencedores. A intolerância dos vencedores da Grande Guerra manteve acirradas as rivalidades e as tensões no continente europeu durante todo o período entreguerras.

No caso alemão, o nazismo difundiu cada vez mais a necessidade de garantir o "espaço vital", sinalizando a expansão territorial como a saída para a crise econômica e a garantia de crescimento. A Itália, mesmo terminando o primeiro conflito no bloco dos vencedores, amargava trágicas consequências da guerra. Assim, o totalitarismo e o militarismo foram encarados como "tábuas de salvação" para a crise.

Um dos primeiros atos de Hitler foi retirar a Alemanha da Liga das Nações. Em 1936 Hitler assinou com o Japão o **Pacto Anti-Komintern**. No ano seguinte, Mussolini aderiu ao pacto, que tinha como objetivo reagir à política da VII Internacional Comunista, que recomendou a formação das frentes populares em todo o mundo, com socialistas e democratas contra o avanço do fascismo. Também em 1936, Hitler e Mussolini firmaram uma aliança militar. Posteriormente, com a adesão do Japão, o acordo ficou conhecido como **Eixo Roma-Berlim-Tóquio**.

Em 1938, Hitler anexou a Áustria ao domínio nazista (***Anschluss***); nesse mesmo ano, ocupou a região dos Sudetos, pertencente à Tchecoslováquia, sem que houvesse uma interferência efetiva da Inglaterra ou da França, ou mesmo da Liga das Nações.

Leia no Livro do Estudante sobre:

**Eixo Roma-Berlim-Tóquio, 93**

**pacto germano-soviético, 93**

**Aliados, 93**

**governo de Vichy, 94**

**Batalha de Stalingrado, 98**

**Alemanha: Anexações territoriais – 1938-1939**

Banco de imagens/Arquivo da editora

**Fonte**: DUBY, Georges. *Atlas historique Duby*. Paris: Larousse, 2016. p. 286.

Em agosto de 1939, Hitler assinou com Stalin o **pacto germano-soviético**, um acordo de não agressão que também dividiu a Polônia entre a Alemanha e a União Soviética. As potências ocidentais foram pegas de surpresa ao tomarem conhecimento desse acordo e logo perceberam que a guerra estava por vir.

Em 3 de setembro, após tropas alemãs atravessarem a fronteira da Polônia, ingleses e franceses reagiram e declararam guerra à Alemanha. De um lado estavam Alemanha, Itália e Japão, que formavam o bloco do **Eixo**; do outro, Inglaterra e França formavam o bloco dos **Aliados**. Os Estados Unidos permaneceram neutros, a princípio, embora tenham apoiado a Inglaterra com recursos materiais e militares desde o início do conflito.

## O Eixo domina a Europa

Os primeiros movimentos da guerra foram marcados pelo rápido e eficiente avanço da Alemanha. Vencida a Polônia, as tropas alemãs se voltaram para o ocidente e invadiram a Dinamarca, Holanda, Bélgica, França, Iugoslávia e Grécia. No caso da vitória sobre a França, os alemães puseram em prática uma autêntica revanche da derrota em 1918.

Em 22 de junho de 1940, depois de muita hesitação, o Marechal Phillipe Pétain, herói da Primeira Guerra e chefe do governo francês, propôs aos alemães um armistício. Na verdade, Hitler foi quem ditou os termos do acordo, dividindo a França ao meio: controle total dos alemães ao norte, admissão de um governo francês ao sul com jurisdição sobre as colônias. Inaugurou-se, assim, o **governo de Vichy**, regime que, nos anos seguintes, tornou-se colaborador do *Reich* alemão no esforço de guerra.

Conquistada a França, os nazistas buscaram invadir a Grã-Bretanha pelo sul, atravessando o canal da Mancha, em uma operação batizada de **Leão-marinho**. O objetivo era neutralizar as defesas aéreas britânicas com a *Luftwaffe* e invadir o país por terra. A força aérea britânica, *Royal Air Force* (RAF), embora dispusesse de menos aviões, conseguiu resistir ao ataque alemão e, em agosto de 1940, os britânicos bombardearam Berlim.

O Japão aproveitou-se das derrotas da Holanda e da França, além do enfraquecimento da Grã-Bretanha, para invadir colônias desses países na Ásia. Assim, a guerra alcançou o Pacífico.

Em dezembro de 1941, os japoneses atacaram a base militar estadunidense de **Pearl Harbor**, no Havaí. Até aquele momento, o Congresso estadunidense não havia permitido a entrada do país no conflito, e o país não interveio, embora fornecesse suprimentos e armas para a Grã-Bretanha. O ataque japonês forçou a entrada dos Estados Unidos na guerra, ao lado dos Aliados.

A Itália havia entrado na guerra em 1940, pouco antes da capitulação da França, e organizou as invasões da Grécia e do Egito. Diante do fracasso militar dos italianos no Mediterrâneo, a Alemanha socorreu o aliado enviando tropas para o norte africano. Surgiu, então, o famoso ***Afrika Korps***, vitorioso até 1943.

Em junho de 1941, com boa parte da Europa sob seu controle, o comando nazista rompeu o pacto de não agressão e invadiu a União Soviética. O governo soviético se uniu ao bloco dos Aliados. O cerco a Stalingrado durou mais de dois anos.

## A derrota do Eixo

Aos poucos, os Aliados foram minando as forças do Eixo. A virada da guerra ocorreu entre 1942 e 1943, quando os soviéticos romperam o cerco alemão na **Batalha de Stalingrado**, às margens do rio Volga. Além da contraofensiva do Exército Vermelho, os alemães foram flagelados pelo inverno soviético e tiveram que se render. O exército nazista foi obrigado a recuar, perdendo o controle sobre a URSS e logo também sobre a Polônia, limitando-se a defender as fronteiras do *Reich* a leste.

Leia no Livro do Estudante sobre:

**bombas atômicas, 104**

**Organização das Nações Unidas, 105**

**Holocausto, 102**

Grã-Bretanha, Estados Unidos e outros aliados (inclusive o Brasil) invadiram a Sicília e o sul da Itália, provocando a queda de Mussolini em 1943.

Em 6 de junho de 1944, soldados aliados estadunidenses, britânicos e canadenses desembarcaram na Normandia (noroeste da França) e expulsaram os alemães (o **Dia D**). A partir de então, as tropas francesas passaram a engrossar as fileiras dos Aliados.

A situação da Alemanha tornou-se dramática. Atacada por britânicos, estadunidenses, franceses e outros aliados nas frentes ocidental e sul, e pelos soviéticos na frente oriental, os pilares do Terceiro *Reich* começaram a desabar.

Em abril de 1945, Mussolini foi preso e executado pela resistência italiana. No mesmo mês, tropas militares soviéticas tomaram a capital alemã e Hitler suicidou-se em seu *bunker*. Em maio, a Alemanha oficializou a rendição. A guerra na Europa estava encerrada.

Na Ásia, a rendição japonesa veio depois da explosão das **bombas atômicas** estadunidenses nas cidades de Hiroshima (6 de agosto de 1945) e Nagasaki (9 de agosto de 1945), que provocaram a morte de mais de 300 mil pessoas.

Em fevereiro de 1945, quando os Aliados já previam o fim da guerra, os líderes dos Estados Unidos (Franklin D. Roosevelt), da URSS (Joseph Stalin) e da Grã-Bretanha (Winston Churchill) reuniram-se na cidade soviética de Yalta. O território alemão foi então dividido em quatro áreas.

Em junho de 1945, foi criada a **Organização das Nações Unidas** (ONU), com sede em Nova York, substituindo a Liga das Nações.

Em agosto de 1945, foi realizada a **Conferência de Potsdam**, na qual se ratificou uma decisão de Yalta, desmembrando a Alemanha em quatro áreas de ocupação, controladas pelos países vencedores: Estados Unidos, União Soviética, Inglaterra e França. A antiga capital alemã, Berlim, também seria dividida entre os mesmos países.

Com o fim da Segunda Guerra veio à luz a política de extermínio dos judeus (o **Holocausto**), implantada na Alemanha desde o início da Segunda Guerra, sobretudo após 1941, quando se decidiu pela **Solução Final** da questão judaica, isto é, o genocídio. Vários campos de extermínio foram revelados à opinião pública mundial, sendo Auschwitz, na Polônia, o mais famoso deles. Os judeus não foram as únicas vítimas. Prisioneiros soviéticos, presos políticos, testemunhas de Jeová, homossexuais e ciganos também morreram nos campos de concentração.

**Conteúdos importantes**

- Eixo Roma--Berlim-Tóquio
- Pacto germano--soviético
- Aliados
- Regime de Vichy
- Batalha de Stalingrado
- Bombas atômicas
- Organização das Nações Unidas
- Holocausto

## A derrota do Eixo – 1944 a 1945

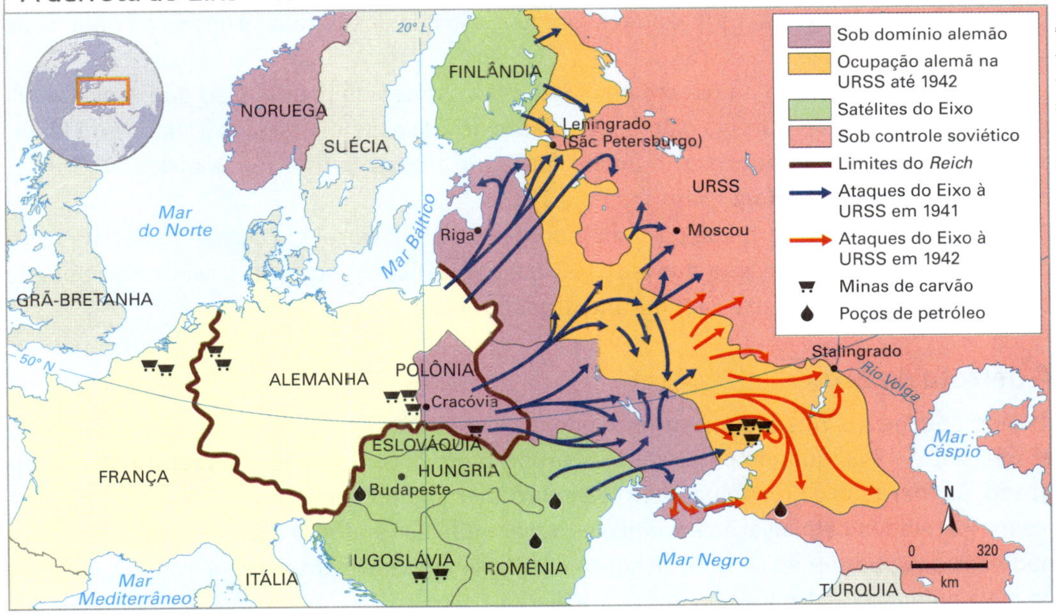


Banco de imagens/Arquivo da editora

Fonte: *Atlas Bordas Historique et Géographique*. Paris: Bordas, 1998. *Encyclopédie Larousse On-line*. Disponível em: <www.larousse.fr/encyclopedie/images/La_libération_de_lEurope_et_le_front_germanosoviétique>. Acesso em: 7 jun. 2018.

# Aplique o que aprendeu

## Atividade resolvida

(UPE) Observe a imagem a seguir:

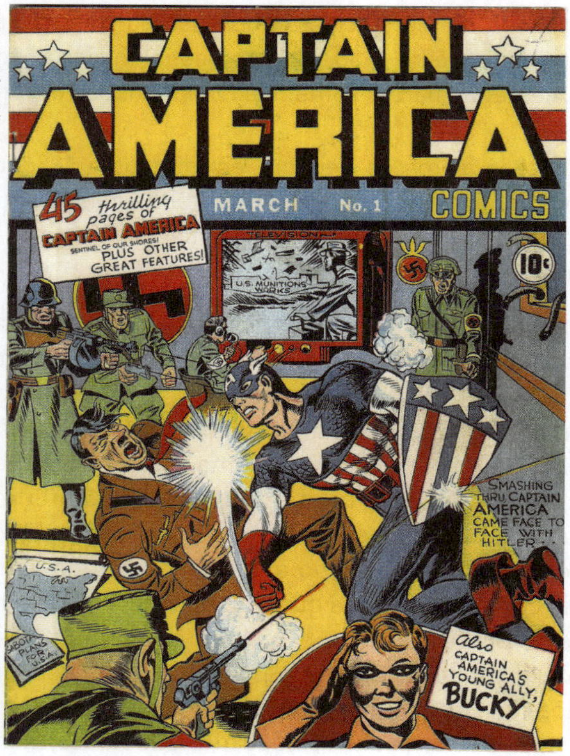


Reprodução/UPE 2018

O herói das histórias em quadrinho, na capa da primeira edição de 1941, representou o imaginário sociopolítico norte-americano do período. Sobre isso, assinale a alternativa CORRETA.

a) As cores e o uniforme utilizados por esse personagem demonstram seu caráter antinacionalista.

b) Steve Rogers, nome original desse personagem, foi representado como anti-herói, pois não agia em nome do governo norte-americano para derrotar os nazistas.

c) Esse personagem foi criado para representar o imperialismo norte-americano e demonstrar que era possível uma aliança com os nazistas num plano macropolítico.

d) O herói em questão apresentava todas as virtudes defendidas pelos americanos, tais como patriotismo, coragem, liderança e honestidade, sendo o representante do ideal capitalista.

e) O sentinela da liberdade, outro nome dado ao herói da imagem, tornou públicos todos os problemas do mundo capitalista, sendo um crítico ao modelo de vida norte-americano.

**Comentário**

O personagem de histórias em quadrinho Capitão América surgiu nos Estados Unidos durante a Segunda Guerra Mundial. A ilustração da capa mostra a personagem fictícia, o Capitão América, dando um soco em uma personagem histórica, Adolf Hitler, líder da Alemanha nazista. A afirmativa correta é a que indica a relação entre a personagem fictícia e os valores do país, entre eles a liberdade.

## Atividades

**1.** Desde que o nazismo alcançou o poder, em 1933, a política externa do Terceiro *Reich* foi orientada para a expansão territorial na Europa. Apoiada no discurso de Hitler sobre a necessidade alemã de um "espaço vital" para construir a "Grande Alemanha" (*Grosse Deutschland*), a diplomacia nazista conquistou diversos territórios sem disparar sequer um tiro. Aponte a alternativa que indica a ação diplomática do Terceiro *Reich* que resultaria no início da guerra:

a) A Conferência de Munique, em setembro 1938, garantiu à Alemanha a anexação dos Sudetos, na Tchecoslováquia, com a mediação da Itália de Mussolini e o aval de Chamberlain e Daladier, representantes britânico e francês, respectivamente.

b) O Pacto Germano-Soviético, tratado de não agressão entre a Alemanha e a URSS, firmado em 1939, continha cláusula secreta em que os dois países invadiriam a Polônia, transformando o país em áreas de influência alemã e soviética.

c) O suposto ataque polonês a um posto de fronteira alemão foi o pretexto para a invasão da Polônia em 1º de setembro de 1939.

d) A *Anschluss*, como é conhecida a anexação da Áustria pela Alemanha, em março de 1938, sinalizou as intenções beligerantes da Alemanha para a comunidade diplomática internacional.

e) A remilitarização alemã da Renânia, em março de 1936, em resposta ao tratado franco-soviético celebrado um mês antes, provocou a imediata retaliação da França, dando início à guerra mundial.

**2.** Tanques de gasolina, poderosos explosivos e munição foram indiscriminadamente expostos a uma chuva de bombas americanas de 230 e 450 quilos. [...] Durante a batalha de Midway, três dos estimados porta-aviões imperiais japoneses – o Akagi, o Kaga e o Soryu, todos veteranos de uma sequência ininterrupta de sucessos japoneses durante os seis meses anteriores – estavam justamente nesse estado de absoluta vulnerabilidade quando os caças de mergulho americanos começaram a mergulhar de cabeça de alturas que atingiam seis mil metros, inteiramente invisíveis de baixo. Em menos de seis minutos – de 10h22 a 10h28 do dia 4 de junho de 1942 –, o orgulho da frota de porta-aviões japonesa foi devorado pelas chamas, e o curso da Segunda Guerra Mundial no Pacífico alterado radicalmente.

HANSON, Victor D. *Por que o Ocidente venceu*. Rio de Janeiro: Ediouro, 2002. p. 473-474.

Assinale a alternativa que melhor expressa o conteúdo do texto.

a) A vitória dos EUA sobre o Japão na Batalha de Midway foi determinante para a mudança dos rumos da guerra no Pacífico, tendo como consequência a vitória total dos americanos sobre os japoneses.

b) A derrota do Japão para os EUA na Batalha de Midway foi responsável pelo fim da guerra no Pacífico, uma vez que, terminada a batalha, os japoneses, humilhados, assinaram a rendição incondicional para os americanos.

c) A Segunda Guerra Mundial chegou ao seu fim após a vitória dos EUA sobre o Japão na Batalha de Midway, já que, ao fim dos combates, os americanos detonaram duas bombas atômicas, forçando a rendição japonesa.

d) O afundamento de porta-aviões japoneses pelos EUA na Batalha de Midway deflagrou uma reação dos militares no Japão, que exigiram de seu imperador a saída imediata do país da guerra.

e) As pressões da população japonesa para a retirada do país da guerra e a recusa dos militares de continuarem no conflito, após a derrota em Midway, forçaram a rendição incondicional do Japão em 1942.

**3.** O historiador francês de origem judaica Marc Bloch morreu em 1944, fuzilado a mando dos nazistas durante a ocupação alemã da França, na Segunda Guerra Mundial. Ao longo do conflito, como soldado, Bloch escreveu um depoimento publicado posteriormente à sua morte. Leia, abaixo, um trecho do livro:

Os alemães fizeram uma guerra de hoje, sob o signo da velocidade. Nós, por nosso lado, não tentamos apenas fazer uma guerra de véspera ou de antevéspera. Quando vimos os alemães lutarem sua guerra, não soubemos ou não quisemos compreender seu ritmo, adequado às vibrações aceleradas de uma nova era. Tanto que, na verdade, foram dois adversários pertencentes cada um a uma época diferente da humanidade que se enfrentaram em nossos campos de batalha. Em resumo, repetimos os combates da zagaia contra o fuzil, familiares à nossa história colonial. Só que dessa vez éramos nós que desempenhávamos o papel de primitivos.

BLOCH, Marc. *A estranha derrota*. Rio de Janeiro: Zahar, 2011. p. 43.

a) A quais fatores Marc Bloch atribui a derrota francesa diante dos alemães no início da Segunda Guerra?

________________________________________

________________________________________

________________________________________

________________________________________

________________________________________

________________________________________

________________________________________

________________________________________

b) Explique qual era a tática de guerra alemã que surpreendeu a Europa ocidental durante a Segunda Guerra. Onde ela foi contida e por quê?

________________________________________

________________________________________

________________________________________

________________________________________

________________________________________

________________________________________

________________________________________

________________________________________

________________________________________

________________________________________

________________________________________

CAPÍTULO

# 7 O Brasil na Era Vargas

**Você deve ser capaz de**

- relacionar a emergência política dos trabalhadores urbanos à construção do regime político resultante da Revolução de 1930;
- compreender a atuação política de Getúlio Vargas, incluindo as manobras que permitiram que ele se mantivesse no poder por cerca de 15 anos;
- identificar as mudanças promovidas pelo governo Vargas no Estado, na economia e na sociedade.

## Reveja o que aprendeu

### O Governo Provisório (1930-1934)

Em outubro de 1930, Getúlio Vargas, com o apoio das oligarquias de Minas Gerais, Rio Grande do Sul e Paraíba e do movimento tenentista, destituiu o presidente Washington Luís e impediu a posse do presidente eleito Júlio Prestes. Vargas foi nomeado chefe do Governo Provisório e a chefia dos estados foi entregue a interventores, a maioria "tenentes", enquanto os antigos líderes políticos foram afastados.

Desde os primeiros meses, o governo Vargas sofreu os efeitos da crise de 1929. Diante da inviabilidade financeira da política de valorização do café, Getúlio adotou medidas drásticas. Estima-se que, entre 1930 e 1939, 80 milhões de sacas tenham sido queimadas. Também suspendeu o pagamento da dívida externa.

No governo estavam grupos políticos reformistas de Minas Gerais e do Rio Grande do Sul. Eles tinham projetos para mudar o país. Grandes investimentos foram realizados nas áreas da educação e da saúde pública.

Foi criada uma **rede de ensino** básico público, gratuito e obrigatório para todas as crianças. O setor público cresceu, com a criação do ministério do Trabalho e o da Educação e da Saúde. Entre 1931 e 1934, praticamente toda a **legislação social e trabalhista** foi promulgada, atendendo a antigas reivindicações dos trabalhadores. Entre elas estavam jornada de trabalho de 8 horas, regulamentação do trabalho infantil, férias, aposentadorias e indenizações por acidentes de trabalho.

Em fevereiro de 1932, o **Código Eleitoral**, editado no governo Vargas, estabeleceu o **voto secreto**, a **Justiça Eleitoral** e o **direito de voto às mulheres**. Nesse ano, ocorreu a reação mais importante contra o Governo Provisório e suas políticas públicas. A elite paulista, maior beneficiária do antigo regime oligárquico da Primeira República, articulou uma revolta contra o Governo Provisório.

A perda dos privilégios políticos, sociais e financeiros em decorrência da Revolução de 1930 foi um dos motivos propulsores da **Revolução Constitucionalista de 1932**. A oligarquia paulista reivindicava eleições para a convocação de uma Assembleia Nacional Constituinte que formularia uma nova Constituição para o país. Esta era uma forma de retirar o poder de Vargas e permitir o retorno das oligarquias cafeeiras ao poder.

Vargas cedeu e convocou eleições para a Assembleia Constituinte. Mesmo assim, o confronto armado teve início em 9 de julho de 1932, quando tropas paulistas da Força Pública Estadual se levantaram contra o governo federal. O movimento foi derrotado pelas forças federais e Getúlio Vargas consolidou seu poder. Chegava ao fim a guerra civil.

### O governo constitucional (1934-1937)

Em 1934, foi promulgada a nova **Constituição**, que tinha caráter liberal, nacionalista e centralizador, e manteve as reformas realizadas pelo governo Vargas, como as leis sociais e os benefícios na área da saúde e educação, além das mudanças nas leis que garantiam a lisura nas eleições.

Pela Constituição de 1891, as eleições presidenciais eram diretas, mas o primeiro presidente seria escolhido pelo Congresso Nacional. O escolhido foi o próprio Vargas, para um mandato de quatro anos. No período de 1934 a 1937, o Brasil viveu sob um regime liberal-democrático. Mas conheceu agitações políticas que refletiam a radicalização ideológica que dominava a Europa: nazistas e fascistas contra socialistas e comunistas.

Em 1932, o jornalista e escritor Plínio Salgado fundou a **Ação Integralista Brasileira** (AIB), inspirada no fascismo italiano. Com forte apelo nacionalista, os "camisas-verdes" (como eram conhecidos os membros da AIB) defendiam um Estado autoritário, com a obediência cega de todos ao líder. Eles eram contra o liberalismo, o socialismo e o comunismo. Defendiam a rígida obediência às hierarquias sociais e não toleravam qualquer oposição. Os integralistas desprezavam o regime democrático.

Para combater o integralismo e o fascismo e exigir reformas mais profundas do governo Vargas, surgiu, em março de 1935, a **Aliança Nacional Libertadora** (ANL).Tratava-se de uma frente antifascista formada por liberais, socialistas, trotskistas, além de organizações estudantis, femininas, sindicais e culturais. Os líderes da ANL eram militares do movimento tenentista. Os comunistas inicialmente foram contra a ANL, mas a apoiaram no último mês de sua existência, em junho de 1935. Luís Carlos Prestes recebeu o título de presidente de honra da organização, mas o presidente efetivo era o almirante Hercolino Cascardo.

A ANL apresentava um programa que incluía a reforma agrária, a suspensão do pagamento da dívida externa, a nacionalização das empresas estrangeiras, a defesa da liberdade individual e o combate ao fascismo e à AIB. Quando Luís Carlos Prestes divulgou documento pregando "Todo poder à ANL", Vargas, em 11 de julho de 1935, determinou o fechamento da organização.

Em novembro, eclodiram revoltas comunistas em Natal, Recife e no Rio de Janeiro. Como não obteve adesões dos trabalhadores, o movimento revolucionário foi rapidamente esmagado por tropas leais ao governo federal. Os comunistas, as esquerdas e os sindicalistas foram perseguidos, e Luís Carlos Prestes foi preso.

Em 1937, iniciaram-se as articulações políticas para as eleições presidenciais que deveriam se realizar no ano seguinte. A insurreição comunista de 1935 provocou o medo entre as elites políticas e empresariais do país, beneficiando Vargas. Havia dentro do governo o projeto de dar continuidade às reformas sociais e promover a industrialização em um regime político autoritário. Com apoio das Forças Armadas, de muitos políticos, empresários, intelectuais e de amplos setores das classes médias e dos trabalhadores, Vargas, em 10 de novembro de 1937, deu um golpe de Estado. O argumento para isso foi o chamado **Plano Cohen**: um documento falso com informações de que os comunistas tentariam novamente tomar o poder. Com o golpe de Estado, foi imposta ao país uma ditadura, chamada de **Estado Novo**. O Poder Legislativo foi extinto. A partir daí começou a terceira fase do governo iniciado por Vargas em 1930: a ditadura do Estado Novo.

Leia no Livro do Estudante sobre:

**Código Eleitoral, 112**

**Constituição, 113**

**Ação Integralista Brasileira, 114**

**Aliança Nacional Libertadora, 115**

**Estado Novo, 118**

Comício da Aliança Nacional Libertadora na praça Marechal Floriano Peixoto, mais conhecida como Cinelândia, no Rio de Janeiro. Fotografia de 1935.

Leia no Livro do Estudante sobre:

**Departamento de Imprensa e Propaganda, 118**

**Consolidação das Leis do Trabalho, 111**

# O Estado Novo (1937-1945)

Ao anunciar o golpe de Estado, Vargas imediatamente apresentou à nação a **Constituição de 1937** (apelidada de "Polaca"), que, de caráter autoritário e centralizador, atribuiu à presidência da República poderes extraordinários: o presidente poderia editar decretos-lei sobre assuntos do Poder Legislativo; a autonomia dos estados foi limitada, passando a ser governados por interventores indicados pelo governo federal; extinguiram-se os partidos políticos; os sindicatos foram colocados sob o controle do Estado e as greves foram proibidas; instituiu-se a censura prévia para jornais, revistas, livros, rádio, teatro e cinema.

Como todas as ditaduras, o Estado Novo praticou a propaganda política, exaltando as obras do governo e elogiando excessivamente o presidente da República. Um órgão estatal foi criado com fins de produzir propaganda política e censurar os meios de comunicação, o **Departamento de Imprensa e Propaganda** (DIP). Também como outras ditaduras, a do Estado Novo usou a repressão policial para perseguir os opositores ao governo.

**Conteúdos importantes**

- Código Eleitoral
- Constituição de 1934
- Ação Integralista Brasileira
- Aliança Nacional Libertadora
- Estado Novo
- Consolidação das Leis do Trabalho

# Política trabalhista e economia

A partir de 1934, o governo de Getúlio Vargas, com apoio dos empresários e das Forças Armadas, investiu na chamada indústria de base (produtora de matéria-prima para outras indústrias). O governo atuou na montagem da infraestrutura industrial, por meio da criação de empresas estatais nos setores de energia, transporte, mineração e siderurgia. O nacionalismo e o estatismo foram marcas do governo Vargas.

No contexto da Segunda Guerra Mundial, os Estados Unidos necessitavam de bases militares no nordeste brasileiro, principalmente na cidade de Natal. Vargas cedeu algumas bases e recebeu do governo estadunidense financiamento e tecnologia para a construção da primeira usina siderúrgica do país, a Companhia Siderúrgica Nacional (CSN), fundada em 1941. A CSN foi o marco da industrialização brasileira. Vargas também fundou a Companhia Vale do Rio Doce (CVRD) e a Fábrica Nacional de Motores (FNM). O setor elétrico ganhou impulso com a criação, em 1945, da Companhia Hidrelétrica do São Francisco.

Ao mesmo tempo, instituições foram criadas para beneficiar os trabalhadores, como a **Justiça do Trabalho**, criada para obrigar os empresários a cumprir as leis sociais.

Em 1940, um decreto-lei regulamentou o salário mínimo; em 1943, a **Consolidação das Leis do Trabalho** (CLT), conjunto de normas relativas às relações profissionais, sistematizou e ampliou a legislação trabalhista.

Fundada em 1941 por Getúlio Vargas, a Companhia Siderúrgica Nacional começou a operar em 1946.

# Aplique o que aprendeu

## Atividade resolvida

(UEFS)

Nenhum grupo totalitário assume o poder em benefício da sociedade. Na face da Terra, não há um único homem que tenha o direito de impor suas ideias, pela força, à convivência social. O apanágio da condição humana é o exercício da liberdade em toda plenitude, os únicos limites que podem existir a esse privilégio essencial consistindo no decoro e no respeito à dignidade da vida. Trocando em miúdos: ninguém pode usar a liberdade de que desfruta para matar, fraudar o próximo ou roubar. A liberdade social somente se engrandece quando amparada na consciência ética da vida.

(TEIXEIRA, 2015, p. A3).

O conteúdo do texto se refere indiretamente aos regimes políticos totalitários caracterizados, dentre outros,

a) por fixarem seus objetivos no crescimento econômico da sociedade, descomprometendo-se com ideias ou posições políticas contrárias.

b) por serem, por definição, teocráticos, orientando as relações sociais a partir de conteúdos religiosos.

c) pelas atitudes liberais referentes à diversidade dos relacionamentos entre os gêneros e as opções da vida sexual.

d) pelo cerceamento da liberdade de pensamento, de informação, e pelo desrespeito à vida.

e) por permitirem diferentes orientações no sistema educacional, não interferindo em programas, projetos e conteúdos do ensino.

**Comentário**

A questão apresenta um texto que analisa algumas características dos regimes totalitários nazifascistas que ascenderam ao poder no entreguerras, entre as décadas de 1920 e 1930. Para resolvê-la, é necessário identificar a alternativa que destaca características políticas do nazifascismo, descrevendo, em primeiro lugar, o controle que esses regimes exerciam sobre os indivíduos e, em segundo lugar, a ausência de direitos, tendo em vista que eram regimes autoritários. Com base no texto, é possível verificar que a alternativa correta é a que se refere ao cerceamento das liberdades civis.

## Atividades

**1.** Com a promulgação da nova Constituição, em julho de 1934, o Brasil tornou-se um regime de democracia liberal. Começava a fase constitucional do governo Vargas. No entanto, o regime de democracia representativa não durou muito, sucumbindo ao golpe do Estado Novo, em novembro de 1937. Contribuiu para o fracasso da breve experiência liberal-democrática um contexto político bastante conflituoso. Sobre esse contexto, analise as afirmativas abaixo, considerando-as verdadeiras (V) ou falsas (F):

( ) O ambiente de radicalização política entre a Ação Integralista Brasileira e a Aliança Nacional Libertadora; o descrédito na democracia liberal; os governantes, com o apoio do exército, e a imposição de um regime autoritário no país.

( ) O contexto radicalizado entre integralistas e comunistas; o projeto autoritário do governo Vargas; as tendências golpistas no exército; a insurreição comunista de novembro de 1935.

( ) A radicalização crescente entre a Aliança Nacional Libertadora e o Partido Comunista Brasileiro; a falta de confiança nas instituições da democracia representativa; as tendências autoritárias dentro do governo Vargas; a insurreição comunista de novembro de 1935.

( ) A radicalização entre o exército e o Partido Comunista; os constantes conflitos entre a Aliança Nacional Libertadora e a Ação Integralista Brasileira; a tentativa de golpe de Getúlio Vargas com a insurreição de novembro de 1935; o descrédito na democracia liberal.

Assinale a alternativa que indica corretamente as afirmativas verdadeiras e falsas.

a) V; V; F; F.
b) F; V; F; V.
c) V; F; F; V.
d) F; F; V; F.
e) V; F; V; F.

**2.** Sobre os efeitos da insurreição comunista de 1935, leia o texto abaixo:

> O levante comunista derrotado, além de reforçar o anticomunismo das elites civis e militares brasileiras, serviu para consolidar o poder pessoal de Getúlio Vargas no comando do Estado brasileiro. Até os integralistas, que não tinham simpatia política pelo presidente, tiveram que se subordinar, momentaneamente, à sua autoridade e liderança na luta contra o inimigo comum de ambos, os comunistas. Os grupos liberais, sempre assustados com qualquer desordem social que pudesse ameaçar suas propriedades, privilégios sociais e valores morais, apoiaram a repressão aos comunistas.
>
> NAPOLITANO, Marcos. *História do Brasil República*: da queda da Monarquia ao fim do Estado Novo. São Paulo: Contexto, 2016. p. 110.

Com base no texto, pode-se considerar que:

a) o fracasso da revolta comunista fortaleceu os integralistas e possibilitou a execução por eles do golpe do Estado Novo, em 1937.
b) os liberais se aproximaram de Vargas por medo do comunismo, o que permitiu a consolidação do modelo liberal-democrático em 1945.
c) o avanço do movimento comunista internacional no entreguerras atingiu o Brasil, levando Vargas a se associar a eles e dar o golpe do Estado Novo em 1937.
d) Vargas se utilizou de uma suposta ameaça comunista para fortalecer seu poder e promover um golpe de Estado, em 1937, que implantou uma ditadura no Brasil.
e) apesar do fracasso inicial, as tentativas comunistas de tomar o poder ganharam força, como o Plano Cohen de 1937 permite perceber.

**3.** Observe a pintura abaixo, de autoria de Raymond P. R. Neilson, de 1943, que representa o encontro dos presidentes do Brasil e dos Estados Unidos, em 1942, na cidade de Natal-RN.

Romulo Fialdini/Tempo Composto

a) Quais as razões para esse encontro? Qual acordo foi selado entre os dois países?

b) Relacione a imagem ao fim do Estado Novo, e à deposição de Vargas, em 1945.

CAPÍTULO

8

# O mundo na Guerra Fria: rivalidades, revoluções e guerras

**Você deve ser capaz de**

- compreender as motivações de EUA e URSS no cenário político pós-Segunda Guerra;
- identificar as instituições que fundamentaram a ordem geopolítica internacional entre 1945 e 1990;
- relacionar os conflitos bélicos à rivalidade entre EUA e URSS.

## Reveja o que aprendeu

### A cortina de ferro e o Plano Marshall

Em 1945, as potências vencedoras do conflito se reuniram nas conferências de Yalta e de Potsdam. Quatro dias após Potsdam, em agosto de 1945, os Estados Unidos lançaram bombas atômicas sobre o Japão. Esse fato mudou o panorama político mundial, e pode-se dizer que inaugurou um novo conflito que marcou a história do século XX, a chamada **Guerra Fria**.

Receoso de que a URSS fosse novamente invadida, Stalin decidiu exercer um rígido controle sobre os países do Leste Europeu. Em 5 de março de 1946, o ex-primeiro-ministro britânico Winston Churchill declarou que uma **"cortina de ferro"** descia sobre o Leste Europeu e manifestou duras críticas à URSS.

A Guerra Fria caracterizou-se pela tensão política internacional, com disputas dos EUA e da URSS por áreas de influência. Os governos soviético e estadunidense viveram em estado de guerra não declarada, sendo os conflitos bélicos transferidos para o Terceiro Mundo. As áreas em que os EUA exerciam sua influência política, econômica, militar e cultural eram os países da Europa ocidental, a América Latina e o Japão. A URSS tinha sua área de influência nos países da Europa oriental.

Em março de 1947, Harry Truman, presidente dos EUA, afirmou a necessidade de enviar auxílio político, financeiro e militar aos países ameaçados pelo comunismo, no que ficou conhecido como **Doutrina Truman**. No mesmo ano, o governo estadunidense elaborou o **Plano Marshall**, que destinou ajuda econômica aos países da Europa ocidental destruídos pela guerra. Esse foi um período de grande propaganda anticomunista. A sociedade estadunidense viveu o chamado **macarthismo**, com perseguições aos comunistas do país, movimento liderado pelo senador Joseph McCarthy.

Em 1949, foi criada uma aliança militar de defesa do Ocidente — a **Organização do Tratado do Atlântico Norte (Otan)**, liderada pelos EUA, com a participação do Canadá e dos países da Europa ocidental. Se um desses países fosse atacado, todos os países da OTAN o defenderiam.

Os países da Europa oriental – Alemanha Oriental, Polônia, Tchecoslováquia, Hungria, Bulgária e Romênia – ficaram sob domínio econômico, político, cultural e militar da União Soviética. Em 1949, para promover e ampliar o comércio entre esses países e a URSS, foi criado o **Conselho de Assistência Mútua Econômica (Comecon)**. Em 1955, a URSS e seus aliados europeus criaram o **Pacto de Varsóvia**, aliança militar similar à OTAN.

Leia no Livro do Estudante sobre:

Plano Marshall, 137

Organização do Tratado do Atlântico Norte (OTAN), 138

Conselho de Assistência Mútua Econômica (Comecon), 138

nova ordem mundial, 137

corrida armamentista, 141

Muro de Berlim, 140

### A ascensão dos Estados Unidos

No mundo que surgiu após a Segunda Guerra Mundial, enquanto os principais países da Europa ocidental (Grã-Bretanha e França) buscavam recuperar-se, os EUA consolidaram-se como a nação mais rica e poderosa do planeta. A **nova ordem mundial** exigia fortalecer as economias europeias e criar mecanismos de controle dos capitais. Em julho de 1944, quando a guerra estava chegando ao fim, representantes dos EUA e de

outros 43 países, incluindo o Brasil, aprovaram um acordo que ficou conhecido como **Bretton Woods**, no qual o dólar passava a ser a moeda internacional, tendo o ouro como garantia. Com o Bretton Woods também foram criados o Fundo Monetário Internacional (FMI) e o Banco Internacional para a Reconstrução e Desenvolvimento (Bird), também chamado Banco Mundial.

Entre outras consequências da Guerra Fria, EUA e URSS iniciaram a **corrida armamentista**, que resultou em grande arsenal de armas nucleares capazes de destruir o planeta várias vezes. Instituiu-se, assim, o chamado equilíbrio do terror.

## A ocupação da Alemanha e o Muro de Berlim

Nas conferências de Yalta e Potsdam, EUA, Grã-Bretanha e URSS decidiram que a Alemanha seria dividida em quatro áreas, ocupadas pelas três potências e a França. A capital, Berlim, embora encravada no setor controlado pelos soviéticos, também foi dividida entre os quatro aliados.

A divisão da Alemanha, principalmente de Berlim, tornou-se o maior foco de tensão entre Estados Unidos e URSS. A parte oriental da cidade estava sob domínio da União Soviética, e a parte ocidental da cidade era controlada pelos países ocidentais (capitalistas). Com a retomada do crescimento econômico a partir do Plano Marshall, a parte ocidental da cidade foi beneficiada. Enquanto isso, Berlim Oriental (socialista) vivia em situação de penúria típica do pós-guerra. Muitos moradores da parte oriental de Berlim começaram a se mudar para a parte ocidental.

A rivalidade entre os blocos capitalista e socialista impediu a reunificação alemã e, no fim da década de 1940, os dois territórios se transformaram em países diferentes. A parte da Alemanha sob influência soviética transformou-se na **República Democrática Alemã** (ou Alemanha Oriental), socialista, com a capital em Berlim Oriental; os setores ocupados por Estados Unidos, Inglaterra e França formaram a capitalista **República Federal Alemã** (ou Alemanha Ocidental), cuja capital passou a ser a cidade de Bonn.

Em 1961, para conter a saída de seus habitantes para a próspera Berlim Ocidental, o governo da Alemanha Oriental construiu o **Muro de Berlim**, símbolo da Guerra Fria, com mais de 150 km de extensão e três metros de altura. Quem atravessasse o muro poderia morrer com tiros de fuzil ou em minas terrestres.

**Europa: o período do pós-guerra – 1945-1989**

**Fontes**: *Enciclopédia das guerras*. São Paulo: M. Books, 2005; VICENTINO, Cláudio. *Atlas histórico*: Geral e Brasil. São Paulo: Scipione, 2011. p.149.

Leia no Livro do Estudante sobre:

Partido Comunista Chinês, 141

República Popular da China, 142

Guerra da Coreia, 142

## Revolução chinesa

Na China, o Partido Nacionalista (*Kuomintang*), de Chiang Kai-Shek, foi o responsável pela instauração da República na China, derrubando, em 1911, o governo imperial. Entre as décadas de 1920 e 1940, o Partido Nacionalista e o Partido Comunista, fundado em 1922, lutaram entre si e contra a dominação japonesa. Durante a Segunda Guerra Mundial, o Partido Nacionalista se aliou ao **Partido Comunista Chinês (PCC)**, liderado por Mao Tsé-Tung, e juntos conseguiram expulsar os japoneses.

Dong Xiwen/Museu Nacional, Pequim, China

A fundação da nação, pintura de 1953 de Dong Xiwen. Na cena, Mao Tsé-Tung anuncia a fundação da República Popular da China.

Ao final da guerra, nacionalistas e comunistas lutaram pelo poder na China. Em 1949, os comunistas venceram a guerra civil e fundaram a **República Popular da China**. Chiang Kai-Shek e seus seguidores fugiram para a ilha de Formosa (Taiwan), onde fundaram a República Nacionalista da China, sob proteção dos Estados Unidos.

O governo socialista de Mao Tsé-Tung coletivizou terras, alfabetizou a população, estatizou a economia, expandiu a educação e alcançou o desenvolvimento industrial, além de conceder direitos às mulheres, eliminando preconceitos milenares. Algumas dessas medidas fizeram com que os comunistas alcançassem grande popularidade entre camponeses e operários. Porém, medidas como a eliminação de opositores e o controle da imprensa proporcionaram duras críticas ao regime.

Na política externa, os comunistas chineses afastaram-se dos soviéticos após a morte de Stalin, em 1953, sob a acusação de que os soviéticos preferiram a coexistência pacífica com os Estados Unidos.

**Conteúdos importantes**

- Plano Marshall
- OTAN
- Comecon
- Nova ordem mundial
- Corrida armamentista
- Muro de Berlim
- Partido Comunista Chinês
- República Popular da China
- Guerra da Coreia

## Guerra da Coreia

Depois da Segunda Guerra Mundial formaram-se dois Estados autônomos na Coreia: a **República Popular Democrática da Coreia** (ou Coreia do Norte), aliada da União Soviética, e a **República da Coreia** (ou Coreia do Sul), apoiada pelos Estados Unidos. Ficou estabelecido que o norte do paralelo 38 ficaria sob influência soviética, e o sul, sob a influência estadunidense.

Em 1949, os norte-coreanos declararam guerra à Coreia do Sul e invadiram seu território. O Conselho de Segurança da ONU considerou a Coreia do Norte agressora e autorizou a formação de uma força internacional, liderada pelos Estados Unidos. Iniciava-se a **Guerra da Coreia**.

Os norte-coreanos contaram com o apoio bélico do governo chinês. Em 1953, depois de três anos de combates, a guerra chegou ao fim, embora não tenha sido assinado um acordo de paz. Os limites territoriais retornaram ao paralelo 38 com uma zona desmilitarizada ao longo da fronteira.

# Aplique o que aprendeu

## Atividade resolvida

(UFJF) Leia os trechos abaixo sobre o período da Guerra Fria e responda ao que se pede:

A grande descoberta dos EUA foi que, para manter a hegemonia conquistada durante a Segunda Guerra, era necessário recuperar a economia e o tecido político europeu e japonês. Em vez de países frágeis, precisava de aliados para a Guerra Fria e consumidores para a sua indústria (muito maior do que as reais necessidades do seu mercado interno). O acordo de Bretton Woods, complementado pelo Plano Marshall, garantiu um volume de moeda que viabilizou a relação demanda-produção.

É importante identificar em cada um dos textos os objetivos de cada potência. Essa é a informação que permitirá chegar à resposta da questão.

PADRÓS, E. S. Capitalismo, prosperidade e Estado de Bem-Estar Social. In: *O Século XX*. O tempo das crises. Rio de Janeiro: Civilização Brasileira, 2005, p. 235.

A oeste, graças ao avanço das tropas soviéticas até Berlim, foi possível, em primeiro lugar, anexar à URSS importantes territórios: os chamados Estados bálticos (Letônia, Estônia e Lituânia), a parte oriental da Polônia e uma porção da Romênia – transformada em República Soviética da Moldávia. [...]. Na área da Europa Central (Polônia, Tchecoslováquia, Alemanha Oriental e, depois, República Democrática Alemã (RS), Hungria, Romênia, Albânia, Bulgária e Iugoslávia), quase toda ocupada pelos exércitos soviéticos, a expectativa de Moscou era formar um cinturão de Estados no mínimo não hostis.

REIS, D. A. O mundo socialista: expansão e apogeu. In: *O Século XX*. O tempo das dúvidas. Rio de Janeiro: Civilização Brasileira, 2002. p.17.

Em relação aos dois trechos selecionados é CORRETO afirmar que eles se referem:

a) às ações desenvolvidas pelos EUA e URSS para conciliarem os princípios do capitalismo e do comunismo na Europa e no Japão.
b) às disputas por zonas de influências política e ideológica travadas entre Estados Unidos e União Soviética.
c) às estratégias utilizadas pelos soviéticos no sentido de fortalecerem a construção do "socialismo em um só país", defendida por Stalin.
d) às táticas adotadas por EUA e URSS no sentido de fortalecerem suas posições isolacionistas em relação ao mundo europeu.
e) às transformações que ocorreram no momento seguinte à Segunda Guerra Mundial e que levaram ao conflito aberto, direto e violento entre EUA e URSS.

**Comentário**

Para resolver essa atividade, é necessário analisar os textos e, em seguida, associá-los às alternativas. Pode-se proceder por eliminação para chegar à alternativa correta.

A alternativa **a** fala de um acordo de coexistência do capitalismo e do socialismo no Japão, algo que nunca aconteceu.

A alternativa **c** não corresponde aos textos, que não tratam diretamente da União Soviética.

Já a alternativa **d** menciona uma estratégia isolacionista dos Estados Unidos e da União Soviética, o que é absurdo porque esses dois países tinham políticas expansionistas.

Por fim, a alternativa **e** afirma ter existido um conflito violento entre as superpotências, mas o que caracteriza a Guerra Fria é exatamente o contrário.

## Atividades

**1.** Leia o texto a seguir, do historiador Jayme Fernandes Ribeiro, sobre a relação entre Hiroshima e a Guerra Fria.

Atualmente, Hiroshima é uma curiosa cidade. Turistas chegam de diferentes partes do mundo. Contudo, um tipo diferente de turismo, onde o que se reverencia não é a arte, como em Veneza ou Florença, nem o berço de uma religião ou antiga civilização. O que se reverencia é a paz. É com esse argumento que a Prefeitura da cidade e o governo japonês fazem a promoção de Hiroshima (lembrar que Nagasaki também tem monumentos referentes à paz, mas Hiroshima tem maior destaque, com um simbolismo maior — talvez por ter sido a primeira cidade a ser destruída). Em diversos lugares, pode-se encontrar referências à paz — Parque da Paz, Museu da Paz, Avenida da Paz etc. Entre as árvores e alamedas do parque, sucedem-se os monumentos menores. Há uma "pira da paz" que só será apagada quando as armas nucleares forem extintas do mundo. Há também uma homenagem à menina Sadako Sasaki, que morreu em 1955, de leucemia, em consequência da radiação atômica. Todos os fatores mencionados são consequências das bombas atômicas jogadas sobre as cidades japonesas. Naquele instante, o final da Segunda Grande Guerra estava decretado. Surgia um novo contexto político mundial. A partir daquele momento, a Guerra Fria seria marcada pela disputa de duas grandes potências — os Estados Unidos e a União Soviética — por áreas de influência em todo o mundo.

RIBEIRO, Jayme Fernandes. *Combatentes da paz*. Os comunistas brasileiros e as campanhas pacifistas dos anos 1950. Rio de Janeiro: Sete Letras, 2011. p. 58-59.

A relação entre Hiroshima e a Guerra Fria, conforme o texto acima, é possível pois:

a) historiadores consideram que o uso das bombas atômicas no final da Segunda Guerra Mundial pelos Estados Unidos pode ter sido uma demonstração de força militar para a União Soviética.

b) a cidade japonesa passou a significar a resistência à corrida armamentista promovida pelos Estados Unidos para defender o capitalismo.

c) a cidade japonesa era uma demonstração real da crueldade das bombas atômicas lançadas pela União Soviética no final da Segunda Guerra Mundial.

d) a vitória japonesa na Segunda Guerra não representou felicidade e sucesso para sua população, conforme esperavam os países rivais da Guerra Fria.

e) Estados Unidos e União Soviética disputavam o controle sobre o Japão após a Segunda Guerra e a cidade de Hiroshima era o símbolo de resistência dos japoneses por sua independência.

**2.** Leia o texto a seguir, sobre a situação da Coreia logo após a Segunda Guerra Mundial, e responda às questões.

Em 1948, a ONU determinou a realização de eleições gerais no país para finalizar o período de intervenção militar externa e promover a reunificação da Coreia. Em fevereiro, uma Assembleia Popular foi reunida no norte e escolheu Kim Il Sung como primeiro-ministro. Em maio, as eleições supervisionadas pela ONU foram de fato realizadas no sul, dando a vitória a Syngman Rhee, aliado dos Estados Unidos e que, portanto, manteve a região na órbita do capitalismo. Já no norte as eleições gerais não se efetivaram, pois os comunistas e seus aliados soviéticos se opuseram. Em setembro de 1948, Kim Il Sung proclamou a República Comunista da Coreia do Norte, instalando um governo ditatorial.

FARIA, Ricardo de Moura; MIRANDA, Mônica Liz. *Da Guerra Fria à nova ordem mundial*. São Paulo: Contexto, 2003. p. 27.

a) Explique os posicionamentos do norte e do sul da Coreia a partir do texto.

b) Quais foram as consequências desses posicionamentos nos anos 1950?

c) Como esse processo se relaciona com a Guerra Fria?

CAPÍTULO

9

# O mundo na Guerra Fria: entre conflitos mundiais e a luta por direitos

**Você deve ser capaz de**

- identificar as principais características políticas e econômicas dos países dos blocos capitalista e socialista;
- analisar a participação e os efeitos da participação estadunidense na Guerra do Vietnã;
- contextualizar os movimentos por direitos civis nos Estados Unidos e de Maio de 1968 na França.

## Reveja o que aprendeu

### Trinta anos de prosperidade

Durante os trinta anos após a Segunda Guerra Mundial o capitalismo conheceu a grande expansão nos Estados Unidos, Europa ocidental e Japão. O Plano Marshall, de ajuda estadunidense a países como Grã-Bretanha, França, Itália e Alemanha, além do apoio financeiro ao Japão, foi o início do crescimento econômico por três décadas.

Os governos social-democratas e trabalhistas na Europa adotaram as ideias do economista John Maynard Keynes: o Estado deveria dirigir os investimentos, estimular o consumo e assegurar altos salários aos trabalhadores.

A intervenção na economia implicou forte política de estatização. Os governos passaram a controlar bancos, distribuidoras de energia, fábricas de automóveis, siderúrgicas, petrolíferas, empresas de seguro, aviação, telecomunicações, entre outras ligadas aos mais diversos setores (gás, extração de carvão).

Essas políticas resultaram no aumento da demanda na indústria e a arrecadação de impostos, permitindo investimentos em saúde, educação e habitação. O modelo econômico era chamado **Estado de bem-estar social**.

Nos Estados Unidos, a sociedade de consumo propiciou o chamado ***American way of life***. O padrão de vida foi significativamente alterado. Automóveis e eletrodomésticos popularizaram-se. A televisão surgia como grande novidade. Empresas estadunidenses instalaram filiais em outros países, surgindo as **empresas multinacionais**.

### O mundo socialista

A União Soviética saiu vitoriosa da Segunda Guerra Mundial, mas suas cidades e praticamente toda a estrutura produtiva estavam destruídas. Stalin recorreu aos métodos dos anos 1930, investindo em energia, aço, eletricidade e máquinas. No Leste Europeu, países sob o controle da URSS, como Alemanha Oriental, Polônia, Hungria, Bulgária, Romênia, Albânia e Tchecoslováquia, foram obrigados a adotar o modelo de socialismo soviético. Os governos desses países adotaram o **sistema de partido único**, com dirigismo estatal.

Ocorreu ainda a submissão econômica e política desses países à URSS, com o fim da economia de mercado e a criação de um sistema repressivo para impedir a oposição. Os meios de comunicação foram controlados, implicando a repressão da sociedade civil e o cerceamento da autonomia de clubes, associações, sindicatos e igrejas.

Na China, a revolução comunista vitoriosa em 1949 recuperou o país destruído pela guerra. O programa **Grande Salto para a Frente** (1958-1961) priorizou a agricultura de base. Mas a produção industrial caiu drasticamente e o país conheceu uma grande fome que matou cerca de 20 milhões de pessoas entre 1960 e 1961.

Em 1966, Mao Tsé-Tung sofria muitas críticas dentro do Partido Comunista. Para eliminar seus opositores e consolidar seu poder, ele convocou os jovens estudantes para formarem a Guarda Vermelha, dando início à chamada **Grande Revolução Cultural Proletária**. Opositores foram perseguidos, mas também profissionais de várias categorias


Leia no Livro do Estudante sobre:

**Estado de bem-estar social, 147**

***American way of life*, 147**

**sistema de partido único, 149**

**Grande Salto para a Frente, 150**

**Grande Revolução Cultural Proletária, 150**

**Quatro Modernizações, 150**

**corrida espacial, 156**

**Guerra do Vietnã, 151**

e dirigentes partidários, acusados de "burgueses" e "lacaios do imperialismo". A Guarda Vermelha passou a idolatrar Mao, reforçando seu poder no Partido Comunista. Após a morte de Mao, em 1976, a Revolução Cultural chegou ao fim e os novos dirigentes chineses adotaram a política das **Quatro Modernizações**.

## A Guerra Fria no espaço

A Guerra Fria continuou na chamada **corrida espacial**. Em 1957, um míssil soviético pôs na órbita terrestre o primeiro satélite artificial, o Sputnik. A União Soviética demonstrava seu poderio à frente dos Estados Unidos. A seguir, levou ao espaço o primeiro ser vivo: a cadela Laika. Em 1961, o mundo, assombrado com o avanço tecnológico soviético, soube que o primeiro homem orbitou a terra: o astronauta soviético Yuri Gagarin.

A partir daí os Estados Unidos desenvolveram um programa espacial que, em 1969, conseguiu levar os primeiros seres humanos à Lua.

## A Guerra do Vietnã

Área de colonização francesa, a Indochina (Vietnã, Laos e Camboja) foi ocupada pelos japoneses no início de 1940, durante a Segunda Guerra Mundial.

Em 1941, os comunistas liderados por Ho Chi Minh organizaram o Vietminh (Liga pela Independência do Vietnã), grupo armado cujo objetivo era lutar contra as ocupações francesa e japonesa. Depois de conseguir expulsar os japoneses, o Vietminh ocupou a cidade de Hanói e proclamou a República Democrática do Vietnã, no norte da península. A pretensão francesa de recolonizar a região a partir do sul provocou a reação de todos os vietnamitas, dando início à Guerra da Indochina, em 1946.

O conflito entre vietnamitas (apoiados pela China) e franceses (apoiados pelos Estados Unidos) só terminou em 1954, com a França derrotada. Em julho do mesmo ano foi realizada a **Conferência de Genebra**, que decidiu pelo desmembramento do domínio colonial francês na Indochina e o reconhecimento da independência do Vietnã, do Laos e do Camboja. Também ficou determinada a divisão temporária do Vietnã: ao norte, ficaria a República Democrática do Vietnã (Vietnã do Norte), socialista e com capital em Hanói; ao sul, a República do Vietnã (Vietnã do Sul), capitalista e com capital na cidade de Saigon.

Em 1960, foi fundada, na República do Vietnã, a Frente de Libertação Nacional (FLN), que dispunha de um exército próprio. O objetivo da FLN era derrubar a ditadura militar que governava o país. O governo do Vietnã do Norte passou a ajudar militarmente a FLN. Em 1961, os Estados Unidos decidiram intervir diretamente no país, apoiando o governo do Vietnã do Sul contra o exército da FLN e o Vietnã do Norte. O conflito ficou conhecido como **Guerra do Vietnã**. O conflito foi trágico para a população vietnamita do norte e do sul. Milhares de soldados estadunidenses morreram. Ao final, as forças guerrilheiras da FLN, com apoio do Vietnã do Norte, derrotaram a maior potência militar do mundo.

Em 1973, foi assinado o acordo de paz, que determinou a retirada das tropas estadunidenses do Vietnã. Em 1975, tropas militares do Vietnã do Norte entraram em Saigon, capital do Vietnã do Sul. No ano seguinte, o Vietnã foi reunificado, com o nome de República Socialista do Vietnã.

AP/Glow Images

Helicópteros da Força Aérea dos EUA pousam no Vietnã do Sul durante a Guerra do Vietnã. Fotografia da década de 1960.

Leia no Livro do Estudante sobre:

Crise dos Mísseis em Cuba, 156

Maio de 1968, 159

direitos civis, 160

Partido Pantera Negra para Autodefesa, 161

# Cuba

Depois da independência (1898), Cuba foi submetida à influência política e econômica dos Estados Unidos. Em 1934, Fulgêncio Batista assumiu o poder e, em 1952, por meio de um golpe de Estado, impôs ao país uma ditadura.

Em 1953, um grupo de rebeldes chefiados por Fidel Castro fez uma tentativa de tomar o poder e fracassou. Fidel foi preso e só libertado em 1955. No ano seguinte, ele liderou um grupo de rebeldes, constituído por cerca de 90 homens, entre os quais se destacava o médico argentino Ernesto Guevara de la Serna (conhecido por Che).

Ao desembarcar, o grupo foi atacado pelo exército e sofreu grandes baixas, refugiando-se em Sierra Maestra. Fidel e seus homens receberam apoio de organizações políticas, sindicais e partidos políticos nas cidades cubanas.

No dia 1º de janeiro de 1959, os revolucionários vitoriosos entraram em Havana. Fidel Castro assumiu o controle do Estado, nacionalizou empresas dos Estados Unidos, promoveu a reforma agrária e iniciou processo de alfabetização em massa. Fidel era um nacionalista, mas ainda não era comunista. A intransigência do governo dos Estados Unidos levou à radicalização.

Em dezembro de 1961, Fidel anunciou a adesão de Cuba ao socialismo, aproximando-se da União Soviética. Receoso de uma invasão militar dos Estados Unidos, Fidel pediu ajuda ao governo da União Soviética. Em 1962, o apoio chegou, mas, sem que Fidel soubesse, o governo soviético instalou mísseis com ogivas atômicas em Cuba apontados para os Estados Unidos. O episódio foi o mais tenso da Guerra Fria, na chamada **Crise dos Mísseis em Cuba**. A questão foi resolvida com o compromisso soviético de não instalar armas em solo cubano, enquanto do lado dos Estados Unidos o governo assumiu o compromisso de não mais tentar intervir militarmente em Cuba.

O governo cubano, no entanto, tornou-se dependente em termos econômicos e políticos da União Soviética, passando a vender cana em troca de produtos manufaturados.

# Contracultura e luta por direitos

Insatisfeitos com a sociedade de consumo e o tradicionalismo da sociedade, jovens dos Estados Unidos e da Europa criaram o movimento conhecido por **contracultura**. Eles negaram os valores conservadores da sociedade, vivendo em comunidades, defendendo a paz e a liberdade individual. Muitos jovens se tornaram *hippies* nesse período.

O auge do movimento de contracultura ocorreu em 1968, com rebeliões de estudantes e trabalhadores em países da América Latina, Europa e Estados Unidos. O movimento mais conhecido foi o de **Maio de 1968**, na França, quando estudantes e operários questionaram o poder no país.

Grupos sociais lutaram por **direitos civis** em vários pontos do planeta. O mais conhecido foi o dos negros no sul dos Estados Unidos. Eles eram discriminados nos meios de transporte, nos restaurantes, nas escolas, nos locais públicos. Liderados pela ativista Rosa Parks e pelo pastor Martin Luther King, os negros enfrentaram a violência policial na luta por seus direitos civis. Ao final, a Suprema Corte reconheceu seus direitos, mas muitos anos de luta ainda foram necessários para que os brancos do sul reconhecessem os direitos civis da população negra.

As mulheres também lutaram por seus direitos. Embora fossem hostilizadas, elas lutaram pelos mesmos direitos que os homens nos locais de trabalho, contra o assédio sexual e a violência doméstica.

Outras lideranças surgiram, com propostas mais radicais de combate ao racismo, como Malcolm X e o **Partido Pantera Negra para Autodefesa**, que contava com a militância de Angela Davis. Duramente reprimidos, muitos de seus membros foram presos e o partido chegou ao fim nos anos 1980.

**Conteúdos importantes**

- Estado de bem-estar social
- *American way of life*
- Sistema de partido único
- Grande Revolução Cultural Proletária
- Corrida espacial
- Guerra do Vietnã
- Crise dos Mísseis em Cuba
- Maio de 1968
- Direitos civis

# Aplique o que aprendeu

## Atividade resolvida

(UEMG) Observe a imagem.

A superioridade tecnológica era usada como metáfora para a superioridade do regime político e econômico de cada país. Por isso, a bandeira do país estava sempre em evidência nesses acontecimentos importantes.

Em 20 de Julho de 1969, Neil Armstrong e Edwin Aldrin pisaram em terreno lunar. O ato de estar na lua era simbólico, já que, além da magia dessa conquista, outras motivações existiam.

O cenário histórico em questão corresponde a:

a) disputa ideológica entre capitalismo e socialismo, mostrando a vitória do sistema capitalista sobre o socialismo. O monopólio tecnológico espacial americano foi o ato que simbolizou a derrocada soviética.

b) vitória americana sobre o sistema de dominação soviética durante a Guerra Fria; pondo assim fim à disputa bélica entre essas nações.

c) exclusividade americana em aplicação de tecnologias espaciais, enquanto os soviéticos optavam por investir seu capital na industrialização das nações vizinhas e na aplicação de recursos para garantir o pleno emprego.

d) corrida espacial competitiva entre Estados Unidos da América e a União das Repúblicas Socialistas Soviéticas (URSS), em plena Guerra Fria, que buscavam a supremacia espacial, para justificar a superioridade de seus respectivos sistemas.

**Comentário**

A questão apresenta a reprodução de uma clássica foto de um astronauta dos Estados Unidos fincando a bandeira do país na Lua. Essa imagem é profundamente representativa da disputa que havia entre as potências durante a Guerra Fria. A afirmativa correta menciona a corrida espacial, enquanto as incorretas afirmam que havia monopólio tecnológico (e não disputa) ou que a concorrência era apenas ideológica. A corrida espacial foi uma das diversas disputas que ocorreram entre as duas superpotências entre os anos 1940 e 1980.

## Atividades

**1.** Leia atentamente o excerto abaixo para responder à questão.

Há cinco décadas iniciava-se nos Estados Unidos uma série de manifestações contrárias às formas de vida e de pensamento hegemônicas no mundo ocidental. Era a época do otimismo norte-americano pós-guerra, da ideologia do desenvolvimento, do anticomunismo, do patriotismo etc., e aquelas manifestações desejavam justamente colocar-se na contramão do capitalismo, do consumismo, das normas morais tradicionais, da concepção vigente de trabalho, família, arte etc. Ao conjunto delas costuma-se dar o nome de contracultura [...].

A contracultura. In *Revista Cult*. São Paulo: Editora Bregantini, n. 152, nov. 2010. p. 52.

De acordo com o texto:

a) a contracultura surgiu nos Estados Unidos com o objetivo de criar padrões artísticos que permitissem a redução da influência da cultura soviética, dominante no país.

b) o movimento conhecido como contracultura teve sua origem na propaganda oficial do governo dos Estados Unidos, como forma de despertar o nacionalismo.

c) a chamada contracultura surgiu nos Estados Unidos com o intuito de contestar os padrões políticos, econômicos e sociais vigentes na década de 1960.

d) a vitória dos Estados Unidos na Guerra Fria fez com que sua cultura se espalhasse pelo mundo, eliminando as culturas locais, daí a denominação contracultura.

e) a resistência das populações de áreas dominadas pelos Estados Unidos nos anos de 1960, contra a imposição da cultura americana, fez com que surgisse a contracultura.

**2.** Sobre os movimentos que reivindicavam direitos civis para negros e mulheres, que ganharam impulso nos anos 1960, assinale a alternativa **incorreta**:

a) Nos anos 1960, as mulheres constituíam 51% da população e aproximadamente 33% da força de trabalho, mas ganhavam menos que os homens, inclusive quando exerciam um trabalho igual ou ocupavam o mesmo cargo.

b) As conquistas obtidas no campo político, em especial o direito de voto, obtido em 1918, não impulsionaram o movimento feminista, que perdeu o ímpeto na década de 1920. O renascimento ocorreu nos anos 1960.

c) As feministas foram hostilizadas. Argumentava-se na época que a igualdade entre os sexos destruiria o casamento e a família. Mas o movimento feminista enfrentou todos os obstáculos com sucesso.

d) Malcolm X, filho de família pobre, tornou-se líder de um templo muçulmano em Detroit e passou a pregar a dignidade dos negros. Era contra a estratégia da resistência pacífica, acabou assassinado em fevereiro de 1965.

e) As lideranças do movimento negro nos Estados Unidos obtiveram suas vitórias políticas exclusivamente por meio da luta pacífica.

**3.** Leia o texto a seguir e responda às questões.

O capitalismo do pós-guerra foi inquestionavelmente, como assinala a citação de Crosland, um sistema 'reformado a ponto de ficar irreconhecível', ou, nas palavras do primeiro-ministro britânico Harold Macmillian, uma "nova" versão do velho sistema. [...] Essencialmente, foi uma espécie de casamento entre liberalismo econômico e democracia social (ou, em termos americanos, política do *New Deal* rooseveltiano), com substanciais empréstimos da URSS, que fora pioneira na ideia do planejamento econômico. Por isso a reação contra ele, dos defensores teológicos do livre mercado, seria tão apaixonada nas décadas de 1970 e 1980, quando as políticas baseadas nesse casamento já não eram salvaguardadas pelo sucesso econômico.

HOBSBAWM, Eric. *Era dos extremos.* O breve século XX, 1914-1991. São Paulo: Companhia das Letras, 1995. p. 265-266.

a) Explique as características do modelo econômico implementado nos Estados Unidos e na Europa ocidental durante a Guerra Fria.

b) Por que razão podemos dizer que o capitalismo se tornou "irreconhecível", tal o nível de transformações que sofreu?

CAPÍTULO

# 10 África, Ásia e Oriente Médio: independências e guerras

**Você deve ser capaz de**

- relacionar os processos de independência na África e na Ásia ao contexto político internacional da pós-Segunda Guerra Mundial;
- analisar a formação do *apartheid* na África do Sul e os fatores envolvidos na superação desse regime de segregação racial;
- compreender a dinâmica interna do processo de independência indiano que levou à separação da Índia do Paquistão.

## Reveja o que aprendeu

### Independências da África e da Ásia

Nas independências de países africanos e asiáticos, devem ser considerados o declínio do poderio europeu após a Segunda Guerra, a participação das populações coloniais nas duas guerras mundiais, os movimentos de libertação das próprias colônias, bem como o apoio dos Estados Unidos e da União Soviética, com o intuito de atrair novos países para suas áreas de influência ideológica.

Da Segunda Guerra até o final dos anos 1960, a maioria dos países africanos alcançou a independência. Alguns livraram-se do domínio colonial de maneira pacífica, mas outros passaram por guerras de libertação.

A Grã-Bretanha, enfraquecida após a Segunda Guerra, preferiu negociar com as elites africanas e asiáticas as independências. O antigo Império Britânico foi transformado na Comunidade de Nações Commonwealth.

O governo francês resistiu e, por meio militar, tentou sufocar as lutas coloniais pela independência. Os povos da Indochina (Vietnã, Laos e Camboja) conseguiram derrotar os franceses na década de 1950. No caso da Argélia, o governo francês recorreu à brutal violência. A independência foi organizada pela **Frente de Libertação Nacional** (FLN), grupo armado guerrilheiro que defendia os interesses do povo argelino contra os franceses. O conflito com o exército francês se estendeu de 1954 a 1962 e resultou na morte de um milhão de pessoas.

Nas **colônias portuguesas** na África – Angola, Moçambique, Guiné-Bissau e ilhas São Tomé e Príncipe e o arquipélago de Cabo Verde –, os movimentos separatistas começaram nos anos 1950. Movimentos guerrilheiros, sobretudo em Angola e Moçambique, lutaram contra o domínio português. Contudo, o governo do ditador Antônio Salazar negava-se a negociar as independências. Os custos para manter exércitos na África eram altos.

As independências foram alcançadas após a **Revolução dos Cravos** em Portugal (1974), que pôs fim ao governo autoritário que se impôs ao país desde 1920. O novo governo português negociou com os movimentos de independência para fazer uma transição rápida para a autonomia política.

Após a independência, os países africanos lidaram com inúmeros problemas, entre eles as fronteiras artificiais estabelecidas pelos europeus. Desse modo, povos com identidade em comum foram separados em países distintos, enquanto nações rivais ficaram reunidas em outro. O resultado, muitas vezes, foram guerras civis destrutivas.

Leia no Livro do Estudante sobre:

**Revolução dos Cravos, 173**

**pan-africanismo, 170**

***apartheid*, 174**

**não violência, 176**

**desobediência civil, 176**

#### Marcos da luta anticolonial

Os povos africanos sofreram com a presença europeia desde o século XVI. Somente no século XIX, com a efetiva colonização do continente pelas potências europeias, surgiram intelectuais africanos que refletiram sobre a África. Eles se esforçaram para estabelecer que o continente e os povos que ali viviam tinham uma história e uma cultura próprias. Refutaram também as teorias racistas da época. Nos anos 1920 e 1930, jovens africanos

que estudavam na França e Grã-Bretanha estabeleceram o **pan-africanismo**, valorizando a África e os povos africanos, procurando uma unidade entre eles. O pan-africanismo foi importante para refletir sobre a unidade, a igualdade e a justiça no continente, bem como a independência da dominação europeia.

Outro marco nas lutas pela independência dos países africanos e asiáticos foi a **Conferência de Bandung** (1955), que reuniu representantes de países independentes da Ásia e da África para defender a autodeterminação dos povos, condenar a ação colonialista em todo o mundo e apoiar o processo de independência das colônias. O objetivo da conferência era ter uma atuação política não alinhada, isto é, pautada pela polarização entre Estados Unidos e União Soviética.

## O *apartheid* na África do Sul

A África do Sul tornou-se independente em 1911. Pouco tempo depois, a elite branca no poder estabeleceu leis racistas e discriminatórias contra a população negra, em um regime conhecido como ***apartheid***. A segregação racial foi oficializada em 1948, reservando 87% das terras para os brancos, proibindo casamento inter-raciais, reservando hospitais e escolas de pior qualidade para os negros.

Nos anos 1950, a organização que defendia os direitos dos negros, o Congresso Nacional Africano (CNA), mobilizou o povo contra as leis racistas. O jovem **Nelson Mandela** foi preso após o Massacre de Shaperville. O CNA recorreu à luta armada, sem sucesso. Praticamente todos os países do mundo não tinham relações diplomáticas com a África do Sul.

Nos anos 1990, o *apartheid* não tinha como continuar. As lutas da população negra aumentavam, assim como a pressão internacional. A elite branca concordou em pôr fim ao regime de segregação racial e Nelson Mandela foi libertado depois de 27 anos preso. Eleito presidente em 1994, ele procurou pacificar o país.

## Gandhi e a independência da Índia

Na década de 1920, **Mahatma Gandhi** foi um dos principais líderes da resistência ao domínio britânico. Ele utilizou os princípios da **não violência** e da **desobediência civil**. Com o apoio de Jawaharlal Nehru, líder do Partido do Congresso Indiano, Gandhi desencadeou campanha para que a população não pagasse impostos e não consumisse produtos ingleses. E principalmente não respondesse à violência do opressor. O objetivo era desmoralizá-lo, demonstrando como ele agia de maneira injusta.

Um exemplo de mobilização liderada por Gandhi foi a Marcha do Sal, em protesto contra o monopólio britânico sobre o produto. Em 1930, Gandhi e vários adeptos caminharam cerca de 300 quilômetros até o litoral, onde o sal era obtido. Gandhi e outras 60 mil pessoas que apoiaram a marcha foram presas, mas o monopólio britânico sobre o sal foi abolido.

Fragilizada pela Segunda Guerra Mundial, a Grã-Bretanha aceitou negociar a independência. Havia, no entanto, divergências entre hindus e muçulmanos, mas eles se mantiveram unidos até a independência. Em 15 de julho de 1947, sem alternativas diante da desobediência do povo indiano, o Parlamento inglês votou a **Lei de Independência**.

Em seguida, os muçulmanos deixaram a Índia e formaram seu próprio país — o Paquistão. Milhões de muçulmanos que moravam no território indiano migraram para o Paquistão, e milhões de hindus paquistaneses migraram para a Índia. As rivalidades entre os dois países continuam, com o perigo de que ambos possuem bombas atômicas. Ainda hoje, uma vasta região localizada a noroeste da Índia — a Caxemira, com uma população majoritariamente muçulmana — é reivindicada pelo Paquistão, motivo de desentendimentos entre indianos e paquistaneses.

Leia no Livro do Estudante sobre:

**Guerra dos Seis Dias, 181**

**República Islâmica, 183**

# O Oriente Médio

O conflito na região do Oriente Médio se acentuou ainda mais na Segunda Guerra Mundial, quando judeus que viviam na Europa fugiram do nazismo e se estabeleceram na Palestina. Para os judeus, a Palestina era a terra de seus ancestrais bíblicos, os hebreus. Os árabes que lá viviam, os palestinos, afirmavam que muitos outros povos também tinham morado na região.

Em 1947 a ONU propôs a formação de dois Estados na Palestina: um para os judeus e outro para os palestinos. Os primeiros aceitaram, mas os últimos não, alegando que houve invasão de suas terras. No ano seguinte, foi fundado o **Estado de Israel**. Nesse momento ocorreu a primeira guerra: palestinos e países árabes vizinhos atacaram Israel. Os israelenses venceram e tomaram muitas terras dos palestinos. Cerca de 1 milhão deles passou a viver como refugiados. Em 1964, surgiu a Organização para Libertação da Palestina (OLP), que pregava a luta armada.

Em 1967, na **Guerra dos Seis Dias**, Israel atacou o Egito, a Síria e a Jordânia. Mais terras palestinas foram tomadas pelo governo de Israel na Cisjordânia, que ocupou também as colinas de Golan, que pertencia à Síria, a Península do Sinai, pertencente ao Egito. Organizações árabes passaram a recorrer ao terrorismo para combater Israel. A ONU, por sua vez, exigia que Israel voltasse aos limites territoriais estabelecidos em 1947.

Em 1973, Egito e Síria atacaram Israel. A vitória era possível, mas, com a ajuda dos Estados Unidos, Israel derrotou seus inimigos. Como alternativa para combater Israel e seu aliado estadunidense, os países árabes produtores de petróleo aumentaram o preço do barril em 300%, causando grande crise econômica nos países capitalistas ocidentais. A partir daí os Estados Unidos preferiram liderar acordos de paz, como o de **Camp David**, selando a paz entre Egito e Israel.

**Conteúdos importantes**

- Revolução dos Cravos
- Desobediência civil
- Guerra dos Seis Dias
- República Islâmica

# A revolução iraniana e as guerras

O Irã vivia sob a ditadura do Xá Mohamed Reza Pahlevi desde 1953, com apoio dos Estados Unidos. O país cresceu economicamente, mas a população mais pobre não desfrutou dessa prosperidade. De maioria xiita, os iranianos não aceitavam o processo de modernização do país. Liderados pelo aiatolá Ruhollah Khomeini e pelo clero xiita, a população revoltou-se contra o governo a partir de 1975 até derrubar o Xá do poder em 1979.

Khomeini, que estava exilado na França, retornou ao país e, com apoio popular, fundou uma **República Islâmica**, declarando ódio aos EUA.

No Iraque, o ditador Saddam Hussein, com apoio dos Estados Unidos, declarou guerra ao Irã no ano seguinte da revolução. A guerra foi destrutiva. O conflito chegou ao fim em 1988, mas com o esgotamento financeiro do Iraque.

Kaveh Kazemi/Getty Images

Manifestantes em Teerã, durante a Revolução Iraniana, exigem a remoção do Xá do poder e o retorno de Khomeini ao país. Fotografia de dezembro de 1978.

# Aplique o que aprendeu

## Atividade resolvida

(Unesp) Em 1955 foi realizada na Indonésia a Conferência de Bandung, que lançou as bases do chamado Movimento dos Não Alinhados. Considerando o contexto do Pós-Segunda Guerra Mundial, a Conferência de Bandung expressava

a) uma manifestação pelo reconhecimento internacional da hegemonia asiática sobre a economia do pós-guerra.

b) uma ruptura com os padrões socioculturais preconizados pela Tríplice Aliança e pela Tríplice Entente.

c) a resistência política contra os confrontos armados entre os Países Aliados e os Países do Eixo.

d) a consolidação da influência socialista no hemisfério oriental, com a redefinição de antigas fronteiras políticas.

e) a tentativa de alguns países de se manterem neutros diante da bipolaridade estabelecida pela Guerra Fria.

**Comentário**

A conferência de Bandung tentava criar uma rede de países que pretendiam fugir da bipolaridade imposta pelo conflito da Guerra Fria. Para identificar a afirmativa correta, é necessário contextualizar a conferência na política internacional que havia naquele período, polarizada entre Estados Unidos e União Soviética. Muitos dos países que participaram da conferência eram recém-independentes. E, por isso, tentavam encontrar caminhos que evitassem novas formas de dominação.

## Atividades

**1.** As ideias marxistas tiveram grande penetração no continente africano, principalmente durante o período de descolonização, iniciado logo após o fim da Segunda Guerra Mundial. O continente — que até então contava com apenas quatro nações livres (África do Sul, Egito, Etiópia e Libéria) — viu surgirem numerosos movimentos de independência, que resultaram em mais de 50 nações politicamente independentes das antigas metrópoles europeias. Alguns desses países optaram pelo socialismo. Foi o caso de Angola, onde o Movimento Popular de Libertação de Angola (MPLA) chegou ao poder, tendo Agostinho Neto como líder, que faleceu em 1979, sendo substituído por José Eduardo dos Santos. Em Moçambique, a Frente de Libertação de Moçambique (Frelimo) chegou ao poder comandada por Samora Machel. Guiné-Bissau também optou pela via socialista. Com base nas informações acima, é possível afirmar que:

a) com o fim do colonialismo na África, o continente passou a receber influências tanto dos EUA, como da URSS, tendo os regimes socialistas predominado no continente.

b) após o fim da Segunda Guerra Mundial, a influência socialista chegava à África a partir de países do Leste Europeu influenciados pela URSS.

c) algumas nações africanas consideradas livres já adotavam o socialismo antes mesmo do fim da Segunda Guerra Mundial.

d) a chegada do socialismo a Angola significou o término de anos de guerra civil enfrentados pelo país.

e) o socialismo no continente africano acirrou as disputas da Guerra Fria, onde os países adeptos desse sistema passaram a enfrentar grandes conflitos internos.

**2.** A análise dos movimentos de libertação sugere a existência de uma radical oposição ao colonialismo. Este aparece como se fosse o único obstáculo ao progresso e desenvolvimento dos povos que estavam sob seu jugo. [...] A independência política, por oposição ao colonialismo, aparece como etapa fundamental da superação de toda e qualquer outra dependência que poderia existir. De outra forma, o fim da dominação política aparece como uma panaceia capaz de garantir o ingresso dos países africanos em um futuro ao qual estavam impedidos pelo estatuto colonial.

LOPES, Ana M.; ARNAUT, Luiz. *História da África*: uma introdução. Belo Horizonte: Crisálida, 2008. p. 84.

Com base no texto acima, avalie se as afirmativas abaixo são verdadeiras (V) ou falsas (F):

( ) Nas décadas de 1920 e 1930, jovens das elites coloniais negras africanas, sobretudo os que estudaram na Europa, deram impulso ao movimento de valorização da África.

( ) No século XX, surgiram os princípios do pan-africanismo que eram a defesa da unidade, da justiça, da igualdade, da solidariedade e do direito à autodeterminação dos povos do continente africano na luta contra o colonialismo.

( ) Entre as décadas de 1960 e 1980, em vários países africanos que se tornaram independentes, golpes de Estado instalaram regimes socialistas. Os maiores exemplos são Congo e Uganda.

( ) No processo de independência e formação dos Estados nacionais, os povos africanos enfrentaram situações muito difíceis. O continente era e ainda é muito diverso, contando com cerca de 800 etnias e mais de mil línguas, o que viabilizou o projeto pan-africanista.

( ) Logo após a independência, o Movimento Popular de Libertação de Angola (MPLA), de orientação marxista e com o apoio de Cuba, assumiu o poder, mas teve de enfrentar a oposição de outros dois grupos, anticomunistas e apoiados pela África do Sul. O resultado foi uma guerra civil longa e sangrenta que se estendeu até 2002.

Assinale a alternativa que indica corretamente quais sentenças são verdadeiras e quais são falsas.

a) V; V; F; F; V.
b) F; F; F; V; V.
c) V; F; V; F; F.
d) V; V; F; F; F.
e) F; F; V; V; V.

**3.** Em 1947, a Grã-Bretanha apresentou à ONU um projeto de criação de dois Estados na Palestina, área que se encontrava sob seu domínio desde o fim da Primeira Guerra Mundial. As duas novas nações seriam o Estado de Israel (controlado pelos judeus) e o Estado da Palestina (comandado pelos palestinos árabes). Sobre a questão que envolve israelenses e palestinos, assinale a alternativa correta.

a) Os israelenses não aceitaram a partilha, pois ficaram com a menor parte do território, fato que desencadeou o conflito de 1948, levando Israel a ocupar a área em sua totalidade.

b) A partilha foi rejeitada por palestinos, pois a cidade de Jerusalém, considerada sagrada, teria passado ao controle judeu.

c) A criação de um Estado palestino e outro judeu na região foi aceita pelos povos árabes, que entenderam sua concepção como uma forma de reparação histórica para os dois povos.

d) O movimento sionista internacional era contrário à criação de um Estado judeu na Palestina, por entender que possíveis conflitos criados poderiam estender o sofrimento dos judeus num momento histórico muito próximo ao fim da Segunda Guerra Mundial.

e) Em 1948, os israelenses ampliaram seu território, após terem vencido uma guerra promovida por países árabes, apoiadores dos palestinos que tentaram reconquistar seus territórios perdidos em 1947.

**4.** O instrumento utilizado por todas as sociedades colonizadas para a conquista da independência foi elaborado a partir do Ocidente: o partido político. Criado por elites modernistas, educadas no Ocidente, ele possibilitou a organização da população para a luta contra o agressor. Representava valores nacionais em face de um inimigo estrangeiro, que havia transtornado as sociedades locais. O nacionalismo, veiculado através dos partidos políticos, representou a aspiração de um povo oprimido e humilhado. Foi uma mensagem de resistência, uma força moral contra um agressor, um colonizador. Forneceu resposta concreta a um problema real: a expulsão de um inimigo estrangeiro.

CANÊDO, Letícia Bicalho. *A descolonização da Ásia e da África*. São Paulo: Atual, 1986. p. 71.

Com base no texto acima, responda:

a) Quais ideias de origem ocidental foram utilizadas para desencadear os movimento de independência nas colônias africanas e asiáticas no século XX?

____________________________________________

b) Quais conflitos relacionados aos processos de independência surgiram nas regiões que foram colonizadas?

____________________________________________

CAPÍTULO

11

# América Latina: desenvolvimento, democracia e ditadura

**Você deve ser capaz de**

- identificar as diferenças e semelhanças entre as sociedades da América Latina, em especial as da Argentina, do Chile e do México, entre as décadas de 1930 e 1960;
- relacionar o surgimento de lideranças modernizadoras à emergência das classes trabalhadoras urbanas.

## Reveja o que aprendeu

### A América Latina na virada do século XX

Nas primeiras décadas do século XX, os países da América Latina eram **economias agroexportadoras**. O Brasil produzia café, assim como a Venezuela e a Colômbia. O Chile dependia da mineração do cobre, e o México exportava açúcar. A Argentina e o Uruguai forneciam trigo e carne para o mercado internacional. Além disso, a grande maioria desses países também importava bens industrializados dos grandes centros capitalistas. As tentativas de modernização eram quase sempre feitas em setores voltados para escoar a produção de produtos primários para o exterior.

O operariado, o fortalecimento da classe média urbana e a emergência do empresariado industrial marcaram a vida social dos países latino-americanos nas décadas de 1930 e 1940. Na luta por seus direitos sociais, trabalhadores organizaram-se em sindicatos e partidos políticos de esquerda, enquanto os camponeses reivindicavam a terra. Empresários e militares exigiam reformas e mudanças do sistema político do país, até então dominado pelas oligarquias rurais.

Para responder a tantas pressões, setores das elites propuseram projetos para industrializar e modernizar seus países, atendendo, ainda, às reivindicações dos trabalhadores por **leis sociais**. A opção foi recorrer ao capital privado e a empréstimos estrangeiros para criar empresas e indústrias estatais ou atrair empresas estrangeiras para seus países.

Os governos investiram na indústria de base, com política de incentivos fiscais. Fundaram empresas estatais e promulgaram leis sociais aos trabalhadores. Os países latino-americanos conheceram o processo de modernização e crescimento econômico. O empresariado industrial se impôs como segmento dominante, as camadas médias foram integradas ao modo de vida capitalista e os trabalhadores urbanos conquistaram direitos trabalhistas.

Archivi Alinari, Firenze/Isuzu Imagens

Mulheres e homens trabalham em fábrica de garrafas em Buenos Aires, Argentina. Fotografia da década de 1930.

## México

Em 1910, houve um levante revolucionário que envolveu camponeses e camadas médias urbanas contra a ditadura de Porfirio Díaz, instaurada por um golpe em 1876. Foi o início da **Revolução Mexicana** (1910-1917). Líderes camponeses, como Pancho Villa e Emiliano Zapata, exigiram terras para a reforma agrária.

Com o apoio dos grupos revolucionários de Zapata e Villa, o liberal Francisco Madero chegou ao poder. Ele democratizou o México, mas não resolveu a questão central: a concentração das terras nas mãos de poucos.

Logo Madero foi derrubado por um golpe militar, mas o governador do estado de Coahuila, Vesnutiano Carranza, não aceitou o golpe. O México conheceu nova guerra civil. Carranza instituiu o Exército Constitucionalista e, junto de Villa e Zapata, venceu a ditadura militar. Quando Carranza declarou ser o líder legítimo no México, os dois líderes camponeses uniram-se contra ele, mas foram derrotados.

Em 1917, Carranza promulgou uma Constituição de conteúdo nacionalista. Instituiu leis sociais aos operários e promoveu a reforma agrária. O México, a partir daí, encontrou a estabilidade política.

Lázaro Cárdenas concorreu à presidência mexicana como um dos herdeiros da Revolução mexicana. Entre 1934 e 1940, tornou-se um dos mais expressivos líderes latino-americanos. Durante seu governo, os projetos revolucionários de 1910 foram retomados: ele nacionalizou empresas de petróleo estadunidenses e ferrovias inglesas e promoveu a expropriação de latifúndios de proprietários mexicanos e estrangeiros para realizar a reforma agrária. Mais de 15 milhões de hectares de terras foram distribuídos aos camponeses.

Leia no Livro do Estudante sobre:
economias agroexportadoras, 189
leis sociais, 189
Revolução Mexicana, 190
Unidade Popular, 194

## Chile

Nas eleições presidenciais de 1970, a vitória coube ao candidato socialista Salvador Allende, da **Unidade Popular**, que liderou uma frente política constituída pelo Partido Comunista Chileno, o Partido Socialista Chileno, o Partido Social Democrático, a Ação Popular Independente e parte da esquerda católica.

Allende realizou a reforma agrária e nacionalizou as minas de cobre, muitas delas propriedade de empresas estadunidenses. A radicalização política, das esquerdas e das direitas, inviabilizou seu governo. Grupos radicais de esquerda invadiram fábricas e fazendas. Os empresários pararam de investir e os fazendeiros levaram o gado para a Argentina.

A economia do país entrou em grave crise, com alta da inflação e falta de mercadorias. Além disso, o governo dos EUA organizou boicote internacional ao cobre chileno, o que fez despencar os preços internacionais do principal produto de exportação chilena. A classe média posicionou-se contra Allende. Em 11 de setembro de 1973, um golpe militar chefiado pelo general Augusto Pinochet derrubou Allende, que se suicidou no Palácio de La Moneda. A oposição liberal e de esquerda foi perseguida, presa, exilada ou assassinada pelo aparelho de repressão estruturado após o golpe.

O governo Pinochet, que se estenderia até 1990, privatizou empresas estatais e abriu o país ao capital estrangeiro. As Forças Armadas chilenas impuseram uma brutal ditadura, cuja marca foi a violência e o autoritarismo.

## Argentina

Nas primeiras décadas do século XX, a Argentina foi o país da América Latina que mais se industrializou, embora sua economia ainda fosse dependente da produção de trigo e da pecuária. A maioria das indústrias concentrava-se na capital, Buenos Aires, onde se formaram uma classe operária organizada e uma classe média atuante. Na década de 1930, o movimento operário argentino reivindicava melhores salários, condições de trabalho e direitos sociais.

Leia no Livro do Estudante sobre:

**Movimento Justicialista, 197**

**terrorismo de Estado, 199**

**Mães da Plaza de Mayo, 201**

Em 1943 um golpe militar assumiu o governo argentino. Entre os oficiais que comandavam o país, estava o coronel Juan Domingos Perón, ministro do Trabalho. No governo, dialogou com o movimento sindical e promoveu uma série de leis sociais. Perón foi preso em 1945 e solto logo depois por pressão popular reivindicada pelo **Movimento Justicialista**.

Eleito presidente da República em 1946, Perón incentivou a industrialização do país, nacionalizou empresas estrangeiras e promulgou diversas leis sociais. Seu governo beneficiou empresários e trabalhadores, mas desagradou as oligarquias tradicionais, os estancieiros e o governo dos EUA.

Em 1951 ele foi reeleito com ampla maioria parlamentar. Eva Perón (Evita), sua mulher, alcançou enorme popularidade por meio da Fundação Eva Péron e do Partido Peronista Feminino. Perón, a partir daí, passou a governar de maneira autoritária, perseguindo as oposições e controlando os meios de comunicação. No entanto, a morte de Evita, em 1953, a falta de recursos em moeda estrangeira e más colheitas prejudicaram seu governo. Em setembro de 1955 um golpe militar o retirou do poder.

Perón foi exilado e o movimento peronista foi posto na ilegalidade. Como os operários e o movimento sindical exigiam a volta de Perón, o país não encontrou estabilidade política. Somente em 1973 os militares permitiram a volta de Perón, que foi eleito presidente no mesmo ano. A morte de Perón no ano seguinte jogou o país novamente na instabilidade política e econômica. Assumiu a presidência sua segunda esposa, Isabel Perón. O aumento das atividades da guerrilha de esquerda, a crise econômica, a inflação em alta e a falta de apoio político a Isabel resultaram em sangrento golpe militar, em 1976.

**Conteúdos importantes**

- Leis sociais
- Economias agroexportadoras
- Revolução Mexicana
- Movimento Justicialista
- Terrorismo de Estado

A ditadura militar argentina impôs no país o que ficou conhecido como **terrorismo de Estado**. Qualquer suspeito de oposição ou atividade de esquerda era sequestrado, torturado e morto. Estima-se que 30 mil pessoas desapareceram na Argentina nessa época.

O medo provocado pela ditadura só foi rompido pelos gritos das **Mães da Plaza de Mayo**. Cobrando a presença de seus filhos em frente ao Palácio Presidencial, elas colocaram os militares em difícil situação. Com a economia em crise, os militares tentaram tomar as ilhas Malvinas, ou Falklands, até hoje parte do território da Grã-Bretanha.

A primeira-ministra Margareth Thatcher enviou uma frota de navios de guerra, derrotando militarmente a Argentina. Os militares deixaram o poder e os culpados pelas mortes foram julgados, condenados e presos.

TopFoto/AGB Photo Library

Evita é homenageada pela população na Plaza de Mayo, em Buenos Aires. O presidente Perón está à sua esquerda. Fotografia de maio de 1951.

# Aplique o que aprendeu

## Atividade resolvida

(Unicamp)

Como na Argentina: Os corpos brotam do chão, como na Argentina. Corpo não é reciclável. Corpo não é reduzível. Dá para dissolver os corpos em ácido, mas não haveria ácido que chegasse para os assassinados do século. Valas mais fundas, mais escombros, nada adianta. Sempre sobra um dedo acusando. O corpo é como o nosso passado, não existe mais e não vai embora. Tentaram largar o corpo no meio do mar e não deu certo. O corpo boia. O corpo volta. Tentaram forjar o protocolo – foi suicídio, estava fugindo – e o corpo desmentia tudo. O corpo incomoda. O corpo faz muito silêncio. Consciência não é biodegradável. Memórias não apodrecem. Ficam os dentes.

(Luis Fernando Verissimo, "Como na Argentina", em *A mãe do Freud*. Porto Alegre: L&PM Editores, 1985. p. 46.)

O texto cita a todo momento os cadáveres resultantes da repressão ditatorial.
A comparação com a Argentina ocorre porque o regime argentino foi um dos mais violentos, com o maior número de mortos.

O texto se refere

a) ao trauma coletivo das políticas repressivas e crimes de Estado praticados pelos regimes ditatoriais latino-americanos.

b) à memória dos exilados fugidos dos regimes ditatoriais latino-americanos da segunda metade do século XX.

c) ao movimento dos Montoneros, em busca de seus filhos e netos desaparecidos no período da ditadura na Argentina.

d) aos julgamentos em andamento contra o clientelismo do regime peronista praticado na Argentina.

**Comentário**

A questão apresenta um texto de Luis Fernando Verissimo que discute características comuns aos regimes ditatoriais latino-americanos durante as décadas de 1960 a 1980. Para resolver a atividade, é necessário relacionar os conhecimentos sobre as práticas repressivas que existiam na Argentina e no Brasil.

## Atividades

**1.** Avalie as afirmativas a seguir, sobre as experiências políticas latino-americanas no século XX.

(01) Lázaro Cárdenas, que governou o México entre 1934 e 1940, contou com amplo apoio popular e representou o apogeu do nacionalismo mexicano no século XX. Possivelmente, é o inaugurador de uma série de políticas desenvolvimentistas que, nas décadas seguintes, seriam adotadas por outros países da América Latina.

(02) Em 1943, militares argentinos que formaram o Grupo de Oficiais Unidos (GOU) deram um golpe de Estado. O secretário do Ministério do Trabalho que assumiu o poder, coronel Juan Domingo Perón, aproximou-se do movimento sindical, atendendo a reivindicações por direitos sociais dos trabalhadores, como férias, aposentadoria e garantias contra acidentes do trabalho.

(04) Apesar do papel destacado de Juan Domingo Perón na vida política argentina dos anos 1940 e 1950, ele nunca foi eleito presidente da República, visto que seus vínculos com os grupos sindicais incomodavam os líderes militares, membros da burguesia e o governo dos Estados Unidos.

(08) Durante o governo de Lázaro Cárdenas, o México viveu um aprofundamento da reforma agrária, até então limitada à região centro-sul, a todo o México. Com isso, cerca de 50% das terras cultiváveis foram entregues aos camponeses, pondo fim ao sistema de latifúndio. Os camponeses conheceram uma considerável melhoria em seu padrão de vida.

(16) Apesar da sua preocupação com o desenvolvimento social, o governo Cárdenas, no México, fracassou na tentativa de incentivar a industrialização e a modernização econômica do país, já que a burguesia não investiu suficientemente e, na sua visão, o Estado não devia intervir no funcionamento das forças de mercado.

(32) A esposa de Juan Domingo Perón, Eva Perón, teve papel fundamental em seu governo na Argentina. Por meio da Fundação Eva Perón, setores populares, antes ignorados pelo governo, receberam significativa assistência social. Eva ainda se envolveu em atividade política, criando o Partido Peronista Feminino e lutando pelo direito de votar das mulheres, conquistado em 1947.

A alternativa que apresenta a soma das afirmativas corretas é:

a) 07. b) 43. c) 63. d) 28. e) 48.

**2.** Até o ano de 1973, a república chilena era uma exceção na história política latino-americana. Ela não participara da triste crônica dos golpes militares da América Latina. Um regime civilista estável e forte [...] dominava os poderes tradicionais, fazendo com que as Forças Armadas chilenas [...] se mantivessem numa tradição de respeito às instituições do estado. [...] Então, a partir do dia 11 de setembro de 1973, tudo mudou. A derrubada do presidente Salvador Allende, obra de um violentíssimo golpe militar, conduziu o Chile a padecer por 17 anos sob uma ditadura – uma das mais cruéis e impiedosas da história latino-americana.

SCHILLING, Voltaire. Allende, a morte de um homem. *História*. Disponível em: <http://educaterra.terra.com.br/voltaire/seculo/2003/09/10/000.htm>. Acesso em: 13 jul. 2018.

A partir da leitura do fragmento, é possível concluir que:

a) mesmo com a deposição do presidente Salvador Allende, o Chile continuou a ser o único país latino-americano no qual as Forças Armadas garantiram a manutenção do poder civil.

b) as mudanças empreendidas por Salvador Allende, ao aproximar o país do bloco capitalista na Guerra Fria, levaram à sua deposição por militares de esquerda.

c) o golpe militar que depôs Salvador Allende no Chile, em 1973, foi um fato isolado na América Latina, já que todos os outros países mantiveram seus governos civis durante a década de 1970.

d) a partir da deposição do presidente Salvador Allende, em 1973, o Chile ingressou, a exemplo de seus vizinhos latino-americanos, em uma fase de ditadura militar.

e) a deposição de Salvador Allende, por militares americanos, visava alertar os outros países socialistas na América Latina de que o continente seria alinhado aos EUA na Guerra Fria.

**3.** Durante as décadas de 1960 e 1970, vários países da América Latina foram submetidos a regimes ditatoriais que restringiam os direitos civis e políticos das suas populações, além de reprimir seus opositores, promovendo prisões, torturas e mortes. Com base nessas informações, responda:

a) analise o contexto político da instalação de ditaduras militares na Argentina e no Chile.

b) compare os regimes militares argentino e chileno, explicitando semelhanças e diferenças.

c) relacione a instalação dessas ditaduras ao cenário internacional dos anos 1960 e 1970.

CAPÍTULO

12

# O Brasil e a república democrática

**Você deve ser capaz de**

- identificar as principais tendências políticas que se formaram após a queda do Estado Novo;
- contextualizar o governo e o suicídio de Getúlio Vargas nas disputas políticas entre PTB, PSD e UDN;
- compreender o processo de desgaste da esfera política durante o governo Jango.

Leia no Livro do Estudante sobre:

**regime liberal--democrático, 210**

**Plano Salte, 210**

**trabalhismo, 210**

**Plano de Metas, 215**

**construção de Brasília, 216**

## Reveja o que aprendeu

### Nova República

Em 1945, a derrota do Eixo na Segunda Guerra Mundial expôs as contradições do governo Vargas. Afinal, o Brasil lutava na Europa ao lado dos EUA contra regimes ditatoriais, como o nazismo alemão e o fascismo italiano, mas vivia sob um regime autoritário.

Com a crescente oposição interna e sem o apoio das Forças Armadas, Getúlio deu início ao processo de **democratização**. Em fevereiro de 1945, uma reforma constitucional promovia a abertura política do país. Foram criados diversos **partidos políticos**, como a União Democrática Nacional (UDN), o Partido Trabalhista Brasileiro (PTB), o Partido Social Democrático (PSD), representante da elite política conservadora que apoiava Vargas; o Partido Comunista do Brasil (PCB), reorganizado sob a liderança de Luís Carlos Prestes, entre outros.

Em outubro, Getúlio Vargas foi deposto pelos militares, receosos com o crescimento do "queremismo", movimento que defendia a permanência de Vargas no poder. Nas eleições de dezembro de 1945, o general Gaspar Dutra (PSD) foi eleito presidente da República. No seu governo, uma Assembleia Nacional Constituinte formulou uma nova Constituição, promulgada em setembro de 1946. Essa Constituição implantou o regime de democracia liberal, ou democracia representativa, no Brasil. Instituiu a divisão de poderes — Executivo, Legislativo e Judiciário — e eleições diretas para todos os níveis. Garantiu também ampla liberdade de pensamento e de informação. A Constituição manteve muitas das políticas instituídas por Vargas, como as leis sociais e trabalhistas, e fundou, pela primeira vez, o **regime liberal-democrático** no país.

Porém, o presidente Dutra abandonou a orientação econômica nacionalista e estatista de Vargas, adotando uma política liberal e abrindo o país às importações, principalmente às dos Estados Unidos. O resultado foi o aumento da inflação e da dívida externa. Dutra tentou investir em quatro setores considerados prioritários pelo governo, com o **Plano Salte** — "saúde, alimentação, transporte e energia" —, mas os resultados foram decepcionantes.

Com o início da Guerra Fria, em 1947, iniciada com a Doutrina Truman, o governo Dutra manteve o alinhamento político-ideológico do Brasil com os Estados Unidos. O Tribunal Superior Eleitoral cassou o registro do PCB, tornando-o um partido ilegal. Todos os parlamentares eleitos pelo partido perderam seus mandatos. Além disso, o governo Dutra rompeu as relações com a União Soviética.

### O segundo governo Vargas

Getúlio Vargas candidatou-se pelo PTB a presidente da República nas eleições de 1950 e foi vitorioso por meios democráticos. O seu retorno significou a volta do **trabalhismo** e do **nacionalismo**. Eleito, Vargas retomou a política econômica voltada para a industrialização e para o desenvolvimento econômico.

Getúlio Vargas fundou o Banco Nacional de Desenvolvimento Econômico para impulsionar a produção nacional e, em 1953, criou a Petrobras. Em seu governo, técnicos realizaram projetos para construção de estradas, ferrovias e portos, além do planejamento para a fabricação de tratores e automóveis.

Getúlio Vargas (fotografado durante visita a uma escola) voltou ao governo, retomando o nacionalismo, o projeto de industrialização e as leis sociais aos trabalhadores, c. 1950.

Os trabalhadores haviam perdido o poder aquisitivo de seus salários com a inflação durante o governo Dutra. Vargas teve que lidar com várias **greves**. No dia 1º de maio de 1954, cedendo às pressões dos trabalhadores, Getúlio concedeu, por meio do seu ministro do Trabalho, **João Goulart** (o Jango), um aumento de 100% para o salário mínimo. Era o início da crise de seu governo.

Uma campanha difamatória contra o governo foi liderada pela UDN, tendo à frente **Carlos Lacerda**. A campanha evoluiu para uma conspiração visando à derrubada de Vargas do poder.

A crise política se agravou, e já havia um golpe de Estado em andamento. No início da manhã de 24 de agosto de 1954, Getúlio Vargas suicidou-se com um tiro no coração. A notícia do suicídio causou uma comoção nacional e grande revolta entre os trabalhadores. O vice-presidente, Café Filho, assumiu a Presidência e organizou um Ministério conservador, com predomínio de membros da UDN, que tentaram, mais uma vez, um golpe de Estado, sem sucesso.

## Governo Juscelino Kubitschek (1956-1961)

Nas eleições de outubro de1955, o candidato a presidente da República, Juscelino Kubitschek (PSD), aliado a João Goulart (PTB), candidato a vice-presidente, venceu com 36% dos votos. Pela Constituição de 1946, o eleitor votava separadamente para os cargos de presidente e vice-presidente da República. Demonstrando a força política do getulismo, João Goulart, herdeiro político de Getúlio Vargas, elegeu-se vice-presidente com 3,6 milhões de votos, mais de 500 mil votos acima da votação obtida por Juscelino.

Empunhando a bandeira do desenvolvimentismo, JK, como Juscelino Kubitschek era conhecido, garantiu, durante a campanha eleitoral, que faria o país crescer "**50 anos em 5**".

A política econômica de JK foi definida pelo **Plano de Metas**, cujo objetivo era ampliar os investimentos nos setores de energia, transporte, indústria, alimentos e educação.

A política desenvolvimentista de JK mudou o Brasil. Grandes investimentos foram realizados em energia, siderurgia e transporte. Empresas estrangeiras começaram a produzir no Brasil, em particular a indústria de automóveis. A economia brasileira cresceu 8,1% ao ano.

Em seu Plano de Metas, havia a meta-síntese: a mudança da capital do país para o Planalto Central, com a **construção de Brasília**. No dia 21 de abril de 1960, o Rio de Janeiro deixou de ser a capital federal, e Brasília foi inaugurada.

Ao final do governo JK, o Brasil cresceu muito em termos econômicos, mas houve custos também. Primeiro, o aumento do **endividamento externo**. Segundo, o aumento da **inflação**, ou seja, o reajuste constante dos preços das mercadorias. Seu sucessor teria de enfrentar grave crise econômica.

## Governo Jânio Quadros

Jânio Quadros concorreu à sucessão de Juscelino Kubitschek apoiado pela UDN e partidos menores. João Goulart, o Jango, como era conhecido, foi eleito vice-presidente mais uma vez.

Jânio teve que enfrentar grave crise econômica. Recorreu ao Fundo Monetário Internacional (FMI) e praticou rígida política econômica, com redução de despesas públicas; desvalorização do cruzeiro (a moeda nacional da época) em relação ao dólar; corte do subsídio ao trigo e à gasolina; restrição de aumentos salariais, entre outras medidas para conter a inflação e controlar as contas públicas.Sua política econômica conservadora teve a oposição do PSD, do PTB e dos partidos de esquerda.

Na política externa, Jânio Quadros inovou, mostrando-se progressista. Inaugurou a chamada **Política Externa Independente**. Por essa orientação, o Brasil não se alinharia nem com os Estados Unidos, nem com a União Soviética, mas manteria relações diplomáticas e comerciais com todos os países que lhe interessasse, inclusive os socialistas. Sua política externa desagradou os grupos conservadores e a própria UDN.

Em agosto de 1961, Jânio Quadros enviou o vice-presidente para iniciar relações comerciais com a República Popular da China e, sem motivo aparente, renunciou ao cargo em 25 de agosto de 1961, apenas sete meses depois de ter assumido a Presidência. Possivelmente Jânio acreditou que os militares e o povo exigiriam que ele continuasse no cargo. Assim, ele retornaria, mas com poderes acima do Congresso Nacional. Não foi isso o que aconteceu.

Com sua renúncia, Jânio Quadros provocou grave crise política no país. A Constituição dizia que, nesse caso, assumiria o vice-presidente. Ocorre que os três ministros militares, alegando que João Goulart tinha ligações com os comunistas, vetaram a sua posse. Diante da possibilidade de guerra civil, deputados e senadores propuseram a João Goulart modificar o regime de governo do país, substituindo o **presidencialismo** pelo parlamentarismo. Nesse caso, Jango assumiria a presidência, mas não governaria o país. Para evitar a guerra civil e superar a crise política, Goulart aceitou.

Leia no Livro do Estudante sobre:
reformas de base, 219
golpe de Estado de 1964, 223

Nos primeiros dias de setembro de 1961, o Congresso Nacional aprovou a emenda que instituiu o parlamentarismo. No dia 7 do mesmo mês, Goulart assumiu a presidência da República.

## Governo João Goulart (1961-1964)

Durante um ano e quatro meses, a República brasileira viveu a experiência parlamentarista. João Goulart, do PTB, defendia as chamadas **reformas de base**, como a reforma agrária, administrativa, urbana, eleitoral, bancária, fiscal e universitária. Em 6 de janeiro de 1963, a população votou em plebiscito para decidir se o regime continuaria parlamentarista ou se retornaria ao presidencialismo. Venceu, por larga margem de votos, o presidencialismo.

Goulart começou a governar o país no regime presidencialista em janeiro de 1963. Nesse momento, havia grande radicalização política no país. As esquerdas queriam a decretação imediata das reformas de base. As direitas reagiam, promovendo campanha contra o governo.

Com o apoio dos empresários, setores das classes médias, da imprensa, de grande parte dos políticos, de governadores de estados e do governo dos Estados Unidos, as Forças Armadas deram um **golpe de Estado** entre os dias 31 de março e 1º de abril de 1964, depondo o presidente João Goulart. O Congresso Nacional elegeu para o cargo o chefe do Estado-Maior do Exército, general Humberto de Alencar Castello Branco, um dos líderes do golpe civil-militar.

**Conteúdos importantes**

- Regime liberal-democrático
- Plano Salte
- Trabalhismo
- Plano de Metas
- Construção de Brasília
- Reformas de base
- Golpe de Estado de 1964

# Aplique o que aprendeu

## Atividade resolvida

(UFC) Descrevendo as transformações ocorridas no Brasil durante a década de 1950, Mônica Kornis diz o seguinte:

> Se o otimismo e a esperança implicaram profundas alterações na vida da população em todo o mundo, permitindo, não a todos, mas a uma parcela – os setores médios dos centros urbanos – consumir novos e mais produtos, por outro lado, a vontade do novo trazia embutido, em várias áreas da cultura, o desejo de transformar a realidade de um país subdesenvolvido, de retirá-lo do atraso, de construir uma nação realmente independente.

KORNIS, Mônica A. O Brasil de JK: Sociedade e Cultura nos anos 1950. on-line. CPDOC/FGV. Disponível em: http://cpdoc.fgv.br/producao/dossies/JK/artigos/Sociedade/Anos1950.

O enunciado da atividade e o texto fornecem as informações sobre o contexto que permitem a resolução da atividade: setores médios urbanos do Brasil na década de 1950.

Sobre esse período da história brasileira, é correto afirmar que:

a) foi marcado pelo nacionalismo e isolacionismo promovido pelo Presidente Juscelino Kubitschek que nacionalizou as multinacionais aqui existentes.

b) apesar do desenvolvimento das emissoras de TV (Tupi-SP,1950; TupiRJ,1951; Record,1953 e TV Rio,1955), o consumismo das camadas médias urbanas não se desenvolveu.

c) a modernização ocorrida no espaço urbano não se reproduziu no ambiente rural onde permaneceram as velhas relações de poder, mesmo com o aumento da mobilização dos movimentos sociais do campo.

d) apoiando as Ligas Camponesas, Juscelino Kubitschek realizou um amplo programa de Reforma Agrária aproximando as condições de vida do Campo e da Cidade.

**Comentário**

O desenvolvimentismo econômico, que foi uma marca da Era JK, não afetou profundamente as áreas rurais do Brasil. Assim, a alternativa correta é a que menciona a permanência das velhas relações de poder e de posse de terras no campo, apesar do aumento das mobilizações que o surgimento das Ligas Camponesas proporcionou.

## Atividades

**1.** Naquele dia, pela manhã, bem cedo, diante dos microfones da Rádio Tupi, depois de dizer o texto-padrão de abertura da programação diária das rádios Tupi e Difusora, o locutor Antonio Leite anunciou com emoção o nascimento da televisão no Brasil. Era o dia 18 de setembro de 1950 e inaugurava-se em São Paulo, na "cidade do rádio", nos altos do bairro do Sumaré, a PRF-3 TV Tupi-Difusora, canal 3, a primeira emissora de televisão brasileira, que se celebrizou e ficou conhecida como a "pioneira da América Latina".

MATTOS, David José Lessa. *O espetáculo da cultura paulista* – Teatro e TV em São Paulo: 1940-1950. São Paulo: Códex, 2002. p. 60-72.

O nascimento da televisão no Brasil indicava:

a) o sucesso da política desenvolvimentista iniciada por JK na década anterior.

b) o fracasso da ditadura varguista em impedir a vinda de novos meios de informação para o país.

c) a nova política de expansão comunicativa que marcava o governo Dutra.

d) a tentativa do governo Vargas de libertar os meios de comunicação do controle do governo.

e) a inserção do Brasil nos processos de modernização dos meios de comunicação de massas.

**2.** Sobre o governo de João Goulart (1961-1964), leia com atenção as afirmações a seguir.

I. Goulart defendia as chamadas reformas de base, como as reformas bancária, agrária, fiscal, urbana, tributária, administrativa e universitária. As esquerdas também defendiam a adoção das reformas de base.

II. O presidente herdou de seus antecessores grave crise econômica, com alta da inflação e descontrole financeiro. O Plano Trienal foi seu programa de governo com o objetivo de estabilizar a economia, mas fracassou diante da oposição de sindicalistas e empresários.

III. Goulart obteve sucesso com o Plano Trienal, estabilizando a economia e reduzindo a inflação, o que permitiu vencer o plebiscito que lhe devolveu os poderes presidencialistas.

IV. Goulart sofreu forte oposição, especialmente da direita organizada em torno de organismos como o IPES e o IBAD, e ocasionalmente de grupos de esquerda, organizados pelo PCB e pelo líder trabalhista Leonel Brizola.

V. Goulart pouco pôde realizar porque, em todo seu governo, esteve submetido aos limites do regime parlamentarista, sobretudo porque quem governava o país era o primeiro-ministro.

Estão corretas as afirmações:

a) I, II e III.

b) I, II e IV.

c) II, III e V.

d) I, IV e V.

e) III, IV e V.

**3.** Existiram [entre 1961 e 1964] duas oportunidades para implementar um conjunto variável de reformas, e ambas falharam por diferentes razões. O efeito acumulado destes dois fracassos estreitou o campo de ações possíveis ao governo e condenou ao fracasso uma tentativa subsequente de se formar uma frente de centro-esquerda que visasse obter um acordo sobre um programa mínimo de reformas e deter o iminente movimento direitista. Nesse momento, a oposição ao governo havia crescido e ampliado sua base de apoio, à medida que outros grupos foram se juntando ao bloco antigovernamental. O confronto entre os grupos políticos competidores acirrou o crescente consenso negativo em relação às possibilidades de resolver o conflito dentro das regras democráticas.

FIGUEIREDO, Argelina Cheibub. *Democracia ou reformas?* Alternativas democráticas à crise política: 1961-1964. Rio de Janeiro: Paz e Terra, 1993. p. 30-31.

Partindo das afirmações da autora, responda:

a) A que reformas ela se refere no texto?

b) Com base nos seus conhecimentos sobre o assunto, cite os grupos políticos de situação e oposição analisados.

c) Explique o significado da expressão "consenso negativo" empregado pelo autor.

CAPÍTULO

# 13 O Brasil da ditadura militar

**Você deve ser capaz de**

- compreender a formação do regime militar no Brasil;
- contextualizar a formação da Arena e do MDB no contexto de consolidação do regime militar;
- identificar as causas do desgaste político que levou à redemocratização.

Leia no Livro do Estudante sobre:


Aliança Renovadora Nacional (Arena), 229

Movimento Democrático Brasileiro (MDB), 229

Ato Institucional nº 5 (AI-5), 230

anos de chumbo, 233

abertura política, 236

crise econômica, 237


## Reveja o que aprendeu

### Governo Castello Branco

Após o golpe desferido entre 31 de março e 1º de abril de 1964, o presidente da República passou a governar por meio de Atos Institucionais, Atos Complementares e leis excepcionais. Durante o governo de Castello Branco (1964-1967), milhares de civis e militares foram punidos com a perda de emprego público, enquanto outros tiveram seus direitos políticos suspensos por 10 anos. Em seu governo foi criado o **Serviço Nacional de Informações** (SNI), que passou a vigiar os opositores do regime.

Os mais perseguidos foram os comunistas, os trabalhistas e os sindicalistas. Milhares de pessoas foram obrigadas a buscar asilo político no Uruguai, no Chile e na França e ficaram impedidas de retornar ao país. Muitas outras foram presas por apoiar o governo Goulart. Ser de oposição tornou-se algo perigoso.

Por meio dos Atos Institucionais, o governo extinguiu os partidos políticos, surgindo no lugar deles apenas dois, ambos criados pelo próprio governo: a **Aliança Renovadora Nacional (Arena)**, partido da situação, e o **Movimento Democrático Brasileiro (MDB)**, de oposição.

O governo militar tornou indireta a eleição de presidente da República, de governadores de estado e de prefeitos das capitais dos estados. Eles passaram a ser eleitos por um grupo restrito de parlamentares, o chamado **Colégio Eleitoral**, e não mais pelo voto direto dos cidadãos. Os brasileiros perderam parte de seus direitos políticos. O governo enviou ao Congresso Nacional uma nova Constituição em 1967. Essa Carta legitimava o poder autoritário do general-presidente.

Para estabilizar a economia foi lançado o **Plano de Ação Econômica do Governo** (PAEG). Seguindo as indicações do FMI, houve corte nos salários, recessão econômica, desemprego dos trabalhadores e falência de empresas. Mesmo assim a inflação caiu muito pouco.

Em 15 de março de 1967, o presidente Castelo Branco passou o poder para o sucessor, também militar, eleito por um Colégio Eleitoral.

### Governo Costa e Silva

No mandato do marechal Arthur da Costa e Silva (1967-1969), radicalizaram-se as posições políticas, tanto do governo quanto da oposição. Ele liderava um grupo nas Forças Armadas chamado de "linha dura", que pretendia dar continuidade às punições.

O **movimento estudantil** promoveu grandes passeatas. A polícia dissolvia as manifestações com violência. Os principais líderes estudantis foram presos. Enquanto isso, os líderes dos antigos partidos políticos se uniram: Juscelino Kubitschek (PSD), João Goulart (PTB) e Carlos Lacerda (UDN), com o apoio do PCB, fundaram a Frente Ampla. O objetivo era redemocratizar o país. O governo militar declarou a Frente Ampla ilegal.

Em fins de 1968, o movimento estudantil estava derrotado e a Frente Ampla, na ilegalidade. Mesmo assim, o governo militar decretou o **Ato Institucional nº 5 (AI-5)**. A partir daí, o regime assumiu seu caráter ditatorial. Qualquer pessoa poderia ser presa sem processo formado. Os meios de comunicação estavam sob o controle da censura. Qualquer oposição ao regime era duramente perseguida. A brutalidade tornou-se a marca do regime.

O governo abandonou a política econômica recessiva e apostou no crescimento econômico. Com capitais disponíveis no mercado internacional, grandes investimentos foram realizados no Brasil. Ainda em 1968, o Produto Interno Bruto do país cresceu 10%, aumento que beneficiou o regime militar.

Adoentado, Costa e Silva afastou-se da presidência em agosto de 1969 e morreu em dezembro do mesmo ano. Uma junta militar assumiu o governo e outro general foi indicado pelas Forças Armadas para governar o país.

## Governo Médici

O governo do general Emílio Garrastazu Médici ficou conhecido como "**anos de chumbo**": brutal repressão policial, censura aos meios de comunicação, fim das liberdades de expressão e de organização e proibição das greves.

Muitos jovens universitários e de esquerda se organizaram em partidos revolucionários. Pela luta armada, os guerrilheiros tinham o objetivo de derrubar a ditadura e implantar o socialismo no Brasil. Várias organizações revolucionárias surgiram nessa época: Ação Libertadora Nacional (ALN), Movimento Revolucionário 8 de Outubro (MR-8), Partido Comunista Brasileiro Revolucionário (PCBR), Vanguarda Armada Revolucionária Palmares (VAR-Palmares), Vanguarda Popular Revolucionária (VPR), entre diversas outras. As organizações tinham o objetivo de formar a guerrilha rural. Para isso, bancos eram assaltados para arrecadar fundos.

A ditadura militar reagiu prendendo os guerrilheiros e praticando as mais brutais torturas. Os presos eram torturados no Destacamento de Operações e Informações — Centro de Operações e Defesa Interna (Doi-Codi). Crime considerado hediondo em nossos dias, a tortura derrotou a guerrilha e manchou a reputação das Forças Armadas brasileiras.

Os anos do governo Médici também foram de "ouro". Entre 1968 e 1973 a economia brasileira cresceu ainda mais rapidamente. O aumento do PIB chegou a 14%. O Brasil se modernizou, se industrializou e tornou-se a 8ª economia do mundo. Mas a renda estava muito concentrada. Os ricos estavam cada vez mais ricos, enquanto os pobres, mais pobres.

A ditadura recorreu à propaganda política. Era comum ouvir nos rádios ou ver na televisão propaganda política que dizia: "Brasil: ame-o ou deixe-o" ou "Este é um país que vai pra frente".

## Governo Geisel

O general Ernesto Geisel substituiu o general Médici na presidência da República. Coube ao seu governo (1974-1979) organizar a saída dos militares da política. Geisel assumiu prometendo uma **abertura política**, mas, de acordo com suas palavras, de forma "lenta, gradual e segura".

Até então, os eleitores votavam em branco ou nulo porque não acreditavam na farsa das eleições sob a ditadura. Mas nas eleições de 1974 a população votou maciçamente no único partido de oposição, o MDB. A sociedade deu um recado às Forças Armadas: chega de ditadura. O general Geisel teve que lidar com o MDB, que exigia a democratização imediata do país, e com os militares da "linha dura", que queriam a continuidade da ditadura.

Geisel também teve que enfrentar grave **crise econômica**. Em 1973, os países produtores de petróleo aumentaram em várias vezes o preço do barril. A economia mundial entrou em grave crise econômica. E a do Brasil também. A dívida externa brasileira aumentou, bem como a inflação. Os brasileiros sofreram com o aumento sucessivo dos preços das mercadorias e o desemprego.

No final do mandato, o presidente Geisel revogou o AI-5, mas conseguiu eleger seu sucessor. O Brasil ainda foi governado por um general por cinco anos.

Leia no Livro do Estudante sobre:

**pluripartidarismo, 240**
**Lei de Anistia, 238**
**Diretas Já!, 240**

**Conteúdos importantes**

- Aliança Renovadora Brasileira (Arena)
- Movimento Democrático Brasileiro (MDB)
- Ato Institucional nº 5 (AI-5)
- Crise econômica
- Pluripartidarismo
- Diretas Já!
- Lei de Anistia (1979)

# Governo Figueiredo

No governo de João Batista Figueiredo (1979-1985) houve agravamento da situação econômica, com o aumento da inflação, da dívida externa e do desemprego.

Em março de 1979, pouco depois da posse de Figueiredo, uma greve de metalúrgicos na região do ABC paralisou 200 mil trabalhadores. Ao longo desse ano, foram quase 30 movimentos grevistas, em que mais de três milhões de trabalhadores interromperam as atividades. Os trabalhadores perderam o medo da ditadura. Os estudantes também. Eles saíram nas ruas em passeatas contra o governo militar.

Ainda em 1979, o governo Figueiredo promoveu uma **reforma partidária** com o retorno do **pluripartidarismo**. A Arena e o MDB foram extintos, e novos partidos surgiram. O MDB tornou-se o Partido do Movimento Democrático Brasileiro (PMDB), a Arena mudou o nome para Partido Democrático Social (PDS). Os novos partidos foram o Partido Democrático Trabalhista (PDT), liderado por Leonel Brizola, o Partido dos Trabalhadores (PT), sob a direção de Luiz Inácio da Silva, o Lula, e o Partido Trabalhista Brasileiro (PTB).

Em agosto de 1979, o Congresso Nacional aprovou a **Lei de Anistia**, pela qual lideranças políticas, intelectuais, artistas e militantes de esquerda puderam retornar ao Brasil. A lei, no entanto, protegeu os torturadores. Eles não poderiam ser punidos pelos seus crimes.

Para impedir o avanço da democracia no país, setores da "linha dura" militar apelaram para o terrorismo. Cartas-bomba e incêndios em bancas de jornais assustaram a população. A ação de maior repercussão foi o **atentado ao Riocentro**. Em 30 de abril de 1981, quase 20 mil pessoas assistiam a um espetáculo de música popular brasileira no Riocentro, no Rio de Janeiro, quando uma bomba explodiu em um automóvel parado no estacionamento, no colo de um sargento do Exército, que morreu instantaneamente. Um capitão que também estava no veículo foi gravemente ferido, mas sobreviveu.

# Campanha pelas Diretas Já!

A eleição indireta para a sucessão do general Figueiredo estava marcada para novembro de 1984. Mas o deputado federal Dante de Oliveira, do PMDB, apresentou proposta de emenda à Constituição, propondo eleições diretas para a presidência da República em 1984. Era o início da campanha **Diretas Já!**. O apoio popular era evidenciado pelos comícios. Em 10 de abril de 1984, cerca de 1 milhão de pessoas participaram do comício da Candelária, no Rio de Janeiro; em 17 de abril, perto de 1,7 milhão de pessoas estavam no Anhangabaú, em São Paulo. Em 25 de abril de 1984, frustrando a expectativa popular, o Congresso Nacional rejeitou a proposta.

A ditadura não tinha mais sustentação política. Lideranças políticas que apoiaram o regime, entre eles José Sarney, se aliaram ao PMDB e formaram a **Aliança Democrática**. O objetivo era concorrer à sucessão do general Figueiredo no Colégio Eleitoral. O candidato da oposição à presidência da República era Tancredo Neves, enquanto José Sarney seria o candidato à vice-presidência. Em 15 de janeiro de 1985, por ampla maioria o Colégio Eleitoral deu a vitória a Tancredo Neves e José Sarney, pondo fim ao regime militar.

Para grande decepção da sociedade brasileira, Tancredo Neves faleceu em 21 de abril de 1985. José Sarney, outrora presidente da Arena, o partido que apoiava a ditadura, foi empossado como presidente da República.

Ricardo Azoury/Pulsar Imagens

No comício pelas Diretas Já! realizado no dia 10 de abril de 1984, a multidão, calculada em um milhão de pessoas, toma a avenida Presidente Vargas no centro do Rio de Janeiro.

# Aplique o que aprendeu

## Atividade resolvida

(Enem) Leia atentamente os seguintes excertos a respeito da atuação da Igreja Católica no Brasil na década de 1960:

Certamente sem querer, a ditadura contribui bastante para a conscientização do clero e bispos em algumas áreas. O caso de D. Paulo Evaristo Arns, cardeal-arcebispo de São Paulo [...] é bem expressivo. [...] Em 1964, simpatizou com o golpe, como a maioria dos religiosos. [...] Como em todo o Brasil, a repressão agiu brutalmente em São Paulo, sobretudo após o AI-5, e logo D. Evaristo passou a receber denúncias e mais denúncias de famílias de mortos, "desaparecidos", mutilados. A exemplo de D. Waldyr, ele 'não podia ficar parado'. Gradativamente, tornou-se um de nossos bispos mais corajosos, combativos e identificados com a causa do povo.

SALEM, Helena. Dos palácios à miséria da periferia. In: SALEM, Helena (Org.). *A Igreja dos Oprimidos*. Col. Brasil Hoje nº. 3. São Paulo: Ed. Brasil Debates, 1981. p.33.

Em 1964, enquanto a maioria do episcopado defendia o golpe de Estado, iniciavam-se perseguições políticas, inclusive entre padres e outros religiosos, forçando gradativamente a hierarquia a assumir a defesa desses setores. Se a ala conservadora se encarregava de aproximar a Igreja do Estado, os setores progressistas participavam de passeatas e manifestações em oposição ao regime, num processo educativo em que as bases educam seus dirigentes.

DOIMO, Ana Maria. *Movimento Social Urbano, Igreja e Participação Popular*. Petrópolis, RJ: Vozes, 1984. p.34.

A partir dos textos acima, pode-se concluir acertadamente que

a) apesar de alguns opositores ao regime militar aparecerem no início do período ditatorial, não houve, ao longo dos 21 anos de governos militares, nenhuma oposição dentro da Igreja.

b) todos os setores da Igreja Católica, inclusive aqueles ligados à TFP (Tradição, Família e Propriedade), participaram ativamente dos movimentos que visavam derrubar o regime autoritário instalado em 1964.

c) a Igreja Católica apoiou o início da ditadura militar iniciada em 1964, mas, a partir dos atos praticados pelos governos do período, nasceram dentro dela movimentos de oposição ao regime.

d) como em tantos outros momentos da nossa história, a Igreja Católica, assim como outras igrejas cristãs, não se envolveu em questões políticas, deixadas ao encargo dos leigos.

**Comentário**

A questão explora os diversos posicionamentos políticos que os membros da Igreja tiveram a respeito do regime militar ao longo dos anos. A leitura dos dois textos permite chegar à conclusão de que, ao longo dos anos, o consenso que havia se formado a favor do regime se esfacelou diante dos relatos da repressão. O apoio inicial de algumas lideranças se transformou em oposição, sendo dom Paulo Evaristo Arns o símbolo maior dessa resistência.

## Atividades

**1.** Alegando a ameaça comunista e acentuando uma tendência de endurecimento, que vinha desde o ano anterior – com a eleição do general Costa e Silva em 25 de maio de 1966 –, o governo militar se torna cada vez mais ditatorial. Nesse contexto é fortalecida a doutrina da Segurança Nacional, que torna prioridade entre as forças armadas a luta contra a ameaça interna, e não mais a defesa contra inimigos estrangeiros.

PRIORE, Mary del; VENÂNCIO, Renato. *Uma breve história do Brasil*. São Paulo: Planeta, 2010. p. 283.

Entre as medidas que confirmam o que diz o excerto acima, a ditadura militar brasileira promoveu o(a):

a) Ato Institucional nº 5, que determinava o cancelamento dos direitos civis dos cidadãos.

b) Pacote de Abril de 1976, que cancelava os resultados eleitorais com vitória da oposição.

c) "Milagre" econômico brasileiro, que promoveu o aumento das desigualdades sociais.

d) Serviço Nacional de Informações (SNI), essencial para perseguir os opositores do regime.

e) Lei da Anistia, que liberava os torturadores do regime de responder pelos crimes cometidos.

**2.** Analisando o contexto político brasileiro pouco tempo após o fim do regime militar, entre 1985 e 1986, é possível identificar uma ruptura e uma permanência em relação ao regime que chegou ao fim. São elas:

a) eleição direta para presidente da República e convocação de uma Assembleia Constituinte.

b) Assembleia Constituinte nomeada pelo governo federal e eleição direta para presidente da República.

c) eleição indireta para presidente da República e convocação de uma Assembleia Constituinte.

d) Convocação de uma Assembleia Constituinte e eleição direta para presidente da República.

e) Eleição indireta para presidente da República e nomeação da Assembleia Constituinte pelo poder executivo.

**3.** O juiz Márcio Martins Bonilha Filho, do Tribunal de Justiça de São Paulo (TJ-SP), determinou ontem (24) a retificação do atestado de óbito do jornalista Vladimir Herzog, que morreu em 1975 na capital paulista. O atestado, emitido no período da ditadura, indicava que sua morte foi consequência de suicídio. Porém, por ordem da Justiça, o atestado de óbito informará que a morte dele foi causada por maus-tratos.

GIRALDI, Renata. Atestado de óbito de Herzog dirá que ele morreu por maus-tratos. *Agência EBC*. Disponível em: <www.ebc.com.br/2012/09/atestado-de-obito-de-herzog-dira-que-ele-morreu-por-maus-tratos>. Acesso em: 16 jul. 2018.

A Comissão Nacional da Verdade, criada em 2012, tem por objetivo apurar violações aos direitos humanos ocorridas no período entre 18 de setembro de 1946 e 5 de outubro de 1988. Nessa perspectiva, a mudança do atestado de óbito de Vladimir Herzog pode ser considerada:

a) reflexo da mobilização social para passar a limpo a história, o que resulta em ações políticas sem valor.

b) uma atitude revanchista de setores sociais e políticos que não se conformaram com o suicídio do jornalista.

c) sem valor histórico, porque já se passou muito tempo da ocorrência e nada mudará os fatos políticos.

d) uma importante vitória política, que retrata aspirações populares de "passar a limpo" a história do Brasil.

e) importante somente para a família de Herzog, já que a sociedade não se beneficia com essa mudança.

**4.** No início de 1969, a situação política se modifica. A repressão endurece e leva à retração do movimento de massas. As primeiras greves, de Osasco e Contagem, têm seus dirigentes perseguidos e são suspensas. O movimento estudantil reflui. A oposição liberal está amordaçada pela censura à imprensa e pela cassação de mandatos.

CARVALHO, Apolônio de. *Vale a pena sonhar.* Rio de Janeiro: Rocco: 1997. p. 202.

Com base no texto acima, reflita sobre o regime militar brasileiro e responda às questões.

a) Explique quais são as transformações pelas quais a política repressiva do Estado brasileiro passou a partir de 1969.

b) Explique quais foram as tentativas de resistência a essas transformações.

CAPÍTULO

14

# O retorno da Guerra Fria e a desagregação do mundo socialista

**Você deve ser capaz de**

- relacionar as transformações no setor produtivo à estagnação da economia soviética;
- relacionar a desagregação do bloco socialista ao esforço de Estados Unidos e Grã-Bretanha de acirrar a competição entre os blocos socialista e capitalista;
- compreender as transformações políticas que levaram ao fim do bloco socialista e à desagregação da União Soviética.

## Reveja o que aprendeu

### Novas tecnologias e crise capitalista

Após a Segunda Guerra Mundial, entre as décadas de 1950 e 1970, Estados Unidos, Japão e países da Europa Ocidental viveram a chamada **Terceira Revolução Industrial** ou **Revolução Técnico-Científica**. A eletrônica e a informática desenvolveram-se enormemente e foram inseridas no processo produtivo industrial. O taylorismo, com sua esteira de produção e movimentos ritmados, foi substituído pelo **toyotismo**.

Os métodos de trabalho do toyotismo exigiam operários qualificados e máquinas com tecnologia sofisticada. Os produtos eram feitos sob encomenda e os estoques de matéria-prima e de venda eram baixos, reduzindo os custos de produção. Nos anos 1970, as fábricas dos Estados Unidos e Europa adotaram o toyotismo como método produtivo.

Mas também nos anos 1970 o mundo viveu grave crise. Primeiro, o presidente dos Estados Unidos, Richard Nixon, desatrelou o dólar do ouro, causando turbulência no mercado financeiro internacional. Segundo, ocorreram seguidos aumentos dos preços do petróleo pela Organização dos Países Produtores de Petróleo (Opep). O modelo de crescimento econômico instituído com o fim da Segunda Guerra Mundial chegara ao fim.

### Mudanças na URSS

O desenvolvimento político e econômico da União Soviética ocorreu de forma diferente. Com a morte de Stalin, em 1953, Nikita Kruschev assumiu o poder. Ele denunciou os crimes de Stalin, libertou os presos políticos, incentivou a liberdade de expressão, apoiou a produção de bens de consumo e investiu em habitação popular. Suas reformas, conhecidas como "**reformismo comunista**", desagradou a elite burocrática do país.

Um evento desgastou muito a imagem de Kruschev perante a elite soviética: em 1956, o governo da Hungria, com apoio popular, decidiu pela democratização do país e pela autonomia em relação à URSS. Tropas do Pacto de Varsóvia invadiram o país e sufocaram a revolta húngara. Em 1964 Kruschev foi deposto do cargo. Sua política de reformismo comunista tinha ido longe demais para a elite soviética.

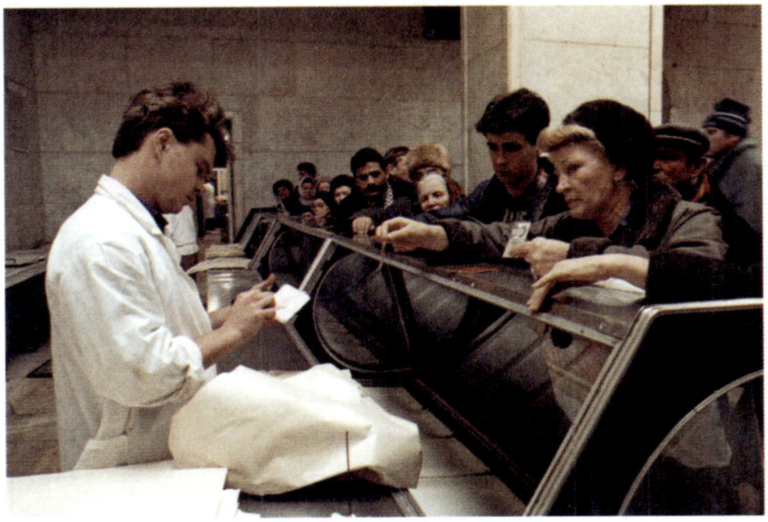

Ptitsyn/Ria Novosti/AFP

Funcionário de loja de venda de carnes verificando os cartões de racionamento. Nos últimos anos da União Soviética, a baixa produtividade levou a crises de abastecimento. Fotografia de dezembro de 1990.

Assumiu o poder Leonid Brejnev, homem de confiança da burocracia soviética. Ele propôs a política de **coexistência pacífica** com os Estados Unidos, diminuindo as tensões da Guerra Fria. Em 1968 ocorreu outra revolta no bloco soviético. O governo da Tchecoslováquia, também com apoio popular, propôs reformas liberalizantes, conhecidas como **Primavera de Praga**. Tropas do Pacto de Varsóvia invadiram o país e sufocaram a rebelião recorrendo a grande repressão.

Durante o governo Brejnev, a partir dos anos 1970, a União Soviética conheceu a estagnação econômica. As fábricas ainda continuavam no modelo taylorista, e o país ficou atrasado na Revolução Técnico-Científica. O nível de vida da população caiu, e o país entrou em declínio econômico nas décadas seguintes.

Leia no Livro do Estudante sobre:
**toyotismo, 247**
**reformismo comunista, 248**
**Primavera de Praga, 250**
**políticas neoliberais, 251**

## Ronald Reagan e a Segunda Guerra Fria

Nos anos 1970, enquanto as esquerdas avançavam em vários países, o mundo capitalista vivia grave crise econômica. Foi o fim dos trinta anos de prosperidade iniciados após a Segunda Guerra Mundial. A reação veio com a indicação de Margaret Thatcher para o cargo de primeira-ministra da Grã-Bretanha e a eleição de Ronald Reagan para presidente dos Estados Unidos. Tratava-se de um movimento conhecido como **nova direita**.

Reagan e Thatcher levaram adiante agressiva política anticomunista. Reagan financiou guerrilhas contra governos de esquerda, como na Nicarágua, e propôs a criação de um escudo espacial contra mísseis soviéticos, projeto conhecido como **Guerra nas Estrelas**, envolvendo bilhões de dólares. O objetivo era prejudicar a já cambaleante economia soviética.

Thatcher e Reagan adotaram as chamadas **políticas neoliberais**: redução dos juros, redução de impostos para empresas, privatização de empresas estatais, corte nos programas sociais, desregulamentação da economia, liberação de capitais para a economia, intransigência com o movimento sindical, entre outras práticas. O modelo neoliberal foi exportado para outros países.

## A China e as quatro modernizações

Quando Mao Tsé-Tung morreu, em 1976, os chineses viviam em grande pobreza. Um grupo no Partido Comunista, liderado por Deng Xiao Ping, retomou o projeto das **Quatro Modernizações**: agricultura, indústria, defesa e ciência e tecnologia. Com isso, a China começou sua abertura para a economia de mercado, os camponeses puderam vender seus produtos a preços correntes e zonas industriais foram abertas a empresas estrangeiras. Os baixíssimos salários atraíram indústrias de outros países. Como não havia lei de proteção à propriedade intelectual no país, muitos empresários chineses copiavam produtos e tecnologias de europeus e estadunidenses. Empresas estatais foram privatizadas.

Atualmente, a China é uma potência econômica e militar. O regime econômico é capitalista, embora em termos políticos e a retórica dos líderes seja comunista. O Partido Comunista Chinês segue sendo o único partido admitido, com milhões de membros. Manifestações em defesa da democracia são duramente reprimidas, como o Massacre da Praça da Paz Celestial, em abril de 1989, quando milhares de estudantes foram massacrados pelo exército.

## O colapso do comunismo

A resposta da União Soviética às agressivas políticas de Ronald Reagan foi a indicação de Mikhail Gorbachev para o governo do país. Com simpatia, ele alcançou grande prestígio internacional. Ele surpreendeu o mundo ao propor a Reagan a destruição de todas as armas atômicas até o ano 2000.

Leia no Livro do Estudante sobre:

*perestroika*, 253

*glasnost*, 254

desagregação do bloco socialista, 257

Gorbachev queria reformar o sistema produtivo da União Soviética. O novo programa era chamado de ***perestroika*** – "reestruturação", em russo – e tinha o objetivo de modernizar indústrias, melhorar a qualidade dos produtos e descentralizar a produção. No entanto, em 1986 a usina nuclear de Chernobyl explodiu, espalhando nuvem radioativa pelo país e o norte europeu. A população culpou a censura pelo acidente. Gorbachev lançou novo programa: ***glasnost***, –"transparência", em russo. Ocorre que enquanto a *perestroika* não avançava, a *glasnost* avançou muito além do que Gorbachev imaginava. A população soviética passou a criticar o governo, a burocracia, a falta de mercadorias e os privilégios sociais.

Nos anos 1980, os países do Leste Europeu começaram a se declarar independentes do bloco soviético: a Iugoslávia mantinha sua distância desde o fim da Segunda Guerra, enquanto a Polônia viveu rebelião popular contra o governo, elegendo um operário para presidente do país. O governo da Hungria convocou eleições gerais. O governo soviético não reagiu. Na Tchecoslováquia, negociações políticas resultaram na Revolução de Veludo, entre novembro e dezembro de 1989. Em 1993, tchecos e eslovacos decidiram formar dois países diferentes: a República Tcheca e a Eslováquia.

O mais impactante evento foi, sem dúvida, a Queda do Muro de Berlim, símbolo da Guerra Fria. Em novembro de 1989, multidões de alemães, dos dois lados do muro, exigiram sua abertura. O governo da Alemanha Oriental, enfraquecido, permitiu. A festa do encontro resultou na derrubada do muro, e os dois países se unificaram em uma única Alemanha.

Mais adiante, a população da Bulgária e da Romênia se revoltaram derrubando os governos comunistas. O único país em que a libertação resultou em tragédia foi a Iugoslávia, com sangrenta guerra civil.

A **desagregação do bloco socialista** enfraqueceu politicamente Mikhail Gorbachev. Em seguida, diversas repúblicas que formavam a União das Repúblicas Socialistas Soviéticas declararam sua independência de Moscou. Entre março de 1990 e abril de 1991, Ucrânia, Bielorrúsia (atual Belarus), Geórgia, Estônia, Letônia e Lituânia declararam-se independentes. Ao final, o próprio presidente da República da Rússia não reconhecia mais o poder de Gorbachev. Em dezembro de 1991, a União Soviética deixou de existir.

O comunismo soviético chegava ao fim e, com ele, a Guerra Fria.

**Conteúdos importantes**

- Toyotismo
- Reformismo comunista
- *Perestroika*
- *Glasnost*
- Neoliberalismo
- Desagregação do bloco socialista

Gerard Fouet/Agência France-Presse

Jovem da Lituânia senta em estátua tombada de Lenin após o fim da União Soviética, em 1991.

# Aplique o que aprendeu

## Atividade resolvida

(UFJF)

No dia 25 de dezembro de 1991, Mikhail Gorbachev vivia suas últimas horas no Kremlin. Aquele foi um dia de esperança para milhões de pessoas na Rússia, que viam o futuro com otimismo. Também foi um momento de luto para outros milhões, agora ex-cidadãos soviéticos. O novo mapa significou para muitos ter de abandonar o lugar em que haviam nascido, deixar lá familiares e relíquias. "Quando foi arriada a bandeira vermelha fiquei em estado de choque", lembra Serguei Kosarev, que tinha então 37 anos. "Eu, nascido em Sochi, tinha terminado o ensino médio no Cazaquistão. De repente, meus amigos, minha juventude, ficaram para trás em outros países. Pensei que tudo isso fosse para o mal, e no começo foi duro. Mas o pior não foi o primeiro ano da reforma econômica, e sim mais tarde, quando na Rússia deixaram de pagar em dia os salários, e havia atrasos de seis meses ou mais", conta. "No final, no meu caso tudo foi para o bem, recuperei a religião dos meus antepassados, como outros milhões de ortodoxos, e vi meio mundo; nem uma coisa nem outra teriam sido possíveis na URSS", conclui.

Adaptado de brasil.elpais.com, 23/12/2016.

De acordo com a reportagem, o fim da URSS trouxe as seguintes mudanças significativas para alguns de seus ex-cidadãos:

a) recuperação da liberdade sindical e perda da ideologia comunista.

b) liberalização da iniciativa industrial e abandono da unidade comercial.

c) ampliação do direito trabalhista e enfraquecimento do poderio militar.

d) fragmentação do território nacional e redimensionamento da identidade cultural.

**Comentário**

O texto indica as mudanças pelas quais um cidadão da União Soviética passou com o a dissolução do país. Ele menciona o impacto do fim da URSS na redefinição das identidades locais e nos relacionamentos pessoais. Em seguida, ele fala da retomada do catolicismo ortodoxo, o que significou outra mudança na identidade cultural antes imposta no regime socialista.

## Atividades

**1.** A revolução técnico-científica (ou Terceira Revolução Industrial) caracteriza-se pelo desenvolvimento tecnológico nas áreas de informática, robótica, biotecnologia e telecomunicações. Essa revolução contribuiu para o surgimento de uma nova divisão internacional do trabalho, que:

a) transformou europeus e japoneses em compradores da tecnologia espacial desenvolvida pelos EUA.

b) tornou EUA e China os únicos países detentores de tecnologia de ponta.

c) permitiu que algumas regiões asiáticas se tornassem exportadoras de eletroeletrônicos.

d) expandiu o desenvolvimento tecnológico para países africanos próximos da Europa.

e) reafirmou países europeus como exportadores de matérias-primas e compradores de tecnologias e serviços.

**2.** Sobre o fim da União das Repúblicas Socialistas Soviéticas é **incorreto** afirmar que:

a) as implicações sociais da crise econômica e do atraso técnico da indústria foram elementos decisivos para a revolta dos cidadãos russos e para o consequente fim do regime comunista no leste europeu.

b) os movimentos grevistas da URSS iniciados na Polônia, com ampla participação popular, foram de extrema importância para o processo de democratização dos países do leste europeu.

c) a *perestroika* (reestruturação) e a *glasnost* (transparência), elementos centrais do governo de Mikhail Gorbachev, não tinham, em princípio, o intuito de democratizar a Rússia, mas acabaram servindo a este fim.

d) as manifestações populares pela queda do Muro de Berlim não influenciaram e não foram fatores importantes para desencadear o fim da URSS, posto que, apesar de a Alemanha Oriental ser comunista, esta não fazia parte da URSS.

e) o desastre nuclear de Chernobyl foi amplamente usado pelos cidadãos opositores do governo soviético para criticar a censura imposta pelo regime, principalmente em função da repercussão internacional do incidente.

**3.** Leia o trecho abaixo, que apresenta uma interpretação sobre a Era Thatcher (1979-1990) na Grã-Bretanha:

'Thatcherismo' significava diversas coisas: redução de impostos, livre-mercado, livre-iniciativa, privatização de indústrias e serviços, 'valores vitorianos', patriotismo, 'o indivíduo'. [...]

A revolução do thatcherismo fortaleceu o Estado, fomentou o crescimento do mercado — e dedicou-se a desmanchar os elos que anteriormente uniam Estado e mercado. Mrs. Thatcher destruiu para sempre a influência pública exercida pelos sindicatos britânicos, aprovando leis que limitavam a capacidade de os líderes sindicais organizarem greves [...].

Não resta dúvida de que o desempenho econômico da Grã-Bretanha melhorou durante os anos do governo Thatcher, após um período inicial de declínio, entre 1979 e 1981. Graças a uma crise econômica que 'apertou' empresas ineficientes, e graças ao incremento da concorrência e ao constrangimento dos sindicatos, a produtividade do setor empresarial e os lucros aumentaram sensivelmente. O Tesouro foi reabastecido com a receita originada da venda de patrimônio nacional. [...]

Muitos dos que perderam empregos em indústrias ineficientes (e até então subsidiadas), por exemplo, a indústria de aço, a mineração de carvão, os setores têxtil e de construção naval, jamais voltariam a se empregar e, na prática, seriam dependentes do Estado pelo resto da vida. [...]

Enquanto *economia*, a Grã-Bretanha da era Thatcher foi mais eficiente. Mas, enquanto *sociedade*, a Grã-Bretanha sofreu uma implosão, com catastróficas consequências a longo prazo. Ao des-

prezar e desmontar todos os recursos de propriedade coletiva, ao insistir, com veemência, numa ética individualista que descartava qualquer bem não quantificável, Margaret Thatcher danificou seriamente a tessitura da vida pública britânica. Cidadãos foram transformados em acionistas ou "especuladores", e suas relações interpessoais com a coletividade passaram a ser medidas com base em patrimônio e reivindicações, e não em serviços e deveres. [...]

Se – conforme afirmava Mrs. Thatcher – 'não existe essa coisa de sociedade', então, com o passar do tempo, as pessoas haveriam de perder o respeito por bens definidos socialmente."

JUDT, Tony. *Pós-guerra*. Uma história da Europa desde 1945. São Paulo: Objetiva, 2007. p. 541-544.

a) Quais as razões alegadas pelo autor para admitir que, economicamente, a Grã-Bretanha foi mais eficiente sob o governo de Thatcher?

b) Quais as razões alegadas pelo autor para acusar Thatcher de prejudicar a Grã-Bretanha enquanto sociedade?

c) Qual o modelo econômico-social implementado por Thatcher no governo britânico? Cite duas de suas características.

CAPÍTULO

# 15 Dilemas da democracia brasileira

**Você deve ser capaz de**

- identificar as forças políticas envolvidas no processo de redemocratização do Brasil;
- identificar as principais características dos planos econômicos e as razões para o sucesso ou o fracasso de cada um;
- compreender o processo de polarização da política brasileira nos últimos quinze anos.

Leia no Livro do Estudante sobre:

**transição democrática, 265**

**Constituição de 1988, 267**

**Plano Real, 272**

## Reveja o que aprendeu

### Governo José Sarney (1985-1990)

Após a morte de Tancredo Neves, José Sarney conduziu a **transição democrática**. Para tanto, convocou uma **Assembleia Nacional Constituinte**. Em 1986, o governo decretou o chamado **Plano Cruzado**. Todos os preços foram congelados a partir daquele dia e uma nova moeda foi criada: o cruzado, em substituição ao cruzeiro. No entanto, o congelamento dos preços não durou muito tempo. Alguns meses depois, as mercadorias desapareceram das prateleiras dos supermercados, e o desabastecimento fez aparecer uma forma disfarçada de inflação: o ágio, um valor adicional, cobrado pelos comerciantes.

Em outubro de 1988, foi promulgada a nova Constituição. Entre as inovações, destacam-se eleição em dois turnos para os cargos de presidente, governador e prefeito de cidades com mais de 200 mil eleitores; direito de voto para os analfabetos e facultativo para jovens com idade entre 16 e 18 anos; direito de greve; redução da jornada de trabalho de 48 para 44 horas semanais; liberdade sindical; fim da censura prévia aos órgãos de comunicação e à cultura. A **Constituição de 1988** estabeleceu as liberdades democráticas e os direitos fundamentais de cidadania ao povo brasileiro.

No entanto, se, por um lado, o plano político de Sarney cumpriu a tarefa de democratizar o país, por outro, a escalada inflacionária converteu seus últimos meses de governo em tempos muito difíceis, principalmente para a população de baixa renda.

### Governo Fernando Collor (1991-1992)

Em 1989, foi realizada a primeira eleição direta para a presidência da República, da qual o ex-governador alagoano Fernando Collor de Mello saiu vitorioso. A eleição foi polarizada entre ele, representando grupos políticos conservadores, e Luiz Inácio Lula da Silva, liderando as forças de esquerda. Collor venceu com discurso que enfatizava a modernização, a moralização política e a mudança do país.

No dia seguinte de sua posse, Collor anunciou o Plano Brasil Novo, depois chamado **Plano Collor**. Para a grande surpresa, o plano determinava o confisco de dinheiro da população depositado nos bancos. Além disso, aumentou impostos, aplicou o congelamento dos preços e de salários, demitiu milhares de funcionários públicos, iniciou o processo de privatização de empresas estatais, entre outras medidas.

No fim de 1990, o fracasso do choque econômico já era visível. A falta de liquidez (dinheiro em circulação) gerou forte recessão, o desemprego aumentou, mas a inflação retornou.

Nas relações externas, o destaque do governo foi a criação do **Mercosul**. O acordo tinha iniciado ainda no governo Sarney, mas foi ratificado por Collor. O objetivo era estabelecer um bloco econômico sul-americano formado por Brasil, Argentina, Uruguai e Paraguai.

Ao longo do segundo semestre de 1991, graves denúncias de corrupção no governo foram levantadas pela imprensa. Em maio, sob pressão da população, o Congresso Nacional instalou uma CPI para apurar as denúncias, a qual responsabilizou o presidente pelos

escândalos e apresentou o pedido de *impeachment* de Collor. Em 29 de setembro o presidente foi afastado provisoriamente da presidência da República e, em 29 de dezembro, foi afastado definitivamente do cargo.

## Governo Itamar Franco (1992-1994)

Itamar Franco, o vice-presidente, assumiu a presidência da República. Seu ministro da Economia, Fernando Henrique Cardoso, junto a uma equipe de economistas, elaborou um plano econômico chamado **Plano Real**.

No primeiro ano, foram feitos ajustes na economia, impostos foram aumentados e gastos públicos, cortados. Em março de 1994, foi criada a **Unidade Real de Valor** (URV), unidade monetária que equivalia a um dólar. A URV, assim, tornou-se referência para o estabelecimento dos preços das mercadorias. Quatro meses depois, um novo pacote de medidas transformou a URV em uma nova moeda, o real, que mantinha como referência o dólar.

Com o Plano Real, a inflação caiu de um dia para outro. Devido ao sucesso dessa reforma econômica, Fernando Henrique Cardoso foi candidato às eleições presidenciais de 1994 pelo Partido da Social Democracia Brasileira (PSDB) e venceu no primeiro turno.

## Os governos Fernando Henrique Cardoso

Fernando Henrique Cardoso foi o primeiro presidente a cumprir dois mandatos eletivos seguidos, pois, durante seu primeiro mandato, conseguiu aprovar uma lei que garantia o direito à reeleição para os cargos do Executivo federal, estadual e municipal.

O governo seguiu as orientações neoliberais do Fundo Monetário Internacional e cortou gastos públicos, em particular nos investimentos sociais, e abriu o país à entrada de capital externo.

Uma das medidas adotadas em seus dois governos foram as **privatizações** das empresas estatais, sendo que a venda do sistema Telebrás foi a mais polêmica. As oposições criticaram duramente essa determinação do governo.

No governo FHC, capitais estrangeiros especulativos vinham para o Brasil apenas para lucrar com os altos juros. As altas taxas de juros impediam que os empresários da indústria e do setor de serviços captassem recursos com os bancos para investir. Ao mesmo tempo, os produtos nacionais passaram a sofrer forte concorrência dos importados, que começaram a entrar no país com tarifas reduzidas. O efeito imediato da retração de investimentos e da maior concorrência foi a queda da produção industrial e o aumento do desemprego.

O desemprego e a falta de investimentos nas áreas de saúde e educação prejudicaram os trabalhadores. Também não houve investimentos em infraestrutura, o que acarretou a crise do "apagão". Medidas importantes foram tomadas, como a Lei de Responsabilidade Fiscal, a quebra de patentes de remédios contra a aids, o bolsa-escola, o vale-gás, o novo Código de Trânsito Brasileiro, entre outras.

Depois de oito anos de políticas neoliberais, nas eleições de outubro de 2002, venceu o candidato do Partido dos Trabalhadores (PT), Luiz Inácio Lula da Silva.

## Os governos Lula (2003-2010)

Ao assumir em 2003, Lula optou por dar continuidade à **estabilidade econômica** e ao controle da inflação. Manteve o equilíbrio das contas públicas e as altas taxas de juros. Realizou a reforma na Previdência Social, recebendo muitas críticas de seus aliados de esquerda. Contudo, seu governo investiu na produção industrial, incentivando as exportações, o que permitiu diminuir a dívida externa, retomar o desenvolvimento econômico e diminuir o desemprego. Também suspendeu o processo de privatização das empresas estatais e realizou grandes investimentos na área da educação.

Leia no Livro do Estudante sobre:

Bolsa Família, 275

Comissão Nacional da Verdade, 277

*impeachment*, 278

Na política externa, os governos Lula diversificaram os interesses do país, buscando aliados na Europa, Ásia, África e, em particular, na América Latina. O Mercosul recebeu especial atenção. O Brasil passou a fazer parte do poderoso grupo de países unidos na sigla BRICS. Umas das marcas de seu governo foi conceder aumentos reais ao **salário mínimo** e a criação do **Bolsa Família**. Essas medidas retiraram da miséria cerca de 8,6 milhões de pessoas.

Durante seu mandato ocorreu um escândalo político conhecido como "mensalão". Dirigentes do PT foram acusados de pagar a parlamentares para aprovarem propostas do governo. Embora a imprensa explorasse muito o tema, Lula concorreu à reeleição e, em outubro de 2006, foi reeleito com 60,8% dos votos. Investimentos também foram realizados na infraestrutura do país, com o Plano de Aceleração do Crescimento (PAC).

Em março de 2010, o instituto de pesquisa Datafolha constatou que 76% da população consideravam seu governo "bom ou ótimo".

## Governo Dilma Rousseff (2011-2016)

Para a sua sucessão na presidência da República, Lula indicou a ministra da Casa Civil, Dilma Rousseff, eleita no segundo turno. Quando jovem, Dilma atuou na guerrilha que tentou derrubar a ditadura militar e foi presa e torturada pelos militares.

**Conteúdos importantes**

- Transição democrática
- Constituição de 1988
- Plano Real
- Bolsa Família
- *Impeachment*

Nos seus governos, Dilma deu continuidade às políticas de desenvolvimento econômico e social do governo Lula que beneficiaram milhões de pessoas. A criação da **Comissão Nacional da Verdade** trouxe ao debate os crimes praticados durante a ditadura militar.

Seu governo sofreu grande contestação durante os protestos que ocorreram em junho de 2013, mas, mesmo assim, ela concorreu à reeleição vencendo o candidato do PSDB com 51,65% dos votos. Ao assumir o segundo mandato, Dilma Rousseff praticou política econômica recessiva, no sentido de conter a inflação. Os partidos de oposição não aceitaram a derrota eleitoral e, com o apoio do presidente da Câmara dos Deputados, impediram a aprovação de medidas governamentais. Denúncias de corrupção prejudicaram seu governo e, com apoio de empresários e classes médias, as ruas foram tomadas por pessoas pedindo sua saída da presidência da República.

Com a sociedade dividida, a oposição deu início ao processo de ***impeachment***. Acusada de "pedaladas fiscais", Dilma perdeu o mandato em agosto de 2016. Assumiu o cargo o vice-presidente Michel Temer.

## Governo Michel Temer (2016-2018)

Cris Faga/NurPhoto/Getty Images

Temer assumiu e adotou o programa de governo da oposição que havia perdido as eleições. Com grande apoio no Congresso Nacional, de empresários e dos meios de comunicação, ele aprovou medida que limitava gastos públicos por 20 anos, a reforma do Ensino Médio e a reforma trabalhista. Contudo, denúncias de corrupção em seu governo prejudicaram imensamente seu mandato. Sua política econômica aumentou o desemprego e o país aprofundou a recessão econômica.

No dia 21 de abril de 2016, manifestantes contra o *impeachment* de Dilma Rousseff realizaram um ato público na avenida Paulista, em São Paulo.

# Aplique o que aprendeu

## Atividade resolvida

(UFSC)

// Bóton da campanha Eu sou fiscal do Sarney, Brasil, 1986.

Sobre o governo José Sarney e as relações econômicas brasileiras no final da década de 1980, é correto afirmar que:

(01) a imagem acima é uma alusão ao apoio que a sociedade brasileira deu a José Sarney após as eleições diretas que o levaram ao cargo de presidente, o primeiro após o fim da ditadura civil-militar.

(02) apesar da instabilidade econômica, mas fortalecido pela aprovação da Carta Constitucional de 1988, a chamada Constituição Cidadã, o governo de José Sarney consegue eleger Fernando Henrique Cardoso como sucessor no Poder Executivo.

(04) após o congelamento de preços pelo governo, os brasileiros foram convocados a operar como fiscais do Sarney, ficando atentos aos preços e denunciando a sua remarcação.

(08) a hiperinflação tornou-se um problema crônico para o governo, que não conseguiu contê-la, e alcançou no último ano da gestão o acumulado de mais de 2.000%.

(16) como reflexo das medidas governamentais, houve desabastecimento (ausência da oferta de mercadorias) e vendas clandestinas de produtos com preços maiores.

(32) atendendo ao chamado do governo, houve apoio popular às medidas que procuravam controlar a inflação, tais como o confisco dos recursos depositados em contas bancárias e em cadernetas de poupança.

(64) para enfrentar a inflação no começo da gestão Sarney, recorreu-se a planos de estabilização com choques econômicos, como o Plano Cruzado, que procurava congelar preços de mercadorias, aluguéis, salários, tarifas públicas e passagens pelo prazo de um ano.

**Comentário**

A afirmação 01 está incorreta porque Sarney não foi eleito diretamente. As eleições de 1985 foram indiretas e elegeram Tancredo Neves, que morreu antes da posse sendo sucedido pelo seu vice, José Sarney. Afirmação 02 está errada, pois Fernando Collor foi eleito em 1989 e não Fernando Henrique Cardoso. O governo Sarney não promoveu confisco dos recursos da população. Isso ocorreu no governo Collor e por isso a afirmação 32 está incorreta.

## Atividades

**1.** As Diretas Já! e a vitória de Tancredo Neves no Colégio Eleitoral deram aos brasileiros a expectativa de novos tempos. Esperava-se que a Nova República construiria um novo Brasil. Analise a seguir afirmativas sobre o período da história brasileira conhecido como Nova República:

I. Representou a retomada do poder político pelos civis, com a eleição de Tancredo Neves, em 1985. Ao assumir o governo, após a morte de Tancredo Neves, Sarney convocou uma Assembleia Constituinte e buscou pôr em prática formas possíveis de julgamento dos crimes cometidos durante a Ditadura Militar.

II. A principal preocupação de José Sarney e todos os presidentes civis que o sucederam foi o combate à inflação. Houve várias tentativas de planos econômicos, mas o único que obteve sucesso foi o Plano Real, durante o governo de Itamar Franco.

III. Durante os governos Collor e Fernando Henrique Cardoso, adotou-se no Brasil o neoliberalismo. Um processo de desregulamentação da economia, que, entre outras medidas, eliminou as barreiras para a entrada de capitais estrangeiros, promoveu privatizações de empresas estatais e incentivo à abertura de mercados.

Assinale a alternativa correta:

a) As afirmativas I e II estão corretas.

b) Todas as afirmativas estão corretas.

c) Todas as afirmativas estão incorretas.

d) Apenas as afirmativas II e III estão corretas.

e) As afirmativas I e III estão corretas.

**2.** Analise a imagem e o texto a seguir.

Claudio Oliveira/Acervo do cartunista

A sociedade civil organizou grandes manifestações pelo *impeachment* do presidente da República, Fernando Collor de Mello, e alguns políticos pegaram carona no movimento. Na charge, Barbosa Lima Sobrinho, da ABI, Ulysses Guimarães, do PMDB, d. Luciano Mendes de Almeida, da CNBB, Mário Covas e Miguel Arraes, do PSDB, Lula, do PT, Roberto Freire, do PPS, Leonel Brizola, do PDT, Joaquim Francisco, do PFL, Orestes Quércia, do PMDB e Paulo Maluf, do PDS.

OLIVEIRA, Cláudio de. *Pizzaria Brasil*: da abertura política à reeleição de Lula. São Paulo: Devir, 2007. p. 76.

De acordo com as informações apresentadas e a análise do período histórico por elas retratado, pode-se concluir que:

a) o processo de afastamento do presidente Fernando Collor de Mello, em 1992, teve como principal causa as mobilizações de grupos da sociedade civil, não sofrendo nenhuma influência das pressões de grupos de políticos.

b) a improvável aliança entre políticos como Lula e Paulo Maluf demonstra o descontentamento geral de grupos ligados ao poder com a permanência de Collor na Presidência, estimulando manifestações populares.

c) as manifestações de setores da sociedade civil não influenciaram no processo de afastamento de Collor da Presidência em

1992, que ocorreu exclusivamente devido às pressões de políticos das mais variadas tendências ideológicas.

d) nem as manifestações populares, nem as pressões de grupos de políticos contribuíram para o afastamento de Collor da presidência em 1992, que teve como causa pressões de grupos econômicos descontentes com sua política financeira.

e) as mobilizações de setores da sociedade civil, bem como de políticos de várias tendências políticas, foram responsáveis pelo afastamento do presidente Fernando Collor de Mello, em 1992.

**3.** Observe os dados do gráfico abaixo e, em seguida, responda:

**Índice de inflação mensal (IPC-FIPE) – 1985 a 2000**

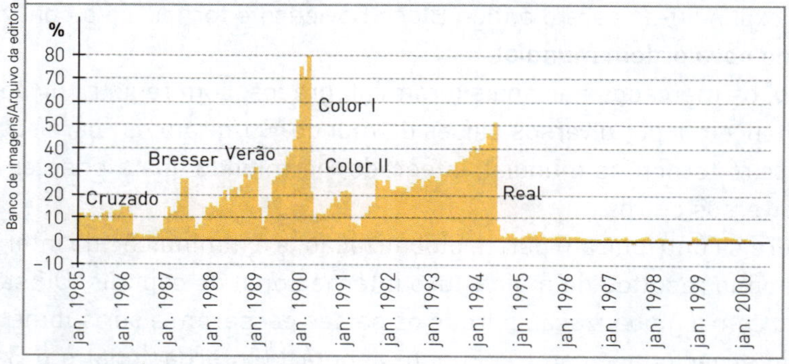


Fonte: FIPE, Índice de preços ao consumidor. Disponível em: <www.fipe.org.br/pt-br/indices/ipc/#indice-mensal&mtxvar>. Acesso em: 20 jul. 2018.

a) Quais planos econômicos da Nova República obtiveram sucesso no combate à inflação?

______________________________________________

______________________________________________

b) Em quais governos da Nova República cada um dos planos foi colocado em prática?

______________________________________________

______________________________________________

______________________________________________

c) Qual medida foi repetida por todos os planos econômicos anteriores que não fez parte do Plano Real? Por quê?

______________________________________________

______________________________________________

______________________________________________

______________________________________________

______________________________________________

______________________________________________

______________________________________________

CAPÍTULO

# 16 Crises do novo século

**Você deve ser capaz de**

- analisar as principais linhas de força da política internacional após o fim da Guerra Fria e da nova ordem mundial;
- compreender a importância dos atentados de 11 de setembro de 2001 para os conflitos que ocorreram no Oriente Médio e na África de 2003 até os nossos dias;
- relacionar a Revolta Árabe de 2011 à construção de governos autoritários no Oriente Médio e norte da África e à Guerra ao Terror.

Leia no Livro do Estudante sobre:

**globalização, 283**
**blocos econômicos, 287**
**Guerra ao Terror, 290**
**crise econômica, 292**
**Barack Obama, 295**

## Reveja o que aprendeu

### A globalização e a nova ordem mundial

Com o fim da União Soviética e a desagregação do mundo socialista, os Estados Unidos, aliados a países capitalistas economicamente desenvolvidos, tornaram-se dominantes no mundo. O capitalismo expandiu-se para o antigo Bloco Soviético e tornou-se globalizado, período conhecido como **nova ordem mundial**.

Com a **globalização**, os mercados nacionais foram integrados, com redistribuição das indústrias e centros financeiros por diversos países do mundo. Surgiram os "paraísos fiscais". O sistema financeiro tornou-se mundial, integrado, permitindo que a crise em um país repercutisse em diversos outros.

As políticas neoliberais contribuíram para a globalização, e a diminuição da intervenção do Estado na economia resultou no maior fluxo internacional de capitais. O Estado-nação se enfraqueceu com a globalização porque os países passaram a ser submetidos a órgãos financeiros internacionais, como o Fundo Monetário Internacional e o Banco Mundial.

A globalização beneficiou-se das inovações técnicas nos processos industriais, em particular com o desenvolvimento da informática e das telecomunicações. A internet tornou-se símbolo da globalização, mas também permitiu a democratização da informação e da mobilização para protestos contra os governos.

Novos problemas surgiram com a globalização, como o aumento da pobreza no mundo. Por exemplo, grandes empresas se instalam na China, pagando salários muito baixos e condenando ao desemprego os trabalhadores de seus países de origem.

Algo que se acelerou com a globalização foi a formação de grandes **blocos econômicos**. O Mercosul, a União Europeia e o Tratado Norte-Americano de Livre-Comércio (NAFTA) são alguns deles.

### Ataque às torres gêmeas e guerras

O Afeganistão foi invadido pela União Soviética em 1979. Houve reação interna e muçulmanos de vários países ajudaram o Afeganistão. Os *mujadhins*, como ficaram conhecidos, receberam apoio político e armamentos dos Estados Unidos.

Após a vitória contra a União Soviética, formou-se no Afeganistão um governo da milícia dos talibãs. Ultrarradicais na interpretação da religião muçulmana, eles impuseram um regime de terror no país. As mulheres foram as que mais sofreram.

Ao mesmo tempo, os *mujadhins* tinham grande ódio dos Estados Unidos. Entre eles destacou-se o milionário saudita Osama bin Laden. Ele fundou e liderou o grupo terrorista Al Qaeda, que planejou um ataque até então impensável.

Em setembro de 2001, após sequestrar aviões comerciais, o grupo jogou dois deles contra os edifícios do World Trade Center, em Nova York. Outro foi jogado contra o Pentágono. O quarto caiu sem ninguém saber ao certo o que ocorreu.

O presidente dos Estados Unidos, George W. Bush, com apoio da sociedade e da imprensa, reagiu com política intitulada **Guerra ao Terror**. O clima de vingança reinante no país ajudou o presidente estadunidense. Certas garantias constitucionais dos cidadãos foram suspensas.

Em outubro de 2001 tropas militares dos Estados Unidos invadiram o Afeganistão. Dois anos depois, alegando que o presidente do Iraque, Saddam Hussein, possuía armas de destruição em massa, tropas estadunidenses invadiram o país. Depois soube-se que não existiam tais armas. O Iraque viveu caos econômico e social e provocou ódio entre muçulmanos sunitas e xiitas. Até hoje o país não se recuperou dos efeitos da invasão militar.

Em 2004, veio a público a notícia de que iraquianos eram torturados na prisão, como também na base militar dos Estados Unidos de Guantánamo, em Cuba. George W. Bush saiu da presidência com baixíssima popularidade e em meio a severa crise econômica.

Spencer Platt/Getty Images

Avião se choca com uma das torres do World Trade Center, em Nova York, em 11 de setembro de 2001.

# A crise econômica de 2007

Em fins de 2007, uma grave **crise econômica** eclodiu nos Estados Unidos. Um importante banco, o *Lehman Brothers*, faliu e a Bolsa de Valores de Nova York chegou ao ponto mais baixo desde sua fundação. Para evitar catástrofe econômica similar à de outubro de 1929, o governo dos Estados Unidos emprestou dinheiro a bancos, seguradoras e indústrias de automóveis. A crise logo chegou à Europa, avançando depois por diversos países.

Tudo começou com a especulação no mercado imobiliário estadunidense. Com juros baixos, as famílias se endividavam para comprar imóvel, e os bancos logo repassavam a dívida na forma de investimentos. Quando o Banco Central (*Federal Reserve*) aumentou a taxa de juros, as famílias não puderam saldar suas dívidas, e bancos e seguradoras arcaram com grandes prejuízos.

O Brasil conseguiu passar sem grandes problemas pela crise mundial. Os governos dos Estados Unidos e Europa abandonaram as políticas neoliberais, interferiram no mercado de capitais, estatizaram empresas, entre outras medidas. Ao final de 2009, a situação foi normalizada.

No entanto, seus reflexos eram irreversíveis e provocaram graves problemas em alguns países europeus da zona do euro. Portugal, Grécia, Espanha, Irlanda e Itália apresentavam dívidas além da capacidade de pagamento. Alguns desses países adotaram medidas que resultaram em recessão, desemprego e perda de direitos sociais, agravando ainda mais a crise.

Em novembro de 2008, ocorreu uma novidade no cenário internacional. **Barack Obama** venceu as eleições nos Estados Unidos, tornando-se o primeiro presidente negro do país. Uma de suas medidas mais conhecidas foi a criação de um sistema de seguro saúde básico para a população. Contudo, em 2016, seu sucessor, Donald Trump, prometeu pôr fim ao programa social, rompeu os acordos que reduziam emissão de gases poluentes, assinados por Obama, e incentivou a discriminação contra imigrantes latinos e muçulmanos.

Leia no Livro do Estudante sobre:

**Revolta Árabe, 296**

**Estado Islâmico, 298**

# A Revolta Árabe

Até 2011, a maior parte dos países árabes do Oriente Médio e norte da África era governada por ditadores. A população vivia em estado de grande pobreza. Muitos desses ditadores eram apoiados pelo Reino Unido, França e Estados Unidos. Eles garantiam a produção e a estabilidade dos preços do petróleo no mercado internacional.

Em dezembro de 2010, um jovem que vivia em Túnis, capital da Tunísia, após ser humilhado e agredido pela polícia, cometeu suicídio como forma de protesto. A população saiu às ruas revoltada contra o governo, a pobreza e o desemprego. O governo caiu e eleições foram convocadas para a formação de uma Assembleia Nacional Constituinte. Começava o que alguns chamaram na época de Primavera Árabe, mas que ficou conhecida como **Revolta Árabe**.

As revoltas espalharam pelo mundo árabe: as do Egito, Bahrein, Iêmen, Marrocos, Líbia e Síria foram as mais conhecidas. No Egito a revolta resultou em outra ditadura, a dos militares; no Iêmen e na Síria o resultado foram guerras civis – completamente destrutiva no caso sírio. Na Líbia, guerra civil resultou em um Estado fraco e na existência de diversos mandatários locais. Os melhores resultados ocorreram na Tunísia, que se tornou uma democracia, e no Marrocos: o rei convocou eleições parlamentares, embora mantivesse muitos de seus poderes.

A invasão do Afeganistão e do Iraque pelos Estados Unidos, além da Revolta Árabe, desestabilizou os poderes locais, permitindo o surgimento de grupos terroristas altamente cruéis, como o **Estado Islâmico**. Recorrendo à tortura, os membros do Estado Islâmico decapitavam ou queimavam vivo quem não lhes obedecia.

A Síria ainda vive a guerra civil que destruiu completamente o país. Diante da catástrofe social, milhares de sírios, líbios, iraquianos, afegãos e povos do norte da África, somalianos e nigerianos abandonaram seus países. Em botes e navios lotados, eles tentavam atravessar o mar Mediterrâneo rumo a países da Europa. Muitos morreram afogados. Os que chegaram nem sempre foram aceitos pelos europeus.

**Conteúdos importantes**

- Globalização
- Blocos econômicos
- Guerra ao Terror
- Crise econômica
- Revolta Árabe

Ekrem Masri/Anadolu Agency/Getty Images

Ônibus com dezenas de refugiados sírios. Fotografia de 2018.

# Aplique o que aprendeu

## Atividade resolvida

(UEM) A globalização é um fenômeno do capitalismo internacional oriundo, sobretudo, do avanço tecnológico, que permite que informações, capitais e mercadorias circulem de forma mais intensa em todo o mundo.

A respeito da globalização, assinale o que for correto.

01) A Organização Mundial do Comércio (OMC) tem a função de administrar acordos internacionais, atuar como fórum de negociações entre os países e resolver disputas comerciais.

02) A teoria neoliberal defende a redução do papel do Estado, tanto na economia quanto nas questões sociais, por exemplo, a previdência social.

04) Com a globalização, houve potencialização da Guerra Fria, aumentando o risco de conflitos armados entre as grandes potências mundiais.

08) A revolução tecnológica provocou a substituição do trabalho humano por máquinas e processos produtivos cada vez mais complexos e sofisticados.

16) O Fórum Social Mundial, realizado diversas vezes em Porto Alegre, foi a expressão política mais concreta dos movimentos sociais que apoiam a globalização.

**Comentário**

Para resolver a questão, é necessário identificar as afirmativas incorretas e descartá-las. A afirmação 04 está errada já que a globalização surgiu exatamente com o fim da Guerra Fria e a liberalização do Bloco Soviético. Já a afirmação 16 está equivocada pois o Fórum Social Mundial, na verdade, é um movimento que questiona alguns princípios da globalização, especialmente o neoliberalismo.

## Atividades

**1.**

O alcance da globalização foi ampliado de maneira significativa nos últimos 20 anos por causa da liberalização econômica chinesa e indiana, do colapso da União Soviética e da revolução da tecnologia da informação em âmbito mundial. Nos próximos 14 anos, ela sustentará o crescimento econômico mundial, aumentará o padrão de vida das pessoas e aprofundará substancialmente a interdependência global. Ao mesmo tempo, abalará profundamente o *status quo* em quase todos os lugares, gerando enormes convulsões econômicas, culturais e, consequentemente, políticas. Certos aspectos da globalização, como a crescente interconexão global derivada da revolução da tecnologia da informação, tendem a ser irreversíveis. A comunicação em tempo real, que tem transformado a política em quase todo o mundo, é um fenômeno que até mesmo regimes repressivos têm dificuldades de expurgar.

ADLER, Alexander (Org.). *O relatório da CIA*: como será o mundo em 2020. Rio de Janeiro: Ediouro, 2006. p. 102-103.

Após a análise atenta do fragmento do relatório da CIA, assinale a alternativa que melhor representa o conteúdo nele expresso.

a) A interconexão global, decorrente da revolução tecnológica, por ser irreversível, tende a promover maior especialização do trabalho, aumentando o padrão de vida dos trabalhadores.

b) O relatório aponta um duplo efeito da globalização e de seu desenvolvimento tecnológico: cria melhores condições individuais e, ao mesmo tempo, promove crises econômicas, sociais e políticas por todo o mundo.

c) A globalização econômica e informacional teve sua origem com o declínio do bloco socialista; por isso, suas características tendem a se tornar essencialmente liberais, promovendo crises econômicas em todo o mundo.

d) Apenas as vantagens da globalização são apontadas pelo relatório: ao promover um desenvolvimento tecnológico, o processo tende a melhorar as condições de vida da população de todo o mundo.

e) O relatório aponta apenas os problemas decorrentes da globalização e de seu desenvolvimento tecnológico: a possibilidade de provocar crises econômicas, sociais e políticas em todo o mundo.

**2.**

A invasão do Iraque por uma coalizão liderada pelos americanos, em 1991, abriu caminho para a formulação dos Acordos de Oslo, uma frágil paz entre israelenses e palestinos. [...] Na outra ponta, a presença americana na Arábia Saudita desatou forte reação árabe contra os americanos [...]. Apesar dessa moldura geral em que se inscreve, o conflito árabe-israelense não pode ser reduzido unicamente às maquinações das grandes potências. [...] Uma parábola do historiador Isaac Deutscher (1907-1967) pode ser a síntese desse drama: Um homem pula do teto de uma casa em chamas, na qual muitos de sua família já morreram. Consegue salvar-se, mas na queda atinge uma pessoa, quebrando-lhe braços e pernas. Não havia escolha para o que saltou, mas o que ficou ferido culpa o outro por sua desgraça; e este, temendo vingança, surra-o cada vez que o encontra.

CAMARGO, Cláudia. Guerras Árabe-Israelenses. In: MAGNOLI, Demétrio. *História das Guerras*. São Paulo: Contexto, 2006. p. 426.

Analise o texto e julgue as afirmações abaixo.

I. A interferência americana no Oriente Médio tem como um de seus efeitos a reação dos povos invadidos à sua presença. Os ataques de 11 de setembro de 2001 são considerados parte dessa reação.

II. As maquinações das grandes potências ocidentais, estimulando o ódio entre os povos do Oriente Médio, são a maior causa dos conflitos entre árabes e israelenses, além de promover guerras entre os próprios árabes.

III. Apesar da interferência externa no Oriente Médio, os conflitos entre árabes e israelenses podem ser explicados por questões históricas entre os dois povos.

a) I e II estão corretas.

b) I e III estão corretas.

c) II e III estão corretas.

d) I, II e III estão corretas.

e) Todas estão incorretas.

**3.**

O primeiro desafio que veio junto com a globalização nas últimas duas décadas foi o crescimento do comércio internacional, motivado pela redução das alíquotas de importação, os acordos regionais e bilaterais de comércio, a formação de blocos. [...]

O segundo desafio é o da internacionalização das economias. A liquidez mundial e o crescimento do mercado de capitais propiciaram a viabilização das estratégias de expansão das empresas transnacionais. Via fusões e aquisições no exterior, ou novos projetos, essas empresas adquiriram um papel sem precedentes na economia mundial [...].

O terceiro desafio é decorrente do espetacular avanço tecnológico que encurtou a vida útil dos produtos e impulsionou as inovações.

LACERDA, Antonio Correa de. Política industrial e globalização. *Terra Magazine*, 17 maio 2007. Disponível em: <http://terramagazine.terra.com.br/interna/0,,OI1618598-EI7095,00-Politica+industrial+e+globalizacao.html>. Acesso em: 20 jul 2018.

A partir das afirmações acima, responda:

a) De acordo com o autor, quais são os novos desafios que as empresas transnacionais passaram a enfrentar com o advento da globalização?

b) Discorra sobre os possíveis efeitos dessas mudanças no mercado de trabalho industrial.

1. (UEPB) Manchete do jornal carioca *Gazeta da Tarde*, de 15 de novembro de 1889:

**Viva a República!**

A partir de hoje, 15 de novembro de 1889, o Brasil entra em nova fase. Pois pode-se considerar finda a monarquia, passando a regime francamente democrático com todas as consequências de liberdade [...]. Assim desaparece a única monarquia que existia na América e, fazendo votos para que o novo regime encaminhe a nossa pátria a seus grandes destinos, esperamos que os vencedores saibam legitimar a posse do poder com o selo da moderação, benignidade e justiça, impedindo qualquer violência contra os vencidos e mostrando que a força bem se concilia com moderação. Viva o Brasil! Viva a democracia! Viva a liberdade!

Apud José Alves de Freitas e Célio Ricardo Tassinafo. *História geral e do Brasil*.

Assinale a alternativa correta.

a) Liderados pelos cafeicultores do oeste paulista, vários segmentos da sociedade brasileira, de ideal republicano, se organizaram e fundaram em 1873 o Partido Republicano Paulista (PRP).
b) O movimento republicano teve ampla participação popular e contou com o apoio total da população do Rio de Janeiro no acompanhamento da tropa que proclamou a República.
c) Apesar da libertação dos escravos em 1888, os cafeicultores do vale do Paraíba continuaram a apoiar a monarquia, por causa das ideias positivistas.
d) A instauração da República foi um acontecimento previsível e obra do único grupo homogêneo — o Exército — inspirado por ideais positivistas.
e) As classes médias urbanas da sociedade brasileira, inspiradas por ideias patrióticas e positivistas, não apoiaram o movimento republicano.

2. (UEM) No Brasil, o regime republicano foi instituído em 1889, por meio de um golpe de Estado liderado pelo marechal Deodoro da Fonseca. A respeito desse acontecimento político, analise as proposições e dê a soma dos números dos itens corretos.

(01) A proclamação da República criou, de imediato, uma ampla rede de proteção social para os negros libertos, concedendo a eles vários direitos trabalhistas, tais como: direito de greve, salário mínimo, registro em carteira de trabalho, aposentadoria após 30 anos de trabalho etc.
(02) O advento do regime republicano no Brasil foi uma decorrência dos descontentamentos de segmentos da classe média (letrados e militares) e dos fazendeiros escravistas, estes últimos prejudicados e ressentidos com a abolição da escravidão pela princesa Isabel, em maio de 1888.
(04) A Revolta de Canudos, liderada por Antônio Conselheiro na década de 1890, foi um dos primeiros movimentos de rebel-

dia antirrepublicana enfrentados pelo recém-criado Estado republicano brasileiro.

(08) O movimento republicano brasileiro foi fortemente influenciado pela doutrina positivista de Auguste Comte, que defendia reformas políticas e sociais sem ataques violentos à ordem social. A prova da influência positivista no Estado republicano brasileiro está na própria bandeira nacional, que contém os dizeres "Ordem e Progresso".

(16) Com a República, institui-se a separação entre Estado e Igreja, no Brasil.

---

**3.** (Cesgranrio)

Socialmente, o coronel exerce uma série de funções que o fazem temido e obedecido. [...] Aos agregados, ele dispensa favores, dá-lhes terras, tira-os da cadeia e ajuda-os, quando doentes; em compensação, exige fidelidade, serviços, permanência infinita em suas terras, participação nos grupos armados etc. Aos familiares e amigos, ele distribui empregos públicos, empresta dinheiro, obtém crédito, protege-os das autoridades policiais e jurídicas, ajuda-os a fugir dos compromissos fiscais do Estado etc.

CARONE, Edgard. *A República Velha*. São Paulo: Difel, p. 106.

Analisando o texto anterior e considerando o fenômeno político-social característico da República Velha no Brasil, conclui-se que o coronel:

a) constituiu, através do exercício de um poder político local ilimitado, o suporte das oligarquias que controlavam a política estadual.

b) representou a consolidação de uma economia agroexportadora nordestina, na qual os subsídios do governo federal beneficiavam os trabalhadores rurais do sertão semiárido.

c) foi o sustentáculo de todas as intervenções realizadas pelo Exército na história republicana brasileira desde a ascensão e a deposição de Vargas até o golpe militar de 1964.

d) era o grande fazendeiro cujo poder local cresceu tanto que o governo republicano decidiu criar a Guarda Nacional para combater esse poder paralelo.

e) foi o responsável pela reorganização política dos anos 1930 do século XX, com o objetivo de aumentar o controle sobre a terra agricultável.

**4.** (PUC-Campinas) Considere os excertos a seguir.

I. "... a classe dos fazendeiros de café se conservava e se eternizava no governo graças a uma máquina eleitoral que se estendia por todo o país, mergulhando suas raízes na terra..."

II. "... o Estado... é todo ele marcado pelo arbítrio dos governantes contra setores populares que se organizavam para reduzir a exploração..."

III. "... a política dos governadores permitia às classes dominantes dos Estados mais poderosos... preservar e fortalecer o poder do grupo que dominava o aparelho estatal..."

Os governos da Primeira República brasileira ficaram conhecidos como oligárquicos, em virtude de apenas um grupo estar ali representado. Esses governos estão corretamente identificados em:

a) apenas II.
b) apenas I e II.
c) apenas I e III.
d) apenas II e III.
e) I, II e III.

**5.** (Fuvest) Com a instalação da República no Brasil, algumas mudanças fundamentais aconteceram. Entre elas, destacam-se:

a) a militarização do poder político e a universalização da cidadania.
b) a descentralização do poder político e um regime presidencialista forte.
c) um Poder Executivo frágil e a criação de forças públicas estaduais.
d) a aproximação entre o Brasil e os Estados Unidos e a instituição do voto secreto.
e) a fundação do Banco do Brasil e a descentralização do poder político.

**6.** (UFRGS) Considerando a história social do Brasil durante a Primeira República, assinale a alternativa correta.

a) A obrigatoriedade da vacinação contra a febre amarela foi o principal motivo para a deflagração do conflito entre as forças republicanas e os sertanejos que habitavam o arraial de Canudos, no interior da Bahia.
b) O processo de modernização e de higienização dos espaços públicos da capital da República levou a um deslocamento das elites econômicas para os morros, zonas consideradas mais saudáveis e com vista privilegiada da cidade.
c) A criação dos primeiros clubes de futebol caracterizou um importante movimento de integração social e racial no país, uma vez que todas as equipes eram formadas predominantemente pela população pobre e negra das periferias urbanas.
d) A imigração europeia no Rio Grande do Sul e em São Paulo favoreceu a difusão de ideais políticos que marcaram o desenvolvimento do movimento operário brasileiro.
e) O modernismo brasileiro caracterizou-se pelo afastamento da temática nacional, copiando valores sociais e estéticos europeus.

**7.** (UFC) A história do Brasil nas primeiras décadas do século XX foi marcada por vários movimentos sociais de base popular, entre eles a Revolta da Chibata, ocorrida no Rio de Janeiro em 1910, um levante dos marujos dos encouraçados Minas Gerais e São Paulo. Sobre esse movimento, assinale a alternativa correta.

a) Os revoltosos foram presos e, na prisão, organizaram um movimento de apoio ao Exército.
b) O movimento teve uma forte influência anarquista, propugnando o fim das arbitrariedades a que eram submetidos os marujos.

c) O governo federal acatou as reivindicações apresentadas pelo movimento, e os revoltosos foram anistiados, concluindo-se assim o levante.

d) As causas deste movimento foram os castigos corporais sofridos pelos marinheiros e o sistema de promoções com que eram beneficiados os mestiços.

e) O marinheiro negro João Cândido foi considerado o único culpado pelo movimento, tendo sido julgado e condenado à morte, como castigo exemplar.

**8.** (Fuvest) No Manifesto Antropofágico, lançado em São Paulo, em 1928, lê-se: "Queremos a Revolução Caraíba... A unificação de todas as revoltas eficazes na direção do homem... Sem nós, a Europa não teria sequer a sua pobre Declaração dos Direitos do Homem". Essas passagens expressam a:

a) defesa de concepções artísticas do Impressionismo.

b) crítica aos princípios da Revolução Francesa.

c) valorização da cultura nacional.

d) adesão à ideologia socialista.

e) afinidade com a cultura estadunidense.

**9.** (Enem)

É difícil encontrar um texto sobre a Proclamação da República no Brasil que não cite a afirmação de Aristides Lobo, no Diário Popular de São Paulo, de que 'o povo assistiu àquilo bestializado'. Essa versão foi relida pelos enaltecedores da Revolução de 1930, que não descuidaram da forma republicana, mas realçaram a exclusão social, o militarismo e o estrangeirismo da fórmula implantada em 1889, isto porque o Brasil brasileiro teria nascido em 1930.

MELLO, M. T. C. A *república consentida*: cultura democrática e científica no final do Império. Rio de Janeiro: FGV, 2007 (adaptado).

O texto defende que a consolidação de uma determinada memória sobre a Proclamação da República no Brasil teve, na Revolução de 1930, um de seus momentos mais importantes. Os defensores da Revolução de 1930 procuraram construir uma visão negativa para os eventos de 1889, porque esta era uma maneira de:

a) valorizar as propostas políticas democráticas e liberais vitoriosas.

b) resgatar simbolicamente as figuras políticas ligadas à Monarquia.

c) criticar a política educacional adotada durante a República Velha.

d) legitimar a ordem política inaugurada com a chegada desse grupo ao poder.

e) destacar a ampla participação popular obtida no processo da Proclamação.

**10.** Em 1881, a Câmara dos Deputados aprovou lei que introduzia o voto direto, eliminando o primeiro turno das eleições. Não haveria mais, daí em diante, votantes, haveria apenas eleitores. Ao mesmo tempo, a lei passava para 200 mil-réis a exigência de renda, proibia o voto de analfabetos e tornava o voto facultativo. [...]

O mais grave é que o retrocesso foi duradouro. A proclamação da República, em 1889, não alterou o quadro. [...] Pelo lado legal, a Constituição republicana de 1891 eliminou apenas a exigência da renda de 200 mil-réis [...]. A principal barreira ao voto, a exclusão dos analfabetos, foi mantida. Continuavam também a não votar as mulheres, os mendigos, os soldados, os membros das ordens religiosas.

CARVALHO, José Murilo de. *Cidadania no Brasil:* o longo caminho. 9. ed. Rio de Janeiro: Civilização Brasileira, 2007. p. 38-40.

Com base no trecho acima, é possível considerar que os direitos políticos no Brasil:

a) eram mais abrangentes na maior parte do Período Monárquico do que na Primeira República.

b) foram muito mais restritos durante a Monarquia, portanto ampliados durante a República.

c) se mantiveram inalterados, com ampla restrição, tanto na Monarquia quanto na República.

d) apesar de ainda um tanto restritos, foram amplamente melhorados na transição da Monarquia para a República.

e) continuaram a tradição brasileira de ampliação de direitos na transição da Monarquia para a República.

**11.** (Fuvest)

A exclusão dos analfabetos pela Constituição republicana (de 1891) era particularmente discriminatória, pois, ao mesmo tempo, retirava a obrigação do governo de fornecer instrução primária, que constava do texto imperial, e exigia para a cidadania política uma qualidade que só o direito social da educação poderia fornecer.

CARVALHO, José Murilo de. *Os bestializados.*

a) Que relação o texto estabelece entre ensino público e exercício da cidadania política durante a Primeira República (1889-1930)?

b) O que a atual Constituição dispõe a respeito dessa relação?

12. (Enem)

Três décadas – de 1884 a 1914 – separam o século XIX – que terminou com a corrida dos países europeus para a África e com o surgimento dos movimentos de unificação nacional na Europa – do século XX, que começou com a Primeira Guerra Mundial. É o período do Imperialismo, da quietude estagnante na Europa e dos acontecimentos empolgantes na Ásia e na África.

ARENDT, H. *As origens do totalitarismo*. São Paulo: Cia. das Letras, 2012

O processo histórico citado contribuiu para a eclosão da Primeira Grande Guerra na medida em que

a) difundiu as teorias socialistas.
b) acirrou as disputas territoriais.
c) superou as crises econômicas.
d) multiplicou os conflitos religiosos
e) conteve os sentimentos xenófobos.

13. (UFMG) Leia o trecho do depoimento de um ex-combatente da Primeira Guerra Mundial.

Uma certa ferocidade surge dentro de você, uma absoluta indiferença para com tudo o que existe no mundo, exceto o seu dever de lutar. Você está comendo uma crosta de pão, e um homem é atingido e morto na trincheira perto de você. Você olha calmamente para ele por um momento e continua a comer o seu pão. Por que não? Aqui, desapareceu para sempre o cavalheirismo. Como todos os sentimentos nobres e pessoais, ele teve de ceder o lugar ao novo ritmo da batalha e ao poder da máquina. Aqui, a nova Europa se revelou pela primeira vez no combate.

Modris Eksteins. *A sagração da primavera*.

Com base na leitura do trecho, é correto afirmar que o impacto dessa guerra:

a) acelerou o processo de libertação das colônias afro-asiáticas, que se tornaram Estados independentes a partir de então.
b) deu origem a um influente movimento contra as guerras, que criou uma ordem internacional pacífica.
c) levou ao fortalecimento e consolidação dos regimes liberais já existentes, além de contribuir para o surgimento de novas democracias.
d) provocou uma crise nos valores dominantes até então, gerando descrédito em relação ao humanismo e ao racionalismo.

14. A guerra criou oportunidades para as mulheres lutarem por seus direitos. Na Grã-Bretanha, Emmeline Pankhurst liderava o movimento pelo direito de voto das mulheres e pelo direito das mulheres de se alistarem no Exército. Milhares delas atuaram como enfermeiras. Com os homens lutando nos campos de batalha, muitas mulheres passaram a trabalhar nas fábricas britânicas. O mesmo ocorreu com as mulheres francesas e do Império Austro-Húngaro. No caso alemão, 55% dos trabalhadores na indústria em 1918 eram mulheres. Ao fim da guerra, o trabalho feminino

deixou de ser apenas doméstico. Grande parte dos trabalhos de escritório passou a ser exercido por mulheres. Sobre a luta das mulheres por conquistarem seus direitos durante a Primeira Guerra Mundial, é possível afirmar:

a) A guerra obrigou as mulheres a assumir trabalhos exclusivamente masculinos, o que prejudicou a luta por seus direitos sociais.
b) Com os homens lutando nos campos de batalha, as mulheres tiveram acesso aos direitos do trabalho, embora essa não fosse a pauta principal do movimento feminista pela igualdade de direitos.
c) Com a guerra, as mulheres foram contratadas para atividades até então reservadas aos homens, possibilitando a conquista de direitos e a igualdade com os homens.
d) Com o fim da guerra, as mulheres perderam os empregos para os homens que retornaram dos campos de batalha, frustrando suas expectativas de conquistarem o direito a empregos que não fossem apenas domésticos.
e) A participação dos homens na guerra não trouxe grandes conquistas ao movimento feminino, ao contrário, as mulheres acabaram relegadas a papel de pouca importância nesse contexto beligerante.

**15.** (UFF) Muitos historiadores consideram a Primeira Guerra Mundial como fator de peso na crise das sociedades liberais contemporâneas. Assinale a opção que contém argumentos todos corretos a favor de tal opinião.

a) A economia de guerra levou a um intervencionismo de Estado sem precedentes; a "união sagrada" foi invocada em favor de sérias restrições às liberdades civis e políticas e, em função da guerra recém-terminada, eclodiram em 1920 graves dificuldades econômicas que abalaram os países liberais sobretudo através da inflação.
b) Em todos os países, a economia de guerra forçou a abolir os sindicatos operários, a confiscar as fortunas privadas e a fechar os Parlamentos, pondo assim em xeque os pilares básicos da sociedade liberal.
c) Durante a guerra foi preciso instaurar regimes autoritários e ditatoriais em países antes liberais como a França e a Inglaterra, num prenúncio do fascismo ainda por vir.
d) A guerra transformou Estados antes liberais em gestores de uma economia militarizada que utilizou de novo o trabalho servil para a confecção de armas e munições, em flagrante desrespeito às liberdades individuais.
e) Derrotadas na Primeira Guerra Mundial, as grandes potências liberais foram, por tal razão, impotentes para conter, a seguir, o desafio comunista e o fascismo.

**16.** (UFU)

Como se explica que um período de tanto progresso pudesse levar a Europa, berço da civilização ocidental, a experimentar

novamente a barbárie, como se viu durante a Primeira Guerra Mundial? [...] Em 11 de novembro (1918), terminava o conflito. Morreram 8 milhões de pessoas, 20 milhões ficaram inválidos, sem falar nos prejuízos econômicos e financeiros que atingiram os países europeus envolvidos diretamente com a guerra.

REZENDE, Antônio P. e DIDIER, Maria T. *Rumos da história*: nossos tempos.

Tomando como referência a citação e os seus conhecimentos sobre os antecedentes e a eclosão da Primeira Guerra Mundial, podemos afirmar:

I. No campo das artes, a velocidade, a máquina, o movimento, a energia foram os grandes temas do futurismo no início do século, evocados como símbolos da beleza e da tecnologia da sociedade industrial moderna, provocando, entretanto, mais tarde, grande desilusão por causa da carnificina da guerra.

II. O discurso internacionalista do movimento operário, que procurava negar as disputas entre os Estados, fez com que os trabalhadores se recusassem a pegar em armas no início da guerra.

III. Entre os fatores que levaram as nações europeias à guerra, estavam as disputas imperialistas por novos territórios, os ideais expansionistas incentivados por teorias raciais e a formação gradual de alianças entre as grandes potências, conhecida como paz armada.

IV. Como resultado da derrota alemã, o Tratado de Versalhes, assinado depois da guerra, pôs fim ao ódio racial e ao clima de revanchismo na Europa, e a Inglaterra garantiu a sua supremacia no capitalismo internacional.

**17.** Leia o texto a seguir.

Contudo, a guerra mundial não pode ser explicada como uma conspiração de fabricantes de armas [...]. Não há dúvida de que a acumulação de armamento, que atingiu proporções temíveis nos últimos cinco anos anteriores a 1914, tornou a situação mais explosiva. Não há dúvida de que havia chegado o momento, ao menos no verão europeu de 1914, em que a máquina inflexível que mobilizava as forças da morte não poderia mais ser estocada. Porém a Europa não foi à guerra devido à corrida armamentista como tal, mas devido à situação internacional que lançou as nações nessa competição.

HOBSBAWM, Eric J. *A era dos impérios*: 1875-1914.
São Paulo: Paz e Terra, 2001. p. 427.

A leitura atenta do texto, que trata dos anos anteriores à Primeira Guerra Mundial, permite concluir que este:

a) aponta para o caráter eminentemente burguês da Primeira Guerra Mundial ao afirmar que a disputa por mercados consumidores é sua principal causa.

b) defende a concepção de que a corrida armamentista é uma consequência da situação internacional anterior à Primeira Guerra Mundial e não a causa primordial do conflito.

c) critica o tradicionalismo dos historiadores que defendem a ideia de que o início da Primeira Guerra Mundial teve causas exclusivamente econômicas, esquecendo-se das militares.

d) demonstra que as indústrias de armamentos foram as responsáveis pelo início da Primeira Guerra Mundial ao oferecerem novas tecnologias bélicas para países já em atrito.

e) defende a teoria de que a Primeira Guerra Mundial teve como causa essencial a disputa pelo controle militar do mundo entre as potências industrializadas.

**18.** (UEPG)

Para os que cresceram antes de 1914, o contraste foi tão impressionante que muitos (...) se recusaram a ver qualquer continuidade com o passado. 'Paz' significava 'antes de 1914': depois disso veio algo que não mais merecia esse nome.

HOBSBAWM, E. *Era dos extremos*.

Sobre a Primeira Guerra Mundial e seus desdobramentos, assinale o que for correto e dê a soma dos números dos itens corretos.

(01) A Primeira Grande Guerra Mundial foi, em última instância, o resultado dos atritos permanentes provocados pelo imperialismo das grandes potências, agrupadas em dois sistemas antagônicos de alianças: o sistema diplomático alemão, que levou à formação da Tríplice Aliança, e o sistema da Tríplice Entente.

(02) Após a unificação política, a Alemanha conheceu um período de acelerado desenvolvimento industrial, sobretudo na siderurgia, na química, nos transportes e na manufatura de instrumentos científicos, o que a transformou na principal potência europeia, em condições de concorrer com o até então dominante comércio inglês.

(04) A Liga das Nações, tribunal supranacional para arbitrar e regular conflitos, foi criada como parte dos acordos de paz. Seus princípios e mecanismos tiveram força de controle sobre os atos das principais potências.

(08) Após a guerra, era necessário tornar o mundo mais seguro contra o bolchevismo. A maneira mais imediata de tratar a Rússia revolucionária foi isolá-la atrás de um cinturão (*cordon sanitaire*) de pequenas repúblicas (Finlândia, Estônia, Letônia e Lituânia) e de Estados como a Polônia, Romênia e Tchecoslováquia.

(16) Pela sua importância para a deflagração da guerra, merece registro o conflito austro-sérvio: a Sérvia fomentava agitações nacionalistas no Império Austro-Húngaro, motivo de constantes atritos entre os dois países. A Rússia, por sua vez, protegia a Sérvia, pensando em expandir-se para os Bálcãs.

**19.** (Unesp) A Primeira Guerra Mundial (1914-1918) resultou de uma alteração da ordem institucional vigente em longo período do século XIX. Entre os motivos desta alteração, destacam-se

a) a divisão do mundo em dois blocos ideologicamente antagônicos e a constituição de países industrializados na América.

b) a desestabilização da sociedade europeia com a emergência do socialismo e a constituição de governos fascistas nos países europeus.

c) o domínio econômico dos mercados do continente europeu pela Inglaterra e o cerco da Rússia pelo capitalismo.

d) a oposição da França à divisão de seu território após as guerras napoleônicas e a aproximação entre a Inglaterra e a Alemanha.

e) a unificação da Alemanha e os conflitos entre as potências suscitados pela anexação de áreas coloniais na Ásia e na África.

**20.** Leia o texto a seguir.

Ao final da Primeira Grande Guerra (1914-1918) foram assinados os Tratados de Paz que aglutinaram vários povos num só Estado, outorgaram a alguns o *status* de 'povos estatais' e lhes confiaram o governo, supuseram silenciosamente que os outros povos nacionalmente compactos (como os eslovacos na Tchecoslováquia ou os croatas e eslovenos na Iugoslávia) chegassem a ser parceiros no governo, o que naturalmente não aconteceu e, com igual arbitrariedade, criaram com os povos que sobraram um terceiro grupo de nacionalidades chamadas minorias, acrescentando assim aos muitos encargos dos novos Estados o problema de observar regulamentos especiais, impostos de fora, para uma parte de sua população. [...] Os Estados recém-criados, por sua vez, que haviam recebido a independência com a promessa de plena soberania nacional, acatada em igualdade de condições com as nações ocidentais, olhavam os Tratados das Minorias como óbvia quebra de promessa e como prova de discriminação.

ARENDT, Hannah. *Origens do totalitarismo*. São Paulo: Companhia das Letras, 1989.

Interprete o texto levando em consideração as consequências do pós-Primeira Guerra Mundial.

a) No pós-Primeira Guerra, observa-se que os tratados de paz colocaram fim à soberania de alguns povos, unindo-os em uma única nacionalidade. Isso criou condições de conflitos entre diferentes povos reunidos em um mesmo Estado.

b) A união de diferentes etnias em uma mesma nação integrou povos do Leste Europeu onde se respeitaram valores, tradições e organização dos povos que compunham anteriormente o Império Austro-Húngaro, Alemão e Russo.

c) Os tratados de paz redesenharam a Europa e os tratados das minorias restabeleceram o direito de formação de novos Estados, como no Leste Europeu, mas preservando os antigos impérios centrais.

d) A lógica presente nos tratados de paz, apesar de arbitrária, pois foram determinadas pelos países vencedores, era preser-

var a identidade e os costumes das minorias para poder integrá-las aos novos Estados nascidos com a fragmentação dos impérios europeus.

e) Os tratados das minorias não foram respeitados, pois mantiveram-se sob a tutela das nações ocidentais e envolvidos diretamente no conflito entre os interesses da Europa ocidental e da União Soviética, em função da formação de novos países, como a Iugoslávia.

**21.** Sobre o período que antecedeu a Primeira Guerra Mundial, julgue verdadeiras (**V**) ou falsas (**F**) as afirmativas a seguir.

( ) Otto von Bismarck foi chanceler da Alemanha e elaborou uma estratégia para evitar que seu país entrasse em guerra. Para isso, esforçou-se para isolar a França de outros países, evitou confrontos com a Inglaterra e estabeleceu aliança com o Império Austro-Húngaro.

( ) Os movimentos nacionalistas eram vigorosos na Europa no início do século XX e defendiam a superioridade de uma nação sobre as outras. Apesar do apelo ao patriotismo entre os povos europeus, o sentimento nacionalista em nada influiu para a eclosão da guerra de 1914.

( ) Paz armada era expressão que definia a situação da Europa pouco antes de eclodir o conflito. Embora os países europeus não estivessem em guerra, formavam poderosos exércitos e os equipavam com armas e munições resultantes de avanços tecnológicos da Segunda Revolução Industrial.

( ) O Império Otomano manteve-se afastado dos conflitos entre as nações europeias para preservar seu imenso território. A estratégia era de permanecer neutro durante o conflito, o que resultou em grande êxito.

( ) A população europeia, especialmente suas elites e classes médias, acreditava viver um momento de esplendor da civilização capitalista liberal, onde o progresso e as conquistas seriam ininterruptas, ideia que a Grande Guerra de 1914 a 1918 mostrou ser errônea.

Assinale a alternativa que indica corretamente quais sentenças são verdadeiras e quais são falsas.

a) V; V; V; F; F.

b) V; F; V; V; F.

c) F; F; F; V; V.

d) V; F; V; F; V.

e) F; F; V; V; F.

**22.** A Grande Guerra alastrou-se por 28 países, entre eles o Brasil, e além de operações terrestres, envolveu operações navais e aéreas. Travou-se em seis frentes ou teatros de operação terrestres, dois principais e quatro secundários. As duas principais foram a Frente Ocidental, compreendendo o território

invadido da França e da Bélgica, do mar do Norte à fronteira da França com a Suíça; e a Frente Oriental, que abrangia os territórios russos, poloneses e a Prússia Oriental, então território alemão. Em 1915 a Itália entrou na guerra ao lado dos Aliados, criando-se a Frente Italiana, na fronteira com a Áustria-Hungria. As frentes secundárias estendiam-se pelos Bálcãs, o Oriente Médio e a região de fronteiras do Império Turco-Otomano com a Rússia.

ARARIPE, Luiz de Alencar. Primeira Guerra Mundial. In: MAGNOLI, Demétrio. *História das Guerras*. São Paulo: Contexto, 2006. p. 332.

Considerando a citação acima, é possível afirmar que a Primeira Guerra Mundial:

a) ficou restrita a poucos países, com nenhuma incursão militar das nações fora do território da Europa.

b) envolveu a participação de países de todos os continentes, com conflitos também em todos eles.

c) restringiu-se aos territórios coloniais, que disputavam territórios africanos e asiáticos, sem conflitos na Europa.

d) ocorreu em amplas áreas dentro e fora da Europa, mas a disputa principal era por territórios na América.

e) alastrou-se por vários países, tendo como palco principal de conflitos os territórios na Eurásia.

**23.** (UERJ)

**A Europa antes...**

Banco de imagens/Arquivo da editora

**e depois da Primeira Guerra Mundial**

Banco de imagens/Arquivo da editora

Adaptado de *Jornal do Século*, encarte do *Jornal do Brasil*, 12/11/2000

A Primeira Guerra Mundial provocou uma reorganização político territorial da Europa, como se observa nos mapas. Duas ideias orientaram essa reorganização: a do Estado-nação e, no caso da fronteira russa, a do cordão sanitário.

A partir da análise dos mapas, identifique a mudança ocorrida na organização política europeia após a Primeira Guerra. Em seguida, indique o motivo que levou ao estabelecimento da política do cordão sanitário naquele momento.

**24.** (UFJF) Sobre o contexto social da Rússia, anterior à Revolução Bolchevique de 1917, é **incorreto** dizer que:

a) a grande massa da população era camponesa, reflexo das condições econômicas e sociais anteriores, havendo grande concentração fundiária nas mãos de poucos.

b) a industrialização estava restrita a poucas cidades, como Moscou e São Petersburgo, e fora financiada, em grande parte, pelo capital europeu ocidental.

c) apresentava uma burguesia forte e organizada, com um projeto revolucionário amadurecido, que defendia, entre outros aspectos, a criação de uma república no lugar do governo czarista.

d) o proletariado enfrentava péssimas condições de vida nas cidades, fruto dos baixos salários, mas dispunha de um certo grau de organização política, que possibilitava sua mobilização.

e) após o fim da servidão, houve uma intensa migração do campo em direção à cidade, contribuindo para o aumento da mão de obra disponível, que seria direcionada, em grande parte, para a indústria.

**25.** (PUC-MG) Sobre o movimento revolucionário ocorrido na Rússia em 1905, é incorreto afirmar:

a) O elemento deflagrador da revolta foi o massacre de milhares de civis inocentes durante o episódio que ficou conhecido como Domingo Sangrento.

b) Representou a manifestação do descontentamento popular diante do autoritarismo do governo e da miséria agravada pela guerra com o Japão.

c) Possibilitou a realização de profundas transformações, consolidando as instituições democráticas e melhorando as condições de vida do povo russo.

d) Pode ser visto como um "ensaio geral", pois antecipou os acontecimentos que ocorreriam doze anos mais tarde durante a Revolução de outubro.

**26.** (UFRGS) Considere as afirmações sobre a Revolução Russa de 1917 e seus desdobramentos.

I. Após a chamada "Revolução de Fevereiro", de 1917, e a abdi-

cação do czar Nicolau II, foi instaurado um regime parlamentar liberal, mais tarde removido pela Revolução Bolchevique de outubro do mesmo ano.

II. Durante a guerra civil que se seguiu à Revolução, os Estados Unidos e as principais potências europeias apoiaram a luta dos bolcheviques contra os chamados "brancos" contrarrevolucionários.

III. Nos grandes expurgos da década de 1930, muitos dos "velhos bolcheviques", antigos revolucionários aliados de Lênin, foram removidos do poder e executados a mando de Josef Stalin.

Quais estão corretas?

a) Apenas I.
b) Apenas II.
c) Apenas III.
d) Apenas I e III.
e) I, II e III.

**27.** (Unesp)

O retorno a uma semieconomia de mercado provocou o reaparecimento da moeda. A desnacionalização de empresas começou respectivamente pelo pequeno e grande comércio, atingindo, mais tarde, a indústria leve. As cooperativas foram devolvidas aos seus antigos acionistas e, no final do ano, permaneciam nas mãos do Estado apenas os setores economicamente estratégicos, o crédito e a indústria pesada.

MALIA, Martin. Entender a Revolução Russa.

O trecho apresentado refere-se a um momento da Revolução Russa, no qual:

a) o Estado soviético implementa a nova política econômica, procurando superar as dificuldades econômicas e sociais advindas do comunismo de guerra.
b) o partido bolchevista promove um processo de abertura política, instaurando um regime político democrático e pluripartidário.
c) o governo leninista, enfraquecido pela guerra civil, é obrigado a fazer concessões à tradicional nobreza czarista.
d) o Estado soviético aplica uma política de planificação econômica e de coletivização de terras denominada de Planos Quinquenais.
e) o conflito entre facções dentro do Estado resulta na oposição do partido bolchevista ao ideário socialista.

**28.** (FGV-SP)

Com a NEP (Nova Política Econômica) o comércio interno foi liberado, permitiu-se o funcionamento de pequenas e médias empresas privadas, estimularam-se os investimentos estrangeiros, instituiu-se o pagamento de horas extras e de prêmios aos trabalhadores e criou-se o imposto sobre propriedades urbanas.

Paulo Sandroni. *Dicionário de economia*, 1985.

Durante a Revolução Russa, a NEP foi aplicada no contexto:

a) do fim da guerra civil (1918-1921), devido à destruição da economia nacional e às tensões pela aplicação do chamado comunismo de guerra.

b) da tomada do poder pelos bolcheviques, em outubro de 1917, pois a economia russa crescia em função da Primeira Guerra.

c) do fracasso dos planos quinquenais, que geraram a estagnação da economia soviética a partir de 1930.

d) da revolução de fevereiro de 1917, pois os mencheviques apostaram na reestruturação da economia russa por meio das grandes obras de infraestrutura.

e) da morte de Lênin e da ascensão de Stalin, que estabeleceu um rígido e eficaz controle sobre as atividades produtivas.

**29.** (Unirio) A Revolução Russa foi um dos grandes acontecimentos históricos que marcaram a crise da sociedade liberal no início do século XX. Sobre as etapas do processo de construção do socialismo na Rússia, pode-se afirmar corretamente que:

a) o governo provisório, iniciado com a Revolução de fevereiro de 1917, levou ao poder os grupos liberais burgueses aliados aos mencheviques, que, liderados pelo primeiro-ministro Kerenski, fecharam a Duma e encerraram as atividades dos sovietes.

b) a liderança exercida pelos bolcheviques sobre os demais partidos políticos atuantes no período pré-revolucionário permitiu que controlassem as reformas econômicas empreendidas pela Duma, convocada pelo czar Nicolau II no Manifesto de Outubro (1905).

c) a participação da Rússia na Primeira Guerra Mundial fez retroceder o processo revolucionário, pois as baixas excessivas, sofridas pelo exército russo, foram compensadas por diversas anexações territoriais, tais como a Rússia Branca e a Geórgia.

d) as diversas agitações populares e as tentativas revolucionárias, lideradas por segmentos burgueses e citadinos, enfraqueceram-se progressivamente após a vitória russa na guerra contra o Japão, que abriu aos russos os ricos mercados comerciais do Oriente.

e) as Teses de Abril, enunciadas por Lenin (1917), popularizaram os ideais revolucionários bolchevistas ao reivindicarem a divisão das grandes propriedades fundiárias entre os camponeses e a entrega do poder aos sovietes, fortalecendo o Partido Bolchevique no processo da revolução.

**30.** (Unesp)

A influência e o domínio do povo pelo "partido", isto é, por alguns recém-chegados (os ideólogos comunistas procedem dos centros urbanos), já destruiu a influência e a energia construtiva desta promissora instituição que eram os sovietes. No momento atual, são os comitês do partido e não os sovietes que governam a Rússia. E sua organização padece de todos os defeitos da organização burocrática.

Piotr Kropotkin. "Carta a Lênin (04.03.1920)". *Textos escolhidos*, 1987.

As críticas do anarquista Kropotkin a Lênin, presentes nessa carta de 1920, indicam a sua

a) crença de que o partido bolchevique consiga reconhecer o poder supremo dos sovietes e extinguir a injustiça social, a hegemonia burguesa e o autoritarismo.

b) insatisfação em relação à diminuição da influência das associações de soldados e trabalhadores e ao aumento da influência política das lideranças bolcheviques.

c) disposição de anular a influência dos sovietes, para que o Estado russo seja eliminado e se instale uma nova organização política, baseada na supressão de toda forma de poder.

d) avaliação de que o partido social-democrata se tornou, após a Revolução de Outubro de 1917, o único grupo político capaz de conter as manifestações sociais e reestruturar o Estado russo.

e) discordância diante do esforço organizativo do país, empreendido pelos bolcheviques, e sua aposta no retorno da monarquia parlamentar derrubada pela Revolução de Outubro de 1917.

**31.** (UFMT)

O campo, em 1922, colheu 50% a mais de grãos do que no ano anterior. A indústria de consumo dava mostras de recuperação, sobretudo a têxtil. Embora o volume da produção fosse ainda um quinto, em 1922, do que fora no período anterior à Primeira Guerra Mundial, em relação ao ano anterior crescera aproximadamente 50%. O tráfego ferroviário fora reativado em todo o país.

HECKER, A. *Revolução Russa*: uma história em debate. São Paulo: Expressão e Arte Editora, 2007.

No trecho acima, o autor fala sobre a Nova Política Econômica (NEP), instalada por Lênin pouco tempo depois da tomada do poder na Rússia. Sobre a NEP, analise as afirmativas.

I. Representou uma suavização da política econômica anterior, admitindo algumas manifestações capitalistas ou de economia mista para reorganizar o aparelho produtivo.

II. Contribuiu para o surgimento de uma nova categoria social, os *nepmen*, empresários da iniciativa privada que colaborariam com o governo bolchevique e dispostos a uma adaptação ao comunismo.

III. Expressou o rompimento definitivo da Rússia com o sistema capitalista e uma forte guinada ao comunismo socialista.

IV. Significou melhoria nas condições do trabalhador industrial: aumento salarial e diminuição da jornada de trabalho.

Estão corretas as afirmativas:

a) I e IV, apenas.

b) II e III, apenas.

c) III e IV, apenas.

d) I, II apenas.

e) I, II, III e IV.

**32.** (UERJ)

Camaradas, a vida de nosso bem-amado Stalin pertence ao povo inteiro. Stalin é nosso guia, nosso sol. Morte a todos os restos do bando fascista.

Sokorine, militante do Partido Comunista da URSS, 1936.

O terror e a propaganda foram dois lados complementares do regime stalinista. Contudo, muitos historiadores afirmam que eles não são suficientes para explicar o grau de aprovação conseguido por este regime tanto dentro como fora da União Soviética. O apoio político dado a Stalin dentro da URSS também é explicado pela:

a) eclosão da segunda revolução russa, que modificou as bases ideológicas do bolchevismo e excluiu lideranças como a de Trotsky.

b) manipulação estatal do nacionalismo, que possibilitou a mobilização popular e revitalizou o caráter messiânico da cultura russa.

c) entrada de capitais estrangeiros após a Segunda Guerra Mundial, que facilitou a retomada da industrialização e permitiu a diminuição do desemprego.

d) introdução da nova política econômica, que permitiu a manutenção da pequena propriedade privada e assegurou a permanência da aliança operário-camponesa.

**33.** A Revolução Russa deve ser compreendida como um fenômeno histórico e suas origens repousam nas estruturas políticas, econômicas e sociais da Rússia pré-revolucionária. São elas, respectivamente,

a) o anarquismo, o republicanismo e a crise econômica.

b) o socialismo, a miséria do campesinato e a crise republicana.

c) a monarquia absoluta, o czarismo e a crise social.

d) o czarismo, o atraso econômico e a pobreza das massas rurais e urbanas.

e) a revolução política, a crise dos sovietes e o empobrecimento do proletariado.

**34.**

Entretanto, a greve chegava ao fim. [...] A perspectiva de nos separar para sempre sem tentar prosseguir uma ação comum nos parecia difícil e absurda. [...] Foi então que uma noite onde, como de hábito, havia em minha casa muitos operários [...] surgiu dentre nós a ideia de criar um organismo permanente: uma espécie de comitê, ou melhor, de conselho, que vigiaria o desenvolvimento dos acontecimentos, servindo de ligação entre todos os operários, informando-os sobre a situação e que poderia, em caso de necessidade, reunir em torno dele as forças operárias revolucionárias. [...] A palavra *soviet*, que significa exatamente conselho em russo, foi pronunciada com esse sentido específico pela primeira vez nessa reunião. Tratava-se, em suma, desse primeiro esboço, de uma espécie de permanência social operária. [...] Decidiu-se que os operários de todas as grandes fábricas da capital seriam informados e que se procederia à eleição dos membros do organismo que, designado pela primeira vez, Conselho (*Soviet*) dos Representantes Operários.

EICHENBAUM, Vsevolod Mikailovitch In: MARQUES, Adhemar; BERUTTI, Flávio e FARIA, Ricardo. *História contemporânea através dos textos*. 11. ed. São Paulo: Contexto, 2008. p. 124-125.

O depoimento é de um militante operário chamado Volin (Vsevolod Mikailovitch Eichenbaum) que participou ativamente de greves e manifestações durante a Revolução de 1905. Ele participou do surgimento do primeiro soviete. Com base no seu depoimento é possível afirmar que:

a) os sovietes surgiram da necessidade dos operários de manterem as greves, cujo resultado, ainda naquele ano, foi a revolução socialista liderada por Lenin.

b) a ideia de formar os sovietes surgiu da necessidade de não se desmobilizarem os operários. Eram conselhos formados por trabalhadores eleitos nas fábricas.

c) os sovietes deram origem ao país que ficou conhecido como União das Repúblicas Socialistas Soviéticas, fundado após a vitória da Revolução de 1905.

d) os sovietes foram inventados por operários após o fim da Revolução de 1905 com o objetivo de promover a revolução e derrubar o governo de Kerenski.

e) a formação dos sovietes atendia à necessidade dos grupos mencheviques e bolcheviques de manter os operários sob seu controle.

**35.** (UFV) A Revolução Russa de 1917 significou a formação do primeiro Estado Socialista do mundo, provocando uma ruptura no sistema capitalista mundial e influenciando os movimentos revolucionários no pós-guerra e a divisão do mundo em Socialismo e Capitalismo, com os consequentes conflitos de interesses.

a) Cite duas condições existentes na Rússia czarista que contribuíram para a eclosão da Revolução de 1917.

b) O que eram os 'soviets' e qual o seu papel no processo revolucionário?

**36.** (Fuvest)

Foi precisamente a divisão da economia mundial em múltiplas jurisdições políticas, competindo entre si pelo capital circulante, que deu aos agentes capitalistas as maiores oportunidades de continuar a expandir o valor de seu capital, nos períodos de estagnação material generalizada da economia mundial.

Giovanni Arrighi, *O longo século XX*. Dinheiro, poder e as origens do nosso tempo. Rio de Janeiro/São Paulo: Contraponto/Edunesp, p.237, 1996.

Conforme o texto, uma das características mais marcantes da história da formação e desenvolvimento do sistema capitalista é a

a) incapacidade de o capitalismo se desenvolver em períodos em que os Estados intervêm fortemente na economia de seus países.

b) responsabilidade exclusiva dos agentes capitalistas privados na recuperação do capitalismo, após períodos de crise mundial.

c) dependência que o capitalismo tem da ação dos Estados para a superação de crises econômicas mundiais.

d) dissolução frequente das divisões políticas tradicionais em decorrência da necessidade de desenvolvimento do capitalismo.

e) ocorrência de oportunidades de desenvolvimento financeiro do capital a partir de crises políticas generalizadas.

**37.** (Enem)

**Texto I**

A Europa entrou em estado de exceção, personificado por obscuras forças econômicas sem rosto ou localização física conhecida que não prestam contas a ninguém e se espalham pelo globo por meio de milhões de transações diárias no ciberespaço.

ROSSI, C. Nem fim do mundo nem mundo novo. *Folha de São Paulo*, 11 dez. 2011 (adaptado).

**Texto II**

Estamos imersos numa crise financeira como nunca tínhamos visto desde a Grande Depressão iniciada em 1929 nos Estados Unidos.

Entrevista de George Soros. Disponível em: www.nybooks.com. Acesso em: 17 ago. 2011 (adaptado).

A comparação entre os significados da atual crise econômica e do *crash* de 1929 oculta a principal diferença entre essas duas crises, pois:

a) o *crash* da Bolsa em 1929 adveio do envolvimento dos EUA na I Guerra Mundial e a atual crise é o resultado dos gastos militares desse país nas guerras do Afeganistão e Iraque.

b) a crise de 1929 ocorreu devido a um quadro de superprodução industrial nos EUA e a atual crise resultou da especulação financeira e da expansão desmedida do crédito bancário.

c) a crise de 1929 foi o resultado da concorrência dos países europeus reconstruídos após a I Guerra e a atual crise se associa à emergência dos BRICS como novos concorrentes econômicos.

d) o *crash* da Bolsa em 1929 resultou do excesso de proteções ao setor produtivo estadunidense e a atual crise tem origem na internacionalização das empresas e no avanço da política de livre mercado.

e) a crise de 1929 decorreu da política intervencionista norte-americana sobre o sistema de comércio mundial e a atual crise resultou do excesso de regulação do governo desse país sobre o sistema monetário.

**38.** (UFSM) Considerando a crise do capitalismo liberal nos EUA, nas décadas de 1920 e 30, é possível afirmar que:

a) a quebra da Bolsa de Valores de Nova York, em outubro de 1929, foi o fato gerador da crise de superprodução da economia norte-americana.

b) a produção industrial mantida num patamar elevado, sem que houvesse mercado consumidor, foi o elemento desencadeador da crise.

c) o crescimento econômico dos anos 1920 aparelhou a agricultura e a indústria dos EUA, para enfrentar as crises decorrentes da retração do mercado.

d) a Bolsa de Valores de Nova York, ao longo da década de 1920, pautou seus negócios com objetividade, sem permitir especulações com o valor das ações.

e) a aspiração por enriquecimento rápido e fácil, comum na sociedade dos EUA, não colaborou para a quebra da Bolsa de Valores de Nova York.

**39.** (UFF)

> Por meio de tudo isto – pela divisão do trabalho, supervisão do trabalho, multas, sinos e relógios, incentivos em dinheiro, pregações e ensino, supressão das feiras e dos esportes – formaram-se novos hábitos de trabalho e impôs-se uma nova disciplina do tempo.
>
> Edward P. Thompson. *Costumes em comum*: estudos sobre a cultura popular tradicional.

A passagem citada indica como, por meio do desenvolvimento da industrialização e do capitalismo, o trabalhador foi levado a construir uma nova relação com o tempo, incorporando o tempo marcado pelo relógio na atividade produtiva e na sua própria vida. Ao mesmo tempo, buscou-se um controle e um direcionamento para o período em que não estivesse trabalhando, de modo a orientar "positivamente" a utilização de seu "tempo ocioso". Pode-se considerar que o apogeu desse processo se deu com:

a) o stakhanovismo, porque implementava maior produção na indústria, a partir da extensão da jornada de trabalho, diminuindo o "tempo ocioso" do operário, e organizando-o em grandes vilas.

b) o taylorismo, porque preconizava a concorrência entre as diversas tarefas desempenhadas pelos trabalhadores, reproduzindo, no interior da fábrica, os ideais de competição do capitalismo liberal.

c) o toyotismo, porque, ao se basear na extrema especialização das tarefas, nos estoques abundantes das mercadorias produzidas e na rígida disciplina e hierarquia, introduziu no Japão os valores da sociedade capitalista.

d) o fordismo, porque, além de implementar a produção em série, aumentando a produtividade, trouxe um conjunto de preceitos morais que deveriam ser seguidos pelos trabalhadores fora da fábrica.

e) o fayolismo, porque tinha como princípio a completa indiferenciação entre tempo de trabalho e tempo de diversão, definindo que a tarefa fundamental dos operários era o trabalho industrial capitalista.

**40.** (Fuvest)

> A crise atingiu o mundo inteiro. O operário metalúrgico de Pittsburgo, o plantador de café brasileiro, o artesão de Paris e o banqueiro de Londres, todos foram atingidos.
>
> Paul Raynaud. *A França salvou a Europa*. Tradução de T. I. Flamarion.

O autor se refere à crise mundial de 1929, iniciada nos Estados Unidos, da qual resultou(aram):

a) o abalo do liberalismo econômico e a tendência para a prática da intervenção do Estado na economia.
b) o aumento do número das sociedades acionárias e da especulação financeira.
c) a expansão do sistema de crédito e do financiamento ao consumidor.
d) a imediata valorização dos preços da produção industrial e o fim da acumulação de estoques.
e) o crescimento acelerado das atividades de empresas industriais e comerciais e o pleno emprego.

**41.** (UNEMAT) Em outubro de 2009, completou 80 anos uma das maiores crises da economia capitalista conhecida como "Queda da Bolsa de Nova Iorque de 1929", cujas implicações tiveram proporções globais. A partir dessa informação, assinale a alternativa **incorreta**.
a) Na União Soviética, a crise de 1929 teve um impacto avassalador, impedindo que este país colocasse, em prática, o seu programa de rápida industrialização e estabilidade econômica.
b) Esta crise reduziu drasticamente os empréstimos norte-americanos e com isso agravou ainda mais a situação dos países europeus que estavam se recuperando dos excessivos gastos com a I Guerra Mundial.
c) Os países da América Latina como o Brasil, que dependiam da exportação de matérias-primas e alimentos, reduziram fortemente o seu comércio com os países industrializados.
d) Nos Estados Unidos, com a crise, a economia foi reduzida pela metade e o número de desempregados teve um aumento expressivo.
e) Na Europa, a crise de 1929 fortaleceu e, ao mesmo tempo, favoreceu os grupos políticos que combatiam e defendiam os regimes totalitários.

**42.** (UFMG) Considerando-se a crise econômica mundial iniciada, em 1929, com a quebra da Bolsa de Valores de Nova York, é **correto** afirmar que:
a) a Alemanha sofreu impacto imediato e violento desse evento, em razão dos laços econômicos estreitos que vinha mantendo com os Estados Unidos.
b) a escassez de matérias-primas e de crédito, entre outras causas do *crash* norte-americano, muito contribuiu, na época, para alimentar a espiral inflacionária.
c) a URSS foi um dos países atingidos por esse evento, pois a recessão no mundo capitalista prejudicou as exportações de petróleo do país.
d) os países da América do Sul sentiram os efeitos desse evento, graças à repatriação do capital estrangeiro anteriormente investido nessa região.

43. (UFG) A crise de 1929 abalou os Estados Unidos. Em 1933, Franklin Delano Roosevelt foi eleito com o objetivo de recuperar o país por meio do programa conhecido como *New Deal*, que propunha

a) a defesa do isolacionismo e do planejamento econômico, por meio dos quais os Estados Unidos abdicavam do engajamento em questões internacionais.

b) a mudança do centro das decisões econômicas de Nova York, símbolo do poder dos grandes banqueiros, para Washington, sede do poder federal.

c) a redução das importações estadunidenses que afetaram os países dependentes de seu mercado, repatriando capitais norte-americanos.

d) a intervenção e o planejamento do Estado na economia, em quatro setores: agricultura, trabalho, segurança social e administração.

e) o conservadorismo em questões econômicas e na política externa, ampliando a "missão civilizadora" dos Estados Unidos.

44. (FGV-SP)

'Duas pessoas inventaram o *New Deal*: o presidente do Brasil e o presidente dos Estados Unidos'. O autor da frase foi o próprio criador do histórico plano de recuperação da economia norte-americana, Franklin Delano Roosevelt (1882-1945). O elogio foi feito em visita ao Rio de Janeiro, em novembro de 1936, e referia-se ao governo de Getúlio Vargas.

Flávio Limoncic, Os inventores do 'New Deal'. *Revista da História da Biblioteca Nacional*, ago. 2009.

Sobre o *New Deal*, é correto afirmar que:

a) recuperou as doutrinas liberais de Adam Smith no sentido de restabelecer o dinamismo da economia por meio das regras de mercado, além de controlar as atividades sindicais para evitar aumentos salariais que comprometessem o crescimento nacional.

b) foi decisivo na recuperação da economia capitalista por desenvolver práticas que reduziram a produção aos mesmos níveis da demanda, com a constituição de rígidos orçamentos públicos sem déficits.

c) efetivou, a partir das ideias do economista John Keynes, a intervenção do Estado na ordem econômica, principalmente por meio dos investimentos públicos em grandes obras, o que resolveria parte do problema do desemprego.

d) limitou-se em reorganizar as instituições bancárias, que passaram a sofrer com a intensa vigilância do governo norte-americano e foram obrigadas a conceder linhas de crédito populares para os agricultores.

e) optou pela utilização de algumas ortodoxias econômicas, a partir do modelo teórico de J. K. Galbraith, como a concentração de capitais em atividades essenciais, principalmente as indústrias do aço e do petróleo.

45. Durante a grande depressão, nos Estados Unidos, o economista John Maynard Keynes dizia ser necessário estabelecer uma nova política econômica de Estado. Segundo ele,

[...] para criar demanda, as pessoas deveriam obter meios para gastar. Uma conclusão daí decorrente é que os salários de desemprego não deveriam ser considerados simplesmente como débito do orçamento, [mas sim] um meio por intermédio do qual a demanda poderia aumentar e estimular a oferta. Além do mais, uma demanda reduzida significava que não haveria investimento suficiente para produzir a quantidade de mercadorias necessárias para assegurar o pleno emprego. Os governos deveriam, portanto, encorajar mais investimentos, baixando as taxas de juros [...], bem como criar um extenso programa de obras públicas, que proporcionaria emprego e geraria uma demanda maior de produtos industriais.

KEYNES, John Maynard. *A teoria geral do emprego, do juro e da moeda.* São Paulo: Nova Cultural, 1988.

A nova política econômica descrita por Keynes pode ser caracterizada:

a) pelos princípios básicos do socialismo, que visava à integração da economia pública e privada.
b) pelo liberalismo econômico, ampliando a produção de mercadorias para aumentar a empregabilidade.
c) pela intervenção direta do Estado na economia, com iniciativas capazes de gerar empregos.
d) pelos fundamentos econômicos do Plano Marshall, a exemplo da Primeira Guerra, que desenvolveu programas de subsídios governamentais.
e) pelo capitalismo monopolista de Estado, basicamente de incentivo à agricultura e indústria.

**46.** (Unicamp) Observe o gráfico e responda às questões.

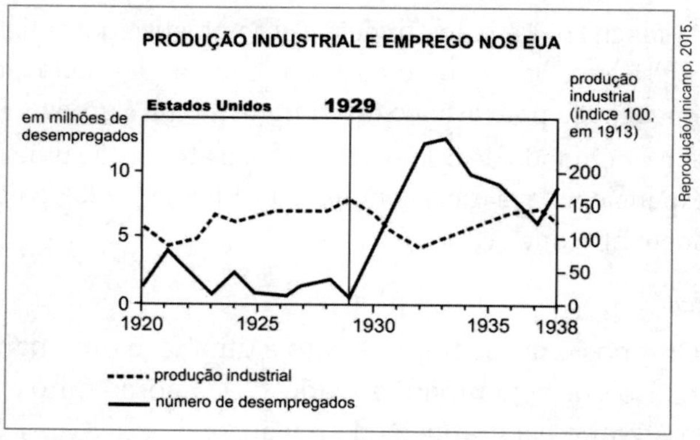


Adaptado de Adam Hart-Davis, *History*: the definitive visual guide. London: DK, 2007, p. 385.

a) Qual a relação existente entre as duas linhas apresentadas no gráfico?

b) Apresente dois motivos para a crise financeira de 1929.

**47.** (UNEMAT) Após o fim da I Guerra Mundial, em 1918, a Itália, como outras nações europeias, foi palco de grave crise política, econômica e social.

Com base nessa afirmação, assinale a alternativa **incorreta**.

a) Os trabalhadores italianos sob o fascismo tiveram ampliadas as suas reivindicações, ao mesmo tempo que conquistaram plena liberdade de organização.

b) O medo de uma revolução socialista nesse país, nos moldes da União Soviética, levou a burguesia a apoiar e financiar os grupos de extrema direita, especialmente o Partido Nacional Fascista.

c) O Partido Nacional Fascista, liderado por Benito Mussolini, defendia a ideia de um Estado forte centralizado.

d) Os fascistas italianos tinham como objetivo garantir a ordem capitalista, os lucros e as propriedades que estavam sendo ameaçadas pelo avanço do comunismo na Europa.

e) Sob o comando de Benito Mussolini e através de uma ideologia expansionista, a Itália conquistou a Etiópia (1935), país do Nordeste africano.

**48.** (UnB)

> Criamos o nosso mito. O mito é uma fé, é uma paixão. Não é preciso que seja uma realidade. [...] O nosso mito é a nação, o nosso mito é a grandeza da nação.
>
> MUSSOLINI, Benito. *Opera Omnia*. Roma: La Fenice, 1951-1965. (36 volumes)

Com referência às ideias e às práticas fascistas, julgue (V ou F) os itens seguintes.

( ) O nacionalismo fascista foi essencialmente conservador e agressivo, o que acabou por justificar sua política de expansão imperialista.

( ) Os regimes fascistas defendiam o primado da ação, assentada na férrea disciplina e na total obediência ao comando do Estado: crer, obedecer, combater.

( ) "Tudo no Estado, nada fora do Estado, nada contra o Estado", lema mussoliniano, traduz uma concepção totalitária da história que se manteve restrita à Itália.

( ) As doutrinas totalitárias influenciaram movimentos como os liderados por Oliveira Salazar (Portugal) e por Francisco Franco (Espanha), além da Ação Integralista Brasileira, que teve em Plínio Salgado seu fundador e figura de maior expressão.

Assinale a alternativa correta:

a) V – V – V – V.
b) V – F – V – F.
c) V – V – F – V.
d) F – F – V – V.
e) F – V – F – V.

**49.** (Enem)

As Brigadas Internacionais foram unidades de combatentes formadas por voluntários de 53 nacionalidades dispostos a lutar em defesa da República espanhola. Estima-se que cerca de 60 mil cidadãos de várias partes do mundo – incluindo 40 brasileiros – tenham se incorporado a essas unidades. Apesar de coordenadas pelos comunistas, as Brigadas contaram com membros socialistas, liberais e de outras correntes político-ideológicas.

SOUZA, I. I. A *Guerra Civil Europeia*. História Viva, n. 70, 2009 (fragmento).

A Guerra Civil Espanhola expressou as disputas em curso na Europa na década de 1930. A perspectiva política comum que promoveu a mobilização descrita foi o(a):

a) crítica ao stalinismo.
b) combate ao fascismo.
c) rejeição ao federalismo.
d) apoio ao corporativismo.
e) adesão ao anarquismo.

**50.** (UPE) Leia atentamente o trecho que se segue, extraído do livro de memórias do cineasta espanhol Luis Buñuel (1900-1983):

Em julho de 1936, Franco desembarcava à frente de tropas marroquinas, com a intenção inabalável de acabar com a República e de restabelecer "a ordem" na Espanha. Minha mulher e meu filho acabavam de retornar a Paris, fazia um mês. Eu estava sozinho em Madri. Em uma manhã, bem cedo, fui acordado por uma explosão, seguida de várias outras. Um avião republicano bombardeava o quartel de La Montaña, e ouvi também alguns disparos de canhão. [...] Eu mal podia crer. [...] A revolução violenta que sentíamos germinar havia alguns anos, e que pessoalmente eu tanto almejara, passava sob a minha janela, diante dos meus olhos. Ela me encontrava desorientado, descrente.

Adaptado de BUÑUEL, Luis. *Meu último suspiro*. São Paulo: Cosac & Naify, 2009. p. 215.

Baseando-se no texto apresentado e no fato histórico por ele mencionado, analise as afirmações seguintes:

I. Madri foi um dos palcos da Guerra Civil Espanhola (1936-1939), que dividiu a Espanha entre radicais conservadores de direita e republicanos de esquerda.

II. O general Franco tinha o apoio interno da Igreja, do exército e dos latifundiários, contando, ainda, com o apoio internacional da Alemanha hitlerista.

III. A fuga para o exterior, como fizeram a esposa e o filho de Buñuel, foi uma prática comum entre os cidadãos espanhóis, durante a guerra, a qual recebia apoio dos republicanos.

IV. Apoiados pela Igreja, os republicanos não aceitaram a participação de voluntários estrangeiros em seu exército.

V. Os republicanos de esquerda foram influenciados pelo pensamento socialista e anarquista.

Estão corretas:

a) I, III e IV.
b) I, IV e V.
c) II, III e IV.
d) II, IV e V.
e) I, II e V.

**51.** (UFV) Assinale, dentre as alternativas a seguir, aquela que **não representa** uma característica da doutrina político-ideológica nazista:

a) O racismo, que se baseia na alegação de que existe uma raça superior a todas as outras e que, em razão dessa superioridade, ela tem o direito de governar ou mesmo eliminar as demais.
b) O militarismo, que se explicita na alegação de que a guerra, para a nação dos indivíduos da raça superior, é algo positivo porque possibilita um fortalecimento ainda maior dessa raça.
c) O totalitarismo, que se fundamenta na alegação de que todos os interesses individuais devem estar subordinados à vontade e interesse do Estado.
d) O expansionismo, que se expressa na alegação de que a nação constituída pelos indivíduos de raça superior tem o direito de conquistar o espaço territorial de outras nações.
e) O internacionalismo, que se apoia na alegação de que a existência de nações impede o desenvolvimento da humanidade, sendo necessária a destruição das barreiras nacionais, sejam culturais, políticas ou econômicas, em prol da constituição de uma sociedade mundial.

**52.** (Unesp)

Nas primeiras sequências de *O triunfo da vontade* [filme alemão de 1935], Hitler chega de avião como um esperado Messias. O trimotor plaina sobre as nuvens que se abrem à medida que ele desce sobre a cidade. A propósito dessa cena, a cineasta escreveria: “O sol desapareceu atrás das nuvens. Mas, quando o *Führer* chega, os raios de sol cortam o céu, o céu hitleriano”.

LENHARO, Alcir. *Nazismo, o triunfo da vontade*. 1986.

O texto mostra algumas características centrais do nazismo:

a) o desprezo pelas manifestações de massa e a defesa de princípios religiosos do catolicismo.

b) a glorificação das principais lideranças políticas e a depreciação da natureza.

c) o uso intenso do cinema como propaganda política e o culto da figura do líder.

d) a valorização dos espaços urbanos e o estímulo à migração dos camponeses para as cidades.

e) o apreço pelas conquistas tecnológicas e a identificação do líder como um homem comum.

**53.** (UFRRJ) Leia o texto a seguir, sobre o início do processo revolucionário na Alemanha, em fins de 1918, e responda à questão a seguir.

Entre o primeiro dia de agitação das equipagens e o dia da queda do regime imperial e da proclamação da República, passou pouco tempo. O movimento teve início nas cidades costeiras como Wilhelmshavem, Kiel e Hamburgo, estendendo-se depois para o interior. Partiu dos marinheiros o brado de rebeldia contra a ordem para retornar à guerra. [...] Rapidamente o movimento se generalizou, com a criação de conselhos de operários e soldados, com uma força espontânea e irresistível.

ALMEIDA, Â. M. *A República de Weimar e a ascensão do nazismo.* São Paulo: Brasiliense, 1982. p. 26.

A chamada "Revolução Alemã" de 1918/1919 pode ser relacionada a um movimento:

a) de amplo espectro político e de cunho liberal-nacionalista, que objetivava resistir à intervenção estrangeira e às humilhantes condições impostas pelo Tratado de Versalhes.

b) que buscava realizar, num momento em que a monarquia se encontrava particularmente fragilizada pela derrota na guerra, os ideais liberais e democráticos de 1848.

c) político diretamente inspirado no modelo de revolução social e política seguido pelo partido bolchevique russo, na Revolução de outubro de 1917.

d) dirigido por setores da extrema direita nacionalista que, com um programa que combatia o liberalismo e tinha traços claros de antissemitismo, prenunciava o nazismo.

e) que buscava por meio de uma revolução política conservadora restabelecer uma ordem social derrubada após a derrota na Primeira Guerra Mundial: a monarquia parlamentar.

**54.** Leia o texto a seguir.

Como garantia, iniciou-se a nazificação das escolas e universidades. Todos os professores, dos jardins de infância à universidade, foram compelidos a se filiarem à liga nacional-socialista de professores e a ensinar o que lhes era ordenado.

As universidades alemãs, outrora famosas por sua pesquisa científica, tornaram-se centros de ciência racista.

BULLOCK, Alan. *O século XX*. São Paulo: Abril, 1968. p. 1.513.

Com base no texto acima, pode-se afirmar que o regime nazista:

a) comprova que os maiores intelectuais alemães trabalharam para ajudar a legitimar os argumentos étnicos, sociais e políticos do regime nazista.

b) revela a difusão e o poder do Terceiro *Reich*, o mais duradouro regime político entre as principais potências europeias no século XX.

c) comprova que o regime de Hitler era apoiado pela totalidade da população alemã, razão pela qual só um ataque externo pôde depor o *Führer*.

d) revela que o projeto nazista era conquistar todos os setores da sociedade, incluindo as diversas gerações, bem como os mais escolarizados.

e) comprova que as instituições sociais, como a escola, foram de forma espontânea aliadas do regime nazista.

**55.** Com base nos seus conhecimentos, assinale a afirmativa correta sobre a ascensão do totalitarismo.

a) A democracia é sinônimo de totalitarismo, pois se baseia nas necessidades e na vontade geral de toda uma nação, de um povo, desqualificando a individualidade.

b) O totalitarismo representa os interesses capitalistas, defendendo uma economia de caráter liberal em que o Estado ocupa uma função de agenciador.

c) O nascimento do nazifascismo está vinculado às crises europeias do pós-Primeira Guerra, principalmente a de caráter econômico, e surge para atender aos interesses dos grupos anticapitalistas.

d) Os movimentos da direita radical surgem para apresentar uma nova opção política e de poder, desvinculada dos movimentos sociais e políticos das primeiras décadas do século XX.

e) Na Itália, a Igreja católica não apoiou o governo de Benito Mussolini, mesmo com a assinatura do Tratado de Latrão.

**56.** A primeira grande milícia do Partido Nazista, responsável por atacar comunistas e judeus nos anos 1920 e inícios dos anos 1930 foi:

a) a Gestapo, polícia secreta do Estado.

b) a SA, grupo de choque, *Stürm Abteilungen*.

c) a SS, guarda de elite do *Führer*.

d) os Freikorps, que combateram os levantes comunistas em 1918-1919.

e) os militantes da república Spartakista Bávara.

**57.** (UERJ) Exibido pela primeira vez em outubro de 1940, o filme *O grande ditador*, de Charles Chaplin, faz uma crítica a um projeto político vigente na época.

Observe o fotograma de uma cena do filme e o discurso apresentado em seu final:

http://passosdesvairados.blogspot.com

A aviação e o rádio nos aproximaram. A própria natureza dessas coisas é um apelo eloquente à bondade do homem, um apelo à fraternidade universal, a união de todos nós. Neste mesmo instante a minha voz chega a milhares de pessoas pelo mundo afora. Milhões de desesperados: homens, mulheres, criancinhas, vítimas de um sistema que tortura seres humanos e encarcera inocentes. Aos que podem me ouvir eu digo: não desespereis! A desgraça que tem caído sobre nós não é mais do que o produto da cobiça em agonia, da amargura de homens que temem o avanço do progresso humano. Os homens que odeiam desaparecerão, os ditadores sucumbem e o poder que do povo arrebataram há de retornar ao povo. E assim, enquanto morrem homens, a liberdade nunca perecerá.

Discurso final do filme *O grande ditador*.
Adaptado de www.pedagogiaemfoco.pro.br.

Identifique o projeto político-ideológico criticado e apresente duas características desse projeto que se opunham aos ideais defendidos no discurso final.

**58.** (FGV-SP)

Asa Heshel lia o jornal; campos de concentração, câmaras de tortura, prisões, execuções. Diariamente chegavam da Alemanha levas de judeus expatriados. Na Espanha, continuavam a liquidar os legalistas. Na Etiópia, os fascistas assassinavam os nativos. Na Manchúria, os japoneses matavam os chineses. Na Rússia soviética, continuavam os expurgos. A Inglaterra tentava ainda chegar a um entendimento com Hitler. Entretanto emitia um Livro Branco sobre a Palestina, proibindo a venda de terras aos judeus. Os poloneses começavam, finalmente, a perceber que Hitler era seu inimigo; a imprensa alemã fazia campanha de ódio declarado contra a Polônia. Mas no *Sejm* (Parlamento) polonês os deputados ainda tinham tempo para discutir longamente as minúcias dos rituais judaicos para o abate do gado.

SINGER, Isaac Bashevis. *A família Moskat*. Rio de Janeiro: Francisco Alves, 1982. p. 474-475.

O trecho do romance de Bashevis Singer oferece um panorama sobre a situação do mundo às vésperas da Segunda Guerra Mundial. A esse respeito, é correto afirmar:

a) O regime nazista desencadeou uma ampla campanha de perseguição a grupos considerados inferiores e degenerados, como judeus, comunistas, homossexuais e ciganos, reunindo-os em campos de concentração onde eram submetidos a torturas, trabalhos forçados e experiências médico-científicas, culminando na chamada Solução Final, ou seja, no extermínio da população aprisionada.

b) A posição da Inglaterra em negociar com Hitler devia-se ao receio da expansão comunista na Europa, mas foi alterada com o crescente processo de militarização da Alemanha e com a anexação da Áustria, em 1938.

c) O temor com relação aos comunistas era comum a quase todos os governantes capitalistas da década de 1930, mas o preconceito contra os judeus era um traço específico da cultura alemã, habilmente explorado por Hitler.

d) Os expurgos que se processavam na União Soviética dirigiam-se sobretudo contra os bolcheviques nacionalistas, críticos do acordo Ribbentrop-Molotov, que estabelecia um pacto de não agressão entre a Alemanha e a URSS. Em nome da revolução permanente e de uma renovação contínua dos quadros dirigentes, o stalinismo promoveu uma furiosa perseguição a suspeitos e opositores, lançando mão de processos e julgamentos viciados, torturas e execuções sumárias.

e) O fortalecimento de ideologias nacionalistas, militaristas e autoritárias ocorreu como uma resposta à crise da democracia após a Primeira Guerra Mundial, num contexto de expansão econômica que garantia pleno emprego, estabilidade monetária e investimentos de capitais privados.

**59.** Sobre a derrota francesa em 1940, é possível afirmar:

a) Foi uma responsabilidade exclusiva do marechal Pétain que, herói da Primeira Guerra Mundial, usou táticas obsoletas para deter o avanço dos blindados alemães.

b) A França não organizou nenhum sistema de defesa na região renana, o que facilitou o avanço dos tanques alemães.

c) Prevalecia um sentimento de derrotismo na França, antes mesmo do início da guerra, resultante do desgaste político da República, da desatualização estratégica do alto comando e do obsoletismo da tecnologia militar francesa.

d) A Inglaterra foi a responsável pela derrota francesa ao não enviar sua força aérea (RAF) para a defesa do aliado.

e) Resultou da sabotagem dos comunistas franceses, que apoiaram a invasão por lealdade à política da URSS, considerando o Pacto Germano-Soviético de 1939.

**60.** (Fatec) A ocupação da Polônia marca o início da Segunda Guerra Mundial. A tentativa de manter a paz a qualquer custo, como foi feito em Munique, se revelou impossível. Hitler não se dava por satisfeito com a conquista do "espaço vital", queria mais e mais. Sobre a Segunda Guerra, é correto afirmar:

a) A Itália, aliada da Alemanha desde a assinatura do Pacto de Aço, declarou guerra à Inglaterra e à França em junho de 1940. Em setembro do mesmo ano, a Itália atacou o Egito e a Turquia.

b) Em 1941, tropas alemãs invadiram o território soviético e dominaram definitivamente Leningrado e Moscou.

c) A partir dos sucessos na frente ocidental, da invasão e conquista da Bélgica, Holanda e França e do recuo inglês para o outro lado do canal, Hitler voltou sua atenção para a Polônia.

d) O sucesso definitivo alemão deveu-se à sua tática militar, conhecida como "guerra relâmpago"; essa consistia no uso de forças motorizadas, tanques e aviação, conjugados e combinados entre si, em uma ação defensiva.

e) A partir da declaração de guerra, feita por Inglaterra e França contra a Alemanha, outros países foram entrando no conflito, de ambos os lados. A cada novo beligerante, a relação de forças se alterava, e a guerra entrava em uma nova fase. Inicialmente uma guerra europeia, estendeu-se paulatinamente à Ásia e à África.

**61.** (Fuvest)

> Esta guerra, de fato, é uma confirmação da anterior.
>
> Winston Churchill, em discurso feito no Parlamento em 21 de agosto de 1941.

A afirmativa acima confirma a continuidade latente de problemas não solucionados na Primeira Guerra Mundial, que contribuíram para alimentar os antagonismos e levaram à eclosão da Segunda Guerra Mundial. Entre esses problemas identificamos:

a) crescente nacionalismo econômico, aumento da disputa por mercados consumidores e por áreas de investimentos.

b) desenvolvimento do imperialismo chinês na Ásia, com abertura para o Ocidente.

c) os antagonismos austros-ingleses que giraram em torno da questão da Alsácia e Lorena.

d) oposição ideológica que fragilizou os vínculos entre os países, enfraquecendo todo tipo de nacionalismo.

e) a divisão da Alemanha que levou a uma política agressiva de expansão marítima.

**62.** (Unifesp) Para o historiador Arno J. Mayer, as duas guerras mundiais, a de 1914-1918 e a de 1939-1945, devem ser vistas como constituindo um único conflito, uma segunda Guerra dos Trinta Anos. Essa interpretação é possível pelo fato:

a) de as duas guerras mundiais terem envolvido todos os países da Europa, além de suas colônias de ultramar.

b) de prevalecer antes da Segunda Guerra Mundial o equilíbrio europeu, tal como ocorrera antes de ter início a primeira Guerra dos Trinta Anos, em 1618.

c) de, apesar da paz do período entre guerras, a Segunda Guerra ter sido causada pelos dispositivos decorrentes da Paz de Versalhes de 1919.

d) de terem ocorrido, entre as duas guerras mundiais, rebeliões e revoluções como na década de 1640.

e) de, em ambas as guerras mundiais, o conflito ter sido travado por motivos ideológicos, mais do que imperialistas.

**63.** (Unesp)

A viagem levou uns vinte minutos. O caminhão parou; via-se um grande portão e, em cima do portão, uma frase bem iluminada (cuja lembrança ainda hoje me atormenta nos sonhos): *ARBEIT MACHT FREI* – O trabalho liberta. Descemos, fazem-nos entrar numa sala ampla, nua e fracamente aquecida. Que sede! O leve zumbido da água nos canos da calefação nos enlouquece: faz quatro dias que não bebemos nada. Há uma torneira e, acima, um cartaz: proibido beber, água poluída [...].

Isto é o inferno. Hoje, em nossos dias, o inferno deve ser assim: uma sala grande e vazia, e nós, cansados, de pé, diante de uma torneira gotejante, mas que não tem água potável, esperando algo certamente terrível acontecer, e nada acontece, e continua não acontecendo nada.

(Primo Levi. *É isto um homem?*, 1988.)

A descrição, por Primo Levi, de sua chegada a Auschwitz em 1944 revela

a) o reconhecimento da própria culpa, por um prisioneiro recolhido a um campo de concentração nazista.

b) o alívio com o fim da viagem em direção à prisão e a aceitação das condições de vida existentes no campo de concentração.

c) a expectativa de que, apesar dos problemas na chegada, houvesse tratamento digno aos prisioneiros dos campos de concentração.

d) a falta de entendimento do funcionamento do campo de concentração e a disposição de colaborar com as autoridades nazistas.

e) a sensação de horror, angústia e submissão que caracterizavam a condição dos prisioneiros nos campos de concentração nazistas.

**64.** (FGV-SP)

(...) Stalingrado, miserável monte de escombros, entretanto resplandescentes!

As belas cidades do mundo contemplam-te em pasmo e silêncio.

Débeis em face do teu pavoroso poder, mesquinhas no seu esplendor de mármores salvos e rios profanados, as pobres e prudentes cidades, outrora gloriosas, entregues sem luta, aprendem contigo o gesto do fogo.

Também elas podem esperar:

Stalingrado, quantas esperanças! (...)

Carlos Drummond de Andrade. *Carta a Stalingrado.*

O poema acima é um elogio à cidade de Stalingrado, pois:

a) O autor saudou a cidade por ter sido esta o berço da revolução bolchevique.

b) Stalingrado marca a vitória russa sobre as tropas alemãs pondo, simultaneamente, fim ao mito da invencibilidade militar alemã durante a II Guerra Mundial.

c) Em Stalingrado foi assinado o acordo de Yalta, fundamental para o encerramento da II Guerra Mundial.

d) Em Stalingrado as forças inglesas e russas dirigidas pelo General Montgomery impuseram a primeira derrota à Alemanha.

e) A batalha de Stalingrado, entre vermelhos e brancos, foi decisiva para a vitória dos bolcheviques na guerra civil iniciada após 1917.

**65.** (PUC-Campinas) O ataque à base naval de Pearl Harbor tornou-se um dos acontecimentos decisivos para o desfecho da Segunda Guerra Mundial. Esse ataque:

a) representou a primeira grande derrota dos Aliados, uma vez que os japoneses passaram a utilizar armas atômicas contra cidades asiáticas, porque estas defendiam os aliados.

b) contribuiu para o aumento do poderio estratégico e militar dos alemães, haja visto o aniquilamento quase total das forças americanas e de seus aliados no Leste Europeu.

c) marcou a derrota final dos países que faziam parte da Tríplice Entente, tornando-se o símbolo da restauração da democracia e do liberalismo em toda a Europa.

d) foi importante para o fortalecimento do nazifascismo, em razão da vitória esmagadora das forças alemãs sobre o exército soviético e de outros países do Leste Europeu.

e) criou condições favoráveis para os Aliados na luta contra as forças nazifascistas, pois foi um fato histórico decisivo para a entrada dos Estados Unidos da América na guerra.

**66.** (Unifesp) "Este é o maior evento da história" (do presidente norte-americano H. Truman, ao ser informado do lançamento da bomba atômica sobre Hiroshima).

"Era importante que a bomba atômica fosse um sucesso. Havia-se gastado tanto para construí-la... Todas as pessoas interessadas experimentaram um alívio enorme quando a bomba foi lançada" (do alto oficial cujo nome em código era *Manhattan District Project*).

Essas afirmações revelam que o governo norte-americano:

a) desconhecia que a bomba poderia matar milhares de pessoas inocentes.

b) sabia que sem essa experiência terrível não haveria avanço no campo nuclear.

c) esperava que a bomba atômica passasse desapercebida da opinião pública.

d) estava decidido a tudo para eliminar sua inferioridade militar frente à URSS.

e) ignorava princípios éticos para impor a sua primazia político-militar no mundo.

**67.** A charge abaixo retrata, de forma crítica:

a) a assinatura, em agosto de 1939, de um pacto de não agressão entre a Alemanha nazista e a URSS.

b) o fracasso dos acordos entre Hitler, líder alemão, e Stalin, líder soviético, pela divisão da Polônia, em novembro de 1943.

c) o acordo entre a Alemanha nazista e a URSS, que formou o Eixo para lutar a Segunda Guerra Mundial, em setembro de 1939.

d) a pouca clareza dos representados sobre os acordos estabelecidos na Conferência de Munique, em setembro de 1938.

e) a aliança estabelecida entre a Alemanha de Hitler e a União Soviética de Stalin sobre o controle partilhado de Stalingrado, em janeiro de 1943.

**68.** (UFRJ)

Estamos diante de uma catástrofe de primeira grandeza. Não fechemos os olhos em face desse espetáculo. Devemos agora aceitar a ideia de que todos os países da Europa central e oriental se acertarão tão bem como puderem com a Alemanha [...]. O sistema de alianças na Europa central [...] foi arruinado. Não vejo como poderá ser restaurado.

(Churchill, 5 de outubro de 1938. *D'Une Guerre à L'Autre* (1914-1939). Paris, Hachette, 1982, p. 352)

No período que antecede a Segunda Guerra Mundial, as democracias europeias optaram por uma política de não intervenção nos conflitos originados pelo expansionismo alemão e italiano. O Acordo de Munique (1938) assinado entre Inglaterra, França, Itália e Alemanha é representativo dessa política e provocou grande impacto e poucos protestos, como o de Winston Churchill, expresso no texto citado.

a) Cite um argumento utilizado por Hitler para justificar a invasão da Tchecoslováquia.

b) Explique por que as democracias europeias tardaram em reagir ao expansionismo alemão.

**69.** (Cesgranrio) A crise social e política que abalou a estabilidade da Primeira República quebrou a hegemonia das oligarquias no poder e preparou o terreno para a Revolução de 1930 motivada pelo(a):

a) aprofundamento das cisões oligárquicas, pelas rebeliões tenentistas, pela insatisfação das classes médias urbanas excluídas da representação política e pela pressão reivindicatória das classes operárias.

b) aliança política entre a burguesia industrial, as classes médias urbanas e o operariado fabril contra o sistema liberal e democrático da Primeira República, controlado pelas oligarquias agrárias.

c) quebra do compromisso político entre as oligarquias agrárias e os trabalhadores rurais, o que, durante toda a Primeira República, impediu o desenvolvimento dos setores industriais e a organização do movimento operário.

d) fortalecimento da união entre as oligarquias paulistas e mineiras na indicação de Júlio Prestes à sucessão presidencial em 1930, o que desagradou às oposições constituídas pelas classes médias urbanas e operariado, defensores de Getúlio Vargas.

e) descontentamento da burguesia industrial com o tratamento dado pelas oligarquias ao movimento operário — "caso de polícia" — e sua decisão de apoiar a Revolução de 1930 e a legislação trabalhista.

**70.** (UEL) Nas eleições presidenciais de 1930, a plataforma eleitoral da Aliança Liberal, encabeçada por Getúlio Vargas, prometia:

> [...] estabilidade, previdência social, proteção do trabalho das mulheres e menores, a instrução, a educação, a higiene, a alimentação e habitação, crédito, esporte e cultura para 'o proletariado urbano e rural' [...]. Estes termos [da plataforma] eram então – e seriam depois – o de reconhecer os direitos de participação social e política apenas como problema administrativo e legal do Estado, negando-lhes caráter político; [...] conceber o Estado como poder que 'acode' os fracos e desamparados, sendo a tutela, portanto, dever de justiça social. [...] Tudo aquilo que havia sido formulado pelo movimento operário em sua experiência no espaço capitalista de produção foi aspirado por este novo Estado, e nele foram sufocadas as formas de organização e combate até então levadas.

PAOLI, Maria Célia. *Trabalhadores e cidadania*. Experiência do mundo público na história do Brasil moderno. *Estudos Avançados*. São Paulo, n. 7. p. 50-51, set./dez. 1989.

Com base no texto e nos conhecimentos sobre o período getulista, é correto afirmar:

a) O governo de Getúlio Vargas ignorou as reivindicações trabalhistas feitas pelo movimento operário.

b) A superação da discriminação de classe resultou da concessão de todos os direitos demandados pelos operários.

c) A experiência política dos trabalhadores foi controlada por práticas autoritárias do Estado, embora tenham sido concedidos direitos trabalhistas aos operários.

d) O movimento operário encontrou no governo de Getúlio Vargas a expressão de um Estado comunista, voltado diretamente aos interesses dos trabalhadores.

e) A livre participação social e política dos operários no governo de Getúlio Vargas consolidou plenamente os direitos de cidadania.

**71.** Leia as afirmativas a seguir, sobre a política e a economia da Era Vargas, e faça o que se pede.

I. A Constituição de 1934 privilegiou ideais nacionalistas e tratou de direitos trabalhistas e do voto feminino.

II. O governo constitucional instaurado em 1934 abriu a economia brasileira para o capital estrangeiro e promoveu a desnacionalização das indústrias de base.

III. Em 1937, Getúlio Vargas fechou o Congresso Nacional e outorgou a Constituição de 1937, inaugurando a ditadura do Estado Novo.

IV. A Revolução de 1930 não rompeu com os interesses da oligarquia paulista e a hegemonia dos estados do Sul e Sudeste na administração do Estado nacional.

Assinale a alternativa que indica as afirmativas corretas:

a) I e II.
b) I e III.
c) II e III.
d) II e IV.
e) IV e V.

**72.** (UEM)

Em 1932, nasceu a Ação Integralista Brasileira, dando início ao fascismo no Brasil. Seus membros repudiavam a democracia liberal, propondo, em seu lugar, um governo autoritário, chefiado por um líder "inspirado", que pudesse levar a nação ao progresso.

VICENTINO, C. e DORIGO, G. *História do Brasil*. São Paulo: Scipione, s. d.

A respeito da Ação Integralista Brasileira, assinale a(s) afirmativa(s) correta(s).

(01) A Ação Integralista Brasileira era um movimento de militantes comunistas que queriam implantar o socialismo leninista no Brasil.

(02) A Ação Integralista Brasileira era uma organização que lutava em prol da liberação sexual e da preservação da natureza.

(04) A Ação Integralista Brasileira era uma organização que defendia a adoção do Estado integral, em oposição ao capitalismo liberal e ao socialismo.

(08) A Ação Integralista Brasileira era uma organização fascista, liderada por Plínio Salgado, que tinha como inspiração os governos de Benito Mussolini, da Itália, e de Adolf Hitler, da Alemanha.

(16) A Ação Integralista Brasileira era uma organização política de militantes uniformizados com camisas verdes e que ostentavam o sigma como símbolo, em uma pálida cópia da suástica nazista.

Dê a soma dos números dos itens corretos.

______________________________

**73.** (UEPB) Sobre o período de nossa história conhecido como Estado Novo, julgue (V ou F) as afirmativas a seguir.

I. Surpreendentemente, Vargas adotou uma política econômica baseada na industrialização por substituição de importações e, mesmo sendo ferrenho anticomunista, adotou o modelo da União Soviética de planificação total da economia.

II. Dois poderosos instrumentos foram empregados para consolidar a ditadura varguista: o Departamento de Imprensa e Propaganda (DIP) e o Departamento Administrativo do Serviço Público (Dasp). O primeiro cuidava da imagem do governo e censurava os órgãos de comunicação, e o segundo controlava a atuação dos órgãos públicos.

III. Um dos principais instrumentos usados pelo Estado Novo para fortalecer-se foi a aproximação de Getúlio Vargas dos trabalhadores urbanos, por meio do atendimento às reivindicações em torno de uma legislação trabalhista que contemplasse direitos mais amplos.

IV. A mais séria e ousada tentativa de pôr fim ao Estado Novo varguista partiu, paradoxalmente, de membros da Ação Integralista Brasileira que tentaram, em 1938, assaltar o Palácio do governo.

**74.** (UFPR) O Estado Novo constituiu-se num período ditatorial da história brasileira. Sob esse aspecto é correto afirmar:

(01) Foi um período regido por uma Constituição autoritária, em que o Executivo controlava o Legislativo e o Judiciário, sendo suprimidos os partidos políticos.

(02) O Estado Novo de Getúlio Vargas baseou-se em burocracia complexa e centralizadora, com intervenção do Estado na economia e nos sindicatos.

(04) O Estado autoritário teve como uma de suas preocupações a garantia da liberdade de imprensa e de opinião.

(08) O único ato de oposição ao Estado Novo foi o movimento conhecido como Revolução Constitucionalista, começada em São Paulo.

(16) Para limitar e controlar o poder nos estados, Getúlio Vargas nomeou interventores.

Dê a soma dos números dos itens corretos.

______________________________

**75.** (UFMG) Leia estes dois trechos das letras de samba, comparando-as:

Eu passo gingando
Provoco e desafio
Eu tenho orgulho
De ser tão vadio.

Sei que eles falam
Deste meu proceder

Eu vejo quem trabalha
Andar no miserê.

Wilson Batista (1933). "Lenço no pescoço".

Quem trabalha é que tem razão
Eu digo e não tenho medo de errar
O bonde São Januário
Leva mais um operário:
Sou eu que vou trabalhar.

Antigamente eu não tinha juízo
Mas resolvi garantir meu futuro
Vejam vocês:
Sou feliz, vivo muito bem
A boemia não dá camisa a ninguém
É, digo bem.

Wilson Batista e Ataulfo Alves (1940). "O bonde São Januário".

A partir dessa leitura comparativa e considerando-se o período em que foram escritas, bem como outros conhecimentos sobre o assunto, é correto afirmar que, nas duas letras, se torna evidente:

a) o aumento do poder de compra dos salários no período, com a garantia da estabilidade da moeda pelo governo.

b) a liberdade criativa do artista popular, o que possibilitava um debate aberto de temas polêmicos da realidade nacional.

c) a adequação da produção musical urbana ao contexto político, caracterizado pelo crescente intervencionismo estatal.

d) o crescimento da capacidade de poupança, como consequência do poder de pressão de sindicatos autônomos.

**76.** (UFSJ) Observe a charge a seguir.

Reprodução/UFSJ, 2006.

Novaes, Carlos Edurado e LOBO, César. *História do Brasil para principiantes*. São Paulo, Ática, 1999.

Da Revolução de 1930 ao Estado Novo (1937-1945) foi instituída a base da legislação trabalhista brasileira. Acerca deste processo é **CORRETO** afirmar que:

a) o Bloco Operário e Camponês (BOC) forçou a implementação da legislação trabalhista, como as 8 horas de trabalho, férias e repouso remunerados e a plena liberdade sindical, por meio de sua poderosa bancada no Parlamento brasileiro.

b) Getúlio Vargas foi um líder do movimento sindical e impôs aos patrões urbanos e rurais as exigências do CGT (Comando Geral dos Trabalhadores) e das Ligas Camponesas, tais como as 8 horas de trabalho, férias e repouso remunerados.

c) Getúlio Vargas atendeu a reivindicações do movimento operário, como 8 horas de trabalho, férias e repouso remunerados, e criou mecanismos de controle do Estado sobre os sindicatos, contra as greves e a influência dos comunistas.

d) a Revolução Constitucionalista paulista de 1932 teve como uma de suas reivindicações a legislação trabalhista; com a sua vitória, estas leis, como 8 horas de trabalho, férias e repouso remunerados, foram incorporadas à Constituição de 1934.

**77.** A burocracia civil defendia o programa de industrialização, por considerar que era o caminho para a verdadeira independência do país; os militares, porque acreditavam que a instalação de uma indústria de base fortaleceria a economia — um componente importante de segurança nacional; os industriais, porque acabaram se convencendo de que o incentivo à industrialização dependia de uma ativa intervenção do Estado.
A aproximação entre a burguesia industrial e o governo Vargas ocorreu principalmente a partir de 1933, após a derrota da revolução paulista.

FAUSTO, Boris. *História do Brasil*. São Paulo: Edusp, 1994. p. 367.

De acordo com a afirmação apresentada, assinale as afirmativas que correspondem ao processo de industrialização durante o governo Vargas.

I. O projeto de industrialização liderada pelo Estado, promovendo uma política de substituição de importações, era a base das ações do período Vargas. Essa estratégia continuou a ser usada por um bom tempo, mesmo depois da Era Vargas.

II. Em nenhum momento Vargas recebeu apoio dos industriais, mesmo assim deu início a projeto industrializante com a fundação de empresas estratégicas como a Companhia Vale do Rio Doce, a Companhia Siderúrgica Nacional e a Companhia Hidrelétrica do São Francisco, além do Conselho Nacional do Petróleo.

III. Vargas encontrou apoio na burocracia de Estado e nas forças armadas para industrializar e modernizar o país. Além de empresas estatais, o governo fundou o Departamento Admi-

nistrativo do Serviço Público e vários institutos com o objetivo de industrializar o país e diversificar a agricultura.

IV. Embora Vargas encontrasse forte oposição dos industriais e dos militares, levou adiante o processo de industrialização do país. A fundação da Companhia Siderúrgica Nacional e da Companhia Vale do Rio Doce impulsionou a industrialização do Brasil.

Estão corretas:

a) I e II.
b) I e III.
c) II e III.
d) II e IV.
e) IV e V.

**78.** Fugindo à luta de classes, a nossa organização sindical tem sido um instrumento de harmonia e de cooperação entre o capital e o trabalho. Não se limitou a um sindicalismo puramente "operário", que conduziria certamente a luta contra o "patrão", como aconteceu com outros povos.

FALCÃO, W. Cartas sindicais. In: *Boletim do Ministério do Trabalho, Indústria e Comércio*. Rio de Janeiro, 10 (85), set. 1941.

Nesse documento oficial, que data do período do Estado Novo (1937-1945), é apresentada uma concepção de organização sindical que:

a) elimina os conflitos no ambiente das fábricas.
b) limita os direitos associativos do segmento patronal.
c) orienta a busca do consenso entre trabalhadores e patrões.
d) proíbe o registro de estrangeiros nas entidades profissionais do país.
e) desobriga o Estado quanto aos direitos e deveres da classe trabalhadora.

**79.** (FGV-SP) Durante a maior parte do Estado Novo (1937-1945), a política externa brasileira pode ser caracterizada por uma:

a) orientação pragmática frente aos Estados Unidos e à Alemanha nazista.
b) subordinação total aos interesses dos blocos soviéticos e pan-americano.
c) orientação de dependência relativa com relação à Itália e ao Japão.
d) subordinação integral aos Estados Unidos e à Europa aliada.
e) orientação de alinhamento automático aos países da América Latina.

**80.** (UFC) A criação e a consolidação de uma política trabalhista, no governo de Getúlio Vargas (1930-1945), estiveram diretamente ligadas ao crescimento da classe trabalhadora urbana, a partir das primeiras décadas do século XX.

a) Nesse contexto, como reagiram os industriais e os comerciantes à implantação da legislação trabalhista? Qual o motivo dessa reação?

b) Identifique os grupos políticos que tiveram forte presença nos sindicatos, antes de 1930. Aponte a diferença entre os projetos políticos, presentes nos sindicatos, antes e depois da lei sindical, criada no governo Vargas.

**81.** (UFPR) Considere o trecho a seguir, sobre a Guerra Fria.

> [...] apesar da retórica apocalíptica de ambos os lados, mas sobretudo do lado estadunidense, os governos das duas superpotências aceitaram a distribuição global de forças no fim da Segunda Guerra Mundial, que equivalia a um equilíbrio de poder desigual mas não contestado em sua essência.
>
> (HOBSBAWM, Eric. *Era dos extremos*: o breve século XX. São Paulo: Companhia das Letras, 1995. p. 224)

Sobre o tema, é correto afirmar:

a) Os EUA possuíam maior quantidade de países aliados, enquanto a influência da URSS era maior quanto à extensão territorial total, o que equilibrava suas forças.

b) Uma característica marcante da Guerra Fria é que, em termos objetivos, o perigo de ocorrer uma guerra mundial era mínimo, quase inexistente.

c) EUA e URSS respeitavam a orientação do protocolo da ONU de não desenvolverem nem manterem arsenais nucleares durante a Guerra Fria.

d) Ao final da Segunda Guerra Mundial, EUA e URSS firmaram um acordo, no sentido de não se atacarem mutuamente, nem aos aliados uns dos outros.

e) Durante a Guerra Fria, a propaganda foi pouco empregada pelas duas superpotências como recurso para estabelecer limites nas ações do adversário.

**82.** (UFMG) Os anos posteriores à Segunda Guerra Mundial foram tensos entre as grandes potências mundiais. Considerando-se a Organização do Tratado do Atlântico Norte (Otan) e o Pacto de Varsóvia, criados nesse período, é correto afirmar que:

a) a Otan visava apaziguar os conflitos relacionados à divisão da cidade de Berlim, bem como proteger os países sob sua influência econômica das ameaças de invasão externa e de conflitos militares.

b) ambos desenvolveram políticas que incentivaram a chamada corrida armamentista, que, durante o período da Guerra Fria, colocou o planeta sob a ameaça de uma guerra nuclear.

c) ambos foram estabelecidos, simultaneamente, para defender os interesses dos países que disputavam, após a Segunda Guerra Mundial, uma reordenação dos espaços europeu e americano.

d) os países signatários do Pacto de Varsóvia se aliaram e, para defender seus interesses financeiros, formaram um bloco econômico, a fim de competir com a Alemanha, a Inglaterra e os Estados Unidos.

**83.** (UFT)

> [...] 'a guerra consiste não só na batalha, ou no ato de lutar, mas num período de tempo em que a vontade de disputar pela batalha é suficientemente conhecida' (Thomas Hobbes). A Guerra Fria entre EUA e URSS, que dominou o cenário internacional na segunda metade do século XX, foi sem dúvida um desses períodos.
>
> HOBSBAWM, Eric. *Era dos extremos*. São Paulo: Companhia das Letras, 1995. p. 224.

Em se tratando de Guerra Fria é **CORRETO** afirmar:

a) Sob a influência da URSS, Brasil, Índia, Curdistão, Austrália, Nigéria, Congo, Venezuela e Coreia do Sul assinaram em 1971 o Pacto Varsóvia com os EUA.

b) A Guerra do Vietnã, rapidamente vencida pelas tropas americanas em 1965, foi um episódio diretamente ligado à tentativa soviética de expansão do socialismo na Ásia depois de 1949.

c) Estados Unidos e União Soviética representavam sistemas políticos, econômicos e ideológicos antagônicos, que entraram numa corrida armamentista sem precedentes na história, como forma de afastar um ao outro de suas respectivas áreas de influência, demarcadas logo após a Segunda Guerra Mundial.

d) Um dos momentos mais tensos da Guerra Fria foi a chamada Crise dos Mísseis, que ocorreu em 1962, quando os Estados Unidos instalaram mísseis nucleares na ilha de Cuba.

e) A convivência pacífica foi abortada quando as duas superpotências enviaram tropas ao Afeganistão, em 1975. Essas tropas entraram em combate direto na cidade de Cabul, em agosto daquele ano, causando uma grande quantidade de mortos entre população civil do país.

**84.** (UFSC) Em novembro de 2009, comemoraram-se de várias formas os 20 anos da queda do muro de Berlim.

Em relação a este tema, é **CORRETO** afirmar:

(01) tratava-se de uma divisão simbólica entre dois blocos ideológicos, o socialismo e o capitalismo, separados por uma profunda e irreconciliável divisão no campo das ideias, comparada, por isso, a um muro.

(02) o muro de Berlim foi levantado na capital alemã por determinação de Adolf Hitler, como demonstração de força do nazismo, para separar os judeus dos alemães.

(04) foi construído por determinação das forças que compunham a Otan, especialmente a Alemanha Oriental, tendo sido um resultado da Guerra Fria.

(08) a queda do muro de Berlim foi uma necessidade que se impôs ante a nova configuração econômica da Europa, isto é, a constituição de um bloco de países que adotou o euro como moeda comum.

(16) a sua construção foi motivada para conter a emigração de alemães orientais, em grande número, para o lado capitalista, especialmente de trabalhadores com alta qualificação profissional.

(32) considerando que as potências aliadas na Segunda Guerra Mundial decidiram dividir a Alemanha em quatro zonas de influência (norte-americana, soviética, inglesa e francesa), a queda do muro foi uma consequência inevitável.

(64) o muro de Berlim dividiu a capital da Alemanha em área comunista e área capitalista, cabendo aos cidadãos decidir em qual dos lados se estabelecer.

Dê a soma dos números dos itens corretos.

---

**85.** (Unesp)

A Coreia do Norte e a Coreia do Sul foram delimitadas após a Segunda Guerra Mundial, quando soviéticos e americanos dividiram a península da Coreia no paralelo 38° N. Durante o período da Guerra Fria, a reunificação se tornou inviável, surgindo em 1948 as duas Coreias. Nos últimos 56 anos, as duas Coreias se mantiveram em estado de guerra. A tensão nesta área se torna crítica em 2009, devida ao fato de a Coreia do Norte ter realizado testes nucleares.

TREVISAN, Cláudia. Coreia do Norte deixa armistício e ameaça Seul com ataque militar. *O Estado de S. Paulo*, maio 2009.

Ao fazer uma retrospectiva desse período histórico, é possível afirmar que:

a) as tensões permaneceram restritas a tiroteios na fronteira entre as duas Coreias até que a Revolução Chinesa, em 1929, encorajou a Coreia do Norte a tentar unificar a península sob a bandeira do comunismo.

b) em junho de 1914, tropas norte-coreanas invadiram a Coreia do Sul, sendo que os EUA usaram a ONU para legitimar uma intervenção internacional e expulsaram os comunistas, ultrapassaram o paralelo 38° N, chegando até a fronteira com a China.

c) em nenhum momento histórico Mao Tsé-tung apoiou a Coreia do Norte, que, desta maneira, não conseguiu empurrar os americanos para o paralelo 38° N e delimitar seu território.

d) os dois lados negociaram só um cessar-fogo, em 1983, o que manteve as duas Coreias em estado de guerra.

e) a Coreia do Norte ameaçou, em 2009, atacar militarmente a Coreia do Sul e romper o acordo de armistício de 1953.

**86.** (PUC-MG) Sobre a Guerra da Coreia (1950-1953), é correto afirmar, exceto:

a) O teatro de operações estendeu-se pelo território chinês, ficando a população submetida a um clima de "fogo cruzado" entre os estadunidenses e russos.

b) O início do conflito está relacionado com a invasão da Coreia do Sul por tropas da Coreia do Norte sob a influência dos russos e chineses.

c) O sul da Coreia, área de influência estadunidense, tendia para o regime democrático e a Coreia do Norte, para o regime socialista, sendo que as duas partes não conseguiram chegar a um acordo político.

d) A Coreia era uma antiga possessão japonesa que fora ocupada durante a Segunda Guerra Mundial e, após o conflito, com a vitória dos aliados, transformou-se em cenário da Guerra Fria.

e) As tropas da ONU, comandadas pelo general MacArthur, conseguiram rechaçar os norte-coreanos, sendo, posteriormente, fixadas as fronteiras entre os dois países na altura do paralelo 38° N.

**87.** (UERJ)

Em 25 de junho de 1950, tropas da Coreia do Norte ultrapassaram o Paralelo 38, que delimitava a fronteira com a Coreia do Sul. Com a aprovação do Conselho de Segurança da ONU, quinze países enviaram tropas em defesa da Coreia do Sul, comandadas pelo general norte-americano Douglas MacArthur. Após três anos de combate, foi assinado um armistício em 27 de julho de 1953, mantendo a divisão entre as Coreias.

Adaptado de cpdoc.fgv.br

O governo norte-coreano anunciou recentemente que não mais reconheceria o armistício assinado em 1953, o que trouxe novamente ao debate o episódio da Guerra da Coreia.

O fator que explica a dimensão assumida por essa guerra na década de 1950 está apresentado em:

a) mundialização do acesso a fontes de energia.

b) bipolaridade das relações políticas internacionais.

c) hegemonia soviética em países do Terceiro Mundo.

d) criação de multinacionais japonesas no extremo Oriente.

**88.** (FGV-SP) Em 12 de março de 1947, em mensagem enviada ao Congresso, o presidente norte-americano Harry Truman, declarou "que acreditava que a política dos Estados Unidos deve consistir no apoio aos povos livres que estão resistindo a subjugação por minorias armadas ou pressões externas". Esse é o ponto de partida da Doutrina Truman. Essa doutrina é reforçada em 1949, pois

a) começam a Guerra do Vietnã e a revolução socialista na Mongólia.

b) a Iugoslávia comanda a criação do Pacto de Varsóvia e eclode a revolução iraniana.

c) ocorre a Revolução Chinesa e há o primeiro experimento nuclear bélico soviético.

d) forma-se o Mercado Comum Europeu e Stalin é afastado do poder soviético.

e) a União Soviética invade a Hungria e o Egito nacionaliza o canal de Suez.

**89.** (Uern)

A eclosão da guerra entre os blocos era improvável, mas a paz era impossível, sintetizava o cientista político francês Raymond Aron. A paz era impossível porque não havia maneira de conciliar os interesses em disputa. Um sistema só poderia sobreviver à custa da destruição total do outro. E a guerra era improvável porque os dois blocos tinham acumulado tamanho poder de destruição que, se acontecesse um conflito generalizado, seria, com certeza, o último. [...]

(José Arbex Júnior. *Guerra Fria: o Estado terrorista*. 2. ed. São Paulo: Moderna, 2005. p. 10. Coleção Polêmica.)

De acordo com o contexto da Guerra Fria descrito anteriormente, analise as afirmativas.

I. "Foi o oferecimento aos países da Europa ocidental de matérias-primas, produtos e capital, na forma de créditos e doações. Um verdadeiro programa de ajuda econômica e militar dos EUA aos países destruídos pela Guerra."

II. "A resposta do bloco socialista veio a partir da formação de uma aliança entre a URSS e alguns países da Europa Oriental."

As afirmativas I e II se referem às estratégias distintas adotadas, respectivamente, pelos EUA e URSS durante a Guerra Fria. Trata-se de

a) Macarthismo e Sionismo.

b) Plano Marshall e Pacto de Varsóvia.

c) Doutrina Truman e Política do *Big Stick*.

d) Destino Manifesto e Estado de Bem-Estar Social.

**90.** (UFC) Em 2004, a União Europeia incorporou vários países do Leste Europeu que no passado fizeram parte da União Soviética ou estiveram sob a sua esfera de influência. Levando em conta essa afirmação, bem como seus conhecimentos, responda às questões propostas.

a) Qual o nome do modelo de sociedade implantado na União Soviética?

b) Qual era a referência teórico-ideológica desse modelo?

c) A partir de que momento histórico o modelo de estado soviético foi implantado na Europa? Como se deu essa implantação?

d) Apresente três das principais características desse modelo e cite dois países da Europa que o adotaram.

91. (Fatec) O macarthismo na década de 1950, nos Estados Unidos, foi um movimento que visava:

a) conceder igualdade de oportunidades às minorias negras estadunidenses.

b) afastar de cargos públicos e de posições importantes na economia e na sociedade elementos que pudessem ter simpatias pelo regime soviético.

c) levar à Presidência da República o general Douglas MacArthur, o comandante em chefe das forças aliadas no Pacífico durante a Segunda Guerra Mundial.

d) impedir a integração racial nos estados do sul dos Estados Unidos durante a Presidência do general Eisenhower.

e) conter o expansionismo soviético através de uma delimitação clara de zonas de influência estadunidense.

92. (UFJF) Observe as imagens abaixo que correspondem ao período da Revolução Cultural da China e responda à questão solicitada:

Reprodução/UFJF, 2017.

Leitura do Livro Vermelho

Reprodução/UFJF, 2017.

Execração pública de dissidentes

Sobre a "Revolução Cultural Chinesa", que teve início em 1966, sob a condução de Mao Tsé-Tung, é CORRETO afirmar que, entre outros aspectos, ela buscou:

a) centrar esforços no sentido de difundir a educação superior na China de modo a formar um capital humano mais qualificado no país.
b) impulsionar a democratização das instituições políticas chinesas para combater ações orientadas para a centralização burocrática.
c) incentivar a publicação de livros e a constituição de bibliotecas pelo território chinês de modo a contribuir com o combate às altas taxas de analfabetismo.
d) promover a perseguição a vários intelectuais considerados como inimigos do processo revolucionário em curso na China.
e) valorizar o debate público em locais abertos e o pensamento divergente como forma de incentivar a pluralidade de visões sobre o regime chinês.

**93.**

No final de 2006, o novo líder [Raúl Castro] discursou diante de uma grande plateia de universitários em Havana, implorando-lhes que debatessem "destemidamente" os problemas de Cuba a fim de encontrar soluções. O regime começou a transformar o *Juventud Rebelde*, o jornal diário devotado às questões da juventude, na publicação mais interessante e surpreendentemente honesta de Cuba. [...] Mesmo vacas antes sagradas, como o sistema público de saúde de Cuba, começaram a ser avaliados nas páginas do jornal. [...] no final de 2006 o jornal publicou os resultados de uma pesquisa realizada entre 280 jovens [...]. Alguns jovens [...] opinaram que Cuba precisava de "líderes eficientes". E [...] todos os entrevistados concordaram que a economia cubana precisava melhorar. Um tal grau de honestidade e de autocrítica nos meios de comunicação controlados nunca apareceu quando Fidel estava à frente do país.

LATTEL, Brian. *Cuba sem Fidel*. São Paulo: Novo Conceito, 2007. p. 320-321.

É possível identificar a partir da leitura do texto que:

a) as transformações decorrentes do afastamento de Fidel Castro do governo cubano têm como causa a intensa pressão exercida por órgãos de imprensa anteriormente controlados pelo Estado.
b) as críticas dos jovens cubanos inserem-se no processo de mudanças do país após a ascensão de Raúl Castro ao poder.
c) ao assumir o poder, Raúl Castro promoveu uma redemocratização em Cuba, convocando a sociedade civil para discutir quais mudanças deveriam ser realizadas imediatamente.
d) o afastamento de Fidel Castro do poder em Cuba permitiu a seu irmão Raúl a adoção de um regime liberal, promovendo, após meio século, a reinserção do país no comércio internacional.
e) com o fim da ditadura castrista em Cuba, e após a eleição de Raúl Castro para a presidência do país, a censura à imprensa deixou de existir, permitindo ao mundo conhecer o que se passa na ilha.

**94.** (FGV-SP)

O "socialismo real" agora enfrentava não apenas seus próprios problemas sistêmicos insolúveis mas também os de uma economia mundial mutante e problemática, na qual se achava cada vez mais integrado.

Com o colapso da URSS, a experiência do "socialismo realmente existente" chegou ao fim. Pois, mesmo onde os regimes comunistas sobreviveram e tiveram êxito, como na China, abandonaram a ideia original de uma economia única, centralmente controlada e estatalmente planejada, baseada num Estado completamente coletivizado.

Eric Hobsbawm.
*Era dos extremos*. p. 458 e 481. Adaptado.

A partir do texto, é correto afirmar que:

a) os países do socialismo real, como a União Soviética, acompanharam em parte as mudanças da década de 1970 e sobreviveram sem reformas, pois, mesmo sem o grande avanço técnico-científico, conseguiram neutralizar os graves efeitos da burocratização, da economia planificada, da proletarização da classe média e do obsoleto parque industrial e, ainda, mantiveram a unidade do bloco socialista.

b) nos anos 1980, as reformas econômicas e políticas – a *Perestroika* – colocaram os países do socialismo real no rumo do capitalismo, substituindo a ação estatal pelo mercado, com ênfase nas privatizações e na abertura para o capital estrangeiro, medidas que obtiveram pleno êxito e fizeram a economia perder suas características estatizantes, impedindo, ainda, o fim do bloco socialista.

c) a unidade do bloco do socialismo real foi motivada pelo equilíbrio da estrutura política dos Estados em se adaptar às necessidades da economia de mercado, pois a planificação pelo Estado burocratizado é incompatível com a economia de mercado, apoiada no desenvolvimento técnico-científico, nas crescentes privatizações, no apoio ao capital externo e nas diferenciações salariais.

d) nos países do socialismo real, os problemas externos, isto é, da economia mundial, a partir dos anos 1970, responsáveis pelas oscilações do comércio internacional, prevaleceram sobre os problemas internos, como a burocratização do Estado e o atraso técnico-científico, que sofreram reformas estatais nos anos 1980 e minimizaram as graves tensões sociais, mantendo a união do bloco socialista.

e) além dos problemas internos da própria estrutura política endurecida pela burocracia e pelo autoritarismo, os países do socialismo real, a partir dos anos 1970, já inseridos no mercado mundial, enfrentaram o baixo desenvolvimento técnico-científico e as tensões sociais e ensaiaram, sem êxito, nos anos 1980, reformas políticas e econômicas para manter a unidade do bloco socialista.

**95.** (UERJ)

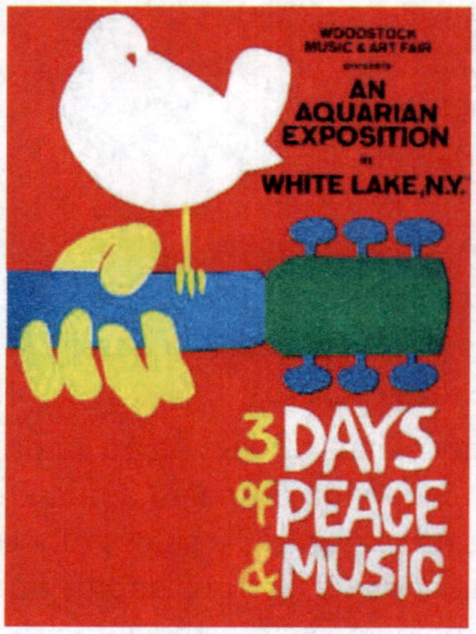


Reprodução/UERJ, 2014.

Na década de 1960, muitas expressões artísticas representaram uma postura crítica frente a problemas da época, em especial os conflitos da Guerra Fria. Um exemplo é o Festival de Woodstock, ocorrido em 1969 nos EUA, em cujo cartaz se lê "Três dias de paz e música".

Nesse contexto da década de 1960, destacava-se a denúncia sobre:

a) presença soviética na China.

b) intervenção militar no Vietnã.

c) dominação europeia na África do Sul.

d) exploração econômica no Oriente Médio.

**96.** (PUC-PR) A foto a seguir diz respeito ao incidente que aconteceu no período da Guerra Fria, precisamente em 1962. Considerado por muitos como o confronto mais assustador entre as superpotências (EUA e URSS), resultou num recuo da manobra do governante russo Nikita Kruschev ao atender às exigências do presidente norte-americano John Kennedy:

Reprodução/PUC-PR, 2011.

Kruschev e Kennedy reunidos em 1961. Disponível em: http://veja.abril.com.br/historia/crise-dos-misseis/especial-capa-eua-urss.shtml. Acesso em 13/09/2010.

a) *Glasnost*.
b) Crise dos Mísseis em Cuba.
c) Plano Marshall.
d) criação da OTAN.
e) criação da Détente.

**97.** (PUC-PR) Leia o texto a seguir:

Cem anos atrás um grande americano, em cuja sombra simbólica nos encontramos hoje, assinou a proclamação da emancipação [dos escravos]. (...)

Mas, cem anos mais tarde, o negro ainda não está livre. Cem anos mais tarde, a vida do negro ainda é duramente tolhida pelas algemas da segregação e pelos grilhões da discriminação. Cem anos mais tarde, o negro habita uma ilha solitária de pobreza, em meio ao vasto oceano de prosperidade material. Cem anos mais tarde, o negro continua a mofar nos cantos da sociedade americana, como exilado em sua própria terra. Então viemos aqui hoje para dramatizar uma situação hedionda. (...)

Mas há algo que preciso dizer a meu povo posicionado no morno liminar que conduz ao palácio da justiça. No processo de conquistar nosso lugar de direito, não devemos ser culpados de atos errados. Não tentemos saciar nossa sede de liberdade bebendo do cálice da amargura e do ódio.

Temos de conduzir nossa luta para sempre no alto plano da dignidade e da disciplina. Não devemos deixar nosso protesto criativo degenerar em violência física. Precisamos nos erguer sempre e mais uma vez à altura majestosa de combater a força física com a força da alma.

Trechos do discurso de Martin Luther King, em 28 de agosto de 1963. Disponível em: <http://exame.abril.com.br/mundo/noticias/veja-na-integra-o-historico-discurso-de-martin-luther-king>.

Interprete o texto acima e observe as seguintes afirmações sobre o movimento negro nos EUA, na segunda metade do século XX:

I. Martin Luther King foi um importante líder do movimento negro nos EUA no período após a Segunda Guerra Mundial. O seu discurso está inserido no contexto da luta pelos direitos civis dos negros nesse país, no qual questiona as leis segregacionistas que delimitavam, por exemplo, lugares separados para brancos e para negros em locais públicos.
II. No seu discurso, Martin Luther King faz referência à propaganda capitalista própria do período da Guerra Fria segundo a qual os EUA eram um país onde os cidadãos desfrutavam do sonho americano de bonança financeira, o que não correspondia com a realidade vivida pela comunidade negra.
III. Martin Luther King foi um importante representante do movimento negro nos EUA, conhecido como "Panteras Negras", que pregava o enfrentamento violento e radical dos negros frente aos brancos, para a conquista dos direitos civis pelos primeiros, que carregavam a triste herança da escravidão.

Estão CORRETAS as afirmações:

a) I e III apenas.

b) I e II apenas.

c) I, II e III.

d) I apenas.

e) II e III apenas.

**98.** (Enem)

Nós nos recusamos a acreditar que o banco da justiça é falível. Nós nos recusamos a acreditar que há capitais insuficientes de oportunidade nesta nação. Assim nós viemos trocar este cheque, um cheque que nos dará o direito de reclamar as riquezas de liberdade e a segurança da justiça.

KING Jr., M. L. *Eu tenho um sonho*, 28 ago. 1963.
Disponível em: www.palmares.gov.br. Acesso em: 30 nov. 2011 (adaptado).

O cenário vivenciado pela população negra, no sul dos Estados Unidos nos anos 1950, conduziu à mobilização social. Nessa época, surgiram reivindicações que tinham como expoente Martin Luther King e objetivavam

a) a conquista de direitos civis para a população negra.

b) o apoio aos atos violentos patrocinados pelos negros em espaço urbano.

c) a supremacia das instituições religiosas em meio à comunidade negra sulista.

d) a incorporação dos negros no mercado de trabalho.

e) a aceitação da cultura negra como representante do modo de vida americano.

**99.** Leia o trecho a seguir.

A força-núcleo que dirige nossa causa é o Partido Comunista da China. A base teórica que guia nosso pensamento é o marxismo-leninismo.

TSE-TUNG, Mao. Trecho do Discurso de abertura na I Sessão da I Legislatura da Assembleia Popular Nacional da República Popular da China (15 de setembro de 1954). In: TSE-TUNG, Mao. *O livro vermelho*. São Paulo: Folha de S.Paulo, 2010. p. 11.

Podemos notar que a fundamentação teórica do movimento comunista chinês era de origem marxista e tributária da Revolução Russa. No entanto a China, em meados da década de 1960, passa a criticar a União Soviética. Essa contradição se dá em função:

a) da crise entre comunismo e socialismo.

b) da orientação econômica liberal da China.

c) da supremacia militar da China.

d) de disputas ideológicas e territoriais.

e) da defesa dos direitos humanos.

**100.** Analise o cenário político chinês e relacione corretamente os elementos das duas colunas abaixo:

I – Grande Salto para a Frente
II – Kuomintang
III – Coletivização das terras
IV – Revolução Cultural

a) Movimento de jovens chineses que, liderados por Mao Tsé-Tung, e no seu *Livro Vermelho*, aterrorizou os membros do Partido Comunista do país.
b) Medida inspirada no regime soviético com o objetivo de aumentar a produção agrícola.
c) Planos quinquenais que pretendiam impulsionar a implantação do socialismo por meio da industrialização.
d) Partido Nacionalista da China liderado por Chiang Kai-Shek, que governou o país entre as décadas de 1920 e 1940.

A alternativa que indica corretamente a relação das duas colunas é:

a) I-d; II-a; III-b; IV-c.
b) I-b; II-a; III-c; IV-d.
c) I-c; II-a; III-d; IV-b.
d) I-c; II-d; III-b; IV-a.
e) I-a; II-b; III-c; IV-d.

**101.** (Unicamp) O cartaz ao lado foi usado pela propaganda soviética contra o capitalismo ocidental, durante o período da Guerra Fria. O texto diz: "Duas infâncias. Na URSS (parte superior) crianças são apoiadas pelo amor da nação! Nos países capitalistas (figura inferior), milhões de crianças vivem sem comida ou abrigo."

a) Como o cartaz descreve a sociedade capitalista ocidental?

b) Cite dois conflitos bélicos do período da Guerra Fria.

**102.** (UFSC)

A verdade e o amor sempre venceram. Houve tiranos e assassinos e eles pareciam invencíveis. Mas, no final, sempre caem. Pense nisso... sempre...

Mahatma Gandhi

Sobre o domínio inglês na Índia é correto afirmar:

(01) Os britânicos se instalaram na Índia a partir do século XVI, abrindo postos comerciais através da Cia. das Índias Orientais, que, no início do século XIX, controlava o comércio e substituía antigos hábitos culturais por novos.

(02) Os indianos eram tratados como iguais pelos britânicos, que valorizavam a cultura destes, considerando-a superior à europeia.

(04) Uma das estratégias de manutenção do controle sobre a Índia foi colocá-la sob administração direta da Coroa britânica.

(08) A Coroa britânica promoveu a construção de estradas de ferro, o que favoreceu muito as indústrias artesanais indianas.

(16) Mahatma Gandhi defendia a resistência ao domínio britânico de forma pacífica, através do boicote a produtos ingleses e do não pagamento de impostos.

Dê a soma dos números dos itens corretos.

**103.** (UFV) Mohandas Gandhi, também conhecido como Mahatma (grande alma), nasceu na Índia em 1869. Após formar-se advogado em Londres, Gandhi trabalhou na África do Sul até 1914, quando retornou ao seu país. A partir daí, tornou-se o grande líder do movimento de emancipação da Índia em relação ao domínio inglês, que viria a se concretizar em 1947. Sobre a luta pela independência e a construção da soberania indiana, assinale a afirmativa **incorreta**.

a) O movimento de emancipação da Índia terminou com a recusa do país em integrar a Comunidade Britânica e, consequentemente, o seu alinhamento com a União Soviética.

b) A estratégia de luta utilizada por Gandhi e seus seguidores baseava-se em dois princípios: o da não violência e o da desobediência civil.

c) A divisão entre hindus e muçulmanos foi um pretexto utilizado pelo governo inglês para dividir o território de sua ex-colônia em dois países: Índia e Paquistão.

d) O boicote aos produtos ingleses também foi uma das práticas adotadas por Gandhi, que se vestia com roupas indianas tradicionais.

e) A Inglaterra permitia a atuação de partidos contrários ao seu domínio na Índia, como o Partido do Congresso, desde que legalizados.

**104.** (UFSCar) Entre 1957 e 1964, quase todos os territórios africanos tornaram-se livres do domínio europeu, com exceção dos que estavam sob o controle dos:

a) portugueses, que só se tornaram independentes a partir de 1974, depois de lutas contra os exércitos coloniais e da queda da ditadura salazarista.

b) ingleses, que mantiveram o regime de apartheid nas regiões da África do Sul, e só se tornaram independentes na década de 1990.

c) franceses, que permaneceram sob o regime colonial até as guerras da Argélia e do Congo na década de 1970.

d) belgas, cujos colonizadores permaneceram por longos anos na África no controle do processo de mudança política, saindo do continente após a guerra em Ruanda.

e) holandeses, que só conseguiram autonomia depois da revolta dos Zulus na década de 1970.

**105.** (UFF) Ao se referir à sociedade da então colônia portuguesa Guiné Bissau, o historiador Armando Castro afirmou:

> As autoridades coloniais utilizam, para os castigos corporais, a palmatória, o chicote e a vergasta. Nas transações, os brancos praticam correntemente o roubo: roubo nos preços, nas quantidades, nas qualidades. Vai-se, nesta sociedade colonialista, até o desprezo total pela vida dos africanos. Morrem no trabalho de abate das árvores, na recolha do coconote e nos trabalhos públicos ou afogam-se nos pântanos, quando se fazem as secagens, etc. Há alguns anos, dezenas de trabalhadores africanos encontraram a morte nos trabalhos dos pântanos de Bissau. A mulher africana é vítima de numerosos crimes: violações, prostituição, etc.

CASTRO, A. *O Sistema Colonial Português em África* (meados do século XX). 2ª ed. Lisboa: Caminho, 1980. p. 366.

O texto acima mostra as consequências do processo de colonização. Ao se juntarem as duas pontas, colonização e descolonização, pode-se afirmar sobre a descolonização que:

a) o processo de independência dos países africanos foi iniciado no imediato pós segunda guerra mundial. No entanto, a instabilidade política e econômica de muitas das nações é ainda uma realidade, já que os estados nacionais africanos herdaram a diferenciação étnica e cultural e a estrutura de poder de suas antigas metrópoles.

b) a descolonização constitui-se num processo histórico marcado por intensa mobilização internacional a favor da libertação das áreas coloniais. Os debates em prol da independência dos países africanos tiveram como protagonistas os representantes do governo francês que, desde os anos 1940, defenderam a libertação pacífica do povo africano.

c) apesar do caráter marcadamente violento da colonização portuguesa na Argélia, sua independência ocorreu de forma pacífica. O novo país foi beneficiado pelos embates políticos entre os Estados Unidos e a União Soviética no contexto geral da Guerra Fria.

d) os países africanos são um mosaico muito diferenciado de culturas e de desigualdades sociais. Alguns países, como a Somália, podem ser considerados em vias de desenvolvimento, outros, como Angola, não têm o seu governo reconhecido pelos organismos internacionais.

e) as migrações africanas são o resultado das dificuldades de adaptação de algumas etnias às normas democráticas de representação das minorias nos parlamentos. Por isso, a análise do fenômeno migratório deve levar em conta que há legítimos valores culturais que sustentam e legitimam a supremacia de uma etnia sobre a outra.

**106.** (Fuvest)

África vive (...) prisioneira de um passado inventado por outros.

Mia Couto, Um retrato sem moldura, in Leila Hernandez. *A África na sala de aula*. São Paulo: Selo Negro, p. 11, 2005.

A frase anterior se justifica porque

a) os movimentos de independência na África foram patrocinados pelos países imperialistas, com o objetivo de garantir a exploração econômica do continente.

b) os distintos povos da África preferem negar suas origens étnicas e culturais, pois não há espaço, no mundo de hoje, para a defesa da identidade cultural africana.

c) a colonização britânica do litoral atlântico da África provocou a definitiva associação do continente à escravidão e sua submissão aos projetos de hegemonia europeia no Ocidente.

d) os atuais conflitos dentro do continente são comandados por potências estrangeiras, interessadas em dividir a África para explorar mais facilmente suas riquezas.

e) a maioria das divisões políticas da África definidas pelos colonizadores se manteve, em linhas gerais, mesmo após os movimentos de independência.

**107.** (UFRRJ)

O período que se estende entre o final da Segunda Guerra Mundial e os nossos dias presenciou um dos fenômenos político-sociais mais importantes da História Contemporânea: a liquidação dos impérios coloniais inglês, francês, holandês, belga e português, constituídos ao longo do século XIX. Emergiam, assim, após uma fase mais ou menos prolongada de dominação europeia, os novos países da Ásia e da África que passaram a integrar a comunidade internacional das nações independentes.

LINHARES, M. Yedda. *A luta contra a metrópole*. São Paulo: Brasiliense, 1986, p. 7.

Sobre fatores que contribuíram para a descolonização da Ásia e África, é correto afirmar que:

a) inexistia um sentimento nacionalista na Ásia e na África, facilitando o neocolonialismo imposto pelos países do bloco capitalista.

b) se formou uma elite colonial que soube explorar o enfraquecimento das potências europeias envolvidas em rivalidades e guerras.

c) havia uma elite política que se uniu à Frente para Libertação, com liderança da África do Sul, com o objetivo de expulsar os estrangeiros.

d) surgiram grupos políticos que promoveram uma reforma agrária, o que desequilibrou as elites agrárias que estavam no poder.

e) os países capitalistas emprestaram grandes somas de dinheiro aos novos países, que acabaram preparando-se para as lutas coloniais.

**108.** (Mackenzie-SP)

Com certeza não existe outro ícone maior da dificuldade de convivência humana do que a cidade de Jerusalém. Fundada há 3 mil anos, era um projeto. Seu nome o revelava: "cidade da plenitude" ou "cidade da paz". E o projeto deu certo. Não exatamente por ter trazido a paz em sua história, muito pelo contrário, mas por ter sintetizado a dificuldade humana em obtê-la. Jerusalém se transformou em símbolo de triunfo, e se há algo que a paz não é, é ser fruto do triunfo.

*Folha de S.Paulo*, 7 ago. 2000.

Sobre o assunto é **incorreto** afirmar que:

a) o "triunfo" referido no texto diz respeito às vitórias militares que resultaram na supremacia de Israel, que inviabilizou a instalação de um Estado palestino na região.

b) a "dificuldade de convivência humana" se refere aos constantes conflitos entre as populações de origem árabe e judaica que habitam a região.

c) a afirmação "o projeto deu certo" se refere à convivência pacífica e harmônica em Jerusalém entre os praticantes das três grandes religiões monoteístas: o judaísmo, o cristianismo e o islamismo.

d) "Se há algo que a paz não é, é ser fruto do triunfo" significa que a hegemonia israelense na região gerou frustrações na população de origem árabe, provocando atos terroristas.

e) o texto todo reflete a preocupação provocada pelas dificuldades de se encontrar uma solução pacífica para o problema palestino.

**109.** (Cesgranrio) Quanto aos conflitos entre árabes e israelenses, podemos dizer:

I. Aceleraram-se com a partilha da Palestina realizada pela ONU em 1947, que deu origem ao Estado de Israel e de que decorreu a guerra de 1948-1949, que terminou com um acordo de cessar-fogo em que ficava estabelecida a divisão de Jerusalém e a fixação das fronteiras entre Israel e os países árabes.

II. Na década de 1960, os conflitos adquirem maior violência em razão do aumento dos atos terroristas palestinos e da aliança militar e política entre Egito, Síria e Jordânia, o que leva ao bloqueio econômico de Israel e dá início à Guerra dos Seis Dias.

III. Em 1973, os conflitos determinam a explosão da Guerra do Yom Kippur, de que resultam a fixação dos limites territoriais no Oriente Médio e o reconhecimento, por parte de Israel, da OLP, comandada por Arafat, como representante legítima dos interesses palestinos.

Assinale a opção que contém a(s) afirmativa(s) correta(s):

a) Apenas I.

b) Apenas I e II.

c) Apenas II.

d) Apenas II e III.

e) Apenas III.

**110.** (UPE) O fundamentalismo islâmico, uma tendência oculta por muito tempo, embora poderosa na vida do Oriente Médio, chamou a atenção do mundo com a Revolução Iraniana de 1979. Valendo-se da significativa renda do petróleo iraniano, o aiatolá Khomeini criou um 'Serviço para a exportação da Revolução islâmica'. No ano de 1982, milhares de militantes jovens de cerca de sessenta países estavam sendo treinados para divulgar sua mensagem contagiante por todo o mundo.

A principal característica sociopolítica da revolução iraniana foi a:

a) defesa de reformas sociais, além da tentativa de recuperar valores religiosos e tradicionais do islamismo.

b) instauração de um governo democrático e a total separação entre religião e política, anulando o antigo Estado teocrático.

c) resolução das tensões políticas entre Estados Unidos e Irã mediante acordos diplomáticos.

d) aproximação com o Ocidente por meio de uma grande abertura social e política.

e) radicalização no âmbito social e político, depois da morte de Khomeini, em 1989.

**111.** A revolução no Irã, ao contrário de movimentos anteriores designados por esse nome, foi denominada de islâmica. Seus líderes e inspiradores nada queriam com os modelos de Paris ou São Petersburgo e consideraram as ideologias da Europa, as de esquerda não menos que as de direita, como partes do inimigo infiel geral, contra o qual travavam luta. A sociedade deles era diferente, educada em escrituras e clássicos diferentes, moldada por memórias históricas diferentes. Os símbolos e lemas da revolução eram islâmicos porque só estes tinham o poder necessário para mobilizar as massas para lutar. [...] Houve, porém, tragicamente, outro aspecto em que o regime revolucionário do Irã tomou de empréstimo à Europa. Embora seus símbolos e alusões fossem islâmicos, e não europeus, seus modelos de estilo e método eram com frequência mais europeus do que islâmicos. O julgamento sumário e a execução de grandes números de inimigos ideologicamente definidos; o envio ao exílio de centenas de milhares de homens e mulheres; o confisco em grande escala de propriedades privadas; a mistura de repressão e subversão, de violência e doutrinação que acompanharam a consolidação do poder – tudo isso devia muito mais aos exemplos de Roberspierre e Stalin do que aos de Maomé e Ali. Esses métodos dificilmente poderiam ser denominados de islâmicos, embora fossem inteiramente revolucionários.

LEWIS, Bernad. *O Oriente Médio*. Do advento do cristianismo aos dias de hoje. Rio de Janeiro: Jorge Zahar Editor, 1996. p. 331-332.

Com base nas afirmações de Bernard Lewis, podemos afirmar:

a) Os líderes da Revolução Iraniana não conseguiram formular uma tradição própria e se repetiram as práticas da época do Terror da Revolução Francesa e do stalinismo, com envio dos inimigos para o exílio ou a execução deles.

b) A Revolução Iraniana fundou-se em tradições próprias, com bases nas escrituras sagradas, nos autores clássicos e memórias históricas, recusando os fundamentos da Revolução Francesa e da Revolução Soviética, mas também se apropriando seletivamente de práticas repressivas dessas duas revoluções.

c) O processo que resultou na revolução encabeçada pelo aiatolá Khomeini assimilou os fundamentos da Revolução Francesa, sobretudo no tocante aos direitos do homem, como da Revolução Bolchevique, em particular sobre a igualdade social, mas repetiu as práticas repressivas das duas revoluções.

d) A Revolução Iraniana criou suas próprias tradições baseadas na Bíblia, recusando os fundamentos da democracia liberal, produtos da Revolução Francesa, e da Revolução Bolchevique, em particular do stalinismo.

e) A revolução liderada por Khomeini adotou práticas presentes nos ensinamentos de Maomé, como as arbitrariedades, as execuções sumárias e o confisco de propriedades, iniciativas desconhecidas nos regimes ocidentais de direita e de esquerda.

**112.** (UERJ)

Reprodução/UERJ

A Copa do Mundo de Futebol de 2010 teve grande destaque na mídia internacional, em especial, devido ao fato de ser realizada, pela primeira vez, no continente africano. Esse evento seria impossível décadas antes, em função do boicote proposto pela Organização das Nações Unidas – ONU à África do Sul em 1962.

Apresente o motivo que levou a ONU a propor um boicote de seus países-membros à África do Sul em 1962 e cite duas características do regime político sul-africano daquela época que justifiquem essa atitude internacional.

**113.** (UESPI) A partir da década de 1950, verificou-se uma intensificação no processo de industrialização em diversas regiões do planeta. No caso de países latino-americanos, como, por exemplo, o Brasil, a Argentina e o México, em que se baseou, fundamentalmente, a industrialização?

a) Nos recursos minerais e no crescimento populacional.

b) Na farta mão de obra barata e na baixa taxa de crescimento vegetativo.

c) Na internacionalização dos mercados, primeiramente, e nas elevadas taxas de reserva cambial.

d) Nas diversidades regionais e na renda *per capita* da população.

e) Na substituição das importações e, posteriormente, na internacionalização dos mercados.

**114.** (Uece) Em Chiapas, no México, em 1994, ocorre uma rebelião conduzida pela Frente Zapatista de Libertação Nacional que reivindica mudanças na distribuição da terra e benefícios sociais para as populações do campo e indígena. Quanto à utilização do termo "zapatistas", assinale o correto.

a) Uma aproximação à imagem de Emiliano Zapata, um líder da Revolução Mexicana que, no início do século XX, parecia ser a única esperança para os camponeses do sul do país.

b) Uma clara homenagem ao atual presidente espanhol José Luiz Rodríguez Zapatero, que à época da rebelião, era militante do Partido dos Trabalhadores Socialistas espanhol (PSOE) e porta-voz internacional das minorias mexicanas.

c) Referência a Zapata, território localizado no pequeno estado mexicano Morelos, cuja população de índios e camponeses, há séculos, resiste às violentas expropriações dos fazendeiros sobre suas comunidades.

d) Uma homenagem aos irmãos Emiliano e Eufêmio Zapata, pequenos proprietários de terras, no estado de Morelos, que injustamente tiveram suas terras expropriadas por grandes fazendeiros e foram brutalmente assassinados.

**115.** (Fuvest) Na América Latina, no século XX, aconteceram duas grandes revoluções: a Mexicana de 1910 e a Cubana de 1959. Em ambas, os

a) camponeses sem terra lideraram sozinhos os movimentos.

b) EUA enviaram tropas que lutaram e quase derrotaram os rebeldes.

c) grupos socialistas iniciaram a luta armada, tornando hegemônicas suas ideias.

d) revolucionários derrubaram governos autoritários e alcançaram a vitória.

e) programas revolucionários foram cópias de movimentos europeus.

**116.** (FGV-SP) Sobre a Revolução Mexicana, afirma-se:

I. Durante o longo governo de Porfirio Díaz (1876-1911), os recursos nacionais do subsolo foram entregues ao controle estrangeiro e se manteve a forte concentração fundiária.

II. Pressionado pelas massas camponesas e operárias, Francisco Madero estabelece uma reforma agrária radical, que incluía o fim dos latifúndios.

III. A institucionalização do processo revolucionário tem como marco a promulgação de uma carta constitucional em 1917, na qual se preconizava a nacionalização do solo e do subsolo.

IV. Após a renúncia de Porfirio Díaz, assumiu Francisco Madero que, com o apoio dos Estados Unidos, governa o México até o início dos anos 1930.

V. O assassinato à traição de Emiliano Zapata, em 1919, revela as fortes divergências ideológicas entre o líder camponês e o presidente Venustiano Carranza.

São corretas as afirmativas

a) I, III e V, apenas.

b) I, IV e V, apenas.

c) II, III e V, apenas.

d) I, II, III e V, apenas.

e) I, II, III, IV e V.

**117.** O governo de Juan Domingo Perón (1946-1955) marcou a vida política argentina, criando um forte movimento conhecido por Justicialismo, mas também fortes opositores. Sobre a Argentina e Perón, assinale a alternativa correta.

a) Perón investiu fortemente na economia agropecuária, e deixou em segundo plano a indústria, projeto que lhe rendeu amplo apoio das oligarquias e dos trabalhadores, mas despertou a oposição de fortes grupos ligados à indústria.

b) No poder, Perón, por sua origem militar, buscou apoio nas Forças Armadas, impondo ditadura militar no país que beneficiou industriais e trabalhadores.

c) Perón retornou ao poder em 1973, mas, com sua morte, foi substituído por sua esposa, Eva Perón, que realizou seu programa de governo.

d) O governo peronista incentivou o setor industrial e promulgou uma série de leis sociais, criando um movimento chamado de Justicialismo, porque, segundo ele, era baseado na justiça social.

e) As leis sociais promulgadas para os operários não eram para valer, não houve benefícios reais, e os operários apoiaram o governo Perón devido à demagogia de sua mulher, Eva Perón.

**118.** (PUC-Campinas) Juan Domingo Perón, em seus discursos para as massas, se dirigia especialmente aos excluídos, por ele chamados de descamisados. O peronismo foi um fenômeno político de grande adesão popular. Para se compreender historicamente essa adesão, é fundamental considerar

a) o apoio financeiro que Perón recebeu dos Estados Unidos, ao aderir aos Aliados na Segunda Guerra Mundial, após um breve período de hesitação política.

b) o carisma da primeira-dama, Eva Perón, que conquistou o apoio das mulheres, era idolatrada como "santa" e sucedeu ao marido na presidência, após sua morte.

c) os valores cristãos e democráticos assumidos por esse presidente, que encampou o justicialismo, ou seja, a punição rigorosa a criminosos, o amor ao próximo e a garantia da liberdade de expressão.

d) a crise econômica vivida pela Argentina antes da posse de Perón que, ao promover a industrialização e abrir o mercado, viabilizou um "milagre econômico" argentino.

e) os benefícios econômicos que Perón legou aos trabalhadores, regulamentando a previdência social e concedendo aumentos salariais.

**119.** (Uema) Antes do jogo amistoso contra a seleção da Eslovênia, preparatório para a Copa do Mundo no Brasil, os jogadores argentinos fizeram um protesto, retratado na imagem abaixo.

Reprodução/UEMA, 2015

A faixa exibida faz referência a um conflito armado entre Argentina e

a) Uruguai, pelo domínio da região do Rio da Prata.

b) Reino Unido, por territórios na América do Sul.

c) Chile, pela delimitação de fronteiras.

d) Paraguai, pelo território do Chaco.

e) França, pelo controle sobre o porto de Buenos Aires.

**120.** (UnB) A respeito da história contemporânea do Chile, julgue (**V** ou **F**) os itens que se seguem.

( ) Quando presidente, Salvador Allende estatizou várias indústrias e acelerou o processo de reforma agrária, o que deu a seu governo características claramente socialistas.

( ) No início da década de 1970, o Chile acolheu vários exilados brasileiros, ideologicamente identificados com a esquerda e perseguidos pela ditadura militar.

( ) O presidente Augusto Pinochet, sucessor de Allende, deu continuidade à política socialista, constituindo-se, além disso, em um dos principais defensores dos direitos humanos na América Latina.

( ) Os Estados Unidos mantiveram-se afastados da política chilena, exceção feita à contribuição da CIA na contenção das forças radicais de direita, no final do governo Allende.

**121.** (Enem)

A Operação Condor está diretamente vinculada às experiências históricas das ditaduras civil-militares que se disseminaram pelo Cone Sul entre as décadas de 1960 e 1980. Depois do Brasil (e do Paraguai de Stroessner), foi a vez da Argentina (1966), Bolívia (1966 e 1971), Uruguai e Chile (1973) e Argentina (novamente, em 1976). Em todos os casos se instalaram ditaduras civil-militares (em menor ou maior medida) com base na Doutrina de Segurança Nacional e tendo como principais características um anticomunismo militante, a identificação do inimigo interno, a imposição do papel político das Forças Armadas e a definição de fronteiras ideológicas.

PADRÓS, E. S. et al. Ditadura de Segurança Nacional no Rio Grande do Sul (1964-1985). *História e memória*. Porto Alegre: Corag, 2009 (adaptado).

Levando-se em conta o contexto em que foi criada, a referida operação tinha como objetivo coordenar a

a) modificação de limites territoriais.
b) sobrevivência de oficiais exilados.
c) interferência de potências mundiais.
d) repressão de ativistas oposicionistas.
e) implantação de governos nacionalistas.

**122.** Em 2010 comemorou-se o centenário da Revolução Mexicana, que provocou importantes mudanças na sociedade no início do século XX. Que fator pode ser considerado decisivo na deflagração desse acontecimento?

a) A transformação do México em um protetorado estadunidense e as instalações de bases navais em seu território, a exemplo da base naval de Guantánamo, em Cuba.

b) A implantação de uma ditadura patrocinada pelos Estados Unidos que instituiu a reforma agrária, causando descontentamento entre as classes urbanas conservadoras.

c) O crescimento econômico no governo de Porfirio Díaz concentrou a renda, sobretudo a terra, situação agravada pelo autoritarismo, o que resultou em revoltas camponesas.

d) As fraudes eleitorais constantes desde o governo de Porfirio Díaz, sustentadas pela Espanha, acirraram os conflitos entre os representantes do grande capital e do campesinato.

e) Os investimentos estrangeiros direcionados para o turismo rural e para o extrativismo mineral desestruturaram as pequenas propriedades, fortalecendo o movimento camponês.

**123.** Sobre o governo de Juan Domingo Perón (1946-1955) na Argentina, é correto afirmar que:

a) embora seu governo tenha reconhecido os direitos sociais dos trabalhadores, promulgando uma série benefícios trabalhistas, Perón encontrou forte oposição por parte do movimento sindical do país.

b) o governo justicialista promoveu política desenvolvimentista e nacionalista, aumentando a capacidade do mercado interno, beneficiando empresários com a expansão do consumo e os trabalhadores com maiores salários.

c) Eva Perón atuou de maneira demagógica e, embora popular no país, pouco contribuiu para a consolidação do regime peronista.

d) o governo peronista foi imposto ao país com um golpe de Estado, imediatamente suspendendo as eleições e fechando o Congresso Nacional.

e) Perón tornou-se popular em razão da grande propaganda política que enaltecia seu governo, embora, na prática, os trabalhadores vivessem empobrecidos e a economia do país estivesse em constante recessão.

**124.** (UERJ) A história latino-americana na década de 1970 foi marcada pela vigência de governos ditatoriais. As fotografias abaixo remetem ao golpe militar ocorrido no Chile em setembro de 1973.

Reprodução/UERJ, 2014

Ataque ao Palácio de Governo La Moneda (setembro de 1973).

Reprodução/UERJ, 2014

Ex-membros da guarda presidencial de Salvador Allende com fotos de colegas mortos durante o golpe, em frente ao Palácio de Governo La Moneda (setembro de 2011).

Cite duas características comuns aos governos ditatoriais latino-americanos. Em seguida, identifique uma das principais reivindicações da sociedade chilena com relação às heranças do golpe de 1973.

**125.** (UFRN) No final do período do Estado Novo, o queremismo eclodiu em São Paulo. Sobre esse movimento, o historiador Jorge Ferreira afirma:

> [o queremismo] surgiu no cenário político da transição democrática como um movimento de protesto dos trabalhadores, receosos de perderem a cidadania social conquistada na década anterior. Inicialmente, eles projetaram na pessoa de Getúlio Vargas a única garantia de preservar as leis sociais e trabalhistas.

FERREIRA, Jorge. A democracia de 1945 e o movimento queremista. In: FERREIRA, Jorge e DELGADO, Lucilia de A. N. (org.). *O tempo da experiência democrática*: da democratização de 1945 ao golpe civil-militar de 1964. Rio de Janeiro: Civilização Brasileira, 2003. p. 43.

Considerando-se o fragmento textual citado, pode-se afirmar que, com o queremismo:

a) a classe operária passou a apoiar Vargas em sua campanha para retornar à Presidência da República, por meio de eleições diretas.
b) a classe trabalhadora foi manipulada politicamente por Vargas, o qual, desse modo, conseguiu se manter no poder.
c) os comunistas consolidaram-se como força política junto ao operariado urbano, propondo lutas coletivas em favor dessa classe social.
d) os trabalhadores urbanos mobilizaram-se como classe social com consciência de uma identidade coletiva.

**126.** (Uece) A respeito das posições assumidas pelo governo do general Eurico Dutra, pode-se dizer corretamente que:
a) alinhando-se totalmente com o bloco liderado pelos EUA, no contexto de fermentação da Guerra Fria, Dutra procurou meios para perseguir ou neutralizar a influência dos comunistas.
b) no contexto da redemocratização, Dutra instalou um governo amplo, democrático, que permitia todas as manifestações políticas, inclusive dos comunistas.
c) Dutra, apesar de ter sido eleito pelo voto popular, reforçou as instituições e métodos do Estado Novo, fechando o Congresso e outorgando uma nova Constituição.
d) apesar do apoio aos EUA durante a guerra, Dutra procurou manter uma posição independente no plano internacional.

**127.** (FGV-SP) São características do segundo governo Vargas (1951--1954):
a) instabilidade política, crescente aumento do custo de vida, oposição sistemática do PTB e PSD às medidas governamentais, não participação do capital estrangeiro nas atividades econômicas.
b) estabilidade política, desenvolvimento econômico, monopólio estatal do petróleo, apoio de ampla frente partidária (UDN, PTB, PSD, PCB) ao programa de governo.
c) crescente instabilidade política, aumento da atividade sindical, monopólio estatal do petróleo, sistemática oposição da UDN ao governo.
d) intransigente defesa dos interesses populares, apoio sistemático do Partido Comunista, monopólio estatal do petróleo, proibição da entrada de capital estrangeiro no país.
e) limitada participação do capital estrangeiro nas atividades econômicas, controle da inflação, estabilidade política, oposição sistemática da UDN e do PC ao programa de governo.

**128.** (UFPel)

**Oração Getulista**

Creio em Getúlio Vargas, todo poderoso, criador das leis trabalhistas. Creio no Brasil e no seu filho, nosso patrono, o qual foi concebido pela revolução de 30. (...) Creio em seu

retorno ao palácio do Catete, na comunhão dos pensamentos, na sucessão Presidencial. Amém. NOTA – Para o bem da nação tire cópias desta oração e envie a seus amigos patriotas.

CARDOSO, Oldimar.

O panfleto, ao se referir ao retorno de Vargas ao Palácio do Catete, demonstra ter sido propaganda da campanha eleitoral de:

a) 1930, utilizada pela Aliança Liberal.
b) 1934, após o presidente ter sido deposto pela Revolução Constitucionalista de 1932.
c) 1950, quando o gaúcho foi eleito com um projeto nacionalista.
d) 1937, quando o PTB seguiu as determinações da Constituição "polaca".
e) 1945, período que instaurou a democratização do país.

**129.** (UFES)

Presidente bossa-nova
Bossa-nova mesmo é ser presidente
Desta terra descoberta por Cabral
Para tanto basta ser tão simplesmente
Simpático, risonho e original [...]

Juca Chaves

A letra da música refere-se ao presidente JK, e o termo "bossa nova", que aparece no fim da década de 1950 como movimento musical, passa a designar tudo que é novidade, diferente, inusitado, até mesmo o presidente Juscelino Kubitschek, segundo Juca Chaves. As novidades na cultura, nessa fase, se davam paralelamente à euforia desenvolvimentista, resultante da política econômica, que tinha como um dos objetivos:

a) nacionalizar o setor mineral e transformar o setor estatal e o privado nacionais em principais agentes do desenvolvimento econômico.
b) acelerar o desenvolvimento econômico, em particular o das indústrias, ainda que por meio de uma política inflacionária e de abertura para o capital estrangeiro.
c) desencadear um surto de progresso industrial e agrícola, com a redistribuição de terras, resolvendo todos os problemas estruturais do campo.
d) transformar os camponeses em trabalhadores assalariados com a consequente elevação da produtividade agrícola e dos investimentos no setor.
e) possibilitar o desenvolvimento agrícola, por meio de um vigoroso monopólio nacional dos chamados setores de ponta da nossa economia, obtendo grande apoio da burguesia nacional

**130.** (UEPG) Para promover "desenvolvimento e ordem" e concretizar o programa de metas, Juscelino Kubitschek articulou as forças políticas, permanecendo até o final do mandato. Sobre o seu governo, dê a soma dos números dos itens corretos.

(01) Juscelino atendeu a reivindicações específicas da corporação militar relativas a vencimentos e equipamentos. Indicou militares para postos estratégicos como no Conselho Nacional do Petróleo.

(02) Para manter o acordo PSD-PTB, Juscelino contemplou os interesses partidários. Para o PSD oferecia obras como rodovias, centrais elétricas etc.; para o PTB, cujas bases sofriam com a perda salarial causada pela inflação, adotou-se a prática do subsídio estatal para produtos necessários à manutenção do poder aquisitivo das massas, como o petróleo e o trigo. Essas práticas mantinham a ilusão de um pacto social.

(04) Para agilizar a máquina burocrática existente, Juscelino criou órgãos paralelos, como, por exemplo, a Superintendência do Desenvolvimento do Nordeste (Sudene). Destinado a promover a expansão industrial do Nordeste, o órgão foi subordinado diretamente à Presidência da República.

(08) A construção de Brasília uniu as forças políticas e o funcionalismo público, simbolizando o espírito empreendedor do governo JK.

(16) A expressão "nacional-desenvolvimentismo" sintetiza uma política econômica que procurava combinar o Estado, a empresa privada nacional e o capital estrangeiro para promover o desenvolvimento brasileiro com ênfase na industrialização.

---

**131.** (UFSC)

Nos últimos anos a participação da indústria no PIB total do país tem sido superior a 30%. Mas o país precisou percorrer um longo caminho para se tornar industrializado.

ALMEIDA, Lúcia M. A. de e RIGOLIN, Tércio B. *Geografia*. São Paulo: Ática, 2002. p. 423.

Sobre o processo de industrialização no Brasil, assinale a(s) proposição(ões) correta(s).

(01) Durante o período colonial (1500-1822), era praticamente proibida a instalação de estabelecimentos comerciais e industriais; porém, com a independência política de Portugal, o Brasil iniciou sua industrialização como os países da Europa ocidental (séculos XVIII e XIX).

(02) Com a crise mundial de 1929, uma parcela do capital cafeeiro foi reinvestida em atividades urbanas fabris, na produção de alimentos e tecidos, modificando e dinamizando a economia brasileira com a lenta transição do predomínio do capital agrícola para o capital industrial.

(04) A Segunda Guerra (1939-1945) prejudicou a produção interna no Brasil, pela dificuldade em comercializar com a Europa e exportar os produtos industrializados que excediam ao consumo do mercado interno.

(08) Getúlio Vargas foi o responsável pela infraestrutura necessária para a instalação de indústrias de base no Brasil no período de seu primeiro governo (1930-1945). Entre suas realizações estão a Companhia Siderúrgica Nacional, a Companhia Vale do Rio Doce, a Fábrica Nacional de Motores (FNM) e a Companhia Hidrelétrica do São Francisco.

(16) O governo de Getúlio Vargas marcou a internacionalização do parque industrial brasileiro.

(32) Juscelino Kubitscheck (1956-1961) privilegiou as obras para a geração de energia, o transporte e principalmente a construção de rodovias, que facilitaram a instalação de montadoras de veículos estrangeiros no Brasil.

Dê a soma dos números dos itens corretos.

______________________________

**132.** (FGV-SP)

Perdendo o terreno na luta mobilizatória, os golpistas militares e civis aceitaram uma solução de compromisso aprovada no Congresso: a instauração do regime parlamentarista. Entre os dias 5 e 7 de setembro, Jango retornou a Brasília, prestou juramento como presidente da República e iniciou um governo extremamente tenso e instável.

Edgard Luiz de Barros.
"O Brasil de 1945 a 1964"

Esta "perda de terreno na luta mobilizatória", à qual o texto se refere, é:

a) ampla participação dos trabalhadores no comício da Central do Brasil, em apoio às medidas nacionalistas propostas pelo presidente Jango.

b) denominada Rede da Legalidade, liderada por Leonel Brizola, com apoio de outros governadores e do III Exército, pela posse constitucional de Jango.

c) ampla participação de diferentes setores sociais progressistas na Marcha de Família com Deus pela Liberdade na defesa do parlamentarismo, como uma saída controlada para a posse de Jango.

d) articulação de Tancredo Neves com parlamentares, radicalizando-os contra os militares e civis golpistas em prol da política proposta por Jango.

e) apoio e, simultaneamente, paralisação, por 72 horas, de trabalhadores da cidade e do campo pela posse de Jango.

**133.** (Enem)

Não é difícil entender o que ocorreu no Brasil nos anos imediatamente anteriores ao golpe militar de 1964. A diminuição da oferta de empregos e a desvalorização dos salários, provocadas pela inflação, levaram a uma intensa mobilização política

popular, marcada por sucessivas ondas grevistas de várias categorias profissionais, o que aprofundou as tensões sociais. Dessa vez, as classes trabalhadoras se recusaram a pagar o pato pelas "sobras" do modelo econômico juscelinista.

MENDONÇA, S. R. *A Industrialização Brasileira*. São Paulo: Moderna, 2002 (adaptado).

Segundo o texto, os conflitos sociais ocorridos no início dos anos 1960 decorreram principalmente

a) da manipulação política empreendida pelo governo João Goulart.

b) das contradições econômicas do modelo desenvolvimentista.

c) do poder político adquirido pelos sindicatos populistas.

d) da desmobilização das classes dominantes frente ao avanço das greves.

e) da recusa dos sindicatos em aceitar mudanças na legislação trabalhista.

**134.**

Em comparação com o governo Vargas e os meses que se seguiram ao suicídio do presidente, os anos JK podem ser considerados de estabilidade política. Mais do que isso, foram anos de otimismo, embalados por altos índices de crescimento econômico, pelo sonho realizado da construção de Brasília. Os 'cinquenta anos em cinco' da propaganda oficial repercutiram em amplas camadas da população.

FAUSTO, Boris. *História do Brasil*. 9. ed. São Paulo: Edusp; Brasília: FDE, 2001. p. 422.

Identifique os fatores que colaboraram para a conjuntura política favorável durante o governo JK.

a) Apoio parlamentar ao presidente com a coligação PTB-PDS no Congresso Nacional, estabilidade na área militar garantida pela autoridade do general Henrique Lott e anteparo na área sindical com a intermediação de seu vice-presidente, João Goulart.

b) Uma política agrária favorável aos interesses dos pequenos produtores e trabalhadores rurais, negociações favoráveis com os sindicatos e com os grandes investidores do setor industrial graças ao vice-presidente, João Goulart.

c) A facilidade de comunicação do presidente com as massas urbanas sindicalizadas, o recurso ao autoritarismo político com a manutenção do Dops e a passividade característica de boa parte da sociedade brasileira.

d) A consolidação da democracia direta como os novos mecanismos de participação política e social, a ação importante das forças militares sob controle do general Henrique Lott e o poder de persuasão do presidente populista.

e) A relação estável com os órgãos econômicos internacionais, como o FMI, e o apoio das empresas estrangeiras e do empresariado nacional envolvidos com o projeto de industrialização nacional autônoma.

**135.** (Unesp)

Quis criar a liberdade nacional na potencialização das nossas riquezas através da Petrobras; mal começa esta a funcionar, a onda de agitação se avoluma. A Eletrobras foi obstaculizada até o desespero. Não querem que o trabalhador seja livre. Não querem que o povo seja independente [...]. Lutei contra a espoliação do Brasil. Lutei contra a espoliação do povo. Tenho lutado de peito aberto. O ódio, as infâmias, a calúnia não abateram meu ânimo. Eu vos dei a minha vida. Agora ofereço a minha morte. Nada receio. Serenamente dou o primeiro passo no caminho da eternidade e saio da vida para entrar na História.

Getúlio Vargas. CARTA-TESTAMENTO, 1954.

a) Por que Getúlio Vargas associa "liberdade nacional" à criação da Petrobras?

b) Identifique no texto elementos que caracterizam o populismo de Getúlio Vargas.

**136.** (Mackenzie-SP)

O que é meridianamente claro é que a ditadura deixa uma herança arrasadora. Desorganização, miséria, cinismo político, corrupção institucional, inflação de três dígitos e recessão, uma dívida interna e externa calamitosa e combinada ao controle imperialista, programado por dentro da nossa economia e da nossa política econômica, uma burguesia desmoralizada pela aventura contrarrevolucionária, um Estado minado por doutrinas e práticas autocráticas, um regime de partidos montado para pulverizar as forças sociais ativas na sociedade civil e, especialmente, para fortalecer o sistema como núcleo de militarização do poder político estatal.

Florestan Fernandes – Eleições diretas e democracia.

O texto acima, do eminente sociólogo brasileiro, aponta traços de uma "herança arrasadora" legada:

a) pelos longos anos do Estado oligárquico, dominado pelos cafeicultores de São Paulo e Minas Gerais, entre 1890 e 1930.

b) pela década e meia do governo conduzido autoritariamente por Getúlio Vargas, após o triunfo do movimento político de 1930.

c) pelos governos populistas de Juscelino Kubitschek e João Goulart, entre 1946 e 1964.

d) pelo regime militar, durante o qual se sucederam cinco presidentes generais, entre 1964 e 1985.

e) pelos desastrosos anos dos governos de Fernando Collor e Itamar Franco, de 1990 a 1995.

**137.** (PUC-MG) A política econômica do governo Castelo Branco (1964-1967) caracterizou-se por, **exceto**:

a) extinguir a estabilidade no emprego com a criação do Fundo de Garantia por Tempo de Serviço (FGTS).

b) permitir maior rotatividade de mão de obra com baixos custos para os empresários interessados.

c) estabelecer uma rigorosa restrição do direito de greve e a adoção de uma política de contenção de salários.

d) criar uma lei para controlar a remessa de lucros para o estrangeiro, beneficiando o empresariado nacional.

**138.** (UFPR) Sobre as manifestações ocorridas no Brasil, no ano de 1968, considere as seguintes afirmativas:

I. O fim do milagre econômico, com suas consequências econômicas e sociais, foi uma das razões que levaram a tais manifestações.

II. Em 1968 houve várias greves de trabalhadores. Algumas delas terminaram pacificamente; outras, sob repressão do aparato militar do governo.

III. Um marco para o desencadeamento de várias dessas manifestações no Brasil foi o assassinato de um estudante, pela polícia, quando ele participava de uma passeata.

IV. O ponto alto da convergência dessas manifestações foi a chamada "passeata dos 100 mil", realizada nesse ano.

V. Uma reação do marechal Castelo Branco às manifestações foi a promulgação do primeiro Ato Institucional, que restabelecia direitos civis e políticos aos cidadãos.

Assinale a alternativa correta.

a) Somente as afirmativas II e V são verdadeiras.

b) Somente as afirmativas I, II, III e V são verdadeiras.

c) Somente as afirmativas II, III e IV são verdadeiras.

d) Somente as afirmativas I, IV e V são verdadeiras.

e) Somente as afirmativas III e IV são verdadeiras.

**139.** (FGV-SP)

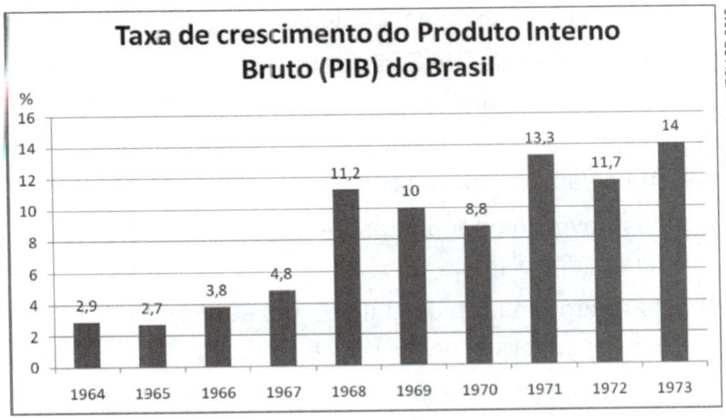




Fonte: ALVES, M.H.M. *Estado e oposição no Brasil (1964-1984).* Petrópolis: Vozes, 1989, p.145.

O gráfico acima apresenta elementos para a compreensão da sociedade brasileira entre 1964 e 1973. A esse respeito, é correto afirmar:

a) A abertura política foi impulsionada pelo processo de crescimento econômico e pela inclusão social de novos setores até então marginalizados, que passaram a exigir uma contrapartida política devido à nova realidade brasileira.

b) As contestações políticas de setores das camadas médias urbanas intensificaram-se progressivamente, à medida que a recessão econômica se pronunciava, abrindo cisões entre os apoiadores do regime militar.

c) O endurecimento do regime militar coincidiu com uma conjuntura econômica favorável possibilitada, também, pelo controle e pela repressão ao movimento operário.

d) Uma conjuntura econômica desfavorável obrigou os governos militares a lançarem mão de medidas repressivas, como o AI-5, como forma de garantir a sobrevivência do regime.

e) A desestabilização do regime militar foi provocada pela não transferência de recursos para as Forças Armadas, a despeito do crescimento econômico verificado no período.

**140.** (Fuvest)

No início de 1969, a situação política se modifica. A repressão endurece e leva à retração do movimento de massas. As primeiras greves, de Osasco e Contagem, têm seus dirigentes perseguidos e são suspensas. O movimento estudantil reflui. A oposição liberal está amordaçada pela censura à imprensa e pela cassação de mandatos.

Apolônio de Carvalho. *Vale a pena sonhar*. Rio de Janeiro: Rocco, 1997, p. 202.

O testemunho, dado por um participante da resistência à ditadura militar brasileira, sintetiza o panorama político dos últimos anos da década de 1960, marcados

a) pela adesão total dos grupos oposicionistas à luta armada e pela subordinação dos sindicatos e centrais operárias aos partidos de extrema esquerda.

b) pelo bipartidarismo implantado por meio do Ato Institucional nº 2, que eliminou toda forma de oposição institucional ao regime militar.

c) pela desmobilização do movimento estudantil, que foi bastante combativo nos anos imediatamente posteriores ao golpe de 64, mas depois passou a defender o regime.

d) pelo apoio da maioria das organizações da sociedade civil ao governo militar, empenhadas em combater a subversão e afastar, do Brasil, o perigo comunista.

e) pela decretação do Ato Institucional nº 5, que limitou drasticamente a liberdade de expressão e instituiu medidas que ampliaram a repressão aos opositores do regime.

**141.** (PUC-RS) O governo Geisel (1974-1979), ao mesmo tempo que tentava controlar a linha dura, elaborava medidas para impedir o avanço do prestígio da oposição, que exigia democracia. Entre 1976 e 1977, utilizando o AI-5, decretou recesso do Congresso Nacional e promulgou o Pacote de Abril, o qual estabelecia medidas de contenção das oposições. Como exemplos dessas medidas, citam-se:

I. Mandato de seis anos para presidente da República, manutenção das eleições indiretas para governador, criação de senadores biônicos e diminuição da representação dos estados mais populosos no Congresso.

II. Mandato de cinco anos para presidente da República, eleições indiretas somente para a Presidência da República, criação de dois partidos políticos apenas e ampliação da representação política dos estados.

III. Mandato de quatro anos para presidente da República, eleições diretas para governador e prefeito, criação de maior número de cargos nos gabinetes da Presidência da República e manutenção do direito de greve.

IV. Mandato vitalício para presidente da República, eleições indiretas para senadores e prefeitos, ampliação dos direitos de imprensa e do direito de greve para trabalhadores.

A(s) afirmativa(s) correta(s) é (são) apenas:

a) I.
b) II.
c) III.
d) IV.
e) II e IV.

**142.** (Unesp)

Era a manhã ensolarada do dia 1º de maio de 1980, e as pessoas que haviam chegado ao centro de São Bernardo para a comemoração da data se depararam com a cidade ocupada por 8 mil policiais armados, com ordem de impedir qualquer concentração. (...) Pela manhã, enquanto um helicóptero sobrevoava os locais previstos para as manifestações, carros de assalto e brucutus exibiam a disposição repressiva das forças da ordem. É que aquele Dia do Trabalhador ocorria quando uma greve dos metalúrgicos da região alcançava já um mês

de duração e levava o chefe do Serviço Nacional de Informação a prometer que "dobraria" a 'República de São Bernardo'. O que poderia ter permanecido um dissídio salarial tornara-se um enfrentamento político que polarizava a sociedade.

(Eder Sader. *Quando novos personagens entram em cena*)

Sobre o sindicalismo desenvolvido no ABC paulista, na época tratada no texto, é correto afirmar que:

a) mostrou-se herdeiro direto do sindicalismo organizado desde os anos 1930, pois defendia a conciliação entre capital e trabalho.

b) ficou conhecido como o "sindicalismo de resultados", por se comportar de forma pragmática na defesa dos interesses dos trabalhadores.

c) nasceu com o apoio dos governos militares, pois a esses interessava que a CLT fosse extinta ou fortemente reformada.

d) fez o movimento operário voltar à cena política, além de contribuir para a luta contra o regime autoritário.

e) defendeu a estrutura sindical do Ministério do Trabalho, e as suas principais lideranças eram conhecidas como "pelegos".

**143.** (UFSC) Sobre o regime militar instalado no Brasil em 1964 e os desdobramentos históricos posteriores, é correto afirmar:

(01) O país passou a viver em um regime democrático, no qual as grandes manifestações políticas eram incentivadas.

(02) A vitória da seleção brasileira na Copa do Mundo de 1970 foi utilizada pelo regime militar na propaganda do governo. Slogans como "Este é um país que vai pra frente" e "Ninguém segura este país" foram difundidos nesse momento.

(04) O Brasil, em 1970, era governado por Tancredo Neves, o último presidente militar do país.

(08) O ano de 1964 é conhecido pelo estabelecimento do pluripartidarismo, importante passo para a consolidação da democracia no Brasil durante o regime militar.

(16) Durante o governo Costa e Silva, em 1968, foi decretado o AI-5 (Ato Institucional nº 5), que, entre outras decisões, estabeleceu o fechamento do Congresso Nacional.

(32) No período ocorreu o chamado "milagre econômico brasileiro", que favoreceu a classe média, possibilitando-lhe maior acesso ao consumo.

(64) Foi o período de construção da Rodovia Transamazônica, responsável pelo sucesso da integração entre o norte e o sul do Brasil.

Dê a soma dos números dos itens corretos.

**144.** (Fatec) O movimento denominado "Diretas Já!", que começou reunindo poucos milhares de pessoas nas principais cidades brasileiras, acabou ganhando a simpatia da maior parte da população do país e tomou proporções gigantescas. Esse movimento exigia:

a) eleições diretas depois da renúncia de Jânio Quadros.

b) o fim do AI-5, a volta dos direitos políticos e o retorno das eleições pelo voto universal.

c) o fim das torturas e a aprovação da lei de anistia política.

d) a anistia política e o retorno dos exilados políticos para o Brasil.

e) o fim da ditadura militar e eleições diretas para presidente.

**145.** Com base na imagem e no texto a seguir, avalie as afirmativas sobre o regime militar e o futebol no Brasil.

Arquivo CB/D.A. Press

Seleção brasileira de futebol posa com o presidente Médici após a conquista do tricampeonato na Copa do Mundo no México, 1970.

A cada vitória uma aclamação popular que parecia legitimar o próprio regime. [...] Consumada a vitória, o governo explorou o tricampeonato de todas as formas possíveis, procurando potencializar o futebol como um fator capaz de promover a "unidade na diversidade". [...] Paralelamente ao presidente Médici, que recebeu todos os jogadores em Brasília antes de qualquer outra autoridade, já que a delegação voou direto do México para a capital, [...] não foram poucos os governadores, prefeitos e vereadores que fizeram de tudo para posar do lado dos craques. Para os mais diretamente ligados ao governo, repetir o discurso era fácil, uma vez que bastava relacionar o desempenho da Seleção ao momento de euforia econômica que se convencionou chamar de 'Milagre Brasileiro'.

AGOSTINO, Gilberto. Aquela corrente pra frente. In: *Revista Nossa História*. São Paulo: Vera Cruz, ano 2, n. 14, dez. 2004. p. 19.

I. O governo militar utilizou a vitória brasileira na Copa do Mundo de 1970 para legitimar seu poder.

II. Os investimentos dos militares não se restringiram à economia. Ao incentivar práticas esportivas, como o futebol, o governo favoreceu a autoestima dos brasileiros.

III. A propaganda oficial do regime militar procurou vincular a vitória do futebol brasileiro no México ao sucesso econômico do "Milagre Brasileiro".

Estão corretas as afirmativas:

a) I e II.

b) I e III.

c) II e III.

d) I, II e III.

e) I, II e III.

**146.** (Unifesp)

Nossa geração tem consciência: sabe o que deseja. Queremos fazer filmes anti-industriais; queremos fazer filmes de autor, quando o cineasta passa a ser um artista comprometido com os grandes problemas do seu tempo; queremos os filmes de combate na hora do combate e filmes para construir no Brasil um patrimônio cultural.

Glauber Rocha, citado por Heloísa Buarque de Hollanda e Marcos A. Gonçalves. *Cultura e participação nos anos 60*. São Paulo: Brasiliense, 1987.

A frase de Glauber Rocha indica alguns princípios do Cinema Novo que, juntamente com outras manifestações artísticas, produziu uma significativa mudança no panorama cultural e político brasileiro dos anos 1960. Cite e analise:

a) dois movimentos da mesma década que, em outros campos artísticos, se preocuparam com as questões apontadas por Glauber Rocha.

b) a forma como o regime militar brasileiro tratou esses movimentos de renovação cultural.

**147.** Na conferência do Partido Conservador, em 1980, a primeira-ministra britânica Margaret Thatcher alertou os congressistas de seu partido:

> Se gastar dinheiro a rodo fosse a resposta aos problemas do nosso país, não teríamos problemas agora. Se houve uma nação que gastou ilimitadamente por muito tempo, foi a nossa. Hoje esse sonho acabou. Todo esse dinheiro nos levou a parte alguma, mas ele ainda tem de vir de algum lugar. Aqueles que nos pressionam para relaxar o controle, para gastar ainda mais dinheiro indiscriminadamente na crença de que isso ajudará os desempregados e todos os pequenos empresários, não estão sendo bondosos, piedosos ou zelosos.

THATCHER, Margaret. Discurso na Conferência do Partido Conservador, 10 de outubro de 1980. Disponível em: <www.margaretthatcher.org/document/104431>. Acesso em: 26 jul. 2018. (Tradução dos autores)

Assinale a alternativa que expressa as ideias de Margaret Thatcher em seu discurso.

a) Thatcher defende a necessidade de gastos públicos como forma de incentivar a economia, beneficiando desempregados e pequenos empresários.

b) Em seu argumento, Thatcher critica os que defendem os gastos públicos como meio de dinamizar a economia, um dos fundamentos do keynesianismo.

c) Thatcher defende políticas públicas que ficaram conhecidas como neoliberais, sobretudo defende a necessidade de manter os benefícios sociais aos trabalhadores e o Estado de bem-estar social.

d) A primeira-ministra britânica defende o equilíbrio das contas públicas, argumentando que as despesas exigem a contrapartida das receitas, repetindo o receituário keynesiano.

e) Em seu depoimento, a primeira-ministra defende o corte de gastos para preservar os trabalhadores, que já pagam muitos impostos, e para beneficiar os empresários, que precisam de menos controle do Estado.

**148.** (UFPB) A atual crise econômica do capitalismo e algumas decisões tomadas pelos governos dos países desenvolvidos demonstram, segundo alguns autores, que a crise estaria afetando, também, as ideias neoliberais. A estatização de bancos e o uso de bilhões de dólares do Estado, para evitar que grandes instituições financeiras venham a falir, são algumas medidas que exprimiriam uma direção diversa do ideário neoliberal.

Sobre o neoliberalismo, identifique as afirmativas corretas:

I. O neoliberalismo ganhou corpo após a crise de 1929, com a criação, nos EUA, do programa *New Deal*, que defendia o fim da intervenção estatal na economia.

II. Os EUA propagaram as ideias neoliberais com o Plano Marshall, ou seja, uma ajuda financeira ao Japão e a outros países asiáticos, até então defensores do intervencionismo estatal.

III. A primeira experiência neoliberal ocorreu na Alemanha, durante o governo nazista, que associou fortemente esse ideário econômico ao militarismo e ao expansionismo territorial.

IV. A crise econômica dos anos de 1970 fez ressurgirem antigos críticos do Estado interventor, os quais defendiam ampla liberdade das forças capitalistas no mercado.

V. O governo Pinochet, no Chile, foi a primeira experiência concreta de neoliberalismo, que se fortaleceu com os governos de Thatcher, na Inglaterra, e de Reagan, nos EUA.

**149.** Leia a tirinha e o texto a seguir.

Frank & Ernest, Bob Thaves © 1996 Thaves / Dist. by Andrews McMeel Syndication

> Ao longo das três últimas décadas, foram introduzidas práticas flexíveis em diversas esferas, incluindo o desenvolvimento de produtos, as técnicas de produção, o estilo gerencial, o ambiente de trabalho, o envolvimento dos empregados e o marketing. Alguns comentadores sugeriram que, tomadas coletivamente, essas mudanças representam um afastamento radical dos princípios do fordismo; e a melhor maneira de entender o período atual é por meio do termo 'pós-fordismo'.
>
> GIDDENS, Anthony. *Sociologia*. Porto Alegre: Artmed, 2008.

Relacionando as informações citadas às mudanças que vêm ocorrendo na atual organização do modo de produção capitalista, com o desenvolvimento do pós-fordismo, também conhecido como toyotismo, podemos concluir que:

a) o toyotismo tenta promover mudanças radicais em relação às formas anteriores da organização do trabalho, incentivando os trabalhadores a fiscalizar seus companheiros como forma de dinamizar a produção.

b) a superação do fordismo, por meio da implementação da flexibilização da produção, característica do toyotismo, tem como objetivo humanizar as relações capitalistas de trabalho, eliminando a exploração sobre o trabalhador.

c) enquanto o fordismo promove uma separação do trabalhador em relação ao produto de seu trabalho, o toyotismo altera sua participação no processo produtivo por meio da flexibilização do processo de produção.

d) o principal objetivo das modernizações implementadas pelo toyotismo, no processo de produção industrial, é atingir o consumidor por meio de um eficiente sistema de propaganda, supervalorizando os produtos de qualidade inferior.

e) o toyotismo, a exemplo do fordismo, busca, por meio da fragmentação do trabalho, um aumento da capacidade de produ-

ção, sem se preocupar com a qualidade do produto ou com a participação do trabalhador nesse processo.

**150.** (UFABC)

A explosão demográfica no mundo pobre foi tão sensacional porque as taxas de nascimento básicas nesses países foram em geral muito mais altas que as dos períodos históricos correspondentes nos países "desenvolvidos", e porque a enorme taxa de mortalidade, que antes continha a população, caiu como uma pedra a partir da década de 1940 – quatro ou cinco vezes mais rápido que a queda correspondente na Europa do século XIX. Pois, enquanto na Europa essa queda teve que esperar a melhoria gradual dos padrões de vida e ambientais, a tecnologia moderna varreu o mundo dos países pobres como um furacão na Era de Ouro, sob a forma de remédios modernos e da revolução dos transportes. A partir da década de 1940, a inovação médica e farmacêutica pela primeira vez estava em condições de salvar vidas em escala maciça (por exemplo, com DDT e antibióticos), o que antes nunca pudera fazer, a não ser talvez no caso da varíola. Assim, enquanto as taxas de natalidade permaneciam altas, ou mesmo cresciam em tempos de prosperidade, as taxas de mortalidade despencavam – no México, caíram em mais da metade nos 25 anos após 1944 – e a população disparava para cima, embora nem a economia, nem as instituições houvessem necessariamente mudado muito.

Eric Hobsbawm. *Era dos extremos*. Tradução.

A partir da análise do texto, é possível afirmar que o autor se refere à "Era de Ouro" como um período marcado, entre outras características,

a) pelo surgimento de máquinas e de ferrovias a vapor, que provocaram uma grande revolução no processo de produção industrial.
b) pelo crescente empobrecimento dos países industriais que eram explorados visando ao enriquecimento dos países imperialistas.
c) pelo fortalecimento do Estado previdenciário, que garantiu a distribuição igualitária da renda nos países do chamado terceiro mundo.
d) pela prosperidade econômica nos países latino-americanos, que ocorreu após a realização de reformas estruturais no setor agrário e na saúde.
e) pelo desenvolvimento tecnológico nos países ricos, que contribuíram, de certa forma, para melhorar as condições de vida em regiões pobres.

**151.** (Unicentro) Sobre a China, considere as afirmativas a seguir.

I. Iniciou reformas econômicas em 1979 e seus processos de abertura econômica e de privatização são relativamente lentos, quando comparados aos promovidos pela Rússia.

II. Apresenta a economia de maior crescimento mundial, combinando altos índices de processamento de matérias-primas com baixos custos relativos à mão de obra.

III. Apresenta um modelo de desenvolvimento baseado nas economias dos "Tigres Asiáticos" — especialmente nas zonas econômicas especiais — com forte poupança interna e intervenção do Estado.

IV. Em virtude da forte concorrência, evita cada vez mais o comércio com a Ásia Oriental, sobretudo com o Japão, como forma de ocupar seu lugar na partilha internacional de mercados.

Estão corretas apenas as afirmativas:

a) I e III.
b) I e IV.
c) II e IV.
d) I, II e III.
e) II, III e IV.

**152.** (UFPE) Sobre as várias propostas de reformas na economia e na política, na antiga União Soviética, uma foi fundamental para mudanças radicais nessa sociedade. Quanto a isso, assinale a resposta correta.

a) Gorbachev, por meio do seu projeto de reformas para a União Soviética, a *glasnost*, conseguiu estabilizar a economia russa e democratizar as instituições.
b) As reformas introduzidas na antiga União Soviética por Boris Yeltsin, depois de eleito presidente da recém-criada Federação Russa em 1991, aceleraram a transição do socialismo para o capitalismo.
c) A crise social e econômica que atingiu a URSS, no final da década de 1980, é atribuída à competição militar com a China, sua arquirrival, e à corrida espacial com a Europa.
d) O principal fator que desencadeou o desmoronamento do Império Soviético foi o relaxamento do controle do Estado sobre a imprensa.
e) É inegável que a falta de relacionamento político com o Ocidente e a *perestroika* proposta por Gorbachev foram fundamentais para que a Rússia mergulhasse na crise atual.

**153.** (UFRRJ)

As revoluções que transformaram a Europa nos três últimos meses de 1989 foram aquele tipo de evento muito raro, de evento que realmente abala o mundo. Os esforços para captar a escala desses acontecimentos há muito se transformaram em lugares-comuns. O terremoto ocorrido no leste, porém, representa mais do que o colapso de seis regimes (Polônia, Hungria, Alemanha Oriental, Bulgária, Tchecoslováquia e Romênia) ou a consequente reorganização do sistema estatal internacional.

CALLINICOS, A.
*A vingança da história*: o marxismo e as revoluções do Leste Europeu.
Rio de Janeiro: Jorge Zahar, 1992.

Em relação ao processo de desconstituição da União Soviética e do bloco socialista, é correto afirmar que:

a) o golpe de Estado que dissolveu a União Soviética em 1987, comandado pelo então presidente da Rússia, Boris Yeltsin, desencadeou uma reação em cadeia na qual foram caindo, um a um, os regimes socialistas da Europa do leste, encerrando-se o processo com a famosa queda do muro de Berlim.

b) o colapso do bloco socialista foi um processo originado nas reformas levadas a cabo na própria União Soviética, através das políticas conhecidas como *glasnost* e *perestroika*, adotadas a partir de meados dos anos 1980.

c) a desintegração das assim chamadas "democracias populares" foi um processo iniciado em novembro de 1985 com uma revolta popular em Berlim oriental, responsável por derrubar o muro de Berlim, e espalhou-se posteriormente para os outros países do bloco dentre os quais a própria URSS.

d) as reformas realizadas em países como Polônia e Hungria foram responsáveis, em razão da íntima vinculação entre os países do bloco socialista, por uma reação em cadeia na qual a URSS foi obrigada a adotar as políticas reformistas, conhecidas como *glasnost* e *perestroika*, que levaram a sua desintegração.

e) as políticas de reformas conhecidas como *glasnost* e *perestroika*, desenvolvidas em países do Leste Europeu que queriam se libertar do jugo da URSS, tiveram um incansável adversário em Gorbachev, o então líder da União Soviética, que queria impedir a dissolução do bloco socialista.

**154.** (FGV)

O novo secretário-geral do PC soviético, Mikhail Gorbachev, de 54 anos, assumiu o poder (...). Gorbachev é o mais jovem líder soviético desde Josef Stalin (...).

(Jayme Brener, Jornal do século XX)

Sobre esse governo, é correto afirmar que foi caracterizado

a) pela ampliação do arsenal atômico da União Soviética e dos aliados no leste europeu, como decorrência direta do Programa Guerra nas Estrelas do presidente Ronald Reagan.

b) pelo projeto e execução de profundas reformas econômicas e políticas, que superassem a estagnação econômica e garantissem o desenvolvimento da democracia.

c) pelo aumento constante da produtividade soviética na indústria e na agricultura, com o consequente aumento do PIB, que superou o dos Estados Unidos em 1990.

d) pela realimentação da Guerra Fria com a acusação formal contra espiões norte-americanos e ingleses, além do rompimento das relações diplomáticas com a China.

e) pela recuperação de vários princípios da era stalinista, como os planos quinquenais, a coletivização da terra e a obrigatoriedade de salários iguais para os operários industriais.

**155.** (IFSP) Considere a imagem e o texto a seguir:

**Fonte:** Disponível em: <www.brasilalemanha.com.br/novo_site/noticia/brasilia-recebe-a-mostra-a-virada-25-anos-da-queda-do-muro-de-berlim/5118>. Acesso em 24 out. 2015.

A imagem refere-se ao Muro de Berlim em 1989. A cidade de Berlim possui aproximadamente "890 km$^2$ (dos quais, 403 km$^2$ correspondiam à Berlim Oriental), dividida em duas partes já desde 1948, foi, em 1961, solidamente separada por uma fronteira física até então inexistente – e constituída como fronteira fechada por um muro de concreto de 43,7 km no meio da cidade (156,4 km era o tamanho total do muro em torno de Berlim Ocidental), com uma altura que variava de 3,40 a 4,20 m. O muro, simbólica e concretamente, separava sistemas, países e mundos sociais", como afirma o historiador Moraes.

Fonte: MORAES, Luis Edmundo Souza. *O Muro, dois Estados, dois Mundos*. Disponível em: <http://periodicos.uem.br/ojs/index.php/EspacoAcademico/article/view/8279/4776>. Acesso em: 25 out. 2015.

De acordo com a imagem e com o contexto descrito, é correto o que se afirma em:

a) Os alemães comemoraram o fim da divisão entre a República Democrática da Alemanha (Alemanha Oriental) e a República Federal da Alemanha (Alemanha Ocidental), assim como a queda do Muro de Berlim e possível reunificação que só ocorreu em 1990.

b) Os alemães comemoraram a data da construção do Muro de Berlim e os 40 anos da República Democrática da Alemanha (Alemanha Oriental), pois havia muita resistência e protestos por parte da maioria dos alemães que eram contra a reunificação prevista para 1990.

c) Os alemães comemoraram o fim da divisão entre A República Democrática da Alemanha (Alemanha Ocidental) e a República Federal da Alemanha (Alemanha Oriental), assim como a queda do Muro de Berlim e possível reunificação que só ocorreu em 1990.

d) Os alemães comemoram a queda do Muro de Berlim, fim da Guerra Fria, bem como o fim da luta armada entre a República Democrática da Alemanha (Alemanha Oriental) e a República Federal da Alemanha (Alemanha Ocidental) e almejavam a reunificação prevista para 1990.

e) Os alemães comemoram as pesadas indenizações que a República Democrática da Alemanha (Alemanha Oriental) foi condenada a pagar judicialmente para a República Federal da Alemanha (Alemanha Ocidental), devido às mortes dos alemães que tentaram atravessar o muro para ir de uma Alemanha para outra.

**156.** (UFG) Analise a imagem a seguir.

Reprodução/UFG, 2014.

Fotografia do Muro de Berlim. Disponível em: <http://observatoriodadiversidade.org.br/site/alemaes-impedem-demolicao-de-ultimo-trecho-original-do-muro-de-berlim>. Acesso em: 16 out. 2013.

O Muro de Berlim foi construído em 1961 e a sua "queda" ocorreu em 1989, conservando-se partes de sua estrutura. Na fotografia, produzida após a reunificação alemã, observa-se a prática da grafitagem ao lado da frase "Berlim está livre do muro". Diante do exposto, explique a relação entre:

a) a função político-ideológica exercida pelo Muro de Berlim e a dinâmica da Guerra Fria (1947-1989).

b) as mensagens no muro (a frase e os grafites) e os objetivos de preservação de sua estrutura física, após a reunificação.

**157.** (FGV-SP)

[A Década Perdida] pode ser a década de 1980, mas pode ser também uma década 'expandida', começando em 1982, com a moratória mexicana, e terminando em 1994 com o Plano Real. Ou começando mesmo antes, em 1979, quando teve início, com o catastrófico episódio da prefixação da correção monetária, toda uma série de feitiçarias cuja expressão mais madura seriam os choques heterodoxos, dos quais o Cruzado e o Collor seriam os mais assustadores. A Década Perdida parece, portanto, uma década longa, até porque foi sofrida no campo econômico e pontilhada de frustrações no plano político.

FRANCO, Gustavo. A década perdida e a das reformas. *Jornal do Brasil*, 30 jan. 2000.

O sofrimento no campo econômico e as frustrações no plano político a que o autor se refere são:

a) os altos índices de inflação que o país apresentava na época, o desemprego e a crise social, aliados ao fortalecimento da ditadura militar no governo João Figueiredo.

b) o descontrole inflacionário, os altos índices de desemprego, o fracasso de sucessivos planos econômicos e, no plano político, a derrota da emenda das Diretas Já e a morte de Tancredo, entre outros fatos.

c) a sucessão de planos econômicos que fracassaram no combate ao processo inflacionário, o alto índice de desemprego no período e a decepção provocada pela eleição direta de Tancredo Neves.

d) a escalada inflacionária e a recessão, gerando desemprego e crise social, o que levou o governo a adotar medidas repressivas para controlar a escalada de violência, como o fechamento do Congresso e a imposição do Pacote de Abril.

e) a estagnação da economia do país, o desemprego e os altos índices inflacionários, no campo econômico, e, no plano político, as sucessivas vitórias da ARENA e do PDS nas eleições legislativas e executivas no início da década.

**158.** A Constituição brasileira de 1988, em seu artigo 61, parágrafo 2, garante a apresentação de projetos de lei pelos poderes Legislativo e Executivo, mas também pela iniciativa popular. Nesse caso, um projeto de lei pode ser apresentado com a assinatura mínima de 1% da população eleitoral do país, em pelo menos cinco estados da Federação. São os chamados projetos de lei de iniciativa popular. A mais conhecida lei que surgiu da iniciativa popular foi a chamada Ficha Limpa, de 2010, que impede candidatos condenados por órgão colegiado a concorrerem a cargos legislativos.

Leia, reflita sobre o instrumento constitucional da iniciativa popular, e assinale a resposta correta.

a) Trata-se de instrumento sem eficácia porque é impossível recolher 1% de assinaturas dos eleitores em cinco estados do país.

b) O projeto de lei de iniciativa popular é instrumento antidemocrático porque as leis do país somente devem ser formuladas pelo presidente da República.

c) A apresentação de projetos de lei é de incumbência exclusiva dos poderes Legislativo e Executivo, cabendo à iniciativa popular referendar seus resultados.

d) Os projetos de lei de iniciativa popular retiram dos deputados e senadores a exclusividade da apresentação de projetos de leis, comprometendo o processo democrático no país.

e) A possibilidade de apresentação de projetos de lei por iniciativa popular é instrumento democrático porque permite a participação direta dos cidadãos na elaboração de leis que regem o país.

**159.** (UFPR) Com relação ao modelo econômico que prevalece no Brasil desde o início da década de 1990, é correto afirmar:

a) Radicalizou o protecionismo tarifário a fim de proteger as indústrias nacionais frente à concorrência estrangeira.

b) Promoveu a intensificação da internacionalização da economia, abrindo novos setores econômicos à participação do capital estrangeiro e recorrendo às privatizações.

c) Criou novas empresas estatais e expandiu as já existentes, a fim de aumentar a participação do Estado nacional na economia, prevenindo crises econômicas e financeiras.

d) Restringiu a participação do capital estrangeiro em diversos setores de atividade, visando limitar a evasão de divisas representada pela remessa de lucros praticada pelas empresas multinacionais desde a ditadura militar.

e) Para que o governo mantivesse sua legitimidade e sua popularidade, optou pela não redução de quaisquer direitos trabalhistas ou previdenciários.

**160.** (Fuvest)

O presidente do Senado, José Sarney (PMDB-AP), disse nesta segunda-feira [30/5] que o impeachment do ex-presidente Fernando Collor de Mello foi apenas um "acidente" na história do Brasil. Sarney minimizou o episódio em que Collor, que atualmente é senador, teve seus direitos políticos cassados pelo Congresso Nacional. "Eu não posso censurar os historiadores que foram encarregados de fazer a história. Mas acho que talvez esse episódio seja apenas um acidente que não devia ter acontecido na história do Brasil", disse o presidente do Senado.

Correio Braziliense, 30/05/2011.

Sobre o "episódio" mencionado na notícia acima, pode-se dizer acertadamente que foi um acontecimento

a) de grande impacto na história recente do Brasil e teve efeitos negativos na trajetória política de Fernando Collor, o que faz com que seus atuais aliados se empenhem em desmerecer este episódio, tentando diminuir a importância que realmente teve.

b) nebuloso e pouco estudado pelos historiadores, que, em sua maioria, trataram de censurá-lo, impedindo uma justa e equilibrada compreensão dos fatos que o envolvem.

c) acidental, na medida em que o impeachment de Fernando Collor foi considerado ilegal pelo Supremo Tribunal Federal, o que, aliás, possibilitou seu posterior retorno à cena política nacional, agora como senador.

d) menor na história política recente do Brasil, o que permite tomar a censura em torno dele, promovida oficialmente pelo Senado Federal, como um episódio ainda menos significativo.

e) indesejado pela imensa maioria dos brasileiros, o que provocou uma onda de comoção popular e permitiu o retorno triunfal de Fernando Collor à cena política, sendo candidato conduzido por mais duas vezes ao segundo turno das eleições presidenciais.

**161.** (Fatec) O Plano Real entrou em vigor em fins de 1993, durante o governo de Itamar Franco. Sobre esse plano é correto afirmar que:

a) reduziu a inflação, desenvolveu a indústria nacional e trouxe a estabilização política.

b) reduziu a inflação, desenvolveu a indústria nacional e ajudou a diminuir o desemprego.

c) reduziu a inflação, mas as medidas de ajuste adotadas provocaram recessão econômica, quebras de bancos e de empresas, assim como um surto de demissões e desemprego.

c) reduziu a inflação, trouxe a estabilidade econômica, desenvolveu a indústria nacional, resolvendo muitos problemas sociais, com o aumento do poder aquisitivo da população.

e) reduziu a inflação, estabilizou o setor produtivo nacional, ajudou a diminuir a desigualdade social existente no campo e na cidade, enfraquecendo as organizações de oposição como o Movimento dos Trabalhadores Rurais Sem Terra.

**162.** (Acafe) Sobre a realidade política dos últimos governos brasileiros, correlacione as colunas a seguir.

(1) Governo de Fernando Collor de Melo

(2) Governo de Fernando H. Cardoso

(3) Governo de Luiz Inácio Lula da Silva

(4) Governo de Itamar Franco

(5) Governo de José Sarney

( ) Foi o primeiro presidente eleito democraticamente após a ditadura, confiscou a poupança e sofreu impeachment.

( ) Em seu governo o sistema de Telefonia foi privatizado e o monopólio da Petrobras foi quebrado.

( ) Vice de Tancredo Neves, assumiu o poder com a morte do primeiro. Em seu governo o país acentuou os problemas financeiros e declarou moratória parcial do pagamento da dívida externa brasileira.

( ) Governou por apenas dois anos e em seu governo o Plano Real foi criado e aplicado.

( ) Sua política externa foi considerada ousada e atuante por vários analistas e irresponsável por parte de seus críticos. Para esses últimos, por exemplo, as tentativas de mediar a questão nuclear iraniana representaram um erro na política externa brasileira.

A sequência correta, de cima para baixo, é:

a) 2 - 3 - 4 - 1 - 5.
b) 5 - 4 - 1 - 3 - 2.
c) 1 - 2 - 5 - 4 - 3.
d) 4 - 5 - 3 - 2 - 1.

**163.** (PUC-Campinas) Leia os textos.

A crise econômica recente no Brasil demonstra que qualquer país está ameaçado por turbulências informativas e movimentos especulativos nos mercados financeiros globais.

Manuel Castells. "Folha de S.Paulo", 23/05/99. Cad. Mais, p. 5.

[...] uma crise aguda da economia brasileira seria transmitida a toda a América Latina e provocaria uma catástrofe nos Estados Unidos, que destinam 20% de suas exportações a essa região. A Europa, evidentemente, também não seria poupada por uma crise geral da economia. Foi menos o futuro do Brasil do que o medo de uma tal crise mundial que mobilizou uma ajuda internacional considerável para livrar o país dos apuros.

Alain Touraine. "Folha de S.Paulo". 31/01/99. Cad. Mais. p. 5.

O Plano Real, adotado pelo Governo de Itamar Franco, em 1994, contribuiu para a eleição do Presidente Fernando Henrique Cardoso. No início de 1999, o Plano Real sofreu uma crise que fez cair os índices de popularidade do Presidente. De acordo com os textos, essa crise estava relacionada, principalmente,

a) à fuga de capitais ocorrida no final de 1998, que provocou uma redução nas divisas e a desvalorização cambial.
b) aos conflitos entre Brasil e Argentina, na definição das taxas alfandegárias para importação/exportação de alimentos.
c) aos baixos investimentos do Governo nas áreas sociais, especialmente na saúde, educação e moradia.
d) à falta de decisão política do Governo para enfrentar os problemas decorrentes da baixa oferta de trabalho.
e) ao retorno do processo inflacionário com a consequente adoção da política de indexação da economia.

**164.** (PUC-RS) Considere as afirmativas a seguir, sobre fatos relacionados à política interna do governo Luiz Inácio Lula da Silva.

I. Foi criado o programa "Primeiro Emprego", como forma de combater o trabalho infantil e o escravo, em expansão em várias regiões do país.

II. Ampliaram-se, através do ProUni, as vagas no ensino superior, para acolher alunos provenientes do ensino público e com renda familiar reduzida.

III. O Programa Fome Zero, taxado por vários representantes da sociedade civil de assistencialista, tem sido criticado pelos entraves burocráticos e pela forma de controle adotada para a concessão dos benefícios, que dificultam a expansão do programa.

IV. O governo federal reduziu significativamente os impostos, visando diminuir a carga tributária sobre a classe média e a produção industrial.

Estão corretas as afirmativas:

a) I e II.
b) I e III.
c) II e III.
d) II e IV.
e) III e IV.

**165.** (UFPA) Sobre a transição da Guerra Fria para a Nova Ordem Mundial, considere as afirmativas a seguir.

I. O esgotamento do socialismo real no Leste Europeu e a ascensão de novas potências econômicas mundiais, como o Japão e a Alemanha, provocaram um rearranjo nas relações de poder, uma vez que a Nova Ordem Mundial assume um caráter multipolar no aspecto econômico, embora a supremacia bélica dos EUA demonstre uma unipolaridade no âmbito militar, baseada em ações negociadas com a invasão do Iraque.

II. Os conflitos no contexto da Guerra Fria tinham uma natureza mais político-ideológica, uma vez que eram, em maior ou menor grau, influenciados pela disputa geopolítica entre EUA e URSS em torno das áreas de influência. Na Nova Ordem Mundial, muitos desses conflitos permanecem ou são exacerbados em decorrência das antigas rivalidades étnicas mais diretamente ligadas a fatores locais.

III. A regionalização do espaço mundial reflete a lógica das ordenações geopolíticas de cada contexto histórico. No período da ordem bipolar predominou a compartimentação do mundo em primeiro, segundo e terceiro mundos, baseada em critérios político-ideológicos. Com a Nova Ordem Mundial emerge a regionalização que divide o mundo em norte e sul, tendo uma natureza mais socioeconômica, além da nova DIT que regionaliza o mundo em redes.

IV. As alianças militares e a corrida armamentista tiveram um papel relevante durante a Guerra Fria, pois foram instrumentos que potencializaram o poder das potências hegemônicas sobre as suas áreas de influência. Com a ascensão da Nova Ordem Mundial, apenas a OTAN foi mantida e vem sendo ampliada em razão de vários fatores, entre os

quais as novas ameaças representadas pelo avanço do terrorismo internacional.

V. O advento da Nova Ordem Mundial é marcado pela transnacionalização dos mercados associado à disputa cada vez mais acirrada entre as potências hegemônicas dos blocos oriental e ocidental em torno de mercados consumidores.

Está(ão) correta(s) a(s) afirmativa(s):

a) I, II e V.
b) II, III e IV.
c) I, III, IV e V.
d) apenas a II.
e) apenas a V.

**166.** (Unicamp)

Desde a queda do império comunista na Europa, nos anos 1989-1991, assiste-se a uma nova forma de messianismo político que consiste em impor o regime democrático e os direitos humanos pela força.

Adaptado de Tzvetan Todorov. *Os inimigos íntimos da democracia*. São Paulo: Companhia das Letras, 2012, p. 55.

O quadro descrito pelo texto pode ser analisado:

a) como herança das lutas anticoloniais exemplificada na organização em torno do Estado multiétnico, como ocorreu na África do Sul.
b) como parte da Nova Ordem Mundial sob a liderança dos EUA e seu poder bélico em regiões como a Síria e o Afeganistão.
c) como o estabelecimento de um princípio que desestabiliza as lógicas internas de organização, como ocorreu no Iraque e na ex-Iugoslávia.
d) como herança da Guerra Fria e como utilização da lógica militar que inviabiliza a adoção da democracia em regiões como a Ucrânia.

**167.** Considerando as características da União Europeia, assinale a alternativa correta.

a) Surgiu no período entre as duas guerras mundiais, como forma de difundir o comércio entre países europeus, melhorando suas economias.
b) Com a assinatura do Tratado de Roma em 1957, ficou liberado o trânsito de mercadorias e serviços, mas não de capitais e pessoas.
c) O euro tornou-se moeda única de 12 membros da União Europeia, a partir de 1991, com o Tratado de Maastricht.
d) Com o Tratado de Lisboa de 2009, estabeleceu-se uma Constituição Europeia com regras comuns para política econômica, migratória e de defesa.
e) A expansão da União Europeia segue para o leste do continente, atingindo as fronteiras com a Rússia, que deve tornar-se o mais novo membro da organização.

**168.** (UEL) O mapa a seguir representa a configuração do mundo após os anos de 1990.

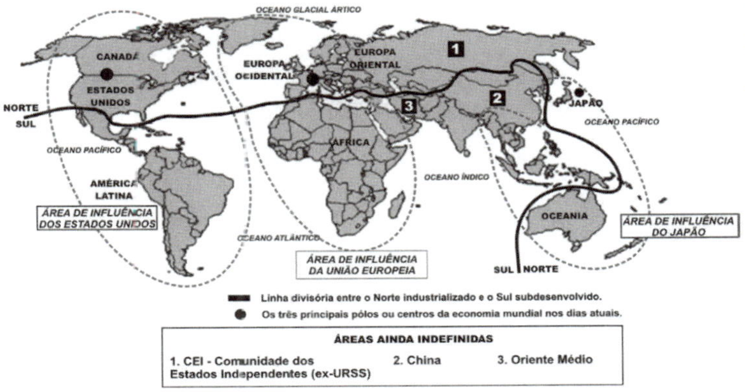



Com base no mapa e nos conhecimentos sobre o tema, é correto afirmar:

a) Na nova ordem geopolítica mundial, existem vários polos ou centros de poder, comandados por três grandes potências mundiais de poderio econômico, tecnológico e político-diplomático: EUA, Japão e União Europeia.

b) Na nova ordem geopolítica mundial, é evidente a competição militar entre Norte/Sul e Leste/Oeste, comandados por três grandes potências mundiais (EUA, Japão e a União Europeia).

c) A nova ordem geopolítica mundial emergiu com o fortalecimento da bipolaridade, da Guerra Fria e dos conflitos Leste/Oeste, isto é, socialismo real *versus* capitalismo.

d) A nova ordem geopolítica mundial é marcada pela divisão Norte/Sul e por um centro econômico, comercial e tecnológico (EUA), ficando o Japão e a União Europeia como áreas periféricas.

e) A nova ordem geopolítica mundial divide o mundo em Norte e Sul e é comandada pela União Europeia, que recebe apoio do Japão, dos EUA, da CEI, da China e do Oriente Médio, os quais são áreas periferizadas.

**169.**

A onda de protestos e mobilizações populares nos países do Oriente Médio traz grandes novidades. Anuncia uma verdadeira reconfiguração da geopolítica regional, que, ao que parece, desloca dos centros de poder a influência dos EUA na região e anuncia a formação de um novo bloco, islâmico e anti-Israel. As alianças dos EUA com as ditaduras do Egito, da Arábia Saudita e outros países da região, que asseguravam o suprimento do petróleo, estão ruindo frente às mais amplas mobilizações populares desde muitas décadas. Como num jogo de dominó, as informações que passam de país para país espraiam as mobilizações e contaminam toda a região.

BAVA, Silvio Caccia. Depois do "dia de fúria". *Le Monde Diplomatique Brasil*, ano 4, n. 44, mar. 2011.

A leitura atenta do fragmento citado nos permite concluir que seu conteúdo diz respeito:

a) à reconfiguração geopolítica do Oriente Médio, como decorrência das manifestações populares contra as ditaduras regionais que, associadas ao uso de tecnologias de comunicação, permitiram aos jovens definir estratégias por meio das redes sociais e ter conhecimento de processos ocorridos em outros países.

b) à formação de uma aliança regional no Oriente Médio com os objetivos de combater a presença dos EUA na região, reduzindo sua influência sobre a produção do petróleo, e, ao mesmo tempo, promover a derrubada de suas ditaduras, por meio da mobilização popular.

c) ao processo de substituição das ditaduras militares do Oriente Médio por governos de caráter teocrático, essencialmente islâmicos, por meio de uma forte ação das camadas populares, e à tentativa de enfraquecer a presença dos EUA e de Israel na região.

d) à reconfiguração geopolítica do Oriente Médio, por meio da formação de um novo bloco regional de caráter religioso, e ao fim das alianças entre os EUA e os governos ditatoriais da região, motivado pelas manifestações populares contra sua manutenção.

e) à luta das camadas populares em países do Oriente Médio contra a manutenção de governos ditatoriais de caráter ocidental, como forma de garantir sua autonomia em relação aos EUA e a Israel, eliminando seu controle sobre a produção do petróleo da região.

**170.** (UERJ)

Reprodução/UERJ, 2018.

Reprodução/UERJ, 2018.

Desde que surgiu numa manifestação na cidade norte-americana de São Francisco, em 1978, a bandeira do arco-íris, hoje mundialmente símbolo do movimento LGBT (Lésbicas, Gays, Bissexuais e Transexuais), nunca foi patenteada. Seu criador, Gilbert Baker, recusou-se a registrá-la e a se beneficiar financeiramente dela. “Foi um presente para o mundo”, confidenciou a um amigo. Baker morreu durante o sono, na madrugada de 31 de março de 2017. Ele criou o símbolo a pedido de Harvey Milk, líder gay de São Francisco. Cinco meses depois, Milk, juntamente com o prefeito da

cidade, George Moscone, viria a ser assassinado por um rival, o político Dan White. Em 2015, quando a Suprema Corte americana legalizou o casamento gay nos Estados Unidos, 26 milhões de usuários do Facebook criaram uma foto para o perfil que incluía as cores da bandeira. O presidente Barack Obama ordenou que as cores do movimento LGBT iluminassem a Casa Branca naquela noite histórica.

Adaptado de baixomanhattan.blogfolha.uol.com.br.

Nos últimos anos, o movimento LGBT tem ganhado espaço na luta por direitos no mundo Ocidental, como indica a medida aprovada nos EUA, em 2015, e assegurada anteriormente no Brasil, em 2013.

Aponte um significado político da bandeira no contexto em que ela foi criada. Cite, ainda, outro direito legalmente reconhecido à população LGBT no Brasil.

# Gabarito

## Capítulo 1

1. b. 2. d. 3. b.

4. a) Os líderes do movimento de 1930 pretendiam associar o regime que foi derrubado ao antigo, ao superado, àquilo que deveria ser abandonado, daí o uso do termo "República Velha". O termo "República Nova" foi criado para designar o regime que eles estavam instaurando, justamente para associar o novo regime político ao progresso, ao futuro e à superação do atraso. Esses elementos foram construídos como forma de legitimar um regime político que chegou ao poder pelo uso da força.

b) É possível citar, entre outras causas, as dissidências entre os grupos oligárquicos, especialmente o rompimento da aliança entre as elites de São Paulo e de Minas Gerais, o que acabou enfraquecendo o grupo governista. Pode-se também considerar o crescimento dos grupos de camadas médias urbanas, insatisfeitas com as políticas promovidas pelas oligarquias e ávidas por participação política. Os militares de patente eram contra a descentralização política e defendiam um Estado centralizado e forte. Um outro fator a se apontar é a crise econômica internacional, que enfraqueceu a elite cafeeira. A queda do consumo derrubou os preços dessa mercadoria.

## Capítulo 2

1. a. 2. c.

3. a) A partir de 1914, início da Primeira Guerra Mundial, iniciava-se a "era das catástrofes". A intensidade dessa guerra, com o uso de novos armamentos (como o avião, o submarino, as granadas e as armas químicas), além da mobilização das economias capitalistas para a indústria bélica no chamado esforço de guerra, com o envolvimento de setores civis, resultou em um conflito com o maior número de mortes até aquele momento. Essa foi uma "guerra da moderna sociedade de consumo" porque foi perpetuada por motivos econômicos, de competição das potências do capitalismo monopolista, e se sustentou numa cultura de massa de nacionalismo exacerbado e xenofobia para justificar a guerra e mobilizar a população a seu favor.

b) Após a Segunda Revolução Industrial, surgem os grandes conglomerados industriais do capitalismo monopolista, que alinham seus interesses aos interesses dos países europeus e disputam entre si territórios de influência e mercados consumidores. Além disso, crescem na Europa movimentos nacionalistas de caráter xenófobo, entre eles o pan-eslavismo, o pangermanismo e o revanchismo francês. Com o acirramento dessas disputas e a mobilização das populações e economias desses países para um conflito militar, eclode enfim a Grande Guerra.

## Capítulo 3

1. a. 2. F; F; V; F; V; F.

3. a) No texto citado, Trotsky apresenta o regime stalinista como o oposto da Revolução Russa, afirmando que este desfez as conquistas revolucionárias e reverteu seus princípios iniciais. Isso fica claro na formulação de seu texto, no qual ele se posiciona positivamente sobre a Revolução de Outubro, pois ela, na visão de Trotsky, teria sido responsável pela eliminação de preconceitos sociais, pela instalação do autogoverno dos operários e pela transparência nas relações sociais e na diplomacia. Já o período stalinista foi algo negativo, pois, ao contrário da revolução, havia reinstalado um regime ditatorial, concentrando os poderes no Kremlin.

b) O stalinismo constituiu um regime totalitário, estabelecendo uma polícia política e dura perseguição a seus opositores ("sufocou com absolutismo policial a atividade espontânea das massas"); concentrou as decisões sob as instâncias mais altas de governo, em vez da proposta revolucionária inicial de instâncias locais de autogoverno ("fez da administração um monopólio da oligarquia do Kremlin"); e desenvolveu propaganda política centrada no culto a sua figura ("ressuscitou o fetichismo do poder").

## Capítulo 4

1. b. 2. e. 3. b.

4. a) Antes da eclosão da crise de 1929, predominavam as teorias econômicas baseadas no liberalismo, que defendiam, de maneira geral, que a intervenção estatal na economia não era necessária, pois a produção gerava seu próprio mercado, de onde se extraía o lucro e gerava a acumulação de capital, havendo, portanto, regulação do mercado por si próprio.

Entretanto, a eclosão da crise mostrou as fragilidades do liberalismo tal como era praticado, uma vez que o mercado consumidor não acompanhou o aumento da produção.

b) O plano econômico do *New Deal* foi baseado nas ideias do economista John Keynes, que defendia a intervenção do Estado na economia em cenários de crise deflacionária, uma vez que o mercado não pode (nem iria) regular-se sozinho. Algumas medidas implementadas por Roosevelt foram: a construção de grandes obras de infraestrutura e bem-estar social para geração de empregos e mercados consumidores, e o controle de algumas instituições econômicas, como bancos, para regulação da moeda nacional.

## Capítulo 5

**1.** a. **2.** e.

**3.** a) Com o fim da Primeira Guerra Mundial, a Alemanha foi culpabilizada pelo conflito no Tratado de Versalhes, e a ela foram impostas duras medidas, entre elas a diminuição drástica de seu exército e armamento bélico, a perda de territórios e o pagamento de pesadas indenizações aos vencedores. A essas imposições se somou a crise de 1929 no mundo capitalista, que levou a Alemanha a uma profunda crise econômica, com hiperinflação e alto desemprego. Essa insatisfação popular foi apropriada pelo movimento nazista em ascensão, que utilizou um discurso anticomunista (preocupada com o crescimento de movimentos de inspiração socialista no país), de fim de discursos de diferença de classes; e de nacionalismo ufanista e xenófobo, para conquistar apoio dentre diversas camadas da população alemã. Com a crise de 1929 atingindo em cheio a Alemanha, esse discurso nacionalista xenófobo encontrou eco na sociedade da época, crescendo de maneira significativa a adesão ao nacional-socialismo.

b) O governo nazista instituiu um governo totalitário, ou seja, manipulava não apenas os aspectos públicos da vida na Alemanha, mas também as relações privadas de seus habitantes. Algumas políticas que explicitam seu caráter totalitarista são: a propagação de ódio, segregação e eliminação programada de certos grupos, como judeus, negros e homossexuais; a instituição de órgãos dedicados à propaganda do regime, como o Ministério da Propaganda; o caráter anticomunista de combate a movimentos de esquerda e ao discurso de luta de classes, substituído pela unificação em torno do nacionalismo exacerbado; e o militarismo e expansionismo do regime, que quebrou as restrições militares impostas pelo Tratado de Versalhes, incentivando a conquista territorial do chamado "espaço vital".

## Capítulo 6

**1.** b. **2.** a.

**3.** a) Bloch considera que a Alemanha lutava uma guerra mais moderna e veloz do que a França foi capaz de empreender. Além disso, em sua visão, a França era na verdade incapaz de se adaptar à nova realidade da guerra, pois não conseguia compreender o significado dessa nova forma de confronto.

b) Os alemães usavam da tática chamada Blitzkrieg (ou guerra-relâmpago), em que promoviam avanços rápidos com bombardeios de varredura, seguidos pelos veículos motorizados e tanques velozes que ocupavam as posições muito mais rapidamente do que os seus inimigos eram capazes de fazer. Com essa tática, as Forças Armadas alemãs foram capazes de ocupar os países do Ocidente durante a primeira fase da Segunda Guerra Mundial.

## Capítulo 7

**1.** a. **2.** d.

**3.** a) O encontro entre Getúlio Vargas e Franklin D. Roosevelt em 1942 visava negociar em que medida ocorreria a participação do Brasil na Segunda Guerra Mundial. Os Estados Unidos desejavam o apoio do Brasil aos Aliados, enquanto o Brasil exigia auxílio econômico em troca do apoio militar e logístico. Ao final das negociações, os EUA se comprometeram em financiar a construção da Companhia Siderúrgica Nacional em Volta Redonda (RJ), e o Brasil entrou no conflito ao lado dos Aliados, mandando a Força Aérea Brasileira (FAB) e a Força Expedicionária Brasileira (FEB) à Europa e cedendo locais no Nordeste do país para instalação de bases aéreas estadunidenses.

b) Com a derrota dos países do Eixo na Segunda Guerra Mundial, a contradição entre o regime autoritário do Estado Novo varguista e as ideias democráticas dos países Aliados passou a ser

questionada. Essas insatisfações, junto à oposição política já existente, ressaltaram a oposição ao governo de Vargas e pressionaram-no a adotar medidas democratizantes, de modo que foi permitida a formação de novos partidos políticos. A continuidade da oposição ao Estado Novo levou, por fim, ao afastamento de Vargas do poder e à realização de eleições gerais para presidente em dezembro de 1945.

## Capítulo 8

**1.** a.

**2.** a) Segundo o texto, o sul da Coreia, apoiado pelos Estados Unidos, promoveu as eleições propostas pela ONU para desmilitarizar o país. Já na região norte, o Partido Comunista promoveu um golpe de Estado e, sob a liderança de Kim Il Sung, impôs o socialismo.

b) Entre 1950 e 1953 viveu-se a chamada Guerra da Coreia, quando o Norte tentou invadir o Sul e impor o socialismo em toda a Coreia. A Coreia do Sul, com o apoio dos Estados Unidos, resistiu e tomou a dianteira do processo, tentando conquistar o norte do país. Essa região recebeu então o apoio da União Soviética e da recém-socialista China, o que conteve o avanço das forças do sul na linha do paralelo 38, dividindo definitivamente a Coreia em Norte, comunista, e Sul, capitalista.

c) A relação que esse conflito possui com a Guerra Fria está na disputa pelo controle da península coreana entre as forças políticas ligadas às superpotências Estados Unidos (Coreia do Sul) e União Soviética (Coreia do Norte). Trata-se de uma das "guerras quentes" que ocorreram nas áreas periféricas da disputa, entre as duas superpotências, por áreas de influência, característica central da Guerra Fria.

## Capítulo 9

**1.** c. **2.** e.

**3.** a) Os governos dos países que adotaram as ideias do economista britânico John Maynard Keynes no período pós-guerra, principalmente a Europa e os Estados Unidos, cresceram economicamente por trinta anos. Para Keynes, o Estado deveria interferir na economia, dirigir os investimentos e estimular o consumo, ampliando o número de empregos e assegurando salários mais altos para os trabalhadores. Com isso, aumentaria o montante de impostos arrecadados, o que permitiria ao Estado garantir direitos sociais, como seguro-desemprego e aposentadoria, construir casas, escolas e hospitais, o que implicou forte intervenção do Estado no comportamento econômico da sociedade.

b) A maior intervenção do Estado na economia contrastava radicalmente com os modelos anteriores do desenvolvimento capitalista, quando a presença do setor público na regulação do sistema econômico era pequena. Por essa razão, o capitalismo parecia realmente outro sistema, no qual o Estado exercia um papel regulador para impedir que a pobreza e as condições sociais gerais piorassem para os grupos subalternos, já que havia sempre ameaça de revolta e aproximação com os ideais comunistas.

## Capítulo 10

**1.** e. **2.** a. **3.** e.

**4.** a) Segundo o texto, os movimentos de independência se baseavam em dois conceitos do Ocidente: os partidos políticos e o nacionalismo foram utilizados como instrumentos de luta contra o colonizador e inspiraram os movimentos de independência dos territórios africanos e asiáticos.

b) A expansão das disputas étnico-nacionalistas nos territórios africanos e asiáticos levaram a fragmentação e conflitos, muitas vezes armados, que levaram destruição e morte a diversos desses territórios. A disputa pelo poder entre etnias rivais e partidos políticos opostos geraram guerras civis que, até o momento, ainda se manifestam em algumas regiões da África e da Ásia.

## Capítulo 11

**1.** b. **2.** d.

**3.** a) No caso chileno, a ditadura se instala em 1973, após um golpe militar liderado pelo general Augusto Pinochet contra o governo da Frente Popular, liderado por Salvador Allende. Já na Argentina, a ditadura se instalou em 1976, quando uma junta militar, liderada pelo general Jorge Videla, derrubou o governo constitucional de Isabelita Perón.

b) Ambas as ditaduras foram conduzidas por militares, assim como em outros exemplos que aconteceram no subcontinente. Os governos ditatoriais dos dois países conduziram políticas econômicas

neoliberais, que se opunham ao modelo dos governos que derrubaram. A ação repressiva de ambas as ditaduras foi violenta contra os grupos de oposição, sendo bastante comum a tortura, os assassinatos sumários e o desaparecimento de presos políticos. Por fim, pode-se lembrar que a ditadura argentina caiu em 1983, após a derrota na Guerra das Malvinas. Já a ditadura chilena caiu apenas em 1989, com a derrota no plebiscito promovido no país naquele momento.

c) Podemos afirmar que ambas as ditaduras podem ser enquadradas como movimentos resultantes da repressão política no cenário da Guerra Fria. O apoio dos Estados Unidos à instalação desses regimes, notadamente o chileno, é evidente. Essa ação se relaciona com a preocupação que a superpotência tinha de que movimentos de esquerda simpáticos à URSS assumissem o controle de países do Cone Sul, conforme havia ocorrido em Cuba. Por isso, os regimes ditatoriais da América do Sul promoveram uma política colaboracionista, de perseguição e eliminação de opositores, a chamada Operação Condor.

## Capítulo 12

**1.** e. **2.** b.

**3.** a) A autora se refere às Reformas de Base propostas pelo governo João Goulart (1961-1964).

b) Os grupos que apoiavam Goulart na implementação das reformas eram vinculados às forças políticas de esquerda: os líderes trabalhistas, o próprio PTB, os grupos sindicais, como o CGT, os comunistas representados pelo "ilegal" PCB, movimentos sociais organizados do campo e da cidade, como o movimento estudantil e as Ligas Camponesas, bem como alguns setores da classe média intelectualizada de esquerda.

Os grupos de oposição a Goulart eram os defensores da manutenção da ordem no campo, especialmente proprietários rurais associados ao PSD, os grupos liberais e conservadores aglutinados na UDN, boa parte do alto oficialato das Forças Armadas brasileiras, setores da burguesia industrial e financeira organizada e setores defensores dos interesses estrangeiros.

c) A expressão descreve os acordos estabelecidos entre os grupos opositores do governo de João Goulart, os quais concluíram que não seria mais possível conter as reformas com a manutenção do regime democrático. Dessa forma, esses grupos optaram pelo golpe de Estado que derrubou o governo e a democracia estabelecida pela Constituição de 1946, inaugurando um período de ditadura que durou até 1985.

## Capítulo 13

**1.** a. **2.** c. **3.** d.

**4.** a) Desde o início do regime, os militares impuseram medidas que restringiam os direitos dos brasileiros. Porém, em 1968, o governo ditatorial impôs o Ato Institucional nº 5, que determinava, entre outras coisas, a cassação das liberdades individuais e dos direitos políticos dos cidadãos, garantindo ao Estado o direito de agir em defesa da "segurança nacional" contra os indivíduos considerados "perigosos" e "subversivos". Com isso, os movimentos sociais, os políticos de oposição e a imprensa passaram a ser perseguidos e/ou censurados. Nesse ano, a violência do regime contra seus opositores aumentou.

b) Dois tipos de movimento surgiram nesse momento: a resistência política e a luta armada. Enquanto os integrantes do primeiro movimento procuravam se opor ao regime dentro da legalidade, buscando a redemocratização do país por vias institucionais, o segundo grupo procurou a luta armada como caminho para a derrubada da ditadura, organizando-se em movimentos guerrilheiros que pretendiam a revolução socialista no Brasil, inspirando-se no modelo de guerrilha promovido pela Revolução Cubana.

## Capítulo 14

**1.** c. **2.** d.

**3.** a) A Era Thatcher levou a um processo de abertura econômica do país, eliminou barreiras para a livre-iniciativa e esmagou setores econômicos que dependiam do Estado. Além disso, diminuiu o poder de barganha dos trabalhadores ao enfraquecer os sindicatos e ao aprovar legislação que impedia greves, além de permitir a diminuição de salários e as demissões. Assim, as empresas se tornaram mais competitivas no mercado e melhoraram a eficiência da economia britânica.

b) Thatcher promoveu uma política que incentiva o individualismo, voltada para a eliminação da propriedade coletiva e da vida comum britânica. A valorização da ética individual eliminou os laços solidários entre os cidadãos, transformados agora em agentes econômicos não comprometidos com valores definidos socialmente.

c) O modelo é o neoliberalismo, que critica o controle do Estado sobre o mercado e defende que o capitalismo deve funcionar livre de quaisquer regras ou limitações. Na década de 1980, as ideias neoliberais foram implementadas em muitos governos, com a política de privatização das empresas estatais e de desmonte do Estado de bem-estar social para diminuir impostos do setor privado e incentivar a eficiência.

## Capítulo 15

**1.** d. **2.** e.

**3.** a) Observando o gráfico, verificamos que sucesso de longo prazo foi atingido apenas pelo Plano Real.

b) Governo Sarney (1985-1990): Planos Cruzado, Bresser e Verão; governo Collor (1990-1992): Planos Collor I e Collor II; governo Itamar Franco (1992-1995): Plano Real.

c) Os planos anteriores ao Real recorreram ao congelamento de preços para controlar a inflação. Essa prática se mostrou inócua, apresentando efeitos cada vez menores. Isso ocorria porque o congelamento de preços ao consumidor não implicava no congelamento dos custos de produção, diminuindo a atividade produtiva e gerando desabastecimento. Além disso, o aumento da inflação ocorria por causa do *deficit* das contas do governo, que não era ajustado por essa medida.

## Capítulo 16

**1.** b. **2.** b.

**3.** a) Segundo o autor, com o processo de globalização industrial, as aquisições e fusões no exterior garantiam às empresas transnacionais maior lucratividade, mas criavam a necessidade de novos investimentos em tecnologia.

b) O processo industrial cada vez mais intenso criou a necessidade de investimentos em inovações tecnológicas. Para sobreviver no mercado, as empresas transnacionais dependem cada vez mais de máquinas e menos do uso de mão de obra em suas fábricas, criando um cenário de desemprego estrutural no setor industrial.

## Rumo ao Ensino Superior

**1.** a.

**2.** Soma: 02 + 04 + 08 + 16 = 30.

**3.** a. **5.** b. **7.** a. **9.** d.

**4.** e. **6.** d. **8.** c. **10.** a.

**11.** a) A Constituição de 1891 exigia a alfabetização para o exercício dos direitos políticos, mas o ensino público gratuito não era uma obrigação do Estado, o que era uma contradição.

b) A atual Constituição do Brasil, em vigor desde 1988, estabelece a gratuidade e a obrigatoriedade da frequência escolar no chamado ensino básico, que envolve os níveis fundamental e médio, além de conceder o direito de voto aos analfabetos de forma facultativa, ampliando assim o exercício da cidadania política.

**12.** b. **13.** d. **14.** b. **15.** a.

**16.** Afirmativas corretas: I e III.

**17.** b.

**18.** Soma: 01 + 02 + 08 + 16 = 27.

**19.** b. **20.** a. **21.** d. **22.** e.

**23.** As principais mudanças foram a alteração das fronteiras e a formação de novos Estados, processo resultante do desaparecimento dos impérios Russo, Alemão, Austro-húngaro e Turco Otomano. Nessas regiões se constituíram novos Estados-nação baseados na ideia da autodeterminação dos povos, defendida pelo presidente dos Estado Unidos à época, Woodrow Wilson. Já a política do cordão sanitário foi estabelecida para conter o avanço do socialismo russo para os outros territórios europeus. Dessa forma, países como a Polônia foram constituídos como anteparo a um possível avanço socialista na região.

**24.** c. **26.** d. **28.** a. **30.** b. **32.** b.

**25.** c. **27.** a. **29.** e. **31.** d. **33.** d.

**34.** b.

**35.** a) A economia russa era predominantemente agrária e com características semifeudais. Nas áreas urbanas, as indústrias eram atrasadas tecnologicamente e dependentes do capital estrangeiro. Essa frágil economia foi abalada ainda mais pela derrota russa em 1905 na Guerra Russo-Japonesa e pela entrada da Rússia na Primeira Guerra Mundial, em 1914. No campo político, a insatisfação em relação ao czarismo

evidenciava-se nos protestos de 1905, conhecidos como "Ensaio Geral", e na organização de partidos políticos, como o Partido Kadet, formado pela burguesia liberal defensora da Monarquia Constitucional, e o Partido Operário Social-Democrata, dividido nas facções Bolchevique (maioria), defensora da revolução socialista a partir da instalação da ditadura proletária, e Menchevique (minoria), favorável à implantação do socialismo, mas a partir de reformas políticas por vias democráticas.

b) Os sovietes eram comitês de trabalhadores que se formaram a partir da Revolução de 1905 na Rússia e se espalharam pelo país. Essas entidades organizadoras das classes proletárias, camponesas e de soldados se vincularam às lideranças bolcheviques em 1917 e foram fundamentais na execução da Revolução.

**36.** c. **38.** b. **40.** a. **42.** a. **44.** c.
**37.** b. **39.** d. **41.** a. **43.** d. **45.** c.

**46.** a) Antes da crise de 1929, a produção industrial crescia em ritmo constante, enquanto o número de desempregados oscilava, mas se mantinha baixo. O crescimento constante evidencia um panorama de superprodução, um dos motivos para a eclosão da crise. Após a crise de 1929, as linhas se invertem, ocorrendo uma queda da produção industrial e uma elevação do número de desempregados, sobretudo a partir do *New Deal*. Apenas entre os anos de 1937 e 1938, verificamos um equilíbrio entre produção e emprego, demonstrando uma recuperação relativa da economia dos Estados Unidos.

b) A crise de 1929 foi causada principalmente pela superprodução industrial, pela diminuição das exportações para a Europa, pela desigualdade social nos Estados Unidos, pelo aumento do desemprego e pela especulação financeira.

**47.** a **49.** b. **51.** e. **53.** c. **55.** c.
**48.** c. **50.** e. **52.** c. **54.** d. **56.** b.

**57.** Com a ascensão do Partido Nazista, de Adolf Hitler, em 1933, instalou-se um governo totalitário na Alemanha. O partido defendia propostas ultranacionalistas que vinculavam expansionismo territorial, militarismo, intervencionismo e restrição às liberdades, em especial, a de grupos considerados ameaçadores ou inimigos do povo alemão – judeus, comunistas, ciganos, entre outros. A eclosão da Segunda Guerra Mundial, em 1939, tornou evidente para outras sociedades a força adquirida pelo governo nazista e suscitou, entre artistas e intelectuais, críticas às ações violentas e destrutivas então em curso. O filme de Charles Chaplin recorre à sátira para criticar o regime nazista, apresentando Hitler como um ditador inconsequente que queria dominar o mundo. No discurso final, Chaplin faz a apologia da liberdade dos povos e do fim da opressão.

**58.** a. **60.** e. **62.** c. **64.** b. **66.** e.
**59.** c. **61.** a. **63.** e. **65.** e. **67.** a.

**68.** a) Hitler argumentava que a região oeste da Tchecoslováquia, conhecida como os Sudetos, era um território de maioria alemã e que, portanto, deveria ser incorporada ao Terceiro *Reich*.

b) Os principais motivos para França e Inglaterra evitarem entrar em conflito com a Alemanha eram o medo de um conflito semelhante ao de 1914-1918 e também por acreditarem que o regime nazista seria um anteparo para o avanço soviético e seu projeto de comunismo internacional.

**69.** a. **70.** c. **71.** b.

**72.** Soma: 04 + 08 + 16 = 28.

**73.** F; V; V; V.

**74.** Soma: 01 + 02 + 16 = 19

**75.** c. **77.** b. **79.** a.
**76.** c. **78.** c.

**80.** a) A princípio a legislação foi combatida pelas associações de industriais e comerciantes, pois eram contrários à concessão de direitos aos trabalhadores, tais como as férias, descanso semanal remunerado, jornada de 8 horas de trabalho. Muitos empresários não cumpriram as leis, e os trabalhadores passaram a recorrer à Justiça do Trabalho. Com o tempo, as empresas foram se adaptando às novas condições e perceberam que se tratava de algo que podia beneficiá-los por organizar e disciplinar a classe trabalhadora.

b) A origem da organização sindical está ligada à formação da classe trabalhadora urbana. O sindicato era um espaço assistencialista e de atuação política. Por meio dele os trabalhadores buscavam se organizar a fim de lutar por melhores condições de vida e de trabalho. Os socialistas, os anarquistas e, a partir da década de 1920, os comunistas tinham grande espaço nos sindicatos. A partir de Vargas, o sindicato transforma-se numa base de poder do governo. O

rígido controle do Estado esvazia o sindicato de seu antigo conteúdo político e o transforma num espaço de disciplinarização do trabalhador. A direção do sindicato fica nas mãos dos chamados pelegos, que buscam manter a coesão dos trabalhadores em torno do governo.

**81.** b. **82.** b. **83.** c.

**84.** Soma: 01 + 16 = 17.

**85.** d. **86.** a. **87.** b. **88.** c. **89.** b.

**90.** a) O modelo político econômico vigente na União Soviética era o socialismo soviético, também conhecido como "socialismo real".

b) O referencial teórico-ideológico do socialismo implantado na Europa era o marxismo-leninismo, uma leitura do marxismo decorrente da Revolução Russa de 1917.

c) Foi implantado em diversos países do leste e centro da Europa, libertados ou conquistados pela União Soviética a partir da vitória soviética na Segunda Guerra Mundial. A adesão e implantação do socialismo nestes países foi ocorrendo ao longo das décadas de 1940 e 1950, em geral impostas ou favorecidas pela presença militar soviética, talvez com exceção da Iugoslávia, Albânia e Tchecoslováquia, onde a força dos partidos comunistas locais era significativa. Nos outros países, com a ajuda e pressão da União Soviética, implantou-se governos de partido único.

d) As principais características do socialismo são: nacionalização e estatização da economia; abolição da propriedade privada dos meios de produção, capitais e imóveis; planejamento econômico centralizado; abolição do livre mercado; ausência do multipartidarismo; educação e saúde assumidas integralmente pelo Estado; instalação de cooperativas e comunas no campo; reforma agrária com coletivização da produção agrícola. Além da União Soviética, China, Hungria e muitos outros países adotaram o modelo soviético de socialismo.

**91.** b. **93.** b. **95.** b. **97.** d. **99.** d

**92.** d. **94.** e. **96.** b. **98.** a. **100.** d.

**101.** a) A propaganda soviética representa, na parte inferior da imagem, crianças em um ambiente degradado e marcado pela pobreza, consequência das injustiças sociais e econômicas que os socialistas criticam no sistema capitalista.

b) Podem ser citados conflitos bélicos ocorridos na Ásia (Guerra da Coreia, Guerra do Vietnã), na África (interferências nos processos de descolonização), na América (Crise dos Mísseis e Invasão da Baía dos Porcos em Cuba) e no Oriente Médio.

**102.** Soma: 01 + 04 + 16 = 21.

**103.** a. **105.** a. **107.** b. **109.** b.

**104.** a. **106.** e. **108.** c. **110.** a.

**111.** b.

**112.** A ONU propôs o boicote para pressionar o governo sul-africano a abolir o regime segregacionista do *apartheid*, legitimado pelas leis do país. Entre as características do regime estavam: criminalização do casamento inter-racial; restrições de acesso aos serviços públicos para a população negra; exclusão da cidadania política; criação de áreas para residência de negros, sem qualquer infraestrutura, chamadas bantustões; discriminação racial no trabalho, nas áreas públicas e no acesso a bens materiais e culturais.

**113.** e. **116.** a. **119.** b.

**114.** a. **117.** d. **120.** V; V; F; F.

**115.** d. **118.** e. **121.** d.

**122.** c. **123.** b.

**124.** Entre as diversas características que as ditaduras dos países latino-americanos compartilhavam entre si, pode-se lembrar o apoio dos Estados Unidos aos golpes e aos governos ditatoriais, além da censura à imprensa e da falta de liberdade de expressão. Quanto à ditadura chilena, especificamente, uma das reivindicações populares foi a denúncia de torturas e prisões ocorridas durante a ditadura de Pinochet.

**125.** d. **126.** a. **127.** c. **128.** c. **129.** b.

**130.** Soma: 01 + 02 + 04 + 16 = 23.

**131.** Soma: 02 + 08 + 32 = 42.

**132.** b. **133.** b. **134.** a.

**135.** a) Para Vargas, a extração e a produção de petróleo era indispensável ao desenvolvimento industrial e econômico. Sob o controle do Estado, representava a independência econômica do país.

b) A defesa do trabalhismo e da independência econômica do país seguindo um viés nacionalista, que pode ser percebida na defesa da liberdade da população ("não querem que o trabalhador seja livre") e na defesa da criação

da Eletrobras e da Petrobras como meios de combate à presença do capital estrangeiro na economia nacional.

**136.** d. **137.** d. **138.** c. **139.** c. **140.** e. **141.** a. **142.** c.

**143.** Soma: 02 + 16 + 32 = 50.

**144.** e. **145.** b.

**146.** a) Pode-se citar diversos gêneros musicais e práticas teatrais, tais como: o Tropicalismo que se caracterizou por associar numa mistura antropofágica elementos da cultura *pop*, como o *rock*, e da cultura de elite, como o concretismo, além de fazer uso muitas vezes de um discurso politicamente engajado e de protesto contra a ditadura militar que se instaurou na época. O Teatro de Arena foi um dos mais importantes grupos teatrais brasileiros das décadas de 50 e 60, tendo promovido uma renovação e nacionalização do teatro brasileiro. O objetivo do Teatro de Arena era ser uma alternativa à cena teatral da época, nacionalizando o palco brasileiro, em contraposição ao tipo de teatro praticado pelo Teatro Brasileiro de Comédia, considerado elitista e alienado.

b) Por seu discurso contra a ditadura, esses movimentos foram considerados subversivos e seus integrantes, alvo das mais variadas formas de perseguição e repressão. Alguns acabaram optando pelo exílio, tendo retornado ao país já durante o processo de abertura política iniciado pelos últimos presidentes militares.

**147.** b. **148.** IV e V. **149.** c. **150.** e. **151.** e. **152.** b. **153.** b. **154.** b. **155.** a.

**156.** a) O Muro de Berlim foi construído em 1961 e simbolizava a divisão entre o mundo capitalista, vinculado aos Estados Unidos, e o mundo socialista, vinculado à União Soviética, no contexto do mundo bipolar pós-Segunda Guerra. A Alemanha foi dividida em República Federal Alemã (RFA) – ocidental e capitalista – e República Democrática Alemã (RDA) – oriental e socialista. A construção do muro foi feita por ordem das autoridades da RDA para impedir a fuga dos habitantes da Berlim Oriental para a Berlim Ocidental.

b) Em geral, as frases e imagens grafitadas no Muro de Berlim eram expressões de protesto contra a sua construção e manutenção, pois era considerado um símbolo da divisão do mundo bipolar e do autoritarismo representado pelo cerceamento da liberdade de ir e vir. A preservação de partes do muro depois de sua derrubada tem a intenção da preservação da memória crítica da população alemã em torno daquele acontecimento que durou 28 anos.

**157.** b. **158.** e. **159.** b. **160.** a. **161.** c. **162.** c. **163.** a. **164.** c. **165.** b. **166.** b. **167.** d. **168.** a. **169.** a.

**170.** A bandeira do arco-íris se transformou num símbolo de luta do movimento LGBT por direitos civis nos EUA e no mundo. Além do direito de união civil entre pessoas do mesmo sexo, há decisões do Poder Judiciário que permitem adoções de crianças e reprodução assistida por casais homoafetivos. No entanto, não existe legislação específica para essas necessidades, apenas jurisprudência, isto é, decisões judiciais que contemplam casos desse tipo.

# Siglas

**Acafe**
Associação Catarinense das Fundações Educacionais
**Cesgranrio**
Centro de Seleção de Candidatos ao Ensino Superior do Grande Rio
**Enem**
Exame Nacional do Ensino Médio – Ministério da Educação – DF
**Fatec**
Faculdade de Tecnologia – São Paulo – SP
**FGV-SP**
Fundação Getúlio Vargas – São Paulo – SP
**Fuvest**
Fundação Universitária para o Vestibular – SP
**IFSP**
Instituto Federal de São Paulo – SP
**Mackenzie**
Faculdade Presbiteriana Mackenzie – SP
**PUC-Campinas**
Pontifícia Universidade Católica de Campinas – SP
**PUC-PR**
Pontifícia Universidade Católica – PR
**PUC-RJ**
Pontifícia Universidade Católica – RJ
**PUC-RS**
Pontifícia Universidade Católica – RS
**PUC-SP**
Pontifícia Universidade Católica – SP
**UCS**
Universidade de Caxias do Sul – RS
**Udesc**
Universidade do Estado de Santa Catarina – SC
**UEA**
Universidade do Estado do Amazonas – AM
**Uece**
Universidade do Estado do Ceará – CE
**UEFS**
Universidade Estadual de Feira de Santana – BA
**UEG**
Universidade Estadual de Goiás – GO
**UEL**
Universidade Estadual de Londrina – PR
**UEM**
Universidade Estadual de Maringá – PR
**Uema**
Universidade Estadual do Maranhão – MA
**UEPB**
Universidade Estadual da Paraíba – PB
**UEPG**
Universidade Estadual de Ponta Grossa – PR
**UERJ**
Universidade Estadual do Rio de Janeiro – RJ
**UERN**
Universidade do Estado do Rio Grande do Norte – RN
**UESPI**
Universidade Estadual do Piauí – PI
**UFABC**
Universidade Federal do ABC – SP
**UFAL**
Universidade Federal de Alagoas – AL
**UFBA**
Universidade Federal da Bahia – BA
**UFC**
Universidade Federal do Ceará – CE
**UFES**
Universidade Federal do Espírito Santo – ES
**UFF**
Universidade Federal Fluminense – RJ
**UFG**
Universidade Federal de Goiás – GO
**UFJF**
Universidade Federal de Juiz de Fora – MG
**UFMG**
Universidade Federal de Minas Gerais – MG
**UFMS**
Universidade Federal de Mato Grosso do Sul – MS
**UFPA**
Universidade Federal do Pará – PA
**UFPB**
Universidade Federal da Paraíba – PB
**UFPE**
Universidade Federal de Pernambuco – PE
**UFPel**
Universidade Federal de Pelotas – RS
**UFPI**
Universidade Federal do Piauí – PI
**UFPR**
Universidade Federal do Paraná – PR
**UFRGS**
Universidade Federal do Rio Grande do Sul – RS
**UFRJ**
Universidade Federal do Rio de Janeiro – RJ
**UFRN**
Universidade Federal do Rio Grande do Norte – RN
**UFRRJ**
Universidade Federal Rural do Rio de Janeiro – RJ
**UFSC**
Universidade Federal de Santa Catarina – SC
**UFSCar**
Universidade Federal de São Carlos – SP
**UFSJ**
Universidade Federal de São João del-Rei – MG
**UFSM**
Universidade Federal de Santa Maria – RS
**UFT**
Universidade Federal do Tocantins – TO
**UFTM**
Universidade Federal do Triângulo Mineiro – MG
**UFU**
Universidade Federal de Uberlândia – MG
**UFV**
Universidade Federal de Viçosa – MG
**UnB**
Universidade de Brasília – DF
**UNEMAT**
Universidade do Estado de Mato Grosso – MT
**Unesp**
Universidade Estadual de São Paulo – SP
**Unicamp**
Universidade de Campinas – SP
**Unicentro**
Universidade Estadual do Centro Oeste – PR
**Unifesp**
Universidade Federal de São Paulo – SP
**Unirio**
Universidade Federal do estado do Rio de Janeiro – RJ
**UPE**
Universidade de Pernambuco – UPE
**UPF**
Universidade de Passo Fundo – RS
**UTFPR**
Universidade Tecnológica Federal do Paraná – PR

# Sumário

## Parte 2

AP/Glow Images

Arquivo/Folhapress

Agência O Globo

Daniel Garcia/AFP

Jeff Widener/Ap/Glow Images

Dpa/AFP

UNIDADE

# 2

# Guerras frias, guerras quentes

A Guerra do Vietnã (1955-1975) foi um conflito marcante que resultou na morte de milhões de soldados e civis do Vietnã, Laos e Camboja, como também de militares estadunidenses. A influência sobre os três países do Sudeste Asiático estava na disputa entre EUA e URSS durante a Guerra Fria. *A queda de Saigon*, pintura no estilo Realismo socialista, retrata a vitória militar do Vietnã sobre os Estados Unidos.

"Os 45 anos que vão do lançamento das bombas atômicas até o fim da União Soviética não formam um período homogêneo único na história do mundo. [...] Apesar disso, a história desse período foi reunida sob um padrão único pela situação internacional peculiar que o dominou até a queda da URSS: o constante confronto das duas superpotências que emergiram da Segunda Guerra Mundial na chamada 'Guerra Fria'."

HOBSBAWM, Eric. *Era dos extremos*. O breve século XX, 1914-1991. São Paulo: Companhia das Letras, 1995. p. 223.

Picture-Alliance/Agência France-Presse

## NESTA UNIDADE

- Guerra Fria
- A nova ordem mundial no pós-guerra
- Trinta anos de prosperidade capitalista
- Socialismo soviético
- Revolução Chinesa
- Guerra do Vietnã
- Revolução Cubana
- Contracultura
- Revoltas em 1968
- Independências na África e na Ásia
- Pan-africanismo
- Conflitos no Oriente Médio
- Revolução Iraniana
- Revoluções e ditaduras na América Latina
- Democracia e ditadura no Brasil

CAPÍTULO

8

# O mundo na Guerra Fria: rivalidades, revoluções e guerras

Universal History Archive/UIG/Getty images

O cartaz de propaganda da União das Repúblicas Socialistas Soviéticas (CCCP, em russo) enfatizava a superioridade do país na corrida espacial em relação aos EUA. Para o governo estadunidense, o perigo era grande, já que os foguetes que levavam os astronautas soviéticos ao espaço também poderiam carregar bombas atômicas. O medo de uma guerra nuclear é a questão central para a compreensão da Guerra Fria.

Em 1957, cientistas soviéticos conseguiram produzir um poderoso foguete que pôs na órbita terrestre o Sputnik. Tratava-se do primeiro satélite artificial produzido pela humanidade. A União Soviética demonstrava sua superioridade tecnológica diante de seu maior rival, os Estados Unidos.

O mundo ficou assombrado e havia razões para isso. Desde 1947, os Estados Unidos, liderando os países capitalistas, e a União Soviética, à frente do mundo comunista, viviam em constante conflito. A posse de bombas nucleares tornava o conflito muito perigoso.

As tensões nas relações internacionais entre as duas potências nucleares ficaram conhecidas como Guerra Fria. Com o Sputnik, a Guerra Fria chegou ao espaço sideral, com vantagem para a União Soviética. Logo os Estados Unidos estariam na liderança da corrida espacial.

O medo da guerra atômica assolou o mundo durante 45 anos. No entanto, ataques com armas nucleares não aconteceram. Mas fica a pergunta: seria possível sobreviver em um mundo devastado por uma guerra de bombas nucleares?

**Puxando pela memória**

No dia 9 de novembro de 1989 ocorreu a queda do Muro de Berlim. Você sabe que muro era esse? Em que contexto histórico foi construído? E por que ele foi construído?

# 1. O início da Guerra Fria

No dia 6 de agosto de 1945, os EUA lançaram sobre a cidade japonesa de Hiroshima uma bomba atômica. Três dias depois, outra bomba foi atirada contra a cidade de Nagasaki. As bombas eram resultado de pesquisas feitas desde o início da guerra, no chamado Projeto Manhattan. O ataque foi ordenado pelo então presidente estadunidense Harry Truman.

Os efeitos foram devastadores e aterrorizantes: parte da população das duas cidades morreu imediatamente. Muitos sofreram queimaduras graves, tiveram lesões traumáticas e sofreram os efeitos nocivos da radiação atômica. Milhares de pessoas morreram depois, vítimas ainda da radiacão, da fome e de doenças.

As bombas atômicas que explodiram nas cidades japonesas, assinalando o fim da Segunda Guerra Mundial, inauguraram um novo conflito que marcou a história do século XX, a chamada **Guerra Fria**.

Nas décadas seguintes, os EUA e a União das Repúblicas Socialistas Soviéticas (URSS) se enfrentariam em todas as áreas – econômica, política, ideológica, cultural e até esportiva –, embora nunca tenham travado uma guerra frontal. Com arsenais atômicos capazes de destruir, diversas vezes, a vida no planeta, uma guerra entre esses países significaria a extinção da espécie humana. O antagonismo entre estadunidenses e soviéticos durou 45 anos, deixando marcas na vida de milhões de pessoas.

**Fique de olho!**

McMAHON, Robert J. *Guerra Fria*. Porto Alegre: L&PM, 2012.
Considerando o novo contexto político-econômico internacional pós-fim da Segunda Guerra Mundial, o autor analisa as origens da Guerra Fria, suas repercussões em outros países e as tensões entre EUA e URSS, até o fim do conflito e o colapso do mundo comunista.

## A bomba nuclear

Diferentemente das armas convencionais, a explosão nuclear tem múltiplos efeitos. Ao ser detonada, provoca um devastador e mortífero deslocamento de massa de ar, em velocidade impressionante. Logo a seguir, devido à elevadíssima temperatura, surge um intenso clarão: a bola de fogo, cuja temperatura chega entre 5700 e 8600 graus Celsius. A radiação se propaga à velocidade da luz.

Além dos mortos, da devastação das cidades e do meio ambiente, da destruição da base econômica e da deterioração de todos os níveis de vida social, os sobreviventes sofrem com as lesões traumáticas, e muitos padecem com graves queimaduras pelo corpo. Também é necessário destacar a fome e os surtos epidêmicos que surgem com a destruição da rede de água e esgoto, a exemplo da tuberculose, disenteria e hepatite. Doenças decorrentes das alterações psíquicas e psicossomáticas também se manifestam.

Bettmann/Getty Images

Explosão nuclear no atol de Bikini, nas ilhas Marshall, no Pacífico, em 1946: uma impressionante nuvem em formato de cogumelo se forma assim que a bomba explode. O local foi parte do programa de testes nucleares desenvolvidos pelos EUA logo após o término da Segunda Guerra Mundial.

O governo estadunidense formula a Doutrina Truman. Os EUA lançam o Plano Marshall para recuperar a economia da Europa ocidental.

1947

Stalin impõe um bloqueio a Berlim Ocidental em julho.

1948

**A História no seu lugar**

Durante a Guerra Fria, foram produzidos nos EUA muitos filmes que criticavam a corrida armamentista e denunciavam a catástrofe nuclear, como *O dia em que a Terra parou* (1951) e *O planeta dos macacos* (1968).

Se possível, assista a esses filmes e identifique as mensagens pacifistas e as críticas à corrida armamentista. Depois, responda: na cidade onde você vive, ocorreu alguma manifestação a favor da paz mundial ou contra algum conflito atual entre países? Você já participou de alguma manifestação desse tipo?

Os efeitos da radiação manifestam-se também nos descendentes dos que foram expostos a ela. Em Hiroshima e Nagasaki, por exemplo, anos depois das explosões nucleares, apareceram pessoas com leucemia ou outros tipos de câncer, além de outros problemas de saúde.

Ainda é preciso considerar o impacto sobre a camada de ozônio, levando ao aumento da radiação ultravioleta solar que incide sobre a superfície da Terra.

## O clima esquenta

Quando a Segunda Guerra Mundial se aproximava do fim, em fevereiro de 1945, o presidente estadunidense Franklin D. Roosevelt, o primeiro-ministro britânico Winston Churchill e o líder soviético Joseph Stalin se reuniram em Yalta, na Crimeia, na então União Soviética.

Os três líderes estabeleceram alguns acordos. Entre outras decisões, ficou acertado que os países do Leste Europeu – como a Bulgária, a Tchecoslováquia, a Romênia, a Polônia e a Hungria – não teriam governos hostis aos soviéticos. A criação da Organização das Nações Unidas (ONU) e a divisão da Alemanha em quatro setores também foram decididas em Yalta.

No entanto, o clima de entendimento não durou muito. Entre 17 de julho e 2 de agosto de 1945, novas reuniões entre os líderes ocorreram em Potsdam, na Alemanha. O representante da Grã-Bretanha foi, a princípio, Churchill, sendo posteriormente substituído por Clement Attlee; da URSS, Stalin; e, como Roosevelt havia falecido em 12 de abril, os EUA foram representados por seu novo presidente, Harry Truman.

Na reunião, Stalin queria garantir os acordos firmados em Yalta, para manter, sobretudo, o Leste Europeu como área de influência soviética. Porém, nos meios políticos e militares dos Estados Unidos e da Grã-Bretanha a União Soviética já não era vista como aliada, e sim como inimiga.

Quatro dias após o final da reunião em Potsdam, os Estados Unidos lançaram bombas atômicas sobre o Japão. Stalin compreendeu que aquelas bombas eram tão destrutivas que todo o poderio bélico do Exército Vermelho de nada serviria. Com a bomba de Hiroshima começava o conflito entre Estados Unidos e União Soviética, que ficou conhecido como **Guerra Fria**.

## Desce a cortina

Receoso de que a União Soviética fosse novamente invadida, o governo de Stalin decidiu exercer um rígido controle sobre os países do Leste Europeu e não recuou dos acordos de Potsdam quanto à manutenção da influência soviética naquela região.

Em 5 de março de 1946, o ex-primeiro-ministro britânico Winston Churchill declarou que uma "**cortina de ferro**" descia sobre o Leste Europeu e manifestou duras críticas à URSS.

Em março de 1947, o presidente estadunidense pronunciou um discurso que fundamentou a chamada **Doutrina Truman**. Para ele, o mundo estava dividido em dois: o democrático e livre, caracterizado pelo capitalismo e liderado pelos EUA; e o comunista, dominado pela tirania da URSS. Caberia, assim, de acordo com o presidente, um grande empenho do mundo livre para evitar a expansão do comunismo.

Em setembro daquele mesmo ano, o dirigente soviético Andrei Jdanov, autorizado por Stalin, pronunciou um discurso em uma conferência dos partidos comunistas do Leste Europeu, em que afirmava que a URSS defendia a verdadeira liberdade e que os EUA planejavam levar o mundo a uma nova guerra.

Estava declarada a hostilidade entre os dois lados: Estados Unidos e União Soviética. Esboçava-se uma guerra que até então era feita somente de palavras. Mas havia um elemento que a tornava desigual: a bomba atômica dos estadunidenses.

Para interpretar a Guerra Fria, os historiadores apresentam várias explicações. Estudos recentes afirmam que tanto os EUA quanto a URSS, ao final da Segunda Guerra, tinham interesse de garantir **áreas de influência** no mundo. No caso estadunidense, tratava-se de impor sua hegemonia na Europa ocidental e no Sudeste Asiático, inclusive no Japão, como já fazia na América Latina. No caso soviético, tratava-se de manter a influência da URSS sobre os países do Leste Europeu. Em outras palavras, era a busca pela hegemonia mundial.

**Fique de olho!**

***Guerra dos mundos.***
Direção: Byron Haskin. EUA, 1953.
Adaptação do livro de H. G. Wells sobre a invasão da Terra por alienígenas. Filmado no contexto da Guerra Fria e do macarthismo, movimento anticomunista nos Estados Unidos liderado pelo senador republicano Joseph McCarthy, o filme associa alienígenas a comunistas.

## 2. Nova ordem mundial

Após a Segunda Guerra Mundial, enquanto países da Europa Ocidental como Grã-Bretanha e França buscavam recuperar-se, os Estados Unidos consolidaram-se como a nação mais rica e poderosa do planeta. Durante a guerra, os estadunidenses triplicaram sua capacidade industrial, produzindo metade dos produtos industrializados de todo o mundo. A renda *per capita* de sua população mais que dobrou: de 550 para 1 260 dólares.

Ao final da guerra, os países europeus envolvidos no conflito estavam com suas economias abaladas, finanças exauridas e populações empobrecidas. Grã-Bretanha e França saíram da guerra fragilizadas, embora dispusessem de impérios coloniais importantes. Itália e Alemanha estavam arruinadas.

O governo estadunidense queria evitar uma nova crise econômica, semelhante à de 1929. Voltada para a fabricação de armas, a indústria estadunidense precisava ser convertida para bens de consumo, sem provocar crises de superprodução e falências.

A nova ordem mundial exigia fortalecer as economias europeias e criar mecanismos de controle dos capitais. Em julho de 1944, quando a guerra estava chegando ao fim, representantes dos EUA e de outros 43 países, incluindo o Brasil, aprovaram um acordo que ficou conhecido como **Bretton Woods**, no qual o dólar passava a ser a moeda internacional, tendo o ouro como garantia. Com esse acordo também foram criados o Fundo Monetário Internacional (FMI) e o Banco Internacional de Reconstrução e Desenvolvimento (Bird), também chamado Banco Mundial.

Os governantes dos Estados Unidos também estavam decididos a impedir o avanço do comunismo, o que exigia uma Europa Ocidental fortalecida economicamente.

Assim, em 5 de junho de 1947, o Secretário de Estado estadunidense George C. Marshall anunciou o chamado **Plano Marshall**.

Pôster com propaganda do Plano Marshall feito por Rein Dirksen em c. 1948, com os dizeres "Todas as nossas cores ao mastro", em uma tradução livre da língua inglesa.

Reyn Dirksen/Corbis/VCG Via Getty Images/Biblioteca do Congresso, Washington D.C., EUA.

Tropas comunistas da Coreia do Norte invadem a Coreia do Sul.
Tropas da ONU, sob a liderança dos EUA, retomam Seul e iniciam contraofensiva.
Início do macarthismo nos EUA.

1950

O Plano Marshall consistia em os EUA concederem empréstimos a juros baixos ou mesmo doações em dinheiro para os países europeus, desde que eles comprassem mercadorias estadunidenses. O objetivo era reconstruir o sistema capitalista abalado pela guerra e recuperar os países europeus, integrando-os à economia dos EUA.

Empobrecidos, os europeus ocidentais aceitaram o Plano Marshall com euforia. Os partidos comunistas perderam força na Europa Ocidental e acabaram derrotados nas eleições parlamentares durante a aplicação do plano. Entre 1948 e 1961, os EUA transferiram cerca de 13 bilhões de dólares para o continente europeu. Grã-Bretanha, França, Alemanha e Itália foram os países mais beneficiados.

A mesma política foi estendida ao Japão, especialmente após o triunfo da Revolução Comunista na China, em 1949. O objetivo era o mesmo: recuperar a economia japonesa, vinculando-a à dos EUA, e criar uma barreira à expansão do comunismo no Extremo Oriente.

A Doutrina Truman, o Plano Marshall e a reconstrução do Japão fizeram parte de um mesmo processo: o de formação de um bloco político, econômico, diplomático e militar que pudesse fazer frente à União Soviética e à China. Com essa mesma finalidade, governos, intelectuais e meios de comunicação europeus e estadunidenses produziram discursos e imagens extremamente negativos sobre o comunismo e a URSS. Era a propaganda anticomunista.

O governo da União Soviética reagiu ao Plano Marshall. Em janeiro de 1949, foi criado o Conselho de Assistência Mútua Econômica, o **Comecon**, com o objetivo de criar um mercado comum entre a URSS e os países do Leste Europeu.

Em 4 de abril daquele ano, EUA, Canadá e países da Europa Ocidental assinaram um acordo militar que resultou na fundação da Organização do Tratado do Atlântico Norte, a **Otan**. Pelo tratado, se houvesse qualquer ataque a um dos países-membros da Otan, todos os outros teriam de defendê-lo. Em 14 de maio de 1955, a União Soviética criou um acordo semelhante que unia, sob sua liderança, a Albânia, a Alemanha Oriental, a Bulgária, a Polônia, a Tchecoslováquia, a Romênia e a Hungria. Era o **Pacto de Varsóvia**.

A Iugoslávia, embora fosse um país comunista, manteve-se independente de Moscou, o que gerou sérios atritos com a URSS e os países do Leste Europeu.

## Europa: o período do pós-guerra – 1945-1989

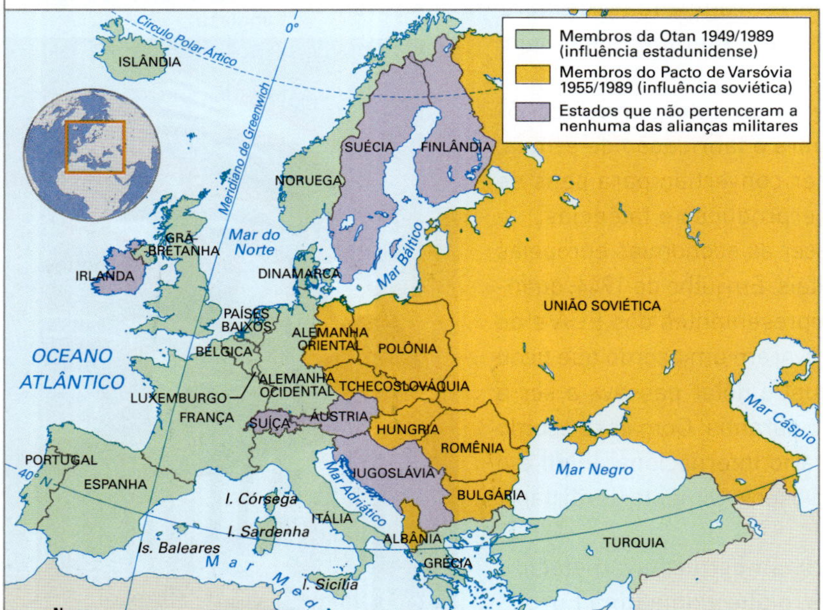


**Fontes**: *Enciclopédia das guerras*. São Paulo: M. Books, 2005; VICENTINO, Cláudio. *Atlas histórico*: Geral e Brasil. São Paulo: Scipione, 2011. p.149.

Formação do Pacto de Varsóvia, sob a liderança da URSS.
1955

Construção do Muro de Berlim.
1961

## Outra dimensão Cidadania

### Macarthismo

Macarthismo é uma expressão proveniente do nome de um senador dos EUA: Joseph McCarthy (1908-1957). Aproveitando-se da histeria anticomunista entre os estadunidenses no contexto da Guerra Fria, McCarthy promoveu um clima de acusações, intimidações e delações. Entre 1950 e 1954, o senador perseguiu funcionários, cientistas, professores, artistas e intelectuais, acusados de atividades antiamericanas. Essa "caça às bruxas" também se estendeu à produção cinematográfica de Hollywood. Artistas, roteiristas e diretores entraram nas famosas "listas negras", que os impedia de trabalhar. Ao ser convocado para depor no Comitê do Senado, o suspeito era intimidado por McCarthy a confessar ideias ou atividades comunistas e a delatar outras pessoas.

- Por que os métodos utilizados pelo senador McCarthy foram considerados graves atentados aos direitos de cidadania?

Hulton Archive/Getty Images

Em audiência ocorrida em Washington, D.C., em junho de 1954, o senador Joseph McCarthy, com auxílio de um mapa, denunciou atividades comunistas dentro do Exército dos Estados Unidos.

# O clima se acirra

Derrotada na guerra, a Alemanha estava dividida em quatro áreas, ocupadas pela França, pela Grã-Bretanha, pelos Estados Unidos e pela União Soviética. A capital, Berlim, embora encravada no setor controlado pelos soviéticos, encontrava-se dividida entre os quatro Aliados.

Estados Unidos, França e Grã-Bretanha aliaram-se para implementar, nas áreas por eles controladas, uma política voltada à reconstrução da Alemanha, que incluía uma nova Constituição e investimentos do Plano Marshall. Essa política, bem como a integração econômico-financeira de Berlim à parte ocidental da Alemanha, contrariava os acordos estabelecidos com a URSS ao final da guerra.

Em 24 de julho de 1948, os soviéticos impuseram um bloqueio total a Berlim Ocidental. Sem suprimentos, a cidade ficaria sob o domínio soviético. Os EUA, no entanto, enviaram por aviões toneladas de alimentos para a população. No ano seguinte, o bloqueio foi suspenso.

Em maio de 1949, os territórios da Alemanha ocupados por EUA, França e Grã-Bretanha foram unificados, dando origem à **República Federal da Alemanha**, de regime liberal-democrático, de economia capitalista e, no contexto da Guerra Fria, alinhada com os EUA.

Na parte alemã ocupada pelo Exército Vermelho, foi criado outro país: a **República Democrática Alemã**, de regime comunista. As tensões aumentaram ainda mais com a construção de um muro pelos comunistas, que dividiu a cidade a partir de 1961.

**Fique de olho!**

***Boa noite e boa sorte.*** Direção: George Clooney. EUA, 2006.
Um jornalista e apresentador de televisão nos EUA demonstra que o senador Joseph McCarthy recorria a métodos condenáveis para perseguir cidadãos por ele acusados de comunistas. Com a reação de McCarthy, inicia-se um confronto entre eles.

## Fique de olho!

FARIA, Ricardo de Moura; MIRANDA, Mônica Liz. *Da Guerra Fria à nova ordem mundial.* São Paulo: Contexto, 2003.

O fim da Segunda Guerra Mundial resultou em uma nova ordem mundial bipolar, com duas superpotências em disputa. Os autores analisam a Guerra Fria considerando também aspectos do cotidiano e a produção de ideologias em ambos os países.

### Alemanha após a Segunda Guerra Mundial – 1945-1954

Fonte: DUBY, Georges. *Atlas Historique Duby.* Paris: Larousse, 2016. p. 299.

## Outra dimensão Cotidiano

### O Muro de Berlim

Com a ajuda do Plano Marshall, a Alemanha Ocidental rapidamente recuperou sua economia. Enquanto isso, a Alemanha Oriental recuperava-se muito lentamente. Em 1953, o governo comunista daquele país, com o apoio de tanques soviéticos, esmagou uma revolta de trabalhadores. Entre 1949 e 1961, cerca de 2,6 milhões de cidadãos da Alemanha comunista atravessaram a fronteira e foram morar na Alemanha capitalista, com nível de vida bem mais elevado.

Em 13 de agosto de 1961, soldados e operários da Alemanha Oriental começaram a colocar rolos de arame farpado nas ruas que separavam o lado comunista do capitalista. Depois, seguindo o arame farpado, construíram um grande muro – o Muro de Berlim.

Em Berlim, ele chegou a 43 quilômetros. Mas sua extensão total, contabilizando para além da cidade, alcançou 155 quilômetros. O muro tinha 3,6 metros de altura e 302 torres de observação com atiradores armados com fuzis. Quem tentasse fugir para o lado ocidental morreria. Durante os 28 anos de existência do muro, estima-se que 192 pessoas foram mortas, e mais de 200 feridas pelos tiros dos fuzis. Mais de 3 mil pessoas foram presas tentando fugir de Berlim Oriental.

- Por que muitos analistas consideram o Muro de Berlim o maior símbolo da Guerra Fria e da bipolarização do mundo após a Segunda Guerra Mundial?

O Muro de Berlim quase finalizado. Por mais de 28 anos, o imenso muro separou amigos, parentes e famílias. Nesta fotografia, é possível identificar o Portão de Brandemburgo, que, depois da divisão, ficou na parte oriental da cidade. Fotografia de agosto de 1961.

Bettmann/Getty Images

## 3. O equilíbrio do terror

Para muitos historiadores, as bombas atômicas inauguraram a Guerra Fria. Com elas, o governo estadunidense pretendia demonstrar força à União Soviética e deter as ambições expansionistas dos soviéticos no mundo, sobretudo no Oriente. Sendo o único país a possuir arsenais atômicos, os Estados Unidos pretendiam ocupar a posição de maior potência mundial para então dar as cartas no cenário internacional.

O monopólio nuclear estadunidense durou pouco. Em 1949, a URSS testou sua primeira bomba atômica. O governo Truman respondeu, anunciando a construção de uma arma mil vezes mais potente: a bomba de hidrogênio. Importantes cientistas – incluindo Albert Einstein (1879-1955) – protestaram, advertindo sobre o perigo de aniquilação da espécie humana. Os avisos foram em vão. Em novembro de 1952, os EUA testaram sua nova arma. No ano seguinte, a URSS fez o mesmo. Acelerava-se a corrida armamentista.

Nas décadas seguintes, a escalada atômica e as hostilidades entre as duas potências fizeram a humanidade viver sob a ameaça constante de uma destruição total do planeta e sob o temor de uma guerra avassaladora acontecer a qualquer momento, na qual não haveria vencedores. Mas, ao contrário das expectativas, os governos da URSS e dos EUA conseguiram negociar o equilíbrio de poder no mundo.

Estabelecida a área de influência de cada uma – os EUA não contestavam o poder soviético nos países do Leste Europeu e a URSS não interferia onde os EUA exerciam sua hegemonia –, as duas potências procuraram resolver os conflitos com moderação. No entanto, em épocas de crise, ambas ameaçavam usar suas armas nucleares. Nunca o fizeram, mas essas ameaças eram suficientes para gerar tensões e medo entre todos. O temor mútuo incentivava a produção de mais armas nucleares. Ao final da Guerra Fria, os arsenais atômicos dos dois países, juntos, poderiam destruir a vida no planeta dezenas de vezes.

**Fique de olho!**

***Doutor Fantástico.*** Direção: Stanley Kubrick. Grã-Bretanha/EUA, 1964. Filme sobre um general estadunidense obcecado por lançar bombas nucleares na URSS.

***O dia seguinte.*** Direção: Nicholas Meyer. EUA, 1983.
Ficção que, sob o ponto de vista estadunidense durante a Guerra Fria, simula uma guerra nuclear entre EUA e URSS, devastando ambos os países.

## 4. China vermelha

A vitória da **Revolução Chinesa** em 1949, instaurando o comunismo na China, não era esperada pelos Estados Unidos, o que desequilibrou a conjuntura da Guerra Fria.

Em 1911, representantes de várias províncias derrubaram a monarquia e implantaram a república. Com ela, surgiu o Partido Nacional do Povo, o *Kuomintang*. Em defesa do nacionalismo, da democracia e do bem-estar da população, empresários, latifundiários do sul e funcionários do Estado se organizaram nesse partido. Em 1921, foi fundado o Partido Comunista Chinês (PCC).

As duas agremiações, embora rivais, lutaram juntas pela manutenção da república e contra os grandes proprietários de terras do norte do país, até que, em 1927, Chiang Kai-Shek (1887-1975) assumiu a liderança do *Kuomintang* e passou a perseguir o PCC.

Refugiados nas zonas rurais, os comunistas descobriram um forte movimento camponês e o incorporaram à luta revolucionária. Um dos dirigentes comunistas, Mao Tsé-Tung (1893-1976), passou a atuar diretamente na organização dos camponeses. Como consequência, o PCC passou a dispor de 30 mil homens armados.

Fique de olho!

POMAR, Wladimir. *A Revolução Chinesa.* São Paulo: Unesp, 2004. Partindo de 1911, quando foi instaurada a república no país, o autor trata da Revolução Chinesa, desde o período em que Mao Tsé-Tung dirigiu o país até a abertura da China ao capitalismo.

Para eliminar as bases comunistas, Chiang Kai-Shek lançou uma grande ofensiva militar. Mao Tsé-Tung, então, liderou a retirada das tropas comunistas entre 1934 e 1935. Cerca de 100 mil homens percorreram quase 10 mil quilômetros. O episódio ficou conhecido como **Grande Marcha**.

Em 1931, quando o Japão invadiu a China, a luta pela defesa do país motivou a união dos dois adversários políticos: *Kuomintang* e PCC. Essa aliança se estendeu de 1937 ao término da Segunda Guerra Mundial, em 1945.

Os comunistas alcançaram grande popularidade entre camponeses e operários. Ao final da guerra, em 1945, o PCC dispunha de uma força militar importante e dominava várias regiões da China.

O Exército Popular de Libertação, força militar dos comunistas, enfrentou e derrotou as tropas do *Kuomintang*. Chiang Kai-Shek refugiou-se na ilha de Formosa (atual Taiwan).

Em 1º de outubro de 1949, o PCC tomou o poder e proclamou a **República Popular da China**, enquanto a ilha de Formosa passou a abrigar a **República da China**.

Dong Xiwen/Museu Nacional, Pequim, China.

*A fundação da nação*, de 1953. Nesta pintura (óleo sobre tela, 2,29 m × 4 m) de Dong Xiwen, Mao Tsé-Tung anuncia o nascimento da República Popular da China.

## 5. Coreia: uma guerra bem quente

No início do século XX, a península coreana foi invadida e colonizada pelos japoneses. Durante a Segunda Guerra, o domínio japonês foi combatido por guerrilheiros comunistas. Nas conferências de Yalta e de Potsdam, Churchill, Stalin e Roosevelt (depois Truman) estabeleceram que a península seria dividida ao meio: o norte do paralelo 38 ficaria sob influência soviética, e o sul, na área de influência estadunidense.

No norte da península, sob a liderança de Kim Il Sung, surgiu a **República Popular da Coreia**, de regime comunista. Na parte sul, foi instaurada uma ditadura militar capitalista.

Com apoio de Stalin, em junho de 1950, tropas norte-coreanas invadiram e avançaram sobre o sul com o objetivo de unificar a península sob o regime comunista.

O governo dos EUA não aceitou a invasão e, com o apoio da ONU, constituiu uma força militar com soldados oriundos de diversos países, embora a maior parte deles fosse estadunidense.

Inicialmente, essa força impediu a continuidade do avanço dos norte-coreanos e, em contraofensiva, avançou para o norte. O objetivo era derrotar o Exército norte-coreano e unificar as Coreias, excluindo os comunistas. Os chineses avisaram que iriam intervir na guerra, caso isso acontecesse.

Em novembro de 1950, após entrar na capital norte-coreana Pyongyang, pronto para as comemorações da vitória final, o general MacArthur, um destacado militar da Segunda Guerra Mundial, foi surpreendido pela entrada da China na guerra em auxílio aos norte-coreanos e, assim, foi obrigado a recuar. Em dezembro, as tropas estadunidenses estavam novamente defendendo o paralelo 38 na península coreana.

No ano seguinte, em 1951, com o equilíbrio de forças, ficou estabelecida a existência de duas Coreias: a do norte, comunista; e a do sul, capitalista.

Em julho de 1953, a guerra da Coreia chegou ao fim.

**Península da Coreia: Coreia do Norte e Coreia do Sul**

**Fonte**: *Atlas Hachette*. Paris: Hachette, 2006.

## Conversa de historiador

### Visões de mundo

No texto a seguir, o historiador Marc Ferro explica as diferentes visões de mundo defendidas por Estados Unidos e União Soviética, as potências que se envolveram nos conflitos da Guerra Fria.

> A Guerra Fria é um conflito que veio a reboque da Segunda Guerra Mundial, mas cujos protagonistas, os Estados Unidos e a União Soviética, souberam contornar, antes que se tornasse uma terceira guerra mundial; daí o nome de "Guerra Fria", pois o conflito foi "congelado". [...]
>
> De fato, duas visões de mundo estão em choque.
>
> Segundo Stalin e os comunistas de todos os países, o sentido da história leva as sociedades a se livrar do capitalismo ou do imperialismo para construir o socialismo, e isso pode passar por uma ruptura, uma revolução, uma guerra civil, como aconteceu na China, em 1949, ou por uma revolta dos povos colonizados (excluindo a União Soviética, que já estava instituindo o socialismo).
>
> Deter a marcha dessas sociedades na direção do socialismo é contrarrevolucionário, e elas precisam então da ajuda, da intervenção do "grande irmão", a União Soviética [...].
>
> Segundo os americanos, os Estados Unidos e sua democracia constituem um modelo para o qual tendem todos os povos, pois nele todos convivem pacificamente, tanto os colonizados quanto os submetidos a um regime comunista. Ajudá-los a se liberar é o dever das democracias.

FERRO, Marc. *O século XX explicado aos meus filhos*. Rio de Janeiro: Agir, 2008. p. 63-64.

- Explique a noção de "ajuda" utilizada nas duas visões de mundo referidas no texto.

## Imagens contam a História

### A condenação do casal Rosenberg

A primeira página da edição extra do jornal *Los Angeles Times*, de 20 de junho de 1953, noticia a morte do casal Julius e Ethel Rosenberg, condenados à morte na cadeira elétrica por espionagem a favor da União Soviética.

De origem judaica e militância comunista, Julius e Ethel foram acusados de entregar segredos sobre a fabricação da bomba atômica ao governo soviético.

O julgamento foi controvertido. Milhares de pessoas foram às ruas protestar contra a injustiça que se cometia em nome do anticomunismo, enquanto outras milhares, movidas pelo anticomunismo, pediam a condenação.

- Em grupos, pesquisem o caso de Julius e Ethel Rosenberg: o casal realmente entregou informações secretas ao governo da URSS ou teria sido vítima de uma flagrante injustiça?

EXTRA

RACE RESULTS — Los Angeles Times — PICTORIAL

VOL. LXXII | IN THREE PARTS ★★★ | SATURDAY MORNING, JUNE 20, 1953 | 42 PAGES | DAILY, 10¢

# ROSENBERGS DIE

## Pair Executed for Atom Spying

END OF TRAIL—Summons to death in electric chair come swiftly for Atom Spies Ethel and Julius Rosenberg after stay was revoked and clemency was refused.

### Supreme Court and Eisenhower Reject Couple's Last Pleas

OSSINING, N.Y., June 19—Atom Spies Julius and Ethel Rosenberg died in Sing Sing Prison's electric chair shortly before sundown today. The executions followed quickly after the Supreme Court set aside a stay of execution granted Wednesday by Justice William O. Douglas and President Eisenhower's refusal to grant them clemency.

SING SING PRISON, N.Y., June 19 (UP) Atom Spies Julius and Ethel Rosenberg were ordered electrocuted late today for betraying their country's secrets to Russia and threatening the lives of millions by bringing the world closer to an atomic war.

The Justice Department set the time for the doomed couple's death in Sing Sing Prison's electric chair after a day of suspense in which the U.S. Supreme Court denied their final appeals and President Eisenhower again refused executive clemency.

Warden Wilfred Denno announced first the husband and wife espionage team would be put to death in the gray-walled prison's death chamber "before sundown," which comes at 8:30 p.m. (5:30 PDT) today at Sing Sing.

Later he said the first execution would come at 8 p.m. EDT, with the second a few minutes later.

**Spend Time Together**

The Jewish Sabbath starts at sundown, and the plans to execute the couple before that time, instead of at the traditional 11 p.m., were announced after the prison rabbi said he would ask the Rosenbergs if they wanted to request a delay until tomorrow night.

The Rosenbergs spent their last afternoon together and then ate a dinner of regular prison fare—hard-boiled

**WEST BERLIN'S RED OFFICES WRECKED**

Anti-Communist Mob Storms Party Building; Soviets Rush Reinforcements in East Sector

**20 Injured as Fireworks Blast Levels Factory**

**TRUCE DELEGATES FACE CRUCIAL TALK**

Reds Demand Session as Communist Radios Charge Connivance by U.S. in POW Escapes

**Clouds Clamp Cool Damper as Summer Nears**



Primeira página da edição extra do jornal *Los Angeles Times*, de 20 de junho de 1953, noticiando a morte do casal Rosenberg, condenado por traição e espionagem.

# Roteiro de Estudos

## Para organizar

1. Durante 45 anos, Estados Unidos e União Soviética se enfrentaram no plano político, ideológico, econômico e cultural. Embora nunca tenham entrado diretamente em guerra um contra o outro, foram protagonistas do que ficou conhecido como Guerra Fria. Como os estudos mais recentes explicam esse conflito?
2. Quais foram as principais decisões tomadas pelos países capitalistas nos acordos de Bretton Woods?
3. Quais foram os fundamentos do Plano Marshall?
4. Por que a Otan foi constituída visando à defesa mútua dos países filiados?
5. Como surgiram a República Federal da Alemanha e a República Democrática da Alemanha?
6. No contexto da Guerra Fria, por que um muro foi construído dividindo a cidade de Berlim?
7. Quais as razões para a vitória do Partido Comunista Chinês em 1949, que resultou na fundação da República Popular da China?
8. Também no contexto da Guerra Fria, surgiram a Coreia do Sul e a Coreia do Norte. Explique os motivos que contribuíram para essa divisão da península coreana e para a guerra que ocorreu naquela região, entre 1950 e 1953.

## Reflexões

### Anticomunismo

O anticomunismo, cujas origens remontam ao tempo da Revolução Russa de 1917, atingiu seu apogeu nas democracias ocidentais ao final da Segunda Guerra Mundial. O comunismo passou a ser definido como a inversão dos valores vigentes, a subversão da ordem e a desagregação da própria sociedade. Em diversos países, intelectuais e organizações conservadoras e de direita formularam imagens aterrorizantes e ameaçadoras sobre o comunismo: opressão do Estado totalitário sobre o cidadão, dissolução da família, abolição da "moral e dos bons costumes", fim das hierarquias sociais, proibição das crenças religiosas, entre outras representações extremamente negativas.

São diversas as linhas de pensamento anticomunista. Em comum encontram-se a defesa da propriedade privada, das liberdades individuais, da economia de mercado, da livre-concorrência capitalista e a recusa do igualitarismo social.

- **Com base na leitura do texto, avalie os argumentos contra o comunismo que vigoraram durante a Guerra Fria.**

The Art Archive/REX/Shutterstock/Coleção particular

Pôster do Exército dos Estados Unidos, de 1956, com os dizeres: "A lealdade de um americano... Mais forte que a traição comunista!".

## Vamos testar?

**1.** Depois de presenciar a ocorrência de duas grandes guerras mundiais, Albert Einstein fez o seguinte comentário: "Não sei como será a Terceira Guerra Mundial, mas sei como será a quarta: com pedras e paus".

Sobre os perigos que as bombas nucleares representaram para a humanidade durante a Guerra Fria, assinale a alternativa correta.

a) Com a destruição das cidades de Hiroshima e Nagasaki por bombas atômicas, em agosto de 1945, o governo dos Estados Unidos impediu um contra-ataque japonês.

b) Armados com bombas nucleares capazes de destruir a vida no planeta, Estados Unidos e União Soviética negociaram suas divergências, evitando a destruição mútua e a catástrofe da humanidade.

c) A comunidade científica mundial estava interessada na pesquisa de fontes de energia alternativa ao petróleo e, por isso, pouco protestou contra a produção de armas nucleares.

d) Durante a Guerra Fria, a expressão "equilíbrio do terror" significava que países que possuíam armas nucleares e grandes exércitos poderiam se enfrentar, em igualdade de condições.

e) Nenhuma das anteriores.

**2.** Leia os enunciados a seguir, sobre os primeiros anos da Guerra Fria.

I. O Plano Marshall foi uma iniciativa dos Estados Unidos tomada após a guerra para reerguer as economias dos países da Europa Ocidental e evitar a expansão do comunismo na região.

II. Os Estados Unidos e países europeus capitalistas uniram-se em aliança militar conhecida como Otan; enquanto União Soviética e países do bloco socialista criaram sua própria aliança, conhecida como Pacto de Varsóvia.

III. A construção do Muro de Berlim ocorreu devido à necessidade da Alemanha Oriental, comunista, de proteger seus cidadãos da propaganda ideológica elaborada pelo governo da Alemanha Ocidental, sob regime capitalista.

IV. Para Harry Truman, os Estados Unidos lideravam o mundo democrático e livre, com base no sistema capitalista; e a União Soviética e outros Estados comunistas possuíam governos tirânicos. O anticomunismo foi um dos elementos que sustentaram a Guerra Fria.

Assinale a alternativa com o(s) enunciado(s) **incorreto(s)**.

a) II.
b) III.
c) IV.
d) I e IV.
e) II e IV.

## Conexões — História, Química e Geografia

**Plástico** é uma palavra de origem grega (*plastikos*) cujo significado é 'flexível'. O plástico artificial, feito por processos químicos, surgiu ao longo do século XIX com a contribuição de vários cientistas e inventores. Mas a invenção do plástico, como o conhecemos, ocorreu em 1907, com o químico Leo Baekeland (1863-1944).

Do petróleo, ele recorreu ao processo de polimerização, juntando, por meio de várias reações químicas, moléculas que evitavam a quebra do material, dando-lhe ainda maior durabilidade. Em seguida, as indústrias inventaram outros tipos de plástico, como o poliéster, o PVC, o náilon, o poliuretano, o teflon e o silicone. Mas foi somente a partir do fim da Segunda Guerra Mundial, em 1945, que o plástico se popularizou, entrando no cotidiano das pessoas. Outros tipos de plástico foram inventados depois, como o isopor, o poliestireno, o polietileno e o vinil.

Inúmeros são os produtos — material escolar, eletrodomésticos e, inclusive, naves espaciais — que usam o plástico. Mas se o plástico é um material muito consumido no mundo por sua praticidade, ele é também um dos maiores poluidores do planeta, prejudicando seriamente o equilíbrio ecológico.

**1.** Por que o polietileno é o tipo de plástico mais usado no mundo? Cite alguns utensílios que usamos no nosso cotidiano constituídos por ele.

**2.** Por que os ecologistas consideram o plástico um dos maiores inimigos da natureza?

# O mundo na Guerra Fria: entre conflitos mundiais e a luta por direitos

CAPÍTULO

9

Forray Didier/Alamy/Fotoarena/AUTVIS, Brasil, 2018/Museu de Arte Moderna, Nova York, EUA.

Nos anos 1960, um estilo conhecido como *Pop Art* difundiu-se pelo mundo. Os artistas desse movimento inspiravam-se em estrelas do cinema e produtos de consumo popular. A *Pop Art* dava destaque à cultura de massa, no momento em que a indústria cultural conhecia grande expansão. Andy Warhol, um dos mais conhecidos artistas do movimento, é o autor do painel *Campbell Soup*, de 1962. Trata-se de um conjunto de 32 quadros com a pintura de uma sopa enlatada.

**Puxando pela memória**

Durante os anos 1960, líderes políticos, artistas, defensores dos direitos dos negros e das mulheres, entre outras personalidades, tornaram-se conhecidos mundialmente. Um dos líderes políticos em destaque foi Fidel Castro. Você saberia dizer por que ele se tornou tão conhecido?

Entre 1945 e 1973, a economia dos Estados Unidos cresceu quatro vezes. Foi um período de grande prosperidade econômica, em que o modo de vida americano – o chamado *american way of life* – influenciou outras culturas e sociedades. Nesse período, os países da Europa Ocidental e o Japão também conheceram grande expansão econômica. Por esse motivo, muitos o chamam de "os trinta anos gloriosos" do capitalismo.

Mas o mundo que surgiu ao término da Segunda Guerra também apresentou tensões. Povos de diversos continentes lutaram contra a dominação das potências capitalistas – a Guerra do Vietnã e a Revolução Cubana foram dois exemplos marcantes. Nos Estados Unidos, na década de 1950, o movimento da contracultura questionou valores tradicionais. Jovens revoltaram-se em 1968, enquanto negros e mulheres lutavam por seus direitos civis. A prosperidade econômica dos países de capitalismo avançado conviveu com lutas sociais, revoluções e guerras.

Criação da CIA, nos EUA, no contexto da Doutrina Truman.

1947

Vitória da Revolução Chinesa comandada por Mao Tsé-Tung.

1949

# 1. Trinta anos de prosperidade

O Plano Marshall, implementado pelos Estados Unidos após a Segunda Guerra Mundial, recuperou a economia dos países da Europa Ocidental destruídos pela guerra, como Grã-Bretanha, França, Itália e Alemanha Ocidental. Também abriu mercados consumidores para os produtos estadunidenses.

Durante trinta anos, os países da Europa Ocidental passaram por um grande crescimento econômico. Seus governos adotaram as ideias do economista britânico John Maynard Keynes (1883-1946), também seguidas pelos estadunidenses. Para Keynes, o Estado deveria interferir na economia, dirigir os investimentos e estimular o consumo, ampliando o número de empregos e assegurando salários mais altos para os trabalhadores. Com isso, aumentaria o montante de impostos arrecadados, o que permitiria ao Estado garantir direitos sociais, como seguro-desemprego e aposentadoria, construir casas, escolas e hospitais.

A intervenção na economia implicou forte política de estatização. Os governos passaram a controlar bancos, distribuidoras de energia, fábricas de automóveis, siderúrgicas, petrolíferas, empresas de seguro, aviação, telecomunicações, entre outras ligadas aos mais diversos setores (gás, extração de carvão).

Essa política dos governos social-democratas europeus ficou conhecida como **Estado de bem-estar social** e proporcionou um alto padrão de vida para boa parte da população. Foi criado um eficiente sistema de saúde e de previdência social. Amplos programas de construção de moradias, expansão da rede de esgoto e abastecimento de água beneficiaram os cidadãos. Altos investimentos foram realizados no ensino básico e superior. A instituição do salário mínimo beneficiou o conjunto dos trabalhadores. Como nos Estados Unidos, houve expansão do consumo, sobretudo de eletrodomésticos e automóveis.

## O estilo estadunidense

Nesse cenário de prosperidade, os EUA lideraram a expansão econômica mundial. Quando a Segunda Guerra Mundial chegou ao fim, o país já era líder mundial na produção agrícola e industrial.

No pós-guerra, as grandes empresas passaram a se expandir para diversos países: surgiam as chamadas empresas **multinacionais**.

Nos anos 1950, a sociedade estadunidense entrou na era da produção em massa de bens de consumo. O padrão de vida foi significativamente alterado. Automóveis e eletrodomésticos popularizaram-se. A televisão surgia como grande novidade.

Para vários historiadores, esse período de prosperidade do mundo capitalista, com intenso crescimento econômico, consolidou-se nos anos do pós-guerra e se estendeu até 1973, quando a **crise do petróleo** provocou a elevação dos preços internacionais do produto.

Granger/Fotoarena/Coleção particular

Nos anos 1950 a televisão se tornou comum nos lares estadunidenses, como evidencia o desenho estampado nesta tampa de uma lata de doces daquela época. A publicidade comercial incentivava as famílias a assistir programas de televisão.

## O modelo soviético

Ao final da Segunda Guerra Mundial, a parte ocidental da União Soviética estava devastada. A indústria, a agricultura, as cidades e a infraestrutura encontravam-se seriamente comprometidas. As perdas demográficas foram imensas, com a morte de cerca de 20 milhões de pessoas. Os soviéticos venceram a guerra, mas quase perderam o país.

O governo Stalin mobilizou a população para a gigantesca tarefa de reconstrução, recorrendo aos mesmos métodos adotados nos anos 1930: campanhas para aumentar a produtividade e terror policial. Com o novo Plano Quinquenal (1946-1950), investiu-se em energia, transportes, comunicações e indústria pesada. A produção de carvão, petróleo, eletricidade, aço e máquinas alcançou recordes. Mas o setor de bens de consumo continuou a receber investimentos ínfimos.

Ao mesmo tempo, o Estado garantia direitos sociais, como saúde, educação, previdência e habitação, além de criar milhões de empregos com o crescimento da economia. Retomava-se o **modelo de socialismo soviético** inaugurado na década de 1930.

## Leste Europeu

A política soviética se estendeu pelos países do Leste Europeu ocupados pelo Exército Vermelho: Alemanha Oriental, Polônia, Hungria, Bulgária, Romênia, Albânia e Tchecoslováquia. Em termos linguísticos, religiosos e culturais, eram sociedades diferentes e muitas delas ainda alimentavam desconfianças em relação aos soviéticos.

No contexto da Guerra Fria, foi imposto a esses países o modelo de socialismo soviético: sistema de partido único, governo autoritário, sistema econômico centralizado e dirigido pelo Estado, abolição da economia de mercado. Os novos regimes políticos foram chamados de **democracias populares**.

Ocorreu ainda a submissão econômica e política desses países à URSS e a criação de um sistema repressivo para impedir a oposição. Com os meios de comunicação controlados, esse sistema implicava a repressão da sociedade civil e o cerceamento da autonomia de clubes, associações, sindicatos e igrejas.

### Iugoslávia independente

Em 1948, os comunistas da Iugoslávia, liderados pelo marechal Josip Broz Tito (1892-1980), não aceitaram o domínio soviético e se declararam independentes de Moscou. Stalin não ousou combater o Exército que mais havia resistido ao nazismo na Europa.

# 2. O socialismo na China

Na China, a revolução comunista foi vitoriosa em 1949. Após anos de guerras, o país estava destruído e o povo vivia em condições miseráveis. Com apoio financeiro, militar e tecnológico da União Soviética, os dirigentes comunistas chineses começaram a implementar a estatização da economia, a coletivização da terra, o desenvolvimento industrial e a alfabetização da população.

Entre 1949 e 1952, o país se recuperou, apresentando altos índices de crescimento industrial. As mulheres passaram a ter os mesmos direitos que os homens, livrando-se de preconceitos milenares, e o sistema educacional também se expandiu.

No campo, porém, a coletivização da terra provocou a redução da produtividade agrícola, e o Estado foi obrigado a instituir racionamentos. Nas cidades, estouraram movimentos grevistas em decorrência dos baixos salários e das más condições de trabalho.

Revolução húngara esmagada pela URSS. — 1956

Criação da Comunidade Econômica Europeia (CEE).
URSS lança a nave espacial *Sputnik 2* com a cadela Laika a bordo. — 1957

Jacquet-Francillon/AFP

Funcionários do Hotel Shin Chiao constroem fornos pequenos e rudimentares para fundição de aço em Pequim, durante o período do Grande Salto para Frente, em outubro de 1958.

Em 1956, para contornar a situação, o governo admitiu certa liberdade de crítica. Era o **Movimento das Cem Flores**. Mas, diante de manifestações de descontentamento, o governo reagiu com repressão e muitos foram presos.

Em 1958, o governo Mao Tsé-Tung decidiu formular um caminho próprio para a construção do socialismo, abandonando o modelo soviético. A sociedade chinesa foi mobilizada para uma grande campanha com o objetivo de industrializar rapidamente o país. Tratava-se do programa **Grande Salto para Frente**, cujo *slogan* era: "Três anos de esforços e privações, mil anos de felicidade".

Foram instituídas as comunas populares, fazendas com pequenas fábricas, usinas elétricas, hospitais e escolas, onde imperava o princípio da igualdade.

Os resultados foram desastrosos. A saída repentina dos engenheiros soviéticos do país e os desastres ecológicos provocados por desmatamentos e drenagens irresponsáveis foram alguns dos fatores que contribuíram para o fracasso.

A produção industrial regrediu e a agricultura entrou em colapso, gerando grande fome no país entre 1960 e 1961. Nos anos seguintes, os camponeses receberam lotes de terra, permitindo a recuperação da produção agrícola.

Nas relações internacionais, Mao passou a criticar a URSS, sua grande aliada até então. A acusação era de que os soviéticos haviam preferido a coexistência pacífica com os Estados Unidos após a morte de Stalin, em 1953. Os chineses almejavam se tornar a grande referência internacional do comunismo.

O conflito político entre os dois países resultou na suspensão da ajuda econômica, tecnológica e militar que a China recebia da URSS. Apesar de todas as dificuldades, os chineses ingressaram no seleto clube das potências nucleares, depois de testar sua primeira bomba atômica em 1964.

## Revolução Cultural

A situação de Mao Tsé-Tung à frente do governo chinês tornava-se cada vez mais difícil. Dentro do Partido Comunista Chinês, havia duas vertentes. Uma delas, liderada por Chu En-Lai, defendia a proposta das **Quatro Modernizações**: agricultura, indústria, defesa nacional e ciência e tecnologia. A outra, de Mao Tsé-Tung, acreditava na mobilização da população para resolver os problemas do país.

Dada a sua perda de prestígio devido aos sucessivos fracassos, Mao reagiu aos seus opositores. Em 1966, com o apoio do Exército chinês, ele mobilizou cerca de 11 milhões de jovens estudantes, com o objetivo de extinguir o modo de vida burguês. Era o início da **Grande Revolução Cultural Proletária**.

Guardas Vermelhas foram criadas para perseguir pessoas julgadas "burguesas", porque apresentavam hábitos ou costumes "burgueses". A partir desse momento, todas as referências aos valores da cultura ocidental passaram a ser repudiadas.

**Fique de olho!**

***Balzac e a costureirinha chinesa***. Direção: Dai Sijie. França/China, 2001.
Conta a história de dois jovens chineses que, durante a Revolução Cultural, são considerados "burgueses reacionários" pelo governo. Presos, eles são encaminhados a um "campo de reeducação".

Intelectuais, engenheiros, médicos e cientistas foram acusados de "inimigos do povo", "agentes da burguesia" e "lacaios do imperialismo". Os opositores de Mao Tsé-Tung dentro do Partido Comunista Chinês foram perseguidos pelos jovens. Templos religiosos e obras de arte foram destruídos.

O *Livro vermelho*, que reunia os pensamentos de Mao, tornou-se leitura obrigatória no país. Durante a Revolução Cultural, o culto a Mao Tsé-Tung atingiu seu apogeu.

Em 1976, ano da morte de Mao, os novos dirigentes chineses puseram fim à Revolução Cultural e adotaram a política das Quatro Modernizações. O maoismo tornou-se uma página virada na história da China. Na década seguinte, o país daria os primeiros passos da abertura econômica para o Ocidente.

Hulton Archive/Getty Images

Durante a Revolução Cultural, crianças leem o *Livro vermelho* de Mao. A obra, que contava com 427 citações do líder chinês, era leitura obrigatória em escolas, quartéis e locais de trabalho. Fotografia de cerca de 1968.

## 3. Vietnã: outra guerra quente

Antes da Segunda Guerra Mundial, a Indochina era dominada pelos franceses. Em 1941, a região foi invadida pelos japoneses, mas guerrilheiros comunistas do *Viet Minh*, a Liga pela Independência do Vietnã liderada por Ho Chi Minh (1890-1969), iniciaram a luta contra o Exército japonês.

Com o fim da guerra, Ho Chi Minh proclamou a independência do Vietnã, o que levou a França a tentar reaver seu domínio, desembarcando tropas na região em 1946. Após anos de lutas e com as vitórias militares dos vietnamitas, em 1954, os franceses foram obrigados a negociar com o governo vietnamita

Um acordo reconheceu a independência do Laos, do Camboja e do Vietnã. Esse último país acabou dividido em: República Democrática do Vietnã, ao norte, apoiado pela URSS e pela China; e República do Vietnã, ao sul, alinhado com os EUA.

Em 1955, um golpe militar comandado pelo general Ngo Dinh Diem (190[illegible]-1963) impôs um regime autoritário e repressivo ao Vietnã do Sul, com o apoio dos EUA, cujo objetivo era impedir a expansão do comunismo no sudeste da Ásia. Entre os opositores à ditadura estava a Frente de Libertação Nacional (FLN). A organização dispunha de um exército guerrilheiro que contava com amplo apoio da população e era, pejorativamente, chamado pelo governo sul-vietnamita de **vietcongue** (comunistas vietnamitas).

A FLN passou a receber armas e alimentos do Vietnã do Norte. Seu crescimento motivou o governo dos Estados Unidos a enviar, entre 1962 e 1965, armamentos e 15 mil conselheiros militares em apoio ao regime sul-vietnamita.

**Fique de olho!**

VISENTINI, Paulo Fagundes. *A revolução vietnamita:* da revolução nacional ao socialismo. São Paulo: Unesp, 2008.
Trata dos diversos conflitos em que o povo vietnamita se envolveu na luta pela libertação – contra os franceses na época do colonialismo, contra os japoneses na Segunda Guerra Mundial e contra os estadunidenses na Guerra do Vietnã.

Martin Luther King lidera a Marcha sobre Washington e profere o discurso "Eu tenho um sonho".
Assassinato do então presidente dos EUA, John F. Kennedy.

Crise dos mísseis.

1962

1963

# Os Estados Unidos na Guerra do Vietnã

Entre 1965 e 1968, o número de soldados estadunidenses no Vietnã passou de 125 mil para 550 mil. No mesmo período, 300 mil voos militares lançaram 860 mil toneladas de bombas no Vietnã do Norte. Alguns analistas garantem que esse número é três vezes maior do que toda a quantidade de explosivos usada durante a Segunda Guerra Mundial. As forças armadas dos EUA ainda utilizaram cerca de 72 milhões de litros de armas químicas, como bombas de napalm, que causam queimaduras profundas. Ainda assim, em 1968, tropas do Vietnã do Norte, aliadas aos guerrilheiros do sul, desencadearam ofensivas que impuseram derrotas humilhantes aos estadunidenses.

**Fique de olho!**

***Apocalipse now.*** Direção: Francis Ford Coppola. EUA, 1979.
Denuncia os horrores da Guerra do Vietnã, contando a história de um capitão que recebe a missão de matar um desertor.

***Platoon.*** Direção: Oliver Stone. EUA, 1986.
Jovem estadunidense que vai lutar no Vietnã logo percebe a falta de sentido na brutal violência que cerca o cotidiano da guerra.

**napalm:** substância derivada do petróleo, altamente inflamável, e que adere a objetos e pessoas.

AP/Glow Images

Helicópteros da Força Aérea dos EUA pousam no Vietnã do Sul durante a Guerra do Vietnã.

As dificuldades para vencer a guerra e o sacrifício crescente de jovens soldados no Vietnã provocaram enorme insatisfação na sociedade estadunidense. Era a primeira vez que as imagens de uma guerra apareciam na televisão – recém-popularizada –, horrorizando as pessoas. As manifestações pelo fim do conflito brotaram em toda parte. O movimento de jovens conhecido como *hippie*, por exemplo, pregava o lema: "Faça amor, não faça a guerra".

Mesmo assim, em 1972, sob o governo Richard Nixon (1913-1994), os EUA ampliaram a guerra, jogando bombas de napalm sobre o Laos e o Camboja.

O Exército do Vietnã do Norte e os guerrilheiros do sul, que atuavam em um território conhecido e com grande apoio da população, continuavam a causar grandes baixas nas tropas dos EUA, desacostumadas aos 40 graus de temperatura que enfrentavam na selva. Os soldados estadunidenses passaram a destruir aldeias inteiras para diminuir o apoio dado à guerrilha.

Em 1973, desgastado e sem apoio, o governo dos Estados Unidos assinou acordos de paz e retirou seus soldados do Vietnã. A guerra, entretanto, prolongou-se até 1975, quando tropas do Vietnã do Norte tomaram Saigon, a capital do Vietnã do Sul. No dia 2 de julho do ano seguinte, o país foi unificado com o nome de República Socialista do Vietnã, com sede em Hanói. A maior potência militar do planeta saía humilhada da **Guerra do Vietnã**.

**Números macabros**

Os números da Guerra do Vietnã são impressionantes: 2 milhões de civis e 1 milhão de soldados vietnamitas mortos. Do lado dos EUA, estima-se 58 mil mortos, 300 mil feridos e 2 mil desaparecidos. Durante todo o conflito, a sociedade estadunidense não apoiou a guerra.

Os EUA bombardeiam o Vietnã do Norte.
Congresso estadunidense aprova leis equiparando direitos de mulheres e homens.

1964

Assassinato do líder negro muçulmano Malcolm X em 21 de fevereiro.

1965

## Investigando o documento

### As memórias de Kim Phuc

A fotografia ao lado foi tirada em 8 de junho de 1972. Ela retrata crianças vietnamitas vítimas das bombas de napalm utilizadas pelos EUA na Guerra do Vietnã. Entre as crianças está a menina Kim Phuc, nua. Na época, ela tinha 9 anos de idade. Hoje ela é embaixatriz da Boa Vontade da Unesco. Em 2000, em uma entrevista à BBC, Kim Phuc recordou aquele momento dramático.

Nick UT/AP/Glow Images

Crianças vietnamitas são vítimas da bomba de napalm. Entre as crianças, está a menina Kim Phuc, nua. A fotografia, de 8 de junho de 1972, tirada pelo fotógrafo Nick Ut, ganhou o Prêmio Pulitzer no ano seguinte.

> Naquela noite, nós do povoado havíamos ouvido que os vietcongues estavam vindo e que eles queriam usar a vila como base.
>
> Então, quando já era dia, eles vieram e iniciaram os combates no povoado.
>
> Nós estávamos muito assustados.
>
> Eu me lembro que minha família decidiu procurar abrigo em um templo, porque nós acreditávamos que [...], se nos escondêssemos lá, estaríamos a salvo.
>
> Eu não cheguei a ver a explosão da bomba de napalm; só me lembro que, de repente, eu vi o fogo me cercando.
>
> De repente, minhas roupas todas pegaram fogo, e eu sentia as chamas queimando meu corpo, especialmente meu braço.
>
> Naquele momento, passou pela minha cabeça que eu ficaria feia por causa das queimaduras, que eu não ia mais ser uma criança como as outras.
>
> Eu estava apavorada, porque de repente não vi mais ninguém perto de mim, só fogo e fumaça.
>
> Eu estava chorando e, milagrosamente, ao correr meus pés não ficaram queimados.
>
> Só sei que eu comecei a correr, correr e correr.
>
> Meus pais não conseguiram escapar do fogo, então eles decidiram voltar para o templo e continuar abrigados por lá.
>
> Minha tia e dois de meus primos morreram.
>
> Um deles tinha 3 anos e o outro só 9 meses, eram dois bebês.
>
> Então, eu atravessei o fogo.
>
> O fotógrafo Nick Ut nos levou para um hospital das redondezas.
>
> [...]
>
> Dois dias depois, meus pais me encontraram no hospital.
>
> Eu passei bastante tempo no hospital: 14 meses.
>
> Os médicos fizeram 17 cirurgias para curar as queimaduras de primeiro grau.
>
> Metade do meu corpo ficou queimada.
>
> Aquele foi um momento decisivo na minha vida.
>
> A partir daí, eu comecei a sonhar em como ajudar outras pessoas.
>
> [...] Eu acho que todas as pessoas deveriam ver essa foto, mesmo hoje.
>
> Porque essa foto mostra claramente como uma guerra é terrível para as crianças.
>
> Você pode ver o terror no meu rosto. Basta ver a foto, para as pessoas aprenderem.

A foto que chocou o mundo. Texto adaptado de uma gravação feita para o *site* do BBC World Service em inglês. *BBC Brasil*, 28 abr. 2000. Disponível em: <http://www.bbc.com/portuguese/esp_viet_04.htm>. Acesso em: 20 abr. 2018.

- Tanto a fotografia de 1972 como o depoimento de Kim Phuc nos oferecem informações sobre a Guerra do Vietnã. Observe, por exemplo, o comportamento das crianças e dos soldados retratados na foto.
  a) Considerando que, na época em que foi tirada, a fotografia foi reproduzida em jornais e revistas de diversos países do mundo, avalie como essa exposição pode ter interferido no curso da guerra.
  b) Observando Kim Phuc na fotografia, explique por que ela afirma em seu depoimento que "uma guerra é terrível para as crianças".

# 4. A Revolução Cubana

**Fique de olho!**

***Diários de motocicleta.*** Direção: Walter Salles. EUA/Argentina/Brasil/ Peru/Chile, 2004. Quando estudava medicina, o jovem argentino Ernesto "Che" Guevara viaja por vários países da América Latina, presenciando pobreza e injustiças.

Fraude e violência marcavam as eleições em Cuba até 1952, quando Fulgêncio Batista (1901-1973) autoproclamou-se presidente e impôs uma ditadura ao país. À época, Fidel Castro (1926-2016) era um estudante da Universidade de Havana que, ao lado de outros estudantes, passou a criticar o governo Batista.

Em 26 de julho de 1953, Fidel, então com 26 anos de idade, liderou um grupo de 150 homens em um ataque ao Quartel Moncada, em Santiago de Cuba. O objetivo era derrubar Batista, mas os planos fracassaram. Condenado a 15 anos de prisão, foi beneficiado com uma anistia e, em menos de dois anos, estava em liberdade.

Em 1955, foi para o México organizar outra revolta. Fidel, então, liderava uma organização política, o Movimento Revolucionário 26 de julho (MR-26), à qual se integrou um jovem médico argentino de 27 anos, Ernesto "Che" Guevara (1928-1967).

Fidel planejava desembarcar em uma praia cubana e iniciar a luta, que contaria com o apoio de revoltas nas cidades. Um pequeno iate, de nome *Granma*, foi comprado. Em 2 de dezembro de 1956, Fidel e Che, acompanhados de cerca de 80 homens, chegaram a Cuba, mas encalharam num recife. Foram atacados pelo Exército cubano e somente 12 revolucionários conseguiram escapar.

Refugiados nas montanhas de Sierra Maestra, receberam apoio político, alimentos e armas enviados por lideranças de partidos políticos de esquerda, sindicatos, organizações estudantis e movimentos sociais das cidades. Com as provisões e o apoio com que contaram, Fidel e seus homens sentiram-se fortes para derrubar Batista.

Hulton Archive/Getty Images

Em Camagüey, Cuba, Fidel Castro discursa ao lado de membros do Movimento Revolucionário 26 de julho. Fotografia de 4 de janeiro de 1959, exatos três dias após a vitória da revolução.

No final de 1958, boa parte do país era controlada pelo MR-26. No dia 1º de janeiro de 1959, as forças rebeldes entraram em Havana, a capital da ilha. Batista abandonou o país no dia seguinte.

O novo governo formou tribunais revolucionários para julgar e fuzilar os policiais e torturadores do regime de Batista.

Uma série de medidas beneficiou a população: redução dos aluguéis e dos preços dos remédios, controle das tarifas de telefone e energia, a instituição de um salário mínimo para os cortadores de cana, entre outros. Grandes investimentos foram realizados na educação e o analfabetismo foi erradicado. A reforma agrária distribuiu terras aos camponeses.

O governo dos Estados Unidos não aceitou a lei que limitava a posse de terras no país aos cidadãos cubanos e que, assim, prejudicava muitos estadunidenses com propriedade na ilha. Membros das elites cubanas também se opuseram ao novo governo e muitos emigraram para a Flórida, nos EUA.

Assassinato de Martin Luther King.
Protestos de estudantes e operários na França.
1968

Astronautas estadunidenses desembarcam na Lua.
1969

## Rumo ao comunismo

Fidel Castro era um revolucionário progressista e nacionalista, mas não comunista. O clima hostil entre os governos estadunidense e cubano foi agravado quando um acordo comercial foi assinado entre Cuba e a URSS. Para desestabilizar o governo Fidel Castro, os EUA sabotaram usinas de açúcar e explodiram uma bomba no porto de Havana, matando cerca de 100 cubanos.

Pouco tempo depois, o governo dos Estados Unidos suprimiu as cotas de comercialização de açúcar. Fidel, em represália, nacionalizou bancos e empresas estadunidenses. Os EUA reagiram impondo a Cuba um embargo econômico, que proibia exportações para a ilha, exceto de alimentos e remédios. Em março de 1962 o governo cubano instituiu o racionamento no consumo de energia e mercadorias.

Decidido a derrubar Fidel Castro, o governo dos EUA organizou e treinou um grupo de cubanos exilados na Flórida. Eles deveriam desembarcar na baía dos Porcos, uma praia de Cuba, proclamar um novo governo e, então, pedir ajuda militar aos Estados Unidos. A *Central Intelligence Agency* (CIA) acreditava que os invasores teriam o apoio da população cubana – o que não aconteceu.

Recebidos com pesados ataques, os 1 500 homens que chegaram à baía dos Porcos foram derrotados.

**Fique de olho!**

AYERBE, Luis Fernando. *A Revolução Cubana*. São Paulo: Unesp, 2004.
Aborda o processo revolucionário cubano: desde a construção do socialismo na ilha ao conflituoso contexto internacional da Guerra Fria, que afetou a economia e a sociedade cubanas. Trata também de temas que a experiência revolucionária cubana suscitou para debates.

### Revolução exportada

Cuba estava isolada no continente americano e sofria com o embargo econômico estadunidense. Ao mesmo tempo, aumentava sua dependência econômica e militar da URSS.

Com o objetivo de romper esse isolamento, o governo cubano passou a apoiar revoluções na América Latina. Che Guevara acreditava que a revolução podia se repetir em outros países.

O governo de Cuba apoiou movimentos revolucionários na Argentina, na Colômbia, na Guatemala, no Brasil, no Peru e na Venezuela.

Em 1967, Che Guevara foi para a Bolívia. Delatado por camponeses, foi executado em 8 de outubro de 1967 por militares bolivianos.

A partir daí, o governo cubano desistiu de incentivar revoluções em outros países.

Gilberto Ante/Roger Viollet/Getty Images

Diante do Palácio Presidencial, cubanos apoiam as primeiras medidas do governo Fidel Castro. Fotografia de 1959, tirada em Havana, Cuba.

Obama em Cuba

Somente em fins de 2014, EUA e Cuba reataram relações diplomáticas. Em 2016, o então presidente Barack Obama visitou a ilha e se encontrou com o então presidente cubano Raul Castro, irmão de Fidel. O sucessor de Obama, Donald Trump, retomou a antiga política de antagonismo com o governo cubano.

## A crise dos mísseis

No dia 16 de abril de 1961, Fidel declarou que a revolução era socialista e proclamou sua crença no marxismo-leninismo. Com isso, buscava o apoio político e a proteção militar da URSS, então governada por Kruschev. No dia seguinte, a baía dos Porcos foi invadida. O governo Kruschev, então, equipou Cuba com 16 mísseis balísticos nucleares, cujo alcance poderia atingir o sul dos EUA. Em 14 de outubro de 1962, aviões de espionagem fotografaram as bases militares e as rampas de lançamento de mísseis. Começava a chamada **crise dos mísseis**.

Enquanto milhões de pessoas no mundo temiam uma guerra nuclear entre os EUA e a URSS, John Kennedy e Nikita Kruschev negociaram um acordo em segredo. Os estadunidenses se comprometiam a não invadir ou apoiar qualquer agressão à ilha – e também a examinar a possibilidade de retirar bases militares da Turquia. Em contrapartida, os soviéticos deveriam retirar os mísseis de Cuba. O governo cubano permaneceu fora das discussões.

Ainda em 1962, por pressão dos estadunidenses, a Organização dos Estados Americanos (OEA) suspendeu Cuba do quadro de membros da instituição. Somente em 2009 o país foi readmitido na organização. Os sucessivos governos dos EUA cumpriram o acordo de não invadir Cuba, mas mantiveram o embargo econômico à ilha. A CIA, no entanto, continuou a estudar formas de desestabilizar o governo cubano, planejando meios de assassinar Fidel Castro.

Os planos de industrialização não puderam ser viabilizados, e o governo cubano continuou investindo na produção agrícola, sobretudo na do açúcar, comprado pelo bloco socialista por valores acima dos preços de mercado. Cuba manteve a economia exportadora de um produto primário, tornando-se consumidora de produtos soviéticos, incluindo o petróleo.

# 5. A corrida espacial

Ao final da Segunda Guerra Mundial e já no contexto da Guerra Fria, os governos dos EUA e da URSS estavam convencidos da necessidade de grandes investimentos na área científica. Nessa intensa disputa, desenvolveu-se a **corrida espacial**.

A cadela Laika prestes a ser enviada à órbita terrestre no *Sputnik 2*, em 3 de novembro de 1957.

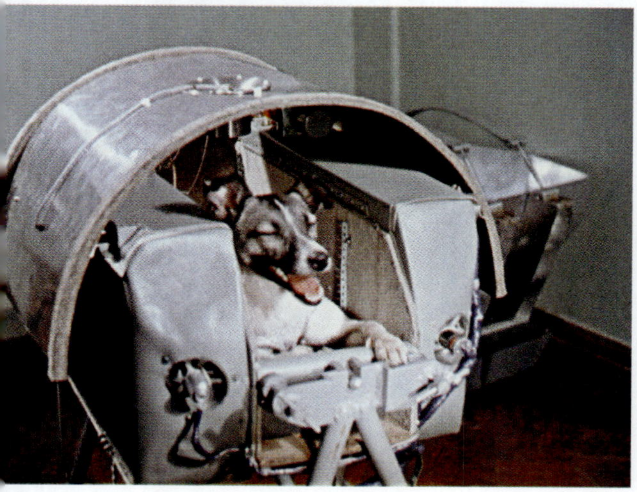

Sputnik/AFP

Os soviéticos saíram na frente. Em 1957, lançaram o primeiro míssil balístico intercontinental, o R7. Até então, as bombas atômicas tinham de ser jogadas de aviões bombardeiros. O artefato serviu também para, em 4 de outubro do mesmo ano, lançar o primeiro satélite artificial da história, o *Sputnik*: uma pequena bola de alumínio com 83,6 kg, equipada com um transmissor. Um mês depois, lançaram o *Sputnik 2*, um satélite de 543,5 kg com a cadela Laika a bordo – o primeiro ser vivo a passar por essa experiência.

Para a opinião pública mundial, o lançamento dos dois satélites demonstrava a superioridade soviética no campo espacial. Os estadunidenses reagiram lançando, em dezembro de 1957, o seu primeiro míssil balístico intercontinental, o *Atlas*.

Em 12 de abril de 1961 o mundo assistiu a outro feito soviético extraordinário: a nave *Vostok 1* levando o primeiro ser humano ao espaço, Yuri Gagarin. Durante uma hora e quarenta e oito minutos ele viajou pela órbita terrestre. Os estadunidenses só conseguiram fazer o mesmo no ano seguinte.

Determinado a superar a URSS na corrida espacial, o governo dos EUA fez grandes investimentos para levar astronautas à Lua. Em 20 de julho de 1969, levados pela nave *Apollo 11*, dois estadunidenses pisaram na superfície lunar.

No início da década de 1970, os dois países optaram por construir estações orbitais: a *Salyut* soviética e a *Skylab* estadunidense. Os investimentos, então, concentraram-se em satélites, sondas, telescópios e ônibus espaciais.

**A História no seu lugar**

Na segunda metade do século XX, o mundo assistiu à corrida espacial entre os Estados Unidos e a União Soviética. Três episódios marcaram o mundo: em 1957, o lançamento do primeiro satélite artificial do mundo, o *Sputnik*, pela URSS; em 1961, a entrada de um homem na órbita terrestre, o soviético Yuri Gagarin; e, em 1969, o desembarque de dois estadunidenses na Lua. Em arquivos e bibliotecas de sua cidade, pesquise para saber como esses acontecimentos foram relatados nos jornais locais.

## 6. A contracultura e a invenção do *rock'n'roll*

Nos Estados Unidos e nos países da Europa Ocidental, entre as décadas de 1950 e 1960, muitos jovens passaram a criticar os modos de vida tradicionais e a criar novos estilos de vida e de relações sociais. Esse conjunto de contestações da juventude daquela época ficou conhecido como **contracultura**.

O movimento da contracultura começou nos EUA, quando uma geracão de intelectuais e poetas dos anos 1950 – a *beat generation* – passou a criticar os valores conservadores da sociedade estadunidense. Eles negavam o individualismo e o consumismo do chamado *american way of life*. Allen Ginsberg, William Burroughs e Jack Kerouac são os nomes mais conhecidos desse movimento. O último escreveu um livro bastante divulgado, *On the road*, de 1957, que no Brasil foi lançado como *Pé na estrada*.

Na década de 1960, a contracultura continuou a expressar a rebeldia de jovens das classes médias contra o consumismo, a cultura de massa, a sociedade industrial e a padronização dos comportamentos. Eles também se mostravam insatisfeitos com o autoritarismo de seus pais e dos governantes.

**Fique de olho!**

WILLER, Claudio. *Geração beat*. Porto Alegre: L&PM, 2009. Conta a história desse grupo de intelectuais que, nos Estados Unidos dos anos 1950, criticaram o conservadorismo da sociedade e como eles influenciaram a contracultura, os *hippies* e o *rock'n'roll*.

NG Collection/Interfoto/Fotoarena

Personagens do filme *Hair*, de 1979, uma adaptação do musical estreado na Broadway em 1968. Tanto o filme como o musical contam a história de um rapaz que, vindo do interior, chega a Nova York para se alistar no Exército e lutar na Guerra do Vietnã. Mas, ao conhecer um grupo de *hippies*, ele aprende outra maneira de interpretar o mundo, a vida e o amor.

Estudantes e intelectuais passaram a incorporar reivindicações de grupos considerados minoritários, como os negros, os homossexuais e as mulheres, que lutavam por seus direitos.

Grande número de jovens se engajou no movimento *hippie*. Usando roupas largas e coloridas e cabelos compridos e sem corte, os *hippies* recusavam a sociedade industrial, massificante e de consumo. Eles valorizavam o indivíduo, as ideias de paz, amor e liberdade e a vida comunitária. "Paz e amor" era o lema deles.

Pacifistas, eram contra a guerra e a violência e protestavam distribuindo flores. Em geral, defendiam o amor livre, rejeitando o casamento monogâmico tradicional. Muitos não estudavam nem tinham emprego, viviam em comunidades onde comiam o que plantavam e produziam artesanato para vender. Alguns se aproximaram das religiões orientais.

## Outra dimensão Cultura

### O *rock'n'roll*

Na década de 1950, também surgiu nos Estados Unidos o *rock'n'roll*. O ritmo nasceu de diversas influências da música negra, em particular de uma variação do *blues*: o *rhythm and blues*. É possível afirmar que o primeiro grupo de *rock* foi o Bill Haley & His Comets, intérprete da música "Rock around the clock", que foi lançada em 1955, com grande sucesso, e é conhecida até hoje. Haley recorreu ao ritmo e às variações da música negra, substituindo letras tristes por alegres.

O *rock*, executado com instrumentos musicais simples (geralmente uma guitarra elétrica, um baixo, uma bateria e por vezes um saxofone), letras fáceis e ritmo dançante, fez com que os primeiros conjuntos se tornassem bastante populares.

O *rock'n'roll* expressava uma atitude de rebeldia contra o conservadorismo dos pais, da sociedade, da política e do sistema educacional. Criado por jovens e dirigido a eles, o *rock* tornou-se o grande movimento musical e comportamental da época. Não bastava ouvir uma música de *rock*, era necessário dançar e cantar.

O *rock* também fez sucesso na Grã-Bretanha, onde surgiram outros grupos, como os Beatles e os Rolling Stones. Os primeiros lançaram a canção "Love me do", em 1962, que logo ganhou o mundo.

- Com dois ou três colegas, procurem descobrir por que o cantor Elvis Presley (1935-1977), popular entre os jovens estadunidenses, era visto com desconfiança pelos mais conservadores.

CBS Photo Archive/Getty Images

Elvis Presley apresentando-se no programa de televisão *The Ed Sullivan Show*, em outubro de 1956.

## 1968

O auge do movimento da contracultura foi em 1968. Protestos de jovens e trabalhadores ocorreram nos Estados Unidos, na Europa e na América Latina. Muitos estavam entusiasmados com a Revolução Cubana (1959), a Independência da Argélia (1962) e a Revolução Cultural na China (1966). Com o desejo de mudar o mundo, jovens de vários países passaram a recusar o consumismo capitalista e o modelo de socialismo soviético.

Nos EUA, milhões de jovens protestaram contra a Guerra do Vietnã. Nas universidades, os estudantes organizaram protestos; fora delas, os *hippies* também defendiam o fim do conflito.

Na Europa, o movimento de rebeldia mais conhecido foi o que aconteceu na França e ficou conhecido como **Maio de 1968**. Em 22 de março, estudantes ocuparam a Universidade de Nanterre para protestar contra a prisão de alguns colegas. Depois, tomaram o Quartier Latin, famoso bairro universitário em Paris, erigindo barricadas.

Em 13 de maio, as centrais sindicais comunista e socialista declararam greve. Trabalhadores e estudantes uniram-se a elas, organizando um comando operário-estudantil. Em 20 de maio, 10 milhões de trabalhadores estavam em greve.

Para contornar a situação, o governo Charles de Gaulle convocou eleições, nas quais os chamados gaullistas saíram vitoriosos. De Gaulle acionou a polícia para recuperar fábricas e universidades que haviam sido tomadas pelos revoltosos, perseguiu e prendeu líderes estudantis. A partir daí, o movimento de Maio de 1968 recuou.

Os protestos estudantis e operários de 1968 também ocorreram no Brasil, no México, na Polônia, na Iugoslávia e na Tchecoslováquia. A repressão pôs fim à mobilização em toda parte.

**Fique de olho!**

***Forrest Gump – O contador de histórias.***
Direção: Robert Zemeckis. EUA, 1994.
Forrest Gump, um rapaz humilde e repleto de boas intenções, relata como suas experiências pessoais entrecruzam-se com alguns dos principais acontecimentos da história dos EUA do século XX, como a Guerra do Vietnã, o movimento da contracultura e o escândalo de Watergate.

Em 15 de maio de 1968, estudantes e trabalhadores tomaram as ruas de Paris, entrando em novos confrontos com a polícia.

Alain de Jeans/Sygma/via Getty Images

# 7. A conquista dos direitos civis

Até meados dos anos 1950, vigorou a segregação racial contra os negros nos EUA, sobretudo nos estados do sul. Havia escolas para brancos e escolas para negros, restaurantes e bares para brancos e restaurantes e bares para negros, banheiros públicos para brancos e banheiros públicos para negros. Nos ônibus e nas praças públicas, havia assentos reservados para os brancos e outros para os negros. Em alguns estados sulistas, os negros encontravam dificuldades para exercer seus direitos políticos.

Em 1954, a Suprema Corte dos EUA reconheceu que as escolas públicas para brancos recebiam mais recursos dos governos estaduais e ofereciam um ensino de melhor qualidade do que as escolas para negros. Os juízes, então, declararam a inconstitucionalidade da segregação racial nas escolas: todas as crianças, brancas ou negras, podiam frequentar qualquer escola.

Naquele ano, o líder negro Martin Luther King (1929-1968) foi nomeado pastor de uma igreja batista em Montgomery, no estado do Alabama. Em seu curso de pós-graduação, ele defendera uma tese sobre o movimento de resistência pacífica liderado por Mahatma Gandhi, na Índia. Ele já tinha se tornado o maior defensor dos direitos da população negra quando, em 1955, uma mulher negra, Rosa Parks (1913-2005), foi presa em um ônibus.

Rosa estava sentada e, pelas leis segregacionistas, deveria ceder seu lugar a um passageiro branco. Ela se negou a fazê-lo e acabou detida pela polícia. Luther King, em represália, organizou um boicote da população negra aos transportes urbanos em Montgomery. Foi preso, e sua casa, atacada. A Suprema Corte declarou, então, a inconstitucionalidade da segregação racial nos transportes públicos de todo o país. Foi um avanço na luta contra a discriminação.

Em resposta à resistência da população negra, a organização racista Ku Klux Klan empregou táticas de terror. Mas o movimento contra a discriminação prosseguiu firme.

Recorrendo à resistência pacífica, no início de 1963, Luther King liderou grandes protestos dos negros por seus direitos civis. Em 1964, Luther King foi vencedor do Prêmio Nobel da Paz. Em abril de 1968, ele foi assassinado a tiros.

A luta dos negros estadunidenses continuou e resultou no reconhecimento de seus direitos civis e na abolição da discriminação em todos os estados do país.

**Fique de olho!**

***Selma***. Direção: Ava DuVernay. EUA, 2014. Narra a luta de Martin Luther King pelos direitos civis dos negros a partir da marcha entre as cidades de Selma e Montgomery, no estado do Alabama, que contou com a participação de milhares de pessoas.

***Malcolm X***. Direção: Spike Lee. EUA, 1992. Conheça a história de vida do ativista estadunidense Malcolm X, líder do movimento negro naquele país.

Em 1º de dezembro de 1955, Rosa Parks foi detida e fichada pela polícia de Montgomery, estado do Alabama, após se recusar a ceder seu lugar no ônibus para um homem branco.

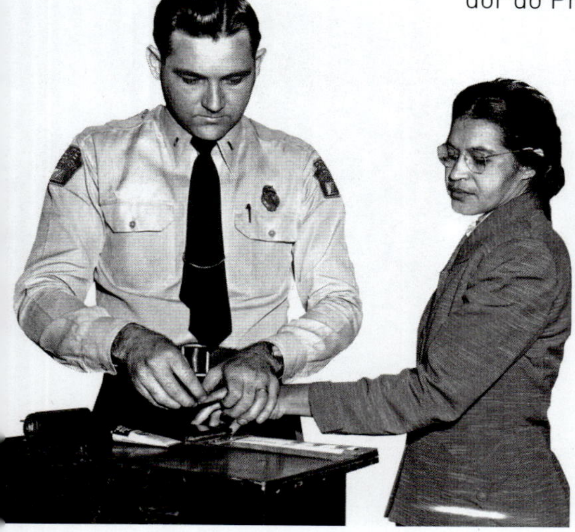

Gene Herrick/AP/Glow Images

## Malcolm X e os panteras negras

Apesar de bem-sucedido na sua estratégia de luta, a liderança de Luther King começou a ser contestada por setores mais radicais do movimento negro, sobretudo sua proposta de integração e convívio pacífico com os brancos.

Outras lideranças surgiram, como Malcolm X (1925-1965), filho de família pobre, que se tornou líder de um templo muçulmano em Detroit e passou a pregar a dignidade dos negros. Era contra a estratégia da resistência pacífica e, em fevereiro de 1965, foi assassinado.

Na segunda metade dos anos 1960, setores do movimento negro aderiram a propostas ainda mais radicais. Entre elas estava a do **Partido Pantera Negra para Autodefesa**, fundado no final de 1966 em Oakland, na Califórnia. Os panteras negras não se amparavam na religião. Declaravam-se marxistas e maoistas e recorriam à violência em confrontos armados com a polícia. Foram duramente reprimidos e a maioria de seus líderes foi presa. O movimento desapareceu nos anos 1980.

## Investigando o documento

### "Eu tenho um sonho"

Um dos mais importantes protestos liderados por Martin Luther King foi a **Marcha sobre Washington**, em 28 de agosto de 1963. Foi nessa ocasião que ele proferiu o famoso discurso, "Eu tenho um sonho", do qual destacamos, a seguir, alguns trechos.

> Cem anos atrás, um grande americano, no qual estamos sob sua simbólica sombra, assinou a Proclamação de Emancipação. [...] Cem anos depois, a vida do negro ainda é tristemente inválida pelas algemas da segregação e as cadeias de discriminação. Cem anos depois, o negro vive em uma ilha só de pobreza no meio de um vasto oceano de prosperidade material.
>
> Cem anos depois, o negro ainda adoece nos cantos da sociedade americana e se encontra exilado em sua própria terra. [...]
>
> Eu digo a vocês hoje, meus amigos, que, embora nós enfrentemos as dificuldades de hoje e amanhã, eu ainda tenho um sonho. [...]
>
> Eu tenho um sonho que minhas quatro pequenas crianças vão um dia viver em uma nação onde elas não serão julgadas pela cor da pele, mas pelo conteúdo de seu caráter.
>
> E quando isto acontecer, [...] nós poderemos acelerar aquele dia quando todas as crianças de Deus, homens pretos e homens brancos, judeus e gentios, protestantes e católicos, poderão unir mãos e cantar [...] "Livre afinal, livre afinal. Agradeço ao Deus todo-poderoso, nós somos livres afinal".

KING JR., Martin Luther. *Eu tenho um sonho*. Rio de Janeiro: Ediouro, 1995. p. 31-80.

- Em seu discurso, Martin Luther King denuncia as discriminações, as injustiças e as violências sofridas pelos negros nos Estados Unidos. Aponte as estratégias que ele defendeu para a conquista dos direitos civis dos negros.

No dia 28 de agosto de 1963, após a Marcha sobre Washington, que reuniu uma multidão calculada em 200 mil pessoas, Martin Luther King proferiu seu mais famoso discurso, "Eu tenho um sonho".

File/AFP

## A vez das mulheres

Nos anos 1960, não eram apenas os negros estadunidenses que lutavam por direitos civis. As mulheres também reivindicavam igualdade perante os homens.

Em 1963, elas constituíam 51% da população e um terço da força de trabalho. Mas ganhavam menos, inclusive quando exerciam um trabalho igual ou ocupavam o mesmo cargo que um homem. Algumas funções pareciam impossíveis de serem ocupadas por uma mulher, em particular cargos de gerência e de direção. As mulheres, além disso, eram minoria nos cursos superiores de graduação e pós-graduação.

Apesar das conquistas no campo político, em especial o direito de voto, o movimento feminista perdeu o ímpeto a partir da década de 1920. O renascimento ocorreu nos anos 1960.

Em 1963, a ativista Betty Friedan publicou o livro *The feminine mystique* (*A mística feminina*), em que atacava as ideias que reservavam para a mulher: os papéis de dona de casa e de mãe.

As feministas foram hostilizadas, insultadas e ridicularizadas. Muitos alegavam que a igualdade entre os sexos destruiria a instituição do casamento e da família. Mas o movimento feminista enfrentou todos os obstáculos com sucesso.

Em 1964, a legislação federal proibiu qualquer discriminação no trabalho por motivo de raça e também de sexo. Nos anos seguintes, uma série de leis garantiu às mulheres direitos civis e a igualdade perante os homens, a exemplo da criminalização do assédio sexual no trabalho e da abertura da carreira militar para elas.

O movimento se expandiu por diversas partes do mundo, resultando em campanhas e leis específicas contra a violência doméstica e a favor da equiparação das mulheres aos homens no tocante aos direitos civis.

Nos anos 1960, a atriz carioca Leila Diniz chocou a conservadora sociedade brasileira ao expressar sentimentos contidos e silenciados em milhões de mulheres. Ela abriu caminho para a mudança do comportamento feminino no Brasil, tendo sido uma das precursoras do movimento de libertação das mulheres no país. Esta fotografia, de 1971, escandalizou a sociedade por Leila exibir sua gravidez de biquíni na praia e defender que a maternidade fora do casamento não era sinônimo de constrangimento.

Joel Maia/Abril Comunicações S.A.

Bettmann/Getty Images

Mulheres nos Estados Unidos participam de passeata na luta por seus direitos. Um dos cartazes, em tradução livre, diz: "Vamos nos julgar como seres humanos". Fotografia de 1968.

## Imagens contam a História

### A reconstrução da URSS

Durante o novo Plano Quinquenal de 1946 a 1950, cartazes de propaganda política foram publicados para incentivar a população da União Soviética a reconstruir o país. Um dos objetivos era construir pontes, estradas e ferrovias para recuperar a economia do país. As cidades estavam em escombros e necessitavam de redes de água, luz e esgoto. As fábricas, que estavam sendo usadas para a fabricação de armamentos, precisavam ser convertidas para a produção de bens necessários para a vida cotidiana da população. Os soldados que voltavam da guerra precisavam aprender uma profissão.

O Plano Quinquenal centrou as metas na produção de energia elétrica, mineração, transporte, comunicação e siderurgia. Novamente os bens de consumo popular receberam investimentos mínimos. A Guerra Fria, no entanto, prejudicou os planos soviéticos de reconstrução do país, obrigando o governo a continuar gastando com a produção de armas (convencionais e nucleares).

O pôster abaixo, de 1947, era acompanhado por uma legenda que dizia: "Fomos vitoriosos na guerra, portanto seremos vitoriosos no nosso trabalho (o ex-soldado se torna agricultor)".

- Observe que o homem da esquerda é um soldado e o da direita um camponês (note os objetos que eles seguram). Repare também que ambos têm o mesmo rosto. Com base em tais considerações, responda: que mensagem este cartaz soviético queria transmitir ao povo?

Akg-images/Album/Fotoarena/Coleção particular

Cartaz soviético de 1947 de propaganda do novo Plano Quinquenal de 1946 a 1950.

# Roteiro de Estudos

## Para organizar

1. Após a Segunda Guerra Mundial, diversos governos da Europa Ocidental adotaram um conjunto de medidas que ficou conhecido como Estado de bem-estar social. Explique os fundamentos dessa política.
2. Após 1945, os países do Leste Europeu foram chamados de democracias populares. Como interpretar o significado dessa definição?
3. Na China, o governo Mao Tsé-Tung liderou três grandes campanhas que mobilizaram a população. Analise-as.
4. Avalie o envolvimento dos Estados Unidos na Guerra do Vietnã, considerando que, embora derrotados, os estadunidenses foram responsáveis por grandes destruições materiais e humanas.
5. Por que a chamada crise dos mísseis, ocorrida em 1962, é considerada um dos episódios mais tensos da Guerra Fria?
6. Nos anos 1960, muitos jovens estadunidenses recusaram o modo de vida americano, o chamado *american way of life*.
   Por que esse movimento recebeu o nome de contracultura?
7. Quais foram os métodos adotados por Martin Luther King na luta pelos direitos civis dos negros estadunidenses?
8. Quais foram as principais reivindicações dos movimentos feministas pelos direitos das mulheres?

## Reflexões

### Keynes e o keynesianismo

No contexto dos anos 1920, de profunda crise, o economista britânico John Maynard Keynes defendeu teorias econômicas originais. Suas ideias contrariavam os economistas liberais, até então dominantes na Europa e nos Estados Unidos, para os quais o mercado capitalista, se deixado livre da interferência estatal, resolveria, por si mesmo, todos os problemas.

Para Keynes, o capitalismo apresenta ciclos de crescimento seguidos por crises. Desse modo, o Estado deveria agir apenas quando a economia entrasse em recessão, com o declínio das atividades econômicas e a queda do emprego, para manter o crescimento da economia, o pleno emprego, os altos salários, o consumo alto e os preços estáveis. Com maiores salários, os trabalhadores comprariam mais, estimulando a produção e, consequentemente, aumentando a oferta de empregos.

Keynes também defendia que era obrigação do Estado oferecer à população leis trabalhistas, assistência e previdência sociais, escolas e hospitais públicos.

As teorias de Keynes, o chamado **keynesianismo**, foram assumidas pelos governos social-democratas europeus após a Segunda Guerra Mundial. Os resultados ficaram conhecidos pelo nome de Estado de bem-estar social.

- **Relacione o keynesianismo com o conceito de Estado de bem-estar social.**

Tim Gidal/Picture Post/Getty Images

O economista John Maynard Keynes em fotografia de 1940.

## Vamos testar?

1. Leia as afirmações a seguir, que abordam o envolvimento dos Estados Unidos na guerra do Vietnã e na Revolução Cubana.
   I. Conflitos no sudeste asiático logo após a Segunda Guerra Mundial resultaram na divisão do Vietnã em dois países: o Vietnã do Norte, de regime comunista e apoiado pela União Soviética e pela China; e o Vietnã do Sul, de regime capitalista, alinhado com os Estados Unidos. O conflito eclodiu quando, no Vietnã do Sul, a

Frente de Libertação Nacional passou a lutar contra o governo ditatorial do país, recebendo o apoio do governo comunista do Vietnã do Norte.

II. Na Guerra do Vietnã, os Estados Unidos dispunham de grande capacidade militar e, sobretudo, do apoio da população vietnamita, o que facilitou sua vitória contra a Frente de Libertação Nacional – que contava apenas com a ajuda do Vietnã do Norte.

III. Fidel Castro liderou o processo revolucionário cubano e, com apoio popular, nacionalizou empresas dos Estados Unidos, erradicou o analfabetismo e deu início à reforma agrária.

IV. Com a vitória da Revolução Cubana, Fidel Castro contou com o apoio do presidente dos Estados Unidos, John Kennedy, que enviou ajuda militar para desembarque na baía dos Porcos.

V. A União Soviética instalou em Cuba mísseis carregados com armas nucleares que poderiam atingir a costa leste dos Estados Unidos. A chamada crise dos mísseis cubanos foi o evento mais tenso da Guerra Fria. No mundo inteiro espalhou-se o medo da catástrofe nuclear.

Assinale a alternativa correta.

a) I, II e III.
b) II, III e IV.
c) I, III e IV.
d) I, III e V.

**2.** Sobre os movimentos contestatórios dos anos 1960, que ocorreram em diversos lugares do mundo, assinale a única alternativa incorreta.

a) O movimento conhecido como contracultura questionou o conservadorismo da sociedade estadunidense, recusando o individualismo e o consumismo. O movimento *hippie* foi o mais conhecido e cujo lema, "Paz e amor", correu o mundo.

b) Os protestos de maio de 1968 foram movimentos contestatórios relacionados à ordem vigente, que uniram estudantes e trabalhadores e ocorreram na França e em outros países, como Brasil, México, Polônia, Iugoslávia e Tchecoslováquia.

c) Embora inicialmente contestador, o estilo musical conhecido como *rock'n'roll* logo se tornou comercial e afinado com o conservadorismo da juventude da época.

d) Um dos movimentos sociais mais importantes dos anos 1960 foi a luta da população negra dos Estados Unidos por seus direitos civis. O líder Martin Luther King recorreu à estratégia da resistência pacífica diante da opressão e discriminação racial.

e) Inicialmente nos Estados Unidos e depois em outros países, as mulheres reivindicaram direitos iguais aos dos homens, conquistando leis que proibiam discriminações de gênero.

**Conexões** História e Língua Portuguesa

## É proibido proibir

Eis algumas frases que foram pichadas em muros franceses em maio de 1968:

"É proibido proibir."

"A imaginação no poder."

"Sejamos realistas, peçamos o impossível."

"A barricada fecha a rua, mas abre o caminho."

"O homem [...] é violento quando oprimido, doce quando é livre."

"Não mude de emprego, mude o emprego de sua vida."

"Você está sendo intoxicado: rádio, televisão, jornal, mentira."

"Estamos tranquilos: 2 + 2 não são mais 4."

"Faça amor, não faça a guerra."

"Quanto mais eu faço amor, mais eu tenho vontade de fazer a revolução; quanto mais eu faço a revolução, mais eu tenho vontade de fazer amor."

"Levemos a revolução a sério, mas não nos levemos a sério."

"Revolução, eu te amo."

RIDENTI, Marcelo. 1968: rebeliões e utopias. In: REIS FILHO, Daniel A.; FERREIRA, J.; ZENHA, C. (Org.). *O século XX, o tempo das dúvidas*. Rio de Janeiro: Civilização Brasileira, 2005. v. 3. p. 157-158.

- A palavra **revolução** era recorrente na França em maio de 1968. As propostas de revolução não se limitavam a mudar apenas a política ou a economia, mas também o indivíduo. Compare alguns dos significados que a palavra adquiriu no movimento de 1968, na Revolução Russa de 1917 ou na Revolução Chinesa de 1949.

CAPÍTULO

10

# África, Ásia e Oriente Médio: independências e guerras

Yann Doelan/Hemis.fr RM/Getty Images

Soweto é um bairro muito pobre da cidade de Johannesburgo, na África do Sul. Sua população sofreu com as violências policiais e as leis racistas do *apartheid*. A arte popular se expressa de diversas formas contra o racismo, inclusive com grafites nos muros das casas. O artista criticou o racismo homenageando Nelson Mandela (1918-2013), Prêmio Nobel da Paz em 1994, presidente do país em 1994 e que completou 90 anos em 2008.

**Puxando pela memória**

Em 2011, centenas de pessoas organizaram um movimento que ficou conhecido como Ocupe Wall Street (*Occupy Wall Street*). Elas se reuniram pacificamente nas ruas do centro financeiro de Nova York para protestar, principalmente, contra a política econômica, a concentração de renda e a desigualdade social. Não foi a primeira vez que se fez uso da chamada resistência pacífica como estratégia de protesto. Você saberia dizer como e onde essa estratégia surgiu?

Ao longo do século XX, sobretudo a partir do final da Segunda Guerra Mundial, diversos povos da África e da Ásia lutaram contra o domínio dos países europeus a que estavam subjugados e conquistaram sua independência. Os resultados dessas lutas, como veremos, foram diversos.

A Índia, por exemplo, alcançou estabilidade política e econômica, mas não reduziu a imensa pobreza de amplos setores de sua população. Os países do Oriente Médio enfrentaram guerras e ainda convivem com graves conflitos não resolvidos. Muitos países africanos ainda choram seus mortos.

Independência da Índia e do Paquistão
ONU propõe a criação dos Estados judeu e árabe na Palestina.

Gandhi é assassinado em Nova Délhi.
Ben Gurión proclama a fundação do Estado de Israel.

Cronologia deste capítulo

1947

1948

# 1. Independências na África e na Ásia

Entre meados da década de 1940 e final dos anos 1960, grande parte das colônias europeias na África, na Ásia e no Oriente Médio conquistou sua independência política, dando origem a vários novos países.

Os conflitos mundiais em que se envolveram as nações europeias, principalmente a Segunda Guerra Mundial, foram determinantes para esse processo. Em primeiro lugar, porque demonstraram para os povos africanos e asiáticos que os exércitos europeus não eram invencíveis. Além disso, com a Holanda, a França e a Bélgica ocupadas pelos alemães durante a Segunda Guerra Mundial, e a Grã-Bretanha enfraquecida, os vínculos da dominação colonial foram afrouxados.

Convocados para colaborar no conflito, muitos povos africanos e asiáticos participaram ativamente da luta, ao lado do colonizador, o que contribuiu para o fortalecimento da identidade nacional desses povos – e para a consequente consolidação dos movimentos por autonomia nas colônias.

Na Argélia, na China, na Índia e na Indochina havia tradição de resistência contra o estrangeiro desde o século XIX.

As colônias da Grã-Bretanha foram as primeiras a dar início às lutas por autonomia. O Egito, por exemplo, declarou sua independência em 1922. Mas a maior parte das colônias europeias na África e na Ásia só alcançou a independência durante a Guerra Fria. Tanto os EUA como a URSS não tinham interesse em apoiar o colonialismo europeu sobre os povos africanos e asiáticos.

A Grã-Bretanha relutou inicialmente, mas, em 1947, aceitou a criação de dois países no subcontinente indiano: a Índia, de maioria hindu, e o Paquistão, de maioria muçulmana. A Birmânia (atual Mianmar) e o Ceilão (atual Sri Lanka) também se tornaram independentes na década de 1940. Nesses e em outras colônias, os britânicos entraram em acordo com as elites locais, com o propósito de conservar seus interesses econômicos na região.

Os holandeses agiram de maneira similar na Indonésia, quando, em 1949, negociaram com a guerrilha que lutava pela independência.

**Fique de olho!**

YAZBEK, Mustafa. *A Revolução Argelina*. São Paulo: Unesp, 2010. O livro trata sobre a dominação colonial francesa na Argélia, o movimento nacionalista argelino, a luta pela independência e o governo da Frente de Libertação Nacional.

MACEDO, José Rivair. *História da África*. São Paulo: Contexto, 2013. Narra como surgiram as primeiras organizações humanas no continente africano, suas civilizações, a dominação europeia, a luta pela descolonização e a África no tempo presente.

**Ásia: os processos de independência – 1920-1989**

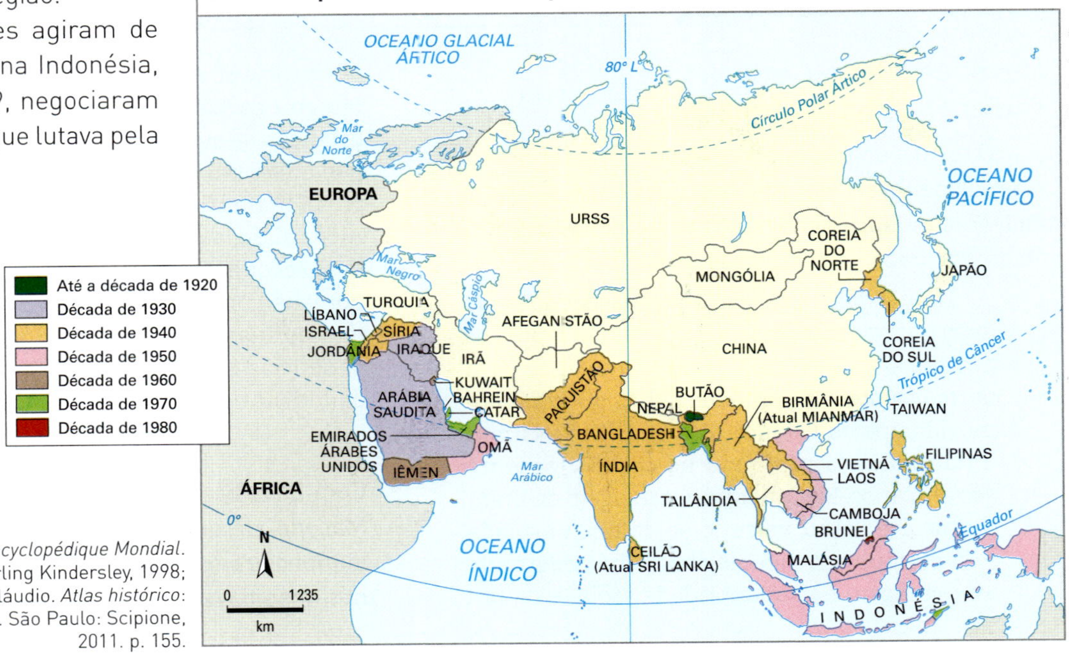


Fontes: *Atlas Encyclopédique Mondial*. Paris: Dorling Kindersley, 1998; VICENTINO, Cláudio. *Atlas histórico*: Geral e Brasil. São Paulo: Scipione, 2011. p. 155.

Liderado por Gamal Abdel Nasser, o Movimento de Oficiais Livres depõe o rei Faruk e toma o poder no Egito.

1952

Conferência de Bandung, na Indonésia.

1955

Gamma-Keystone via Getty Images

A França, por sua vez, foi a potência ocidental mais inflexível nos processos de independência. Na Indochina, os vietnamitas, que haviam lutado contra a invasão japonesa durante a Segunda Guerra Mundial, sob a liderança de Ho Chi Minh, proclamaram a independência do Vietnã assim que o conflito terminou. Os franceses não acataram a decisão e, em resposta, atacaram e ocuparam a região em 1946. A guerra, que se iniciou então, prolongou-se até 1954, quando um acordo internacional reconheceu a independência do Laos, do Camboja e do Vietnã – do Sul e do Norte.

Também na Argélia o movimento de independência começou logo após o fim da Segunda Guerra Mundial. Organizados na Frente de Libertação Nacional, os rebeldes argelinos foram duramente combatidos pelo governo francês. A luta contra o domínio colonial se prolongou até 1962, quando a Argélia se tornou um país independente.

Com a iniciativa do presidente francês Charles de Gaulle de aceitar a independência da Argélia, argelinos agitam a bandeira da Frente de Libertação Nacional e gritam palavras de ordem como "Argélia argelina!". Fotografia de 1962.

## Outra dimensão | Conflitos sociais

### As duas guerras mundiais e as independências africanas

O texto a seguir, escrito pelo historiador brasileiro José Rivair Macedo, descreve o impacto das guerras mundiais nos movimentos de resistência e emancipação das colônias africanas.

> Tudo indica que o impacto provocado pelas duas guerras mundiais não foi pequeno para os africanos que dela participaram, na África e em outras frentes de combate. [...] As guerras promovidas pelos Estados europeus provocaram uma mudança profunda no comportamento dos africanos. Eles alteraram a imagem do branco que até então, valendo-se da força armada e da manipulação ideológica, tinha construído uma imagem de superioridade racial e de um ser intocável. A convocação dos africanos para integrar os exércitos europeus, mesmo que na condição de auxiliares, pôs em causa uma regra que até então tinha sido mantida, pois aos negros foi autorizado atirar e matar os brancos. Além disso, ao conviverem com os brancos no *front*, reconheceram sua humanidade; que eram homens como quaisquer outros. Ao regressarem às suas terras, levaram consigo essas experiências e contribuíram para a organização da luta anticolonial. [...]
>
> MACEDO, José Rivair. *História da África*. São Paulo: Contexto, 2013. p. 155-156.

- Com base no texto do historiador José Rivair Macedo, de que forma os conflitos mundiais influenciaram a maneira como os povos africanos imaginavam os europeus?

Independência do Congo sob a liderança de Patrice Lumumba.

1960

Independência da Argélia e do Senegal liderada por Léopold Senghor.

1962

## Conversa de historiador

### A Conferência de Bandung e o conceito de Terceiro Mundo

Em 1955, em meio ao processo de independência na África e na Ásia, representantes de diversos países se reuniram em Bandung, na Indonésia. Eles buscavam uma posição política independente em um mundo polarizado entre as duas superpotências mundiais: os EUA e a URSS. Condenavam o colonialismo, o racismo, as armas atômicas e a intervenção dos Estados Unidos e da União Soviética nos assuntos internos das nações.

Foi a partir daí que surgiu a noção de **Terceiro Mundo**, ou seja, países que não pertenciam ao bloco capitalista liderado pelos EUA – o chamado Primeiro Mundo –, nem faziam parte do bloco socialista comandado pela URSS – o Segundo Mundo. Além de países da África e da Ásia, os da América Latina também foram agrupados nesse conjunto, ainda que estivessem subordinados aos interesses dos EUA.

Assim, no contexto dos anos 1950, o Terceiro Mundo referia-se a países africanos, asiáticos e latino-americanos pobres; ou seja, com baixos índices sociais, enormes desigualdades, economias baseadas na produção agrícola ou extrativa, politicamente instáveis e dependentes dos países centrais.

- Terceiro Mundo foi um conceito muito utilizado para explicar o contexto econômico e social de diversos países pobres. Hoje o conceito é criticado por agrupar países muito diferentes. Escolha dois países que podem ser considerados do Terceiro Mundo, mas cuja história, vida política e economia são bastante distintas.

Bettmann/Getty Images

No centro da fotografia, o primeiro-ministro indiano Jawaharlal Nehru (1889-1964) e sua filha Indira Gandhi (1917-1984) caminham de volta ao hotel, depois de uma reunião da Conferência de Bandung, na Indonésia. Além dos representantes da Índia e da Indonésia, participaram do encontro chefes de 20 países africanos e asiáticos, entre os quais: China, Egito, Marrocos, Birmânia (atual Mianmar) e Ceilão (atual Sri Lanka). Fotografia de abril de 1955.

# 2. A África entre o pan-africanismo e a fragmentação

Micheline Pelletier/Gamma-Rapho via Getty Images

Poeta e professor, Léopold Senghor tornou-se presidente do Senegal em 1962. Seu governo implementou um programa socialista moderado. Sua obra literária foi reconhecida internacionalmente. Fotografia de 1983, ano em que foi eleito para a Academia Francesa de Letras.

A categoria genérica "raça", ligada a caracteres biológicos, surgiu na Europa no final do século XVIII e foi difundida pela ciência do século XIX. Seu sentido, no contexto europeu da época, era justificar o racismo e a "superioridade" europeia sobre outros povos.

Entre o final do século XIX e o início do século XX, intelectuais negros reinterpretaram a categoria "raça" de maneira inversa e formularam um projeto político e cultural conhecido como **pan-africanismo**. Para Alexander Crummel (1819-1898), por exemplo, "raça" era uma categoria fundamental para definir a África. Edward W. Blyden (1832-1912) esforçou-se para mostrar que os africanos tinham uma história e uma cultura próprias, refutando as teorias racistas da época. O estadunidense William Du Bois (1868-1963) lutou pelos direitos civis dos negros, repudiou o racismo e acreditou que o problema estava vinculado à dominação colonialista na África. Marcus Garvey (1887-1940), de origem jamaicana, defendeu a dignidade dos negros e elaborou a imagem da Mãe-África.

Nas décadas de 1920 e 1930, jovens oriundos das elites negras africanas, sobretudo os das colônias francesas e inglesas que costumavam ir para a Europa estudar, deram impulso ao movimento de valorização da África. O nome mais conhecido é o de Léopold Senghor (1906-2001), que liderou a independência do Senegal em 1962. Para ele, o negro vivia diversas opressões – como negro, colonizado e trabalhador –, mas o imperialismo era a origem de todas elas. Nascido no Senegal, de colonização francesa, foi para a Europa estudar. Na França, aderiu ao comunismo e conheceu Aimé Césaire (1913-2008), que formulou a ideia de **negritude**.

Entendendo-a como o ideal de solidariedade racial, Senghor adotou o conceito de negritude para criticar o colonialismo europeu. Além disso, seu objetivo era levar os africanos a redescobrir sua própria cultura como meio de valorizar sua identidade política e social. O conceito de negritude propunha, portanto, a unidade africana no plano cultural.

### África: os processos de independência – 1901-1990

Banco de imagens/Arquivo da editora

**Fontes**: *Atlas Encyclopédique Mondial*. Paris: Dorling Kindersley, 1998; VICENTINO, Cláudio. *Atlas histórico*: Geral e Brasil. São Paulo: Scipione, 2011. p. 154

Em junho, início da Guerra dos Seis Dias, movida por Israel contra uma coligação de países árabes liderada pelo Egito.

1967

Início da Guerra do Yom Kippur, com ataque sírio-egípcio a Israel.

1973

O pan-africanismo tornou-se um importante movimento político do século XX.

Os princípios do pan-africanismo eram a defesa da unidade, da justiça, da igualdade, da solidariedade e do direito à autodeterminação dos povos do continente africano na luta contra o colonialismo. A ênfase poderia ser na noção de "raça" ou em temas políticos e culturais.

Até a Segunda Guerra Mundial, o movimento pan-africanista ficou restrito a atividades de intelectuais negros organizadas na Europa e nos Estados Unidos. Depois, expandiu-se pela África e foi colocado na ordem do dia, com os movimentos de independência que se seguiram nos anos 1950 e 1960.

Várias lideranças africanas se destacaram na defesa do projeto pan-africanista. Patrice Lumumba (1925-1961), que liderou a independência do Congo em 1960, foi uma delas. Diferentemente de Senghor, Lumumba preferia o conceito de **africanidade** ao de negritude. Para o líder congolês, o que daria identidade aos povos do continente não era o fato de serem negros, e sim o de serem africanos. A orientação socialista de Lumumba desagradou aos interesses dos EUA. Com o apoio dos EUA, Mobutu Sese Seko (1930-1997) deu um golpe de Estado, assassinou Lumumba e implantou um regime ditatorial no país.

Dois anos após o assassinato de Lumumba, 31 governos africanos fundaram, com base nos ideais do pan-africanismo, a **Organização da Unidade Africana** (OUA) – alterada muitos anos depois para **União Africana**. Apesar das críticas que sofre, a União Africana ainda carrega a herança do pan-africanismo.

A exemplo do que ocorreu no Congo, diversos países da África sofreram com golpes de Estado, regimes autoritários e ditaduras militares entre as décadas de 1960, 1970 e 1980. Uganda, por exemplo, foi governada por um ditador tirânico que matou milhares de pessoas nos anos 1970. A conjuntura da Guerra Fria muito contribuiu para essa situação.

Nos anos 1990, muitos conseguiram se livrar das ditaduras sob as quais viviam e adotar regimes democráticos, com maior participação do povo na política. Alguns países, contudo, continuaram sofrendo com conflitos internos. A fome e o avanço descontrolado da Aids marcaram profundamente a imagem que o mundo fez da África na década de 1990.

Em termos econômicos, a maioria continuou a depender de um único produto primário de exportação, como petróleo, diamante, cacau, açúcar e outros, tornando suas economias frágeis e dependentes dos grandes centros capitalistas.

**Fique de olho!**

Laboratório de Estudos Africanos. Disponível em: <http://leafrica.blogspot.com.br/>. Acesso em: 2 abr. 2018.
O LEÁfrica reúne professores do Instituto de História da UFRJ dedicados a estudos e pesquisas sobre a história e as culturas africanas.

PIASECKI, Jerry. *Meninos em guerra*: história de amizade e conflito na África. São Paulo: Ática, 2012.
Em um país africano, dois meninos se tornam grandes amigos quando são sequestrados por um grupo guerrilheiro e obrigados a lutar por razões que desconhecem.

Walter Astrada/AFP

Refugiados da guerra civil que devastou a República do Congo. Conhecido também como Segunda Guerra do Congo (1998-2003), o conflito envolveu oito países africanos, levando à morte quase quatro milhões de pessoas, com repercussões até os dias atuais. Fotografia de novembro de 2008.

Independência de Moçambique e de Angola. — 1975

Acordos de Camp David entre Egito e Israel. — 1978

### Cultura africana no mundo

São inúmeros os artistas africanos conhecidos pela produção literária e cinematográfica. Na área musical, por exemplo, a cultura africana influenciou o *jazz* e o *blues* nos EUA, o samba no Brasil e o tango na Argentina.

# África: fronteiras artificiais

No processo de independência e formação dos Estados nacionais, os povos africanos enfrentaram situações muito difíceis. O continente era e ainda é muito diverso, contando com cerca de 800 etnias e mais de mil línguas. Mas as diversidades encontram-se mais ao sul do deserto do Saara, na chamada África negra. Ao norte do deserto, há uma certa unidade cultural, marcada sobretudo pela cultura árabe e pela religião muçulmana.

Quando as potências europeias realizaram a partilha da África no século XIX, as fronteiras entre suas colônias e possessões foram delimitadas de maneira artificial, e as diversidades do continente e de sua população, ignoradas. Como resultado, povos com identidades comuns foram separados, enquanto grupos rivais foram reunidos em um mesmo país.

Os conflitos resultantes dessa situação levaram alguns países, como Somália, Etiópia, Sudão, Libéria, Burundi, Ruanda, Serra Leoa, Congo e Guiné-Bissau, a violentas guerras civis, com milhões de mortos, feridos e refugiados.

## Outra dimensão — Conflitos sociais

### Genocídio em Ruanda

A República de Ruanda é um pequeno país na região central da África, que foi dominado pela Alemanha do século XIX até o final da Primeira Guerra, quando passou ao domínio belga.

Ali viviam duas etnias: os hutus, que eram maioria, e os tutsi. Para melhor explorar a população, os colonizadores apoiaram membros das elites tutsis, provocando o ódio dos hutus. Em 1962, com a independência, os hutus passaram a governar o país e tomaram medidas repressivas contra os tutsis. Com medo da violência, cerca de 120 mil tutsis se refugiaram nos países vizinhos.

No exílio, os tutsis formaram a Frente Patriótica Ruandesa (FPR) e, em 1990, atacaram o governo hutu em Ruanda. Diante da possibilidade de uma guerra civil sangrenta, o governo hutu e a FPR assinaram acordos de paz. No entanto, setores radicais do próprio governo e líderes extremistas hutus não aceitaram a paz com a FPR tutsi. Agentes da ONU foram para Ruanda, mas nada podiam fazer diante da guerra iminente.

Uma campanha nos meios de comunicação foi deflagrada pelos líderes radicais hutus contra os tutsis. Em abril de 1994, o conflito eclodiu. Milícias hutus, com o apoio de setores do governo, massacraram os tutsis, fato que ficou conhecido como **Genocídio de Ruanda**.

Cerca de 1 milhão de pessoas foram mortas, muitas delas a golpes de facão, sendo a maioria tutsi. A matança foi interrompida somente quando a FPR derrotou e expulsou os líderes genocidas hutus do governo.

Ao final da guerra o país estava arruinado, e a população, traumatizada. Cerca de 100 mil pessoas foram presas, acusadas pelo genocídio. Atualmente, o país retomou o crescimento econômico, embora sob regime autoritário.

- **Em grupos, façam uma pesquisa sobre as origens das rivalidades entre hutus e tutsis.**

Pascal Guyot/AFP

Órfã de Ruanda entre cadáveres de pessoas massacradas na guerra civil. Fotografia de 1994.

Vitória da Revolução Iraniana e proclamação da República Islâmica do Irã.

1979

Início da Guerra Irã-Iraque.

1980

# O fim do império português

Portugal também se esforçou para conservar suas possessões coloniais na África: Angola, Moçambique, Guiné-Bissau, as ilhas de São Tomé e Príncipe e o arquipélago de Cabo Verde. O Estado português, então governado pelo ditador Salazar, recusava-se a negociar com os movimentos de libertação. Mesmo com a reprovação da ONU e da comunidade internacional, ele insistia em manter seus territórios de além-mar. O império colonial português foi um dos últimos a se desfazer.

As guerrilhas que lutavam pela independência de Moçambique, Angola, Guiné-Bissau e Cabo Verde contavam não apenas com o apoio da opinião pública internacional, mas também com a solidariedade dos povos africanos e com armas enviadas pelos países socialistas. Esse tipo de interferência, tanto dos países socialistas como dos capitalistas nos conflitos políticos do continente, foi comum durante a Guerra Fria.

Por razões de saúde, Salazar se afastou do poder em 1968. Mas seu sucessor, Marcelo Caetano, deu continuidade à sua política na África e à guerra contra os rebelados, que se tornava cada vez mais dispendiosa para os cofres portugueses e antipática para a comunidade internacional. Em 25 de abril de 1974, no episódio conhecido como **Revolução dos Cravos**, o Movimento das Forças Armadas (MFA), formado majoritariamente por capitães, derrubou a ditadura salazarista em Portugal.

O novo governo aceitou negociar com as organizações rebeldes, que então obtiveram sua independência: Guiné-Bissau ainda em 1974 e Angola, Moçambique, Cabo Verde e São Tomé e Príncipe em 1975.

Logo após a independência, o Movimento Popular de Libertação de Angola (MPLA), de orientação marxista e com o apoio de Cuba, assumiu o poder, mas teve de enfrentar a oposição de outros dois grupos, anticomunistas e apoiados pela África do Sul. O resultado foi uma guerra civil longa e sangrenta, que se estendeu até 2002.

Em Moçambique, a Frente de Libertação de Moçambique (Frelimo), de orientação marxista, enfrentou a oposição de grupos armados, também apoiados pela África do Sul.

**Fique de olho!**

AUGUSTO, Claudio de Farias. *A revolução portuguesa*. São Paulo: Unesp, 2011.
Trata da Revolução dos Cravos, ocorrida em Portugal em 25 de abril de 1974, quando militares derrubaram a ditadura e instituíram a democracia no país, inserindo-o no mundo moderno.

VISENTINI, Paulo Fagundes. *As revoluções africanas*: Angola, Moçambique e Etiópia. São Paulo: Unesp, 2012.
Analisa os processos de independência na África, enfatizando os casos de Angola, Moçambique e Etiópia, cujas lutas de libertação nacional resultaram em regimes socialistas.

Em maio de 1976, manifestantes na cidade angolana de Huambo demonstram seu apoio ao Movimento Popular de Libertação de Angola (MPLA).

Sputnik/ AFP

Após oito anos de conflito, chega ao fim a guerra entre Irã e Iraque, com mediação da ONU.

1988

O Exército do Iraque invade o Kuwait, dando início à Guerra do Golfo.

1990

**A História no seu lugar**

No Brasil, o racismo é considerado crime inafiançável e imprescritível. O racismo se manifesta ao negar emprego ou matrícula na escola, impedir a entrada em determinado local, menosprezar grupo social devido à cor de sua pele ou etnia. O racismo ataca a dignidade humana. Você já presenciou na escola em que estuda, na rua ou no bairro em que mora algum crime de racismo? Se presenciou, o que você poderia ter feito para impedir?

## O *apartheid*

As independências na África não trouxeram melhorias imediatas para as populações locais. Houve países em que as opressões sociais se acentuaram, como aconteceu na África do Sul.

Práticas racistas já existiam desde a chegada de holandeses e ingleses naquela região, nos séculos XVII e XVIII, respectivamente. Mas, a partir de 1911, logo após a independência da África do Sul, uma série de leis formuladas pela minoria branca resultou no ***apartheid***, termo que pode ser traduzido como segregação, separação ou pôr à parte. A palavra tem origem na língua *afrikaans* – holandês antigo falado no sul do continente africano.

A política de segregação racial tornou-se oficial no país em 1948. Uma das leis, por exemplo, reservava 87% do solo para uso exclusivo da elite branca. Outra delimitava zonas residenciais para negros e brancos. Relações inter-raciais, como o casamento, tornaram-se crime. A separação ocorria também em escolas, hospitais, transportes – os locais ou serviços destinados à população negra eram sempre de pior qualidade. Os negros estavam igualmente impedidos de participar da política.

Nos anos 1950, o Congresso Nacional Africano (CNA) liderou as primeiras mobilizações contra as leis racistas. Nelson Mandela destacou-se à frente do CNA. Em 1962, após um protesto de negros, 69 pessoas foram mortas pela polícia e 180 ficaram feridas. O episódio ficou conhecido como Massacre de Shaperville.

A partir daí, o CNA optou por derrubar o governo branco recorrendo à luta armada. Mandela foi, então, preso e condenado à prisão perpétua, e as leis racistas tornaram-se ainda mais duras na África do Sul.

A África do Sul tornou-se um país isolado do mundo, condenado pela ONU e pela opinião pública mundial. Em fins dos anos 1980, o governo sul-africano preparou o fim da política racista. Em 1990, Nelson Mandela foi libertado e, em 1994, eleito presidente do país. O *apartheid* chegava ao fim.

**Fique de olho!**

*Invictus*. Direção: Clint Eastwood. EUA, 2009. Na presidência da República, Nelson Mandela tem de administrar um país dividido. Na tentativa de uni-los em uma democracia multirracial, ele aproveita a Copa do Mundo de um esporte muito popular na África do Sul, o rúgbi.

*Um grito de liberdade*. Direção: Richard Attenborough. Grã-Bretanha, 1987. Narra a história do jovem negro Steve Biko e sua luta contra o *apartheid* na África do Sul.

Bongani Mnguni/City Press/Gallo Images/Getty Images

Na imagem, jovens negros protestam contra a violência policial em Soweto, distrito de Johannesburgo, em 1976. Pouco tempo antes, uma manifestação que reivindicava melhores condições de estudo foi duramente reprimida pela polícia.

Início da Operação Tempestade no Deserto, liderada pelos EUA para libertar o Kuwait.
1991

Genocídio dos tutsis em Ruanda.
1994

## Investigando o documento

### A luta de Mandela

Nelson Mandela, ou Rolihlahla Madiba Mandela, destacou-se como líder contra a política racista do *apartheid* à frente do Congresso Nacional Africano. Preso em 1962, passou 27 anos na prisão, de onde ordenou ao CNA: "Unam-se! Mobilizem-se! Lutem!". Libertado em 1990, aos 72 anos de idade, foi eleito presidente da África do Sul quatro anos depois. Mandela faleceu em 2013. Eis alguns trechos de seu primeiro discurso pós-libertação.

Hoje, a maioria dos sul-africanos, brancos e negros, reconhece que o *apartheid* não tem futuro. Tem que ser encerrado por nossa própria ação de massas decisiva, para construir a paz e a segurança. [...] A destruição do *apartheid* em nosso subcontinente é incalculável. O tecido da vida familiar de milhões de pessoas foi destruído. Milhões de pessoas estão desabrigadas e desempregadas. Nossa economia está em ruínas e nosso povo está envolvido em conflitos políticos. Nosso recurso à luta armada em 1960 [...] foi uma ação puramente defensiva contra a violência do *apartheid*. [...] Expressamos a esperança de que um clima propício a uma solução negociada seja criado em breve [...]. Eu sou um membro leal e disciplinado do Congresso Nacional Africano. Por isso, estou de pleno acordo com todos os seus objetivos, estratégias e táticas.

A necessidade de unir o povo do nosso país é uma tarefa tão importante, agora, como sempre foi. [...]

Hoje, gostaria de informar a vocês que minhas conversas com o governo têm o objetivo de normalizar a situação política do país. Nós ainda não começamos a discutir as demandas básicas da luta. Gostaria de salientar que eu próprio, em nenhum momento, entrei em negociações sobre o futuro do nosso país, a não ser para insistir em uma reunião entre o CNA e o governo. [...]

É nossa convicção que o futuro do nosso país só pode ser determinado por um organismo eleito democraticamente em uma base não racial.

As negociações sobre o desmantelamento do *apartheid* terão de resolver as demandas esmagadoras do nosso povo para uma sociedade democrática, não racial e unitária na África do Sul. [...]

A nossa luta chegou a um momento decisivo: pedimos ao nosso povo que aproveite este momento, para que o processo rumo à democracia seja rápido e ininterrupto. [...]

Apelamos aos nossos compatriotas brancos que se juntem a nós na elaboração de uma nova África do Sul. O movimento de liberdade é uma casa política para vocês também. Apelamos à comunidade internacional para continuar a campanha para isolar o regime do *apartheid*. Levantar as sanções agora seria correr o risco de abortar o processo para a completa erradicação do *apartheid*.

A nossa marcha para a liberdade é irreversível. Não devemos permitir que o medo fique no nosso caminho. [...]

Eu lutei contra a dominação branca e lutei contra a dominação negra. Eu estimo o ideal de uma sociedade democrática e livre em que todas as pessoas convivam em harmonia e com oportunidades iguais. É um ideal que espero viver e alcançar. Mas, se for necessário, é um ideal pelo qual estou preparado para morrer.

Nelson Mandela. In: LANG, Jack. *Nelson Mandela*: uma lição de vida. São Bernardo do Campo: Mundo Editorial, 2007. p. 233-236.

- Analise o discurso de Nelson Mandela, refletindo sobre seu projeto político para a África do Sul.

Patrick Durand/Sygma/Corbis

Dois dias após ser libertado, Nelson Mandela falou para 100 mil pessoas em um estádio de futebol de Soweto, na África do Sul. Fotografia de 1990.

# 3. A independência da Índia e a resistência pacífica de Gandhi

**Fique de olho!**

*Gandhi*. Direção: Richard Attenborough. Índia/ Grã-Bretanha, 1982. Narra a biografia do líder político indiano Mahatma Gandhi e o processo de independência da Índia.

Desde o início do século XVIII, os britânicos se beneficiaram com o comércio com a Índia, como passou a ser então chamado o subcontinente asiático. Com seus 400 milhões de habitantes, tornou-se uma importante colônia do império britânico e um vasto mercado consumidor para suas fábricas.

O movimento de independência na Índia teve início ainda no século XIX, em 1885, com a formação do Partido do Congresso Indiano (PCI), composto por membros da elite indiana. Apesar de representar apenas os interesses dos hindus, o PCI conseguiu mobilizar a população na luta contra o domínio britânico. Mas eram muitos os problemas a serem superados para alcançar a independência. Um deles era o próprio hinduísmo, que dividia a sociedade em castas rigidamente estratificadas.

Central Press/Getty Images

Mahatma Gandhi diante da residência do primeiro-ministro britânico, em Londres, Inglaterra. Fotografia de 1931.

Outro problema era que o PCI não representava os muçulmanos – cerca de 24% da população indiana. Hindus e muçulmanos viviam em conflito. Por serem monoteístas, os seguidores de Maomé não toleravam o politeísmo das crenças hinduístas. Mas o igualitarismo religioso defendido pelos muçulmanos atraía muitos hindus pobres, inclusive os párias. Assim, em 1906, Mohamed Ali Jinnah fundou a Liga Muçulmana.

Nesse contexto indiano, o jovem Mohandas Karamchand Gandhi (1869-1948) foi estudar Direito na Inglaterra. Ele entrou em contato com outras religiões e ideias que o influenciaram bastante, como as do estadunidense Henry Thoreau, que defendia a desobediência civil, e as do russo cristão Leon Tolstoi.

Durante as décadas de 1920 e 1930, Gandhi liderou a campanha pela independência da Índia, tornando-se o personagem mais importante do PCI. Com o nome de **Mahatma**, que significa 'iluminado', ele recorreu à estratégia da não violência, adotando como métodos de luta a resistência pacífica e a não cooperação com os colonizadores. Essa estratégia partia do princípio de que ninguém deve obedecer a leis consideradas injustas, humilhantes ou ofensivas. A violência deveria ser recusada, bastando rejeitar ou não cumprir as leis.

## Sociedade de castas

Com base no hinduísmo, a sociedade indiana dividiu-se, basicamente, em quatro grandes castas: os sacerdotes (*brâmanes*), os guerreiros (*xátrias*), os comerciantes, artesãos e agricultores (*vaixás*) e, finalmente, os trabalhadores (*shudras*). Excluídos das castas, havia os párias (*dalits*), que eram considerados impuros e intocáveis e realizavam serviços considerados imundos pelos hindus. Nesse sistema, a posição social dos indivíduos é definida pela condição de seus pais, o que impede a mobilidade social.

Apesar de terem sido oficialmente abolidas pela Constituição indiana em 1950, ainda hoje as castas são uma realidade na Índia.

A população, seguindo a liderança de Gandhi, promoveu greves, jejuns e boicotes aos produtos britânicos, recusando-se também a pagar impostos. Em um desses boicotes, os indianos deixaram de comprar tecidos da Grã-Bretanha e voltaram a produzir nas tecelagens locais.

Uma das maiores mobilizações lideradas por Gandhi foi a chamada Marcha do Sal, em defesa da liberdade para obter o produto, recusando o monopólio britânico sobre o sal. Em 1930, Gandhi e vários adeptos caminharam cerca de 300 quilômetros até o litoral para ter acesso ao produto. As autoridades britânicas prenderam Gandhi e outras 60 mil pessoas que apoiaram a marcha. Mas o monopólio britânico sobre o sal foi abolido.

Em meados da década de 1940, logo após a Segunda Guerra Mundial, o governo britânico iniciou conversações com os líderes indianos sobre a independência da Índia. A notícia gerou grande tensão e graves conflitos entre hindus e muçulmanos, especialmente nas regiões norte e nordeste do subcontinente, que resultaram em mais de um milhão de mortos. No dia da independência, 15 de agosto de 1947, os muçulmanos formaram o Paquistão, e os hindus, a Índia. Milhões de pessoas migraram de um lugar para o outro.

Em janeiro de 1948, Gandhi anunciou uma visita ao Paquistão com o propósito de reforçar os vínculos entre hindus e muçulmanos. Mas, no dia 30 de janeiro, ele foi assassinado em Nova Délhi, capital da Índia, por um hindu nacionalista radical.

Após esse episódio a relação entre os dois países foi de permanente hostilidade. Nos anos seguintes, considerando o contexto da Guerra Fria, o Paquistão aproximou-se dos EUA, e a Índia, da URSS. E, para agravar ainda mais a tensão entre eles, ambos investiram em armas nucleares. A Índia fez seu primeiro teste com uma bomba atômica em 1974, e o Paquistão, em 1998.

Mahatma Gandhi (de óculos e túnica branca, no centro) em manifestação pela independência da Índia. Fotografia de 1938.

India Images/Alamy/Fotoarena

# 4. O Oriente Médio

A região conhecida como Oriente Médio estende-se do mar Mediterrâneo às fronteiras do Paquistão. Formada por diferentes etnias, a população do Oriente Médio conta com cerca de 270 milhões de habitantes. Na região, fala-se seis idiomas e professa-se três grandes religiões.

O islamismo é uma delas, e aqueles que a seguem são os chamados muçulmanos. Entre eles, há maneiras diferentes de compreender o poder das autoridades religiosas. Para os muçulmanos xiitas, sua autoridade é também moral, social e política. Para os sunitas, sua autoridade deve se restringir à dimensão religiosa. Calcula-se que, atualmente, 85% dos muçulmanos são sunitas, e 15%, xiitas.

Haidar Hamdani/AFP

Muçulmanos voltados para Meca, durante suas orações na Grande Mesquita de Kufa, no Iraque, em fotografia de 2016.

Entre os povos que constituem o Oriente Médio há alguns elementos que lhes dão uma identidade comum. É o caso das sociedades que falam a língua e partilham os valores da cultura árabe. Outro fator de unificação é a religião islâmica. Mas existem árabes que não são muçulmanos, como também há muçulmanos que não partilham da cultura nem da língua árabe – caso dos turcos e iranianos, por exemplo.

Além da tradicional rivalidade entre sunitas e xiitas, não faltaram disputas políticas entre os povos do Oriente Médio. Depois da Segunda Guerra Mundial, contudo, o grande inimigo dos países árabes dessa região foi Israel.

**Oriente Médio: divisão política – 2016**

Banco de imagens/Arquivo da editora

**Fonte**: *ATLAS geográfico escolar*. Rio de Janeiro: IBGE, 2016. p. 49.

# Israel

A ideia de formar um Estado judeu na Palestina, terra dos antigos hebreus, existia desde o final do século XIX. O Primeiro Congresso Sionista, realizado na Suíça, em 1897, decidiu buscar o apoio internacional para a formação desse Estado, incentivando a migração de judeus europeus para a região. Ocorre que populações árabes já viviam naquelas terras: os palestinos.

**sionismo:** movimento criado e liderado pelo judeu austríaco Theodor Herzl (1860-1904), que defendia a criação de um Estado judeu na região da Palestina.

Em 1917, a Grã-Bretanha – que dominaria a Palestina depois da derrota do Império Turco-Otomano na Primeira Guerra Mundial – admitiu, ainda que em termos muito vagos, a formação de uma pátria judaica na região. Foi a chamada Declaração de Balfour, de 2 de novembro de 1917.

A declaração foi muito mal recebida pelos árabes que, desde 1916, esforçavam-se por criar um Estado unificado no Oriente Médio, emancipado do Império Turco-Otomano. As lideranças árabes não estavam dispostas a ceder nenhum território aos judeus.

Em 1939, quando a Segunda Guerra Mundial estava prestes a eclodir, a Grã-Bretanha restringiu a migração judaica para a Palestina. Os britânicos não queriam desagradar às lideranças árabes da região, sobretudo porque algumas delas apoiavam a Alemanha nazista. Com o fim da guerra, contudo, o movimento sionista atingiu o apogeu. O desembarque clandestino de milhares de judeus, que haviam sobrevivido ao Holocausto, desafiava os britânicos.

A Grã-Bretanha, cujo império colonial estava sendo desafiado em todo o mundo, foi obrigada a recuar. Os judeus estavam dispostos a resistir com armas contra aqueles que quisessem tirá-los dali.

### O fim do Império Turco-Otomano

O Império Turco-Otomano, o maior império islâmico do século XX, foi desmembrado logo após a sua derrota na Primeira Guerra Mundial. Pelo Tratado de Sèvres, de 1920, ficou decidido que os países sob domínio otomano teriam sua independência reconhecida, mas ficariam sob controle europeu. Assim, a Grã-Bretanha ficou responsável pelo Iraque e pela Palestina, enquanto a França assumiu o controle da Síria e do Líbano. O Iêmen e a Arábia Saudita declararam-se independentes, inclusive da tutela europeia. A Turquia conservou a base administrativa e militar do ex-império, embora com dimensões territoriais muito reduzidas.

Album/AKG-Images

Militar britânico conduz prisioneiros palestinos que se revoltaram contra a imigração judaica para a Palestina. Fotografia de 1938.

Archive/AFP

*//* Yasser Arafat (1929-2004), então líder da Organização para Libertação da Palestina (OLP), discursando para os delegados da Organização da Unidade Africana (OUA), em Kampala, Uganda. Fotografia de 1972.

Em novembro de 1947, a ONU propôs a formação de dois Estados na Palestina: um judeu e outro árabe. Este último seria formado pelos territórios da Cisjordânia e da Faixa de Gaza e pela cidade de Jerusalém, considerada território internacional.

Os judeus aceitaram a proposta, mas os palestinos não. Para eles, tratava-se de um novo colonialismo, uma vez que, apesar de representarem dois terços da população total da região, ficariam com apenas 43% do território.

Em 14 de maio de 1948, David Ben Gurión (1886-1973) liderou a fundação do **Estado de Israel**. Os árabes reagiram imediatamente, atacando o novo país. Mais bem preparado, o Exército israelense saiu vitorioso e ampliou seus territórios, avançando sobre terras onde viviam milhares de palestinos. Calcula-se que, em um período de dois anos, metade de toda a população árabe tenha sido expulsa da Palestina pelos israelenses. No total, 957 mil palestinos passaram a viver em campos de refugiados da ONU. Os EUA deram total apoio a Israel, que se transformou, em contrapartida, no mais importante aliado do país no Oriente Médio.

## Partilha da Palestina

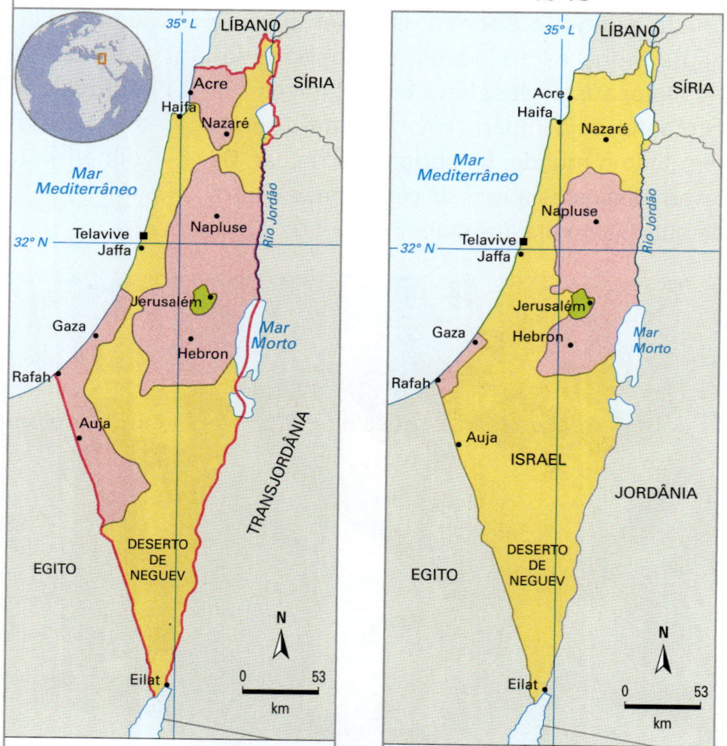


Banco de imagens/Arquivo da editora

Legenda (1947):
- Fronteira da Palestina sob mandato britânico
- Estado judeu
- Território árabe-palestino
- Zona internacional
- Principais cidades

Legenda (1949):
- Estado de Israel depois do armistício de 1949
- Território árabe-palestino
- Zona internacional
- Principais cidades

**Fontes**: DUBY, Georges. *Atlas Historique Duby*. Paris: Larousse, 2016. p. 310; *Quid 2006*. Paris: Robert Laffont, 2006; VICENTINO, Cláudio. *Atlas histórico*: Geral e Brasil. São Paulo: Scipione, 2011. p.155 e 164. *Atlas Historique Mondial*. Paris: Larousse, 2003.

# O conflito árabe-israelense

Com a Guerra Fria, os conflitos na região tomaram novo impulso. A URSS defendeu a causa palestina, enquanto os EUA e Israel mantiveram sua aliança. Os países árabes se uniram contra Israel dando origem à **Liga Árabe**, em que se destacou o presidente do Egito, Gamal Abdel Nasser (1918-1970), que estimulou o nacionalismo árabe.

Os árabes palestinos também reagiram, criando, em 1964, a **Organização para Libertação da Palestina** (**OLP**), sob a liderança de Yasser Arafat. A OLP escolheu a estratégia da luta armada com o objetivo de destruir Israel e expulsar todos os judeus da Palestina.

Uma nova guerra entre árabes e israelenses voltaria a eclodir em junho de 1967. Sentindo-se ameaçado por Nasser, o governo de Israel destruiu a Força Aérea do Egito e neutralizou a frente árabe formada principalmente pela Síria e pela Jordânia. Ainda tomou a península do Sinai, a Cisjordânia, as colinas de Golan (pertencentes à Síria) e anexou Jerusalém ao seu território. O conflito ficou conhecido como **Guerra dos Seis Dias**.

Os países árabes aumentaram ainda mais as hostilidades contra os israelenses. Os novos territórios conquistados por Israel eram habitados por milhares de palestinos, que, despojados de suas terras e casas, passaram a lutar contra os israelenses. A possibilidade de paz ficava cada vez mais difícil e distante. Para os árabes, o Estado de Israel tinha de ser destruído. Já Israel não aceitava que os palestinos tivessem um Estado próprio. Não havia, naquele momento, qualquer possibilidade de diálogo. Grupos árabes radicais passaram a recorrer ao terrorismo. Nos Jogos Olímpicos de 1972, realizados em Munique, atletas israelenses foram mortos.

A ONU exigiu a retirada das tropas israelenses das regiões ocupadas, mas os EUA vetaram. Tentando recuperar os territórios perdidos na Guerra dos Seis Dias, Egito e Síria atacaram Israel no **Dia do Perdão** do calendário judaico (*Yom Kippur*) de 1973. Apesar das grandes baixas que sofreram inicialmente, os israelenses saíram vitoriosos com a ajuda militar dos EUA. Em retaliação, os países árabes da Organização dos Países Exportadores de Petróleo (Opep) aumentaram o preço do barril em 300% no fim daquele ano, prejudicando os EUA e toda a economia ocidental.

A partir daí, a política externa estadunidense passou a promover negociações de paz entre árabes e israelenses. Em 1978, o presidente Jimmy Carter conseguiu firmar a paz entre os governos de Israel e do Egito. Pelos **Acordos de Camp David**, Israel se comprometeu a devolver a região do Sinai ao Egito e a conceder autonomia aos palestinos na Faixa de Gaza e na Cisjordânia. Mas os palestinos e diversos países árabes rejeitaram o acordo.

Os problemas do Oriente Médio tenderam a se agravar nos anos 1980 e 1990, e novos conflitos surgiram na região. Primeiro foi a eclosão da Revolução Iraniana, que, como veremos adiante, criou novo foco de hostilidade aos EUA na região. Depois, a guerra entre Irã e Iraque.

As tensões árabe-israelenses continuaram. Israel respondia ao radicalismo palestino com ações igualmente radicais. Enquanto o governo israelense construía casas em assentamentos na Cisjordânia para incentivar seus cidadãos a morarem naquelas terras tomadas dos palestinos, muitos jovens árabes nascidos em campos de refugiados alimentavam um profundo ódio aos israelenses, acusando a OLP de atuar com moderação.

**Partilha da Palestina 1967**

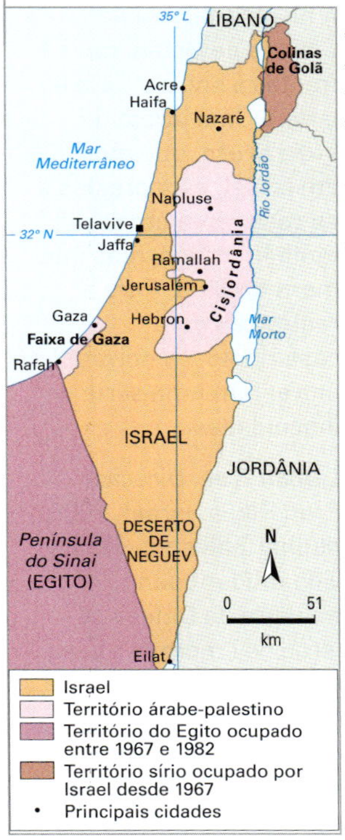


Banco de imagens/Arquivo da editora

**Fontes**: DUBY, Georges. *Atlas Historique Duby*. Paris: Larousse, 2016. p. 328; *Quid 2006*. Paris: Robert Laffont, 2006; VICENTINO, Cláudio. *Atlas histórico*: Geral e Brasil. São Paulo: Scipione, 2011. p. 155.

**Fique de olho!**

***Munique***. Direção: Steven Spielberg. EUA, 2006.
Narra o atentado perpetrado pelo grupo palestino Setembro Negro, contra atletas israelenses durante os Jogos Olímpicos de 1972.

**Fique de olho!**

***A noiva síria***. Direção: Eran Riklis. Israel, 2004. A história ocorre nas Colinas de Golan, na fronteira entre a Síria e Israel. Uma jovem da etnia drusa, que mora em Israel, está prestes a se casar com um rapaz também druso, mas que mora na Síria. Para a realização do casamento, os noivos enfrentam uma série de dificuldades.

***Lemon Tree***. Direção: Eran Riklis. Israel, 2008. Mulher palestina vê sua vida mudar quando o ministro da Defesa de Israel vai morar na casa ao lado da sua. Os seguranças israelenses querem cortar seus limoeiros, mas Selma não aceita e resiste na defesa de sua plantação.

Foi nesse clima de ressentimentos que surgiu o grupo radical **Movimento de Resistência Islâmica**, o **Hamas**.

Em 1987, os milhões de palestinos que viviam na Cisjordânia e na Faixa de Gaza sob a opressão de Israel desencadearam, com o apoio do Hamas, a chamada **Intifada** (que, em árabe, significa 'insurreição'). Jovens palestinos, armados com paus e pedras, atacaram soldados israelenses.

Enquanto o Hamas apoiava a Intifada, a OLP negociava com Israel a fundação do Estado Palestino. Em setembro de 1993, com a mediação do presidente estadunidense Bill Clinton, o então primeiro-ministro israelense Yitzhak Rabin (1922-1995) e o líder palestino Yasser Arafat assinaram os **Acordos de Oslo**: a OLP aceitou, finalmente, o direito de Israel a um Estado na região e renunciou à luta armada; Israel, por sua vez, reconheceu o governo palestino de Yasser Arafat – a **Autoridade Nacional Palestina**, base do futuro Estado Palestino na Faixa de Gaza e na Cisjordânia.

Apesar dos acordos, ainda há minorias radicais em Israel – principalmente os religiosos judeus ultraortodoxos – que alegam que os territórios palestinos pertencem aos judeus por direito divino. Entre os palestinos, embora haja grupos dispostos a aceitar o Estado de Israel e a convivência pacífica, também existem os grupos radicais islâmicos – como o Hamas e o Hezbolá –, que se recusam a qualquer negociação e persistem no terrorismo, enviando homens-bomba em missões suicidas em lugares públicos.

O grande obstáculo para se alcançar a paz encontra-se, portanto, na dificuldade de israelenses e palestinos aceitarem-se uns aos outros.

Na Faixa de Gaza, jovens palestinos protestam contra a ocupação israelense diante de soldados armados, na chamada primeira Intifada, ou Guerra das Pedras, que começou em 1987 e se estendeu até 1993. Fotografia de 1993.

Patrick Baz/AFP

Scott Peterson/Getty Images

Libaneses correm após a Força Aérea israelense bombardear um subúrbio de Beirute, no Líbano. Fotografia de 2006.

## Outra dimensão | Personagem

### Nasser: nacionalismo e pan-arabismo

Em 1952, o oficial do Exército egípcio Gamal Abdel Nasser destituiu o rei Faruk e proclamou a República. Um ano depois, assumiu o governo. Seu prestígio entre os egípcios aumentou com as políticas sociais e de desenvolvimento que adotou: implementou a reforma agrária, estatizou bancos e criou mecanismos para a distribuição da riqueza no país. Em pouquíssimo tempo, ele também se tornou um dos maiores líderes políticos no Oriente Médio.

O nasserismo defendia o nacionalismo, a dignidade árabe e o progresso econômico, referindo-se também a um socialismo árabe. Mesmo estando no continente africano, os egípcios se identificam com o Oriente Médio e vivem os problemas específicos daquela região. Também professam a religião muçulmana, o que os une ainda mais ao mundo árabe. Nasser defendeu o **pan-arabismo**, ou seja, o fortalecimento da cultura árabe, da unidade e da solidariedade entre os países da região.

O Egito, com Nasser, ingressou no grupo de países não alinhados. Seu nacionalismo e sua política de neutralidade na conjuntura da Guerra Fria desagradaram às potências ocidentais, em particular os EUA, a Grã-Bretanha e a França. Na Conferência de Bandung, em 1955, Nasser assumiu a liderança do mundo árabe. Como forma de pressão, os países ricos suspenderam os empréstimos para a construção da barragem de Assuan – vital para o desenvolvimento econômico do Egito. Em reação, em julho de 1956, Nasser nacionalizou a companhia britânica que administrava o canal de Suez, que liga o mar Mediterrâneo ao mar Vermelho e é essencial para o comércio europeu e para a rota de navios petrolíferos. Nasser ainda ameaçou buscar recursos financeiros junto à URSS.

França e Grã-Bretanha, em retaliação, instigaram Israel a atacar o Egito. Nasser então fechou o canal. Em outubro de 1956, o Exército de Israel invadiu o deserto do Sinai, enquanto tropas britânicas e francesas invadiram o Egito, para retomar o canal de Suez. Tal gesto repercutiu de maneira negativa na opinião pública mundial. Ainda naquele mês, o Conselho de Segurança da ONU, com os votos dos EUA e da URSS, exigiu a retirada das tropas da região. No ano seguinte, o canal foi reaberto.

França e Grã-Bretanha perderam prestígio no Oriente Médio, sendo substituídas pela URSS e pelos EUA – os soviéticos ao lado da causa árabe, os estadunidenses apoiando Israel. Nasser faleceu em setembro de 1970, e o novo governo do Egito, liderado pelo moderado Anwar Sadat, fez um acordo de paz em separado com Israel.

- **Consulte mapas, disponíveis no livro ou na internet, e localize o canal de Suez. Considerando sua localização, responda: qual sua importância para o comércio mundial?**

## 5. Em nome do Corão: a Revolução Iraniana

O Irã merece atenção especial no contexto do Oriente Médio pós-1945. Foi nesse país que os muçulmanos xiitas ascenderam, pela primeira vez, ao poder no mundo islâmico contemporâneo. No Irã, os xiitas são maioria religiosa.

Em 1953, com o apoio dos EUA, o Xá Mohamed Reza Pahlevi (1919-1980) passou a governar com poderes absolutos, reprimindo qualquer oposição. O objetivo do Xá era utilizar os lucros da venda do petróleo para modernizar o país e transformá-lo em uma potência econômica e militar.

A partir de 1963, a economia do Irã cresceu e prosperou, sobretudo em razão das exportações de petróleo. Contudo, a grande maioria dos iranianos, isto é, as classes médias e a população pobre, estava à margem desse crescimento econômico.

Bettmann/Getty Images

// Obrigado a se exilar, em razão de suas críticas ao Xá Reza Pahlevi, Khomeini viveu muitos anos na França, onde essa fotografia foi tirada em dezembro de 1973.

Apenas a pequena elite do país, os altos funcionários das empresas estrangeiras e a família do Xá beneficiavam-se da riqueza gerada. Somava-se a essa má distribuição da renda a rejeição da população ao projeto do Xá de ocidentalizar o país: os iranianos não aceitavam certos valores ocidentais, como o consumo de bebidas alcoólicas ou o sexo antes do casamento, por estarem em desacordo com os preceitos de sua religião.

O chefe espiritual dos xiitas, Ruhollah Khomeini (1902-1989), liderava a oposição ao regime do Xá desde os anos 1950, quando recebeu o título de aiatolá (perito em religião e direito islâmico). Ele acusava o Xá de corrupto e tirânico.

A partir de 1975, a oposição ao regime aumentou. A maioria da população – composta de pessoas pobres que viviam no campo ou nos bairros de Teerã, a capital do país – era fiel seguidora do fundamentalismo xiita e mostrava-se cada vez mais indignada com as reformas ocidentalizantes do Xá. Já a classe média urbana, cansada de viver sob uma ditadura, passou a denunciar a corrupção e o autoritarismo do regime.

Os protestos aumentaram no final de 1978 com crescentes manifestações de rua. Milhares de *mullahs* (sacerdotes das mesquitas) declararam guerra santa ao Xá. Em dezembro, 2 milhões de pessoas tomaram as ruas de Teerã para protestar contra o governo.

Em janeiro de 1979, Pahlevi deixou o país. Khomeini regressou do exílio em Paris e proclamou a República Islâmica do Irã. A **Revolução Iraniana**, como ficou conhecida, foi vitoriosa e contou com enorme apoio popular.

Os xiitas no poder mostraram-se opositores ferrenhos dos EUA. Ainda em 1979, estudantes iranianos invadiram e ocuparam a embaixada estadunidense em Teerã, fazendo 53 funcionários reféns. As negociações até hoje não foram bem esclarecidas, e os reféns só foram libertados após 444 dias. A queda do Xá foi um desastre para os EUA, que perderam um importante aliado no Oriente Médio.

Com a Revolução Iraniana, o fundamentalismo islâmico ganhou força na região. O medo de que ele se espalhasse pelo Oriente Médio levou os EUA a apoiar a ditadura de Saddam Hussein (1937-2006) no Iraque, em que a maioria da população era sunita, e não xiita.

**Fique de olho!**

***Argo*****.** Direção: Ben Affleck. EUA, 2012.
Quando a sede da embaixada dos EUA é tomada por iranianos, seis funcionários conseguem fugir e se refugiar na embaixada canadense. Homens da CIA montam um esquema bastante original para resgatá-los.

***Persépolis*****.** Direção: Marjane Satrapi e Vicent Paronnaud. EUA/França, 2008.
Marjane é uma menina de oito anos que vive no Irã. Ela presencia a revolução que derruba o Xá e a implantação da República Islâmica no país.

Kaveh Kazemi/Getty Images

// Manifestantes em Teerã, durante a Revolução Iraniana, exigem a remoção do Xá do poder e o retorno de Khomeini ao país. Fotografia de 1978.

## A guerra entre Irã e Iraque

Os conflitos entre Irã e Iraque começaram em setembro de 1980, quase um ano depois de o iraquiano Saddam Hussein assumir a presidência do país. Alegando antiga disputa entre os dois países – 200 quilômetros de terras na fronteira –, o Iraque atacou o Irã com o apoio dos EUA. O objetivo era, além de conquistar territórios, enfraquecer o governo xiita do Irã.

Em ataque surpresa, o Exército iraquiano avançou 200 quilômetros em território iraniano. Os aiatolás, no entanto, mobilizaram a população para o contra-ataque, e, em 1982, o Exército iraquiano recuou. Após conseguir reverter o curso da guerra, o aiatolá Khomeini não aceitou a trégua, e as tropas do Irã invadiram o Iraque. Saddam recorreu ao uso de gases venenosos, mas, ainda assim, a cidade de Basra foi cercada por 500 mil soldados iranianos. Em agosto de 1988, com cerca de 1 milhão de iranianos mortos e feridos e 375 mil iraquianos na mesma situação, a guerra chegou ao fim sem vencedores.

## Imagens contam a História

### Separando as pessoas

A fotografia abaixo, da década de 1960, mostra uma praia na Cidade do Cabo, capital legislativa da África do Sul. A placa avisa que a praia era exclusiva para pessoas brancas, sendo proibida, portanto, a entrada de negros. Cenas como essa eram muito comuns na África do Sul até a década de 1990.

- Vimos no capítulo anterior que Martin Luther King, em seu discurso mais famoso, afirmou: "Eu tenho um sonho de que minhas quatro pequenas crianças vão um dia viver em uma nação onde elas não serão julgadas pela cor da pele, mas pelo conteúdo de seu caráter". Relacione o discurso de Martin Luther King à imagem.

Hulton-Deutsch Collection/CORBIS/Corbis via Getty Images

Fotografia da década de 1960 de uma praia perto da Cidade do Cabo, na África do Sul. Está escrito na placa: "Apenas para brancos."

# Roteiro de Estudos

## Para organizar

1. Um dos grandes problemas enfrentados pelos povos africanos é a maneira como foram delimitadas as fronteiras nacionais de seus países. Comente essa afirmação.
2. Explique os projetos para a África formulados por Léopold Senghor e Patrice Lumumba.
3. Por que a Segunda Guerra Mundial contribuiu, de maneira decisiva, para o fortalecimento e a vitória dos movimentos de independência na Ásia e na África?
4. Explique o que foi o *apartheid* na África do Sul.
5. Na luta contra a dominação inglesa e pela independência da Índia, Mahatma Gandhi pregou a resistência pacífica. Avalie essa estratégia.
6. Analise a resolução da ONU de 1947 que indicou a formação de dois Estados independentes na Palestina, um judeu e outro palestino.
7. No Irã, a monarquia do Xá Reza Pahlevi tornou-se muito impopular. Reflita sobre o que você leu neste capítulo a respeito desse governo e explique as razões que provocaram a revolta da população iraniana.

## Reflexões

### Desobediência civil

Em 1849, o estadunidense Henry David Thoreau escreveu um texto intitulado *Resistência ao governo civil* – mais tarde, renomeado *Desobediência civil*. Nele, Thoreau defende a ideia de que a oposição a um governo não necessita ser feita pela violência. Bastava deixar de apoiá-lo ou obedecer.

As ideias lançadas por Thoreau foram adotadas por diversos movimentos que, no século XX, lutaram por direitos de autonomia política e igualdade social. Na Índia, Gandhi não obedecia às autoridades britânicas e não cooperava com elas – como as leis coloniais eram consideradas injustas, os indianos não deveriam acatá-las. Defendeu também a resistência pacífica: acreditava que não se deveria responder com violência à violência do Estado, mas com protestos, boicotes ou recusando-se a cooperar.

Nos EUA, Martin Luther King adotou a estratégia de não acatar as leis racistas e não obedecer à legislação de segregação. Com atos não violentos, era necessário convencer a opinião pública de que a luta dos negros pelos direitos civis era justa. Injustas eram as leis de segregação racial.

Não resistir à repressão também fazia parte da estratégia da desobediência civil: tratava-se de uma maneira de desmoralizar o próprio sistema repressivo.

Outro exemplo muito conhecido ocorreu nos EUA durante a Guerra do Vietnã: muitos jovens simplesmente não obedeceram à convocação militar para lutar no conflito.

Atualmente, organizações pacifistas e de defesa da ecologia também têm recorrido às táticas de desobediência civil.

- **Considerando o que foi exposto ao longo do capítulo, podemos afirmar que as causas das manifestações de desobediência civil são sempre as mesmas? Justifique.**

## Vamos testar?

1. A dominação europeia na África resultou não somente em conflitos sociais e pobreza no continente, mas também em imagens distorcidas e equivocadas sobre os povos africanos. Nos filmes sobre o personagem Tarzan, produzidos em Hollywood entre os anos 1930 e 1940, o herói era um homem branco com o título de o "rei das selvas". A África era apresentada como lugar misterioso, e os povos africanos surgiam nas telas como seres primitivos. Nos anos 1970, esses filmes foram considerados racistas e reprodutores de estereótipos negativos sobre a África, deixando de ser exibidos. Sobre a história dos povos africanos no século XX, assinale a afirmativa incorreta:

a) Desde fins do século XIX e durante o século XX, diversos intelectuais recorreram a categorias como "raça", "negritude" ou "africanidade" para elaborar identidade comum aos povos do continente africano, propondo projeto político e cultural que ficou conhecido como pan-africanismo.

b) A maioria dos países africanos conquistou sua independência política após a Segunda Guerra Mundial. A Grã-Bretanha preferiu fazer acordos com os novos governantes africanos, mas a França relutou em aceitar perder suas colônias, recorrendo à força militar, como nos casos do Vietnã e da Argélia.

c) Na Conferência de Bandung, em 1955, países africanos, asiáticos e latino-americanos, engajados na Guerra Fria e liderados pela União Soviética, formularam o conceito de Terceiro Mundo.

d) Portugal relutou o quanto pode em admitir a independência de suas colônias africanas, e até meados dos anos 1970 seu Exército foi obrigado a enfrentar as guerrilhas de Angola, Moçambique, Guiné-Bissau e Cabo Verde.

e) Durante a maior parte do século XX, a África do Sul viveu sob o regime do *apartheid*, cujas leis beneficiavam e concediam privilégios econômicos, políticos e sociais aos brancos e oprimiam e discriminavam a população negra.

2. Ao longo do século XX, Índia e Irã viveram graves conflitos políticos: os indianos durante a conquista de sua independência da Grã-Bretanha e os iranianos na luta contra a ditadura do Xá Reza Pahlevi. Comparando esses dois eventos, identifique a afirmativa correta.

a) Na luta pela independência, a divisão religiosa na Índia entre hinduísmo e islamismo não provocou conflitos sociais. O mesmo ocorreu entre os iranianos na luta contra a ditadura do Xá, divididos entre muçulmanos sunitas e xiitas.

b) Nos casos indiano e iraniano, os líderes Mahatma Gandhi e o aiatolá Khomeini optaram pela resistência pacífica contra os opressores, influenciados pelas ideias de Henry Thoreau, defensor da desobediência civil.

c) A Marcha do Sal foi um exemplo de desobediência civil. Liderados por Gandhi, milhares de pessoas andaram em busca do sal, desobedecendo as leis britânicas. No Irã, por sua vez, o aiatolá Khomeini aceitou as reformas ocidentalizantes do Xá.

d) Na Índia e no Irã as estratégias de luta contra os opressores foram distintas. Na Índia, Mahatma Gandhi optou pela desobediência civil e pela estratégia de resistência pacífica na luta pela independência. No Irã, os líderes muçulmanos, a começar pelo aiatolá Khomeini, apoiaram a revolta popular contra a ditadura do Xá.

e) Nenhuma das anteriores.

## Conexões — História e Geografia

### De olho no mundo

Neste capítulo, conhecemos várias nações africanas e asiáticas que se tornaram independentes do domínio colonial europeu ao longo do século XX. A localização de algumas pode ser encontrada nos mapas do próprio livro; mas, se você tiver acesso à internet, é possível recorrer a outras ferramentas de localização, como o Google Maps, o Google Earth e o Google Street View.

1. Utilize essas ferramentas para localizar os países que, no passado, foram colônias da Grã-Bretanha na Ásia, como Índia, Paquistão, Mianmar e Sri Lanka, e na África, como Quênia e Malauí. No caso das antigas colônias francesas, localize os atuais países asiáticos, como Vietnã, Laos e Camboja, e um africano, como a Argélia.
2. Identifique as antigas colônias portuguesas na África: Angola, Moçambique, São Tomé e Príncipe, Guiné-Bissau e Cabo Verde.
3. Localize os países cujas populações sofreram com a discriminação e o ódio racial, como África do Sul e Ruanda.
4. Encontre os países envolvidos nas guerras do Golfo, como Iraque, Irã, Kuwait e Afeganistão.
5. Observe a região onde se encontra Israel e os territórios palestinos na Cisjordânia e na Faixa de Gaza.
6. Utilize também as ferramentas sugeridas para conhecer a cidade de Jerusalém, fonte de disputa política entre israelenses e palestinos.

CAPÍTULO 11

# América Latina: desenvolvimento, democracia e ditadura

Chon Kit Leong/Alamy/Fotoarena/Palácio de Chapultepec, Cidade do México, México.

*Sacrifício das crianças heroicas*, afresco de Gabriel Flores pintado em 1970 no Palácio de Chapultepec, que sedia o Museu Nacional de História do México.

**Puxando pela memória**

Juan Domingo Perón (1895-1974) foi o mais importante líder político da Argentina nas décadas de 1940 e 1950. Sua política de fortalecimento do Estado e de aliança com os trabalhadores deu origem a um movimento político que existe ainda hoje. Você sabe o nome dessa corrente política?

Em abril de 1846, tropas militares dos Estados Unidos invadiram o México. Jovens cadetes mexicanos se apresentaram para ajudar os soldados de seu país na defesa do castelo de Chapultepec. Os últimos defensores do castelo foram seis cadetes, todos adolescentes, entre 14 e 19 anos.

Posteriormente surgiram versões heroicas sobre a participação deles na batalha. A mais conhecida é que Juan Escutia, de 19 anos, o último sobrevivente, para não entregar a bandeira mexicana aos soldados estadunidenses, enrolou-se nela e se jogou do alto do castelo. Atualmente, os seis jovens são conhecidos no México como os Niños Héroes de Chapultepec.

Na história da América Latina contemporânea encontramos episódios de opressão e revolta, de autoritarismo e luta pela liberdade, de exploração e esperança de um mundo melhor. É o que veremos no capítulo.

Cronologia deste capítulo

Francisco Madero lança o Plano São Luís em outubro. — 1910

Madero é eleito presidente do México com 98% dos votos. — 1911

# 1. América Latina: nacionalismo e desenvolvimentismo

Os países da América Latina iniciaram o século XX como economias agroexportadoras, ou seja, eram especializados na produção de um único produto primário para exportação. O Brasil, a Venezuela e a Colômbia, por exemplo, produziam café. O Chile dependia do cobre, enquanto o México especializara-se na produção de açúcar. A Argentina e o Uruguai exportavam trigo e carne.

A maioria dos países latino-americanos importava bens industrializados dos grandes centros capitalistas, embora alguns tenham tentado modernizar sua economia, recorrendo a empréstimos estrangeiros, sobretudo britânicos. Os investimentos, de modo geral, eram quase sempre feitos em setores voltados para escoar a produção de produtos primários para o exterior (portos, ferroviárias, frigoríficos, etc.), o que reforçava a dependência desses países em relação aos grandes centros capitalistas.

Os maiores beneficiados com o modelo econômico agroexportador eram as elites latino-americanas. Compostas de proprietários de terras e minas, elas formavam as oligarquias que dominavam a vida política e exploravam os trabalhadores.

Ainda assim, alguns setores das elites estavam insatisfeitos com o modelo agroexportador e com a dependência econômica de seus países em relação aos Estados Unidos e à Europa Ocidental. Além disso, estavam preocupados com as profundas desigualdades que marcavam as sociedades latino-americanas, com amplos setores da população vivendo em condições miseráveis, com pessoas famintas, doentes e analfabetas.

Esses setores das elites julgavam que, para superar a dependência externa e as desigualdades internas, era necessário alterar a economia baseada na exportação de produtos agrícolas e minerais e formular um projeto de desenvolvimento baseado na industrialização. A opção encontrada por eles foi recorrer ao capital privado e a empréstimos estrangeiros para criar empresas e indústrias estatais ou atrair empresas europeias e estadunidenses para seus países. Na América Latina, esse projeto de caráter estatizante e nacionalista ficou conhecido como **desenvolvimentismo**.

**A História no seu lugar**

Você conhece, na sua cidade, nomes de ruas, avenidas, praças, escolas, monumentos e/ou memoriais que façam referência à história, à geografia ou à cultura da América Latina? Diversas referências podem ser encontradas, como nomes de países e de suas capitais; de personagens que participaram das lutas pela emancipação política; de líderes políticos do século XX, etc. Vá a campo e faça uma pesquisa!

Hulton-Deutsch Collection/Corbis/Fotoarena

Operários mexicanos instalando cabos de alta voltagem no interior das minas, necessários para mover e operar equipamentos pesados. Fotografia de 1955.

Madero é deposto da presidência do México por um golpe militar. O general Victorino Huerta assume o poder. Venustiano Carranza lança o Plano Guadalupe.

1913

Carranza derrota a ditadura de Huerta.

1914

## 2. Revoluções no México

**Fique de olho!**

SAMPAIO, Carlos Alberto Barbosa. *A Revolução Mexicana*. São Paulo: Unesp, 2010.
Analisa o contexto socioeconômico do México ao longo do século XX. Destaque para o porfiriato, a guerra civil que se seguiu à derrubada de Porfirio Díaz, e a ascensão de novas elites ao poder a partir de 1915.

Diversas foram as vias para o desenvolvimento da América Latina: revoluções, regimes liberais-democráticos, ditaduras militares. A Revolução Mexicana, no início do século XX, inaugurou políticas desenvolvimentistas que serviram de modelo para outros países latino-americanos.

Entre 1876 e 1910, o México viveu sob o governo ditatorial de Porfirio Díaz (1830-1915), que permaneceu no poder por mais de 30 anos manipulando eleições. Nessa época, o país passou por grande crescimento econômico, que beneficiava apenas latifundiários e empresários. Os trabalhadores urbanos e rurais enfrentavam muitas dificuldades.

No processo de formação dos grandes latifúndios, milhares de indígenas e camponeses perderam suas terras, gerando revolta entre a população rural.

No início do século XX, começaram a surgir críticas ao chamado porfiriato. Em 1910, a oposição liberal apresentou Francisco Madero (1873-1913) como candidato. Liberal por formação e preocupado com as liberdades políticas, dizia ele que "o povo não quer pão, quer liberdade". Pouco antes das eleições, Madero foi preso. Porfirio Díaz foi reeleito em mais uma eleição fraudulenta.

Ao sair da prisão, em outubro de 1910, Madero foi para os Estados Unidos, onde lançou um manifesto, conhecido como **Plano São Luís**, declarando nula a eleição, autoproclamando-se presidente provisório do México e incitando o povo à revolta. Ainda que vagamente, o manifesto também fazia referência à distribuição de terras aos camponeses. Madero e seu manifesto foram apoiados por diversos líderes rurais mexicanos, entre os quais estavam Pancho Villa (1878-1923) e Emiliano Zapata (1979-1919).

No início de 1911, centenas de grupos armados atacaram o Exército Federal. Em maio, a revolução liderada por Madero foi vitoriosa, obrigando Porfirio Díaz a partir para o exílio. Em junho, Madero entrou aclamado na cidade do México. No dia 1º de outubro, foi eleito presidente da República com 98% dos votos.

Na presidência, Madero não se preocupou com as injustiças sociais. A tão esperada reforma agrária, por exemplo, não foi realizada. Zapata, que o apoiara até então, rompeu com seu governo, exigindo a devolução das terras que haviam sido tomadas dos camponeses do centro-sul do país. Ao mesmo tempo, um grupo de conservadores (latifundiários, banqueiros, industriais, grandes comerciantes, militares e políticos) passou a conspirar contra o governo.

Em 19 de fevereiro de 1913, Madero foi deposto e preso pelo general Victorino Huerta (1850-1916) e foi fuzilado três dias depois. O México voltava a ser uma ditadura. O governo dos Estados Unidos, que antes havia apoiado Madero, não reconheceu o governo Huerta.

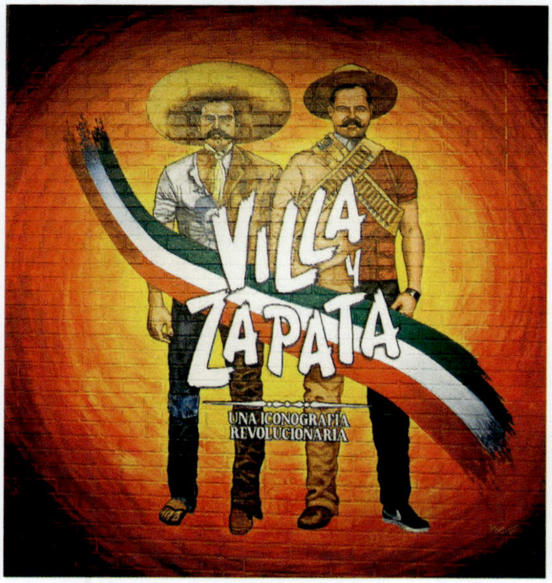


Omar Torres/Afp

Emiliano Zapata e Pancho Villa são valorizados pela sociedade mexicana até os dias atuais. No centenário da Revolução Mexicana, em 2010, uma exposição no Museu de Arte Popular lembrou a atuação dos dois revolucionários na luta pela justiça social.

Carranza decreta a Lei Agrária.
1915

Promulgação da Constituição mexicana.
1917

## Projetos revolucionários

Nesse momento, a Revolução Mexicana dividia-se em pelo menos três projetos políticos: o de Emiliano Zapata, o de Pancho Villa e o de Venustiano Carranza (1959-1920).

O projeto de Zapata limitava-se à devolução das terras que haviam sido tomadas no centro-sul do país, onde havia uma imensa população de ascendência indígena, acostumada a viver em aldeias e a trabalhar em terras comunais e lotes familiares. A formação de grandes latifúndios, à custa das terras comunais, transformara esses camponeses em miseráveis peões ou migrantes sem rumo em uma região pouco desenvolvida.

O projeto de Pancho Villa era diferente. Ele representava os interesses de uma população mais ampla que vivia no norte do México e tornara-se assalariada quando suas terras foram expropriadas. Essa era a região mais desenvolvida do país, devido aos grandes investimentos em minas e petróleo. Villa defendia um projeto de sociedade baseado em colônias, ao mesmo tempo agrícolas e militares. A república teria à disposição milhões de camponeses armados e treinados para defendê-la.

O terceiro projeto, o de Venustiano Carranza, então governador do estado de Coahuila, defendia que somente o governo federal poderia realizar projetos sociais, sobretudo a reforma agrária.

No início de 1913, Carranza lançou o **Plano Guadalupe**. Tratava-se de um programa de combate à ditadura de Huerta, que instituía um exército constitucionalista, com o próprio Carranza à frente das tropas.

O exército constitucionalista de Carranza, aliado às tropas de camponeses villistas e zapatistas, contou com o apoio dos EUA. No início de 1914, derrubaram o governo Huerta.

## Novos conflitos

A vitória contra a ditadura de Huerta resultou em novos conflitos. Carranza assumira o poder, mas Villa e Zapata não reconheciam sua autoridade, o que levou o México a uma nova guerra civil: de um lado, as tropas villistas e zapatistas; de outro, o exército constitucionalista de Carranza.

Em fins de 1914, os exércitos camponeses, agora unidos, controlavam a maior parte do país. Como Villa e Zapata eram líderes preocupados principalmente com suas regiões, faltava a eles o que sobrava em Carranza: um projeto de Estado nacional.

No início de 1915, Carranza decretou a Lei Agrária, que deu início ao processo de devolução das terras aos camponeses, sobretudo no sul do país. Aliou-se também, nesse mesmo ano, à maior central sindical mexicana, a Casa do Operário Mundial.

Apoiando as lutas dos trabalhadores urbanos, Carranza conseguiu reunir grandes contingentes de homens na luta contra villistas e zapatistas. Após várias batalhas, as tropas camponesas foram derrotadas

As guerras civis da **Revolução Mexicana** chegaram ao fim antes do término do ano de 1915. Zapata foi morto em uma emboscada, em 1919; e Villa recebeu uma fazenda, onde passou o resto de seus dias até falecer em 1923, também vítima de uma emboscada.

**Fique de olho!**

*Viva Zapata!*. Direção: Elias Kazan. EUA, 1952. Revoltado com a exploração dos latifundiários, Emiliano Zapata torna-se líder do movimento camponês e participa ativamente das lutas durante a Revolução Mexicana.

O presidente Lázaro Cárdenas nacionaliza a indústria petrolífera no México.

*1938*

Milhares de trabalhadores se reúnem na Plaza de Mayo, em Buenos Aires, Argentina, para exigir a libertação de Perón, em 17 de outubro.

*1945*

# A revolução continua

Com o objetivo de institucionalizar a revolução, o governo Carranza convocou uma Assembleia Nacional Constituinte. Assim, em 1917, o México ganhou uma Constituição com várias inovações, como leis sociais que favoreciam os trabalhadores urbanos e uma legislação agrária que concedia terras aos camponeses. Além disso, ela instituía a nacionalização das terras e do subsolo e a educação laica. De certo modo, a promulgação da Constituição de 1917 e a formação do Partido Revolucionário Institucional, o PRI, encerravam e consolidavam o processo revolucionário iniciado em 1910.

A partir daí, o México encontrou estabilidade política, com o PRI dominando a vida política do país durante quase todo o século XX.

Entre os governos que se autodeclararam herdeiros da revolução, o mais inovador foi o de Lázaro Cárdenas (1875-1970). Ele governou o país entre 1934 e 1940 e estendeu a reforma agrária, até então limitada à região centro-sul, a todo o México. Com isso, cerca de 50% das terras cultiváveis foram entregues aos camponeses, pondo fim ao sistema de latifúndio. Os camponeses conheceram uma considerável melhoria em seu padrão de vida.

Com o objetivo de estimular o desenvolvimento econômico do país, grandes investimentos foram feitos, sobretudo nos setores de comunicação, agricultura e irrigação. O governo Cárdenas ainda fundou bancos estatais; investiu na infraestrutura; incentivou a industrialização; estatizou as ferrovias; implantou uma legislação trabalhista; e adotou uma política externa independente. A medida mais impactante de seu governo, contudo, foi a nacionalização do setor petrolífero, até então dominado por empresas britânicas e estadunidenses.

Cárdenas contou com amplo apoio popular e seu governo representou o apogeu do nacionalismo mexicano no século XX. Além disso, Cárdenas inaugurou uma série de políticas desenvolvimentistas que, nas décadas seguintes, seriam adotadas por outros países da América Latina.

**Fique de olho!**

SOARES, Mariza de Carvalho. *A Revolução Mexicana*. São Paulo: FTD, 2000.
Dedica-se ao estudo da Revolução Mexicana, enfatizando a luta dos camponeses pelo direito à terra.

Lázaro Cárdenas governou o México entre 1934 e 1940; realizou reformas sociais e desenvolveu políticas nacionalistas e estatizantes. Fotografia da década de 1930.

Bettmann/Getty Images

Em fevereiro, Perón é eleito presidente da Argentina.

1946

Em setembro, Perón é deposto da presidência da Argentina por um golpe militar.

1955

## Conversa de historiador

### A esquerda e o desenvolvimento

Leia o texto a seguir, do sociólogo e economista José Luís Fiori, sobre as políticas desenvolvimentistas na América Latina.

Toda reconstrução histórica é um pouco arbitrária e imprecisa. Mas, feita esta ressalva, se pode afirmar que o "desenvolvimentismo" latino-americano nasceu no México, durante o governo do presidente Lázaro Cárdenas, na década de 1930. Cárdenas foi nacionalista e seu governo fez uma reforma agrária radical; estatizou a produção do petróleo; criou os primeiros bancos estatais de desenvolvimento industrial e de comércio exterior da América Latina; investiu pesadamente na construção de infraestrutura; praticou políticas de industrialização e proteção do mercado interno; criou uma legislação trabalhista e adotou uma política externa independente e anti-imperialista. Depois de Cárdenas, com pequenas variações, este programa se transformou no denominador comum de vários governos latino-americanos, que depois foram chamados de "nacional-populares" ou "nacional-desenvolvimentistas", como foi o caso de Vargas, no Brasil, Perón, na Argentina, Velasco Ibarra, no Equador e Paz Estenssoro, na Bolívia, entre outros. Nenhum deles era socialista, nem muito menos marxista, pelo contrário, eram quase todos conservadores, mas suas ideias, políticas e posições internacionais também se transformaram na referência obrigatória da esquerda latino-americana.

Depois de 1930, e em particular depois que os partidos comunistas latino-americanos adotaram uma estratégia democrática e reformista de conquista do poder e transformação do sistema capitalista, a relação da esquerda com o "desenvolvimentismo' transformou-se no núcleo duro de sua produção intelectual e política. Foi o que ocorreu em quase todos os países do continente, pelo menos entre 1930 e 1980. Não é difícil, por exemplo, encontrar a inspiração "cardenista" nos programas da revolução camponesa boliviana, de 1952, e no governo democrático de esquerda de Jacobo Arbenz, na Guatemala, entre 1951 e 1954. Como também na primeira fase da Revolução Cubana, entre 1959 e 1962, e no governo militar e reformista do general Velasco Alvarado, no Peru, entre 1968 e 1975. Idem, no caso do governo de Salvador Allende, no Chile, entre 1970 e 1973.

FIORI, José Luís. A esquerda e o desenvolvimento. *Valor Econômico*, 29 mar. de 2006. Disponível em: <www.ie.ufrj.br/aparte/pdfs/aesquerdaeodesenvolvimentismo.pdf>. Acesso em: 22 abr. 2018.

- **Cite iniciativas tomadas pelo governo Cárdenas que, tempos depois, foram adotadas em outros países da América Latina, inclusive no Brasil.**

## 3. No Chile, o governo de Allende e o golpe de 1973

No Chile, as eleições presidenciais de 1970 foram vencidas pelo candidato da Unidade Popular, o socialista Salvador Allende (1908-1973), cujo projeto era alcançar o socialismo por meios democráticos.

O novo governo estatizou o sistema bancário, muitos ramos da indústria e a exploração do cobre – principal produto do país, responsável por 80% de suas exportações –, prejudicando empresas estadunidenses que atuavam no setor. Cerca de 35% das terras cultiváveis foram expropriadas e distribuídas a camponeses.

Ao final do primeiro ano de governo, os números eram positivos: crescimento econômico de 7,7%, recuo da inflação, ganho real dos salários de 50% e diminuição do desemprego.

### Unidade Popular

A Unidade Popular era formada pelo Partido Comunista Chileno, o Partido Socialista Chileno, o Partido Social Democrático, a Ação Popular Independente e parte da esquerda católica organizada no Movimento de Ação Popular Unificado (Mapu).

Representando a Unidade Popular, Salvador Allende venceu as eleições com 36,3% dos votos.

O candidato da Unidade Popular, o socialista Salvador Allende, é eleito presidente do Chile.

1970

Golpe militar no Chile liderado pelo general Augusto Pinochet. Perón toma posse novamente como presidente da Argentina.

1973

**Fique de olho!**

*Machuca*. Direção: Andrés Wood. França/Grã-Bretanha/Espanha/Chile, 2004.
Seguindo orientação do governo Allende, a direção da escola de um bairro rico de Santiago aceita o ingresso gratuito de alunos pobres. Pedro Machuca é um deles. Apesar da discriminação social sofrida no início, ele faz amizade com um menino rico de sua idade. A amizade entre eles ocorre sob um clima de intensa radicalização política.

***A casa dos espíritos***. Direção: Bille August. Dinamarca/Alemanha/Portugal/EUA, 1994.
Narra a história de uma família dos anos 1920 até a ditadura militar imposta ao país, em 1973.

Mas uma significativa parte da sociedade – empresários, latifundiários, políticos conservadores, setores do clero católico e das classes médias – não estava disposta a aceitar a chamada "via chilena" ao socialismo.

Temerosos, pecuaristas começaram a levar o gado para a Argentina, enquanto industriais suspendiam os investimentos na produção e enviavam dólares para o exterior, gerando falta de mercadorias e aumento de preços dos produtos.

Um grupo de extrema-direita, o *Patria y Libertad* (Pátria e Liberdade), chegou a conspirar para derrubar Allende, envolvendo-se em atividades terroristas. O governo dos Estados Unidos também tomou medidas para desestabilizar a economia do Chile: suprimiu empréstimos e empreendeu manobras comerciais para provocar a queda do preço do cobre no mercado internacional, gerando uma situação desastrosa para o país.

## Rumo ao golpe

A situação se agravou quando, "em nome do poder popular", setores radicais da Unidade Popular, entre eles integrantes do Movimento de Esquerda Revolucionário (MIR), decidiram tomar fábricas e invadir propriedades rurais, desorganizando a agricultura e prejudicando o abastecimento de gêneros alimentícios.

No final de 1971, a situação econômica do Chile era muito grave: recessão, aumento de preços, desabastecimento de mercadorias e esgotamento das reservas de moedas estrangeiras. A nacionalização de empresas exigiu indenizações, aumentando muito os gastos do governo.

O governo Allende era impopular entre a classe média e sofria com a conspiração golpista da direita. Além disso, era alvo de críticas da extrema-esquerda e enfrentava a concorrência do Partido Democrata Cristão. Grande número de operários e setores dos partidos comunista e socialista chilenos permaneciam fiéis ao governo.

Ap/Glow Images

Nas comemorações do Dia do Trabalho de 1971, Salvador Allende discursou em evento promovido pela Central Única dos Trabalhadores, organização controlada pelo Partido Comunista Chileno.

Tropas argentinas invadem as ilhas Malvinas.

1982

Raúl Alfonsín, eleito pela União Cívica Radical, assume a presidência da Argentina.

1983

Em meados de 1972, o clima era de grande radicalização política. Ocupações de empresas, greves gerais de trabalhadores e comícios organizados por apoiadores do governo tornavam-se cada vez mais comuns. Ao mesmo tempo, empresários, industriais e profissionais de classe média – pequenos comerciantes, profissionais liberais, caminhoneiros – passaram a suspender suas atividades para pressionar o governo, numa espécie de "greve de patrões". Estimulados por grupos de direita, uniam-se em organizações patronais de oposição. Enquanto a Unidade Popular se apresentava como governo revolucionário, os grupos de direita a acusavam de implantar o "comunismo totalitário" no país.

A crescente radicalização política levou as Forças Armadas, que até então haviam se mantido afastadas dos conflitos, a entrar nos debates políticos: se entre os militares chilenos havia os defensores da legalidade e da democracia, havia também aqueles identificados com a pregação da direita golpista.

Em agosto de 1973, o general Augusto Pinochet Ugarte (1915-2006) assumiu o Ministério da Guerra. Tão logo tomou posse, enviou tropas para recolher armas em sindicatos e associações de trabalhadores.

Nesse ponto, o ambiente político encontrava-se radicalizado, a economia, descontrolada e o presidente, isolado.

Em 11 de setembro de 1973, os comandantes militares lideraram um golpe para depor Allende. O presidente e alguns auxiliares resistiram armados no Palácio de La Moneda, sede do governo em Santiago. Quando o edifício foi bombardeado pela Força Aérea, Allende se suicidou. O general Pinochet assumiu a presidência, impondo um regime ditatorial.

**Fique de olho!**

Museo de la Memoria y los Derechos Humanos.
Disponível em: <www.museodelamemoria.cl>. Acesso em: 22 abr. 2018.

Criado pelo governo chileno, este *site* apresenta vasto acervo sobre a ditadura militar chilena: depoimentos, entrevistas, vídeos, etc. Sua criação foi recomendada pelas diversas comissões da verdade estabelecidas para investigar os crimes do regime militar chileno.

Luís Orlando Vázquez/Keystone/Getty Images

Durante o golpe militar comandado pelas Forças Armadas do Chile, Allende (no centro) foi fotografado de capacete e empunhando uma metralhadora no Palácio de La Moneda, tentando resistir ao golpe. Fotografia de 1973.

## A ditadura

Com extrema violência, o regime militar deu início à perseguição policial a homens e mulheres que apoiavam o governo da Unidade Popular. Sindicalistas, militantes de partidos de esquerda, artistas e intelectuais foram presos. Muitos foram barbaramente torturados e vários morreram fuzilados. Calcula-se que mais de 3 mil pessoas tenham sido mortas pela ditadura.

As garantias constitucionais foram suspensas e o Congresso Nacional, fechado. A imprensa foi censurada e muitos jornais, proibidos de circular. Sindicatos foram dizimados.

Fique de olho!

***Missing* – *O desaparecido*.** Direção: Costa-Gavras. EUA, 1982.
Reconstitui a história real do estadunidense Ed Horman, que procura o filho desaparecido logo após o golpe militar no Chile.

***No***. Direção: Pablo Larraín. Chile/EUA, 2012.
Em 1988, quando Pinochet promoveu um segundo plebiscito no Chile, opositores do regime realizaram intensa campanha pelo "não" para pôr fim à ditadura.

No governo, o general Pinochet iniciou uma política econômica que abriu a economia do país ao capital estrangeiro, liberou os preços das mercadorias e privatizou as empresas estatais, inclusive o sistema de Previdência Social.

Na década de 1980, a economia chilena começou a crescer, apresentando resultados positivos. Nesse contexto, um plebiscito permitiu que Pinochet permanecesse mais oito anos no poder. A ditadura chilena, que se dizia provisória e em defesa da democracia, durou 15 anos.

Em 1988, um novo plebiscito foi convocado e, dessa vez, a sociedade chilena negou a permanência do general na presidência do país. Pinochet foi afastado dois anos depois. Em época de intensas mudanças pelo mundo, começava a redemocratização do Chile.

Victor Rojas/Afp

Em agosto de 2004, em Santiago, um menino aparece diante de um cartaz com fotografias de algumas das 3 mil pessoas mortas ou desaparecidas durante a ditadura de Augusto Pinochet, no Chile.

## 4. Argentina: peronismo e ditadura militar

Apesar de ter sua economia baseada na agropecuária, a Argentina foi o país da América Latina que mais se industrializou na primeira metade do século XX. A maioria das indústrias concentrava-se na capital, Buenos Aires, onde se formaram uma classe operária organizada e uma classe média atuante. Na década de 1930, o movimento operário argentino cresceu e se fortaleceu com a reivindicação de melhores salários, condições de trabalho e direitos sociais.

Em junho de 1943, em meio à Segunda Guerra Mundial, um grupo de militares conservadores, chamado Grupo de Oficiais Unidos (GOU), deu um golpe de Estado. A ideia era se opor às pressões dos EUA para a entrada da Argentina na guerra contra os países do Eixo. Embora simpatizassem com a Alemanha nazista e a Itália fascista, os militares do GOU mantiveram a neutralidade do país durante todo o conflito.

Membro destacado do GOU e secretário do Ministério do Trabalho, o coronel Juan Domingo Perón aproximou-se do movimento sindical, atendendo a várias reivindicações por direitos sociais dos trabalhadores do campo e da cidade. Implementou, por exemplo, férias, aposentadoria e garantias contra acidentes do trabalho.

## A eleição de Perón

Em julho de 1945, o governo militar convocou eleições presidenciais. Os grupos políticos conservadores estavam atentos para a proximidade cada vez maior entre Perón e o movimento sindical. O presidente então em exercício, Edelmiro Farrel, decidiu prendê-lo com o apoio de setores do Exército, mas os sindicalistas reagiram, organizando uma grande mobilização a favor de Perón.

No dia 17 de outubro, milhares de trabalhadores reuniram-se na Plaza de Mayo, em Buenos Aires, exigindo a libertação de Perón. Para eles, sua prisão era também uma ameaça aos direitos sociais recém-conquistados. Nascia o **Movimento Justicialista**, assim chamado por defender a justiça social e os direitos dos trabalhadores.

Os sindicalistas fundaram o Partido Laborista (Trabalhista) e apoiaram Perón como candidato à presidência da República. Nas eleições de fevereiro de 1946, ele foi eleito com 55% dos votos. No ano seguinte, o Partido Laborista mudou de nome, passando a se chamar Partido Justicialista. O novo partido serviu como base política para Perón governar.

Perón investiu na industrialização e incentivou a produção de bens que substituíssem os produtos importados. Também investiu no crescimento do mercado e do consumo internos, beneficiando os empresários argentinos, e nacionalizou empresas estrangeiras, como as de telefone, eletricidade e gás.

Além dos salários que aumentavam constantemente, os trabalhadores tiveram seus direitos sociais ampliados: férias, sistema social de saúde, sistema de aposentadoria, incentivo ao turismo, salário mínimo e planos de habitação popular. Houve investimento na educação básica e universitária.

O governo dos Estados Unidos boicotou o governo de Perón, em razão da simpatia que ele demonstrara pelos países do Eixo durante a Segunda Guerra.

**Fique de olho!**

Fundação Memorial da América Latina. Disponível em: <www.memorial.org.br/>. Acesso em: 23 abr. 2018.
Essa fundação divulga o patrimônio artístico e cultural dos países latino-americanos. Seu *site* disponibiliza livros, vídeos, áudios, exposições virtuais, entre outros materiais.

Ap/Glow Images

No dia 17 de outubro de 1945, milhares de trabalhadores se concentraram na Plaza de Mayo, em Buenos Aires, até que Perón fosse libertado. Na história do peronismo, o 17 de outubro tornou-se um dia de grande celebração.

## Outra dimensão Personagem

### Evita

A esposa de Perón, Eva Duarte Perón (1919-1952), teve papel fundamental em seu governo ao dialogar com os dirigentes sindicais. Por meio da Fundação Eva Perón, setores populares ignorados pelo governo receberam significativo apoio social com fundação de escolas, asilos e centros médicos, distribuição de alimentos aos pobres e presentes para as crianças.

Top Foto/AGB Photo Library

Evita é homenageada pela população na Plaza de Mayo, em Buenos Aires. O presidente Perón está à sua esquerda. Fotografia de maio de 1951.

Evita, como era chamada pela população, também desenvolveu intenso trabalho político no papel de primeira-dama, criando o Partido Peronista Feminino e lutando pelo direito de votar das mulheres, conquistado em 1947 na Argentina. Ela tornou-se muito popular, e a propaganda política governamental exaltou sua imagem. Nas cartilhas de alfabetização, as primeiras palavras lidas pelas crianças passaram a ser "Eva me ama". Eva Perón morreu de câncer em 1952, aos 33 anos de idade. Foi um duro golpe no governo e causou grande comoção no país. Após sua morte, ruas e praças de todo o país receberam o nome de Eva ou Evita Perón.

- **Até os dias atuais, muitos argentinos se lembram de Eva Perón de maneira bastante positiva. Faça uma pesquisa para saber por que, depois de tantos anos, ela ainda é reverenciada por parte da população argentina.**

**Fique de olho!**

*Evita*. Direção: Alan Parker. EUA, 1996. Este filme apresenta a biografia de Eva Perón na forma de um musical.

## O peronismo

Nas eleições legislativas que se seguiram, o peronismo obteve ampla maioria. A partir daí, Perón, que desfrutava de grande popularidade, passou a implantar medidas autoritárias e repressivas, como a censura à imprensa. Além disso, forte propaganda política começou a ser elaborada para elogiar seu governo.

Aproveitando a ampla maioria parlamentar com a qual contava, Perón reformou a Constituição em 1949, incorporando os direitos dos trabalhadores ao texto constitucional. Também nacionalizou as águas e as riquezas minerais do país, como petróleo, gás e carvão. Candidatou-se novamente à presidência da República em 1951. Obteve 64% dos votos e a maioria absoluta no Parlamento. A conjuntura do país, porém, começava a mudar.

As reservas que a Argentina acumulara em moedas estrangeiras haviam se esgotado e as indústrias já não tinham como importar máquinas e matérias-primas. A produção diminuiu, a inflação subiu, e os trabalhadores perderam seu poder de compra. Greves começaram a se suceder. Além disso, duas secas sucessivas arrasaram a agricultura. Em 1953, em meio à crise econômica, Perón se indispôs com grupos civis e militares, e também com a Igreja católica.

Em setembro de 1955, um golpe militar o depôs da presidência do país. Começava um novo período na história argentina.

## Argentina dividida

Desde que Perón assumira a presidência da República em 1946, a sociedade argentina encontrava-se dividida entre peronistas e antiperonistas.

A deposição de Perón resultou em uma conjuntura de forte instabilidade política, agravada por sucessivas crises econômicas. A partir de 1958, governos civis tentaram superá-las, com a implementação de políticas desenvolvimentistas, mas, em 1966, os militares tomaram o poder.

Em 1967, movimentos de guerrilha urbana de extrema-esquerda formaram-se no país: assaltavam bancos para comprar armas, tomavam caminhões carregados de comida para distribuir aos pobres, sequestravam diretores de empresas e assassinavam policiais.

Aliado à crise econômica, o crescimento dos movimentos de guerrilha armada contribuiu para a impopularidade da ditadura. Sem alternativas, os militares aceitaram o retorno de Perón à Argentina. Em 1973, ele se candidatou à presidência e sua esposa Isabel Perón, mais conhecida como Isabelita, à vice-presidência.

Keystone Pictures USA/Alamy/Fotoarena

Perón discursa em Buenos Aires após seu retorno à Argentina. Ao seu lado, Isabel Perón, com quem se casou durante o exílio. Fotografia de 1974.

Eleito, Perón encontrou o país com uma produção industrial e agrícola em crescimento, mas com uma inflação em alta e trabalhadores descontentes com a crescente queda de seu poder aquisitivo. O pacto que seu governo promoveu entre empresários e trabalhadores fez com que, em pouco tempo, a inflação caísse, os salários subissem e as exportações aumentassem. Mas os grupos de extrema-esquerda voltaram a praticar assaltos e sequestros.

## Sem Perón, mais uma ditadura

A morte de Perón, no dia 1º de julho de 1974, trouxe ainda mais instabilidade ao país: a economia saiu do controle, a inflação voltou a disparar. Sua esposa assumiu o governo, mas grupos de extrema-esquerda e de ultradireita intensificaram suas ações, amedrontando a sociedade. Peronistas e antiperonistas apostavam na ruptura do regime democrático.

Aproveitando a situação, os militares deram um golpe de Estado e destituíram Isabelita. Começava outra ditadura militar na América Latina, considerada uma das mais violentas da região.

O governo ditatorial impôs severa censura aos meios de comunicação, proibiu as atividades políticas e manifestações contrárias ao regime. Pessoas consideradas de oposição foram sequestradas e torturadas. Nos três primeiros anos do regime militar, estima-se que o número de vítimas tenha chegado a 30 mil mortos. Impondo uma ditadura que apavorou a sociedade, os generais implantaram o **terrorismo de Estado**.

A economia passou a obedecer às regras do livre mercado. A abertura irrestrita ao capital estrangeiro levou inúmeras fábricas nacionais à falência. A inflação continuou, as atividades econômicas regrediram e a dívida externa aumentou, o que contribuiu para a involução da base industrial argentina.

## Conversa de historiador

### Terrorismo de Estado

A brutalidade e a crueldade da ditadura militar argentina aterrorizaram a sociedade, gerando medo generalizado. Qualquer pessoa, por qualquer motivo, poderia "desaparecer". Por isso, historiadores consideraram que aquele governo praticou o terrorismo de Estado.

> Tratou-se de uma ação terrorista, dividida em quatro momentos principais: sequestro, tortura, prisão e execução. Para os sequestradores, cada grupo de operações operava preferencialmente à noite, na residência das vítimas, diante da família, que, em muitos casos, era incluída na operação. [...] Depois do sequestro, vinha o saque da residência, posteriormente aperfeiçoado, quando passaram a obrigar as vítimas a ceder a propriedade de seus imóveis, caracterizando a pilhagem da horrenda operação. O primeiro destino do sequestrado era a tortura, sistemática e prolongada. Os choques elétricos, o "submarino" – manter a cabeça submersa em um recipiente com água – e as violações sexuais eram as formas mais comuns [...] .
>
> A tortura física, de duração indefinida, se prolongava na psicológica, com as simulações de fuzilamento, com o suplício de amigos, filhos ou cônjuges, com a comprovação de que todos os vínculos com o exterior estavam cortados, e que não havia ninguém que pudesse interpor entre a vítima e o algoz. [...] Muitas presas grávidas deram à luz nessas condições, para, em seguida, serem separadas de seus filhos, dos quais muitas vezes os sequestradores se apropriavam. Apesar de a Junta Militar ter estabelecido a pena de morte, esta nunca foi aplicada, e todas as execuções foram clandestinas.
>
> Às vezes, os cadáveres apareciam na rua, como se tivessem morrido em confronto ou tentativas de fuga. Em outras ocasiões, pilhas inteiras de corpos foram dinamitadas, como uma represália espetacular a alguma ação guerrilheira. Mas, na maioria dos casos, os cadáveres eram ocultados, enterrados em cemitérios como indigentes, queimados em valas coletivas, cavadas pelas próprias vítimas antes de serem fuziladas, ou lançados ao mar presos a blocos de cimento, após serem postos para dormir com uma injeção. Assim, não houve mortos, apenas "desaparecidos". [...] Foi um verdadeiro genocídio. Com o argumento de enfrentar e destruir as organizações armadas em seu próprio território, a operação procurava eliminar todo ativismo, todo protesto social – até mesmo uma pequena reclamação sobre passes de ônibus para estudantes –, toda expressão de pensamento crítico [...] . O terror encobriu toda a sociedade. Com o fechamento dos espaços onde os indivíduos podiam se identificar com coletivos mais amplos, todos ficaram sós e indefesos diante do Estado aterrorizador, e, como observou Juan Corradi, a cultura do medo se impôs em uma sociedade imobilizada e sem reação.

ROMERO, Luis Alberto. *História contemporânea da Argentina*. Rio de Janeiro: Zahar, 2006. p.197-200.

- **Considerando as informações do texto, reflitam sobre a questão: o terrorismo praticado pela ditadura militar argentina pode ser enquadrado como crime contra a humanidade? Pesquisem sobre o tema, se necessário.**

Repressão durante protesto contra a ditadura militar, em Buenos Aires, Argentina. Fotografia de 1982.

Daniel Garcia/Afp

## A Operação Condor

A Operação Condor consistiu na associação dos sistemas repressivos de seis países latino-americanos – Brasil, Uruguai, Argentina, Paraguai, Bolívia e Chile –, apoiados pelo governo dos EUA. Em 29 de outubro de 1975, ocorreu a primeira reunião de trabalho. Inicialmente, ficou estabelecido que seriam trocadas informações sobre opositores, exilados e grupos esquerdistas.

A repatriação de exilados de um país para outro não seguiria os caminhos da Justiça e da diplomacia, mas seria feita de maneira clandestina.

A fase seguinte da operação envolveria sequestros, atentados e assassinatos. As forças de segurança dos seis países poderiam executar qualquer opositor, independentemente de sua nacionalidade e do território nacional onde estivesse exilado.

# A resistência

A ditadura militar instalou o medo na sociedade argentina. A exceção era um grupo de mães cujos filhos desapareceram com a repressão. Com um lenço na cabeça, cobrindo os cabelos, elas passaram a se reunir na Plaza de Mayo, onde se localiza o palácio presidencial, no centro de Buenos Aires, para exigir notícias de seus filhos.

Como os militares não podiam fazer essas mulheres desaparecerem, pois eram mães em busca de seus filhos, eles se viram obrigados a dar alguma satisfação ao grupo a partir de 1981. As **Mães da Plaza de Mayo**, como o movimento ficou conhecido, foram as primeiras a romper com o medo instaurado pela ditadura. Com elas muitos argentinos aprenderam a superá-lo. Encorajados pela experiência, outros grupos começaram a se manifestar: sindicalistas, estudantes, empresários, grupos de defesa dos direitos humanos.

No início de 1982, os militares invadiram as ilhas Malvinas que, apesar de se encontrarem sob domínio britânico, eram reclamadas pelos argentinos desde o século XIX. Com essa invasão, os militares pretendiam recorrer ao patriotismo para reconquistar a legitimidade perdida diante da sociedade, que passava a exigir a volta da democracia. Essa foi a última cartada da ditadura.

O ataque militar argentino, desferido em abril daquele ano, foi bem-sucedido inicialmente. A ocupação das ilhas pelas tropas argentinas foi apoiada pela população. Entretanto, a ação militar acabou resultando em um grande fracasso. Rapidamente, o governo da Grã-Bretanha reagiu. Com sua força aeronaval, derrotou as forças argentinas de maneira humilhante. Cerca de 650 soldados argentinos morreram.

Completamente desprestigiados, os militares caíram em desgraça a partir de então. Em 1983, eles entregaram o poder aos civis e a Argentina retornou ao regime democrático. Raúl Alfonsín, candidato da União Cívica Radical, assumiu a presidência do país. Posteriormente, os militares envolvidos na chamada "guerra suja" foram punidos. O general Jorge Rafael Videla (1925-2013), que governou o país durante a ditadura, foi julgado e condenado à prisão perpétua por diversos crimes.

**Fique de olho!**

***A história oficial.*** Direção: Luis Puenzo. Argentina, 1985.
Professora tem vida pacata com marido e filha adotiva, mas passa a questionar o regime militar, o que traz graves repercussões em sua vida.

***Infância clandestina.*** Direção: Benjamín Avila. Espanha/ Argentina/ Brasil, 2012.
Filho de um casal de guerrilheiros que luta contra a ditadura militar argentina, Ernesto esforça-se para ter uma vida como a de outros garotos da sua idade.

Gamma-Rapho Via Getty Images

As chamadas Mães da Plaza de Mayo em Buenos Aires, Argentina. Fotografia de março de 1985.

## Imagens contam a História

### Futebol e política

Em 1978, quando vivia um período de grande repressão, a Argentina sediou a Copa do Mundo de Futebol. Muitos países ameaçaram não participar da Copa em protesto contra a violência da ditadura militar e o crescente número de desaparecidos políticos.

A seleção argentina venceu o campeonato, embora até hoje existam suspeitas de favorecimentos.

Observe que, na primeira fotografia, após a vitória no jogo final do campeonato, o capitão do time argentino levanta o troféu diante do ditador Jorge Rafael Videla – que, em resposta, sorri, demonstrando satisfação. Note também o público ao fundo comemorando.

O governo militar argentino exigiu que a seleção de seu país fosse vitoriosa nessa Copa do Mundo, esperando, com isso, obter popularidade e prestígio político.

**1.** Compare as duas imagens: o que elas têm em comum?

**2.** Em grupos, discutam as relações entre futebol e política, refletindo sobre as questões: uma seleção de futebol vitoriosa pode beneficiar seus governantes? E a derrota em uma Copa do Mundo de Futebol pode afetar o prestígio do governo?

Ducklau/Ap/Glow Images

Vitoriosa na Copa do Mundo de 1978, a seleção argentina comemora. Na fotografia, o capitão Daniel Passarella ergue o troféu do campeonato diante do então presidente da República argentina, o ditador Jorge Rafael Videla.

Agência O Globo

Depois de vencer a Copa do Mundo de 1970, realizada no México, a seleção brasileira é recebida em Brasília pelo então presidente da República, o general Emílio Garrastazu Médici – que está à direita na fotografia, ao lado do capitão Carlos Alberto Torres.

## Roteiro de Estudos

### Para organizar

1. Qual a importância política de Francisco Madero no processo da Revolução Mexicana? Por que seu governo, embora vitorioso na revolução que derrubou a ditadura de Porfirio Díaz, fracassou e foi derrubado por um golpe militar?
2. Explique quais eram os projetos políticos dos seguintes líderes da Revolução Mexicana: Emiliano Zapata, Pancho Villa e Venustiano Carranza.
3. Avalie as medidas tomadas pelo governo de Lázaro Cárdenas no México.
4. Sobretudo após a Segunda Guerra Mundial, em vários países da América Latina, a industrialização tornou-se sinônimo de desenvolvimento. A quais estratégias diversos governos latino-americanos recorreram para industrializar seus países?
5. No Chile, a Unidade Popular, com o governo Salvador Allende, propunha implantar o socialismo a partir de um conjunto de iniciativas que ficou conhecido como "via chilena". Explique o programa de governo da Unidade Popular.
6. Como o governo dos Estados Unidos atuou no sentido de prejudicar o governo de Salvador Allende no Chile?
7. Caracterize a ditadura militar chilena sob o governo autoritário de Augusto Pinochet.
8. Na Argentina, quais as razões para o apoio popular ao governo peronista?
9. Como o movimento que ficou conhecido como Mães da Plaza de Mayo contribuiu para o fortalecimento da oposição à ditadura militar argentina?

### Reflexões

#### Ditadura

Ditadura é o oposto de democracia. Trata-se de um regime político imposto à sociedade pela força, baseado no autoritarismo, na opressão e na vontade arbitrária do governante. A existência de um Poder Legislativo eleito de maneira legítima e que expresse as diversas correntes de opinião da sociedade é o fundamento da democracia representativa.

A ditadura se impõe quando o Poder Legislativo é extinto ou cerceado de suas funções, permitindo a concentração de poderes no Executivo, que se encontra livre do controle e da fiscalização dos outros poderes.

Nas ditaduras, o poder é exercido por uma pessoa, um grupo de pessoas ou mesmo uma instituição. Extinguem-se ou cerceiam-se ao máximo os direitos políticos dos cidadãos e os direitos básicos do ser humano, como a integridade física, a inviolabilidade do lar e o direito à privacidade.

Os regimes militares na América Latina em que o poder foi exercido pelas Forças Armadas são exemplos de ditaduras.

Na Argentina, no Chile e no Uruguai, as atividades políticas foram proibidas. No Brasil, embora houvesse eleições parlamentares, leis restritivas impediram a livre manifestação do eleitorado. A regra das ditaduras militares latino-americanas foi a suspensão dos direitos civis, com o trágico saldo de torturados, mortos e desaparecidos.

- **Segundo o texto, o que define uma ditadura em oposição a um regime democrático na história contemporânea da América Latina? Discutam em grupos e respondam à pergunta.**

### Vamos testar?

1. Sobre a Revolução Mexicana, assinale a alternativa correta:
   a) Durante a ditadura de Porfirio Díaz, o México conheceu profundas injustiças sociais, embora os camponeses tivessem sido beneficiados com a reforma agrária.
   b) Os líderes camponeses que mais se destacaram foram Emiliano Zapata e Pancho Villa. O primeiro representava os interesses das comunidades indígenas, cujas terras haviam sido tomadas pelos grandes proprietários rurais. Já o segundo liderava camponeses desprovidos

de terras e defendia a formação de colônias agrícolas e militares.

c) Venustiano Carranza formou o exército constitucionalista e, com o apoio de Villa e Zapata, tornou-se presidente da República.

d) A Constituição de 1917 não deu fim aos conflitos sociais no México: operários urbanos continuaram reivindicando leis sociais, e camponeses armados lutavam por terra.

e) Lázaro Cárdenas foi o presidente mexicano que, nos anos 1930, realizou reformas econômicas e sociais, mas à custa de violenta ditadura e repressão ao povo.

2. No Chile, Salvador Allende propôs conduzir o país ao socialismo por meios pacíficos. No entanto, em 1973, um violento golpe militar pôs fim ao seu governo.

Sobre esse período no Chile, assinale a única alternativa incorreta.

a) Em seu projeto de transição pacífica ao socialismo, Allende estatizou o sistema bancário, indústrias, minas de cobre e levou adiante a reforma agrária.

b) Embora a classe média, empresários, latifundiários e políticos conservadores fossem contra Allende, ele recebeu o importante apoio do governo dos Estados Unidos.

c) Ao saber do golpe de Estado, Allende resistiu na sede do governo – o Palácio de La Moneda – até o momento em que bombas começaram a ser lançadas por aviões de caça da Força Aérea.

d) O general Augusto Pinochet impôs a ditadura no Chile, perseguindo, prendendo e assassinando militantes de esquerda, estudantes, artistas e intelectuais.

e) Pinochet adotou programa econômico liberal, atraindo capital estrangeiro, privatizando empresas estatais e liberando os preços das mercadorias.

**Conexões** História e Literatura

## Biografias

Alguns historiadores se dedicam a escrever biografias. A trajetória de vida de um personagem permite ao historiador compreender determinados aspectos econômicos, políticos, sociais, ideológicos e culturais do tempo em que ele viveu.

Neste capítulo, vimos dois personagens importantes na história do Chile, ambos presidentes da República: Salvador Allende, eleito pelo povo; e o general Augusto Pinochet, que chegou ao poder por meio de um golpe de Estado.

Observe a fotografia de Salvador Allende, na qual ele discursa durante um encontro político. Repare que a expressão de seu rosto e o gesto de seu braço sugerem que ele está defendendo alguma ideia.

Agora, observe a fotografia de Pinochet, em que ele aparece acompanhado de outros membros da Junta Militar que, em 1973, assumiu o poder no Chile. Note que ele está de semblante sério e com óculos escuros escondendo seus olhos.

- **Em grupos, pesquisem a biografia desses dois personagens: Allende e Pinochet. Enfoquem a época em que eles governaram o Chile, e como governaram, ressaltando como alcançaram a presidência da República.**

Horacio Villalobos/Corbis/via Getty Images

O general Augusto Pinochet, em 1973.

Salvador Allende, em 1970.

Prensa Latina/Afp

# O Brasil e a república democrática

CAPÍTULO
12

Djanira da Motta e Silva/Palácio dos Bandeirantes, São Paulo, SP.

*Festa do Divino em Parati*, de 1962, pintura de Djanira da Motta e Silva (óleo sobre tela, 314 cm × 472 cm). Djanira começou a pintar em um sanatório para tuberculosos, onde foi internada em 1937 após adoecer. Depois que se recuperou, largou a costura e dedicou-se à pintura, tornando-se uma das mais importantes artistas plásticas brasileiras. Nos anos 1950, após viajar pelo interior do país, dedicou-se a temas como o trabalho, a cultura e a religiosidade populares. Em tempos de democracia, Djanira expressou o Brasil dos trabalhadores.

Ao avaliar o período democrático que começou em 1945 e terminou em 1964, o sociólogo Gláucio Soares chegou à imagem de um progresso desigual. Na economia ocorreu uma extraordinária taxa de crescimento, particularmente industrial; na política, um claro e seguro progresso; na área social, o desenvolvimento foi mais lento. Em sua avaliação, "o crescimento econômico existiu e foi acelerado". Mas "o principal êxito do período foi ampliar a cidadania – sobretudo o direito de votar e, muito teoricamente, o direito de ser eleito – às classes médias e à classe trabalhadora".

Neste capítulo, conheceremos a primeira experiência democrática representativa vivida pela sociedade brasileira.

**Puxando pela memória**

Em 1960, a capital do Brasil foi transferida para uma nova cidade: Brasília. Você sabe qual foi o presidente da República que investiu na construção dessa nova capital?

| 1940 | 1941 |
|---|---|
| Fundação da Rádio Nacional, com sede no Rio de Janeiro. | Fundação da Companhia Atlântida Cinematográfica. |

# 1. A crise do Estado Novo

No segundo semestre de 1944, a Segunda Guerra Mundial aproximava-se do fim, com a derrota da Alemanha nazista e do Japão imperial. O mundo estava muito diferente dos anos 1930, quando Getúlio Vargas chegara ao poder. Com a vitória dos Aliados, a democracia liberal recuperou seu prestígio. A ditadura do Estado Novo estava condenada.

Os principais comandantes militares, que até então tinham apoiado o governo ditatorial de Getúlio, passaram a exigir a implantação de um regime democrático.

Durante o ano de 1945, a sociedade brasileira viveu a transição da ditadura para a democracia. Em fevereiro, acabou a censura à imprensa. Em abril, a decretação da anistia pelo governo libertou todos os presos políticos. Foram marcadas para 2 de dezembro eleições para presidente da República, deputados federais e senadores.

Novos partidos políticos foram organizados. Entre os grupos de oposição, o grande destaque foi a fundação da **União Democrática Nacional** (**UDN**). O partido ficou conhecido por ser antigetulista e anticomunista, pela defesa do moralismo e pela oposição à intervenção do Estado na economia. Os udenistas defendiam, ainda, a abertura do país ao capital estrangeiro, com um programa inspirado no liberalismo econômico. A UDN tinha base nas cidades do interior e forte influência sobre as classes médias das capitais de alguns estados.

O **Partido Trabalhista Brasileiro** (**PTB**) reuniu líderes do movimento sindical que apoiavam a política trabalhista de Vargas e pretendiam obter o voto dos trabalhadores urbanos. O PTB identificava-se diretamente com o governo Vargas, ao defender o nacionalismo, o desenvolvimento econômico e as leis sociais. Logo o partido passaria a propor reformas econômicas e sociais, com um programa de esquerda.

Por iniciativa dos interventores dos estados, que controlavam as antigas máquinas eleitorais, foi organizado o **Partido Social Democrático** (**PSD**). O PSD se tornou o partido das elites políticas conservadoras dos estados, identificadas com as políticas públicas de Vargas. Sua base política eram os municípios do interior do país.

O **Partido Comunista do Brasil** (**PCB**), por sua vez, renasceu depois da grande repressão política que se seguiu à insurreição comunista de 1935. Luís Carlos Prestes, mesmo na prisão – ocorrida por causa de sua participação naquela rebelião –, tornou-se o secretário-geral do partido. A linha de atuação do PCB era a união nacional em torno do governo na luta contra o fascismo. Para os comunistas, naquele momento, o mais importante era derrotar a Alemanha nazista e defender a União Soviética.

No início de 1945, Prestes foi beneficiado com a anistia, deixando a prisão, e o PCB saiu da ilegalidade. Em seguida, Prestes declarou seu apoio a Getúlio: se o governo Vargas lutava contra a Alemanha nazista, era necessário estar a seu lado.

## O movimento queremista

Com as eleições marcadas, os partidos políticos lançaram seus candidatos à presidência. O brigadeiro Eduardo Gomes, da UDN, concorria com o general Eurico Gaspar Dutra, da coligação PSD/PTB, e com Yedo Fiúza, do PCB. Gomes recebeu amplo apoio dos meios de comunicação durante sua campanha.

Deposição de Getúlio Vargas.
Eleição do general Eurico Gaspar Dutra para a presidência da República.
1945

Dutra toma posse em 31 de janeiro.
Promulgação de uma nova Constituição em 18 de setembro.
1946

A imprensa oposicionista acusava Vargas de fascista e opressor dos operários, dizendo que a legislação social elaborada em seu governo era um instrumento para enganar os trabalhadores. As críticas eram vistas com desconfiança por grande parte da população, já que os trabalhadores passaram a ter benefícios instituídos durante o seu governo.

Quando os jornais e os udenistas começaram a atacar a legislação trabalhista e o governo Vargas, os trabalhadores passaram a se sentir ameaçados, pois associavam seus direitos sociais à pessoa do presidente. Em abril de 1945, em muros e postes das ruas das grandes cidades surgiram frases como "Nós queremos Getúlio". Essa ideia logo se espalhou por todo o país, dando início ao **movimento queremista**.

O queremismo cresceu rápido, com vários comícios exigindo que Vargas continuasse na presidência da República.

**Os candidatos**

Eduardo Gomes (1896-1981) era ex-integrante do movimento tenentista e um dos sobreviventes da revolta ocorrida em 1922, que ficou conhecida como 18 do Forte. Eurico Dutra (1883-1974) era ministro da Guerra de Vargas.

Yedo Fiúza (1894-1975) era prefeito da cidade de Petrópolis, no Rio de Janeiro.

Reprodução/Empresa Brasileira de Notícias, Rio de Janeiro, RJ.

Cena de comício queremista realizado no largo da Carioca, no Rio de Janeiro, em 20 de agosto de 1945.

## Queda de Getúlio, eleições presidenciais

A mobilização popular estimulada pelo queremismo assustou os liberais da UDN e setores importantes do Exército, receosos de que se tratasse de uma manobra política de Vargas para continuar no poder. Assim, em 29 de outubro, um golpe liderado pela alta cúpula do Exército retirou-o da presidência da República, que foi assumida pelo então presidente do Supremo Tribunal Federal, ministro José Linhares. Getúlio foi para São Borja, cidade no oeste do Rio Grande do Sul. Era o fim do Estado Novo.

Cassação do registro do PCB.

1947

Eleição de Getúlio Vargas para a presidência da República.
Divulgação do Manifesto de Agosto pelo PCB.

1950

As eleições para presidente da República, deputados federais e senadores foram mantidas. Também ficou decidido que os parlamentares eleitos formariam uma Assembleia Nacional Constituinte, com o objetivo de elaborar uma nova Constituição para o país.

A vitória do brigadeiro Eduardo Gomes era dada como certa. No entanto, Vargas apoiou a candidatura do general Eurico Gaspar Dutra, com a condição de que ele preservasse as leis sociais. O apoio foi fundamental para a vitória de Dutra com mais de 55% dos votos. Getúlio Vargas e Luís Carlos Prestes foram eleitos senadores, com grande votação nas cidades. Dutra e os parlamentares foram empossados em 31 de janeiro de 1946.

Pela primeira vez na história do Brasil, os antigos coronéis, aqueles que controlavam os votos dos eleitores na Primeira República, foram derrotados nos próprios currais eleitorais. Surpresos e contrariados, reconheceram que os trabalhadores expressaram a própria vontade política nas eleições.

## Outra dimensão — Conflitos sociais

### A luta continua

As lutas dos movimentos afro-brasileiros iniciadas nos anos 1930 pela igualdade social e contra o racismo continuaram no período democrático.

Em 1944, ao final da ditadura do Estado Novo, um grupo de atores negros, entre eles Abdias Nascimento (1914-2011), fundou o Teatro Experimental Negro (TEN), que nos anos seguintes se transformou em um movimento político que trabalhava pela valorização social do negro por meio da educação, da cultura e da arte.

Em novembro de 1945, foi realizada a Convenção Nacional do Negro Brasileiro. Em carta aberta, os integrantes do evento afirmaram: "Devemos ter o desassombro de ser, antes de tudo, negros, e como tais os únicos responsáveis por nossos destinos, sem consentir que eles sejam tutelados ou patrocinados por quem quer que seja". Entre as reivindicações, pediam que fossem escritas na Constituição a origem étnica do povo brasileiro, a criminalização do preconceito racial e a garantia de acesso ao ensino público dos afro-brasileiros.

Em maio de 1949, no Rio de Janeiro, foi realizada a Conferência Nacional do Negro. Várias personalidades se destacaram na luta antirracista, entre elas Abdias Nascimento e o sociólogo Guerreiro Ramos (1915-1982).

A luta contra a discriminação racial, a união em torno de ideais comuns, o direito de participar da vida política, a garantia de usufruir dos direitos sociais e a elevação da autoestima dos afro-brasileiros estiveram na pauta do movimento negro no período democrático.

- Com o fim da ditadura militar, em 1985, uma série de leis criminalizou o racismo, culminando no Estatuto da Igualdade Racial de 2010. Mas a primeira legislação que combateu o preconceito racial foi a Lei n. 1 390, de 1951, chamada Lei Afonso Arinos. Pesquise sobre essa lei e comente sobre seus fundamentos.

Arquivo/Agência O Globo

Abdias Nascimento e Léa Garcia em cena da peça *Sortilégio*, do grupo Teatro Experimental Negro (TEN), em 1957.

Greve dos 300 mil, em São Paulo.
Fundação da Petrobras.
1953

Em janeiro, ocorre o atentado da rua Tonelero contra Carlos Lacerda.
Em 24 de agosto, Getúlio Vargas suicida-se.
1954

## 2. Tempo de democracia

A Assembleia Nacional Constituinte elaborou a nova Constituição do Brasil, promulgada em 18 de setembro de 1946. Pela primeira vez, instaurou-se um regime democrático representativo no país.

A Constituição estabeleceu que os três poderes – Executivo, Legislativo e Judiciário – eram independentes. Os integrantes do Legislativo e do Executivo eram escolhidos em eleições livres e fiscalizadas por tribunais eleitorais; o voto era secreto e direto; os partidos políticos apresentavam programas definidos; a imprensa tinha ampla liberdade; os direitos sociais dos trabalhadores foram preservados, enquanto os direitos políticos passaram a ser exercidos de maneira efetiva, embora com uma limitação: os analfabetos ainda não tinham o direito de votar.

Com a eclosão da Guerra Fria, o governo Dutra alinhou o Brasil de maneira incondicional aos EUA. Em 1947, rompeu relações diplomáticas com a URSS. Com essa medida, Dutra esperava obter ajuda financeira dos Estados Unidos, o que não ocorreu. A preocupação estadunidense era com a reconstrução da Europa Ocidental.

### A História no seu lugar

A grande novidade da Constituição de 1946 foi o estabelecimento, no Brasil, de uma das modalidades dos direitos de cidadania: os **direitos políticos**. Pelo voto secreto, a população passou a eleger seus representantes.

Discuta com os colegas: como o voto nas eleições e a participação nos debates sobre os problemas de sua comunidade podem contribuir para melhorar as condições de vida do bairro, da cidade, do estado e do próprio país?

## O Partido Comunista volta à ilegalidade

No início da democratização, o PCB vivia um período de crescimento. Com uma linha política moderada, obteve boas votações entre 1945 e 1947 e ampliou o número de filiados. Os dirigentes do partido defendiam a união dos patriotas para a solução dos problemas nacionais por "vias pacíficas".

## Outra dimensão Cidadania

### Direitos políticos e direitos civis

O período que se iniciou com a promulgação da Constituição de 1946 e terminou com o golpe de 1964 foi a primeira experiência democrática no Brasil. Durante essa experiência, houve avanço dos direitos de cidadania.

A grande novidade foram os direitos políticos. A população elegeu, pela primeira vez, presidentes da República, governadores de estados, prefeitos, deputados federais e estaduais, senadores e vereadores por meio do voto direto e secreto. Os partidos políticos tornaram-se nacionais, com programas definidos. Mas houve também restrições, como o impedimento do voto aos analfabetos e a cassação do Partido Comunista.

Quanto aos direitos civis, houve avanços importantes. A liberdade de imprensa, religiosa e de organização, bem como a livre expressão de pensamento e de opinião, foram garantidas nesse período. Contudo, para a população pobre e trabalhadora, os direitos civis mantiveram-se precários em muitos aspectos. As discriminações contra negros e mulheres também permaneceram. O acesso à Justiça, por exemplo, continuou sendo privilégio das elites devido ao alto custo e à demora dos processos judiciais.

Em resumo, após conquistar seus direitos sociais nos anos 1930, a sociedade brasileira teve acesso aos direitos políticos. No entanto, a conquista plena dos direitos civis ainda levaria muito tempo.

- No Brasil, os debates sobre direitos de cidadania dão ênfase aos direitos sociais e políticos, mas não tanto aos direitos civis. Cite alguns direitos civis fundamentais e avalie a importância deles na vida em sociedade.

Eleição de Juscelino Kubitschek para a presidência da República. Tentativa de golpe militar.

1955

Em abril, inauguração de Brasília. Vitória de Jânio Quadros nas disputas presidenciais.

1960

Reprodução/Arquivo público do estado do Rio de Janeiro, Rio de Janeiro, RJ.

Com a cassação do registro do PCB, os comunistas passaram da moderação à radicalização, abandonaram o lema da união nacional e acusaram o governo Dutra de traição nacional. O radicalismo começou em 1948, mas se tornou oficial em 1950 por meio de um documento conhecido como Manifesto de Agosto, no qual os comunistas propunham a criação de uma Frente Democrática de Libertação Nacional.

O clima de radicalização da Guerra Fria, o anticomunismo presente em diversos setores da sociedade brasileira e a política externa do governo Dutra atingiram duramente o PCB. Em 1947, o Superior Tribunal Eleitoral cassou o registro do partido, declarando-o ilegal.

A partir da decretação da ilegalidade do PCB, vários sindicatos sofreram intervenção. Os dirigentes comunistas convocaram o povo para a luta armada pela tomada do poder. Mas tal radicalismo não recebeu apoio da sociedade. O PCB, isolado, perdeu expressão política.

## O liberalismo do governo Dutra

No plano econômico, o governo Dutra (1946-1951) caracterizou-se por medidas liberais. Houve redução dos investimentos governamentais com o objetivo de controlar as contas públicas. Acabaram-se, ainda, as restrições às importações, o que consumiu rapidamente as reservas em moeda estrangeira acumuladas no governo Vargas. O resultado foi a volta da inflação e o desequilíbrio das contas públicas. Era o fracasso da política econômica liberal.

Nesse contexto, o governo Dutra retomou a linha do Estado interventor, inaugurado no governo Vargas, e lançou o **Plano SALTE** – um programa quinquenal para o desenvolvimento das áreas de saúde, alimentação, transporte e energia. Contudo, por falta de recursos, várias metas do plano não foram alcançadas.

## O retorno de Getúlio Vargas

Nas eleições de outubro de 1950, Vargas lançou-se candidato pelo PTB, em aliança com o pequeno Partido Social Progressista (PSP). O PSD lançou Cristiano Machado, mas na prática apoiou Vargas. A UDN voltou a concorrer com Eduardo Gomes – que novamente contou com a simpatia dos jornais e das estações de rádio.

A campanha eleitoral de Vargas, em defesa do nacionalismo e do trabalhismo, foi ignorada pelos meios de comunicação. Mesmo assim, ele foi vitorioso, com 48,7% dos votos. O resultado foi contestado pelos udenistas, que tentaram impedir a sua posse. Para eles, era difícil aceitar que o antigo ditador voltasse à presidência por meio de eleições democráticas.

Embora a Constituição exigisse que o eleito tivesse apenas a maioria simples dos votos, os udenistas alegaram que Vargas não obteve a maioria absoluta, ou seja, mais de 50% dos votos. A Justiça Eleitoral, no entanto, não aceitou o argumento.

Vargas tomou posse em 31 de janeiro de 1951 e assumiu um país em crise econômica. Logo, no entanto, conseguiu diminuir a inflação, obtendo índices positivos de crescimento econômico. Porém, em 1952, deparou-se com uma série de dificuldades, sobretudo a suspensão, pelo governo dos EUA, de financiamentos para projetos de desenvolvimento.

Em 25 de agosto, Jânio renuncia.
Em 2 de dezembro, é implantado o regime parlamentarista.
*1961*

Plebiscito aprova o retorno ao regime presidencialista.
*1963*

Apesar das dificuldades, Vargas implementou uma política de incentivo à modernização, propondo a criação da Petrobras, da Eletrobras, do Fundo Nacional de Eletrificação, do Conselho Nacional de Pesquisa (CNPq) e do Banco Nacional de Desenvolvimento Econômico (BNDE).

Acreditava-se que a industrialização promovida por empresas de capital nacional e a defesa das riquezas naturais, como o petróleo, elevariam a renda das populações mais pobres e permitiriam ao país sair do atraso econômico, possibilitando a superação de sua dependência dos países ricos.

### Nacionalismo, democracia e petróleo

Nos anos 1950, democracia e nacionalismo não eram apenas programas defendidos pelo PTB, pelo PCB e por outras agremiações de esquerda: eram ideias valorizadas pela maioria da sociedade brasileira. A vitória dos nacionalistas viria com a criação da Petrobras, estatal fundada por Getúlio em 1953. Na campanha, que ficou conhecida como "O petróleo é nosso", trabalhistas, comunistas, estudantes, sindicalistas e militares apoiaram o projeto de nacionalizar o petróleo em vários comícios.

Em seu segundo governo, Vargas defendeu o nacionalismo e valorizou o petróleo, o ouro negro, para o desenvolvimento do país.

## Política indigenista

No início dos anos 1950, constatou-se que a população indígena estava diminuindo devido, sobretudo, às invasões das terras onde viviam e às doenças transmitidas pelo contato com a população urbana. Diante da gravidade da situação, o Serviço de Proteção ao Índio (SPI) abandonou definitivamente a orientação, elaborada ainda na Primeira República pelo marechal Cândido Rondon, e adotou como política indigenista as ideias defendidas pelos irmãos Villas Bôas: reconhecer e respeitar as diferenças culturais. Assim, antropólogos foram contratados para o projeto, entre eles Darcy Ribeiro (1922-1997).

Entre as principais medidas tomadas no governo Vargas, destacou-se a proposta de criação do **Parque Nacional do Xingu**, em 1952. O objetivo dos irmãos Villas Bôas com o parque era preservar a natureza e defender os indígenas dos perigos decorrentes do desenvolvimento econômico capitalista. Dessa maneira, o ambiente natural e a vida humana estariam associados de maneira harmoniosa.

As resistências para a constituição do parque foram muitas, sobretudo de especuladores de terras. Assim, o Congresso Nacional só aprovou o decreto de Vargas, que criava o Parque Nacional do Xingu, em 1961, já no governo Jânio Quadros (1917-1992).

Nomeados diretores do Parque Nacional do Xingu, os irmãos Villas Bôas organizaram programas de saúde pública e assistência médica para os indígenas, que incluía vacinação em massa. O resultado mais imediato foi a retomada do crescimento da população indígena. Atualmente, a reserva chama-se Parque Indígena do Xingu.

**Fique de olho!**

*Xingu*. Direção: Cao Hamburguer. Brasil, 2012. O filme apresenta como os irmãos Villas Bôas (Orlando, Cláudio e Leonardo) assumiram o comando da Expedição Roncador-Xingu e se aproximaram das populações indígenas, buscando proteger suas terras e culturas.

## Darcy e Nutels

Em 1953, ano seguinte à proposta de fundação do Parque Indígena do Xingu, Darcy Ribeiro criou o Museu do Índio, no Rio de Janeiro. Em 1955, o Serviço de Proteção ao Índio instituiu 106 postos para assistência aos indígenas. Noel Nutels (1913-1973) foi personagem importante nas políticas públicas de saúde a essa população, instituindo, em 1957, o Serviço de Unidades Sanitárias Aéreas, para prestar assistência médica aos grupos do interior da Amazônia. Em 1963, Nutels assumiu a direção do SPI.

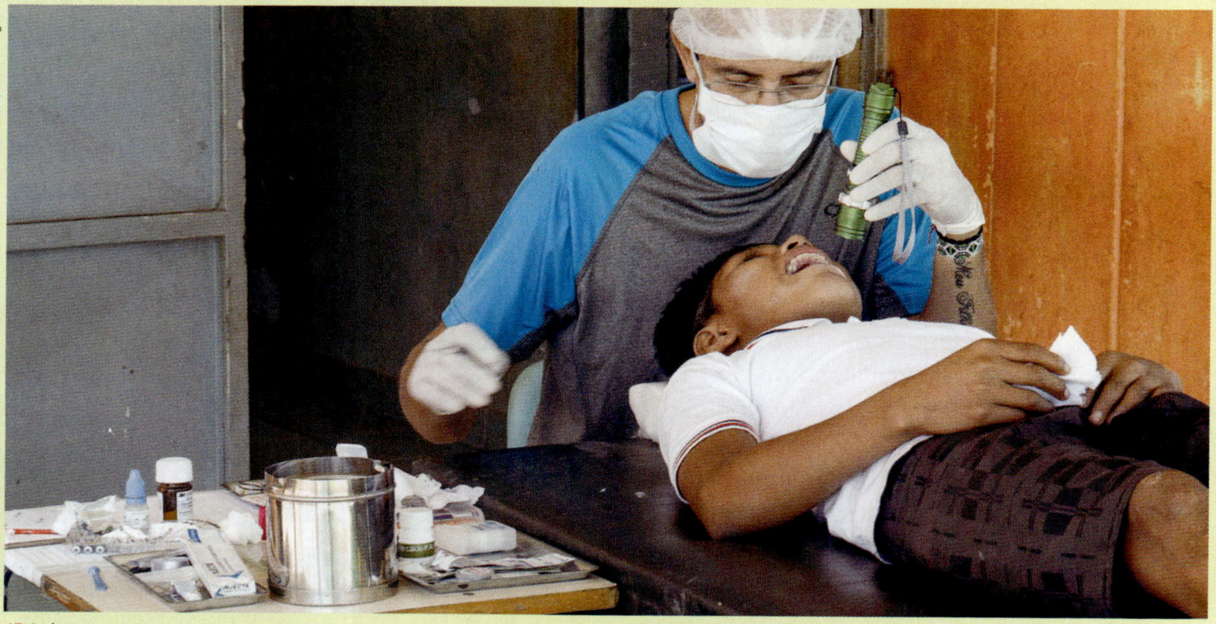
Luciola Zvarick/Pulsar Imagens

A área original do parque, localizado no atual estado de Mato Grosso, era de 22 mil quilômetros quadrados. Hoje, a reserva conta com quase 27 mil, algo equivalente ao território da Bélgica. Nessa área vivem diversos grupos indígenas. Com a atuação de médicos no Parque do Xingu, muitas doenças que assolavam as populações indígenas foram erradicadas, tais como: o sarampo, a catapora, a poliomielite e a difteria; outras, como a malária, foram controladas. No entanto, ainda continua elevado o número de mortes por doenças não tratadas entre os indígenas do Xingu.

## A crise do governo Vargas

Em 1953, vários sindicatos de trabalhadores de São Paulo entraram em greve por reajustes salariais, em um movimento que ficou conhecido como **Greve dos 300 mil**. Os grevistas mostravam que os trabalhadores não estavam passivos, pois lutavam por seus direitos.

Além disso, havia intensa oposição ao governo, com ataques radicais vindos tanto da UDN quanto do PCB. Os liberais udenistas e os comunistas não aceitaram o retorno de Vargas à presidência, mesmo que eleito democraticamente.

No Congresso Nacional, os parlamentares udenistas criticavam sistematicamente o governo, com denúncias e insultos. A crise política foi motivada pela proposta do ministro do Trabalho, João Goulart (1919-1976), de reajustar o salário mínimo, que se encontrava bastante defasado em decorrência da inflação, em 100%. Empresários, políticos da UDN e a alta oficialidade do Exército foram contra o aumento salarial. O presidente concedeu o reajuste, mas teve de demitir João Goulart.

O principal opositor de Vargas era o jornalista Carlos Lacerda (1914-1977), filiado à UDN. Sem o conhecimento do presidente, seu chefe de segurança, Gregório Fortunato (1900-1962), contratou capangas para assassinar Lacerda. O atentado ocorreu na rua Tonelero, no bairro de Copacabana, no Rio de Janeiro, na noite de 5 de janeiro de 1954. No entanto, o tiro mortal atingiu o major da Aeronáutica Rubens Vaz (1922-1954), pertencente a um grupo de oficiais da FAB que acompanhava e protegia Lacerda.

Lacerda acusou Getúlio de ser o responsável pelo crime. A UDN e setores das Forças Armadas iniciaram, então, um movimento para afastar Vargas da presidência – se necessário, até por meio de um golpe militar. O presidente resistiu por vários dias até se suicidar, no dia 24 de agosto de 1954.

## Outra dimensão Cultura

### O rádio e o cinema nas décadas de 1950 e 1960

Nas décadas de 1940 e 1950, o rádio e o cinema se popularizaram, tornando-se os principais meios de informação, divertimento e difusão cultural no Brasil. A Rádio Nacional, com sede no Rio de Janeiro, tornou-se líder absoluta de audiência. Fundada por Vargas em março de 1940, tratava-se de uma empresa estatal que tinha ampla liberdade de atuação.

A programação era sofisticada e muito criativa. Eram apresentados vários programas humorísticos, musicais, programas de auditório, noticiários e muitas novelas. No Rio de Janeiro, os índices de audiência alcançavam 50%. O sucesso era tanto que surgiram os fã-clubes dos artistas, conhecidos pelas rivalidades mútuas, como a famosa rixa entre as cantoras Marlene e Emilinha Borba.

A Atlântida, empresa cinematográfica fundada em outubro de 1941, atingiu o auge na década de 1950, tendo como principal gênero de filmes as chanchadas, produções de baixo custo e roteiro simples. Os diretores utilizavam como recursos a paródia e a comédia, criando identificação do trabalhador de baixa renda com os personagens.

O cinema nacional era uma forma de diversão que não exigia a leitura de legendas – era elevado o número de analfabetos na época. Os ingressos eram baratos e, assim, com público garantido e salas sempre cheias, o cinema tornou-se uma diversão de massa.

Nas décadas de 1950 e 1960, o cinema nacional produziu cerca de 300 filmes. No entanto, sem condições de concorrer com a indústria cinematográfica estadunidense e com o início da difusão da televisão no Brasil, a Atlântida e outras empresas de cinema fecharam suas portas.

- Faça uma pesquisa entre seus familiares e amigos para saber a frequência com que eles ouvem programas de rádio, quais os dispositivos utilizados (aparelhos de som, celular, computador, etc.) e o tipo de programação que costumam ouvir. Em seguida, analise os resultados obtidos e apresente-os à classe.

Arquivo/Folhapress

A cantora Emilinha Borba gravando programa para a Rádio Nacional, em São Paulo. Fotografia de 1952.

## Investigando o documento

### A carta-testamento de Getúlio Vargas

No início do dia 24 de agosto de 1954, sozinho em seu quarto no Palácio do Catete, Vargas atirou contra o próprio peito. Ao lado do seu corpo, uma carta foi encontrada. A chamada carta-testamento explicava o motivo do suicídio e denunciava a tentativa de golpe, a exploração dos trabalhadores e a dominação estrangeira no Brasil. Ao tomar conhecimento da tragédia, muitos concluíram que o presidente havia sido vítima de uma grande injustiça. Eis alguns trechos do documento.

Mais uma vez as forças e os interesses contra o povo coordenaram-se e novamente se desencadeiam sobre mim. Não me acusam, insultam; não me combatem, caluniam, e não me dão o direito de defesa. Precisam sufocar a minha voz e impedir a minha ação, para que eu não continue a defender, como sempre defendi, o povo e principalmente os humildes.

Sigo o destino que me é imposto. Depois de decênios de domínio e espoliação dos grupos econômicos e financeiros internacionais, fiz-me chefe de uma revolução e venci. Iniciei o trabalho de libertação e instaurei o regime de liberdade social. Tive de renunciar. Voltei ao governo nos braços do povo. A campanha subterrânea dos grupos internacionais aliou-se à dos grupos nacionais revoltados contra o regime de garantia do trabalho. A lei de lucros extraordinários foi detida no Congresso. Contra a justiça da revisão do salário mínimo se desencadearam os ódios. Quis criar liberdade nacional na potencialização das nossas riquezas através da Petrobras e, mal começa esta a funcionar, a onda de agitação se avoluma. A Eletrobras foi obstaculada até o desespero. Não querem que o trabalhador seja livre.

CPDOC/FGV

Populares choram a morte de Vargas no Rio de Janeiro, 1954.

Não querem que o povo seja independente. [...]

Tenho lutado mês a mês, dia a dia, hora a hora, resistindo a uma pressão constante, incessante, tudo suportando em silêncio, tudo esquecendo, renunciando a mim mesmo, para defender o povo, que agora se queda desamparado. Nada mais vos posso dar, a não ser meu sangue. Se as aves de rapina querem o sangue de alguém, querem continuar sugando o povo brasileiro, eu ofereço em holocausto a minha vida.

Escolho este meio de estar sempre convosco. [...] Meu sacrifício vos manterá unidos e meu nome será a vossa bandeira de luta. Cada gota de meu sangue será uma chama imortal na vossa consciência e manterá a vibração sagrada para a resistência. Ao ódio respondo com o perdão.

E aos que pensam que me derrotaram respondo com a minha vitória. Era escravo do povo e hoje me liberto para a vida eterna. Mas esse povo de quem fui escravo não mais será escravo de ninguém. [...] Lutei contra a espoliação do Brasil. Lutei contra a espoliação do povo. Tenho lutado de peito aberto. O ódio, as infâmias, a calúnia não abateram meu ânimo. Eu vos dei a minha vida. Agora vos ofereço a minha morte. Nada receio. Serenamente dou o primeiro passo no caminho da eternidade e saio da vida para entrar na História.

VARGAS, Getúlio. Carta-testamento. Disponível em: <www2.camara.leg.br/atividade-legislativa/plenario/discursos/escrevendohistoria/getulio-vargas/carta-testamento-de-getulio-vargas>. Acesso em: 26 abr. 2018.

1. Com base nos episódios narrados por Vargas em sua carta-testamento, construa uma linha do tempo.
2. Por que Vargas se considerava vitorioso perante seus inimigos?

## Sucessão, golpe e contragolpe

No Rio de Janeiro, após a morte de Vargas, trabalhadores percorreram as ruas e atacaram as sedes da UDN, de rádios e de jornais de oposição por três dias consecutivos. Em Porto Alegre, sedes de jornais, rádios e partidos políticos de oposição, lojas e bancos estadunidenses foram destruídos. Em São Paulo, ocorreram passeatas e fábricas foram fechadas. Em vários estados do Nordeste, a população demonstrou grande tristeza em manifestações de rua. Os udenistas e os militares antigetulistas ficaram paralisados diante do suicídio de Vargas e da revolta popular. Como resultado, o plano golpista fracassou.

O vice, Café Filho (1899-1970), do PSP, assumiu a presidência, mas, por motivo de doença, foi substituído pelo deputado Carlos Luz (1894-1961), presidente da Câmara dos Deputados.

Para as eleições de outubro de 1955, o PSD lançou o político mineiro Juscelino Kubitschek, para a presidência, e João Goulart, do PTB, como vice. Em muitos aspectos, essa aliança resgatava o legado de Vargas, o que desagradou aos liberais udenistas. A UDN lançou o general Juarez Távora (1898-1975), militar antigetulista.

Havia, entretanto, udenistas radicais, como Carlos Lacerda, que, receosos com o resultado das eleições, apoiavam um golpe militar.

A vitória coube a Juscelino, com cerca de 35% dos votos. Não demorou para que políticos da UDN e oficiais da Força Aérea e da Marinha tentassem impedir a posse de JK e de Jango, alegando tratar-se da volta do getulismo.

Com o objetivo de garantir a democracia e o respeito aos eleitores, o ministro da Guerra, o general Henrique Teixeira Lott (1894-1984), com o apoio dos comandantes do Exército, destituiu o presidente Carlos Luz, para desarticular o movimento golpista. Seguindo a linha de sucessão, o senador Nereu Ramos (1888-1958) assumiu a presidência.

Algo raro acontecia no Brasil: generais do Exército davam um golpe em favor da democracia e do respeito ao resultado das eleições. Com isso, o contragolpe liderado pelo general Lott reforçou sua imagem de militar legalista e democrata.

**Fique de olho!**

*Getúlio*. Direção: João Jardim. Brasil, 2014.
Narra a crise política de agosto de 1945 e os últimos dias de vida de Getúlio Vargas.

# JK e o nacional-desenvolvimentismo

Juscelino assumiu a presidência em 31 de janeiro de 1956 e anunciou, em seu discurso de posse, que seu governo faria o Brasil crescer 50 anos em apenas 5. Para tanto, elaborou-se um planejamento quinquenal nomeado **Plano de Metas**. Entre os objetivos, destacavam-se o aumento significativo da produção de petróleo, carvão, energia elétrica, aço e cimento e a construção de rodovias e ferrovias.

Desde o fim da Segunda Guerra, a economia mundial estava marcada pela expansão das chamadas **empresas multinacionais** – aquelas que tinham sua sede em um país, mas produziam em outros, especialmente nos países do chamado Terceiro Mundo, com o objetivo de diminuir os custos por meio de salários mais baixos. O governo de Juscelino Kubitschek buscou atrair essas empresas para investirem no Brasil, oferecendo uma política de crédito e de benefícios fiscais generosa.

## Conversa de historiador

### A Terceira República (1945-1964)

A Constituição de 1946 inaugurou o regime de democracia-liberal no país, também chamada de democracia representativa. Alguns historiadores, como Angela de Castro Gomes, referem-se ao período entre 1945 e 1964 como Terceira República, interpretada como a primeira experiência democrática da República brasileira.

> Retomar o período da experiência liberal-democrática de 1945-64 é uma oportunidade de explorar o momento em que a sociedade brasileira viveu sua primeira experiência de eleitoralização da política. Ou seja, o período em que conheceu partidos políticos nacionais e de massa; em que experimentou eleições sistemáticas para o Executivo e o Legislativo (federal, estadual e municipal); enfim, em que realizou o que se chama "aprendizado da política" eleitoral, em novos e mais amplos marcos. [...]
>
> Todas [as eleições desse período] evidenciaram um bom grau de correção e competitividade, o que em grande parte se atribui à existência e ao funcionamento da Justiça Eleitoral, além do aperfeiçoamento da legislação eleitoral existente.
>
> Evidentemente e ainda mais uma vez, não se quer dizer com isso que inexistissem fraudes, violência, clientelismo etc. Porém, tais eventos não chegaram a alterar significativamente quaisquer resultados eleitorais, o que é compatível com dinâmicas políticas como a de eleições. De toda forma, no Brasil de 1946-64, estabeleceu-se um sistema multipartidário de âmbito nacional, atuando em condições de sufrágio universal e eleições competitivas, com efetiva alternância de poder.

GOMES, Angela de Castro. Jango e a República de 1945-64: da República populista à Terceira República. In: SOIHET, Rachel et al. *Mitos, projetos e práticas políticas*. Memória e historiografia. Rio de Janeiro: Civilização Brasileira, 2009. p. 36 e 49.

- **Destaque os argumentos utilizados pela autora para definir o regime político de 1945-1964 como democrático, apesar das limitações existentes.**

O Plano de Metas priorizava as indústrias de base e de bens de consumo duráveis, como eletrodomésticos e automóveis. O governo JK buscou apoio no capital privado nacional e estrangeiro em seu projeto desenvolvimentista. Embora se afastando do modelo nacionalista e estatista de Vargas, JK também defendia que países pobres, como o Brasil, precisavam de um Estado que investisse na economia e planejasse o desenvolvimento.

O Brasil passou a ter uma nova capital, de arquitetura moderna, planejada pelos arquitetos Oscar Niemeyer e Lúcio Costa, no interior do estado de Goiás, em meio ao Cerrado. Brasília era a grande meta de JK. Quando Brasília assumiu a condição de Distrito Federal, o Rio de Janeiro deixou de ser a capital da República e se tornou um novo estado: o da Guanabara.

#### Democracia e desenvolvimento

O governo JK tinha maioria no Congresso Nacional, em decorrência da aliança entre o PSD e o PTB. Contava com apoio militar, por causa da liderança do general Lott, e desfrutava de certa tranquilidade graças à atuação de Goulart junto aos sindicatos. O Brasil viveu um período marcado pela democracia e pelo desenvolvimento.

## Desenvolvimento e inflação

Ao final do governo Juscelino, o Brasil havia mudado. A produção industrial aumentou em 80%, e a renda *per capita* tornou-se três vezes maior. Entre 1956 e 1960, a taxa média de crescimento da economia foi de 8,1%. Hidrelétricas foram construídas, como Três Marias e Furnas, e grandes investimentos foram realizados no setor de transporte, principalmente em rodovias: Belém-Brasília (2 000 quilômetros), Acre-Brasília (2 500 quilômetros), Fortaleza-Brasília (1 500 quilômetros), Belo Horizonte-Brasília (700 quilômetros) e Goiânia-Brasília (200 quilômetros) foram todas construídas nesse período. Também foram construídos mais de 1 000 quilômetros de ferrovias, e a construção naval teve grande impulso.

Apesar disso, o país encontrava-se endividado: era necessário saldar as dívidas contraídas no exterior. Além disso, os gastos públicos para o financiamento dos projetos de desenvolvimento haviam gerado inflação

O Fundo Monetário Internacional (FMI) sugeriu um programa de contenção das despesas públicas que provocaria recessão e desemprego. Juscelino, que estava no fim de seu mandato, preferiu romper com o FMI e transferir o problema para seu sucessor.

### O crescimento das esquerdas

Nesse período, surgiram vários grupos políticos que defendiam reformas sociais. O PTB recebeu apoio de setores nacionalistas do Exército e do movimento sindical – que também se fortaleceu. Os estudantes ganharam espaço com a União Nacional dos Estudantes (UNE). Comunistas e trabalhistas, até então adversários, passaram a atuar juntos, conquistando a diretoria de vários sindicatos.

O Partido Comunista voltou a crescer ao abandonar a linha radical e adotar uma postura moderada em 1958. Seus dirigentes reconheceram a importância da democracia e admitiram a passagem pacífica para o socialismo.

Os trabalhadores rurais não ficaram alheios a esses movimentos. Nos canaviais de Pernambuco, a organização dos trabalhadores deu origem às **Ligas Camponesas**, nas quais se destacou como líder o advogado Francisco Julião.

## O governo Jânio Quadros

Na sucessão presidencial, o PSD, com o apoio dos grupos nacionalistas e do PTB, lançou o general Henrique Lott como candidato e João Goulart como vice. Os udenistas apoiaram um político que não pertencia ao partido, mas era muito popular entre os eleitores. Ele começou sua carreira como vereador da cidade de São Paulo, depois foi prefeito, governador e deputado federal. Seu nome era Jânio Quadros.

Nas eleições, Jânio recebeu a maior votação até então registrada na história do país: mais de 5,5 milhões de votos (48% do total). Como a legislação permitia que o eleitor votasse em candidatos de partidos diferentes para presidente e vice-presidente, muitos sindicalistas apoiaram Jânio para presidente e Jango para vice, formando a dupla **Jan-Jan**. Ambos foram eleitos.

Para controlar as contas públicas e obter créditos no exterior, o governo Jânio seguiu a política econômica orientada pelo FMI, que implicava em recessão econômica e contenção dos salários.

Algumas iniciativas polêmicas, como a proibição das brigas de galo e do uso de biquíni na televisão, marcaram o governo Jânio Quadros. Mas medidas que contrariavam interesses poderosos, como a lei antitruste e a que restringia a remessa de lucros ao exterior, também foram tomadas.

A política externa foi o que houve de mais inovador em seu governo. O governo firmou acordos comerciais com países do bloco socialista, como a URSS, e também criou embaixadas em vários países africanos. A nova orientação das relações exteriores do Brasil ficou conhecida como **Política Externa Independente**.

No conjunto, as iniciativas de Jânio não trouxeram o apoio das esquerdas e geraram desconfiança e oposição dos políticos conservadores.

**Fique de olho!**

***Os anos JK – uma trajetória política.***
Direção: Sílvio Tendler. Brasil, 1980.
Documentário que trata da história contemporânea do Brasil por meio da trajetória política de JK.

***Um sonho intenso.***
Direção: José Mariani. Brasil, 2015.
Com depoimentos de economistas e imagens de época, o filme narra o processo de industrialização no Brasil dos anos 1930 aos dias atuais, discutindo o projeto nacional-desenvolvimentista.

Memorial JK. Disponível em: <www.memorialjk.com.br>. Acesso em: 26 abr. 2018.
Disponibiliza acervo fotográfico sobre a vida pessoal e a trajetória política de JK.

Fundo Correio da Manhã/Arquivo Nacional, Rio de Janeiro, RJ.

A criação de Comissões de Sindicância para investigar atos de corrupção no governo JK, que logo identificaram deputados e senadores envolvidos em desvio de dinheiro público, contrariou os parlamentares, que queriam o fim das investigações.

Sem maioria parlamentar, a situação do governo piorou quando a UDN, que apoiara a candidatura de Jânio, passou a agir em oposição a ele.

Jânio Quadros em campanha eleitoral à presidência da República, em Engenheiro Camargo, São Paulo, em junho de 1960.

**Fique de olho!**

***Jânio a 24 quadros.*** Direção: Luís Alberto Pereira. Brasil, 1981. Com humor, apresenta cenas da história política brasileira entre 1950 e 1980, tendo Jânio Quadros como personagem central.

## A renúncia e a Campanha da Legalidade

Em 1961, por orientação de Jânio, João Goulart viajou para a China comunista com o objetivo de instituir relações comerciais com o país. Dias depois, em 25 de agosto, inesperadamente, Jânio Quadros renunciou à presidência da República. O país foi tomado de surpresa, e muitos analistas sugerem que seu ato intempestivo integrava um plano para dar um golpe de Estado.

De acordo com a Constituição, o vice-presidente deveria assumir a presidência da República. Contudo, os ministros militares não aceitavam a posse de João Goulart, desrespeitando a Constituição. Queriam que o Congresso Nacional votasse o *impeachment* (impedimento) do vice-presidente. Os parlamentares não aceitaram, criando um impasse político.

O governador do Rio Grande do Sul, Leonel Brizola (1922-2004), tomou a decisão de enfrentar o golpe dos ministros militares e insistiu no cumprimento da Constituição e na manutenção da legalidade democrática. Exigiu a posse de Jango, num movimento que ficou conhecido como **Campanha da Legalidade**.

O movimento ganhou força quando o general Machado Lopes, comandante do III Exército, com sede no Rio Grande do Sul, tomou a decisão de apoiar a posse de Jango. A UNE e vários sindicatos em todo o país declararam greve. A Ordem dos Advogados do Brasil (OAB), a Conferência Nacional dos Bispos do Brasil (CNBB) e os partidos políticos, inclusive a UDN, também se manifestaram pelo cumprimento da Constituição. A única liderança civil que apoiou abertamente o golpe militar foi o udenista Carlos Lacerda, então governador do estado da Guanabara.

Após muitas negociações políticas, o Congresso Nacional aprovou, no dia 2 de dezembro de 1961, uma Emenda Constitucional que modificou o regime presidencial para parlamentar. Ficou decidido que João Goulart assumiria a presidência da República sob o regime parlamentarista, ou seja, Jango se tornaria presidente, mas não governaria o Brasil. O governo seria chefiado pelo primeiro-ministro.

Fundo Correio da Manhã/Arquivo Nacional, Rio de Janeiro, RJ.

Em Porto Alegre, durante a Campanha da Legalidade, o comandante do III Exército, general Machado Lopes (à direita), e o governador do Rio Grande do Sul, Leonel Brizola (ao centro), acompanham João Goulart (à esquerda) do aeroporto até o Palácio Piratini.

## O retorno ao presidencialismo e o governo João Goulart

João Goulart tomou posse no dia 7 de setembro de 1961, com as contas públicas descontroladas e uma dívida externa preocupante. Seu programa político eram as chamadas **reformas de base**, também defendidas pelas esquerdas.

Além das reformas bancária, fiscal, urbana, tributária, administrativa, agrária e universitária, seu programa previa a legalização do PCB, a extensão do direito de voto aos analfabetos, o controle do capital estrangeiro e o monopólio estatal de setores estratégicos da economia. Contudo, no regime parlamentarista, João Goulart não tinha como levar essas reformas adiante.

O governo, nesse período, trabalhou com uma dupla estratégia política: primeiro, recuperar os poderes presidencialistas; segundo, alcançar maioria no Congresso Nacional, unindo o PTB e o PSD. Em 6 de janeiro de 1963, o primeiro objetivo foi alcançado: por meio de um plebiscito, a grande maioria da população decidiu que o regime voltaria a ser presidencialista. Mas a estratégia de obter a maioria no Congresso fracassou. As esquerdas acusavam Goulart de agir com muita moderação política. E, receosos, muitos parlamentares do PSD aliaram-se aos da UDN no Congresso Nacional. Jango ficou sem uma base parlamentar consistente.

Além disso, a tensa conjuntura internacional da Guerra Fria atuava de maneira negativa na política brasileira, agravando os conflitos entre direitas e esquerdas. O processo revolucionário cubano assustava os grupos conservadores, temerosos de que o mesmo pudesse ocorrer no Brasil.

**Fique de olho!**

*Jango.* Direção: Sílvio Tendler. Brasil, 1984.
O documentário trata da vida do ex-presidente da República João Goulart, desde o início de sua vida pública até a sua morte no exílio em 1976.

### Cresce a radicalização

Goulart procurou negociar com os EUA a dívida externa e obter novos empréstimos. Mas a resposta estadunidense foi que novos financiamentos somente seriam liberados se houvesse uma política de contenção de gastos públicos e arrocho salarial. Para Jango, essas exigências eram inaceitáveis, pois prejudicavam os trabalhadores.

A situação econômica piorava, agravada pela inflação.

Em janeiro de 1963, Jango anunciou seu plano de governo. O **Plano Trienal** previa o controle das contas públicas e da inflação, por meio de negociações com o FMI, e a implementação das reformas de base.

## Outra dimensão | Conflitos sociais

### O radicalismo político e a reforma agrária

O clima político e social no país estava acirrado. A reforma agrária, por exemplo, era tida como necessária por diversos setores da sociedade brasileira, incluindo os conservadores. Para o PTB e as esquerdas, ela deveria ser realizada sem nenhum tipo de indenização aos proprietários. O PSD aceitava a reforma agrária, desde que atingisse apenas terras improdutivas e envolvesse algum tipo de indenização.

Organizações de esquerda – como a UNE, o Comando Geral dos Trabalhadores (CGT), a Frente Parlamentar Nacionalista (FPN), as Ligas Camponesas e setores mais radicais do PTB, liderados por Brizola, exigiam a realização de uma reforma agrária radical. O lema era "Reforma agrária na lei ou na marra".

Ao mesmo tempo, duas outras organizações de direita se destacaram. No Instituto de Pesquisas e Estudos Sociais (Ipes), estavam diversos políticos, empresários e militares. O Instituto Brasileiro de Ação Democrática (Ibad) tinha como uma de suas atividades gerenciar o dinheiro que vinha dos EUA para apoiar parlamentares contrários à reforma agrária. O Ipes e o Ibad tinham como objetivo desestabilizar o governo Goulart.

- **Observe atentamente a fotografia ao lado e leia a legenda. Em seguida, elabore um texto descrevendo os elementos presentes na imagem.**

Reprodução/Acervo Iconographia

Primeiro Congresso Nacional de Lavradores e Trabalhadores Agrícolas, novembro de 1961. As organizações camponesas exigiam a realização imediata da reforma agrária: "Na lei ou na marra".

O Plano Trienal foi recusado pelos empresários que não aceitaram a restrição dos créditos. As esquerdas, por sua vez, exigiam a reforma agrária imediata e a estatização de setores estratégicos da economia.

O presidente encontrava-se sem muitas alternativas diante do ambiente político de radicalização. Sem apoio político, Goulart abandonou o Plano Trienal, o que resultou no aumento da inflação e da crise econômica.

Apesar das dificuldades, o governo incentivou o comércio com os países socialistas e latino-americanos, implantou a Eletrobras e as bases para a futura Embratel, inaugurou usinas siderúrgicas e refinarias de petróleo e estendeu os direitos da previdência social aos trabalhadores rurais.

O radicalismo político das esquerdas e das direitas aumentou a partir do segundo semestre de 1963. Em setembro, um grupo de sargentos de esquerda tomou Brasília pela força. No início do mês seguinte, o governador da Guanabara, Carlos Lacerda, insultou o presidente e exigiu que o governo dos Estados Unidos interviesse no processo político brasileiro.

Na tentativa de sustar o processo de radicalização política, Jango, com o apoio dos ministros militares, pediu a decretação do estado de sítio ao Congresso. Com a medida, as garantias constitucionais dos cidadãos ficariam suspensas. Os parlamentares – inclusive do PTB – não aceitaram. A partir daí, Goulart ficou isolado politicamente.

Com o enfraquecimento do governo, causado pelo clima de radicalismo político e pela crise econômica – em 1963, a inflação alcançou o índice de 78% –, fortalecia-se o grupo golpista.

Várias organizações de esquerda, por sua vez, organizaram-se formando a Frente de Mobilização Popular (FMP). Exigiam que Goulart rompesse com o PSD e governasse apenas com o seu apoio, decretando imediatamente as reformas de base.

Reprodução/Acervo Iconographia

Greve geral de trabalhadores em São Paulo, outubro de 1963. Em meio à crise política e econômica do governo Goulart, muitas greves foram deflagradas pelos trabalhadores, sobretudo por conta da contínua alta dos preços.

## Outra dimensão Cultura

### A busca de novos caminhos

Nos anos 1950 e 1960, a sociedade brasileira conheceu movimentos culturais inovadores, como a **Bossa Nova**, surgida nos anos JK.

O movimento de renovação da música brasileira teve início em 1958, quando a cantora Elizeth Cardoso (1920-1990) lançou um disco com a música "Chega de saudade", de Tom Jobim (1927-1994) e Vinicius de Moraes (1913-1980). João Gilberto acompanhava a intérprete, tocando uma batida de samba inovadora no violão, que foi chamada de Bossa Nova. O novo estilo musical caiu no gosto das classes médias até se tornar mundialmente conhecido.

A parceria de Tom Jobim com Vinicius de Moraes produziu músicas que são cantadas até hoje, como a própria "Chega de saudade", "Se todos fossem iguais a você" e "Garota de Ipanema" – uma das canções mais reproduzidas no mundo.

As inovações também ocorreram no teatro. Em 1956, no Teatro Municipal do Rio de Janeiro, estreou uma peça marcada pelo experimentalismo. Com adaptação de Vinicius de Moraes, cenários de Oscar Niemeyer e atores negros, *Orfeu da Conceição* transportava o drama grego de Orfeu para as favelas cariocas.

Em São Paulo, jovens atores que militavam no Partido Comunista estrearam em 1958 a peça *Eles não usam black-tie*, drama sobre conflitos em uma família operária de São Paulo no decorrer de uma greve. O grupo que trabalhava no Teatro de Arena encenou textos de autores nacionais, em um esforço para nacionalizar e popularizar o teatro no Brasil.

Houve, ainda, inovações na literatura. Em 1956, Fernando Sabino (1923-2004) publicou o livro *O encontro marcado*, que teve grande repercussão na época. No mesmo ano, João Guimarães Rosa (1908-1967) tornou-se mundialmente conhecido com o livro *Grande sertão: veredas*, enquanto Jorge Amado (1912-2001) inovou com *Gabriela, cravo e canela*. No cinema, durante os anos JK, o diretor Nelson Pereira dos Santos (1928-2018) lançou o filme *Rio 40 graus* (1955), mostrando a realidade urbana no Brasil.

Surgiu o movimento conhecido como **Cinema Novo**. Três filmes foram marcantes: *Vidas secas* (1963), de Nelson Pereira dos Santos (1928-2018); *Os fuzis* (1964), de Ruy Guerra; e *Deus e o Diabo na Terra do Sol* (1964), de Glauber Rocha (1939-1981). O CPC da UNE patrocinou o filme *Cinco vezes favela* (1962), revelando o talento dos diretores Carlos (Cacá) Diegues, Joaquim Pedro de Andrade (1932-1988), Leon Hirszman (1937-1987) e Eduardo Coutinho (1933-2014).

- Roberto Schwarz, professor de Teoria Literária, afirmou que, entre 1960 e 1964, o Brasil "estava irreconhecivelmente inteligente". Por que Schwarz se mostrou tão otimista em relação à produção cultural brasileira desse período?

> **Fique de olho!**
>
> ***O pagador de promessas.*** Direção: Anselmo Duarte. Brasil, 1962. Para pagar sua promessa, um homem enfrenta a intolerância do padre e a violência da política.
>
> ***Vidas secas.*** Direção: Nelson Pereira dos Santos. Brasil, 1963. Baseado no romance homônimo de Graciliano Ramos, apresenta o drama de uma família que foge da seca no interior do Nordeste brasileiro.

## Oposição nas ruas

No dia 13 de março de 1964, o PCB, o Comando Geral dos Trabalhadores (CGT) e a Frente de Mobilização Popular (FMP) organizaram um grande comício na Estação Central do Brasil, no Rio de Janeiro, que contou com a presença de João Goulart. A partir daí, o presidente governaria somente com as esquerdas.

No evento, Jango anunciou o projeto de reforma agrária e a nacionalização de refinarias de petróleo. Dias depois, enviou uma mensagem ao Congresso propondo as reformas de base.

O comício e o anúncio das reformas alarmaram os setores de direita. Um grupo do Exército, sob a liderança do general Castello Branco, passou a conspirar contra o presidente. No dia 19 de março, na cidade de São Paulo, milhares de pessoas realizaram uma passeata contra Jango e as reformas de base, que ficou conhecida como a **Marcha da Família com Deus pela Liberdade**.

Enquanto as esquerdas exigiam a decretação imediata das reformas, as direitas faziam oposição intransigente ao governo. Nesse clima de confronto, a estabilidade do regime democrático representativo corria sério perigo.

Dias depois, marinheiros e fuzileiros navais, apoiados por grupos de esquerda e do movimento sindical, revoltaram-se contra o comando da Marinha. A anistia que eles receberam do governo causou grande indignação entre os oficiais das Forças Armadas, para quem a disciplina e a hierarquia – fundamentos básicos da estrutura militar – haviam sido desrespeitadas com o apoio do governo. Muitos militares, até então politicamente neutros, passaram a apoiar os colegas que queriam derrubar o presidente.

Para piorar, no dia 30 de março, Jango compareceu a uma manifestação de sargentos com a presença dos marinheiros que haviam participado da rebelião, o que foi visto como uma provocação inaceitável pelos militares.

Arquivo/Estadão Conteúdo

A Marcha da Família com Deus pela Liberdade foi uma reação dos setores sociais conservadores de São Paulo ao anúncio do projeto de reforma agrária e da nacionalização de refinarias de petróleo feito pelo presidente João Goulart no comício realizado na Estação Central do Brasil, no Rio de Janeiro, em 13 de março de 1964.

## Investigando o documento

### Em defesa da reforma agrária

No comício de 13 de março de 1964, o presidente João Goulart fez um discurso defendendo as reformas de base. Em certo momento ele explicou por que era necessário realizar a reforma agrária no Brasil.

> A reforma agrária não é capricho de um governo ou programa de um Partido. É produto da inadiável necessidade de todos os povos do mundo. Aqui no Brasil, constitui a legenda mais viva da reivindicação do nosso povo, sobretudo daqueles que labutam no campo.
>
> A reforma agrária é também uma imposição progressista do mercado interno, que necessita aumentar a sua produção para sobreviver. [...]
>
> Assim, a reforma agrária é indispensável não só para aumentar o nível de vida do homem do campo, mas também para dar mais trabalho às indústrias e melhor remuneração ao trabalhador urbano.
>
> Interessa, por isso, também a todos os industriais e aos comerciantes. A reforma agrária é necessária, enfim, à nossa vida social e econômica, para que o país possa progredir, em sua indústria e no bem-estar do seu povo.
>
> Como garantir o direito de propriedade autêntico, quando dos 15 milhões de brasileiros que trabalham a terra, no Brasil, apenas dois milhões e meio são proprietários?
>
> O que estamos pretendendo fazer no Brasil, pelo caminho da reforma agrária, não é diferente, pois, do que se fez em todos os países desenvolvidos do mundo. É uma etapa de progresso que precisamos conquistar e que haveremos de conquistar.

Discurso de João Goulart em 13 de março de 1964. *Correio da Manhã*. Rio de Janeiro, 14 mar. 1964. p. 3. Disponível em: <http://bndigital.bn.gov.br/hemeroteca-digital/>. Acesso em: 5 maio 2018.

- Em grupos, debatam os argumentos utilizados pelo presidente João Goulart em defesa da reforma agrária.

# 3. O golpe de 1964

Em 31 de março, manchetes das primeiras páginas dos jornais criticavam duramente João Goulart. Algumas exigiam sua deposição. O presidente do Congresso Nacional, Auro Moura Andrade (1915-1982), lançou um manifesto à Nação declarando o rompimento com o governo e apelando para as Forças Armadas tomarem o poder.

O presidente soube que o general Olímpio Mourão Filho (1900-1972) partira de Juiz de Fora para a Guanabara com uma tropa de recrutas. Goulart podia deter o comboio, intervir em Minas Gerais e depor o governador Magalhães Pinto (1909-1996), líder civil do golpe de Estado. Mas foi alertado de que, em caso de intervenção federal, o governador mineiro receberia apoio diplomático, financeiro e militar dos EUA.

Por telefone, Jango tentou convencer os generais do Exército a manterem-se fiéis ao governo, mas não conseguiu. Estava em andamento uma ação conjunta das Forças Armadas, com o apoio de governadores de estados (em especial São Paulo, Minas Gerais, Guanabara e Rio Grande do Sul), do presidente do Congresso Nacional, de políticos de oposição, de diversos meios de comunicação, de vários setores da sociedade e do governo dos EUA.

Em Porto Alegre, o ex-governador Leonel Brizola fez uma última tentativa de organizar a resistência. Na manhã do dia 1º de abril, Jango partiu para Porto Alegre, numa atitude interpretada como reconhecimento de sua derrota

O presidente do Congresso Nacional declarou vago o cargo de presidente da República e, em seguida, empossou Ranieri Mazzilli (1910-1975), presidente da Câmara dos Deputados, com o apoio do presidente do Supremo Tribunal Federal. Goulart optou por evitar a guerra civil no país, o que resultaria em muitos mortos.

O plano dos golpistas era depor João Goulart da presidência da República. Carlos Lacerda e Magalhães Pinto, líderes civis do golpe, eram candidatos à presidência da República nas eleições do ano seguinte. Os próprios militares que lideraram o golpe não tinham planos de governo e diziam que apenas iriam livrar o país dos comunistas.

O futuro estava em aberto e ninguém poderia prever que o país viveria sob uma violenta ditadura nos próximos 21 anos.

### Operação Brother Sam

Em março de 1964, uma frota de navios de guerra estadunidense rumava para o Brasil – tratava-se da Operação Brother Sam. A força-tarefa era liderada por um porta-aviões e contava com destróieres, petroleiros e sete aviões de transporte, cada um carregando 110 toneladas de armas. A situação beirava uma guerra civil, com a intervenção estrangeira.

## Imagens contam a História

### A primeira missa em Brasília

No dia 3 de maio de 1957, celebrou-se a primeira missa em Brasília. A cerimônia religiosa, que marcou o início da construção da cidade, contou com a presença do presidente da República, Juscelino Kubitschek, e do vice, João Goulart.

- Como explicar a presença desse indígena na cerimônia e, particularmente, entre as duas mais importantes autoridades políticas do país?

Fundo Agência Nacional/Arquivo Nacional, Rio de Janeiro, RJ.

Fotografia tirada durante a primeira missa em Brasília, realizada antes mesmo da inauguração da cidade. Na imagem, um indígena está ladeado por Jango e JK.

## Roteiro de Estudos

### Para organizar

1. O que motivou o surgimento do movimento queremista?
2. Comente a atuação do PCB no governo Dutra, antes e depois de o partido ser declarado ilegal.
3. Em 1945, surgiram vários partidos políticos, com destaque para três deles: PTB, PSD e UDN. Avalie o programa político de cada partido, ressaltando as diferenças entre eles.
4. Analise a crise política de agosto de 1954 e as repercussões da morte de Getúlio Vargas no Brasil
5. Avalie o crescimento econômico brasileiro durante o governo de Juscelino Kubitschek.
6. Explique por que a renúncia de Jânio Quadros à presidência resultou em grave crise política no Brasil.
7. Quais foram as principais dificuldades políticas e econômicas enfrentadas pelo governo Goulart?
8. Analise o golpe civil-militar que depôs João Goulart da presidência.

### Reflexões

#### Nacional-desenvolvimentismo

Nacional-desenvolvimentismo é uma expressão que traduz um projeto para o país: o desenvolvimento nacional. O projeto implica a necessidade de o Estado atuar no planejamento econômico e no financiamento da produção; incentivar a industrialização por meio da substituição das importações; diversificar e modernizar a produção agrícola; e reorientar a produção, visando formar um mercado interno de consumidores.

No Brasil fizeram parte desse processo: a legislação social dos anos 1930; a expansão do setor público, com uma série de ministérios, conselhos e autarquias; a fundação de empresas estatais, como a Companhia Siderúrgica Nacional, a Companhia Vale do Rio Doce e a Petrobras; a criação de bancos de investimentos, como o Banco Nacional de Desenvolvimento Econômico (BNDE).

O projeto nacional-desenvolvimentista não exclui o capital estrangeiro ou os setores vinculados à agricultura. A meta é alterar profundamente as estruturas econômicas e sociais da sociedade: transformar a economia agrária em industrial; superar a dependência do mercado internacional; reorientar o modelo econômico do país, privilegiando o mercado interno e não somente as exportações. Por fim, visa distribuir melhor a riqueza gerada com a industrialização.

- **Comparando o texto com a trajetória política dos presidentes citados no capítulo, responda: Quais deles seguiram a estratégia relacionada ao projeto desenvolvimentista? Argumente com base no conteúdo do capítulo.**

### Vamos testar?

1. Sobre o segundo governo Vargas (1951-1954) e o governo Kubitschek (1956-1960), leia as afirmações a seguir e faça o que se pede.

   I. No governo Vargas foram criadas importantes empresas e agências estatais que promoveram o desenvolvimento do país, como a Petrobras e o Banco Nacional de Desenvolvimento Econômico.

   II. Vargas sofreu forte oposição da UDN e do PCB. Acuado, ele foi deposto do cargo por um golpe militar.

   III. O Plano de Metas de Juscelino Kubitschek continuou a política econômica de Vargas, investindo em indústrias de base, mas também buscou atrair capital estrangeiro nos setores de eletrodomésticos e de automobilismo.

   IV. Ambos os governos incentivaram o desenvolvimento industrial do país, mas Juscelino procurou associar o crescimento econômico à democracia, enquanto Vargas preferiu o governo autoritário e ditatorial.

   V. Juscelino foi beneficiado pelos investimentos de Vargas nas indústrias de base, permitindo que em seu governo o Brasil apresentasse altos índices de crescimento econômico.

Assinale a alternativa com as afirmações corretas.

a) I, II e V.
b) I, III e IV.
c) II, III e V.
d) I, III e V.
e) III, IV e V.

**2.** Durante o governo Goulart, esquerdas e direitas defendiam projetos políticos diversos e antagônicos. Leia os textos a seguir.

Vencerão as instituições democráticas no entrechoque das ambições desenfreadas? Da crise ao caos, o país pode ser arrastado a uma crise inconciliável. Nós os intelectuais, nós os dirigentes de empresas, nós os homens de responsabilidade de comando, nós que acreditamos na democracia e no regime de livre iniciativa não podemos ficar omissos enquanto a crise aumenta dia a dia. Para preservar as instituições democráticas e tradições cristãs, ao Instituto de Pesquisas e Estudos Sociais caberá executar os seguintes objetivos: fortalecimento das instituições democráticas, superação do subdesenvolvimento, estabilização da moeda, moralização e eficiência da estrutura governamental. Mas o IPES não pode ficar em palavras, é preciso agir.

Propaganda do Instituto de Pesquisas e Estudos Sociais (IPES). In: *Jango*. Direção: Silvio Tendler. Produção: Hélio Ferraz, Brasil, Caliban, 1984, 1 DVD.

Hoje ninguém mais nos ilude, porque sabemos que os preços sobem, que a inflação se acelera, que não vêm as reformas, que o nosso povo se marginaliza e tem de lutar desesperadamente para sobreviver e que a nossa própria soberania se degrada, em consequência do monstruoso processo espoliativo, do saque internacional que leva para fora de nossas fronteiras os frutos do trabalho e da produção do povo brasileiro. Uma minoria de brasileiros egoístas e vendilhões de sua Pátria, minoria poderosa e dominante sobre a vida nacional [...] associou-se ao processo de espoliação do nosso povo. [...] Não deixa que as reformas se realizem e opõe toda a sorte de obstáculos à defesa dos interesses nacionais, porque as reformas e a libertação de nosso povo representariam o fim de seus privilégios antissociais e antinacionais.

BRIZOLA, Leonel. Organização dos "Grupos De Onze Companheiros" ou "Comandos Nacionalistas", p. 1. Disponível em: <www.marxists.org/portugues/tematica/livros/diversos/grupo11.pdf>. Acesso em: 24 maio 2018.

Assinale a afirmativa correta.

a) O IPES defendia o capitalismo com base na livre iniciativa empresarial e nas reformas de base.
b) O grupo político de Leonel Brizola acreditava que as elites dominantes eram as responsáveis pela pobreza do país porque enviavam para o exterior a riqueza produzida pelos trabalhadores.
c) O IPES contava com o apoio de amplas camadas da sociedade e apresentava soluções como a estabilização da moeda e incentivo à livre iniciativa.
d) Para Leonel Brizola, a libertação do povo exigia a atitude de intelectuais e empresários na superação do subdesenvolvimento.
e) Para o IPES, era necessário pôr fim aos privilégios dos empresários, latifundiários e corruptos em defesa das tradições cristãs do povo brasileiro.

**Conexões** História e Língua Portuguesa

## Escrevendo no passado

A primeira padronização do português ocorreu em Portugal, no século XVIII. O objetivo era criar regras e normas comuns, pondo fim às inúmeras maneiras de escrever. No Brasil, a primeira padronização foi em 1911. Em 1943, ocorreu a reforma na qual a ortografia ficou próxima da atual. Outras alterações modificaram a ortografia anos mais tarde.

Recentemente, as nações que falam a língua portuguesa, como Brasil, Portugal, Angola, Moçambique, Guiné-Bissau, Timor-Leste, Cabo Verde e São Tomé e Príncipe assinaram acordos de unificação das normas da língua portuguesa, com regras comuns a todos os países.

No texto a seguir, de 1931, na *Voz do Graphico*, jornal da União dos Trabalhadores Graphicos (UTG) do Rio de Janeiro, protesta-se porque os empresários não cumprem a lei de férias.

**Pelo cumprimento integral da lei de férias**

A lei de férias que a U.T.G. sempre defendeu com a maxima energia e intransigencia, para que os beneficios della decorrentes fossem gozados pelos trabalhadores graphicos e pelo proletariado em geral, está sendo motivo de agitação da corporação da indústria polygraphica e de outras corporações, para que os srs. industriaes, que a todo transe querem derrubar, não consigam seu intento.

- **Observe no texto como a ortografia mudou de 1931 para os dias atuais. Transcreva no caderno as palavras que apresentam uma grafia antiga, diferente da atual.**

CAPÍTULO

13

# O Brasil da ditadura militar

Tony Maat/Futura Press

O monumento *Tortura nunca mais* está localizado na praça Padre Antônio Henrique Pereira, no centro de Recife, às margens do rio Capibaribe. Obra do arquiteto Demétrio Albuquerque, ele foi inaugurado em agosto de 1993. Trata-se do primeiro monumento a denunciar a tortura praticada durante a ditadura militar e a homenagear os mortos e desaparecidos durante esse difícil período da história brasileira.

Atualmente, a sociedade brasileira escolhe seus governantes por meio do voto. Os cidadãos podem expressar livremente sua opinião, o direito de participar de reuniões é garantido a todos e aqueles que são acusados de crimes têm amplo direito de defesa. A imprensa é livre e os meios de comunicação não sofrem censura do governo.

No entanto, em um passado não muito distante, o Brasil conheceu situação bastante diferente. Vivendo sob uma ditadura militar, os brasileiros perderam inúmeros direitos, muitos deles básicos para a convivência em sociedade. Os meios de comunicação estavam sob rígida censura e criticar o governo era muito perigoso. O risco era de ser preso e torturado e muitos brasileiros tiveram que viver no exílio ou foram assassinados por defender a democracia.

É esse difícil período da história do Brasil que estudaremos neste capítulo.

**Puxando pela memória**

Nos chamados "anos de chumbo", como ficou conhecido o período mais repressivo da ditadura militar no Brasil, o compositor Chico Buarque de Hollanda gravou uma música cujos versos diziam: "Apesar de você / Amanhã há de ser / Outro dia". Você conhece essa música? Em sua opinião, quem seria o "você" da música?

Ato Institucional nº 1 é outorgado. Congresso Nacional elege o general Castello Branco para presidente da República.

O Ato Institucional nº 2 institui eleição indireta para a presidência da República.

Cronologia deste capítulo

1964

1965

## Começam as violências

A violência começou a se manifestar como marca do regime já no dia 2 de abril de 1964: o prédio da União Nacional dos Estudantes (UNE) foi incendiado, e a sede do Instituto Superior de Estudos Brasileiros (Iseb), destruída. O Comando Geral dos Trabalhadores (CGT), as Ligas Camponesas e diversas outras organizações foram declaradas ilegais. Dezenas de líderes sindicais foram presos. João Goulart e Leonel Brizola tiveram de se exilar no Uruguai. Luís Carlos Prestes entrou para a clandestinidade.

# 1. A ditadura disfarçada

Entre os dias 31 de março e 1º de abril de 1964, lideranças militares e civis deram um golpe de Estado no Brasil, destituindo o então presidente João Goulart. Os líderes do golpe, entre eles o general Castello Branco (1897-1967), garantiam que o governo militar seria curto. O projeto, naquele momento, era retirar trabalhistas e comunistas do cenário político e, em seguida, entregar o poder aos udenistas.

Havia alguns grupos, contudo, formados por militares e políticos apoiadores do golpe, que queriam punições maiores. Portanto, se não existia o projeto de uma longa ditadura militar, havia propostas de punições e perseguições políticas.

Arthur da Costa e Silva (1899-1969), um general até então pouco conhecido fora do meio militar, autonomeou-se ministro da Guerra e instituiu o Comando Supremo da Revolução. Com o apoio de civis e militares partidários da radicalização política, chamados de "linha dura", Costa e Silva passou a pressionar Castello Branco, exigindo punições àqueles que eram considerados inimigos da "revolução". Naquele momento, os militares no poder passaram a chamar o golpe de "revolução".

Em 9 de abril foi decretado um Ato Institucional nº 1 com o objetivo de dar cobertura jurídica ao regime. No dia 11, o Congresso Nacional elegeu Castello Branco para a presidência da República. Seu mandato, que deveria durar até janeiro de 1966, de modo a completar o de João Goulart, foi prorrogado até março de 1967, frustrando políticos da UDN que ambicionavam concorrer à presidência.

**Ato Institucional:** formado por decretos e normas para legalizar as ações arbitrárias e autoritárias da ditadura, foi invenção jurídica dos militares. Os Atos Institucionais estavam acima da própria Constituição e não eram submetidos à avaliação, tampouco à aprovação, dos poderes Legislativo e Judiciário.

O Ato Institucional diminuía as prerrogativas do Poder Legislativo e aumentava as do Executivo, autorizando o presidente a cassar mandatos legislativos, suspender direitos políticos de qualquer cidadão por um período de dez anos e exonerar funcionários públicos (tanto civis como militares).

Entre 1964 e 1966, 2 mil funcionários públicos foram demitidos, 386 pessoas tiveram seus mandatos cassados e direitos políticos suspensos e 5 mil foram presas. Na Marinha, 963 marinheiros e fuzileiros navais foram expulsos. Centenas de oficiais das três Forças Armadas foram reformados.

O regime também se voltou contra artistas, intelectuais e jornalistas. Muitos foram indiciados em Inquéritos Policiais Militares (IPMs) e tiveram suas obras censuradas.

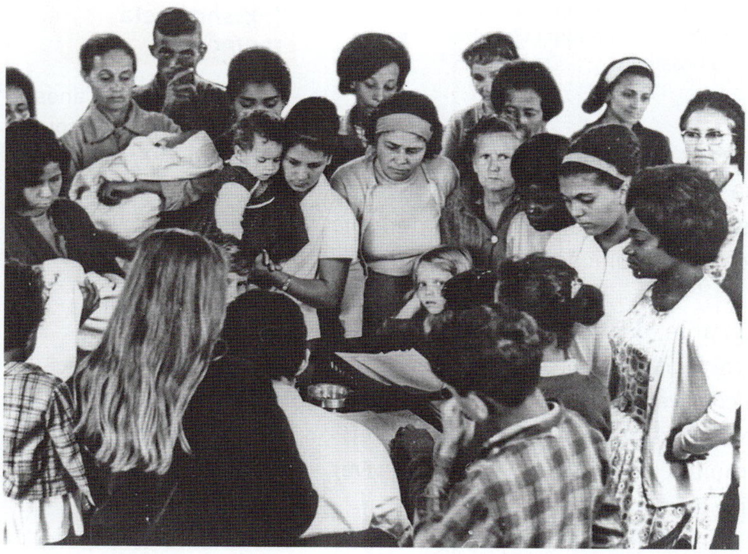

Fundo Correio da Manhã/Arquivo Nacional, Rio de Janeiro, RJ.

Em agosto de 1964, mulheres compareceram à sede do jornal *Correio da Manhã* à procura do nome de seus maridos e filhos em uma lista de presos pelo regime militar.

A repressão foi violenta. Militantes comunistas, como Gregório Bezerra, foram brutalmente espancados. Outros foram mortos. A Universidade de Brasília foi invadida pela polícia. Nem mesmo os juízes do Supremo Tribunal Federal sentiam-se seguros.

Durante o governo Castello Branco, a **Doutrina de Segurança Nacional** tornou-se o fundamento do regime. Nesse período, foram criados os serviços secretos de espionagem, como o Serviço Nacional de Informações (SNI). Os governos estaduais já contavam com o Departamento de Ordem Política e Social (DOPS).

Pressionado pela "linha dura", o governo federal decretou, em 1965, o Ato Institucional nº 2 (AI-2), estabelecendo que as eleições para presidente da República passariam a ser indiretas, ou seja, realizadas pelo Congresso Nacional, e não mais por meio do voto popular. No ano seguinte, recorrendo a uma prerrogativa que constava no AI-2, Castello Branco fechou o Congresso Nacional, colocando-o em recesso.

Ainda com base no AI-2, o regime extinguiu todos os partidos políticos, autorizando a existência de apenas dois: a Aliança Renovadora Nacional (Arena), dominada pelos udenistas que apoiavam o governo militar, e o MDB (Movimento Democrático Brasileiro), formado por remanescentes do PTB e parte do PSD.

A Arena representava o partido do governo e o MDB, a oposição. Nas eleições legislativas de 1966, grande parte do eleitorado votou nulo, como forma de protesto. Porém, os votos válidos, cerca de 64%, deram à Arena ampla maioria no Congresso Nacional.

Nesse mesmo ano, foi editado o Ato Institucional nº 3, que estendia a eleição indireta aos governos estaduais e dava aos governadores o poder de nomear os prefeitos das capitais dos estados. Em 1967, uma nova Constituição foi elaborada pela ditadura e promulgada pelo Congresso Nacional.

A situação econômica do país continuava difícil. O novo governo abandonou a política nacionalista de João Goulart e alinhou o Brasil aos interesses políticos e econômicos dos EUA. Adotando uma política de abertura ao capital estrangeiro, a ditadura militar estabeleceu acordos com o FMI, deu garantias aos investimentos externos e liberou a remessa de lucros para o exterior. Ainda assim, os EUA não investiram no Brasil.

Para reduzir a inflação, o governo implementou uma política recessiva, cortando créditos e arrochando salários. Os resultados foram falências e desemprego. A inflação recuou, embora menos do que se esperava. O regime militar não conseguia apresentar resultados positivos no plano econômico sem grandes sacrifícios da população.

No momento da sucessão presidencial, o ministro da Guerra Arthur da Costa e Silva se impôs como candidato, tendo sido eleito pelo Congresso Nacional em outubro de 1966 e empossado em 15 de março do ano seguinte. Com Costa e Silva, os setores mais radicais das Forças Armadas tomavam o governo.

### A farsa da ditadura

O governo autoritário e punitivo de Castello Branco vivia uma duplicidade política. Ao mesmo tempo que afirmava que o regime militar fora instaurado em nome da democracia com o objetivo de salvar o país do perigo comunista, reprimia a oposição, tolhia os direitos políticos dos cidadãos, censurava as artes e prendia pessoas por motivos ideológicos. Tratava-se de uma ditadura que não se assumia como tal.

Arquivo/Estadão Conteúdo

Na repressão às manifestações contra a ditadura militar, era comum a presença de soldados da cavalaria empunhando sabre, tipo de espada de lâmina curvada. Fotografia de 1968.

Passeata dos Cem Mil, no Rio de Janeiro.
Prisão de estudantes que participavam do 30º Congresso da UNE, em Ibiúna, São Paulo.
Governo militar decreta o Ato Institucional nº 5.
Início do chamado "milagre brasileiro".

*1968*

Costa e Silva é afastado da presidência da República.
Embaixador dos EUA é sequestrado.
Junta Militar outorga nova Constituição.
Emílio Garrastazu Médici assume a presidência da República.

*1969*

## 2. O avanço das oposições e o AI-5

**Fique de olho!**

*Uma noite em 67.*
Direção: Ricardo Calil e Renato Terra.
Brasil, 2010.
Com imagens do III Festival da Música Popular Brasileira da TV Record, de 1967, retrata o ambiente político da época e os artistas que se tornaram famosos na chamada Era dos Festivais.

Acervo da Luta Contra a Ditadura. Disponível em: <www.acervoditadura.rs.gov.br/principal.htm>. Acesso em: 27 abr. 2018. *Site* criado pela Comissão do Acervo da Luta Contra a Ditadura no Rio Grande do Sul que disponibiliza análises sobre a ditadura militar no Brasil.

Entre a eleição e a posse de Costa e Silva, de fins de 1966 ao início de 1967, os grupos de esquerda começaram a se rearticular. Do exílio, Leonel Brizola organizou um foco guerrilheiro na serra do Caparaó, na divisa entre os estados do Espírito Santo e de Minas Gerais, logo desarticulado pelas forças de repressão.

A luta armada foi o caminho escolhido por diversos setores da esquerda revolucionária para lutar contra o regime militar. Com o objetivo de arrecadar dinheiro para financiar suas ações, entre 1967 e 1968, realizaram assaltos a bancos e a carros-fortes.

Surgiram também oposições que atuavam pelas vias institucionais. João Goulart e Juscelino Kubitschek acreditavam na redemocratização do Brasil pela negociação política. O ex-governador Carlos Lacerda, agora na oposição ao regime militar, propôs a união dos três na luta contra a ditadura. Tal aliança resultou na fundação da **Frente Ampla**.

No meio artístico, a grande maioria era declaradamente contra a ditadura. Nos festivais de música, cantores e compositores, como Chico Buarque, Caetano Veloso, Gilberto Gil e Geraldo Vandré, opunham-se ao regime militar, cantando músicas de protesto.

### Aumenta a oposição, intensifica-se a repressão

O movimento de oposição à ditadura cresceu em 1968, com estudantes e jovens das classes médias indo às ruas para protestar. A situação política se agravou quando, em março, a polícia invadiu um restaurante frequentado por universitários no Rio de Janeiro e matou o secundarista Édson Luís de Lima Souto, um jovem de 18 anos. Em junho, uma grande manifestação ocorreu no centro do Rio de Janeiro, com a participação de estudantes, professores, artistas, intelectuais, padres progressistas, entre outros. O episódio ficou conhecido como a **Passeata dos Cem Mil**.

Com o aumento da oposição, intensificou-se a repressão. A Frente Ampla foi declarada ilegal. Os estudantes que participaram do congresso da UNE, realizado em Ibiúna, no interior de São Paulo, foram presos.

Além disso, a recessão provocava insatisfação entre a sociedade. Os militares também estavam insatisfeitos com os resultados fracos da economia. Acreditando que uma acelerada expansão poderia reverter a impopularidade do regime e conquistar o apoio de amplos setores sociais, o governo mudou os rumos de sua política econômica, incentivando o crescimento com base no desenvolvimento industrial.

Polícia Militar prende estudantes no Rio de Janeiro, em 1968.

Cônsul do Japão é sequestrado por comando guerrilheiro em São Paulo.
Embaixador da Alemanha é sequestrado no Rio de Janeiro.
Embaixador suíço é sequestrado no Rio de Janeiro.

1970

VAR, VPR e APML reconhecem o fim da luta armada no Brasil.
Elevação dos preços internacionais do petróleo.

1973

Assim, ao mesmo tempo que desarticulava as oposições, com o fechamento da Frente Ampla e a repressão ao movimento estudantil, o governo militar começou a apresentar bons índices de crescimento econômico.

Nesse contexto economicamente mais favorável, a ditadura decretou, em 13 de dezembro de 1968, o Ato Institucional nº 5 (AI-5), principal peça jurídica do regime. Com o AI-5, o governo suspendeu o *habeas corpus* por crime político, implantou a censura aos meios de comunicação, cerceou as liberdades de expressão e de reunião, suspendeu direitos políticos e cassou mandatos de vários parlamentares. O novo ato também dava ao governo a prerrogativa de fechar o Congresso Nacional e de suspender os direitos políticos de qualquer cidadão por 10 anos. O Poder Judiciário estava impedido de julgar a aplicação do AI-5.

Líderes estudantis e políticos de expressão, como Juscelino Kubitschek e Carlos Lacerda, foram presos. O AI-5 veio dar cobertura legal à brutalidade do regime.

Fundo Correio da Manhã/Arquivo Nacional, Rio de Janeiro, RJ.

Prédios amanheciam pichados com palavras de ordem contra a ditadura e a favor da luta armada.

## A História no seu lugar

No artigo 5º da Constituição Federal de 1988, que trata dos direitos e das garantias fundamentais do cidadão brasileiro, consta que ninguém será submetido a tortura nem a tratamento desumano ou degradante e que a manifestação do pensamento é livre.

Em pequenos grupos, realizem um debate para discutir: como era viver no Brasil, durante a ditadura militar, sem a garantia dos direitos civis?

## Conversa de historiador

### AI-5: a violência da ditadura

Por que a decretação do AI-5, se a situação econômica era favorável ao governo e as oposições estudantis e da Frente Ampla estavam desarticuladas? Para os estudiosos do assunto, o AI-5 foi um golpe dentro do próprio golpe que ocorreu em 1964. A direita militar escolheu o endurecimento político. Segundo o historiador Daniel Aarão Reis:

> [...] os movimentos de estudantes e intelectuais já estavam derrotados, em debandada, e eram totalmente incapazes de subverter a ordem. Na verdade, o aprofundamento do estado de exceção visou muito mais os componentes insatisfeitos daquela grande e heterogênea frente que apoiara o golpe de 1964.
>
> REIS FILHO, Daniel. *A ditadura militar, esquerdas e sociedade*. Rio de Janeiro: Jorge Zahar, 2000. p. 52.

- Explique por que o autor afirma que o AI-5, imposto em 1968, não visava tanto aos opositores do regime, mas a setores que haviam apoiado o golpe de 1964.

Ernesto Geisel assume a presidência da República.
MDB é vitorioso nas eleições legislativas.
1974

Morre nas dependências do DOI-CODI, em São Paulo, o jornalista Vladimir Herzog.
Crise econômica com aumento da inflação e da dívida externa no Brasil.
1975

## Outra dimensão Cultura

### A revolução estética: a Tropicália

Na década de 1960, intelectuais, escritores, cantores, compositores, atores, cineastas e artistas plásticos participaram ativamente da política. Com o movimento sindical reprimido, as esquerdas investiram na produção cultural.

A renovação artística politizou-se e radicalizou-se logo após o golpe militar. Em 1965, artistas da UNE montaram o espetáculo musical *Opinião*. No palco estavam Nara Leão (1942-1989), Zé Kéti (1921-1999) e João do Vale (1934-1996). Mas foi em 1967 que ocorreu uma verdadeira revolução artística no Brasil: Glauber Rocha lançou o filme *Terra em transe*, o grupo teatral Oficina montou a peça *O rei da vela*, Chico Buarque encenou *Roda-viva*, e Caetano Veloso e Gilberto Gil inauguraram a **Tropicália**, movimento musical que causou impacto por sua ousadia e inovação.

Cansados da MPB politizada, os fundadores da Tropicália queriam juntar a música brasileira com o movimento da contracultura que ocorria nos EUA e com o *rock* internacional. O projeto era produzir uma arte que fosse mais universal, sem negar a cultura brasileira. Assim, entre 1967 e 1968, a Tropicália tornou-se um dos movimentos mais originais da música brasileira.

Diversos artistas engajaram-se no movimento: Caetano Veloso, Gilberto Gil, Gal Costa, Os Mutantes, Glauber Rocha, Hélio Oiticica, José Celso Martinez Corrêa, entre outros. Eles misturaram elementos modernos com antigos, nacionais com estrangeiros, bem como a produção cultural das elites com a cultura de massa. Juntaram o samba, o frevo e o baião com o *rock* internacional. Recorrendo à irreverência, ao deboche, à informalidade e à improvisação, os tropicalistas introduziram guitarras elétricas na música brasileira. As roupas eram coloridas e largas, como as dos *hippies*.

O movimento começou no III Festival de Música Popular Brasileira da TV Record, em 1967, quando Gilberto Gil cantou "Domingo no parque" e Caetano Veloso concorreu com "Alegria, alegria". No ano seguinte veio a público o disco mais representativo do movimento: *Tropicália ou panis et circensis*.

O movimento refluiu quando a ditadura decretou o AI-5. Caetano e Gil foram presos e partiram para o exílio na Inglaterra.

- **Além de inovadora, a canção "Alegria, Alegria", de Caetano Veloso, é representativa dos anos 1960. Pesquise a letra da canção e analise-a, prestando atenção, principalmente, às duas últimas estrofes.**

Cristiano Mascaro/Acervo Abril Comunicações S/A

Com Rita Lee nos vocais, o conjunto Os Mutantes destacou-se no movimento de renovação artística e cultural dos anos 1960.

Morre nas dependências do DOI-CODI, em São Paulo, o operário Manoel Fiel Filho.

1976

Geisel fecha o Congresso Nacional e impõe o Pacote de Abril.

1977

# 3. O crescimento econômico

Em agosto de 1969, o general Costa e Silva sofreu uma trombose cerebral e foi afastado do cargo. Os ministros do Exército, da Marinha e da Aeronáutica impediram o vice-presidente Pedro Aleixo de ser empossado e, formando uma junta militar, assumiram o poder. Em outubro, impuseram ao país uma nova Constituição. Dias depois, o alto comando do Exército determinou a reabertura do Congresso Nacional para eleger um novo presidente: o general Emílio Garrastazu Médici (1905-1985), general da chamada "linha dura". Em seu governo o país viveu os piores anos da ditadura, que ficaram conhecidos como "anos de chumbo". Mas foram também tempos de grande crescimento econômico, fator fundamental para a legitimação do regime militar perante a sociedade brasileira.

Fundo Correio da Manhã/Arquivo Nacional, Rio de Janeiro, RJ.

Projeto do governo militar para a construção de rodovias na região Norte do país. Fotografia dos anos 1970.

Desde 1968, o regime militar vinha sendo beneficiado pela conjuntura econômica internacional. O mercado financeiro, sobretudo o da Grã-Bretanha, tinha bilhões de dólares para empréstimos a juros baixos. Aproveitando-se dessa situação, o governo Médici realizou grandes investimentos nos setores siderúrgico, petroquímico, de transportes, da construção naval e da mineração, com empréstimos externos.

No setor energético, por exemplo, hidrelétricas foram construídas. Na área das comunicações, a Empresa Brasileira de Telecomunicações (Embratel) ligou o Brasil via satélite. Foram criadas outras empresas estatais, como a Telebras; nas que já existiam, como a Petrobras, houve crescimento. Investiu-se também em grandes obras, como a construção da ponte Rio-Niterói e a da rodovia Transamazônica.

A agricultura se fortaleceu, com a modernização da tecnologia agrícola e a diversificação das exportações – aos tradicionais café, açúcar, fumo e algodão somaram-se a soja, o suco de laranja e grãos (milho, arroz). O mesmo ocorreu em relação à pecuária, dando origem ao chamado agronegócio, de grande concentração fundiária e alto investimento. As exportações aumentaram, em média, 32% ao ano.

Os sistemas bancário e financeiro se fortaleceram, abrindo créditos para a população consumir eletrodomésticos, como aparelhos de televisão e geladeiras – que passaram a ser produzidos pelas inúmeras empresas multinacionais que se instalaram no Brasil nesse período.

Arquivo/Folhapress

Com o acesso ao uso do satélite e a expansão da Embratel, foram instituídas redes de comunicação que alcançavam todo o território nacional. Os programas televisivos criaram novos estilos de vida e valores culturais, como o uso da minissaia, que se popularizou nessa época. Fotografia de 1969.

Geisel revoga o AI-5.
1978

João Figueiredo assume a presidência da República.
Decretação da Lei de Anistia.
Retorno ao pluripartidarismo.
1979

**Concentração da renda**

O chamado milagre era regido por uma política que estimulava o crescimento, ao mesmo tempo que favorecia a concentração da renda. Seu lema era: "Crescer o bolo para depois dividi-lo". O bolo de fato cresceu, mas as fatias foram distribuídas de maneira muito desigual.

Grandes investimentos também foram realizados na área da construção civil. A construção de habitações destinadas às classes populares e médias contribuiu para diminuir a carência de moradias e gerar empregos. Por outro lado, esse modelo econômico da ditadura, que privilegiava escolas, hospitais e planos de saúde privados, degradou os sistemas de ensino e de saúde públicos.

Os índices de crescimento do Produto Interno Bruto (PIB) saltaram de 4%, em 1967, para 10% ao ano, entre 1968 e 1970, atingindo o máximo de 14%, em 1973. Nem os próprios economistas do governo imaginaram que o ritmo de crescimento econômico do país superaria todas as metas: o Brasil tornou-se a oitava maior economia do mundo.

O crescimento espetacular da economia brasileira permitiu que o período 1968-1973 ficasse conhecido como **milagre econômico** e fosse utilizado pela propaganda oficial do regime para divulgar *slogans* patrióticos, a exemplo de "Brasil: ame-o ou deixe-o". "Segurança e desenvolvimento" passou a ser o lema da ditadura a partir do milagre econômico.

O milagre econômico beneficiou muitos setores da sociedade. Os empresários aumentaram seus lucros e os banqueiros enriqueceram com a diversificação do sistema financeiro e a estabilidade monetária. As classes médias foram favorecidas com a crescente oferta de empregos, as facilidades de crédito para consumo e aquisição da casa própria, automóveis e eletrodomésticos, a expansão das universidades federais e a abertura de milhares de vagas no ensino superior.

Os trabalhadores também ganharam com o crescimento econômico que caracterizou o milagre brasileiro. Em época de pleno emprego, alguns puderam frequentar cursos como os do Senac e do Senai, aprender uma profissão e alcançar melhores postos de trabalho nas fábricas.

Alguns setores sociais, no entanto, perderam o pouco que tinham, como no caso dos pequenos proprietários de terras, que foram "engolidos" pela agricultura mecanizada e pelos latifúndios transformados em agroindústria.

Com a crise do petróleo em 1973, o milagre brasileiro se esgotou. A crise fez disparar o preço do produto e ocasionou uma recessão mundial. Como a extração petrolífera brasileira estava muito abaixo das necessidades econômicas do país, o Brasil foi diretamente atingido pelo aumento de 300% no preço do barril. Também devido à crise, a oferta de empréstimos estrangeiros diminuiu, de modo que após 1975 os índices da economia brasileira despencaram.

O governo Médici apresentou uma dupla face, em resumo: a da euforia do milagre econômico e a da brutal repressão política. Os meios de comunicação sofriam severa censura. Trabalhadores, camponeses e estudantes estavam impedidos de se organizar e se manifestar.

A ditadura produziu ampla propaganda política. Eram muito comuns adesivos com frases ufanistas, como: "Brasil: conte comigo"; "Ninguém mais segura este país"; "Este é um país que vai pra frente"; "Para frente Brasil", etc. A frase apresentada na imagem foi bastante veiculada na década de 1970, como propaganda do governo brasileiro.

Tentativa frustrada de atentado no Riocentro. — 1981

Campanha pelas Diretas Já!. — 1983

# 4. A luta armada

Logo após a deposição de Jango, jovens universitários de esquerda acusaram a direção do Partido Comunista Brasileiro (PCB) de não resistir ao golpe militar e agir com moderação e cautela. Muitos deles julgavam que o momento era de luta armada.

Na época, as esquerdas apresentavam vitórias sobre os países imperialistas em várias partes do mundo. A independência da Argélia e a Guerra do Vietnã eram dois exemplos muito citados, mas a Revolução Cubana era o que mais entusiasmava a todos. Inspirados na experiência cubana, militantes dos grupos de esquerda acreditavam que era possível derrubar a ditadura, que se instaurara após o golpe, por meio da luta armada. Estavam certos de que os trabalhadores os apoiariam e se engajariam no movimento revolucionário.

Antes de 1964, já existiam várias organizações de esquerda. Mas depois do golpe elas se multiplicaram: Partido Comunista Revolucionário (PCR), Partido Comunista Brasileiro Revolucionário (PCBR), Partido Operário Comunista (POC), Ação Libertadora Nacional (ALN), Partido Revolucionário dos Trabalhadores (PRT), Vanguarda Popular Revolucionária (VPR) e muitas outras.

## Ações de guerrilha

O projeto político das organizações que se lançaram na luta armada era, seguindo o modelo cubano, desencadear a revolução no campo para, então, estendê-la aos centros urbanos. Para desencadeá-la, porém, precisavam de dinheiro, e para consegui-lo as ações guerrilheiras realizaram assaltos a bancos e carros-fortes. O dinheiro conseguido era gasto no aluguel de apartamentos, no sustento dos militantes e no financiamento de novas operações de expropriação.

Um dos maiores problemas que essas organizações revolucionárias enfrentaram foi a falta de apoio da sociedade brasileira, que em seu conjunto não desejava uma revolução socialista. Os trabalhadores não se entusiasmaram com as ações revolucionárias, e a maioria dos brasileiros não entendia o que estava acontecendo. Além disso, o milagre econômico começava a deslanchar. Os guerrilheiros encontraram algum apoio somente entre militantes do movimento estudantil.

Para enfrentar a guerrilha, o governo unificou as ações das diversas forças repressivas. Nas Forças Armadas, foram criados os DOI-CODI (Destacamentos de Operações de Informações e Centros de Operações de Defesa Interna). Participaram também do combate à guerrilha a Polícia Federal, as polícias estaduais (civil e militar) e os Departamentos de Ordem Política e Social (DOPS).

Cartazes da década de 1960 com fotos de guerrilheiros eram espalhados pelas ruas das grandes cidades. O objetivo era convencer a população a chamar a polícia ao se deparar com algum deles.

Reprodução/Arquivo Público do Estado do Rio de Janeiro, Rio de Janeiro, Brasil

Emenda Dante de Oliveira é derrotada no Congresso Nacional.

1984

Tancredo Neves é eleito presidente da República pelo Colégio Eleitoral. O vice-presidente José Sarney toma posse, inaugurando a Nova República.

1985

**Fique de olho!**

***Hércules 56.*** Direção: Silvio Da-Rin. Brasil, 2006.
15 presos políticos são levados ao México e trocados pelo embaixador dos EUA, então sequestrado.

***O ano em que meus pais saíram de férias.*** Direção: Cao Hamburger. Brasil, 2006.
Durante a Copa de 1970, garoto vê seus pais, militantes da luta armada, partirem em uma suposta viagem de férias.

Memórias reveladas. Disponível em: <www.memoriasreveladas.gov.br>. Acesso em: 10 maio 2018.
Neste *site*, mantido pelo Arquivo Nacional e pelo Centro de Referência das Lutas Políticas no Brasil (1964-1985), há inúmeros registros relacionados à repressão política no Brasil durante o regime militar.

A tortura dos guerrilheiros era praticada nas instalações do DOI-CODI. Tão logo eram presos, sofriam bárbaras torturas para entregar os companheiros. Alguns dos métodos empregados nesses destacamentos haviam sido ensinados por agentes estadunidenses. Muitos militantes presos não resistiram às sessões de tortura, que incluíam o pau de arara, espancamentos e choques elétricos em várias partes do corpo, e morreram.

Para libertar os companheiros, os guerrilheiros realizaram várias ações, como o sequestro do embaixador dos EUA e do cônsul do Japão. Com os sequestros, a repressão tornou-se ainda mais dura e cruel.

A luta era desigual: jovens das classes médias armados com revólveres enfrentando militares profissionais e agentes treinados. Calcula-se que cerca de 800 pessoas se engajaram na luta armada, e 386 foram mortas ou desapareceram.

No início de 1973, uma nota assinada em conjunto por três dessas organizações (Vanguarda Popular Revolucionária (VPR), Vanguarda Armada Revolucionária (VAR) e Ação Popular Marxista Leninista (APML)) reconhecia que a luta armada tinha fracassado. O PC do B ainda tentou implementar uma guerrilha na região do Araguaia em 1973, mas tropas do Exército reprimiram duramente o movimento.

## 5. Começa a abertura

A partir de 1974, o presidente da República passou a ser eleito por um Colégio Eleitoral formado por parlamentares do Congresso Nacional e das Assembleias Legislativas. O alto comando militar indicou o general Ernesto Geisel (1907-1996).

Geisel tornou-se o quarto general presidente no mês do décimo aniversário da ditadura militar. A sua indicação não havia sido uma escolha casual: os militares sabiam que o regime autoritário não podia permanecer por tempo indefinido. Optaram, assim, por um general do grupo militar moderado que, poucos meses após assumir a presidência, acenaria com a liberalização do regime, referindo-se a uma abertura "lenta, gradual e segura".

Com números positivos na área econômica e os movimentos de esquerda derrotados, Geisel lançou um ambicioso plano de desenvolvimento para o país, o **II Plano Nacional de Desenvolvimento**. Grandes investimentos foram realizados no setor energético, como a construção das hidrelétricas de Tucuruí e Itaipu. Além disso, a Petrobras voltou-se para a extração de petróleo em águas profundas. Criou-se também o Programa Nacional do Álcool (Proálcool), de modo a incentivar a produção e o uso do álcool como combustível. Acordos com a Alemanha foram estabelecidos para a construção de usinas termonucleares. O plano previa ainda investimentos na área de comunicação, no transporte ferroviário e na infraestrutura portuária.

Ao criar e incentivar empresas estatais, o regime militar retomava o projeto de desenvolvimento de Vargas, tanto no âmbito econômico – investindo nas indústrias de base e fazendo do Estado o promotor do desenvolvimento – como no da promoção da cultura nacional. Instituições de apoio à produção artística, como a Embrafilme, a Funarte e o Serviço Nacional de Teatro, foram criadas. Além disso, muitas universidades federais foram fundadas, incentivando cursos de pós-graduação e a pesquisa científica.

Na política externa, o governo Geisel abandonou a orientação anticomunista da Guerra Fria e estabeleceu relações com países da África e da Ásia, inclusive com a China comunista.

Em 1975, contudo, os efeitos da crise do petróleo começaram a se fazer sentir no país. O governo Geisel tentou ignorá-los, mas a partir daquele ano já não foi possível desconsiderar que a economia desacelerava e a inflação e a dívida externa aumentavam.

Outro problema enfrentado pelo governo Geisel foi a mudança na política externa estadunidense. Sob o governo Jimmy Carter, os EUA passaram a criticar as ditaduras militares na América Latina, em nome dos direitos humanos.

O governo Geisel também enfrentava o crescimento eleitoral do MDB – que, em 1974, havia se saído vitorioso nas eleições em vários estados, sobretudo nos grandes centros populacionais. Assim, em abril de 1977, os militares fecharam o Congresso e decretaram um conjunto de leis, a que denominaram **Pacote de Abril**, visando impedir uma nova vitória do MDB nas eleições legislativas do ano seguinte.

O movimento estudantil se reorganizou e foi às ruas. A Ordem dos Advogados do Brasil (OAB), a Conferência Nacional dos Bispos do Brasil (CNBB), a Associação Brasileira de Imprensa (ABI) e as universidades exigiam a redemocratização imediata do país.

Reprodução/Arquivo do Movimento Operário do Rio de Janeiro (AMORJ)

Cartaz de 1979 exigindo a anistia ampla, geral e irrestrita. Diversos comitês se formaram no país em campanha pela anistia que mobilizou a sociedade.

Diversos setores sociais se organizaram na campanha pela **Anistia Ampla, Geral e Irrestrita** para todos os punidos pela ditadura militar. As mulheres participaram intensamente do movimento – muitas eram esposas e mães de presos e exilados políticos. Em fins de 1977, o regime dava mostras de esgotamento, agravado pelo aumento da inflação, da dívida externa e do empobrecimento da população.

Em 1978, quando uma grande greve eclodiu na região do ABC paulista, foi a vez de os operários entrarem em cena. A partir daí, a ditadura teria de enfrentar novos personagens no cenário político e econômico do país: trabalhadores insatisfeitos com o arrocho salarial.

Naquele mesmo ano, Geisel revogou o AI-5. A ditadura batia em retirada.

**Fique de olho!**

***Eles não usam black-tie.***
Direção: Leon Hirszman. Brasil, 1981.
Durante uma greve no ABC paulista, jovem operário não concorda em paralisar o trabalho, procurando garantir o emprego.

Arquivo/Folhapress

Metalúrgicos em greve realizam assembleia no estádio da Vila Euclides, em São Bernardo do Campo, no ano de 1979. Foi nessa cidade da Grande São Paulo que Luiz Inácio da Silva, o Lula, despontou como liderança sindical nas greves operárias que pararam o ABC paulista entre 1978 e 1979.

crime inafiançável: a Constituição de 1988 garante que o acusado possa recorrer à fiança judicial. Mediante o pagamento de valor estipulado pela autoridade judicial e a obediência a determinadas obrigações, o acusado pode aguardar a sentença em liberdade. Exceção é a prática da tortura, entre outros crimes, sendo assim inafiançável, ou seja, sem possibilidade de pagamento da fiança e de aguardar a sentença em liberdade.

PCBR: Partido Comunista Brasileiro Revolucionário, fundado em 1968 por alguns dos antigos filiados do PCB.

**Investigando o documento**

### A tortura como política: relato de um guerrilheiro preso

Prática comum nos porões do DOPS durante os anos em que vigorou a ditadura militar no Brasil, a tortura foi classificada como crime inafiançável pela Constituição de 1988.

A seguir, destacamos alguns trechos do relato de Jacob Gorender (1923-2013), preso e torturado no DEOPS, em São Paulo, pelos militares, por sua participação na guerrilha.

> Empurraram-me até uma sala, onde identifiquei certos implementos: duas mesas paralelas e separadas com uma grossa trave de madeira apoiada em ambas, a maquininha com a manivela e os fios, um funil, cordas, bastões etc. Tiraram-me a roupa e, desnudado, encostaram-me à parede. [...].
>
> [...] A função começou por uma dose de choques elétricos. A intervalos, novas doses. [...]
>
> Creio que depois de seis horas de tortura, lá pelas três da madrugada, suspenderam a função e mandaram que me vestisse. [...]. O resto da noite ia ser empregado na pressão psicológica. Perguntas sempre as mesmas, deboche, insultos. Tudo vil e nojento. [...]
>
> Prestei o depoimento da fase policial em condições de aguda debilitação física e num ambiente de terror onipresente. Duelava contra um inquisidor habilidoso. [...] Por deliberação calculada, declarei apenas um ato incriminador contra mim mesmo: o de participante da fundação do PCBR.

GORENDER, Jacob. *Combate nas trevas*. A esquerda brasileira: das ilusões perdidas à luta armada. São Paulo: Ática, 1990. p. 216-219.

- **Após a leitura do relato, reflita e responda: por que a legislação não permite que o torturador tenha direito à fiança judicial?**

# 6. A ditadura sem saída

Em meio a grande tensão nas Forças Armadas, Geisel indicou o general João Figueiredo (1918-1999) como seu sucessor.

Ex-chefe do Serviço Nacional de Informação (SNI), mas comprometido com o projeto de abertura, Figueiredo assumiu a presidência em 15 de março de 1979. Com a maioria da sociedade exigindo a redemocratização do país, diversos grupos sociais se reorganizaram, como os movimentos sindical e estudantil, e vários partidos de esquerda ressurgiram. Muitos católicos constituíram as **Comunidades Eclesiais de Base** (CEBs).

Alguns movimentos, como os de bairro, das mulheres, dos negros e dos homossexuais, passaram a atuar com reivindicações específicas, que, embora não necessariamente ligadas à luta contra a ditadura, contribuíam para fortalecer as oposições.

Em agosto de 1979, sob forte pressão da sociedade, o governo militar decretou a anistia política. Mesmo restrita, ela permitiu a volta dos exilados e a libertação de presos políticos.

Na região do ABC paulista, sindicatos de metalúrgicos continuavam a deflagrar grandes greves. A resposta do governo foi prender os líderes desses sindicatos, entre eles Luiz Inácio Lula da Silva. Muitas categorias profissionais, em diversos estados, também entraram em greve, insatisfeitas com o arrocho salarial e a inflação.

A continuidade da crise do petróleo ao longo dos anos 1970 prejudicava cada vez mais a economia do país. A inflação aumentava a cada ano, chegando a alcançar 110% em 1980. Sem capacidade de exportação, sem fontes de financiamento e incapaz de competir com outros países, a economia brasileira entrava em colapso no início dos anos 1980.

## A direita terrorista

Enquanto o regime militar agonizava, um grupo de militares radicais, que não aceitava o fim da ditadura, decidiu, como último recurso para preservá-la, amedrontar a sociedade.

Recorrendo a práticas terroristas, bombas explodiram em diversos lugares, matando e ferindo pessoas inocentes. Uma carta-bomba matou a secretária da OAB e outra feriu gravemente um funcionário da Câmara dos Vereadores do Rio de Janeiro.

O mais ousado atentado planejado por esse grupo estava previsto para a noite de 30 de abril de 1981. Nessa noite, milhares de jovens participavam de um show comemorativo do Dia do Trabalho no Riocentro, um imenso pavilhão de exposições no Rio de Janeiro. O sargento Guilherme Pereira do Rosário e o capitão Wilson Machado, ambos servindo no DOI-CODI do Rio de Janeiro, armaram bombas dentro de um carro, no estacionamento do pavilhão, para detoná-las dentro do Riocentro. O resultado teria sido o mais cruel atentado terrorista da história do país, se uma das bombas não tivesse explodido no colo do sargento, matando-o no ato e ferindo gravemente o capitão.

A opinião pública reagiu indignada ao atentado. Um inquérito repleto de manipulações foi montado. Desgastado, o general João Figueiredo perdeu o controle do processo político.

**Fique de olho!**

*Zuzu Angel*. Direção: Sérgio Rezende. Brasil, 2006. O filme narra a luta da estilista de moda Zuzu Angel para ter notícias de seu filho, Stuart Angel Jones, desaparecido em um quartel da Aeronáutica durante a ditadura militar.

## Outra dimensão — Cidadania

### Direitos civis

A ditadura militar resultante do golpe de 1964 significou um retrocesso nos direitos de cidadania dos brasileiros. Os direitos civis foram os mais violentados, sobretudo após a decretação do AI-5. Os direitos mais básicos do ser humano foram suspensos: os direitos à liberdade, à segurança individual, à livre expressão e, até mesmo, à vida. O setor repressivo do Estado poderia prender qualquer pessoa sem ordem judicial. O preso, sem direito a *habeas corpus*, corria o risco de tortura. E, se morresse nas dependências policiais, não haveria punições aos culpados.

Também os direitos políticos sofreram grande retrocesso. A sociedade perdeu o direito de eleger o presidente da República, os governadores de estados, os prefeitos das capitais e de municípios considerados área de segurança nacional. Diversos mandatos de parlamentares de oposição foram cassados e o Congresso Nacional foi fechado em várias ocasiões.

Os direitos sociais, por sua vez, conheceram avanços e recuos. A extensão das leis sociais à população do campo foi um avanço nos direitos sociais, pois permitiu aos trabalhadores rurais o acesso a pensões, aposentadorias e assistência médica. Mas houve também um recuo desses direitos, com a degradação dos sistemas de educação e saúde públicas. O arrocho salarial também prejudicou os trabalhadores.

- Por que podemos afirmar que os direitos de cidadania, em suas três dimensões, sofreram um retrocesso durante a ditadura militar no Brasil?

## 7. Diretas Já!

Fique de olho!

Memórias da ditadura. Disponível em: <http://memoriasdaditadura.org.br/>. Acesso em: 28 abr. 2018.
Com o objetivo de divulgar a história do Brasil do período 1964-1985, oferece conteúdos interativos, multimídia, que podem ser acessados de qualquer computador, *tablet* ou celular. Disponibiliza vídeos, cronologia, apoio ao educador, etc.

Em 1979 foi realizada uma reforma partidária, autorizando o pluripartidarismo. Com isso, novos partidos foram fundados, como o Partido dos Trabalhadores (PT), sob a liderança de Luiz Inácio Lula da Silva; e o Partido Democrático Trabalhista (PDT), liderado por Leonel Brizola, que perdeu juridicamente a sigla do velho PTB para outro grupo político. O MDB, uma frente de oposições, mudou o nome para Partido do Movimento Democrático Brasileiro (PMDB). O núcleo da antiga Arena fundou o Partido Democrático Social (PDS), que continuou na posição de partido do regime militar.

A reforma partidária aumentou a pressão social sobre os militares e, em 1983, o regime estava nas últimas. Aumentavam a inflação – que chegava a atingir 200% –, a recessão e o desemprego. A moratória decretada pelo governo, reconhecendo sua incapacidade de pagar os empréstimos externos, e os acordos firmados com o FMI paralisavam a economia.

As forças democráticas do país se lançaram, então, num grande movimento para apressar a redemocratização: a campanha das **Diretas Já!**.

As oposições se uniram e promoveram grandes comícios pela aprovação da emenda que restabeleceria o voto direto para presidente da República, a emenda Dante Oliveira, apresentada pelo deputado de mesmo nome, pertencente ao PMDB. Em um desses comícios, um milhão de pessoas se reuniu na cidade do Rio de Janeiro para exigir o voto direto. No último comício, realizado na cidade de São Paulo no dia 16 de abril de 1984, o número chegou a um milhão e meio de manifestantes.

A campanha foi o maior movimento cívico e popular da história do país até então: foram cerca de 40 comícios em todo o Brasil.

A Emenda Dante de Oliveira conseguiu a maioria dos votos do plenário, mas não os dois terços necessários para a aprovação de uma Emenda Constitucional. Sua derrota frustrou enormemente a sociedade brasileira. Mas os números da votação não deixavam dúvida: o regime militar tinha se tornado extremamente impopular.

A partir daí, os partidos políticos de oposição passaram a conduzir a transição para a democracia. O PMDB lançou Tancredo Neves (1910-1985) para a sucessão presidencial. O PDS lançou a candidatura do empresário Paulo Maluf, ex-governador do estado de São Paulo, que não contava com o apoio do general Figueiredo. Muitos parlamentares do partido do governo apoiaram o candidato do PMDB, abandonando o regime. Assim, formou-se uma chapa denominada Aliança Democrática, com Tancredo Neves para presidente e José Sarney para vice. Em 15 de janeiro de 1985, Tancredo foi eleito no Colégio Eleitoral. A ditadura estava derrotada.

Ricardo Azoury/Pulsar Imagens

No comício pelas Diretas Já! realizado no dia 10 de abril de 1984, a multidão, calculada em um milhão de pessoas, toma a avenida Presidente Vargas, no centro do Rio de Janeiro.

## Nova República

Na véspera da posse do novo presidente, na noite de 14 de março de 1985, Tancredo foi acometido por uma misteriosa doença, o que deu margem a rumores de que ele poderia ter sido vítima de um atentado.

Estando Tancredo impedido de tomar posse e o mandato de Figueiredo expirado, cabia ao presidente da Câmara, Ulysses Guimarães (1916-1992), assumir a presidência, e, no caso de Tancredo vir a falecer, convocar novas eleições.

Com grande prudência, Ulysses articulou a posse do vice-presidente eleito, José Sarney, de modo a garantir que a redemocratização não corresse risco.

Começava assim a chamada **Nova República**, despertando grandes esperanças nos brasileiros. Tancredo Neves faleceu no dia 21 de abril, dia de Tiradentes. A nota oficial dizia que sua morte fora em decorrência de uma infecção causada por crise aguda no aparelho digestório.

**Fique de olho!**

RODRIGUES, Marly. *O Brasil da abertura*. De 1974 à Constituinte. São Paulo: Atual, 1990. Com base em fontes de época, este livro analisa a longa transição da ditadura à democracia no Brasil.

## Imagens contam a História

### O cidadão sem garantias

Ziraldo, o autor da charge que critica o AI-5, foi um dos muitos artistas e intelectuais de oposição à ditadura.

- Considerando que o AI-5 suspendeu as garantias constitucionais e tornou nulos os direitos civis, interprete o diálogo entre as cobras e o elefante.

Charge de Ziraldo de 1984.

# Roteiro de Estudos

## Para organizar

1. Embora não assumisse seu caráter ditatorial, desde o início o governo militar pôs fim ao regime democrático no Brasil. Comente o teor dos três primeiros Atos Institucionais e cite três exemplos que revelam as violências cometidas pela ditadura nesse período.
2. Por que o Ato Institucional nº 5 é considerado o mais violento instrumento jurídico do regime militar?
3. Avalie o grande crescimento econômico ocorrido no Brasil durante a ditadura militar, conhecido como "milagre brasileiro".
4. Explique os motivos para o fracasso da luta armada durante a ditadura.
5. Quais foram os planos de desenvolvimento econômico propostos no governo Geisel e por que a crise econômica internacional que eclodiu naquele momento prejudicou a economia brasileira?
6. Quais foram os setores da sociedade que, entre 1977 e 1978, surgiram no cenário político em oposição à ditadura militar?
7. O que foi a campanha das Diretas Já!?
8. Como José Sarney alcançou a presidência da República?

## Reflexões

### Doutrina de Segurança Nacional

A Doutrina de Segurança Nacional foi usada como justificativa para as Forças Armadas conservarem o poder após o golpe de 1964. Formulada nos EUA durante a Guerra Fria, essa ideologia partia do princípio de que o Ocidente capitalista vivia em guerra permanente contra o comunismo. A agressão poderia vir de países comunistas ou do interior das próprias sociedades ocidentais. Nesse caso, tratava-se do inimigo interno – compatriotas que professavam a ideologia comunista, deixando de ser cidadãos para serem inimigos do Estado.

No Brasil, a Doutrina de Segurança Nacional começou a ser estudada pelos militares na Escola Superior de Guerra (ESG), fundada em 1949. Mas, até 1964, as Forças Armadas estavam subordinadas à Constituição democrática de 1946. Foi após o golpe de 1964 que a ESG aboliu dois fundamentos do regime democrático: a obediência dos militares ao poder civil e o respeito à legalidade democrática.

Outra alteração importante foi sobre a própria função das Forças Armadas. Em um regime democrático, cabe a elas a defesa do país contra agressões externas. Com a Doutrina de Segurança Nacional, os militares também passaram a ser responsáveis pela segurança interna.

A Doutrina de Segurança Nacional passou a justificar a ação dos militares: sem ter como combater o inimigo externo, eles enfrentariam aqueles considerados inimigos dentro do país – os comunistas.

- **Explique como a Doutrina de Segurança Nacional fundamentou, em termos ideológicos, a ditadura militar no Brasil.**

## Vamos testar?

1. Leia o texto a seguir e faça o que se pede.

   Observando o quadro geral, pode-se dizer que o propósito modernizador se concentrava na perspectiva econômica e administrativa, com vistas ao crescimento, à aceleração da industrialização e à melhoria da máquina estatal. Já o projeto autoritário-conservador se pautava em manter os segmentos subalternos excluídos, especialmente os atores políticos, bem como em combater as ideias e os agentes da esquerda – por vezes, qualquer tipo de vanguarda – nos campos da política e da cultura, defendendo valores tradicionais como pátria, família e religião, incluindo a moral cristã.

   MOTTA, Rodrigo Patto Sá. *As universidades e o regime militar.* Rio de Janeiro: Zahar, 2014. p. 15.

   O historiador Rodrigo Motta descreve, no texto, dois projetos políticos existentes no Brasil durante o regime militar: o modernizador e o autoritário-conservador. Sobre esses projetos, está incorreta a seguinte afirmação:

   a) Durante o governo do general Castello Branco uma série de medidas foram tomadas a fim de alinhar o Brasil aos interesses dos Estados Unidos, como a abertura da economia brasileira ao capital estrangeiro e acordos realizados com o FMI, entre outras medidas que resultaram em rápido crescimento econômico, queda da inflação e redução do desemprego.

b) No governo do general Médici, a economia brasileira foi beneficiada pelo excesso de dólares no mercado financeiro internacional. Com empréstimos financeiros internacionais, os economistas da ditadura expandiram o setor siderúrgico, de comunicações e de energia, além de grandes obras, como a rodovia Transamazônica e a ponte Rio-Niterói.

c) Entre 1968 e 1973, a economia brasileira cresceu muito, praticamente 10% ao ano. O lema da ditadura era o de "crescer o bolo, para depois dividi-lo". O resultado, porém, foi grande concentração da riqueza entre poucos, aumentando imensamente a distância entre ricos e pobres.

d) Desde que tomaram o poder em abril de 1964, os generais perseguiram estudantes, trabalhadores e organizações de esquerda. A perseguição aumentou ainda mais após a promulgação do AI-5, com exílios, torturas e assassinatos.

e) Entre 1964 e 1968, artistas e intelectuais participaram da vida política. Na música e no teatro, a arte e a cultura voltaram-se para a política, criticando o autoritarismo do governo militar. Mas, após a promulgação do AI-5, até mesmo a dimensão artística e cultural sofreu grande repressão da ditadura.

**2.** Identifique a seguir a afirmativa correta sobre a crise da ditadura militar e a transição democrática.

a) O general Ernesto Geisel assumiu a presidência da República prometendo abertura política "lenta, gradual e segura". Contudo, o acirramento da luta armada e a campanha das Diretas Já! prejudicaram a transição da ditadura à democracia.

b) Com o general Geisel, o governo militar enfrentou diversos problemas: na economia, houve a crise internacional do petróleo; na política, o partido de oposição, o MDB, foi vitorioso nas eleições de 1974; na vida social, estudantes voltaram a protestar nas ruas e greves operárias no estado de São Paulo demonstravam a grande insatisfação com o regime.

c) A campanha pela anistia política não resolveu o problema dos exilados no exterior, obrigando-os a permanecer longe do Brasil.

d) Grupos políticos da esquerda lutaram contra a ditadura por meio de ações terroristas, como a tentativa de matar milhares de jovens durante um show no Rio-Centro, no Rio de Janeiro.

e) Com a vitória da campanha das Diretas Já!, Tancredo Neves foi eleito presidente por meio do voto popular, derrotando o candidato da ditadura e restabelecendo a democracia no Brasil.

**Conexões** História e Matemática

## Manipulação dos números

Desde que foi divulgado, suspeita-se que o índice da inflação de 1973 fora manipulado para baixo.

O Departamento Intersindical de Estudos e Estatísticas Socioeconômicas (Dieese), instituição que apoiava os sindicatos de trabalhadores, recalculou os índices de aumento dos preços e constatou a manipulação. O próprio Banco Mundial desconfiou do índice oficial do governo militar e se baseou nos cálculos do Dieese. Em julho de 1977, houve a comprovação da manipulação. Não foi casual que, no ano seguinte, eclodiram as greves operárias no ABC paulista. Afinal, os salários eram reajustados pelos números da inflação do ano anterior.

Na linha histórica da inflação, 1973 é um ano ímpar. Dependendo de quem conte os números, o índice pode ser de 15,5% ou 20,5%. A inflação de 15,5% é a contabilidade oficial da gestão de Delfim [Neto, ministro da Fazenda]. Para seu sucessor, Mário Henrique Simonsen, o indicador verdadeiro foi 20,5%. Como se explica a diferença? "O índice de inflação de 73 foi manipulado", foi o recado de Simonsen num documento entregue ao presidente Ernesto Geisel, em 1974. A acusação era referendada por outro luminar da economia, o ex-ministro Eugênio Gudin, então dirigente da Fundação Getúlio Vargas, órgão responsável pelas estatísticas de inflação.

DAMIANI, Marco; GRINBAUM, Damiani. Os arquivos de Delfim. *Isto É Dinheiro*, 19 nov. 2003, edição 325. Disponível em: <www.istoedinheiro.com.br/noticias/economia/20031119/arquivos-delfim/21379>. Acesso em: 9 maio 2018.

- **Calcule quanto o trabalhador perdeu em seu salário em 1974 com a manipulação do índice da inflação de 1973. Qual foi a perda, por exemplo, de um funcionário que recebia Cr$ 1.000,00 (um mil cruzeiros) em 1973 – equivalente a pouco mais de três salários mínimos?**

UNIDADE

# 3 Os caminhos para o Terceiro Milênio

Monges budistas no templo Bayon, Camboja. Fotografia de 2017.

"As aparências, portanto, enganaram. [...]

As nações e os Estados independentes não tinham desaparecido. Assim como o mundo não convergia para uma norma única, 'norte-americana' [...]. A ilusão de que vivemos num mundo pós-nacional ou pós-estatal advém da atenção exagerada ao processo econômico 'globalizado'... e da suposição de que fenômenos transnacionais operam em todas as esferas da vida humana."

JUDT, Tony. *Pós-guerra*. Uma história da Europa desde 1945. Rio de Janeiro: Objetiva, 2008. p. 783.

Alamy/Fotoarena

## NESTA UNIDADE

- Revolução Técnico-Científica
- Reformismo comunista
- A segunda Guerra Fria
- O projeto neoliberal
- URSS: reformas e colapso
- China e as Quatro Modernizações
- Transição democrática no Brasil
- Brasil: de Collor a Temer
- O processo de globalização
- Terrorismo no início do século
- Aquecimento global

CAPÍTULO

14

# O retorno da Guerra Fria e a desagregação do mundo socialista

Wolfgang Kumm/AFP

Pessoas comemoram a unificação da Alemanha, em 3 de outubro de 1990.

**Puxando pela memória**

Ao final do século XX, os regimes comunistas entraram em colapso e deixaram de existir na maioria dos países. A foice e o martelo cruzados, símbolo do comunismo, são instrumentos de trabalho que representam classes sociais.

Você saberia dizer que classes sociais são essas?

Os anos 1960 foram revolucionários em muitos sentidos: guerras e revoluções eclodiram em diversos países contra a dominação das potências capitalistas, enquanto jovens questionavam os valores conservadores da sociedade em que viviam e mulheres e negros lutavam por seus direitos. Ao final da década, no entanto, esse ímpeto contestador e revolucionário parecia ter se esgotado. Tanto que em 1969 o músico e ex-Beatle John Lennon (1940-1980) chegou a declarar: "O sonho acabou".

As décadas que se seguiram seriam, de fato, muito diferentes. Nos anos 1970, uma grave crise se abateu sobre o capitalismo, mas não impediu o desenvolvimento acelerado de novas tecnologias. Nos anos 1980, o mundo conheceria um movimento político e econômico de caráter conservador liderado pelos governos da Grã-Bretanha e dos Estados Unidos. O colapso do mundo comunista, no final dessa década, reforçou ainda mais o movimento conservador. Os rumos do mundo pareciam dar razão a John Lennon. Mas teria o sonho acabado mesmo?

Cronologia deste capítulo

Friedrich Hayek publica o livro *O caminho da servidão*. — 1944

Cientistas da Universidade da Pensilvânia anunciam a conclusão do primeiro computador eletrônico com componentes de válvulas: o Eniac. — 1946

# 1. Novas tecnologias e crise capitalista

Ao final da Segunda Guerra, começou um processo de desenvolvimento tecnológico sem precedentes, em que a base da indústria foi, aos poucos, deixando de ser eletromecânica para se tornar eletrônica. Alguns estudiosos o chamaram de **Terceira Revolução Industrial**, outros o denominaram de **Revolução Técnico-Científica**.

O domínio da eletrônica abriu caminho para o uso da informática na produção industrial, transformando as máquinas e sua operação – a qual passava a exigir um número cada vez menor de trabalhadores.

Nos anos 1960, a introdução de robôs na produção industrial, por exemplo, culminou com o desenvolvimento da telemática na década seguinte. A utilização de componentes da microeletrônica tornou possível a transmissão de dados a longa distância.

**telemática:** conjunto de tecnologias da telecomunicação, eletrônica e informática que permite a troca de dados entre usuários por telefone, satélite, cabo ou fibra óptica.

Também após a Segunda Guerra, desenvolveu-se um novo método de gerenciamento: o **toyotismo**, palavra derivada do nome de uma importante empresa japonesa fabricante de veículos, a Toyota.

## Toyotismo

O novo modelo foi elaborado nos anos 1950 pelo engenheiro de produção Taiichi Ohno (1912-1990) e a grande mudança proposta por ele foi a de produzir por encomenda, ajustando a produção à demanda do mercado. No toyotismo, a fábrica trabalhava com estoque zero; ou seja, comprava os componentes de que precisava, diminuindo o capital mobilizado. Além disso, a produção deixava de ser rígida, como no taylorismo, mas com o máximo de controle de qualidade.

De acordo com a lógica desse modelo, os trabalhadores teriam de se ajustar não apenas ao ritmo – maior ou menor – da produção, mas a diferentes máquinas e funções. O toyotismo exigia, portanto, um operário altamente dinâmico e qualificado.

Além disso, no toyotismo, os operários podiam parar a produção em qualquer etapa do processo, caso encontrassem algum defeito, por mínimo que fosse. Os trabalhadores eram incentivados a opinar para a melhoria da produtividade e da qualidade das mercadorias, e sua iniciativa era altamente valorizada. Daí o conceito de qualidade total, típico desse modelo.

Investir na qualificação profissional dos operários era, portanto, fundamental.

Entre as grandes diferenças do toyotismo em relação ao taylorismo, destacam-se: a flexibilidade no processo produtivo, a valorização profissional do operário, a utilização de tecnologia de ponta e a preocupação com a qualidade dos produtos.

Durante a crise econômica da década de 1970, provocada em grande parte pela crise do petróleo, o método toyotista demonstrou grande capacidade de adaptação às conjunturas adversas do mercado. Por esse motivo, muitas indústrias estadunidenses e europeias o adotaram.

Em uma sala exclusiva, funcionários de grande empresa de tecnologia programam um imenso computador chamado *mainframe*. Fotografia de 1964.

H. Armstrong Roberts/Alamy/Fotoarena

## A crise dos anos 1970

Nos EUA, os sinais da crise começaram a aparecer já no final da década de 1960, quando o país passou a enfrentar a concorrência comercial de seus principais aliados.

Como os consumidores estadunidenses compravam cada vez mais eletrodomésticos e automóveis produzidos por europeus e japoneses, o resultado foi um imenso *deficit* no comércio externo do país.

Para enfrentar a grande recessão econômica e o aumento do desemprego no país, o governo Richard Nixon (1913-1994) fez aprovar, em 1971, a desvinculação entre o valor do dólar e as reservas em ouro. Como resultado, houve forte desestabilização monetária em várias economias do mundo, que tinham o dólar como referência.

Por falta de combustível, muitos postos de gasolina interromperam suas atividades nos EUA. O cartaz da foto informa que o posto se encontrava fechado devido à escassez. Fotografia de 1973.

AP/Glow Images

A crise se agravou em outubro de 1973, quando a Organização dos Países Exportadores de Petróleo (Opep), em solidariedade à Síria e ao Egito – países envolvidos na guerra contra Israel –, decidiu reduzir o fornecimento do petróleo em 5% e aumentar o preço do barril em 70%. O preço do petróleo disparou.

Até os países então considerados mais desenvolvidos foram atingidos pela crise de abastecimento provocada pela alta dos preços e tiveram de conviver com recessão econômica, inflação e altas taxas de desemprego.

O modelo econômico mundial do pós-guerra dava visíveis sinais de esgotamento. Uma das alternativas para sair da crise foi o investimento em alta tecnologia.

**O preço do petróleo**

Em setembro de 1973, um mês antes de a chamada crise do petróleo eclodir, o barril de petróleo custava 2,18 dólares; no final dos anos 1970, o preço chegou a 34 dólares – um aumento de quase 1 500%. Na verdade, o preço do petróleo, a fonte de energia mais preciosa da economia mundial, era muito baixo. A 2,18 dólares, custava menos que um barril de água mineral.

# 2. Mudanças na URSS

Ao assumir o governo da URSS, logo após a morte de Stalin, em 1953, Nikita Kruschev (1894-1971) deu início a uma série de reformas, conhecida como **reformismo comunista**.

Inicialmente, ele denunciou os crimes de Stalin em um documento conhecido como "relatório Kruschev". As denúncias tinham o objetivo de desacreditar o stalinismo. Além disso, o novo governo pôs fim às perseguições em massa, libertou prisioneiros dos campos de concentração e estabeleceu a prática do cumprimento das leis. A arte e a vida intelectual também foram incentivadas.

Apesar de a URSS ser um país industrializado, os soviéticos viviam com níveis de consumo mínimo. Com o objetivo de aumentar a produção de bens de consumo, o novo governo investiu na produção de televisores e aparelhos eletrônicos.

Morte de Stalin em 5 de março.

1953

Kruschev denuncia os crimes de Stalin no XX Congresso do PCUS. Tropas da URSS invadem a Hungria e reprimem movimento pela democratização do país.

1956

Kruschev também buscou aproximação com os EUA – espécie de trégua em plena Guerra Fria. Em novembro de 1959, viajou oficialmente ao país, onde foi recebido pelo presidente estadunidense Eisenhower (1890-1969).

O governo também beneficiou os trabalhadores com reajustes salariais e outras melhorias nos setores de transporte e habitação popular.

Kruschev encontrou problemas de difícil resolução. Os esforços para aumentar a produção agrícola, por exemplo, abrindo novas áreas de plantio, fracassaram, e o país foi obrigado a importar cereais do mundo capitalista. Além disso, o reformismo de seu governo e a nova política externa por ele adotada descontentaram boa parte da *nomenklatura*.

Nikita Kruschev foi deposto em 1964, e, em seu lugar, Leonid Brejnev (1906-1982), um homem da *nomenklatura*, assumiu o governo da URSS.

*nomenklatura:* elite privilegiada composta de diretores e executivos das empresas estatais, militares de alta patente e altos dirigentes do Partido Comunista.

## Os anos Brejnev

O governo Brejnev manteve a política de apaziguamento de Kruschev em relação aos EUA. Assinou acordos para restringir armas nucleares em 1972, estimulando a **coexistência pacífica** entre as duas potências, também conhecida como distensão ou *détente*.

Diferentemente de Kruschev, que estimulara a arte e a vida intelectual na URSS, Brejnev voltou a perseguir os intelectuais que se opunham ao regime. Após o episódio que ficou conhecido como **Primavera de Praga**, a cúpula soviética não admitiu mais críticas ao regime.

Na década de 1970, a economia da URSS começou a apresentar sinais de estagnação. Entre 1976 e 1980, dados indicavam um crescimento anual do PIB de 2,3%. Como a burocracia soviética considerava que qualquer mudança nos métodos de produção ou de gerenciamento representava um perigo para o sistema, as indústrias mantiveram o sistema produtivo do tipo eletromecânico.

Enquanto os soviéticos mantinham os antigos métodos tayloristas em suas fábricas, os países capitalistas desenvolvidos avançavam na Revolução Técnico-Científica. Nos anos 1980, a distância tecnológica entre EUA, Japão e alguns países da Europa Ocidental e a URSS tornou-se um abismo. Excetuando os avanços que haviam conquistado nas corridas armamentista e espacial, os soviéticos não tinham como competir com os países capitalistas.

O nível de vida começou a cair na URSS. E a sensação de declínio dominou o mundo soviético a partir dos anos 1980.

Ptitsyn/Ria Novosti/AFP

Funcionário de loja de venda de carnes verificando os cartões de racionamento devido à escassez de produtos na União Soviética. Fotografia de dezembro de 1990.

### A política externa de Brejnev

Enquanto os EUA sofriam uma derrota humilhante no Vietnã, os soviéticos apoiavam os movimentos marxistas vitoriosos em Angola e Moçambique. No Oriente Médio, Brejnev ficou ao lado dos árabes na luta contra Israel. Além disso, aproximou-se do Egito e do Zaire, apoiou a Revolução Sandinista na Nicarágua e a instalação de um governo de esquerda na Etiópia. Para socorrer os comunistas do Afeganistão, ainda determinou a invasão daquele país pelo Exército Vermelho.

# Outra dimensão — Conflitos sociais

## A revolta húngara e a Primavera de Praga

A morte de Stalin e a "desestalinização" que se seguiu permitiram certo relaxamento da repressão política e uma relativa liberdade nos países do Leste Europeu, onde surgiram protestos e greves nas chamadas democracias populares. Ainda em 1953, uma insurreição operária aconteceu em Berlim Oriental e greves ocorreram na Bulgária, na Romênia e na Tchecoslováquia. Em 1956, aconteceram protestos na Polônia.

Na Hungria a revolta contra o domínio da URSS tornou-se uma verdadeira rebelião popular. Escritores, estudantes, católicos, associações profissionais e sindicatos de trabalhadores exigiam reformas democratizantes e a plena autonomia do país. Em outubro de 1956, sob forte pressão da sociedade, o primeiro-ministro Imre Nagy, que era partidário das reformas exigidas pelo povo, restaurou o pluripartidarismo. No mês seguinte, os tanques do Exército Vermelho entraram no país e, por meio de grande repressão, esmagaram a revolta. Cerca de 2 mil pessoas foram fuziladas e outras 150 mil, presas. Para o poder soviético, era intolerável que os países da Europa Oriental saíssem de sua área de influência.

Anos depois, sob o governo Brejnev, explodiu uma revolta na Tchecoslováquia, que se tornou um dos mais importantes protestos de 1968. Levado ao poder pelo Partido Comunista Tcheco, o líder reformista Alexander Dubcek (1921-1992) estava disposto a democratizar as instituições, livrando o país das amarras soviéticas. Entre janeiro e agosto, Dubcek pôs fim à rígida centralização econômica e liberou o debate intelectual. As discussões políticas mobilizaram a sociedade. Nas fábricas foram criados conselhos operários. Em julho, escritores exigiam o fim da censura e os jovens saíam às ruas de Praga. Tinha início, a partir daí, o acontecimento que ficou conhecido como **Primavera de Praga**.

A proposta era democratizar o socialismo. Como líderes comunistas de outros países da Europa Oriental temiam perder o poder no caso de sucesso da revolução tcheca, em agosto de 1968, tropas do Pacto de Varsóvia invadiram o país. Dubcek foi deposto e em seu lugar assumiu um homem de confiança da URSS. Mas a sociedade resistiu aos tanques soviéticos saindo às ruas para protestar. Após a saída das tropas soviéticas, a polícia política passou a reprimir o povo.

Libor Hajsky/AFP

Em Praga, capital da Tchecoslováquia, manifestantes protestam contra invasão das tropas do Pacto de Varsóvia, cercando os tanques. Fotografia de agosto de 1968.

- Tomando os episódios históricos da revolta húngara e da Primavera de Praga como exemplos, explique por que tentativas de democratizar o modelo de socialismo soviético imposto pela URSS nos países do Leste Europeu tornaram-se inviáveis no pós-guerra.

# 3. Ronald Reagan: novo fôlego para a Guerra Fria

Nos anos 1970, enquanto os movimentos de esquerda avançavam pelo mundo, os EUA passavam por uma grave crise política decorrente da renúncia do então presidente Richard Nixon e da humilhante derrota do país na Guerra do Vietnã.

Uma reação conservadora começou, então, a tomar corpo com a ascensão de Margaret Thatcher (1925-2013) ao cargo de primeira-ministra da Grã-Bretanha em 1979 e a eleição de Ronald Reagan (1911-2004) para a presidência dos EUA no ano seguinte. A chamada **nova direita** fazia-se presente no mundo.

Sob o governo Reagan, os EUA passaram a fustigar os movimentos revolucionários do Terceiro Mundo: financiando mercenários para sabotar o regime sandinista nicaraguense – o que fizeram com grande sucesso –; incentivando grupos paramilitares de direita em El Salvador; aumentando o apoio à guerrilha afegã contra os soviéticos; ou ajudando a desestabilizar os governos comunistas de Angola e Moçambique.

Contando com o apoio de Thatcher, Reagan deu início ao que muitos autores definiram como **Segunda Guerra Fria**. Ao promover uma política externa conservadora e belicosa contra a URSS, seu objetivo era restaurar o quadro de bipolaridade entre os EUA e a URSS. Para surpresa do mundo e espanto dos soviéticos, Reagan chegou a anunciar sua intenção de militarizar o espaço com um projeto de defesa estratégica, que ficou conhecido como **Guerra nas Estrelas**. O objetivo era obrigar a URSS a retomar as corridas armamentista e espacial, o que provocaria o colapso de sua economia, cada vez mais estagnada.

**Fique de olho!**

*Frost/Nixon*. Direção: Ron Howard. França/Grã-Bretanha/EUA, 2009.
Após três anos de sua renúncia à presidência dos EUA, Richard Nixon concede entrevista ao jornalista David Frost, que resultou em um embate assistido por milhões de pessoas pela televisão.

### O escândalo de Watergate

Em 1972, durante a campanha eleitoral para a presidência da República, os escritórios do Partido Democrata no conjunto de edifícios Watergate foram invadidos por pessoas do Partido Republicano. Com o conhecimento do então presidente Richard Nixon, que concorria à reeleição, eles tentavam instalar aparelhos clandestinos de escuta, para obter informações confidenciais.

Nixon foi reeleito com larga margem de votos, mas, diante do escândalo, renunciou à presidência em 1974.

## O mundo ingressa na era neoliberal

O nome de Margaret Thatcher e as políticas por ela adotadas como primeira-ministra da Grã-Bretanha são associados ao **neoliberalismo**.

O primeiro defensor desse conjunto de ideias foi o economista austríaco Friedrich Hayek (1899-1992), que criticava qualquer controle do Estado sobre o mercado, defendendo que o capitalismo deveria funcionar livre de quaisquer regras ou limitações.

Richard Nixon visita Pequim e inicia relações dos EUA com a China Comunista.
1972

Primeira crise mundial do petróleo.
1973

Hayek também defendia que a estabilidade da moeda – com o fim da inflação – deveria ser o objetivo principal de qualquer governo, que, para tanto, deveria equilibrar o orçamento e reduzir os gastos públicos. Para estimular o investimento produtivo e o lucro empresarial, ele era favorável à redução dos benefícios sociais aos trabalhadores e também dos impostos sobre as empresas.

Com a crise dos anos 1970, as ideias de Hayek foram valorizadas e aplicadas.

O modelo neoliberal aplicado em vários países baseava-se na alta dos juros, na redução dos impostos das empresas, na diminuição dos investimentos públicos, na liberação da circulação de capitais, na intransigência com movimentos grevistas e ações sindicais, no corte ou na redução de gastos sociais, em especial com os direitos trabalhistas.

A "Dama de Ferro", como Thatcher ficou conhecida, patrocinou uma política sistemática de privatização das empresas estatais, sobretudo dos setores siderúrgico, elétrico, petrolífero e de serviços, como água e gás, com o objetivo de desmontar o Estado de bem-estar social. A experiência britânica serviu de modelo para outros países.

Nos EUA, foi Reagan quem aplicou o programa neoliberal, mas com uma ressalva. Como estava determinado a provocar o colapso econômico da URSS, manteve os gastos armamentistas em prejuízo do equilíbrio orçamentário.

Outros países conheceram a vitória de partidos de direita inspirados no neoliberalismo, como a Alemanha Ocidental, onde o conservador Helmut Khol ganhou as eleições de 1982.

**Fique de olho!**

***A Dama de Ferro*.**
Direção: Phyllida Loyd, Reino Unido/França, 2012.
Trajetória política de Margareth Thatcher, desde a luta para conquistar a liderança no Partido Conservador até a implantação da política neoliberal que impôs ao país e seu papel na guerra contra a Argentina.

Wesley/Keystone/Getty Images

Em dezembro de 1979, manifestantes da União Nacional dos Professores protestam em Londres contra os cortes de verbas para a educação propostos pela primeira-ministra Margareth Thatcher.

Nixon renuncia à presidência dos EUA, em razão do escândalo de Watergate.

1974

Retirada das últimas tropas estadunidenses do Vietnã.

1975

## Outra dimensão Cultura

### Aumenta o som: é *rock'n'roll*

Na década de 1970, o *rock* ganhou novas feições. Surgiram as grandes bandas, como Pink Floyd, Jethro Tull e Queen. Se antes o *rock* criticava o poder e a sociedade de consumo, agora ele já se tornara um produto a ser consumido.

Um estilo adotado por essas grandes bandas foi o chamado *rock* progressivo; recorrendo a instrumentos eruditos, as músicas contavam com partituras e eram longas e orquestradas. Também nos anos 1970 surgiu outro estilo de *rock* que inovou com sua batida forte e pesada, o *heavy metal*. Deep Purple, Black Sabbath e Alice Cooper foram algumas bandas desse gênero, com o qual Led Zeppelin também foi identificado.

Na segunda metade da década, dois outros movimentos se destacaram. Um deles não foi considerado *rock*. Tratava-se do estilo chamado *disco music*, feito para dançar em discotecas e associado ao movimento *gay*; fez muito sucesso com os Bee Gees, Donna Summer e Village People.

Outro movimento, que era absolutamente contestador, foi o *punk*. Negando o sistema de poder, os *punks* usavam roupas agressivas e cortes de cabelo moicano. As músicas eram curtas, aceleradas e agressivas. Os grupos Sex Pistols e The Clash tornaram-se os mais conhecidos.

George de Sota/Redferns/Getty Images

Nos anos 1970, Led Zeppelin foi uma das bandas mais inovadoras. Na imagem, Robert Plant, Jimmy Page e John Bonham durante apresentação em Nova York.

- Uma das bandas de *rock* de maior sucesso nos anos 1970-1980 foi a britânica Supertramp. Procure a tradução de uma de suas mais conhecidas músicas, *The Logical Song*, e analise sua letra.

# 4. O colapso do comunismo

A crise vivida pelo mundo socialista foi agravada ainda mais pela retomada da Guerra Fria, em especial pela política belicosa adotada pelos Estados Unidos sob a presidência de Ronald Reagan.

Foi nesse contexto que, em 1985, Mikhail Gorbachev assumiu o governo na URSS. Com sua franqueza, desenvoltura e simpatia, Gorbachev conquistou muito rapidamente prestígio no cenário internacional. Ao propor, por exemplo, a redução de 50% das armas nucleares estratégicas e a destruição total dos arsenais atômicos até o ano 2000, ele deixou dirigentes europeus e estadunidenses perplexos.

Após surpreender com sua arrojada proposta pacifista na política externa, ele se voltou para a política interna. Ainda em 1985, mobilizou a sociedade soviética em torno de uma palavra que se tornaria mundialmente conhecida: ***perestroika*** ("reestruturação", em português).

Steve Jobs e Steve Wozniac lançam o primeiro computador pessoal.

1977

O XI Congresso do Partido Comunista Chinês aprova a política das Quatro Modernizações.

1978

A reestruturação, para Gorbachev, implicava a reconstrução da economia da URSS, o atendimento das necessidades de consumo dos soviéticos, a observância de padrões de qualidade na produção e a descentralização do sistema produtivo. Com a *perestroika*, portanto, Gorbachev almejava alcançar uma sociedade produtiva, harmônica e próspera. Seu grande problema era como fazer isso.

Em 26 de abril de 1986, ocorreu um acidente na usina nuclear de Chernobyl, na Ucrânia, então uma das repúblicas soviéticas, que se revelou o maior desastre radioativo da humanidade. Naquele dia, um dos quatro reatores da usina explodiu, mas o governo soviético somente admitiu o acidente e reconheceu sua gravidade duas semanas depois do ocorrido. Como consequência, a atmosfera foi tomada por uma nuvem de material radioativo que equivalia a cem vezes toda a radiação provocada pelas bombas atômicas de Hiroshima e Nagasaki juntas, e atingiu as repúblicas soviéticas da Rússia e de Bielorrússia, os países da Europa Oriental e da Escandinávia e a Grã-Bretanha. Cerca de cinco milhões de pessoas ficaram expostas à radiação.

Igor Kostin/Ria Novosti/AFP

Com imensos guindastes, a usina nuclear de Chernobyl foi coberta com cimento e aço. Mesmo assim, passados mais de 30 anos do acidente, reparos são necessários continuamente para evitar o vazamento de radioatividade. Fotografia de 1986.

Depois que o governo da URSS admitiu a explosão, os cidadãos soviéticos críticos do regime alegaram que o acidente teria sido decorrência da censura aos meios de comunicação no país, pois os problemas, inclusive as condições precárias das usinas nucleares, eram escondidos da sociedade. Defendiam que, se houvesse transparência (***glasnost***, em russo), o acidente não teria acontecido. Portanto, ao programa de reestruturação de Gorbachev (*perestroika*) foi associada a transparência (*glasnost*).

## Entre a *perestroika* e a *glasnost*

Os problemas de Gorbachev eram graves. A *perestroika* não deslanchava. Continuava-se produzindo pouco e com baixa qualidade. Em compensação, a *glasnost* avançava além do previsto.

Depois de décadas de censura dos meios de comunicação, a sociedade soviética podia criticar o sistema, denunciando a devastação do ambiente, a grande burocracia, o autoritarismo dos dirigentes, a péssima qualidade dos produtos, as imensas filas nas lojas e nos mercados, a dupla jornada feminina e os privilégios das elites burocráticas.

Essas críticas geraram uma aguda divisão no interior da *nomenklatura*: de um lado, os partidários da *perestroika* e da *glasnost*; de outro, os conservadores do Partido Comunista contrários às propostas reformistas de Gorbachev.

Em um período de grande mobilização e fervor democrático, os problemas do país foram debatidos abertamente. Mas se a *glasnost* era um sucesso, a *perestroika* era um fracasso. A economia passava da estagnação ao retrocesso.

Margaret Thatcher torna-se primeira-ministra britânica.
1979

Morte de Tito, governante da Iugoslávia.
O líder operário Lech Walesa funda o sindicato Solidariedade na Polônia.
1980

# 5. Em ritmo de desagregação

O mundo socialista apresentava sinais de desagregação desde o início dos anos 1980.

Na Iugoslávia isso ocorreu após a morte de Josip Broz Tito, em maio de 1980, cuja liderança, construída na resistência ao nazismo nos anos 1940, unificava uma série de nacionalidades que formavam um país muito heterogêneo.

Tito havia conseguido reunificar o país sob o nome de República Popular da Iugoslávia, formada por sérvios, croatas, eslovênios, bósnios, herzegovinos, montenegrinos e macedônios. Tratava-se de um mosaico de nações, com diferentes religiões, línguas e culturas. Sérvios e croatas, por exemplo, mantinham rivalidades políticas. A morte de Tito e a desagregação da URSS, alguns anos mais tarde, alimentaram forças nacionalistas que passaram a reivindicar autonomia política.

Na Polônia, nos anos 1980, o operário Lech Walesa liderou movimentos grevistas que deram origem ao Solidariedade – primeiro sindicato livre do controle do Partido Comunista na Polônia. O Solidariedade cresceu com o apoio da população e do clero católico, realizando greves e passeatas. Em 1981, o governo comunista polonês declarou o sindicato ilegal, mas o movimento continuou atuando na clandestinidade.

O poder da URSS já não era o mesmo.

**Fique de olho!**

*Anna dos 6 aos 18*.
Direção: Nikita Mikhálkov. Rússia, 2003.
Entre os 6 e os 18 anos, Anna responde a uma série de perguntas relacionadas à história do país, desde a morte de Brejnev até a desagregação da URSS.

Ap/Glow Images

Em maio de 1982, milhares de manifestantes desafiaram a lei marcial imposta pelo regime comunista e marcharam pelas ruas de Varsóvia, capital da Polônia, apoiando o Solidariedade.

## O colapso

Com a fragilidade do poder na URSS, os regimes comunistas na Europa Oriental desmoronaram.

O primeiro país a pôr fim ao regime comunista foi a Hungria, em 1989, com a realização de eleições gerais livres. Naquele mesmo ano a Polônia começou sua transição à democracia liberal. Em dezembro de 1990, Lech Walesa foi eleito presidente do país por meio de eleições diretas.

Posse de Ronald Reagan na presidência dos EUA.
IBM lança computador pessoal.
1981

Mikhail Gorbachev assume o cargo de secretário-geral do Partido Comunista da URSS.
1985

**Fique de olho!**

***Adeus, Lenin!*. Direção: Wolfgang Becker. Alemanha, 2003.**
Na antiga Alemanha Oriental, mulher fiel ao regime comunista entra em estado de coma e acorda após a queda do Muro de Berlim. Para evitar um grande desgosto, seu filho cria um ambiente artificial, gerando uma série de situações cômicas.

Mas o grande marco da desagregação do bloco socialista foi a queda daquele que era considerado o maior símbolo da Guerra Fria – o muro que impedia a livre circulação entre as duas Alemanhas, o Muro de Berlim. Imensas manifestações em Berlim Oriental exigiam a abertura da passagem para o lado ocidental da cidade.

Em novembro de 1989, depois que os alemães dos dois lados se reencontraram, o chanceler da Alemanha Ocidental, Helmut Kohl, apresentou um plano para a unificação das duas Alemanhas, que foi imediatamente aprovado pelo governo da Alemanha Oriental.

Logo após a queda do muro, caíram também os governos comunistas da Bulgária e da Romênia – embora, no último caso, os dirigentes comunistas tenham resistido. Apesar da repressão com a qual o ditador Nicolau Ceaucescu respondeu às manifestações pela democracia que começaram a eclodir pelo país, elas receberam o apoio de setores do Exército romeno. Ceaucescu e sua esposa foram presos e fuzilados.

Na Tchecoslováquia, negociações políticas resultaram na Revolução de Veludo, entre novembro e dezembro de 1989, que pôs fim ao regime comunista. De comum acordo, em 10 de janeiro de 1993, dois países foram formados: a República Tcheca e a Eslováquia.

Na Iugoslávia, por conta das rivalidades étnicas internas, o processo de desagregação do comunismo resultou em conflitos, como a guerra civil entre sérvios e croatas que dilacerou o país entre 1991 e 1992. Ao final desse último ano, surgiram os seguintes estados independentes: Eslovênia, Sérvia e Montenegro, Croácia, Bósnia-Herzegovina e Macedônia. Em 2006, após a realização de um plebiscito, Montenegro, que com a Sérvia formava a República Federal da Iugoslávia, declarou sua independência. Sob a soberania da Sérvia, foram mantidas as duas províncias autônomas de Kosovo e de Voivodina.

Manifestantes saem às ruas de Praga, na então Tchecoslováquia, duranre a Revolução de Veludo. Fotografia de 1989.

Lubomir Kotek/AFP

Protestos na praça da Paz Celestial em Pequim.
Fim do monopólio do Partido Comunista Húngaro.
Queda do Muro de Berlim.
Fim do governo comunista na Bulgária e na Romênia.
1989

Lech Walesa é eleito presidente da Polônia.
1990

## A desagregação da URSS

A dissolução do comunismo nos países do Leste Europeu desprestigiou Gorbachev entre os círculos mais conservadores do Partido Comunista da URSS (PCUS). Além disso e das dificuldades com a economia, ele enfrentou outro grave problema: os nacionalismos que eclodiam em algumas repúblicas soviéticas como Casaquistão, Bielorrússia e Ucrânia. Na Letônia, na Estônia e na Lituânia, exigia-se autonomia. Na parte da Ásia Central, repúblicas de maioria muçulmana também manifestavam insatisfações.

Entre março de 1990 e abril de 1991, Ucrânia, Bielorrússia e Geórgia proclamaram-se independentes. A URSS se desagregava.

A partir daí os acontecimentos se sucederam: em junho de 1991, Boris Yeltsin foi eleito presidente da Rússia, a mais importante república da URSS. Em agosto, ultraconservadores tentaram restaurar o regime comunista com um golpe de Estado, mas foram derrotados. Entre agosto e dezembro, houve novas proclamações de independência em relação a Moscou. Em 21 de dezembro, dirigentes das repúblicas independentes assinaram um documento declarando extinta a União Soviética. Em 25 de dezembro, Gorbachev, que já não tinha um país para governar, declarou o fim da URSS.

No Kremlin, a bandeira vermelha com a foice e o martelo foi substituída pela da Federação da Rússia.

O fim da União das Repúblicas Socialistas Soviéticas repercutiu de maneira impactante entre as organizações e os partidos de esquerda de diversos países. Afinal, o primeiro país socialista do mundo e modelo de sociedade mais igualitária desapareceu. Para aqueles que admiravam o modelo de socialismo soviético, foi algo inesperado, gerando grande surpresa.

Após o frustrado golpe que tentou derrubar Gorbachev em agosto de 1991, a estátua de Stalin em Moscou é derrubada por manifestantes durante protesto.

Rosabetancourt/Alamy/Fotoarena

A URSS é extinta em 25 de dezembro.

1991

Divisão da Tchecoslováquia em República Tcheca e Eslováquia.

1992

**A História no seu lugar**

Milhares de indústrias, inclusive de grifes famosas, se instalaram na China, de onde fabricam e exportam seus produtos para diversos países do mundo.

Leia o texto a seguir.

O mercado global de luxo voltará a crescer neste ano após ficar estagnado em 2016 [...].

A China sozinha deve movimentar R$ 20 bilhões, um incremento anual de 15%.

Os consumidores chineses são responsáveis por 30% da receita global ao se considerar tanto o que é comprado dentro do país quanto em outros locais, como Japão e Europa [...].

Volta dos chineses às compras. *Folha de S.Paulo*, 25 out. 2016. Disponível em: <https://acervo.folha.com.br/leitor.do?numero=48036&keyword=China&anchor=6068430&origem=busca&pd=11a93732c8cb800c2a51477e5b559efd>. Acesso em: 10 maio 2018.

Reúna-se com alguns colegas e observem etiquetas de produtos (roupas e outros objetos) em suas casas. Façam um levantamento de quantos objetos foram produzidos na China. A pesquisa pode oferecer informações da presença da indústria chinesa no cotidiano.

# 6. Os chineses e as Quatro Modernizações

Na década de 1970, a sociedade chinesa mostrava-se exausta das experiências maoistas – e de seus resultados: atraso econômico, aumento da pobreza e terror ideológico. Com a morte de Mao Tsé-Tung, em 1976, o Partido Comunista Chinês, liderado por Deng Xiao Ping (1904-1997), retomou o antigo projeto das **Quatro Modernizações**. Tratava-se de modernizar a agricultura, a indústria, a defesa do país e o setor de ciência e tecnologia, valendo-se dos métodos capitalistas.

Em fins de 1978, quando a China ainda era um país pobre, com uma agricultura de baixa produtividade e uma indústria rudimentar, o Comitê Central aprovou, durante o XI Congresso do Partido Comunista, o projeto das Quatro Modernizações.

A primeira iniciativa foi desmontar as comunas rurais instauradas por Mao Tsé-Tung, nas quais milhares de pessoas viviam em fazendas coletivas. A terra foi redistribuída entre as famílias camponesas, que poderiam vender uma parte de sua produção no mercado, mas deveriam vender a outra ao Estado por um preço predeterminado. A política foi um sucesso. Em 10 anos, a produção agrícola duplicou. A renda média da família camponesa passou de 100 yuans, em fins dos anos 1970, para cerca de 920 yuans, na década de 1990, o que abriu vasto mercado para a produção industrial.

Resolvido o problema agrário, o Estado deu início à segunda iniciativa: fomentar o desenvolvimento industrial recorrendo a capitais estrangeiros. Foram instituídas as Zonas Econômicas Especiais (ZEEs) em cidades do litoral do país. O objetivo era a instalação de indústrias estrangeiras diversificadas, com uma produção voltada para a exportação.

AFP

Duas operárias montam aparelho de televisão em fábrica na cidade de Xangai, na China. Como os trabalhadores recebem salários muito baixos e não têm direitos sociais e trabalhistas, as fábricas chinesas conseguem produzir mercadorias muito baratas no mercado internacional. Fotografia de 1980.

Segundo as regras instituídas pelo governo chinês, as empresas estrangeiras que se instalassem nas ZEEs deveriam se associar a uma empresa privada ou estatal do país – milhões de camponeses enriquecidos haviam se tornado pequenos empresários em oficinas e indústrias que produziam bens de consumo para o mercado interno.

Como a propriedade intelectual não era garantida no país, o associado chinês muitas vezes se apropriava da tecnologia e da própria marca do produto do sócio estrangeiro, e, depois, produzia uma imitação de qualidade inferior à da mercadoria para exportação – os chamados produtos "piratas".

Na China, os baixos salários e a exploração intensiva dos trabalhadores contribuem para que os produtos fabricados para exportação sejam muito baratos. A indústria têxtil estadunidense e a brasileira, por exemplo, tiveram muitas fábricas fechadas por não terem como competir com as chinesas. Além disso, a moeda desvalorizada artificialmente em relação ao dólar também beneficia suas exportações.

Em 1997, o governo chinês privatizou suas empresas estatais – com exceção das indústrias químicas, bélicas, de energia e de distribuição de grãos.

Com uma população de cerca de 1,3 bilhão de pessoas, a China é um mercado consumidor atrativo para empresas e investidores de diversos países do mundo. Até 2004, bilhões de dólares de grandes empresas multinacionais foram investidos na China. Mas a partir daí foram os empresários chineses que passaram a investir em empresas europeias, estadunidenses e asiáticas. Investimentos também são feitos em países latino-americanos e, principalmente, africanos, em busca de matérias-primas e terras para a agricultura.

**Fique de olho!**

***Nenhum a menos.***
Direção: Zhang Yimou. China, 2000.
Professor de uma pequena aldeia no interior da China afasta-se temporariamente e, no seu lugar, assume uma jovem de apenas 13 anos. Ela luta para que nenhum aluno abandone a escola e para que o pequeno Zhang continue seus estudos.

**País poluído**

Desde o início dos anos 1980, a economia chinesa vinha crescendo, em média, 9,5% ao ano até 2016, quando ocorreu um decréscimo para 6,7%. Mas o custo de seu crescimento é alto, especialmente para o meio ambiente. Utilizando o carvão como principal fonte energética, a degradação ecológica na China é assustadora. Das 20 cidades mais poluídas do mundo, 15 são chinesas.

## Massacre na praça da Paz Celestial

No dia 15 de abril de 1989, estudantes e alguns intelectuais iniciaram uma série de manifestações de protesto contra o governo. Estima-se que 100 mil chineses se reuniram na praça da Paz Celestial e arredores em Pequim. Acusavam o Partido Comunista Chinês de agir de maneira repressiva e corrupta e reivindicavam medidas democratizantes.

Um mês depois, soldados e tanques tomaram a praça e atacaram os manifestantes com violência. Calcula-se que entre 800 e 1 300 pessoas tenham morrido e de 10 mil a 30 mil tenham sido presas. Milhares foram obrigadas a fugir do país.

No dia seguinte ao massacre, os estudantes voltaram a protestar. Uma cena inusitada tomou as televisões de todo o mundo: um jovem solitário posicionou-se diante de uma coluna de tanques do Exército, tentando impedi-los de passar. Nunca se soube o que aconteceu com ele.

Jeff Widener/AP/Glow Images

Em 5 de junho de 1989, corajosamente, o "rebelde desconhecido" se posicionou à frente da fileira de tanques que se dirigiam à praça da Paz Celestial para reprimir os protestos.

## 7. Coreia do Norte: o stalinismo no século XXI

Ao final da Segunda Guerra, em 1945, a península da Coreia foi dividida em dois países: a Coreia do Norte, de regime comunista, e a Coreia do Sul, capitalista.

Kim Il Sung implantou, na Coreia do Norte, um regime político fundamentado no modelo soviético: partido único, com rígido controle das informações, propaganda política estatal, severa censura dos meios de comunicação, economia estatizada, repressão policial a qualquer forma de oposição e culto exagerado ao líder, visto como sábio e infalível. Em 1953, a Coreia do Norte invadiu a Coreia do Sul, mas encontrou a resistência militar dos EUA.

Com o fim da Guerra Fria, a Coreia do Norte – cujo nome oficial é República Popular Democrática da Coreia – tornou-se um dos regimes políticos mais fechados do mundo, encontrando o apoio do governo da China.

Com a morte de Kim Il Sung, em 1994, seu filho Kim Jong Il o sucedeu. Em 2011, o poder passou para o herdeiro de Kim Jong Il, Kim Jong-un. A propaganda política de elogio ao líder foi transferida de geração para geração.

A Coreia do Norte, cuja produção agrícola não é suficiente para abastecer a população, recebe alimentos da ONU como ajuda humanitária. Também recebe alimentos da China, além de combustíveis e armas.

Apesar da estagnação econômica, da pobreza da população e da incapacidade de produzir alimentos, o governo norte-coreano investiu em um programa nuclear e, em 2006, testou sua primeira bomba atômica.

Sob a alegação de que se sentiam ameaçados pelos EUA, em 2009, os norte-coreanos explodiram uma bomba atômica em outro teste e dispararam mísseis balísticos em direção ao mar do Japão. Em 2016, o governo afirmou ter realizado com sucesso o lançamento de um foguete de longo alcance que colocou em órbita um satélite espacial. Os testes com bombas e mísseis continuaram, apesar dos inúmeros protestos.

Em 2016 e, novamente, em 2017 o Conselho de Segurança da ONU, com o apoio da China, tradicional aliada da Coreia do Norte, impôs severas sanções econômicas ao país. Especialistas acreditam que a Coreia do Norte, atualmente, tenha condições de lançar mísseis com ogivas nucleares que alcancem o território dos Estados Unidos.

## Imagens contam a História

### A queda do Muro de Berlim

No dia 9 de novembro de 1989, foi liberada a passagem de pessoas entre os dois lados da cidade dividida pelo Muro de Berlim. No dia seguinte, o muro, erguido 28 anos antes, começou a ser derrubado pela população de ambos os lados. No dia 11, soldados da Alemanha Oriental, de regime comunista, foram flagrados subindo no muro para observar as manifestações que ocorriam no lado ocidental e capitalista da cidade. Esta fotografia registrou o momento em que eles receberam um pote com café.

- Considerando que os soldados da Alemanha Oriental tinham ordens para fuzilar quem tentasse atravessar o muro, interprete a atitude amigável e solidária que os alemães do lado ocidental tiveram com esses soldados, registrada nesta fotografia.

DPA/AFP

Cidadãos de Berlim Ocidental oferecem café para soldados da Alemanha Oriental que estão sobre o Muro de Berlim. Fotografia de 11 de novembro de 1989.

## Roteiro de Estudos

### Para organizar

1. Quais são as principais características do sistema produtivo conhecido como toyotismo?
2. Explique por que a crise do petróleo de 1973 atingiu gravemente a economia mundial.
3. Comente as principais reformas do governo Kruschev na URSS, conhecido pelo chamado reformismo comunista.
4. Quais são os princípios econômicos que regem o neoliberalismo?
5. No início dos anos 1980, problemas internos na Iugoslávia e na Polônia anunciavam a crise do socialismo no Leste Europeu. Analise as tensões políticas e sociais vividas pelos dois países.
6. Diante das dificuldades econômicas e sociais vividas pela URSS nos anos 1980, Mikhail Gorbachev implementou duas políticas reformistas: a *perestroika* e a *glasnost*. Explique esses dois programas, seus sucessos e fracassos.
7. Como ocorreu a queda do Muro de Berlim e qual o seu significado no processo de desagregação final do socialismo soviético?
8. Comente o processo que resultou no fim da União das Repúblicas Socialistas Soviéticas.
9. A política chinesa das Quatro Modernizações alterou radicalmente a produção agrícola e industrial. Explique as mudanças nesses dois setores da economia do país.

### Reflexões

#### Computador: um conceito que mudou o mundo

A primeira geração de computadores surgiu durante a Segunda Guerra Mundial. Para fins militares, a Grã-Bretanha e os Estados Unidos inventaram máquinas que usavam milhares de válvulas. Em 1946, na Universidade da Pensilvânia, foi construído o Eniac. Com 27 toneladas e cerca de 17 mil válvulas, a máquina exigia vários ventiladores para controlar o calor que emitia. A grande revolução ocorreu em 1947, com a invenção do transistor, que substituía várias válvulas.

A segunda geração nasceu com o transistor. Em 1958, a IBM e a Burroughs inventaram os primeiros computadores transistorizados. Mas ainda eram enormes e de uso muito restrito. No mesmo ano, a Texas Instruments anunciou outra invenção: o circuito integrado, que substituía diversos transistores.

Com os circuitos integrados, os anos 1960 viram nascer a terceira geração de computadores, menores, velozes, com memória virtual e *software*. Apesar do avanço tecnológico, até o final dos anos 1970 dominavam os *mainframes*, enormes computadores que custavam milhões de dólares, somente utilizados por forças armadas, grandes empresas e bancos.

A quarta geração foi inaugurada com uma inovação da Intel, em 1971: o microprocessador e, com ele, o que mais tarde viria a ser o microcomputador. Em 1975, foi lançado no mercado estadunidense o Altair 8800, um computador pessoal. No mesmo ano, Bill Gates e Paul Allen fundaram a Microsoft. Em 1976, Steve Jobs e Steve Wozniak criaram a Apple, na garagem de casa. Em 1977, surgiu o primeiro microcomputador como o conhecemos: o Apple II.

O sucesso da nova invenção incentivou a IBM a entrar nesse mercado. Em 1981, surgiu o PC 8088, com 64 KB de memória, processador de 16 bits, disquete de 160 KB e sem disco rígido. Dois anos depois, lançou o XT, com o mesmo processador, mas com disco rígido de 10 MB e 256 KB de memória. Um avanço para a época.

Em 1984, Steve Jobs apresentou um computador inovador: o Macintosh. A reação da IBM veio em 1990 com o novo sistema operacional da Microsoft, o Windows 3.0. Mas somente em 1995 o novo sistema dispensou a necessidade do complicado sistema operacional MS-DOS. A partir daí, os computadores se popularizaram.

A tecnologia dos dias atuais consegue reunir miniaturização com enorme capacidade de processamento e de armazenamento de dados. A redução dos custos de produção barateia cada vez mais os computadores.

- **Relacione a história dos computadores com a Revolução Técnico-Científica dos anos 1960-1970.**

## Vamos testar?

1. Sobre as políticas neoliberais, assinale a alternativa correta.
   a) O neoliberalismo ressalta os pressupostos da liberdade e dos direitos humanos, afirmando os direitos sociais dos trabalhadores e as liberdades sindicais.
   b) A ex-ministra da Grã-Bretanha Margaret Thatcher e o ex-presidente dos EUA Ronald Reagan seguiram as ideias de Hayek, apoiando o livre mercado e a livre circulação de capitais, mas também defendendo os investimentos públicos e os direitos sociais dos trabalhadores.
   c) O governo não deve impor regras ao sistema econômico, limitando-se a cortar gastos públicos para equilibrar o orçamento, privatizar empresas estatais e reduzir os direitos sociais dos trabalhadores.
   d) O neoliberalismo trata-se de uma política econômica da nova direita que visa o desenvolvimento econômico e o aumento dos direitos dos trabalhadores.
   e) Entre as políticas neoliberais podemos citar: redução dos impostos das empresas, diminuição dos gastos sociais, preservação dos direitos trabalhistas e sindicais.

2. Sobre o colapso do bloco de países comunistas, assinale a sentença correta.
   a) Na década de 1970, a economia da URSS cresceu consideravelmente, sobretudo por adotar o toyotismo e investir na pesquisa tecnológica, o que obrigou os EUA a reagirem com a segunda Guerra Fria.
   b) Gorbachev assumiu o poder em 1985 e propôs a *perestroika*, a fim de modernizar a economia do país. Ele defendeu outra reforma, a *glasnost*, que decretaria o fim da censura e o livre debate político.
   c) No governo de Gorbachev, surgiram movimentos de oposição aos governos comunistas nos países da Europa Oriental. Esses movimentos não eram contra o regime comunista, mas queriam apenas democratizar suas instituições.
   d) Em 1989, a queda do Muro de Berlim significou o colapso do comunismo, mas também o início dos conflitos entre as duas partes da Alemanha, tensões que têm reflexos até os dias atuais.
   e) A URSS deixou de existir como país em 1991, dando origem a diversos países independentes. Contudo, a Rússia, continuou mantendo o regime comunista.

**Conexões** História e Matemática

### Hollywood e a retomada da Guerra Fria

Nos anos 1970 e 1980, vários filmes de Hollywood refletiram os problemas econômicos e sociais vividos pelos EUA, bem como os conflitos do país no contexto internacional.

Em 1977, Sylvester Stallone surgiu na tela dos cinemas com *Rocky, um lutador*. Rocky Balboa é um homem sem perspectivas que vive num bairro pobre da Filadélfia e luta boxe em clubes decadentes. Surge, então, uma rara oportunidade de enfrentar o campeão mundial de peso pesado. Ele sabe que não pode vencer, mas seu objetivo é resistir até o final.

Rambo tem uma história diferente. O primeiro filme, *Rambo – programado para matar*, de 1982, conta a história de um soldado que, ao regressar da Guerra do Vietnã, sai à procura de seus amigos e se torna vítima da arbitrariedade do xerife de uma pequena cidade. Inicialmente preso e humilhado, Rambo derrota todos. Ao enfrentar o sistema opressivo, torna-se herói.

Em meados dos anos 1980, época do governo Ronald Reagan, Rocky e Rambo mudam completamente. Em *Rocky IV*, de 1985, Rocky enfrenta um lutador soviético considerado imbatível. Os soviéticos aparecem no filme como pessoas sem escrúpulos e impiedosas. No mesmo ano, Stallone produziu *Rambo II – a missão*, em que Rambo retorna ao Vietnã e faz sozinho, em poucos dias, o que as Forças Armadas dos EUA não conseguiram fazer em anos de guerra: destruir o inimigo.

- **Se possível, assista aos filmes citados no texto antes de responder às questões.**
  a) Qual o contexto socioeconômico dos EUA quando *Rocky, um lutador* (1977) foi produzido?
  b) Qual a questão central discutida em *Rambo – programado para matar* (1982)?

CAPÍTULO

# 15 Dilemas da democracia brasileira

Evaristo Sá/AFP

// Indígenas protestam em frente ao Congresso Nacional, em Brasília, contra o genocídio dos povos indígenas. Fotografia de 2017.

Em 1985 a ditadura militar chegou ao fim. Uma nova Constituição foi promulgada em 5 de outubro de 1988. Desde então, a sociedade brasileira passou a viver novamente sob regime democrático.

Nos últimos trinta anos, avanços e retrocessos aconteceram nos planos político, econômico e social. Assim, há muitos desafios a serem superados, como a enorme concentração de riquezas. Outro problema é a pouca representatividade dos partidos políticos – ou, nas palavras do jurista Dalmo de Abreu Dallari, "o sentimento generalizado de que o povo não está efetivamente representado nas Câmaras Municipais, nas Assembleias Legislativas e no Congresso Nacional". Ainda segundo o jurista:

> Apesar dos desencantos, são poucos os que se manifestam a favor de um governo não democrático. Percebe-se, por frequentes e variadas manifestações, que a maioria do povo reconhece que a manutenção dessas instituições é necessária para a democracia, mas ao mesmo tempo considera que para ter um bom governo não é suficiente apenas a participação formal através das eleições. Por meio de pesquisas acadêmicas e pelos registros da imprensa verifica-se que o povo não é indiferente aos assuntos públicos e deseja poder exercer maior influência.

DALLARI, Dalmo de Abreu. Sociedade, Estado e direito: caminhada brasileira rumo ao século XXI. In: MOTA, Carlos Guilherme (Org.). *Viagem incompleta*. A experiência brasileira (1500-2000). A grande transação. 2. ed. São Paulo: Senac, 2000. p. 485.

É a história do tempo presente do Brasil que conheceremos neste capítulo.

**Puxando pela memória**

Você sabe por que a Constituição de 1988, desde o momento em que foi promulgada, é conhecida como "Constituição Cidadã"?

# 1. Transição democrática

O fim da ditadura militar veio acompanhado por um desejo de mudança: os brasileiros desejavam a construção de um novo país sem autoritarismo, sem corrupção, sem inflação, sem concentração de renda, sem arrocho salarial, sem injustiças sociais, etc.

Em um país ansioso por mudanças, José Sarney, o vice-presidente eleito em 1985, assumiu a presidência em decorrência da morte de Tancredo Neves, e teve como tarefa conduzir a transição da ditadura para o regime democrático.

O Congresso Nacional revogou leis criadas durante o regime militar, acabou com a censura aos meios de comunicação e restituiu aos cidadãos brasileiros o livre exercício de expressão e pensamento. O movimento sindical também adquiriu liberdade de atuação, o que levou à criação de centrais sindicais. Foi instituída, ainda, a liberdade de organização partidária, incluindo a legalização dos partidos comunistas. Em termos de transição democrática, o governo Sarney cumpria suas obrigações.

Na política externa, o Brasil reatou relações diplomáticas com Cuba e tomou a iniciativa de formar com a Argentina um mercado comum latino-americano, que, com a adesão do Uruguai e do Paraguai, daria origem ao Mercado Comum do Sul (Mercosul), em 1991.

**Fique de olho!**

SILVEIRA, Marco Antonio. *A volta da democracia no Brasil (1984-1992)*. São Paulo: Saraiva, 1998.
Este livro dedica-se à análise do período da história política brasileira que se inicia com a campanha das Diretas Já! e se encerra com o *impeachment* do ex-presidente Collor.

## Área econômica

A **Nova República** se deparou com uma pesada herança do regime militar: uma enorme dívida externa de cerca de 100 bilhões de dólares. Sem alternativas, em 1987, o governo decretou moratória; ou seja, tomou a decisão unilateral de não pagar a dívida. No ano seguinte, ela foi renegociada com o Fundo Monetário Internacional (FMI).

Outro grave problema era a inflação. Em março de 1985, quando Sarney tomou posse, ela era de 12,7% ao mês. Os trabalhadores eram os mais prejudicados, pois o salário recebido perdia parte de seu poder aquisitivo já no dia seguinte.

Para enfrentá-la, o governo recorreu a planos de estabilização, chamados de choques econômicos. O primeiro foi o **Plano Cruzado**. Adotado em 1986, ele "congelava" os preços de mercadorias, aluguéis, salários, tarifas públicas e passagens pelo prazo de um ano, além de substituir a moeda do país, que era então o cruzeiro, pelo cruzado.

O efeito imediato foi o desejado: uma brusca queda da inflação. Com isso os índices de popularidade de Sarney se elevaram. Aproveitando-se do enorme apoio social, o presidente chegou a convocar os brasileiros pela televisão para ajudar na fiscalização do congelamento dos preços.

Arquivo/Estadão Conteúdo

Os "fiscais do Sarney", quando flagravam remarcações de preços, chegavam a dar voz de prisão a gerentes de supermercados. Nesta fotografia, de 3 de março de 1986, pessoas comemoram a autuação de um supermercado na cidade de São Paulo, decorrente do aumento indevido do preço das mercadorias.

Instalação da Assembleia Nacional Constituinte.
Governo declara moratória e suspende pagamento da dívida externa.
Adoção do Plano Bresser.
1987

Promulgação da nova Constituição em 25 de outubro.
1988

### Novos planos

Lançado no final de 1986, o **Plano Cruzado II** foi um fracasso. Em junho de 1987, o governo implementou outro plano de estabilização, que levava o nome do novo ministro da Fazenda. O **Plano Bresser** congelou novamente preços, salários e aluguéis, embora com menos rigidez.

Em poucos meses, contudo, o Plano Cruzado começou a desmoronar. Primeiro, houve o desabastecimento (ausência de oferta de mercadorias nas lojas), depois, o chamado ágio (a cobrança de um preço maior do que o tabelado por mercadorias vendidas clandestinamente). No segundo semestre de 1986, o plano chegou ao limite. Ainda assim, dada a proximidade das eleições legislativas e estaduais, marcadas para novembro, Sarney manteve o congelamento dos preços.

Apostando no sucesso do Plano Cruzado e apoiando Sarney, os brasileiros votaram em peso no PMDB, o partido do governo, que elegeu a maioria dos governadores, deputados e senadores.

Passados apenas cinco dias das eleições, Sarney autorizou o reajuste dos preços e dos impostos. Temendo novos congelamentos, os empresários aumentaram os preços das mercadorias. Os combustíveis, por exemplo, chegaram a ficar 60% mais caros.

Os índices de popularidade do presidente despencaram. A inflação voltou, e os salários novamente perderam parte de seu poder aquisitivo. Greves e manifestações de protesto ocorreram em várias cidades. Em uma delas, na Companhia Siderúrgica Nacional, o enfrentamento entre operários e soldados do Exército resultou na morte de três grevistas.

### O caso Chico Mendes

Em meio à crise econômica, intensificavam-se os conflitos sociais.

No campo, os enfrentamentos entre proprietários rurais e trabalhadores sem terra aumentaram. Latifundiários se organizaram na União Democrática Ruralista (UDR), enquanto trabalhadores rurais formaram o Movimento dos Trabalhadores Rurais Sem Terra (MST). Atentados – a mando ou não de latifundiários – contra líderes camponeses, padres e sindicalistas tornaram-se comuns.

Três dias antes do Natal de 1988, o seringueiro Francisco Alves Mendes Filho (1944-1988) foi assassinado na porta de sua própria casa, em Xapuri, no Acre.

Carlos Ruggi/Estadão Conteúdo

Chico Mendes. Fotografia de outubro de 1988.

Chico Mendes, como era mais conhecido, foi morto por contrariar os interesses de fazendeiros e latifundiários. Atuante no movimento sindical de Xapuri, ele organizou os trabalhadores que viviam do extrativismo na luta contra o avanço das madeireiras e das fazendas de pecuária na Amazônia, de modo a evitar o desmatamento e o desastre ambiental.

Eleição de Fernando Collor de Mello para presidente da República. — 1989

Adoção do Plano Collor, ou Brasil Novo. — 1990

No final da década de 1980, o problema da inflação tornou-se crônico. Em maio de 1987, ela atingiu 23,2%; no final do ano, alcançou o índice acumulado de 366%. No ano seguinte, a inflação chegou ao nível estratosférico de 933%. O país vivia a hiperinflação. Os preços eram reajustados diariamente.

De fevereiro de 1989 a fevereiro de 1990, a inflação atingiu 2751%. Sem ter como controlar a disparada dos preços, o governo Sarney se limitou a cumprir a tarefa da transição democrática.

## Outra dimensão Cidadania

### A Constituição de 1988: avanços e conquistas

Apesar do descontrole da economia, a sociedade brasileira continuava no caminho da democracia. Em 1988, o então deputado Ulysses Guimarães, do PMDB, presidiu a sessão em que o Congresso Nacional promulgou a nova Constituição, que garantia amplos direitos civis, políticos e sociais a todos os brasileiros.

Com o fim da ditadura militar, **cidadania** havia se tornado uma palavra recorrente no vocabulário brasileiro. Não por acaso, ao promulgar a nova Constituição, Ulysses Guimarães a chamou de "Constituição Cidadã".

De todas as Constituições da história do país, ela é a mais avançada no tocante aos direitos de cidadania. No âmbito dos direitos políticos, ela garantiu eleições diretas em todos os níveis, estendendo o direito ao voto a analfabetos e a maiores de 16 anos, e ampla liberdade de organização partidária.

A nova Constituição também garantiu os direitos sociais existentes até então e incluiu outros, como a licença-paternidade.

Na questão dos direitos civis, houve muitos avanços, como o direito à liberdade de expressão, de reunião e de organização.

A imprensa tornou-se livre de qualquer censura, e as liberdades individuais também foram garantidas no texto constitucional.

A Lei de Defesa do Consumidor, de 1990, transformou-se em um importante instrumento de defesa dos cidadãos.

Outra importante inovação foi a criação dos Juizados Especiais Cíveis e Criminais, facilitando o acesso da população à Justiça. Também foram ampliados os poderes de instituições, como a Defensoria Pública e o Ministério Público.

- Muitos concordam que, quando se trata de direitos de cidadania, o dilema brasileiro encontra-se no âmbito dos direitos civis. Embora a criação dos Juizados Especiais Cíveis e Criminais tenha sido um avanço nesse sentido, nem sempre a população mais pobre tem acesso aos serviços do Poder Judiciário na luta por justiça e igualdade. Comente essa afirmação.

Lula Marques/Folhapress

O então presidente da Assembleia Nacional Constituinte, Ulysses Guimarães, assina a promulgação da chamada "Constituição Cidadã", em 25 de outubro de 1988.

Lançamento do Plano Collor II.

1991

Em setembro, a Câmara dos Deputados aprova o *impeachment* de Collor. Em dezembro, o Senado aprova a cassação de seu mandato e a suspensão de seus direitos políticos; o vice-presidente Itamar Franco assume a presidência.

1992

**Fique de olho!**

Conselho Nacional dos Direitos da Mulher. Disponível em: <www.spm.gov.br/assuntos/conselho>. Acesso em: 30 abr. 2018.
Mantido pelo governo federal, o *site* apresenta temas relativos aos direitos das mulheres.

Os brasis e suas memórias. Disponível em: <http://osbrasisesuasmemorias.com.br/>. Acesso em: 24 maio 2018.
Desenvolvido pela Universidade Federal do Rio de Janeiro (UFRJ), apresenta materiais para incentivar a reflexão sobre a diversidade cultural do Brasil e a respeito da relação que os não indígenas têm com os povos nativos.

Núcleo Interdisciplinar de Estudos sobre Mulher e Gênero. Disponível em: <www.ufrgs.br/nucleomulher/direitos.php>. Acesso em: 30 abr. 2018.
Comenta os direitos de cidadania das mulheres, além de debater as medidas legislativas contra a violência sofrida por elas.

# Eleições presidenciais

Para a consolidação da transição democrática, restava ainda a tão aguardada eleição presidencial: os brasileiros não elegiam presidente da República pelo voto direto havia quase 30 anos.

As esquerdas apresentaram seus candidatos. O do Partido dos Trabalhadores (PT), na época identificado com um projeto socialista, era Luiz Inácio Lula da Silva. O Partido Democrático Trabalhista (PDT) apresentou a candidatura de Leonel Brizola, herdeiro do projeto trabalhista anterior a 1964.

Outros candidatos, mais ao centro, foram: Ulysses Guimarães, do Partido do Movimento Democrático Brasileiro (PMDB), e Mário Covas, do Partido da Social Democracia Brasileira (PSDB). Partidos de direita e conservadores também concorreram nas eleições.

Contudo, as pesquisas foram rapidamente lideradas por um candidato quase desconhecido: Fernando Collor de Mello, do inexpressivo Partido da Reconstrução Nacional (PRN). Collor havia feito carreira política no partido da ditadura e ganhara visibilidade no governo de Alagoas, especialmente após o corte de altos salários na máquina administrativa do estado, o que o fez ficar conhecido como "caçador de marajás".

Collor recebeu o apoio de grupos econômicos poderosos e também da mídia quando subiu nas pesquisas e se mostrou capaz de derrotar Lula e Brizola nas eleições.

Em suas campanhas, Lula defendia a anulação da dívida externa e a reforma agrária; Brizola, por sua vez, ressaltava a necessidade de preservar as empresas estatais e realizar amplos investimentos em educação; já Collor pregava a modernização do país e a sua entrada no Primeiro Mundo. Collor soube aproveitar o desejo de mudança que tomara a sociedade brasileira logo após o fim da ditadura.

Como resultado, ele obteve 28,52% dos votos, contra 16,08% alcançados por Lula no primeiro turno das eleições – o que os levou para o segundo turno, como determinava a nova Constituição.

Contando com o apoio de amplos setores da sociedade, sobretudo dos conservadores, Collor venceu as eleições com 42,75% dos votos. Lula, em torno do qual se uniram as esquerdas e as forças consideradas progressistas, recebeu 37,86% dos votos.

Arquivo/Estadão Conteúdo

Os candidatos Luiz Inácio Lula da Silva e Fernando Collor de Mello se cumprimentam antes do debate mediado pela jornalista Marília Gabriela. Nas eleições de 1989, os debates televisivos foram acompanhados com muito interesse pela sociedade.

## Outra dimensão Cidadania

### Inventando a democracia: índios, negros e mulheres

Na luta por direitos, os indígenas acabaram se apropriando dos códigos dos não indígenas. Com o avanço da redemocratização do país, a presença de alguns deles na mídia contribuiu para o movimento. O xavante Juruna, por exemplo, que utilizava um gravador para registrar as chamadas promessas de políticos, foi o primeiro indígena a ser eleito deputado federal no Brasil. Outro caso de grande repercussão foi o gesto de Ailton Krenak, representante da União das Nações Indígenas na Constituinte de 1988, ao pintar o rosto de preto em meio a seu discurso.

A Constituição de 1988 reconheceu a organização social, as crenças, as línguas e as tradições dos grupos indígenas, garantindo-lhes a posse das terras em que vivem. O texto constitucional destaca que essas terras são bens da União: não podem ser vendidas e devem ser utilizadas exclusivamente para garantir a sobrevivência física e cultural dos povos indígenas.

A chamada "Constituição Cidadã" também garantiu direitos fundamentais aos afro-brasileiros. Entre eles, o que torna o racismo crime inafiançável e imprescritível.

Na luta contra a desigualdade social, o governo federal e diversos governos estaduais e municipais adotaram a chamada Ação Afirmativa, política originária dos EUA que tem como objetivo promover a ascensão de grupos sociais que não possuem as mesmas oportunidades que os demais.

Entre as medidas adotadas para promover a ascensão da população afro-brasileira, estão a aprovação do Estatuto da Igualdade Racial; a inclusão do estudo da história e da cultura afro-brasileira nas escolas; e a implantação de cotas para o ingresso de estudantes negros nas universidades federais.

O reconhecimento da propriedade das terras remanescentes dos quilombos, que consta no texto constitucional de 1988, também integra o conjunto das Ações Afirmativas.

A Constituição de 1988 também é bastante avançada em relação aos direitos das mulheres. No casamento e na família, as mulheres têm os mesmos direitos e deveres que os homens; no trabalho, as mulheres não podem ganhar menos que os homens; e, em qualquer ambiente social, elas devem receber o mesmo tratamento respeitoso dispensado a eles.

Uma importante conquista das mulheres brasileiras foi a promulgação, em 2006, da Lei n. 11340, que suprimiu as penas alternativas e impôs severas penalidades aos agressores. Conhecida como Lei Maria da Penha, seu nome homenageia Maria da Penha Maia Fernandes, vítima da violência de seu marido, e representa um avanço na defesa das mulheres contra a violência doméstica.

- Os regimes democráticos baseiam-se na vontade da maioria, mas respeitam os direitos das minorias. Eles asseguram a todos o direito de organização na luta por seus direitos (econômicos, políticos, sociais, culturais). Com base nessas considerações sobre a democracia, situe a luta dos indígenas, dos negros e das mulheres por direitos na sociedade brasileira nos últimos anos.

# 2. A democracia resistiu

Na América Latina, o Brasil não era o único país com dificuldades de pagar sua dívida externa. Em decorrência dessa situação, em fins de 1989, técnicos do Fundo Monetário Internacional (FMI), do Banco Interamericano de Desenvolvimento (BID) e do Banco Mundial (Bird) reuniram-se em um seminário com economistas latino-americanos com o objetivo de reorganizar a economia desses países.

**A História no seu lugar**

Durante os governos Sarney e Collor, a inflação alcançou índices estratosféricos. Em grupos, entrevistem ao menos duas pessoas com mais de 50 anos que viveram esse período na sua cidade. Avisem ao depoente que a entrevista será gravada e utilizada em sala de aula. Escrevam um roteiro com perguntas, como: Em que época os preços começaram a aumentar constantemente? Os salários acompanhavam o aumento dos preços? Como as pessoas enfrentavam o constante reajuste do valor das mercadorias? Quem ganhava e quem perdia com a inflação? Sem interromper a fala do entrevistado, esperem o momento propício para fazer novas indagações.

As medidas sugeridas ao final do encontro, que aconteceu em Washington, foram: não interferência do Estado na economia; abertura dos mercados nacionais para importações e entrada de capital estrangeiro; privatização de empresas estatais; equilíbrio do orçamento do Estado, com a diminuição de investimentos na área social, como saúde e educação; e combate à inflação. Esse conjunto de diretrizes ficou conhecido como **Consenso de Washington**.

Fernando Collor assumiu a presidência em 15 de março de 1990, mostrando-se de pleno acordo com o Consenso de Washington e determinado a aplicar o conjunto de diretrizes. Já no dia seguinte, anunciou um novo plano de estabilização econômica para o país, cuja inflação atingia então 80% ao mês.

O **Plano Collor**, ou Plano Brasil Novo, abrangia uma série de medidas para controlar a inflação e reestruturar o Estado: reforma administrativa com demissão de funcionários públicos; abertura comercial ao exterior e ao capital estrangeiro; eliminação dos incentivos fiscais às indústrias; liberalização da taxa do dólar; e um programa de privatização das empresas estatais. O plano também recorria a métodos já conhecidos dos brasileiros, como o congelamento de preços e salários e a adoção de uma nova moeda. Saía o cruzado novo, voltava o cruzeiro.

Havia um item no plano, contudo, que ninguém esperava: o confisco dos depósitos bancários em contas-correntes, aplicações financeiras e cadernetas de poupança por 18 meses. O objetivo era estabilizar a economia por meio da retirada de dinheiro do mercado.

A medida causou tremendo impacto. Sem dinheiro no mercado, os preços desabaram. E a recessão foi quase imediata: falências, brusca queda no consumo e nas vendas, perda do poder aquisitivo dos salários, demissões, desemprego.

Apesar do elevado custo social e econômico que impôs ao país, o plano não extinguiu a inflação. Ao contrário do que se previa, a inflação retornou – e com ferocidade. O Plano Collor foi um total fracasso.

Um ano depois, o governo Collor estava mergulhado na crise. Ao fracasso do Plano Collor somavam-se denúncias de corrupção, abalando ainda mais o governo.

O ex-tesoureiro da campanha presidencial de Collor, Paulo César Farias (1945-1996), mais conhecido como PC Farias, foi acusado de chefiar um esquema de corrupção. PC Farias arrecadava dinheiro de empresas, facilitava contratos mediante elevadas comissões e, com elas, financiava as despesas pessoais do presidente.

As denúncias eram muito graves. Tanto que foi instituída no Congresso Nacional uma Comissão Parlamentar de Inquérito (CPI) para investigar as acusações. Nas ruas, setores organizados da sociedade exigiam o *impeachment* do presidente.

Carlos Ruggi/Estadão Conteúdo

Em Curitiba, manifestantes pedem o *impeachment* do presidente Fernando Collor de Mello, em agosto de 1992.

Milhares de jovens estudantes com o rosto pintado de verde e amarelo, que ficaram conhecidos como caras-pintadas, foram para as ruas protestar. Além do *impeachment* do presidente, exigiam o fim da corrupção e a ética na política.

Em 29 de setembro de 1992, a Câmara dos Deputados aprovou o afastamento de Collor da presidência: foram 441 votos a favor e 38 contra. Três meses depois, julgado pelo Senado, Collor teve seu mandato e seus direitos políticos cassados por oito anos. Vaga, a presidência da República foi assumida pelo vice, Itamar Franco (1930-2011).

## Outra dimensão Conflitos sociais

### O MST

Herdeiro das lutas camponesas dos anos 1940--1960, o **Movimento dos Trabalhadores Rurais Sem Terra**, o MST, surgiu em 1984 da confluência de vários conflitos rurais, articulados pela Comissão Pastoral da Terra (CPT), órgão ligado à Igreja Católica.

O MST inaugurou novas formas de luta e deu início a uma nova identidade social: o "sem terra". Ela abrange desde aquele que perdeu sua pequena propriedade até o desempregado egresso de grandes cidades, o "morador" de latifúndios do Nordeste ou qualquer pessoa que se sinta socialmente marginalizada e se identifique com a causa do movimento.

Inicialmente, a grande bandeira do MST era a reforma agrária. Os líderes do movimento contestavam o desenvolvimento baseado no latifúndio. Depois, o movimento passou a lutar também por créditos e financiamento para a produção agrícola e pelo escoamento da produção para os mercados. Atualmente, ele vem dando ênfase à formação de cooperativas voltadas para a produção, para serviços e para o crédito.

Outra inovação nos métodos de atuação do MST são as ocupações, cujo objetivo é criar fatos políticos para ganhar espaço na mídia e atrair a atenção da população. Com marchas, romarias, apropriações de prédios públicos, embarreiramentos de estradas e invasões de terras improdutivas, o MST faz a sociedade tomar conhecimento de suas reivindicações.

Por vezes, o MST recorre a estratégias radicais, consideradas à margem da lei – como destruição de plantações e depredação de sedes de fazendas produtivas e de laboratórios de pesquisa. Apesar dessas ações, o MST tornou-se um dos movimentos sociais mais importantes do Brasil contemporâneo.

- Apesar de lutar pela reforma agrária, o MST faz referência ao "sem terra", e não ao camponês. Diferencie essas categorias.

Jorge Araújo/Folhapress

Em maio de 2005, o MST promoveu uma grande marcha que percorreu, de Goiânia a Brasília, cerca de 230 km na luta pela reforma agrária.

Reeleição de Lula para a presidência da República.

2006

Eleição de Dilma Rousseff.

2010

## Fique de olho!

***Central do Brasil***. Direção: Walter Salles Júnior. Brasil, 1998.
Mulher que escreve cartas para analfabetos na Estação Central do Brasil conhece um menino que procura o pai após a morte da mãe. Ambos têm suas vidas modificadas a partir daí.

Funai. Disponível em: <http://www.funai.gov.br/index.php/indios-no-brasil/quem-sao>. Acesso em: 30 abr. 2018.
A Funai é o principal órgão do governo para a defesa dos povos indígenas e disponibiliza uma série de informações sobre eles no Brasil.

Fundação Cultural Palmares. Disponível em: <www.palmares.gov.br/>. Acesso em: 30 abr. 2018.
O *site* desta instituição pública, que tem como objetivo preservar a arte e a cultura afro-brasileira, disponibiliza artigos, manifestações da cultura negra, informações sobre brasileiros negros que se destacaram na história do Brasil e na do mundo.

## O Plano Real

Itamar Franco assumiu a presidência com amplo apoio político no Congresso Nacional. Fernando Henrique Cardoso foi nomeado ministro da Fazenda em março de 1993. Com um grupo de economistas, ele começou a elaborar um plano para estabilizar a economia do país.

Seguindo as indicações do Consenso de Washington, FHC e sua equipe concluíram que, para alcançar a estabilidade da moeda, era preciso reformar o Estado, reduzir os gastos do governo e privatizar as empresas estatais.

Em fevereiro do ano seguinte, o governo criou a Unidade Real de Valor (URV), atrelando-a ao dólar. Se a arrecadação de impostos se mantivesse alta, os gastos na área social fossem reduzidos e as grandes reservas em dólar, preservadas, a URV se manteria estável.

Em julho de 1994, o governo transformou a URV em uma nova moeda, o real. Em apenas 15 dias, a inflação caiu drasticamente. O real equiparou-se ao dólar, obtendo estabilidade. Era o fim da alta constante e acelerada dos preços, beneficiando os assalariados.

Com o sucesso do **Plano Real**, que conseguiu derrubar a inflação, Fernando Henrique Cardoso foi lançado candidato à presidência pela coligação PSDB-PFL. Seu principal adversário era Lula, novamente candidato pelo PT. Exausta da inflação, a sociedade brasileira apoiou a estabilização monetária e o Plano Real, elegendo FHC já no primeiro turno com 54,27% dos votos.

# 3. O governo Fernando Henrique Cardoso

Fernando Henrique Cardoso foi eleito e assumiu a presidência com o projeto de reduzir o tamanho do Estado e seu papel na economia. Adotando políticas neoliberais, o presidente extinguiu o monopólio estatal da exploração e do refino do petróleo pela Petrobras, eliminou as restrições à entrada de capital estrangeiro no país e implementou reformas administrativas. Era o fim da Era Vargas, segundo o próprio FHC.

Além disso, o governo estabeleceu acordos com o FMI e deu início a um programa de privatização das estatais. Foram leiloadas empresas dos setores siderúrgico, elétrico, químico, petroquímico e de fertilizantes. O mesmo ocorreu com portos, rodovias e ferrovias. Bancos estaduais e empresas como a Embraer e a Companhia Vale do Rio Doce também foram privatizados. Segundo dados do BNDES, entre 1991 e 2002, o governo federal arrecadou cerca de 30 bilhões de dólares com todas essas vendas – 22 bilhões de dólares somente com a do Sistema Telebrás de Telecomunicações.

Com o Plano Real, a inflação estava sob controle. Mas havia um problema: manter o real equivalente ao dólar. A alternativa foi aumentar as taxas de juros e atrair investimentos especulativos em dólares. Os juros altos, no entanto, resultaram em recessão econômica e desemprego. E os recursos arrecadados com a venda das empresas estatais acabaram sendo utilizados para pagar as altas taxas de juros.

Foi também no governo FHC que a emenda à Constituição que dispunha sobre a reeleição para cargos do Poder Executivo foi aprovada. Isso permitiu que o presidente concorresse a um novo mandato nas eleições presidenciais de 1998.

Reeleição de Dilma. — 2014

Dilma é afastada da presidência e Michel Temer assume o cargo de presidente. — 2016

## Outra dimensão | Economia

### Privatizações: debates e controvérsias

A privatização das empresas estatais durante o governo Fernando Henrique Cardoso é motivo de debates e controvérsias.

Para aqueles que defendem as privatizações, há vários argumentos. Um deles é que, com a perda da capacidade do Estado de investir nessas empresas, muitas delas, como a Companhia Siderúrgica Nacional e a Embraer, tornaram-se deficitárias – e, consequentemente, um ônus para o Tesouro Nacional. Alegam que, depois das vendas, essas empresas ficaram mais competitivas e passaram a gerar mais lucros e também mais impostos para o Estado.

Outro argumento é que o dinheiro arrecadado com a venda das estatais abateu a dívida pública, ajudando a equilibrar as contas do governo. Além disso, defendem que a administração privada das empresas evita nomeações para cargos executivos com base em critérios exclusivamente políticos, uma fonte evidente de desperdício e corrupção.

Para os defensores das privatizações, não cabe ao Estado administrar siderúrgicas, mineradoras, ferrovias e empresas de aviação, mas cuidar de saúde, educação, defesa e segurança pública. O exemplo de maior sucesso para eles encontra-se no setor de telecomunicações. O setor se expandiu com serviços de telefonia fixa e móvel, TV por assinatura e internet banda larga.

Mas também há várias opiniões contrárias.

Para os críticos das privatizações, as vendas foram prejudiciais aos interesses nacionais, sobretudo no caso da Companhia Vale do Rio Doce. Argumentam que, além da desnacionalização da economia, as privatizações resultaram no aumento da remessa de lucros para o exterior.

Quanto à diminuição da dívida interna com o dinheiro arrecadado pelas privatizações, alegam que as altas taxas de juros ao longo do governo FHC fizeram essa dívida aumentar cinco vezes.

Além disso, as tarifas de serviços públicos, como os telefônicos e de energia elétrica, aumentaram enormemente, prejudicando o público consumidor.

O programa de privatizações adotado no Brasil também é alvo de críticas entre os economistas, que reprovam a permissão dada pelo governo às empresas que adquiriram as estatais de utilizar antigos títulos da dívida pública, de valor praticamente nulo no mercado, e por essa razão também chamados de "moedas podres". Criticam, além disso, os empréstimos concedidos pelo BNDES a empresas para a compra das estatais – que, nesse caso, foram compradas com dinheiro público.

Seja como for, as privatizações continuam a ser debatidas, sendo quase impossível haver um consenso entre as partes.

- Em grupos, conversem sobre as privatizações, considerando os argumentos favoráveis e contrários aqui apresentados. Consultem outras fontes sobre o tema para incrementar o debate.

Otávio Magalhães/Estadão Conteúdo

Manifestantes protestam contra a privatização da Companhia Vale do Rio Doce, na cidade do Rio de Janeiro, em 15 de abril de 1997.

## O segundo mandato

Nas eleições de 1998, Lula foi novamente o maior adversário de Fernando Henrique. Mesmo com a aliança de duas lideranças de esquerda – o vice de Lula era Leonel Brizola –, FHC foi reeleito com 53% dos votos.

Em seu segundo mandato, Fernando Henrique deu continuidade ao Plano Real, preservando a estabilidade da economia. A manutenção das taxas de juros altas e a sobrevalorização do real aumentaram ainda mais a dívida pública nesses quatro anos.

Em 2001, os índices de popularidade do governo eram baixos, e a imagem do presidente foi ainda mais afetada pelo chamado "apagão". Uma seca inesperada esvaziou os reservatórios das hidrelétricas, resultando em falta de energia elétrica no país. Sem planejamento e sem investimentos no setor, foi necessário impor racionamento de energia à população.

Nos oito anos de governo FHC, medidas importantes foram tomadas, como o Código de Trânsito Brasileiro (1997), a venda de medicamentos genéricos (1999), a Lei de Responsabilidade Fiscal (2000), a quebra de patentes de remédios contra a Aids (2001), o Bolsa-escola (2001), o Vale-Gás (2001), entre outras.

Com o Plano Real, a sociedade brasileira conheceu a importância da estabilidade da moeda. As políticas neoliberais adotadas por Fernando Henrique resultaram no controle da inflação, mas também na alta do desemprego e na perda de diversos direitos sociais. Ao final de seu segundo mandato havia um novo desejo de mudança entre os brasileiros.

Nas eleições presidenciais de 2002, Lula foi novamente candidato pelo PT. Em sua quarta disputa pela presidência, ele deixava de lado o discurso socialista dos anos anteriores e apresentava um programa moderado, buscando o apoio das classes médias e dos empresários.

Contando com amplo apoio político, Lula recebeu 46,4% dos votos no primeiro turno das eleições de 2002, e 61,2% no segundo turno.

Sérgio Lima/Folhapress

Em 1º de janeiro de 1999, Fernando Henrique Cardoso foi empossado para seu segundo mandato como presidente da República.

# 4. O retorno ao nacional--desenvolvimentismo

O governo Lula optou por dar continuidade à política econômica de FHC, mantendo a estabilidade da moeda por meio do equilíbrio fiscal e do controle dos gastos públicos. Como os números mostravam-se bastante favoráveis, a credibilidade do país no mercado financeiro internacional cresceu.

Apesar dessas semelhanças, ao retomar o nacional-desenvolvimentismo característico da Era Vargas, o novo governo mostrou que tinha um projeto político diferente do de seu antecessor. Nesse sentido, as privatizações foram suspensas e o papel do Estado, reforçado. A pesquisa científica, por exemplo, recebeu apoio e incentivos financeiros.

Na política externa, o governo Lula ampliou as relações comerciais e diplomáticas do Brasil com os países da União Europeia, da África, da Ásia e da América Latina. O reforço do Mercosul também foi uma iniciativa nesse sentido.

No plano social, o governo dedicou-se ao combate da pobreza, retirando milhões de pessoas da miséria.

Além da criação do Programa Bolsa Família, em que há transferência direta de renda às famílias em situação de pobreza, o governo diminuiu os impostos sobre produtos da cesta básica e materiais de construção e reajustou o salário mínimo acima dos índices de inflação, beneficiando os trabalhadores e as camadas mais pobres da população.

**Fique de olho!**

***Lula, o filho do Brasil.***
Direção: Fábio Barreto. Brasil, 2009.
Narra a história do ex-presidente Luiz Inácio Lula da Silva, desde seu nascimento até as greves no ABC paulista, em que se destacou como líder sindical.

Em maio de 2003, na Suíça, o presidente Luiz Inácio Lula da Silva é fotografado com governantes de outros países.

Lula Marques/Folhapress

## Crise e reeleição

Em 2005, no terceiro ano do mandato de Lula, vieram a público denúncias de que o governo pagava regularmente a deputados e senadores para que matérias de interesse do Executivo fossem aprovadas pelo Congresso.

O "mensalão", como o esquema de arrecadação de dinheiro ficou conhecido, envolvia empresários, ministros de Estado e parlamentares. Em fins de 2012, muitos foram condenados em julgamento pelo Supremo Tribunal Federal.

Mesmo com a queda dos índices de popularidade do governo durante a crise política, o presidente continuou a contar com o apoio de amplos setores da população.

Em 2006, Lula lançou-se à reeleição e foi eleito para um novo mandato, com a maioria dos votos dos trabalhadores, dos setores mais pobres da população e de parte significativa das classes médias. Ao ser novamente empossado presidente, em 2007, Lula também contava com uma ampla coalização de partidos políticos no Congresso Nacional.

Apesar dos juros altos praticados pelo Banco Central e do controle das contas públicas pelo governo, necessários para garantir a estabilidade econômica do país, os investimentos na área de educação triplicaram.

O governo também investiu em energia e transporte; apoiou as indústrias de exportação, obtendo saldos comerciais positivos; e incentivou a internacionalização de muitas empresas. O bom desempenho da agricultura e o aumento do preço de produtos primários no mercado internacional beneficiaram o conjunto da economia.

No plano social, o governo deu continuidade ao combate à pobreza. Além disso, propiciou um aumento real do poder de compra dos trabalhadores, com a oferta de crédito à população e outras medidas. O resultado foi a criação de 15 milhões de novos empregos, a ascensão social de milhões de pessoas, o crescimento acentuado da chamada classe C e o fortalecimento do mercado interno brasileiro.

Foi devido ao fortalecimento de seu mercado interno que o Brasil demonstrou capacidade de resistir à crise mundial que teve origem nos Estados Unidos em fins de 2007. Em meados de 2009, o país voltou a crescer e em 2010 o crescimento econômico foi de 7%.

Ao deixar o governo, em 1º de janeiro de 2011, Lula contava com 87% de aprovação entre os brasileiros, segundo pesquisa de opinião encomendada pela Confederação Nacional dos Transportes (CNT).

### Dados e estatísticas do governo Lula

Dados do Instituto de Pesquisa Econômica Aplicada (Ipea) apontam que, entre 2003 e 2010, 24 milhões de brasileiros deixaram o estado de extrema pobreza – o que, em 2011, significava viver com uma renda familiar *per capita* inferior a R$ 70,00.

Segundo estudos da Fundação Getúlio Vargas (FGV), em 2011, 105,4 milhões de brasileiros, isto é, 55,05% da população do país naquele ano, integravam a classe C.

# 5. Uma mulher na presidência da República

Para concorrer à presidência da República nas eleições de 2010, o Partido dos Trabalhadores (PT) lançou o nome de Dilma Rousseff, então ministra da Casa Civil do governo Lula. A eleição foi decidida no segundo turno, com a vitória de Dilma com 56,05% dos votos.

Dilma, na juventude, lutou contra a ditadura militar, tendo sido presa e torturada. Sua vitória representou um grande avanço para a democracia brasileira. Pela primeira vez, uma mulher e ex-integrante da luta armada contra a ditadura assumia o cargo de presidente da República.

O governo Dilma deu continuidade às políticas sociais e desenvolvimentistas do governo Lula, como o programa Minha Casa, Minha Vida, e promoveu outros, como o Programa Nacional de Acesso ao Ensino Técnico e Emprego (Pronatec).

No final de 2011, os jornais noticiaram que o Brasil havia se tornado a 6ª maior economia do mundo, ultrapassando a Grã-Bretanha, então na 7ª posição.

No governo Dilma foi aprovado o Marco Civil da Internet (2014), foram leiloados campos de petróleo do pré-sal (2013) e foi instituída a Comissão Nacional da Verdade (2012). Sua popularidade manteve-se em alta, mas foi abalada pelos protestos que tomaram o país em junho de 2013. Ela sofreu críticas pelo baixo crescimento do Produto Interno Bruto do país, pela alta da inflação e pelos gastos com a Copa do Mundo de Futebol, que seria realizada no Brasil em 2014.

Ao final de seu primeiro mandato, Dilma Rousseff concorreu à reeleição, com Michel Temer, do PMDB, para a vice-presidência. Com 51,65% dos votos, sua vitória sobre o candidato do PSDB foi apertada no segundo turno.

**Fique de olho!**

Comissão Nacional da Verdade. Disponível em: <www.cnv.gov.br/>. Acesso em: 30 abr. 2018.

Apresenta os resultados da Comissão Nacional da Verdade, instituída em 2012, durante o primeiro governo de Dilma, para investigar os crimes praticados pela ditadura militar, e disponibiliza documentos para consulta.

Emmanuel Dunand/AFP

Presidente Dilma Rousseff discursa na 67ª Assembleia Geral das Nações Unidas em Nova York, em 25 de setembro de 2012.

## Da eleição ao *impeachment*

O aumento exagerado dos gastos públicos no primeiro mandato de Dilma fez com que a ameaça da inflação retornasse. O governo, então, adotou política recessiva, cortando drasticamente os gastos públicos, o que gerou recessão econômica e perda do poder aquisitivo da população.

A popularidade do PT e do governo Dilma diminuiu e as oposições aumentaram. Inicialmente, grupos radicais de direita pediam a volta da ditadura militar. Depois, passeatas tomaram as grandes cidades, criticando o governo e exigindo a saída de Dilma da presidência da República. As investigações da Operação Lava Jato prejudicaram a imagem do PT e de Dilma. As denúncias de corrupção na Petrobras serviram de combustível para aumentar ainda mais os protestos contra a presidente.

No início de 2016, a sociedade brasileira se encontrava muito dividida. No Congresso Nacional, a oposição entrou com pedido de *impeachment*, sob acusação de o governo Dilma haver cometido o crime de pedaladas fiscais.

A instauração do *impeachment* foi aprovada pelo Senado no dia 12 de maio. Com a decisão, Dilma foi afastada da presidência para aguardar o julgamento final pelo Senado. Em 31 de agosto, ela foi afastada definitivamente da presidência da República.

Muitos, porém, interpretaram o movimento oposicionista pelo *impeachment* como um golpe contra Dilma e também foram para as ruas protestar. O clima se radicalizou, inviabilizando o diálogo e colocando em risco a capacidade da sociedade de resolver suas diferenças por meio de acordos e negociações políticas.

### Operação Lava Jato

Em 2014, um juiz de Curitiba deu início a uma operação judicial que foi denominada Lava Jato. Ela revelou uma vasta rede de corrupção na Petrobras que envolvia diretores da empresa, políticos, empresários, entre outros.

As denúncias de corrupção se multiplicaram e atingiram praticamente todo o sistema partidário, pelo envolvimento de empreiteiras no financiamento de campanhas eleitorais.

**pedaladas fiscais:** nome dado ao atraso no repasse do dinheiro que o Tesouro Nacional deve aos bancos estatais, passando a impressão de que as contas públicas estão melhores do que de fato estão.

Cris Faga/NurPhoto/Getty Images

No dia 21 de abril de 2016, manifestantes contra o *impeachment* de Dilma Rousseff realizaram um ato público na avenida Paulista, em São Paulo.

## 6. O governo de Michel Temer

Em 31 de agosto de 2016, Michel Temer, do PMDB, assumiu definitivamente a presidência da República.

Para conter o aumento da inflação, seu governo diminuiu os gastos e aprofundou a recessão econômica, elevando o número de desempregados. Com a aprovação da reforma trabalhista, os trabalhadores perderam muitos dos seus direitos sociais.

Já nos primeiros meses do novo governo, surgiram inúmeras denúncias de corrupção contra seus ministros e contra o próprio presidente. O esforço para evitar um novo processo de *impeachment* no Congresso paralisou seu governo, impedindo, inclusive, a aprovação da reforma da previdência.

Próximo ao final de seu governo, Temer tornou-se um dos presidentes mais impopulares da história republicana.

### Imagens contam a História

#### As Jornadas de Junho

Em junho de 2013, grandes manifestações ocorreram nas principais cidades do país. Inicialmente motivadas pelo aumento das passagens de ônibus, trem e metrô, as manifestações cresceram e ampliaram suas reivindicações, protestando contra a corrupção, pela ética na política e qualidade nos serviços públicos.

- Observe a mensagem do cartaz registrado nesta fotografia e depois reflita sobre a questão: Como um protesto contra o aumento das passagens tornou-se um grande movimento pela ética na política? Se julgar necessário, realize uma pesquisa sobre as chamadas Jornadas de Junho.

Marcelo Ávila / D.A Press

Manifestantes participam de protesto contra o aumento da tarifa dos transportes coletivos no Rio de Janeiro, em junho de 2013.

## Roteiro de Estudos

### Para organizar

1. Explique os fundamentos do Plano Cruzado e as razões de seu fracasso.
2. Por que o presidente da Assembleia Nacional Constituinte, o deputado Ulysses Guimarães, chamou a Constituição de 1988 de "Constituição Cidadã"?
3. Relacione as medidas que ficaram conhecidas como Consenso de Washington.
4. Como explicar a vitória eleitoral de Fernando Collor de Mello nas eleições presidenciais de 1989?
5. Analise a crise política que resultou no *impeachment* de Fernando Collor de Mello.
6. Avalie o Plano Real e sua importância para o fim da inflação e para a estabilidade da moeda no país.
7. Quais as principais medidas tomadas por Fernando Henrique Cardoso na presidência da República?
8. Quais foram as principais políticas públicas sociais do governo Lula?
9. Quais os principais problemas que o governo Dilma enfrentou?

### Reflexões

#### Democracia

Democracia é o regime político que expressa e garante a vontade da maioria, mas não exige unanimidade, respeitando as opiniões das minorias. Implica também igualdade política: todos têm o direito de expressar seus pensamentos e de votar.

Durante a maior parte da história da humanidade, a igualdade política foi recusada. Somente após a Primeira Guerra Mundial a democracia começou a ser reconhecida como sistema político viável e desejável. Nos dias atuais, sua versão dominante é a **democracia representativa** – também chamada de **indireta**. Nela, o povo elege seus representantes que, em parlamentos, falarão e agirão em seu nome.

O regime democrático também pode resultar na chamada **democracia direta**. Nesse caso, o povo toma decisões diretamente em assembleias públicas. No entanto, nenhum Estado moderno adota essa prática de governo.

Em determinadas ocasiões, o regime democrático representativo recorre a formas de democracia direta. Alguns chamam esse modelo de **democracia semidireta**. É o caso da convocação de plebiscitos em que o povo, por meio do voto, decide sobre um tema relevante para o conjunto da nação. Portanto, no regime democrático, seja pela via representativa, direta ou semidireta, todos os cidadãos têm responsabilidade pelos destinos da sociedade em que vivem.

A democracia representativa é também chamada de **liberal**. O uso da palavra "liberal" se refere à necessidade de garantir liberdades individuais, limitando o poder dos governantes por meio de leis escritas na Constituição.

Nesse modelo, as liberdades políticas, como o voto universal, eleições livres e organização partidária são fundamentais. Regimes de partido único não são democráticos porque garantem apenas uma única opinião, excluindo todas as outras.

Outra característica são as liberdades de expressão, de reunião, de organização, entre outras, que permitem ao povo escolher, democraticamente, seus representantes e seus governantes.

Atualmente, a democracia representativa é criticada por ter se tornado um sistema que se limita a eleger governantes e parlamentares. Muitos apresentam como alternativa a **democracia participativa** ou **deliberativa**.

Nesse caso, sem excluir o direito de voto, os cidadãos, livres e iguais, tomariam decisões sobre as políticas públicas adotadas pelos governos, por meio de discussões democráticas.

O regime democrático exige compromissos políticos e consensos sociais entre os cidadãos, obrigando-os ao exercício da prática da tolerância para a convivência em sociedade.

- Escreva um texto comentando as diferenças e as semelhanças entre democracia representativa, direta, semidireta e participativa. Na sua opinião, quais são os pontos de aproximação e distanciamento entre os diferentes sistemas democráticos?

## Vamos testar?

**1.** Leia o texto a seguir.

Quanto a ela, discordar, sim. Divergir, sim. Descumprir, jamais. Afrontá-la, nunca. Traidor da Constituição é traidor da Pátria. Conhecemos o caminho maldito. Rasgar a Constituição, trancar as portas do Parlamento, garrotear a liberdade, mandar os patriotas para a cadeia, o exílio e o cemitério. Quando após tantos anos de lutas e sacrifícios promulgamos o Estatuto do Homem, da Liberdade e da Democracia bradamos por imposição de sua honra. Temos ódio à ditadura. Ódio e nojo.

GUIMARÃES, Ulysses. Discurso à Assembleia Nacional Constituinte em 5 de outubro de 1988. Disponível em: <www2.camara.leg.br/camaranoticias/radio/materias/CAMARA-E-HISTORIA/339277--INTEGRA-DO-DISCURSO-PRESIDENTE-DA-ASSEMBLEIA-NACIONAL-CONSTITUINTE,-DR.-ULISSES-GUIMARAES-%2810-23%29.html>. Acesso em: 12 maio 2018.

A Constituição foi promulgada durante o governo de José Sarney, no qual o país superou a ditadura e avançou para o estabelecimento do regime democrático. Sobre o período de "transição democrática" brasileira, assinale a afirmativa correta.

a) O governo Sarney foi beneficiado com a estabilidade econômica produzida pela ditadura militar, durante o "milagre brasileiro".

b) Para conter a inflação dos preços, o governo Sarney implementou o Plano Cruzado. Ao congelar preços, salários e tarifas públicas, a inflação foi definitivamente controlada no país.

c) Depois do fracasso do Plano Cruzado, outros planos econômicos tentaram conter a inflação, todos sem sucesso. Ao final do governo Sarney, o Brasil conheceu a chamada hiperinflação.

d) Com a Constituição de 1988, os avanços na política, marcados pelo retorno da democracia, contrastaram com a perda de vários direitos sociais e trabalhistas.

e) Nas eleições presidenciais de 1989, a vitória foi de Fernando Collor de Mello, político conhecido e com programa político de esquerda.

**2.** Com as eleições de 1989, os brasileiros voltaram a eleger seus candidatos em todos os níveis de governo. Sobre esse período histórico:

I. Fernando Collor de Mello fracassou na tentativa de controlar a inflação e ainda foi acusado de corrupção. Assim, perdeu o mandado por meio do *impeachment* votado pela Câmara dos Deputados.

II. No governo de Itamar Franco, o ministro da Fazenda Fernando Henrique Cardoso liderou a equipe econômica que implementou o Plano Real com o objetivo de pôr fim à inflação. Porém, esse plano foi um fracasso no controle da alta dos preços.

III. Em seus dois mandatos presidenciais, Fernando Henrique Cardoso levou adiante o programa de privatizacão de empresas estatais e manteve os juros altos, resultando em recessão e desemprego.

IV. Luiz Inácio Lula da Silva deu continuidade à política econômica de Fernando Henrique Cardoso, mas suspendeu as privatizações de empresas estatais, retomou os investimentos no setor industrial e implementou políticas públicas que beneficiaram os setores mais pobres da população.

Estão corretas as afirmativas:

a) I e II.

b) II e III.

c) I, II e IV.

d) I, III e IV.

**Conexões** História, Meio Ambiente e Sustentabilidade

### A proteção ao meio ambiente

Nas últimas décadas, a proteção ao meio ambiente tornou-se uma preocupação. O desmatamento da Mata Atlântica e da Floresta Amazônica, por exemplo, vem sendo criticado e denunciado por grupos defensores da natureza e do meio ambiente. Outro avanço foi a criminalização da caça e do aprisionamento de animais da fauna nativa brasileira. No passado, no entanto, essas preocupações não existiam, como se pode observar no cartaz publicado na revista *Seleções*, de novembro de 1953, reproduzido ao lado.

- **Avalie o anúncio e identifique as mensagens nele veiculadas que, nos dias de hoje, podem ser consideradas condenáveis.**

Panam - Casa De Amigos/Coleção Particular

CAPÍTULO

# 16 Crises do novo século

Dani Pozo/AFP

Os autodenominados "indignados" na praça Porta do Sol, no centro da cidade de Madri, na Espanha, em julho de 2011. Seu lema era "Democracia real! Já!". Movimentos semelhantes ocorreram nos EUA, no Brasil e em diversos outros países.

**Puxando pela memória**

O século XXI começou com um episódio surpreendente e chocante. Em 2001, a cidade de Nova York sofreu um ataque terrorista de grandes proporções. O atentado às torres gêmeas do World Trade Center afetou as relações internacionais e a própria economia mundial. Você saberia dizer que ataque terrorista foi esse?

Quando o século XX chegou ao fim, o capitalismo passava por uma fase de grande expansão. O mundo encontrava-se sob a liderança econômica, política e militar dos EUA, e o processo conhecido como globalização acelerava-se. Ao mesmo tempo, a convicção de que uma catástrofe ecológica poderia ocorrer e destruir a humanidade ganhava força entre as novas e as velhas gerações.

O século XXI parecia promissor.

Ainda assim, ele começou com um ataque terrorista de grandes dimensões, seguido por novas guerras e a eclosão, em 2007, de uma grave crise econômica mundial.

Em julho de 2011, milhares de espanhóis, das novas e das velhas gerações, vindos de várias partes do país tomaram a praça Porta do Sol, no centro da cidade de Madri. Eles se autodenominaram "indignados" para protestar contra a crise econômica, o desemprego, a política tradicional, a corrupção e exigir direitos: ao trabalho, à saúde, à educação e à participação na vida política do país.

A história continua.

**Cronologia deste capítulo**

- 1991 – Brasil, Argentina, Uruguai e Paraguai assinam o Tratado de Assunção, criando o Mercosul.
- 1992 – Tratado de Maastricht institui a União Europeia.

# 1. A globalização, a nova ordem mundial e a questão nacional

Ao longo do século XX, o mundo conviveu com projetos políticos que almejavam a hegemonia mundial. A derrota dos fascismos e do nazismo em 1945, a desagregação do mundo socialista entre 1989 e 1991, bem como a acesão da China à economia de mercado, resultaram na predominância do projeto liberal-democrático e, consequentemente, na existência de uma única grande potência mundial: os Estados Unidos da América.

Aos EUA alinharam-se os seis países mais industrializados e economicamente desenvolvidos do mundo – no caso, o Reino Unido, o Canadá, a França, a Alemanha, o Japão e a Itália –, dando origem ao chamado Grupo dos Sete, o G-7.

Sem concorrência, o capitalismo se expandiu para as antigas áreas de predomínio socialista, conhecendo uma nova fase de expansão. O capitalismo tornava-se mundializado, globalizado, instituindo, assim, a chamada **nova ordem mundial**.

## De um lugar para outro

De modo geral, a **globalização** pode ser definida como um processo que levou à abertura e à interdependência dos mercados nacionais. Não se trata de algo definitivo ou absoluto, mas de uma tendência mundial, que coloca os Estados nacionais em segundo plano. Ainda assim, não se pode desconsiderar a importância dos Estados-nações, tampouco a força dos nacionalismos nas sociedades contemporâneas.

O processo de globalização criou uma nova divisão internacional do trabalho. Após a Segunda Guerra Mundial, as chamadas **multinacionais**, principalmente as de origem estadunidense e europeia, instalaram-se em países, geralmente menos desenvolvidos, da América Latina, da Ásia e da África. Nos anos 1990, esse processo entrou em uma nova fase, com a redistribuição pelo mundo de polos industriais e centros financeiros, além da integração de mercados em uma escala gigantesca.

Ben Davies/LightRocket/Getty Images

Na cidade de Kunming, na China, a arquitetura tradicional divide espaço com uma rede de *fast food* estadunidense.

**A História no seu lugar**

No território que deu origem ao Brasil, inicialmente viviam diversos povos indígenas. A seguir, vieram portugueses; africanos de várias regiões, como escravos; franceses e holandeses. Entre os séculos XIX e XX, chegaram espanhóis, italianos, alemães, japoneses, entre outros povos... A sociedade brasileira é multicultural, e as diferenças que nela existem devem ser reconhecidas e valorizadas. O multiculturalismo enriquece a vida social e oferece novas possibilidades de criação cultural.

Em grupos, procurem registrar manifestações multiculturais em seu bairro ou em sua cidade: a culinária, a música, as danças e as festas típicas, para citar alguns exemplos. Pesquisem imagens que possam ser recortadas e aplicadas em cartazes. Depois, exibam o resultado em um mural na escola.

Entra em vigor o Tratado Norte-Americano de Livre-Comércio. 1994

Assinatura do *Protocolo de Kyoto* estabelecendo a redução da emissão de gases poluentes no planeta. 1997

**Fique de olho!**

BRIGAGÃO, Clóvis; RODRIGUES, Gilberto. *Globalização a olho nu*: o mundo conectado. São Paulo: Moderna, 1998. Analisa o processo de globalização em várias dimensões, refletindo sobre o fluxo das finanças e do comércio, e também sobre questões relativas aos direitos humanos, à democracia e outras.

**paraíso fiscal:** país ou região cujos bancos são liberados para fazer altas transações financeiras sem que as pessoas envolvidas sejam necessariamente identificadas e com impostos reduzidos ou inexistentes.

Em nossos dias, consome-se no Brasil ou na Espanha, por exemplo, um determinado tipo de produto fabricado na China por uma empresa estadunidense, da qual os sócios são italianos e japoneses. As cotações das Bolsas de Valores de Nova York, Tóquio, Frankfurt, São Paulo, Cidade do México e Londres oscilam em conjunto, influenciando-se umas às outras, com repercussões no mundo inteiro.

A globalização, segundo muitos teóricos, tem a tendência de tornar a vida, os costumes e o consumo homogêneos. Mas o reconhecimento das diferenças regionais é fundamental no processo de integração dos mercados que as englobam.

As políticas neoliberais implementadas nos anos 1980 no Reino Unido e nos EUA tornaram-se modelos dominantes no mundo na década seguinte. Durante os anos 1990, a boa regra em economia passou a ser privatizar empresas estatais e diminuir a intervenção do Estado na economia. Também o fluxo de capitais se tornou mais intenso: em busca de rentabilidade imediata, eles fluíam de um país para outro, isentos de regulamentações ou restrições. Os chamados paraísos fiscais se multiplicaram pelo mundo em busca desses capitais voláteis.

A globalização enfraqueceu o Estado-nação, colocando-o em segundo plano. Para receber investimentos de grandes empresas, os governos nacionais necessitam aceitar as regras elaboradas por outras esferas de poder, como o Fundo Monetário Internacional (FMI), o Banco Mundial (Bird) ou a Organização Mundial de Comércio (OMC). As estratégias de investimento das grandes empresas multinacionais atuam com tamanho poder que se tornou muito difícil distinguir algum projeto nacional. Desse modo, projetos políticos de larga tradição, como o nacionalismo e o estatismo, foram recusados pela economia globalizada.

## Outra dimensão — Cultura

### Identidades nacionais

Com a globalização, muitas sociedades recusam a padronização dos comportamentos, para garantir sua identidade cultural e defender suas tradições. A cultura islâmica, por exemplo, nega alguns valores ocidentais e encontra na religião a defesa de seus valores.

A identidade política, cultural e religiosa pode ser, portanto, instrumento poderoso na luta pela autonomia de um povo. O caso palestino é um bom exemplo. Assim como é o da Irlanda do Norte em face da Grã-Bretanha, o do país Basco em relação à Espanha, o da Chechênia em relação à Rússia e o dos curdos no interior do Iraque.

Hugo Cháves, na Venezuela, e Evo Morales, na Bolívia, constituíram expressões do nacionalismo latino-americano no início do século XXI. No Brasil, partidos e movimentos de esquerda também recorrem ao nacionalismo na defesa de seus programas, a exemplo do *slogan* que clama por soberania nacional.

- **Na sua cidade, no seu bairro ou na sua comunidade existem manifestações populares que expressam a defesa da cultura nacional?**

Kaveh Kazemi/Getty Images

Em Teerã, capital do Irã, mulheres visitam exposição em galeria de arte. Mesmo que adotem valores ocidentais, muitas mulheres muçulmanas usam lenço na cabeça, seguindo suas tradições religiosas. Fotografia de maio de 2015.

## Vantagens e desvantagens

A globalização se consolidou com o desenvolvimento da ciência e da tecnologia, sobretudo nas áreas da informática e das telecomunicações: o *e-mail* e o telefone celular, por exemplo, facilitaram a comunicação, tornando os negócios extremamente ágeis e flexíveis.

As vantagens da globalização são muitas e seu símbolo é, certamente, a internet. Originada em círculos militares estadunidenses, ela suprimiu fronteiras e distâncias entre povos e indivíduos: pela rede mundial de computadores, pode-se entrar em contato com qualquer pessoa em qualquer lugar do mundo – desde que essa outra pessoa também tenha acesso a ela.

Por meio da internet e das redes sociais, novas formas de relacionamento e de expressão foram construídas entre povos e indivíduos. Alguns temas ganharam abrangência global, permitindo que questões, como a da sustentabilidade e a da consciência ecológica, fossem pensadas e discutidas mundialmente. Protestos contra governos e empresas e convocações para atos humanitários e de solidariedade são também organizados e divulgados por meio da internet e das redes sociais. O movimento conhecido como Ocupe Wall Street *(Occupy Wall Street)*, de 2011, é um exemplo bastante conhecido.

Com a globalização, o acesso à informação se democratizou: hoje ele é quase ilimitado. A informação encontra-se disponível nos mais diversos meios, desde o velho jornal impresso às páginas da *web*, embora seja controlada por grandes conglomerados empresariais que monopolizam o setor de comunicações.

Se a globalização, de um lado, facilita a comunicação e o fluxo de mercadorias, informações e pessoas, de outro, ela cria uma forma perversa de exclusão social: aqueles que não têm acesso a seus benefícios não têm lugar no mundo globalizado, vivendo por vezes à margem da economia de mercado. Dados demonstram que, com a globalização, a acumulação de riqueza e a concentração de renda cresceram, na mesma medida em que a pobreza mundial aumentou.

Outro problema trazido pela globalização é a instalação, pelas grandes empresas, de fábricas em países onde os salários são baixos e os direitos trabalhistas, mínimos, como é o caso da China. Em decorrência, o preço das mercadorias produzidas nesses países é tão mais barato que acaba levando à falência fabricantes de outras nações e ao desemprego milhares de trabalhadores.

**Fique de olho!**

***O dia depois de amanhã***. Direção: Roland Emmerich. EUA, 2004.
Em um futuro próximo, uma catástrofe ecológica ocorre no planeta, tornando a vida inviável no hemisfério norte.

***Uma verdade inconveniente***. Direção: David Guggenheim. EUA, 2006.
Al Gore, ex-vice-presidente dos EUA, alerta para os perigos do aquecimento global e as alterações climáticas que vêm ocorrendo no planeta.

Funcionário de uma indústria automotiva francesa, instalada na província chinesa de Hubei, faz retoques finais em carros. Fotografia de 2012.

Execução de Saddam Hussein em dezembro.

2006

Eclode a crise econômica mundial.

2007

## Outra dimensão Economia

### Brics

Atualmente, cinco países alcançaram grande importância na economia mundial. Os economistas concordam que, até o ano 2050, eles poderão superar, juntos, os países mais industrializados e economicamente desenvolvidos do mundo.

O grupo foi formado, inicialmente, por quatro países: Brasil, Rússia, Índia e China. Suas iniciais formaram a sigla criada em 2001 pelo economista Jim O'Neill: Bric. Em abril de 2011, o grupo passou a contar com a África do Sul (South Africa, em inglês) e a se chamar Brics.

Os países do Brics não firmaram acordos políticos, comerciais ou militares, mas, dispondo de economias com grande potencial produtivo e de consumo, constituíram tratados de comércio. Os países agrupam 40% da população do planeta, formando um imenso mercado consumidor.

Apesar de estarem agrupados sob uma mesma sigla, Brasil, Rússia, Índia, China e África do Sul são países com culturas e economias bastante distintas. Brasil e Rússia, por exemplo, são grandes exportadores de matérias-primas – o Brasil, de alimentos, e a Rússia, de petróleo. A Índia e a China atuam fortemente na exportação de manufaturados, e os indianos se destacam no ramo da informática. Os dois países têm grandes contingentes de mão de obra, mas a China ainda dispõe do domínio de tecnologias avançadas. A África do Sul é a maior economia do continente africano, destacando-se pela exportação de produtos de mineração.

Segundo análises de economistas, o Brasil apresenta vantagens sobre os demais países. Não é afetado, por exemplo, por problemas religiosos, divisões étnicas ou rivalidades entre diferentes nacionalidades. E ainda conta com enormes recursos naturais, como solo fértil, água em abundância e imensa diversidade natural. O país tem sistema financeiro sólido, indústria produtiva e setor agropecuário com grande capacidade exportadora, embora conte com um sério problema: o setor de educação.

Mesmo com economias e culturas tão distintas entre si, os países do Brics partilham de um mesmo problema: a concentração de renda, que os torna países ricos em termos econômicos, mas socialmente injustos.

- No final do século XX, os países mais industrializados e economicamente desenvolvidos do mundo agruparam-se no G-7. No início do século XXI, surgiu um novo grupo de países, o Brics. Como diferenciá-los?

Sergei Ilnitsky/Pool Photo Via AP/Glow Images

Da esquerda para a direita: a então presidente do Brasil Dilma Rousseff, o primeiro-ministro indiano Narendra Modi, o presidente da Rússia Vladimir Putin, o presidente da China Xi Jinping e o presidente sul-africano Jacob Zuma durante reunião de cúpula do Brics em Ufa, na Rússia, em julho de 2015.

Barack Obama vence as eleições presidenciais nos EUA. — 2008

Primavera Árabe. Eclode a guerra civil na Síria. — 2011

## Os blocos econômicos

Desde a década de 1950, os países europeus fazem acordos para integrar seus mercados e, assim, ter mais competitividade no cenário econômico mundial. Em menor escala, o mesmo começou a ocorrer entre os países da América Latina, a partir dos anos 1980-1990.

Um dos primeiros blocos econômicos a surgir, na década de 1990, foi o Mercado Comum do Sul, o **Mercosul**. Criado em 1991, o bloco tem como objetivo: a integração das economias do Brasil, da Argentina, do Uruguai e do Paraguai, o fim das barreiras alfandegárias entre os países, o estabelecimento de regras comerciais comuns e, no futuro, uma moeda única. O bloco, ao qual a Venezuela foi incorporada em 2012, ainda enfrenta algumas dificuldades, como a diferença de tamanho entre as economias dos países que o compõem. Uruguai e Paraguai, por exemplo, têm economias muito pequenas, se comparadas às do Brasil e da Argentina. Além disso, as rivalidades entre Brasil e Argentina também criam obstáculos à integração.

Em 1992, depois de várias décadas de negociações e experiências comuns, foi instituída a **União Europeia**. Pelo Tratado de Maastricht, 12 países europeus unificaram suas economias, com sistema bancário e financeiro comuns, legislação trabalhista e defesa únicas. Alemanha, França, Itália, Grã-Bretanha, Irlanda, Holanda, Bélgica, Luxemburgo, Dinamarca, Espanha, Portugal e Grécia foram os 12 países signatários do Tratado de Maastricht.

A partir de 1995, ingressaram na UE: Bulgária, Chipre, Áustria, República Tcheca, Hungria, Letônia, Estônia, Lituânia, Malta, Polônia, Romênia, Eslováquia, Eslovênia, Finlândia e Suécia. O ingresso da Noruega e da Suíça foi rejeitado pela população de ambos os países em plebiscito.

Atualmente, a UE conta com 28 países, dos quais 19 adotam o euro como moeda comum. Embora incialmente tenha formado um bloco muito forte em termos econômicos, hoje alguns de seus países-membros atravessam grave crise econômica e social. No ano de 2016, após uma consulta popular, a Grã-Bretanha anunciou sua saída do bloco, prevista para o dia 31 de dezembro de 2020.

PIB/Alamy/Fotoarena

Parlamento Europeu, na França, com as bandeiras dos países pertencentes à União Europeia. Fotografia de 2017.

Em 1994, outro bloco econômico estabelecido entre os países da América do Norte entrou em vigor: o Tratado Norte-Americano de Livre-Comércio. O **Nafta** (sigla em inglês) integra os EUA, o México e o Canadá. O objetivo principal do bloco é, como no caso do Mercosul, eliminar as barreiras alfandegárias em favor da livre circulação de mercadorias e serviços entre os países-membros.

## 2. A primeira guerra do Golfo

**Fique de olho!**

Grupo de Estudos do Tempo Presente (UFRJ). Disponível em: <www.dhi.uem.br/labtempo/>. Acesso em: 1º mai. 2018. Disponibiliza recursos para o estudo da história contemporânea.

Núcleo de Estudos Contemporâneos. Disponível em: <www.historia.uff.br/nec/>. Acesso em: 1º maio 2018. Disponibiliza documentos, filmografias, bibliografias e cronologias para a compreensão da história contemporânea.

Em 1980, o Iraque invadiu o Irã, resultando em longa e sangrenta guerra que só terminou em 1988. Devendo bilhões de dólares e necessitando reconstruir o país, o Iraque pressionou o Kuwait, exigindo o perdão de suas dívidas e indenizações. Como não foi atendido, Saddam Hussein, governante do Iraque, ordenou a invasão do Kuwait em 2 de agosto de 1990.

Havia interesses estadunidenses, europeus e japoneses no petróleo kuwaitiano. O então presidente dos EUA, George Bush, articulou uma poderosa coalizão de 28 países para derrotar o Iraque. Em janeiro de 1991, começou o bombardeio de Bagdá, com transmissão de imagens pela televisão. Um mês depois, o Exército iraquiano deixou o Kuwait. Antes da retirada, os iraquianos incendiaram mais de 300 poços de petróleo, causando enormes incêndios e uma catástrofe ecológica.

A partir daí, intensificou-se a presença de tropas estadunidenses na região, gerando grande insatisfação nos países árabes não alinhados com os EUA. Grupos terroristas, como o de Osama bin Laden (1957-2011), passaram a atacar instalações dos Estados Unidos no exterior. O Iraque, por sua vez, atravessou um período de grave crise econômica, com a restrição de suas exportações de petróleo e o aumento do nível de pobreza da população.

### As duas torres e a revanche do império

Em 1979, o recém-instalado governo marxista do Afeganistão, enfrentando forte oposição interna, pediu ajuda à URSS. A presença militar soviética provocou a rebelião generalizada de diversos grupos políticos afegãos.

Os *mujadhins*, como eram chamados os guerrilheiros que lutavam contra os soviéticos, receberam a ajuda de cerca de 25 mil voluntários de vários países muçulmanos. A Arábia Saudita, os Emirados Árabes Unidos e também os EUA financiaram os *mujadhins* na compra de fuzis, lança-mísseis e munições.

Em abril de 1988, a URSS – sem ter como derrotar a guerrilha e após perder 15 mil soldados no conflito – retirou-se do Afeganistão. Com a saída dos soviéticos, o país então viveu uma longa e destrutiva guerra civil até que uma das milícias que lutavam pelo poder, a dos **talibãs** (estudantes, em tradução literal), conseguiu se impor às demais.

Saeed Khan/AFP

Homem da milícia dos talibãs vigia estrada ao sudeste da cidade de Cabul, capital do Afeganistão. Fotografia de fevereiro de 1995.

Spencer Platt/Getty Images

Em 11 de setembro de 2001, dois aviões sequestrados por homens da Al-Qaeda chocam-se contra as duas torres do World Trade Center, em Nova York.

Por volta das 8 horas da manhã em Nova York (9 horas em Brasília), um avião de passageiros atingiu a torre norte do World Trade Center. Passados 13 minutos, uma segunda aeronave foi lançada contra a torre sul.

Segundo fontes militares, um terceiro avião atingiu o Pentágono às 9 horas e 37 minutos (10 horas e 37 minutos em Brasília) daquele mesmo dia. E o quarto avião caiu aproximadamente às 10 horas (11 horas em Brasília) na Pensilvânia. Presume-se que a luta entre passageiros e sequestradores tenha provocado a queda dessa última aeronave. Mas há quem sugira que ela foi abatida no ar por caças da Força Aérea estadunidense.

Contabilizando as pessoas que morreram com a queda das torres gêmeas e o sequestro dos aviões, as que estavam no Pentágono e os bombeiros que trabalharam tentando salvar vidas, chega-se a um total de 3 234 vítimas. Foi o maior ataque que os EUA sofreram em seu próprio território.

Osama bin Laden e a Al-Qaeda assumiram a responsabilidade pelos atentados. Com o apoio de outras lideranças fundamentalistas islâmicas, Bin Laden planejou, coordenou e financiou os ataques. Segundo seus argumentos, foi uma retaliação aos EUA pelo apoio a Israel, pela ocupação militar da península Arábica e pela guerra contra o Iraque.

## A reação

Com o ataque às torres gêmeas, o governo George W. Bush encontrou amplo apoio da sociedade estadunidense para desencadear o que chamou de **Guerra ao Terror**. Amplos setores sociais queriam vingança e retaliação em grande escala. Poucos questionaram o porquê de tanto ódio proveniente do mundo muçulmano em relação aos EUA.

O clima de revanche e ódio aos terroristas também tomou os meios de comunicação estadunidenses que, em sua maioria, apoiaram a guerra ao terror promovida pelo governo.

Menos de um mês após o ataque às torres gêmeas, em 8 de outubro de 2001, tropas estadunidenses e britânicas invadiram o Afeganistão para derrubar os talibãs do governo, alegando que violavam os direitos humanos e apoiavam a Al-Qaeda.

Logo após a invasão do Afeganistão, Bush intensificou a campanha de seu governo contra o Iraque, sob a alegação de que Saddam Hussein possuía armas químicas de destruição em massa e abrigava grupos terroristas, pondo em risco a segurança dos EUA.

**Fique de olho!**

*11 de setembro*. Direção: Alejandro González Iñarritu, Amos Gitai, Claude Lelouch, Danis Tanovic, Idrissa Ouedraogo, Ken Loach, Mira Nair, Sean Penn, Youssef Chahine, Samira Makhmalbaf, Shohei Imamura. EUA, 2002.
São onze diretores e onze episódios, de 11 minutos cada um. São 11 pontos de vista sobre o 11 de setembro.

Bush não conseguiu provar a existência de tais armas, e o Conselho de Segurança da ONU manifestou-se contrário a qualquer ação militar. Mesmo assim, os EUA invadiram o Iraque em março de 2003, contando com o apoio da Grã-Bretanha, da Espanha e da Itália.

O maciço bombardeio da cidade de Bagdá e a pequena resistência apresentada pelo Exército iraquiano abriram caminho para uma fácil vitória dos EUA. Em abril de 2003, Saddam foi deposto e, em dezembro de 2006, executado – depois de ter sido julgado pelo Tribunal Especial Iraquiano por crimes contra a humanidade.

O Iraque passou a viver num estado de caos: conflitos de rua e atentados se sucediam, peças milenares de museus foram saqueadas. Nenhuma autoridade tinha força para manter a ordem. Além disso, após a invasão estadunidense, o ódio entre sunitas, xiitas e curdos explodiu, alimentando atentados suicidas e ações terroristas com matança de civis.

Após a invasão, o governo dos EUA declarou que as supostas armas de destruição em massa não existiam. Embora sem admitir publicamente, o governo Bush se convenceu de que Saddam Hussein não apoiava a Al-Qaeda.

O Afeganistão viveu o mesmo caos que o Iraque. Casas destruídas, milhares de pessoas presas, multidões de refugiados tentando escapar dos horrores da guerra, enquanto muitos soldados estadunidenses morriam em combates. A guerra parecia não ter fim.

Em 2004, notícias de que iraquianos eram torturados na prisão de Abu Ghraib vieram a público. As fotografias de prisioneiros torturados e humilhados chocaram a opinião pública mundial. Também veio a público que na base militar estadunidense de Guantânamo, em Cuba, para onde eram levados suspeitos de terrorismo, os direitos humanos não eram respeitados.

Em meados de 2007, a popularidade de Bush nos EUA caiu para 29%, um dos índices mais baixos já alcançados por um presidente desse país.

**Fique de olho!**

***As torres gêmeas***. Direção: Oliver Stone. EUA, 2006.
Narra a história de dois policiais que, com o objetivo de salvar pessoas, ficam presos no World Trade Center.

***Guerra ao terror***. Direção: Kathryn Bigelow. EUA, 2010.
O difícil e perigoso cotidiano dos soldados estadunidenses que integram o esquadrão antibombas no Iraque.

***Fahrenheit, 11 de setembro***. Direção: Michael Moore. EUA, 2004.
Extremamente crítico ao presidente George W. Bush, procura demonstrar que ele alcançou a presidência dos EUA por meio de fraude eleitoral. Também explora sua atitude catatônica ao saber dos atentados de 11 de setembro, além de suas ligações com a família de Osama bin Laden.

Brennan Linsley/AFP

Durante a invasão do Afeganistão, as tropas estadunidenses contaram com o apoio da Aliança do Norte, grupo político afegão que também lutava contra os talibãs. Fotografia de novembro de 2001.

## 3. 2007: a eclosão da crise econômica mundial

No início de 2007, alguns bancos dos EUA começaram a anunciar prejuízos. Segundo eles, a crise no mercado imobiliário, causada pelo não pagamento de dívidas contraídas com o financiamento de imóveis, estava afetando-os diretamente.

Em setembro daquele ano, uma das mais graves crises da história do capitalismo eclodiu logo após o anúncio de falência de um importante banco do país, o Lehman Brothers. Outros bancos e algumas seguradoras também quebraram na sequência, e diversas empresas se viram à beira da falência. A Bolsa de Valores de Nova York sofreu a maior queda desde a sua fundação.

Para impedir a crise generalizada da economia, o governo dos EUA emprestou cerca de 700 bilhões de dólares a seguradoras, bancos e indústrias montadoras de automóveis. Na prática, como o Estado acabou assumindo o controle acionário dessas empresas, elas acabaram se tornando empresas estatais, como a seguradora AIG e a General Motors.

Apesar dessas medidas tomadas pelo governo dos EUA, a crise eclodiu de maneira assustadora e logo se espalhou pela Europa, avançando depois por diversos países do mundo.

A crise gerou falências, desemprego e recessão: os desempregados não tinham dinheiro para consumir e os que ainda tinham emprego evitavam gastos desnecessários. Consequentemente, as indústrias produziam menos e geravam mais desemprego.

Para contornar a crise, os governos de diversos países injetaram dinheiro na economia, estimulando o consumo e o crédito. De modo geral, essas intervenções deram resultados positivos.

### Crise do *subprime*

Como as taxas de juros eram muito baixas nos EUA, empresas imobiliárias costumavam vender imóveis a famílias que, muitas vezes, não tinham condições de pagar as dívidas do financiamento. Empresas de cartões de crédito, então, concediam empréstimos a essas famílias para saldar as dívidas. Esses empréstimos eram considerados de alto risco (*subprime*). Por meio de complexas transações no mercado financeiro, as dívidas eram repassadas aos bancos, às companhias de seguro e a outras instituições. Quando o Banco Central dos EUA (*Federal Reserve*) aumentou as taxas de juros, as famílias não conseguiram mais pagar as dívidas de financiamento. Foi quando a crise eclodiu.

Em dezembro de 2007, cartaz anuncia leilão de casa na Califórnia, nos EUA. Milhares de pessoas perderam suas casas devido à crise do *subprime*.

Kimberly White/Bloomberg Via Getty Images

No Brasil, além dessa injeção de dinheiro, houve isenção tributária sobre vários produtos, a exemplo dos automóveis e dos eletrodomésticos da chamada linha branca (geladeiras, fogões, máquinas de lavar, etc.). Demonstrando solidez e consistência diante da crise internacional, a economia brasileira não entrou imediatamente em recessão, sofrendo, inicialmente, apenas uma queda na produção. O país retomou o crescimento econômico logo a seguir.

A crise de 2007 marcou o fim de um período na história do capitalismo: empresas privadas foram estatizadas, o Estado voltou a intervir na economia, socorrendo empresas à beira da falência, e o mercado de capitais foi novamente regulamentado. Medidas até então condenadas pelos economistas neoliberais foram retomadas exatamente para salvar o capitalismo.

## A crise europeia

Antes mesmo da eclosão da crise de 2007, diversos países europeus haviam contraído enormes dívidas e aumentado excessivamente os gastos do Estado. Com a recessão que se espalhou pelo mundo em 2008, as fragilidades econômicas desses países tornaram-se públicas.

As dívidas de Portugal, Grécia, Espanha, Irlanda e Itália chegaram a níveis alarmantes. O endividamento da Itália, por exemplo, alcançava 118,4% do seu PIB e o de Portugal, 93,3%. O caso mais grave, contudo, era o da Grécia, com um endividamento de 144,9% do seu PIB e sem condições de saldar as dívidas contraídas. França e Bélgica também demonstraram sinais de que sofreriam com as dívidas contraídas antes de a crise econômica mundial eclodir.

A desconfiança de que esses países não conseguiriam saldar suas dívidas fez com que os investimentos diminuíssem. Os bancos credores também passaram a exigir garantias, gerando mais crise, recessão e desemprego.

Na Grécia, o desemprego chegou a atingir 20% da população; na Irlanda, 15%. Portugal e Espanha conheceram números similares. Os jovens foram os mais afetados.

### G-20

Uma mudança importante foi o aumento do número de países com influência na condução da economia mundial. Do restrito G-7 (EUA, Grã-Bretanha, Canadá, França, Alemanha, Japão, Itália), o fórum de debates para solucionar a crise econômica passou a ser o G-20. A sigla inclui – além dos países do G-7 – o Brasil, a Rússia, a Índia, a China, a África do Sul, a Argentina, a Arábia Saudita, a Austrália, a Coreia do Sul, o México, a Indonésia, a Turquia e também o Banco Central Europeu.

PIB/Alamy/Fotoarena

Representantes dos países pertencentes ao G-20, em Hamburgo, na Alemanha. Fotografia de 7 de julho de 2017.

Em 1996, os talibãs assumiram o poder e impuseram ao país um regime teocrático, autoritário e com valores islâmicos ultrarrigorosos. Cinema, televisão, rádio e computadores foram proibidos, a posse de pinturas, desenhos e fotografias também, assim como ouvir música e dançar. Os homens foram obrigados a deixar crescer barba.

As mulheres, em particular, foram duramente perseguidas e discriminadas. O regime as proibiu de trabalhar fora do lar e restringiu o acesso delas a tratamentos médicos. Elas também foram obrigadas a se vestir cobrindo todo o corpo, inclusive a cabeça, com o uso da burca, e meninas com mais de oito anos perderam o direito de estudar.

Com exceção do Paquistão, dos Emirados Árabes Unidos e da Arábia Saudita, nenhum outro país reconheceu o governo dos talibãs, nem mesmo a ONU.

## Os ataques

Um jovem milionário árabe, de apenas 22 anos, destacou-se na luta contra os soviéticos. Seu nome era Osama bin Laden (1957-2011). Abandonando a riqueza em que vivia na Arábia Saudita, tornou-se um dos comandantes da resistência *mujadhin*.

Ao final da guerra contra a URSS, Bin Laden retornou ao seu país como herói. Muito popular, passou a defender a unidade de todos os povos muçulmanos, o pan-islamismo, e a recusar os valores ocidentais, rejeitando principalmente os propagados pelos EUA.

Nos anos 1990, acusando a monarquia do país de permitir a instalação de bases militares estadunidenses em seu território, Bin Laden rompeu com o governo da Arábia Saudita.

Expulso, Bin Laden voltou para o Afeganistão, onde encontrou apoio entre os talibãs que governavam o país. Lá ele criou uma organização terrorista, a Al-Qaeda (a base, em tradução literal). Os talibãs, que também alimentavam grande ódio aos EUA e à Rússia, apoiaram a construção de campos de treinamento da Al-Qaeda, onde centenas de homens receberam instruções militares.

Archive/AFP

Em lugar não identificado no Afeganistão, Osama bin Laden, ao centro, fala a seus seguidores.

Osama bin Laden passou a dispor de cerca de 3 mil homens espalhados pelo mundo, organizados em pequenas células autônomas para promover ações terroristas. O ódio que sentia pelos EUA fez dele uma figura muito popular entre as populações mais pobres dos países muçulmanos.

Na manhã de 11 de setembro de 2001, o impensável aconteceu. Ativistas da Al-Qaeda sequestraram quatro aviões no espaço aéreo dos Estados Unidos, de maneira quase simultânea. O objetivo era atingir com as aeronaves lugares que representassem a pujança econômica, militar e política do país. No total, eram 19 homens dispostos a ações suicidas para cumprir a missão terrorista.

**Fique de olho!**

***Trabalho interno*.**
Direção: Charles Ferguson. EUA, 2010.
Documentário com entrevistas com políticos, jornalistas e profissionais do mercado financeiro que contribuem para a compreensão da crise econômica de 2007-2008.

A Alemanha, maior potência econômica da zona do euro, o Banco Central Europeu e o FMI manifestaram-se dispostos a ajudar os países endividados, mas a contrapartida de tais empréstimos exigia grandes sacrifícios da população, sobretudo dos trabalhadores. Portugal e Espanha, por exemplo, aumentaram o preço da água, da gasolina, da energia e dos transportes; a Irlanda se comprometeu a reduzir o salário mínimo em 10%; a França aumentou a idade mínima para a aposentadoria. Trabalhadores e jovens desempregados reagiram com greves e manifestações de rua.

Todos os países europeus em crise adotaram medidas que reduziram a atividade econômica e resultaram em mais desemprego e recessão e na perda de direitos sociais. A crise econômica no continente está longe de ter um final satisfatório, ainda que algumas economias já mostrem sinais de recuperação, como a italiana e a portuguesa.

## Outra dimensão | Cidadania

### Nova política

A crise europeia (recessão econômica, desemprego, perda de direitos sociais) levou gregos e espanhóis a votarem em partidos de esquerda que criticavam as medidas de austeridade impostas pelo Banco Central Europeu e o FMI.

Na Grécia, a Coalizão da Esquerda Radical, conhecida como *Syriza*, venceu as eleições de 2012, derrotando os partidos políticos tradicionais. O lema dos dirigentes do *Syriza* era: "Vamos acabar com essas ordens vindas do exterior". No entanto, para decepção dos eleitores, logo após as eleições o *Syriza* aceitou as regras de austeridade da União Europeia.

Na Espanha, surgiu o *Podemos*, partido político construído nos grandes protestos de rua contra a crise econômica, em 2011. O *Podemos* critica os partidos políticos tradicionais e valoriza a prática democrática, os valores da cidadania e a igualdade na participação de homens e mulheres na vida partidária. Seu lema é: "Não nos representam". O partido também critica o neoliberalismo e a corrupção na política.

Em Portugal, o número de eleitores dos partidos socialista e comunista aumentou. Também na Irlanda os partidos de esquerda cresceram.

- **O *Syriza* na Grécia e o *Podemos* na Espanha são partidos políticos que surgiram como resposta à crise econômica mundial de 2007-2008. O que esses partidos têm em comum?**

Konstantinos Tsakalidis/CrowdSpark/AFP

Em novembro de 2012, milhares de gregos saem às ruas para protestar contra as medidas de austeridade econômica propostas pelo governo.

## Dois presidentes: Barack Obama e Donald Trump

A narrativa de vida de Barack Obama talvez seja o melhor exemplo de uma biografia marcada pela diversidade nacional, étnica e cultural nos EUA.

Barack Hussein Obama nasceu no Havaí em 1961. Filho de pai negro africano e de mãe branca estadunidense, que, após a separação, casou-se novamente com um indonésio muçulmano, Obama foi criado por seus avós maternos. Convertido ao cristianismo, formou-se em Direito na Universidade de Harvard, tornou-se professor e ativista dos direitos civis. Em 2004, foi eleito senador pelo estado de Illinois.

Doug Mills-Pool/Getty Images

Barack Obama caminha com Michelle Obama durante as solenidades de sua posse. Fotografia tirada em Washington, D.C., nos EUA, em 2009.

Em meio à crise econômica de 2007-2008, o Partido Democrata lançou a candidatura de Barack Obama à presidência da República. Com o lema "Sim, nós podemos", Obama defendeu a retirada de tropas do Iraque, a redução da emissão de gases poluentes na atmosfera, um sistema público de saúde mais abrangente, a legalização de milhões de imigrantes, a pesquisa de células-tronco, entre outros temas polêmicos, conseguindo mobilizar o eleitorado que queria mudanças.

Em novembro de 2008, Barack Obama venceu as eleições, tornando-se o primeiro presidente negro da história dos EUA, e, em 2012, foi reeleito para um segundo mandato.

Mandel Ngan/AFP

Donald Trump assina uma ordem executiva sobre imigração. Fotografia tirada em Washington, D.C., EUA, em 2018.

Obama enfrentou intolerante oposição do Partido Republicano. Mas, com o apoio de seu partido, conseguiu aprovar a extensão dos serviços públicos de saúde à população. Quanto à grave crise econômica que herdou do governo antecessor, o governo Barack Obama conseguiu contorná-la, apresentando índices positivos, sobretudo com o aumento do número de empregos. Na política externa, obteve vitórias: Osama bin Laden foi localizado e morto por uma tropa de elite, e o fim da guerra no Iraque foi declarado em dezembro de 2011. No Afeganistão, contudo, Barack Obama manteve a ocupação militar.

Seu sucessor na presidência dos Estados Unidos, em 2016, foi Donald Trump, do Partido Republicano. Empresário e homem da mídia, ele se esforçou para desfazer todo o legado de Barack Obama: desmantelou o serviço de assistência médica às pessoas mais pobres, prometeu construir um muro separando seu país do México, rompeu com os acordos de Paris que tratavam de reduzir a emissão de gases que provocam o efeito estufa, instituiu medidas contra imigrantes oriundos de países árabes, retirou os EUA da Parceria Transpacífico e ainda taxou produtos importados da China.

Trump sofre forte oposição dos grupos mais progressistas do país, mas também tem o apoio de muitos setores conservadores.

## 4. A Revolta Árabe

Ao longo do século XX, sobretudo após o término da Segunda Guerra Mundial, Reino Unido, França, Itália e EUA apoiaram ditaduras em diversos países do mundo árabe. Interessadas na produção de petróleo desses países, as potências ocidentais aliaram-se a regimes autoritários na região. Alguns líderes políticos do Ocidente chegaram a alegar que a religião muçulmana era incompatível com o regime democrático.

Muitas sociedades árabes entraram no século XXI governadas por ditadores e tiranos cruéis. Alguns estavam há décadas no poder. Empobrecida, a população, sobretudo a jovem, não encontrava alternativas de melhoria de vida.

Um desses jovens era Mohamed Bouazizi (1984-2011), de 26 anos. Vivendo em Túnis, capital da Tunísia, ele não conseguia emprego. A alternativa que encontrou foi vender frutas na rua para ajudar a mãe e a irmã. Mas a polícia confiscou suas mercadorias, alegando que a atividade era ilegal. Como Bouazizi se negou a subornar os policiais para continuar a trabalhar, ele foi esbofeteado e humilhado. Muito revoltado, realizou então um protesto violento e radical: praticou o suicídio, incendiando o próprio corpo em 17 de dezembro de 2010.

Sua atitude despertou revolta, e milhares de pessoas foram para as ruas protestar. Indignada com a pobreza, o desemprego, o regime autoritário, a humilhação cotidiana e o desrespeito aos direitos humanos, a população exigia a queda do governo.

O ditador tunisiano, Ben Ali, que estava no poder havia 24 anos, tentou reprimir os protestos, mas as Forças Armadas se recusaram a apoiá-lo. Ele fugiu do país em 14 de janeiro de 2011 e eleições foram convocadas para a formação de uma Assembleia Nacional Constituinte.

Dias depois foi a vez de os egípcios se revoltarem contra o ditador Hosni Mubarak, no poder havia 30 anos. A população egípcia vivia situação similar à dos tunisianos: pobreza, desemprego, autoritarismo, falta de perspectiva. Protestos foram convocados para o dia 25 de janeiro de 2011 – que ficou então conhecido como o Dia da Ira. Mubarak tentou resistir, mas também não encontrou apoio nas Forças Armadas. No dia 11 de fevereiro, na praça Tahrir, no centro do Cairo, a população festejou a renúncia de Mubarak.

Manifestantes comemoram a notícia da renúncia do presidente Hosni Mubarak, na praça Tahrir, no Cairo, Egito, em 11 de fevereiro de 2011.

Ria Novosti/Afp

Os militares assumiram o poder e prometeram convocar eleições para democratizar o país. O presidente eleito, contudo, desagradou profundamente a população egípcia. As Forças Armadas, então, retomaram o poder e impuseram um regime ditatorial ao país.

O que ocorreu na Tunísia e no Egito foi a luta de diversos setores sociais contra governos autoritários. Os protestos reivindicavam melhor distribuição da renda, mais oportunidades de emprego, o estabelecimento de instituições democráticas, o respeito aos direitos humanos, o fim das humilhações, perante o autoritarismo, e da corrupção dos funcionários do governo. Foi uma luta por direitos de cidadania, não por motivações religiosas.

Em Bahrein, pequeno país localizado no Golfo Pérsico, também ocorreram revoltas populares, mas sem sucesso. Um dia após o Dia da Ira egípcio, a população foi às ruas exigir o fim do governo ditatorial, pedir a instituição de um sistema parlamentarista, liberdades democráticas e maior igualdade para os xiitas. Em março, tropas militares da Arábia Saudita invadiram o país. A repressão aos protestos foi violenta.

O Iêmen, um dos países mais pobres da península Arábica, era governado por Ali Abdullah Saleh há 30 anos. Os motivos da revolta ali foram os mesmos: pobreza, corrupção, desemprego e autoritarismo. Vinte mil pessoas protestaram na capital em 27 de janeiro de 2011. O país avançou no processo de democratização, mas divergências e conflitos entre tribos xiitas e sunitas resultaram em uma destrutiva guerra civil.

Na época, tornou-se comum a expressão **Primavera Árabe** para definir os acontecimentos que marcaram o mundo árabe a partir do final do ano de 2010.

A onda de protestos chegou ao Marrocos, no continente africano. Em 30 de janeiro, a população marroquina revoltou-se contra o rei Mohammed VI, reivindicando a instituição de um regime democrático, o respeito aos direitos humanos e a melhoria de vida do povo. O rei convocou eleições livres e aprovou uma nova Constituição. No entanto, manteve seus poderes sobre as Forças Armadas, o Poder Judiciário e o de nomear o primeiro-ministro, impedindo, assim, a democratização do país.

Na Líbia, a revolta popular contra o ditador Muammar Kadhafi, no poder havia 42 anos, resultou em sangrenta guerra civil. Os protestos começaram em 13 de fevereiro, mas foram duramente reprimidos por Kadhafi, que, inclusive, bombardeou cidades. A revolta tornou-se generalizada.

O Conselho de Segurança da ONU autorizou que aviões ocidentais bombardeassem posições militares do governo, permitindo a vitória das forças rebeldes. Em outubro, as forças oposicionistas declararam-se vitoriosas. Kadhafi foi capturado e morto.

O novo governo líbio não encontrou apoio político. Tribos rivais, milícias rebeldes e grupos islâmicos passaram a disputar o poder pelas armas. Como o Iêmen, a Líbia viveu uma destrutiva guerra civil.

A Síria foi governada durante 30 anos pelo ditador Hafez al-Assad. Ele foi sucedido por seu filho, Bashar al-Assad, que, em 2011, completou 10 anos no poder. Os protestos da população contra 40 anos de ditadura e pelo respeito aos direitos humanos começaram no dia 26 de janeiro de 2011.

O ditador, no entanto, atacou a população com armamentos militares, resultando em milhares de mortos. Grupos armados pelos EUA passaram a combater o Exército sírio, enquanto os governos da Rússia e do Irã apoiram al-Assad. O conflito generalizou-se, com cidades destruídas e milhares de mortos.

**Fique de olho!**

BALTA, Paul. *Islã*. Porto Alegre: L&PM, 2010. Questiona os preconceitos contra o islamismo, diferenciando o conceito de árabe do de muçulmano. Também aponta que o Islã apresenta divisões e diferenciações.

O movimento conhecido por **Revolta Árabe** desmentiu as teses que alegavam que democracia e valores culturais e religiosos árabes eram incompatíveis. As lutas, os protestos e as reivindicações por democracia e respeito aos direitos humanos demonstraram que os povos árabes, como quaisquer outros, também desejam viver em um mundo mais justo e fraterno.

Bulent Kilic/Agência France-Presse

Crianças sírias carregam cartazes durante protesto contra Bashar al-Assad, em Idlib, na Síria. Fotografia de 2012.

# 5. O resultado das guerras

A invasão militar dos Estados Unidos no Afeganistão e no Iraque acirrou conflitos entre facções políticas e rivalidades entre grupos religiosos, como entre sunitas e xiitas. No caso do Iraque, o povo curdo passou a exigir independência.

Apesar de contar com o apoio dos EUA, o novo governo iraquiano não tem força política nem militar suficiente para se impor sobre os grupos políticos e religiosos em conflito. Iraque e Afeganistão sofrem com a desorganização econômica e social.

Algumas organizações sunitas no Iraque uniram suas forças para formar um califado regido pela interpretação mais radical do islamismo. Juntaram-se também a grupos violentos e terroristas sunitas que lutavam na Síria. Em 2014, eles passaram a se autodenominar Estado Islâmico.

Aproveitando a fragilidade do novo governo iraquiano e o contexto de guerra civil na Síria, o Estado Islâmico avançou sobre diversas regiões, cidades e aldeias, praticando o terror entre a população. Armados e municiados, os homens do Estado Islâmico praticaram atos violentos e agiram com extrema crueldade. Aqueles que não aceitavam sua dominação eram torturados, decapitados ou queimados vivos. Por vezes, dezenas de pessoas foram filmadas durante a decapitação. As imagens eram divulgadas depois, com o objetivo de espalhar o medo e o terror.

**califado:** território controlado por muçulmanos. O califa, título recuperado do último chefe de Estado otomano, governa o califado.

O Exército iraquiano, contando com o apoio dos EUA, conseguiu deter as forças do Estado Islâmico.

O governo dos Estados Unidos também apoia com armas as forças de oposição ao presidente sírio Bashar al-Assad. Em 2015, a Rússia interveio no conflito, bombardeando posições do Estado Islâmico e de grupos armados que fazem oposição ao governo sírio.

Massoud Mohammed/Barcroft Medi/Getty Images

Soldados sírios de coligações de combate ao Estado Islâmico comemoram a libertação da cidade de Tal Hamis. Fotografia de 2015.

## O sofrimento dos povos

A pobreza no Afeganistão e no Iraque, o terror provocado pelo Estado Islâmico e as guerras civis na Síria e na Líbia provocaram a destruição de cidades e o desemprego generalizado. A Síria, por exemplo, é um país reduzido a escombros.

A população foi a maior vítima de todas essas guerras. Sem ter como viver em seus países de origem, a partir de 2014, milhares de pessoas – sobretudo sírios, líbios, afegãos e iraquianos – começaram a abandonar suas cidades e a rumar para a Europa. Também foram para a Europa povos africanos, como somalianos e nigerianos, igualmente fugindo da miséria, da fome, da violência política e dos conflitos étnicos.

Para chegar à Europa, os imigrantes necessitam atravessar o mar Mediterrâneo. Nessa jornada, arriscam a vida em pequenos navios ou botes lotados. Milhares morrem afogados durante a travessia. Outros tentam alcançar a Alemanha por terra em longas viagens a pé, mas os governos de alguns países impedem a passagem dos refugiados, provocando sofrimento ainda maior.

## A morte de um menino

O drama dos refugiados teve grande repercussão com a morte do menino Aylan Kurdi, de apenas três anos de idade, cujo corpo foi encontrado em uma praia da Turquia. Sua família, de origem curda, fugia do terror imposto pelo Estado Islâmico. Na travessia, o barco afundou. Aylan, seu irmão e sua mãe morreram afogados. Apenas o pai se salvou.

Rober Astorgano/Anadolu Agency/Getty Images

Refugiados sírios acampados na Grécia protestam, em abril de 2016, contra o governo da Macedônia, que levantou uma cerca impedindo-os de continuar sua caminhada para outros países da Europa.

## Imagens contam a História

Na charge abaixo, o cartunista Angeli faz uma crítica às consequências negativas do processo de globalização e da expansão da internet.

- Explique como ele expressa essa crítica por meio da charge.

Angeli/Acervo do cartunista

Charge de Angeli de 2000.

# Roteiro de Estudos

## Para organizar

1. Explique o processo de globalização levando em consideração os seguintes pontos: a mundialização dos mercados, as políticas neoliberais e o desenvolvimento da ciência e da tecnologia.
2. Quais foram as vantagens e as desvantagens do processo de globalização?
3. O que Brasil, Rússia, Índia, China e África do Sul têm em comum para que analistas agrupem esses países sob a sigla Brics?
4. Diante dos atentados terroristas de 11 de setembro de 2001, o governo dos EUA reagiu. Avalie as iniciativas tomadas pelo governo George W. Bush.
5. Que razões motivaram a crise econômica que eclodiu em 2007?
6. Quais os efeitos da crise econômica de 2007-2008 sobre os países da União Europeia, em especial Portugal, Espanha, Grécia e Irlanda?
7. Caracterize as principais reivindicações dos povos árabes que participaram das revoltas iniciadas na Tunísia, em fins de 2010.
8. Relacione as guerras recentes no Oriente Médio com a crise dos refugiados na Europa, que começou em 2014.

## Reflexões

### Orientalismo

Para Edward Said – intelectual e ativista palestino –, as regiões que chamamos Ocidente e Oriente não são lugares naturais, mas invenções humanas. O Ocidente foi identificado pelos europeus como o "lugar" onde aconteceu a sua história e a constituição de seus valores culturais. O Oriente, por sua vez, também foi uma invenção dos ocidentais. Os povos que viviam a leste da Europa, em particular árabes, chineses e indianos – e também alguns africanos –, foram chamados de orientais.

Segundo Said, desde a Antiguidade o pensamento ocidental construiu a imagem negativa das sociedades que viviam fora da Europa. Mas foi com a expansão colonialista no século XIX que surgiram intelectuais, cientistas e artistas europeus interessados em estudar os povos do Oriente. Ao formularem um conjunto de imagens negativas e preconceituosas sobre esses povos, eles fundaram o que Edward Said chamou de **Orientalismo** – a descrição que o Ocidente fez do Oriente. Os europeus afirmavam que os povos que viviam na Ásia e na África eram "inferiores", seja na constituição física, seja na cultura. Sociedades muito diferentes em sua história e cultura – como a chinesa e a indiana – eram rotuladas sob a mesma etiqueta de orientais. Pode-se fazer uma lista imensa das imagens negativas e estereotipadas construídas pelo colonialismo europeu: "exóticos", "sensuais", "cruéis", "vingativos", "bárbaros", "politeístas", "politicamente despóticos", entre outros termos desmerecedores. Os ocidentais, por sua vez, apareciam como "racionais", "pacíficos" e "civilizados".

Esses preconceitos e estereótipos justificavam a necessidade dos europeus de levar a civilização ocidental para aquelas sociedades. Trata-se de uma forma de poder e de dominação eurocêntrica. Não casualmente, o apogeu do Orientalismo coincidiu com o auge do colonialismo europeu no século XIX.

Nos anos 1960, o movimento de contracultura valorizou elementos culturais de indianos, chineses, japoneses, entre outros. Práticas como ioga, *shiatsu*, *tai chi chuan*, *muay thai* e acupuntura foram popularizadas.

Mas a imagem negativa criada no século XIX, sobretudo no caso dos povos árabes e de religião muçulmana, foi retomada. Os conflitos entre árabes e israelenses reforçaram a ideia de que os primeiros são "malvados", "irracionais" e "fanáticos". As guerras no Oriente Médio e os ataques às torres gêmeas em Nova York deram oportunidade para que grupos racistas retomassem as ideias preconceituosas dos colonialistas europeus do século XIX.

- **Discuta com os colegas como Edward Said define o conceito de Orientalismo.**

## Vamos testar?

- Sobre o processo de globalização, assinale a seguir a alternativa correta.
  a) Os governos neoliberais, desde os anos 1980, privatizaram empresas estatais, diminuíram a intervenção do Estado na economia, incentivaram as exportações e fecharam suas economias para proteger suas indústrias da concorrência dos produtos chineses.
  b) O aceleramento da globalização dependeu do avanço das tecnologias de informática e comunicação, que permitiram a integração de economias e de diferentes sociedades.
  c) A instalação de empresas estadunidenses e europeias na China beneficia a todos, tanto os consumidores de outros países que têm acesso a bens de consumo a baixo preço quanto os trabalhadores chineses
  d) Uma das vantagens da globalização é a padronização de comportamentos das sociedades. As identidades culturais locais são substituídas por valores de culturas dominantes.
  e) Integração das economias nacionais, expansão das empresas multinacionais e enfraquecimento de agências financeiras internacionais, como o FMI e o Banco Mundial, são algumas características do processo de globalização.

**Conexões** História e Geografia

## O planeta em perigo

Hoje é comum falar em aquecimento global e nas catastróficas consequências que as alterações climáticas causarão para a humanidade.

A maior parte dos cientistas está convencida de que o aquecimento global é provocado pelo aumento do efeito estufa. Trata-se de um fenômeno natural que, a princípio, é benéfico para a humanidade: a radiação solar incide sobre o planeta, mas a maior parte dela é refletida de volta para o espaço na forma de radiação de calor. Ocorre que parte desse calor é retido por uma série de gases que pairam sobre a atmosfera, a exemplo do dióxido de carbono ($CO_2$), do metano ($CH_4$) e do óxido nitroso ($N_2O$).

O $CO_2$ é produzido com a queima de combustíveis fósseis, como os derivados do petróleo, o carvão e o gás. As queimadas das florestas também produzem $CO_2$. Outro gás produzido em grande escala é o metano, gerado no aparelho digestório do gado bovino. Em seu estado normal, o efeito estufa garante o calor na Terra; sem esse fenômeno, o planeta seria muito frio, como é o caso de Marte.

O problema identificado por cientistas e ratificado pelo Painel Intergovernamental para Mudança do Clima (IPCC), um órgão da ONU, é que nos últimos 50 anos jogou-se na atmosfera uma quantidade enorme desses gases, muito além da capacidade do planeta de suportá-los.

Com base nos estudos da ONU sobre as mudanças climáticas de 1992, um conjunto de países discutiu, em 1997, em Kyoto, no Japão, um acordo para a redução de gases poluentes. O *Protocolo de Kyoto*, como ficou conhecido, entrou em vigor em 2005 com validade até 2012. Os países mais desenvolvidos se comprometeram a reduzir as emissões de gases causadores do efeito estufa. Foi a primeira iniciativa em nível mundial para evitar a catástrofe ecológica, mas seus termos eram muito modestos. Além disso, o maior poluidor *per capita* do planeta, os EUA, responsável pela emissão de mais de 30% de todos os gases poluentes no mundo, não assinou o acordo.

Outro esforço internacional ocorreu em dezembro de 2009 em Copenhague, mas não houve acordo.

Finalmente, em dezembro de 2015, a percepção dos perigos do aquecimento global reuniu 195 países em Paris. No documento *Conferência do Clima*, todos os países, incluindo os EUA e a China, comprometeram-se a controlar as emissões de gases poluentes.

1. Por que as alterações climáticas serão devastadoras para o planeta?
2. Quais são os países que mais emitem $CO_2$ na atmosfera?
3. Pesquise quais são as fontes renováveis de energia que podem substituir o petróleo, o carvão e o gás.

# Bibliografia


AGGIO, Alberto. *Democracia e socialismo:* a experiência chilena. São Paulo: Annablume, 2002.

ARENDT, Hannah. *Origens do totalitarismo*. São Paulo: Companhia das Letras, 1989.

AUCOIN, Philippe. *Les surréalistes*. Paris: Seuil, 1995.

BALTA, Paul. *Islã*. Porto Alegre: L&PM, 2010.

BATALHA, Claudio. *O movimento operário na Primeira República*. Rio de Janeiro: Zahar, 2000.

BERSTEIN, Serge; MILZA, Pierre (Dir.). *História do século XX*. São Paulo: Companhia Editora Nacional, 2007, 3 v.

BERTONHA, João Fábio. *A Segunda Guerra Mundial*. São Paulo: Saraiva, 2001.

BOBBIO, Norberto. *A era dos direitos*. Rio de Janeiro: Campus, 2004.

CASALECCHI, José Ênio. *O Brasil de 1945 ao golpe militar*. São Paulo: Contexto, 2002.

D'ARAUJO, Maria Celina. *O Estado Novo*. Rio de Janeiro: Zahar, 2000.

FAIRBANK, John King; GOLDMAN, Merle. *China*. Uma nova história. Porto Alegre: L&PM, 2008.

FAUSTO, Boris (Org.). *História geral da civilização brasileira*: o Brasil republicano. São Paulo: Betrand Brasil, 1989. v.3.

FERRO, Marc. *O século XX explicado aos meus filhos*. Rio de Janeiro: Agir, 2008.

FICO, Carlos et al (Org.). *Ditadura e democracia na América Latina*: balanço histórico e perspectivas. Rio de Janeiro: FGV, 2008.

GAZIER, Bernard. *A crise de 1929*. Porto Alegre: L&PM, 2009.

GOMES, Angela de Castro. *Cidadania e direitos do trabalho*. Rio de Janeiro: Zahar, 2002.

______ (Coord.). *Olhando para dentro*: 1930-1964. São Paulo: Fundación MAPFRE/Objetiva, 2013, v. 4 (História do Brasil Nação: 1808-2010, Direção de Lilia Moritz Schwarcz).

GOMES, Flávio dos Santos. *Negros e política (1888--1937)*. Rio de Janeiro: Zahar, 2005.

GOMES, Mércio Pereira. *Os índios e o Brasil*. Passado, presente e futuro. São Paulo: Contexto, 2012.

GORENDER, Jacob. *Combate nas trevas*. A esquerda brasileira: das ilusões perdidas à luta armada. São Paulo: Ática, 1990.

GOTT, Richard. *Cuba*. Uma nova história. Rio de Janeiro: Zahar, 2006.

GRAHAM, Helen. *Guerra Civil Espanhola*. Porto Alegre: L&PM, 2013

HERNANDEZ, Leila Leite. *A África na sala de aula*. Visita à história contemporânea. 2. ed. São Paulo: Selo Negro Edições, 2008.

HOBSBAWM, Eric. *Era dos extremos*. O breve século XX, 1914-1991. São Paulo: Companhia das Letras, 1995.

______. *Globalização, democracia e terrorismo*. São Paulo: Companhia das Letras, 2007.

HOWARD, Michael. *Primeira Guerra Mundial*. Porto Alegre: L&PM, 2013.

JANOTTI, Maria de Lourdes Mônaco. *Sociedade e política na Primeira República*. São Paulo: Atual, 1999.

JUDT, Tony. *Pós-guerra*. Uma história da Europa desde 1945. Rio de Janeiro: Objetiva, 2008.

KARNAL, Leandro et al. *História dos Estados Unidos:* das origens ao século XXI. São Paulo: Contexto, 2008.

LENHARO, Alcir. *Nazismo* – O triunfo da vontade. 7. ed. São Paulo: Ática, 2007.

LEWIS, Bernard. *O Oriente Médio*. Do advento do cristianismo aos dias de hoje. Rio de Janeiro: Zahar, 1996.

MACEDO, José Rivair. *História da África*. São Paulo: Contexto, 2013.

MARQUES, Adhemar; BERUTTI, Flávio; FARIA, Ricardo. *História contemporânea através dos textos*. São Paulo: Contexto, 2008.

______. *História do tempo presente*. São Paulo: Contexto, 2007.

MOTA, Carlos Guilherme (Org.). *Viagem incompleta*. A experiência brasileira (1500-2000). A grande transação. 2. ed. São Paulo: Senac, 2000.

NAPOLITANO, Marcos. *O regime militar brasileiro:* 1964-1985. São Paulo: Atual, 1998.

NAVES, Santuza Cambraia. *Da Bossa Nova à Tropicália*. Rio de Janeiro: Zahar, 2004.

PANDOLFI, Dulce (Org.). *Repensando o Estado Novo*. Rio de Janeiro: FGV, 1999.

PARADA, Mauricio; BON MEIHY, Murilo Sebe; MATTOS, Pablo de Oliveira. *História da África contemporânea*. Rio de Janeiro: Ed. PUC-Rio/Pallas, 2013.

PINSKY, Jaime et al (Org.). *História da América através de textos*. São Paulo: Contexto, 2004.

PINSKY, Jaime; PINSKY, Carla Bassanezi (Org.). *História da Cidadania*. São Paulo: Contexto, 2005.

POMAR, Wladimir. *A revolução chinesa*. São Paulo: Unesp, 2003.

RAMOS, Graciliano. *Vidas secas*. São Paulo: Record, 2002.

REIS FILHO, Daniel Aarão. *As revoluções russas e o socialismo soviético*. São Paulo: Unesp, 1994.

______. *Ditadura militar, esquerdas e sociedade*. Rio de Janeiro: Zahar, 2000.

______; RIDENTI, Marcelo; MOTA, Rodrigo Patto Sá (Org.). *A ditadura que mudou o Brasil*. 50 anos do golpe de 1964. Rio de Janeiro: Zahar, 2014.

ROMERO, Luis Alberto. *História contemporânea da Argentina*. Rio de Janeiro: Zahar, 2006.

SAMPAIO, Carlos Alberto Barbosa. *A Revolução Mexicana*. São Paulo: Unesp, 2010.

SAROLDI, Luiz Carlos; MOREIRA, Sonia Virgínia. *Rádio Nacional*. O Brasil em sintonia. Rio de Janeiro: Zahar, 2005.

SCHWARCZ, Lilia M.; STARLING, Heloisa M. *Brasil*: uma biografia. São Paulo, Companhia das Letras, 2015.

SOARES, Gláucio Ary D. *A democracia interrompida*. Rio de Janeiro: FGV, 2001.

VIZENTINI, Paulo Fagundes. *As revoluções africanas*. Angola, Moçambique e Etiópia. São Paulo: Unesp, 2012.

______; PEREIRA, Analúcia D. *História do mundo contemporâneo*: da *pax* britânica do século XVIII ao choque de civilizações do século XXI. Petrópolis: Vozes, 2008.